彦根城博物館叢書5

譜代大名井伊家の儀礼

朝尾直弘　編

叢書刊行にあたって

平成六年（一九九四）六月、貴重な歴史・文化遺産である井伊家伝来資料（「彦根藩資料」）が、彦根市に寄贈されました。これは、ひとり彦根市にかぎらず、広く日本の歴史研究を進めるうえで欠くことのできない資料であり、管理にあたる彦根城博物館に対しては、より一層の調査研究を進め、市民に研究成果の普及・公開をおこなうことが求められています。

そのため、当館では彦根藩資料の計画的かつ創造的な調査研究の推進のため、幅広い研究分野の専門研究者を組織し、研究方針・研究課題を検討し、それに基づく、いくつかの分野別に編成された共同研究、普及活動を進め、市民の教育・文化の向上に資することを目的として、平成七年十月に「彦根藩資料調査研究委員会」を設置しました。

その後、彦根藩資料の内、桃山時代から廃藩置県に至る彦根藩政時代を中心とした古文書資料『彦根藩井伊家文書』（二七、八〇〇点）が、平成八年六月に国の重要文化財に指定され、ますますこの委員会の役割は大きくなり、その成果に対する期待も高まってきました。委員会の発足以来、すでに八年余を経ましたが、これまで十一回の委員会による運営協議がおこなわれ、「幕末政治史研究班」「彦根藩の茶湯研究班」「彦根藩の藩政機構研究班」「武家の儀礼研究班」「武家の生活と教養研究班」の五つの研究班が研究活動を展開してまいりました。各研究班では、それぞれのテーマに沿った独自の方法論を検討し、「新しい彦根の歴史像」の構築を目指し精力的な研究を進めていただき、徐々にその成果が表われてきました。

これらの研究活動の内容は、毎年の活動を記録した『彦根藩資料調査研究委員会年次報告書』の刊行、各研究班による公開研究会・講演会などによりその一部を公開してまいり、平成十二年度から『彦根城博物館叢書』の公刊を開始し、昨年まで三冊を刊行しました。このたびその四冊目として、平成九年度から研究活動を開始した朝尾直弘を班長とする「武家の儀礼研究班」の研究成果を、『彦根城博物館叢書5　譜代大名井伊家の儀礼』としてまとめ、広く世に問うこととしました。

是非ご一読賜り、各研究員が注いできた、新しい彦根の歴史像への思いを感じ取っていただければ幸いです。

平成十六年（二〇〇四）三月

彦根藩資料調査研究委員会委員長
彦根城博物館 館長

朝尾直弘

本書の構成について

本書は、彦根城博物館に設置された「彦根藩資料調査研究委員会」の研究班の一つである「武家の儀礼研究班」で進めてきた調査・研究の成果をまとめたものである。この研究班は、平成九年度・十年度を準備期間とし、平成十一年度から十三年度の三年間で調査・研究活動をすすめ、平成十四年・十五年度を研究成果の取りまとめの期間とした。研究班の活動の詳細については、本書所収の活動記録を参照していただきたい。

昭和五十三年から彦根藩文書の調査によって、井伊家と幕政とのかかわりを示す膨大な文書の存在が明らかになった。中でも幕府儀礼の次第を記録した「式書」は他に類例もなく、一応の分類をして調査報告書にまとめたものの、充分とはいえず、当時からこれらの史料を研究する必要性を感じていた。そこで、「彦根藩資料調査研究委員会」が発足する際には、その史料を研究できる機会となるよう、研究班の一つに「武家の儀礼研究班」をたてた。

近世武家儀礼の研究は、近年ようやく活況を呈するようになってきた分野であるが、研究会発足当時、彦根藩文書をはじめ、大名家の儀礼関係史料を使った研究は皆無に近い状態であった。そのため、新たな研究分野を開拓する意味も込めて、若手のメンバーを中心に研究会を構成した。

研究活動は、膨大な彦根藩文書の中から儀礼に関わる史料を探す作業から始めた。作業を効率的に進めるために、研究員をグループにわけて調査範囲を分担することとした。分担の基準は儀礼のおこなわれた場所にもとめ、江戸・彦根・京都の三地域に分けた。まずはグループごとに、いつ・どこで・どのような儀礼がおこなわれていたかを史料をもとに確認する作業から開始し、次第に個別の関心によりテーマを設定して分析を進めた。

本書で扱う儀礼行為は、おもに井伊家当主（彦根藩主）とその世子が主体または客体として関わったものである。本研究会は「武家の儀礼」という名称であり、問題関心は広く武家社会でおこなわれた儀礼に置いたが、扱った資料は主に井伊家に伝来した『彦根藩井伊家文書』であったため、その史料的性格から、具体的な分析内容は井伊家の当主・世子が幕府・朝廷・家中・領民など他者との関係で生じた儀礼となった。そのため、本書の名称は「譜代大名井伊家の儀礼」とした。

次に本書の構成を示しておきたい。大きく分けて研究班メンバーの論文を収めた論文編と、主要な資料の翻刻・図版などを載せた資料編からなっている。

論文編には、地域分担の中で基礎的な事実関係を確認した部分と、個別関心に基づいてテーマ設定をした論文が含まれるが、本書を構成するにあたり、内容にもとづいて三部に編成した。

第一部「儀礼と格式」は、儀礼を考える前提となる格式の問題を取り上げた。儀礼によって人間関係が象徴的に表現されるが、それらの関係を決める基準を「格式」から読み解いた。

野田浩子「井伊家の家格と幕府儀礼」は、幕府儀礼の中で井伊家が勤める御用・立場を概観する。井伊家は将軍家の筆頭の家臣であり、その立場は将軍家の武威を担うことを意味する。井伊家初代直政の立場にまでさかのぼり、江戸時代を通じて儀礼においてその立場が象徴されたと見る。

朝尾直弘「武家と官位」は、大名の格式を決める主要な要素であった官位の問題について、井伊家の官位・家格がもつ意味、さらに、武家社会における官位の問題の根源にまで迫る。

野田浩子「井伊直幸と松平容頌の官位昇進競争」は、「武家と官位」論文をうけ、江戸時代中期の官位・家格意識の変化をとらえる。十代藩主直幸の官位上昇志向は幕府御用拝命の運動としてあらわれ、その後の井伊家の儀礼・家格意識に影響を与えた。この問題は、第二部朝尾・皿海論文、第三部野田論文とも関わりを持つ。

第二部「儀礼の具体像」は、井伊家当主・世子が主体となったさまざまな儀礼行為をとりあげた。

岡崎寛徳「幕府儀礼の裏事情と井伊家の対応」は、井伊家が一大名として関わった江戸城殿中儀礼を分析する。規定された日時・内容を確認した上で、規定からは見えてこない裏事情もとりあげた。準備段階・不慮の事態への対応を通じて、儀礼の裏側にある動態性、さらには大名の個性までも垣間見ることができた。

朝尾直弘「井伊直豊の京都上使」は、安永九年（一七八〇）に井伊直豊が将軍家の御用として京都へ派遣された京都上使役について、その史料「京都上使直勤式書」をもとに、できるかぎり具体的な行為・所作までを紹介した。天皇と上使の対面儀礼の中に、近世の朝幕関係が象徴的に反映されていたことも見いだした。

皿海ふみ「若君の宮参りと井伊家御成」は、将軍家若君を宮参りの後に井伊家へ迎えるという、井伊家にとっては家固有の重要な儀礼の概要を示すとともに、これを契機に展開する井伊家と江戸城大奥との交際について論じる。

岡崎寛徳「享保期井伊家の贈答儀礼と幕政・藩政」は、享保の改革にともなう幕府の献上物統制をはじめ、近世中期以降、財政難に対処するため贈答行為を見直すが、その中から贈答行為や相手との関係に対する意識を浮き彫りにする。

野田浩子「御暇から参勤までの一年―帰国中の儀礼―」は、大名が帰国する一年間の幕府・道中・国許での儀礼を、時間の流れに沿って追う。江戸城の儀礼と国許での儀礼に相似的な関係が見いだせるが、そこには井伊家固有のものも含まれる。

第三部「儀礼の周縁」は、儀礼がおこなわれる周囲で関わる人々へと視点をひろげての論考をまとめた。

井伊岳夫「京都上使をめぐる井伊家と領民」は、京都上使を勤める際に必要となる費用を領民に負担させた状況と、京都上使という御用を領民統治にどのように利用したかを取り上げた。将軍・朝廷・大名のあいだでおこなわれる儀礼が領民にまで関わっていた点を示す。儀礼を「観る」領民の立場に視点を置いた。

渡辺恒一「彦根藩主の領内巡見」も領民との関係を示す。こちらは、領民が直接儀礼の客体となった行為である。藩主が領内を巡見して領民と対面する儀礼の中から、それがもつ領民支配ということの意味やそれの時代的な変化のさまを追う。

野田浩子「溜詰の直勤記録―儀礼を支えた「式書」と書記役―」は、直勤日記や「式書」など、将軍家への奉公（直勤）の記録を史料学的に分析したものである。ここでも、その作成開始に直幸の家格意識が関わっていたことが見いだせる。記録の作成過程や作成した役人にも触れた。

いずれの論文も、共同研究を積み重ねた成果である。特に重点的に依拠したもの以外は注記しなかったが、各論考の中には、研究会での討論、他の研究メンバーの報告、メンバー間の情報提供の結果が多く盛り込まれている。

資料編では、史料翻刻1は『彦根藩井伊家文書』に含まれる式書の例として、直中家督相続時のものと、寺社参詣はマニュアル的な史料を取り上げた。2は、井伊家が大老を勤める前に「御用部屋入り」という立場にあったときの具体的な行為のわかる式書である。他には類例のない史料であるためここに掲載した。3は朝尾論文「井伊直豊の京都上使」でも紹介した式書。4は3と同じ京都上使を勤めた際に家臣が宿泊した場所を示す図を載せた。5は参勤・帰国の規定や先例をまとめた記録。図版1の京都上使行列絵巻は、井伊家が上使として京都に向かう行列の様子を描いた図で、2は史料翻刻3と一連の絵図。4は彦根城表御殿における儀礼の席図。また、参考資料として井伊家系譜、井伊家歴代年譜や井伊家歴代の居場所表を掲げた。

総じて、井伊家特有の立場にもとづく儀礼から、一大名としての儀礼、そして家中・領民との関わりにいたるまで幅広い内容となった。時期的に十八世紀後半が多くなったのは、史料の現存状況にもよるが、研究会を重ねる中で、この時期が転換点となり井伊家の儀礼が変質を遂げたことを発見したからである。本書は、『彦根藩井伊家文書』を用いた武家儀礼研究の最初の作品であり、まずは事実関係を明らかにすることを目標とした。そのため充分に論じ尽くせなかった点も多いが、この研究を土台に、今後さらにこの分野の研究が大きく展開することを望んでいる。

最後に、研究班に参加いただいた各研究員、事務局の方々はもとより、外部から研究会に参加、報告してくださった深井雅海・大友一雄両氏、さらに史料翻刻等に助力いただいた瀬島宏計・高島正憲・藤田和敏・三宅正浩の各氏に感謝申し上げる。

平成十六年（二〇〇四）三月

彦根藩資料調査研究委員会委員
武家の儀礼研究班班長

朝尾直弘

譜代大名井伊家の儀礼／目　次

資料編

論文編

第一部　儀礼と格式

井伊家の家格と幕府儀礼

野田浩子

はじめに

江戸時代の大名は領主として領地を治めたが、領地は将軍から与えられたものであり、その身分の根本には将軍との関係があった。大名が将軍との関係をもっとも実感するのは、江戸城で繰り返される儀礼の場であった。大名は毎月何度も登城して将軍に対面するなどの儀礼を繰り返した。儀礼を通じて幕府・将軍家と大名の関係を考えることができる。

近年、江戸幕府の儀礼研究が盛んであるが、その一つの問題関心は、江戸時代初期にどのように成立したのかという点である。それは江戸時代の社会体制の確立を考える上で、その要素として儀礼が取り上げられてきたのであった。具体的なテーマとしては、個別儀礼の成立過程や武家官位に関する研究が近年進められてきている(1)。江戸時代の社会体制とは、将軍家光から家綱の時期にかけて形成されたものがその後二百年にわたって継承されたが、確立したものは「杓子定規な儀礼規定」とも呼ばれるように、静的なものとしてとらえられている(2)。

もっとも、「規定」については、従来は旧大名やその家臣の聞き書き・回顧録といった史料(3)や、幕府儀礼の史料集として唯一公刊されていた『徳川礼典録』に基づいて語られることが多かったが、新たな史料の活用により「規定」されていた儀礼の実態を復元・紹介する作業も始まっている(4)。

彦根藩主井伊家は、譜代大名筆頭として幕府儀礼に重要な役割を果たしたが、その具体的な行為を記録した史料が『彦根藩井伊家文書』のなかに多数伝来している。それら儀礼関係史料を活用し、井伊家と幕府儀礼の関係を総体的に確認することが本論の第一の目的である。これまでの幕府儀礼の研究では、幕府儀礼を中心軸に置いてその中で諸大名・役人らがどのように関わったという視点であったが、ここでは個別大名側から幕府儀礼を捉えようとする。

そこで本論では、儀礼を通じて井伊家の幕府における位置づけを考えるが、その前提として1章で井伊家の出自や徳川の家臣となった時点にさかのぼって徳川家臣団の中での井伊家の立場をふまえた上で、2章で井伊家の家格確立に役割を果たした直孝が当時の儀礼においてどのような位置にあったかを主に「江戸幕府日記」をもとに見ておきたい。

井伊直政関係系図

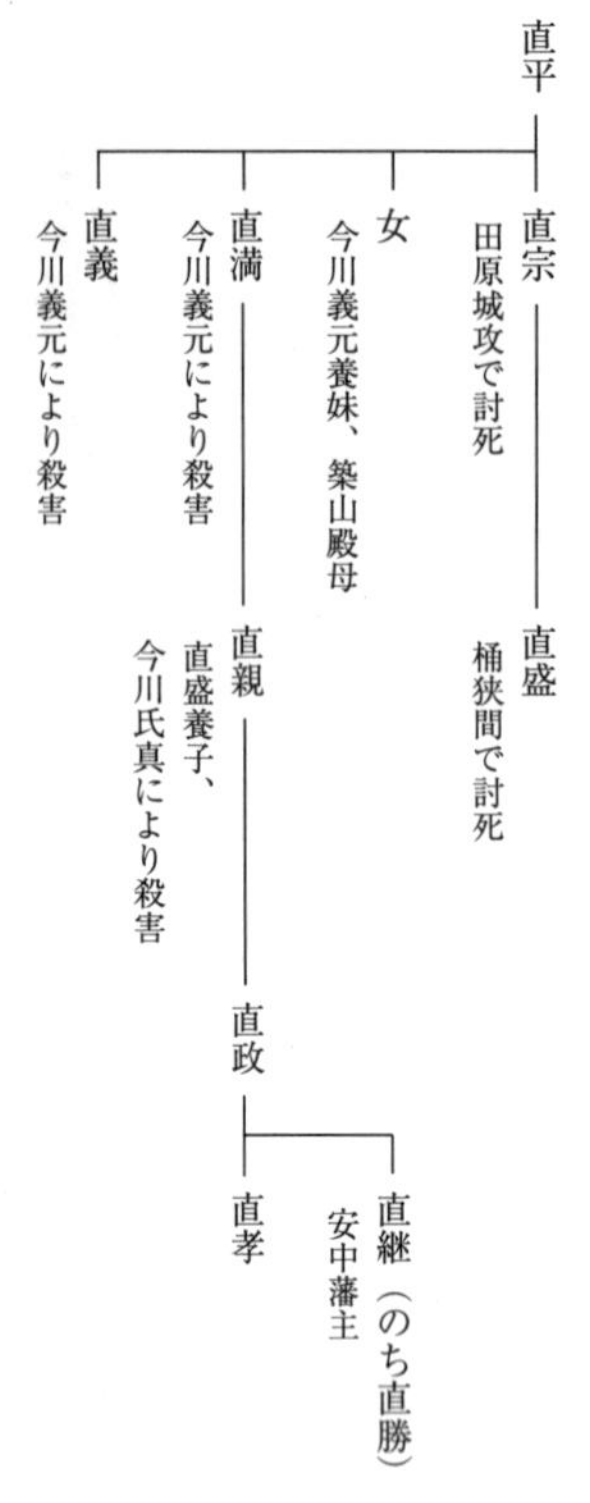

1 家格確定への道

井伊直政の出自

井伊家が徳川の家臣となったのは、初代直政が天正三年（一五七五）、徳川家康に仕えたことに始まる。井伊氏は、遠江西部井伊谷《いいのや》周辺に勢力を持った一族であるが、[5]その先祖をさかのぼってみると、井伊氏あるいはそれに類する苗字の者が中世前期から史書等に登場しており、古くからその地の領主であったことがわかる。『保元物語』には源義家の率いる東国の兵に「井八郎」が登場し、南北朝期には後醍醐天皇の皇子宗良親王を奉じた遠江地方の南朝方として井伊道政・高顕の勢力がいた。室町時代から戦国時代にかけては、守護斯波氏の配下でその名を見ることができるが、地元では国人領主として勢力を持っていた。

戦国時代頃には井伊を名乗る複数の系統や貫名・奥山など井伊から分流した同族があったが、戦国の争乱で斯波氏が没落して遠江が今川配下となるに伴い、それまで斯波配下にあった系統に代わって、井伊直平が井伊谷城主として現れる。直平やその一族は今川の戦にたびたび出陣し、桶狭間の戦では当時の当主直盛が討死している。

井伊直政は直平の曾孫で、永禄四年（一五六一）、当時の井伊氏の当主直親の嫡男として生まれた。ただ、直政の生まれた頃の井伊氏は、今川氏との関係の悪化により非常に苦しい立場にあった。直平の跡を継いだ直宗・直盛やその兄弟たちが次々と今川との関係の中で死去していく。

今川勢として出兵して討死した直宗・直盛のほか、家老小野氏の讒言で今川義元により暗殺された者もあった。その中で惣領となったのが直親であった。彼は今川からの追跡を逃れて信濃に隠れていたため井伊谷の家老らとの結びつきは弱く、今川との関係が悪化する中、隣国三河で勢力を強めてきた徳川氏と接近をはかった。それが今川氏の知るところとなったため、直親は釈明するため今川氏真の許に向かったが、その途中、氏真の命により掛川城主朝比奈泰朝に暗殺されてしまった。永禄五年（一五六二）、直政が二歳の時のことである。父親が討たれ、直政も殺害されそうになったが、一族の懇願により助命され、親族の許や周辺寺院を転々として成長した。

　その頃、井伊谷周辺の勢力も変化しつつあった。桶狭間の戦いに敗れた後今川の勢力は低下し、それをねらって三河の徳川家康が永禄十一年（一五六八）に東隣の遠江に侵入したが、遠江最西端に位置する井伊谷は最初にその侵攻地となった。天正三年（一五七五）、母親の再嫁先である松下源太郎のもとで養育されていた直政は十五歳になり、鷹狩中の家康に対面してその家臣となった。この対面は道端での偶然を装っていたが、断絶しそうになっていた井伊家の跡継ぎを徳川家に託そうとした周囲の取り計らいによるものと考えられる。

井伊直政画像　　彦根城博物館蔵

徳川家臣団の中の直政

　こうして、遠江西部の国人領主井伊氏の後継者である直政が徳川家康の家臣となったわけである。家康にしてみれば、最初の侵攻地の領主であり、徳川よりもはるかに名家である井伊家の跡継ぎである直政は、その出自からして充分に活用が望める人物であった。その後、成長した直政は徳川家中で重要なポストが与えられた。それは、天正十年（一五八二）に武田氏が滅んでその旧領・旧臣を徳川配下に組み入れた際、武田遺臣を編成した部隊の大将として直政を抜擢したのである。直政には木俣清左衛門らが補佐役として付けられ、武勇で知られる武田家臣とともに彼らの継承する武田の軍法を受け継ぐ精鋭部隊が家康の手によって作り出されたのであった。直政の立場や井伊の部隊は、家康の政策によって生み出されたという点に特徴を見いだすことができる。

　直政の活躍はその「赤備え」の精鋭部隊の活躍により語られる。小牧長久手の戦い・小田原の陣・奥州出兵・関ヶ原合戦、さらに直孝を大将とした大坂の陣において、朱色の具足で身を固めた武者が先陣を切って戦場を駆け、敵を追い散らして味方を勝利に導いた姿は語り継がれた。実際、武田・今川・北条など滅亡した戦国大名遺臣のうち武勇で知られた者や、上泉流兵法を継承する岡本半介・砲術の稲富一夢・馬術の神尾織部ら評判の高い武術者を大勢取り立てており、彼らが家中に伝えた武術が「赤備え」の評判を支えていた。

　ただ、直政の活躍は単に戦場だけではない。武勇に優れた家臣団の活躍が目につくが、直政本人は敵との和睦交渉に優れた才能を示している。それは若年の頃、天正十年に家康が旧武田領を配下に収め、その旧臣に本領安堵の朱印状を下付するのに取り次ぎを務めたのを最初として、関ヶ原合戦後の毛利・島津らとの講和交渉まで、多くの局面でその役を果たした。[6] 天正十四年には、豊臣秀吉は家康の上洛を求めるため自分の母である大政所を人質として家康の岡崎城に送ったが、彼女を岡崎城で護衛し、家康の上洛が無事終了したあと京都へ送り届ける御供をしたのも直政である。敵方との交渉役を頻繁に務めたのは、彼は敵対する勢力から信を得るよう交渉する能力に優れ、家康がそれを評価してその役を命じたためと考えられる。直政の交渉能力は、もちろん個人的な資質によるところが大であろうが、幼少時、抗争の中で生き抜いてきた中で身につけたもの、さらに名族である井伊家の出自という点が交渉相手に影響したと考えられるのではないか。

さて、天正十八年の家康関東入国により、直政は上野国（群馬県）箕輪十二万石を拝領したが、これは徳川家臣の中で最大の領地を得たことになる。徳川譜代を差し置いて新参の直政への厚遇に疑問を投げかける向きもあるが、当時は誰もが納得したという。それはまず、勇者揃いの井伊家臣団への評価と見ることができる。また、信長の意により殺害に追いやられた家康の正室築山殿の母が井伊直平の娘という関係があり、井伊家は徳川と縁戚にあたるため完全な外様という意識ではなかったと思われる。さらに、直政は徳川の家中だけではなく、対外的にその存在をアピールできる人物であった。

それは、直政は徳川の家臣という立場を超えて、豊臣政権の中で大名に準じる扱いを受けていた点からも窺える。天正十八年、秀吉がその邸宅に後陽成天皇を迎えた聚楽行幸では、諸大名の列の中に陪臣である直政の姿があり、そこでの連署起請文で直政は「井侍従藤原直政」と署名している。[7] 文禄四年（一五九五）、関白秀次の追放後に諸大名が提出した連署起請文においても、「井伊侍従」と直政の名が見られる。[8] 陪臣でありながら連署に連なった者は他にはいない。

これらの起請文はいずれも侍従以上の者による連署がなされている。豊臣政権が朝廷の官位による武家の序列化を図ったという点から見れば、侍従である直政が名を連ねているのに問題はない。ここで重要となるのは、直政が陪臣ながら侍従という上層大名並の官位を授けられていたという点であろう。その理由を明確に示す史料は確認できないが、井伊家が幕府に提出した由緒書[9]に次のような説がある。

大権現様御在京之内に御家人衆太閤より御志に何も五位諸大夫ニ被任候由、其砌直政一人侍従ニ被任官候子細ハ、太閤へ直政申上候ハ私の家ハ九条の末流にて候得はなまなか小官に任候段先祖の面目を失候間、其侭無官にて被指置被下候様ニと申上、依之初官に四位侍従に罷成候由（後略）

秀吉が家康家臣に五位諸大夫の官位を授けようとした際、直政は井伊が九条家（藤原家）につながる家柄と主張して、他の徳川家臣と同列の諸大夫を拒否して、上位の侍従を要求したという。それが事実かどうかは別として、直政が家柄の貴種性を主張した結果、侍従に叙任されたとする点は興味深い。「井伊」は、豊臣政権において通用する名であった。

直政の後継者、直孝

さて、徳川の筆頭家臣の地位にあった直政であるが、彼の没後そのままその地位が次の世代に継承された訳ではない。直政は慶長七年（一六〇二）、関ヶ原での負傷が悪化して死去し、その家督は正室の子である直継が継承した。当時直継は十三歳で、家老等によって政務が執られたが、その後も直継には家中を統率する能力に乏しく、家臣の中で派閥抗争も起こっていた。直政にはもう一人、直孝という息子がいた。直継と同年齢であったが側室の子であったため、直政没後は江戸にあって、江戸城書院番頭、大番頭、慶長十八年には伏見城番役を勤めていた。

慶長十九年、大坂冬の陣に際して、家康は井伊家の部隊の大将として直継ではなく直孝を指名した。既に両者の能力差が歴然としており、直継には井伊家の部隊を任せられないと家康が決断した結果であったと考えられる。直孝が前年に大坂に近い伏見の城番役を命じられたのもその才能が評価されてのことであったろう。抜擢された直孝は戦場で直政譲りの活躍を見せたため、家康は直孝に父の跡継ぎとして彦根を治めるよう命じた。直継には直政遺領のうち上野国（群馬県）の三万石を分知させ、安中城主とした。そのため、井伊家の系譜では、直孝の先代は直政にあたると考えて直孝を二代と数え、直継は分家を立てたとみなしたのである。

井伊直孝画像　清凉寺蔵

彦根の地が持つ意味

関ヶ原合戦後に井伊家が拝領した佐和山・彦根周辺は、琵琶湖東岸を南北に通る東山道（中山道）が美濃方面へ折れ、北進して日本海側に向かう北国街道と分岐する交通の要衝である。京へ向かうには、琵琶湖の水運を使えば一日で到着できる軍事上の格好の拠点でもあった。そのため、彦根城は京・大坂への押さえという意味を持ち、徳川の有力部隊である井伊の軍団がそこに置かれた。万一の場合には、京都所司代と相談して上方へ派兵するよう井伊家へ内々の仰せがあったという(10)。

大坂の陣により豊臣家が滅亡した後も、徳川と京都・西国大名との間は緊張関係にあり、彦根の軍事力への期待はいっそう高まった。大坂陣後、直孝は山城国で鷹狩りすることを認められ、しばしば京都周辺に出向いている。秀忠娘の和子が入内すると、毎年正月にはその御機嫌伺いに上洛したという(11)。彼の日常的な動向や京都周辺の各層との交流が、徳川が京都との関係を築く上で大きな影響を与えたのは間違いないだろう(12)。

そのような直孝の役割に変化が起こるのは、寛永九年、秀忠の没後である。秀忠は既に将軍職を家光に譲っていたが、大御所として実権を掌握していた。秀忠は死去の直前に直孝と松平忠明を枕元に呼びよせ、家光の後見を勤めるよう遺言を残した。それにより両名は家光の幕政に加わることとなった。その立場は、他の年寄とは異なって年寄連署奉書には署名せず、儀礼の場では彼らより上位を占めた(13)。では、直孝・忠明がこのような地位を占めることができた源泉はどこにあるのであろうか。

両者はそれまで軍事力を背景に上方を押さえる立場にあった。忠明は奥平信昌と家康の娘の子で、家康の養子となり別家を建てた人物で、大坂の陣で活躍しており、豊臣滅亡後の大坂城主として大坂再建を担った人物である。井伊家と同様、家康の力によって強力な軍団が組織され、軍事力を背景に敵将の旧城地の支配を任されたのであった。彼らが江戸で家光政権に参画するということは、この頃までに上方との関係が安定化してきた一方、幕政では秀忠・家光の二極化していた権力構造を秀忠没後に再編する必要性があったために取られた措置であったと言えよう。

2　幕府儀礼の確立と直孝の立場

こうして直孝は幕政の中枢に関わるようになり、家光政権と家綱の幼少期を支え、両将軍からあつい信頼を得た。そこで、その政権内での立場・役割を具体的に確認していきたい。この時期は幕府儀礼が整備され、この頃成立したものがその後継承されていくと考えられているが、幕府儀礼の中での井伊家の関わり方についても同様かどうかを検証しておく。対象時期は直孝が幕政に参与した寛永九年から家綱初期の明暦頃までとするが、日記類では恒例の儀礼は「例の如し」と省略されることが多く、もっともよく判明する家綱代替わりの慶安四年（一六五一）の例を中心に、その前後や後代との比較をしていく。また、直孝と同時期にその嫡子直滋も世子でありながら江戸城中では諸大名と同列に扱われることが多いため、ここでは両名を対象とする。

恒例・臨時行事の礼席

江戸城で将軍・大名間でおこなわれる儀礼では、大名が一斉に登城して、それぞれの格式に応じて将軍と対面して御礼を述べる。その席は御礼席と呼ばれ、方法（一人ずつか数名一斉か、将軍は着座するのか立ったままか）、位置（部屋の区別、将軍からの距離）、順序（他大名との前後関係）によって格差がつけられており、儀礼によっても異なる。それらが複雑に絡み合って、大名の格式が示されることになる。

ここでは恒例・臨時の儀礼での井伊家の御礼席がどのような位置にあり、そこでの同席者は誰か、それは後代の同様の儀礼とどういう関係にあるかをみていく。また、他の者が将軍と対面する際に老中らと共に着座する場合があり、その儀礼内容・同席者についても確認する。

慶安四年六月十三日、家綱が代替わり後初めて表向に出御した際の諸役人・諸大名との対面儀礼は、「江戸幕府日記」（酒井家本）[14]により判明する。それによると、御礼が始まる前に役職等の改変が仰せ出され、その中には御礼席の改変も含まれていた。

一、井伊靭負事、向後切々相詰、御表出御之節は於御黒書院可致御目見之旨被仰出之旨、豊後守伝之

一、松平隠岐守事、向後御表出御之刻於御黒書院可有御目見之旨、豊後守伝之

とあり、井伊靭負佐直滋は今後切々に詰めることと、黒書院での御目見が命じられており、松平隠岐守定行へは後者のみが指示されている。この時点で、両名が御礼席という点でほぼ同格とされたことが判明する。

引き続き行われた当日の御礼は次の通りであった。

表1　慶安4年から承応2年頃の井伊家の礼席と同席者　　出典：「江戸幕府日記」（酒井家本）

	井伊掃部頭直孝 正四位上中将	保科肥後守正之 従四位上少将	松平右京大夫頼重 従四位下侍従	井伊靭負佐直滋 従四位下侍従	松平隠岐守定行 従四位下侍従	松平下総守忠弘 従五位下
慶安4年						
6月19日（代替わり後初表出御）	黒書院（御三家先）	黒書院（御三家後）		黒書院（御三家後）	黒書院（御三家後）	黒書院（御三家後）
7月1日		黒書院	（この頃帰国中）	黒書院	黒書院	黒書院
8月1日	白書院	白書院		大広間	大広間	
9月9日	白書院	白書院		大広間	大広間	
11月28日		黒書院	黒書院	黒書院		黒書院
承応2年						
1月1日	白書院	白書院	白書院			
1月2日				大広間		
3月3日	白書院	白書院		大広間		
8月1日	白書院	白書院		大広間		
上記より推定したこの頃の礼席規定						
正月	元日白書院	元日白書院	元日白書院	二日大広間	元日白書院	
八朔	白書院	白書院	白書院	大広間	大広間	
節句	白書院	白書院	白書院	大広間	大広間	
月次		黒書院	黒書院	黒書院	黒書院	黒書院

一、巳刻御黒書院出御
御半袴、御上段御着座、此時井伊掃部頭被召出之、御目見則御次之間へ退座
一、紀伊亜相・水戸黄門・尾張宰相一人宛順々御目見、則着座、酒井河内守披露之、掃部頭・讃岐守・伊豆守・和泉守・豊後守出席、挨拶之節有て三殿退去、次紀伊宰相・水戸中将一人宛御目見、次第同前、次松平越後守・保科肥後守・井伊靭負・松平隠岐守・松平下総守右順々一人宛御目見、則退去、各河内守披露之

諸役人の役替仰出の後、将軍家綱は表向へ出御して黒書院で上段に着座すると、まず井伊直孝が召し出されて御目見し、ついで御三家が御目見する。御三家の御目見では直孝と大老酒井讃岐守忠勝、松平伊豆守信綱・松平和泉守乗寿・阿部豊後守忠秋の老中三名が「披露」した。さらに御三家嫡子の御目見も同様にあり、さらに松平越後守光長、保科肥後守正之・井伊直滋、松平定行、松平下総守忠弘が御目見した。黒書院でのこれらとの対面儀礼が終わると、白書院へ出御となり、そこで国持大名・同息、譜代の四品・五位の諸大夫以下との対面儀礼がおこなわれた。

年始の儀礼は、元旦には御三家・譜代、二日に外様大名が登城した。元旦は、黒書院で将軍弟の長松（綱重）・徳松（綱吉）の御礼があった後、白書院にて御三家、松平光長、井伊直孝・保科正之・松平頼重・藤堂高次、松平刑部大輔頼元（水戸の庶子）、松平播磨守頼隆（水戸の庶子）、松平但馬守直良（越前家の分家）と、侍従以上の者が一人ずつ太刀目録持参して御礼、次いで従四位下の官位の大名の御礼がある。これは官位順である。二日には大広間で外様大名他の御礼があり、松平陸奥守（伊達）・佐竹修理大夫・松平薩摩守（島津）・松平筑前守（黒田）・井伊靭負佐が一人ずつ御礼し、次いで四品以上の御礼となった[15]。なお、二日の国持大名の中に井伊家が加わるのは、寛永十年からで、当時は直孝が二日、直滋が元旦に登城したが、正保三年から直孝が元日、直滋が二日と両者の登城日が交代された。これは、直孝の中将昇進を契機とすると思われる[16]。井伊家が二日に国持大名に交じるのは直孝・直滋が勤めている時のみで

あり、その後、井伊家で当主・嫡子が正月儀礼に登城した延宝二年以降は、両名とも一日に登城している。[17]

八朔の御礼では、黒書院に出御した将軍に将軍弟が一人ずつ御礼し、次に白書院で御三家とその嫡子の御礼、加賀前田家は当主が幼少につき名代が太刀目録を進上、その次に直孝・保科正之が一人ずつ太刀目録を持参して御礼を申し上げる。次に将軍は大広間に出御し、国持大名・譜代の侍従以上の者が官位順に御礼を行った。その中に直滋や松平定行も含まれる。[18]節句の御礼についても、直孝・直滋とその同席者の御礼席はこれとほぼ同様である。

月次御礼では、御座之間で長松・徳松の御目見の後、黒書院に出御となり、御三家の御目見がおこなわれ、次に松平光長・保科正之・松平定行・井伊直滋・松平忠弘が一人ずつ御目見した。その後白書院に出御して、外様大名との御目見があった。[19]この時点では帰国中の松平頼重も参勤後は正之の次に御目見している。[20]節句と月次で御三家の次の者を比較すると、後代では同じ溜詰の者であったのに対し、この時点では異なる。

以上より次の点が導き出せる。

恒例の御礼席は二つの型に分けられる。節句や八朔は御三家の次に直孝・正之・頼重が同座し、直滋や定行らは大広間で国持大名・譜代とともに官位順に御礼をおこなった。それに対し、月次御礼は黒書院で御三家の次に正之・頼重・定行・直滋・忠弘が同格で御礼している。直孝の月次御礼は記されないが、慶安四年六月十三日の初めて表出御が同様の御礼席であることを考えると、直孝は御三家より前に御礼する立場にあったと想定できる。その基準は、従五位下の松平下総守忠弘が含まれていることを考えると、官位ではなく、家格に基づき個人ごとに御礼席が決められたと言える。直滋と定行は慶安四年の家綱代替わりに際して黒書院での御目見を命じられているのは前述したとおりである。忠弘の黒書院御目見は父忠明の役割を継承したと考えられる。

この時点では御礼時の同席グループには二パターンあり、数の少ないより盛大な儀礼では官位を優先させたが、日常的な月次登城では家格が優先された。その後、溜詰という殿席の確立により、同じ殿席の者はいずれの殿中儀礼でも同一行動をとるようになった。

彼らの大名の中での位置づけは、譜代上層であり、将軍家の武威を支える家柄ということができる。井伊家・松平下総守家（忠明・忠弘）は前述したが、会津松平肥後守家・高松松平讃岐守家・松平隠岐守家も同様と言える。会津の祖、保科正之は将軍秀忠の庶子で、保科正光の養子として新たに家を立てたが、会津二十三万石を領し、その地は「奥羽之押枢要之場所」と認識されていた。[21]高松松平家は水戸徳川家の庶流で、この家も瀬戸内の押さえである高松に城を築き十二万石を領した。松平隠岐守家は家康の異父弟久松定勝を祖とする家で、直孝の頃はその嫡子定行が松山十五万石を領した。鎖国後の長崎に南蛮船が着岸した場合現地で指揮をするよう命じられている（『寛政重修諸家譜』）ように、この家も「武」の家という性格が強い。いずれも出自的には将軍家の一門であるが、同様の出自を持つ家と同列に扱われておらず、一門という出自が彼らの立場を規定しているのではない。井伊家同様、将軍を支える武断派の家として創設されたとするのがよいのではないか。その中でも、直孝・正之・頼重と、直滋・定行・忠弘の間には格差がつけられた。直滋

表2　朝鮮通信使登城日の御用　出典：『徳川実紀』、江戸幕府日記（国立公文書館内閣文庫 220-342-3）

寛永20年	着座	井伊直孝・松平定行・保科正之・土井利勝・酒井忠勝・堀田正盛
（1643）	上使	井伊直孝・酒井忠勝・堀田正盛
明暦元年	着座	井伊直孝・保科正之・酒井忠清・酒井忠勝
（1656）	上使	井伊直孝・保科正之・酒井忠清・酒井忠勝
天和２年	着座	井伊直興・堀田正俊・阿部正武
（1682）	上使	井伊直興・堀田正俊
享保４年	着座	溜詰・宿老みな
（1719）	上使	井伊直惟・井上正岑（老中）

着座：大広間での対面式で、将軍は上段に着座し、彼らが中段の左右に分かれて着座する
上使：将軍の意を承って使節に伝える

表3　井伊直孝挨拶の事例（慶安４年）　「江戸幕府日記」（酒井家本）より

年月日	内　容	殿舎	対　面　者	挨　拶　者
慶安４.６.13	初めて表出御	黒書院	御三家御目見	井伊直孝・酒井忠勝・老中挨拶
８.13		黒書院	御三家対顔	井伊直孝・酒井忠勝・老中挨拶
８.18	将軍宣下済、入御の節	白書院	御三家御目見	井伊直孝・酒井忠勝・老中挨拶
			御三家嫡子御目見	井伊直孝・酒井忠勝・老中挨拶
８.22	御馳走能	大広間	公家対顔	井伊直孝・酒井忠勝挨拶
12.25	越後守昇進	黒書院	越後守中将昇進御礼	井伊直孝・酒井忠勝挨拶、老中伺候
12.28	西丸より本丸へ移る	黒書院	長松（綱重）・徳松（綱吉）対顔	井伊直孝・酒井忠勝挨拶
			御三家御目見	井伊直孝・酒井忠勝・老中挨拶

は世子ながら、譜代上層武断派の第二グループの一角を占めた。

彼らの武断派としての行為は、泰平の世にあっては将軍が外部の者と対面する儀礼において象徴されていると考えられる。朝廷や外国使節など幕府勢力外の者が登城して将軍と対面する儀礼では、彼らは幕閣の位置に着座している。

慶安四年八月十八日に行われた家綱の将軍宣下式では、初めて江戸城に勅使が下向しておこなわれたが、式がおこなわれる大広間では直孝・正之・定行が西縁に列座した。式が済んで入御の節には御三家の御目見の節に直孝・酒井忠勝・老中が挨拶し、その後正之・定行が御目見した。[22] 後代の将軍宣下式でも大広間西縁に溜詰・高家が列座していることが確認でき、[23] ほぼ同内容とみなすことができる。朝鮮通信使が江戸城で将軍と対面する儀式では、直孝は使節に向かう位置に着座し、将軍の意を使節に伝えるという二つの役割を果たした。明暦元年の通信使登城では、直孝・正之・酒井忠清・酒井忠勝が両方を勤めているが、他の年では両役は同一の者ではない（表2参照）。着座するのは井伊家を含む溜詰と老中で、将軍の意を伝える役は彼らのうち井伊家と初期の大老または老中首座にある者のみが勤めている。オランダ商館長の登城の際には、大広間での対面において、西縁頬に直孝・正之・松平頼重・松平忠弘が列座し、南縁頬に酒井忠勝と老中が列座した。[24]

のちの溜詰は恒例・臨時の御礼で将軍が外様大名らと対面する場合には、その場で幕閣の位置に着座している。直孝の頃も同様であったかどうかは史料上確認できなかったが、その可能性は高い。大将である将軍の周囲を部隊長が固めるという軍事形態を遺していると考えられよう。

直孝・正之の幕政参与

将軍・大名間の対面儀礼では、直孝と正之は譜代上層武断派という立場に基づき御礼席が定まったが、両名はそれ以外にも幕政参与という立場から、将軍家の儀礼や非常時に一定の役割を果たした。

将軍の成長儀礼では、宮参り後に井伊家屋敷に立ち寄るのと、元服式で井伊家が加冠役・保科（会津松平）が理髪役という重要な役を務めるが、それ以外の成長儀礼で役割を果たさなくとも、直孝・正之は登城し

て御礼を述べたり、老中と共に祝儀の贈答のおこなわれる場合がある。将軍の誕生日には直孝・正之と酒井忠勝・老中へ餅・酒が下され、袖留祝儀では老中の次に直孝・正之に吸物と酒が下された(25)。

将軍が先祖の祀られている紅葉山東照宮・寛永寺・増上寺に参詣する際には、将軍の出発前に直孝・正之が御目見し、参詣の際には直孝が将軍を先導する先立役を務めた。

また、両名は御礼日以外に登城することがしばしばあった。その理由は、将軍の病気、江戸城周辺の火災・地震など、将軍本人やその居所に非常事態が発生した、あるいはしそうな場合に登城した(26)。その目的は、万一の場合に老中らと協議できるよう待機するためと考えられる。

両名が幕政参与となったのは、徳川家の武威を支える家柄であることが背景にあるが、将軍個人とのあつい信頼関係によるものであった。日々の政務に多忙な老中とは別の立場から、将軍本人および将軍家の安寧を常に心がけ、重要案件のみ幕政会議に参加して発言するのが彼らの役割であったといえる。

一方、直孝には正之には与えられていないもう一つの役割があった。臨時儀礼の際に老中とともにその上座に列席して、御三家らの対面の席で「挨拶」を行うというものである。「挨拶」とは、将軍と諸大名の対面儀礼において、将軍に代わって年寄衆が儀礼をおこなうことであり、具体的には彼らが将軍の意を伝える行為をおこなった(27)。慶安四年段階では、直孝が忠勝・老中の上座で挨拶をしたのは、家綱の初めての表出御をはじめ、表3のとおりである。

この2つの役割がその後どのように継承されたかという点は、その内容のみ考えれば幕政参与は溜詰へ、「挨拶」は御用部屋入りへと受け継がれたとみなすことができる。幕政参与は直孝・正之から榊原忠次・さらに井伊直澄へと継承されたが、貞享から元禄頃に幕政参与・譜代上層・「挨拶」御用が再編され、溜詰・御用部屋入り・大老職が成立したと考えられる。

3　井伊家の家格
――溜詰・御用部屋入り・大老――

殿席「溜詰」

大名に序列をつけ、区分するためには、家格を測るなんらかの「ものさし」が必要となる。そこで使われた指標の主なものは、領地の大小、官位による序列、将軍との親疎関係（親藩・譜代・外様）、殿席《でんせき》による区分であった。それらを組み合わせることにより、大名の家格は表現された。中でもそれらの指標をもとに大名を七つにグループ化し、登城日や登城した際の行為を規定したのが「殿席」であった(28)。殿席とは大名が江戸城に登城した際の控え席または詰め間の部屋名を冠した区分である。

井伊家の殿席は、常に「溜詰《たまりづめ》」であった(29)。溜詰にあった大名は、保科正之を祖とする会津藩松平家、水戸徳川家の分家である高松藩松平家と井伊家の三家が常に世子の段階からこの席にあったほか、家督相続時には別の席にあるが侍従昇進にあわせて溜詰を認められる家があった。幕末になると後者は増加傾向にあり、前三家を常溜、後者を飛溜と呼んで席内で区別することもあった。

幕府の役職に就いている者は殿席には属さない。溜詰はもちろん幕府の役職ではないが、他の殿席とは異なり、[30]将軍家の家臣として一定の役割を与えられていた。溜詰の勤めを掲げると、

表4　溜詰大名家一覧　　　　註29論文をもとに作成　　　居城は幕末時点のもの

家名・名前	居城	区分	年代
井伊掃部頭 松平肥後守 松平讃岐守	彦根 会津 高松	常　溜 （世子・当主とも歴代が常に溜詰）	当初より
松平下総守 酒井雅楽頭 松平隠岐守 松平越中守	忍 姫路 松山 桑名	飛　溜 （ある時点以降の歴代が別の席を経て溜詰）	当初より 寛延2以降の侍従昇進者 宝暦6以降の侍従昇進者 寛政5以降の侍従昇進者
奥平大膳大夫昌高 酒井左衛門尉忠器 小笠原大膳大夫忠固 堀田備中守正篤	中津 庄内 小倉 佐倉	一　代　切 （本人のみ溜詰格を経て溜詰）	文化14～文政8 天保4～天保12 天保6～天保14 安政元～安政2
酒井若狭守忠義 牧野備前守忠雅 松平和泉守乗全 本多美濃守忠民 内藤紀伊守信親 本庄伯耆守宗秀 井上河内守正直	小浜 長岡 西尾 岡崎 村上 宮津 浜松	溜　詰　格 （幕末期、老中・京都所司代退職者）	嘉永3～安政5 安政4～安政5 安政4～安政5 安政5～（老中就任期以外） 文久2 文久2～慶応2 慶応3～

①恒例の対面儀礼では、御三家の次に対面し、将軍が白書院や大広間で表大名と対面する儀礼において幕閣の位置に着座する。

②毎月七日～十一日頃と二十一日～二十三日頃に溜詰一同が登城して、老中に対面して将軍の御機嫌を伺う。間《あい》の御機嫌伺登城と称した。

③江戸城付近で火災や強い地震・落雷があった場合に登城して、老中に対面して将軍の御機嫌を伺う。

④将軍が紅葉山や寛永寺・増上寺にある祖廟を参詣する際に、その先立・予参を務める。

⑤溜詰大名本人の帰国中は、家臣が数日おきに登城し、将軍の御機嫌を伺う。

⑥老中から政務を聴取する。

これらに共通する役割は、将軍が外出する際にはみずから護衛し、それ以外の時にも常に将軍の身体に変わりはないかと御機嫌を伺うことである。いずれも、直孝らがおこなっていた役割を溜詰全体で継承したものといえる。

これらは一斉に確立したわけではない。いずれも井伊直孝や保科正之以来の役割を継承し、溜詰全体の役割となったものである。溜詰の役割となった時期の判明するのは、②間の御機嫌伺登城の開始が貞享元年から三年頃という伝承があり、④先立役が溜詰全体の役割となったのは将軍家宣代替わり（宝永六年）以降、⑤家臣の登城も同じ宝永六年には確立していたことが判明する。月次登城では、将軍家綱の代替わり後である慶安四年にはすでに同様の形態が見られるが、各役割が揃ったのは六代将軍家宣期であった。

御用部屋入り

井伊家のみ溜詰の範疇にありながら、他の溜詰とは登城日や御礼席が異なる期間がある。老中の御用部屋に入って将軍の御機嫌を伺うことを許されるため、「御用部屋入り」と称される。幕末の直弼以外は、御用部屋入りの期間を経て大老職を勤めている。また、大老退任後も御用部屋入りの行為をとる。その行動は、次の通りである。

①殿中での御礼席は、老中と共に中奥の御座之間となる。

②将軍が表向に出御する場合には、老中の上座で御供する。
③黒書院での御礼では溜之間に着座する。恒例の御礼はもちろん、臨時の御礼により出御のある時には登城して着座する。白書院・大広間では老中の上座に着座する。御礼が済むと老中と別れて退出する。
④間之御機嫌伺登城は月次御礼の間に2回ずつ登城し、御用部屋において老中に対し、将軍の御機嫌を伺う。
⑤御用部屋内での座次は、月番の脇である。
御用部屋入りの行為の詳細は、翻刻史料2を参照されたい。

御用部屋入りは、直興が大老就任前の元禄八年（一六九五）に命じられたのが最初であるが、その起源をたどると、直孝以来、井伊家の役割と認識されていたものを継承したものと考えられる。直興が拝命した内容は、「向後表方御礼の節老中列に着座致すべし、其上御用部屋へも罷り通り候」(31)というものであった。

大老

大老は、幕府の役職の一つであり、殿席である溜詰や御用部屋入りとは同じ範疇に属さないかもしれない。しかし、幕末の直弼を除いて、一・二年程度、御用部屋入りの期間を経て大老となっており、御用部屋入りと大老には関連が認められる。実際、直幸の大老就任について、本書「井伊直幸と松平容頌の官位昇進競争」で述べるとおり、当時の井伊家周辺ではそのような認識があった。

大老の職務を直幸の勤めから見ていくと、大老就任当日に拝命した内容は次の通りである。

覚

一、端午重陽歳暮参勤等之音物、惣而献上物之御残り、其外音物等前之通受納可有之候事
一、御三家方始、其外江も御用ハ格別外之勤ニ不及候事

覚

一、向後為伺御機嫌登城之節、下部屋より直ニ御用部屋江可被相通候事、尤月番之老中相通り候後可被相通候、其節若年寄御用部屋前廊下ニ而泊り方御側衆御機嫌之儀可申聞候間、右御機嫌之儀相伺候而、御用部屋江可被相越候事
一、登　城有之候日召出も有之候ハヽ、老中之上ニ而一同　御目見可被致候事
　但、御座之間并御表ニ而御礼衆も有之候ハヽ、相続候而も登城可被致候、平日ハ三四日間夕ニも登　城可被致候事
一、西丸之御機嫌伺ニハ、一ヶ月ニ両三度程ツヽ、勝手次第被相越候様可被致候事
一、御礼候御白書院・御黒書院東方ニ着座、御取合等ニも老中一同ニ有之段、前〻相達候趣ニ候得共、着座之儀ハ只今迄之通可被心得候事
一、上野増上寺・紅葉山都而御参詣之旨登　城ニ不及候、尤　御先立も向後被仰付間敷候事
　但、御鷹野等之遠御成之節、勿論登　城ニ不及候事
一、平日登　城之節者、昼過迄も被見合、勝手次第退出可被致候、退出之節ハ御用懸り御側衆迄申上退出可被致候事

　　但、支度被致度節ハ献之間、御料理勝手次第可被申付候
一、月次御礼其外不時御礼之節被入御、御跡ニ而申渡事歟、何ぞ表
ニ而手間取候節者老中ニ無構御用部屋江帰り候を相待、其後見合
勝手次第退出可被致候事
一、登　城無之日も、部屋番ハ罷出可申候、何ぞ心得ニ相成候儀ハ、
手紙を以部屋番江可相渡候事
一、御祝儀事、又者為伺御機嫌献上物有之節者、老中一同一紙目録を
以、以来献上有之候事
　　但、不時献上物者格別之事ニ候、尤不時献上物被致候ハ、、老
　　中迄沙汰可被致候事
一、老中よりハ、日〻朝為伺御機嫌部屋番之者差出候、向後同様部
屋番被差出可然事(32)

主に大老本人の登城日・将軍への御目見など儀礼行為についての行動を規定している。また、家臣の体制や城内での処遇、屋敷で一定日に対客するなどの体制については、老中と同様とするよう定められた。諸大名からは老中と同等の献上物や御礼がなされ、殿中での処遇は老中並となる。

ただ、登城日は三・四日間隔、退出時間は昼過ぎ勝手次第でよく、田沼意次ら敏腕老中の中にあって政治的能力が期待されたとは思えない。

実は直幸の大老退任経緯を見ると、実質的には罷免であったことがわかる。当時、将軍は家斉へと代替わりして田沼意次は失脚し、天明七年六月松平定信が老中首座に就任していた。そこで、同年九月十一日、定信らは登城した直幸を内談する部屋へ呼び出して、将軍の意向として直幸に大老職辞任を内願するよう働きかけた。実質的には罷免であるが直幸から辞任を願い出るような形式をとったのである。そこでは大老直幸の現状として「御大老職之義当時之御模様にては何となく老中と同様の仕成」という(33)。

直幸は、その就任経緯から考えて、政治手腕が期待されたわけではなく、田沼政権において形式的に幕閣のトップに立つことができたというのが実状ではないか。そのため、政権交代によりあっさりと罷免されたと考えられる。

政権実力者との関係は、直興の大老就任期にもあてはまる。直興が大老に就任した元禄十年（一六九七）は柳沢吉保の側用人政治の時期にあたる。将軍と老中の関係は家光・家綱期とは異なり、将軍綱吉＝側用人の体制の中で老中はその埒外に置かれた。そこで側用人・老中とは別の「第三のポスト」という意味が大老にはあったのではないだろうか。井伊直興の大老就任の経緯が判明する史料は確認できていないが、当時、井伊家は大老を務めるべき家格であることを主張するためまとめられた由緒書「御覚書」が柳沢に提出されているため、直興の大老就任に柳沢が関与していたのは間違いないであろう。

なお、元禄以降の井伊家の大老とそれ以前の大老は、同一名称ではあるが役割の内容は異なると考える。初期の土井利勝・酒井忠勝・酒井忠清・堀田正俊は、老中を経験した後その役割である加判が免除されて、老中より一段上の立場から老中と共に政務を執った。それに対し、直興以降の井伊家の大老は老中の経験はなく、それまでの政治的手腕の評価により大老職となったわけではない。また、井伊直澄を大老とする辞書

類は多いが、既に美和信夫『江戸幕府職制の基礎的研究』[34]にあるように、直澄は大老に含めるべきではないと考える。それは直澄が寛文八年十一月十九日に拝命した内容は「父掃部頭通ニ松平式部大輔跡役被仰付」[35]、「年頃も能候間、向後大成御用有之時分は罷出、何も相談仕、前掃部相勤候通に相心得候様」[36]というものであり、これは直孝・保科正之・榊原忠次と継承された幕政参与にあたるためである。[37]

4　幕府儀礼と井伊家

幕府儀礼への井伊家の関わり方は、儀礼に臨む立場から二つに大別できる。一つは、一大名として幕府儀礼に参列するというもので、年中行事や将軍家の冠婚葬祭などで、主君である将軍に対面して御礼を述べた。儀礼の受け手という立場である。もう一つは、幕府儀礼に何らかの役割を果たしたもので、執行者側に属する。これらの御用を勤めたのは、溜詰の勤めというものもあれば、井伊家独自のものもある。

そこで次に、後者の井伊家が拝命した御用について、個別に具体像を明らかにした上で、井伊家がそれらを拝命した論理を探り、大名とくに譜代大名にとっての幕府儀礼の意義を考えたい。

殿中儀礼での「着座」

井伊家ら溜詰大名は、将軍と大名の対面儀礼のある日には、みずから将軍へ御目見した後、他大名の対面儀礼の場に列座するという役割があった。この「着座」は、勤めを命じられてはじめて溜詰の一員となることができるという、溜詰の根本的な役割であった。[38]溜詰の「着座」を五節句の祝儀を例に見てみると、まず白書院で大廊下席（御三家・前田家ら）の次に溜詰が将軍に御目見した後、将軍は大広間での大広間席・帝鑑間席・柳間席といった表大名との御目見があるが、溜詰は将軍が大広間へ向かうのを先廻りして大広間二之間の縁側に着座する。この席は老中よりも上座にあたり、対面する両者の側面に居並ぶことになる。同様の位置に着座するのは老中・若年寄らの役人や詰衆であり、儀礼を執行する側に立っていることになる。

将軍が表大名一同と対面する儀礼では常に溜詰は着座するが、それ以外に幕府が大名一同を集めて重大な発表をする場合にも溜詰の着座はなされる。例えば、将軍吉宗が隠居を公表した時には、諸大名への仰せ渡しは老中松平乗邑がおこない、溜詰である井伊直定・松平頼恭がその場に着座した。[39]これら発表事項は、事前に溜詰へ伝えられている。つまり、形骸化しているものの、老中が執行する幕政が溜詰へ諮問され、承認がおこなわれ、承認済みであることの表現が公表する場への列座とみなすことができる。

将軍への供奉

①寺社・祖廟参詣

将軍が江戸城から外出する公式行事として、将軍家歴代の霊屋のある江戸城内紅葉山東照宮・上野寛永寺・芝増上寺への参詣があった。これは、将軍の祖先にあたる歴代将軍・正室らの祥月命日や遠忌法会、東照宮の祭礼日などには将軍がみずから参詣したもので、それに伴い老中をはじめ幕府役人らがそれぞれの役割を果たした。

将軍が祖廟を参詣する際には、溜詰大名のうちの一人が将軍を先導する先立役を務めた。将軍は江戸城から輿に乗り、参詣する霊屋の前までやってくる。輿を降りて勅額門から歩いて拝殿まで向かう将軍の前を先導するのが先立役の役割である。その過程を示す史料は、史料翻刻１の２に掲載した。

また、毎年四月十七日の家康命日に行われる東照宮大祭に将軍が紅葉山へ参詣する時には、溜詰の一人が先立を勤めるほか、その他の溜詰は予参をおこなった。予参とは将軍の参詣に同席し、将軍が参拝した次に参拝して奉幣するもので、陪拝とも称した。御三家は将軍が祖廟を参詣するたびに予参をしている。将軍の一族として将軍家の先祖供養の場に同席するのである。東照宮大祭の時には御三家だけではなく溜詰で先立役以外の者も予参した。また、遠忌法会の結願後に将軍が霊屋を参詣する際には、御三家の予参はなく、先立以外の溜詰が着座をした。着座とは、惣奉行の老中の上座にあり、参詣の場に同席することである。

先立役は当初から溜詰だけが勤めていたわけではない。直孝の健在時には彼がほぼ勤めていたが、その後は保科正之と老中が交互に勤め、井伊直澄の幕政参与期間には直澄が勤め、その後保科正容も勤めるようになった。綱吉期には彼らだけではなく側用人が勤めたこともある。殿席とは関係なく、将軍との信頼関係で数名が勤めていた。溜詰の役割と確定したのは将軍家宣の時代である。綱吉期に側用人が勤めたのは綱吉の意向とも考えられるが、家宣へ政権が交替したのを契機に、旧例を参照して井伊家や保科家の属する溜詰の役割としたものと考えられる。その時点で、それまで勤めたことのない溜詰の家も新たに勤めるようになった。つまり、先例を参照しながらも、新たに殿席という単位へ均質に役を賦課するよう再編したのであった。

なお、溜詰に入ると同時に先立役を勤めることができるようになったのではなく、溜詰拝命の後に改めて先立役を勤めるよう仰せ出される。形式としては、溜詰の中から認められた者が勤めるということであり、溜詰は先立役を勤めることができる必要条件といえる。

先立役を拝命できるためには別の条件もクリアしていないといけなかった。それを拝命時期の例から見ると、若年の世子は溜詰後もしばらくは先立役を勤めず、前髪執を済ませた後に拝命していることがわかる。井伊直豊は安永六年に十五歳（但し幕府に届け出たのは十八歳）で溜詰入りし、安永八年六月、十七歳で前髪執を行い、その翌月に先立役を命じられた。直亮も十三歳で溜詰入りし、十六歳で前髪執を済ませた後に先立役を拝命している。それは、溜詰として当初認められた江戸城内の儀礼は複数名で行動し、大名としての経験を積む意味があったが、先立役という御用は実質的な成人しか勤めることができなかったためと考えられる。将軍家綱は五歳で元服式をおこなったが、前髪執の儀礼（万治二年一月）を済ませて代始めとみなされるのと同様であり、殿中儀礼へ参画できるようになる形式的な元服と、役を果たすことのできる本元服（前髪執）という、二つの成人儀礼の持つ意味が見いだせる。(40)

② 日光供奉

家康を祀る日光東照宮には家光・家綱は何度も参詣しているが、時代が下るにつれて将軍が直接参詣することは少なくなり、吉宗以降、将軍の軍事的権威を誇示する一世一代の盛大なイベントと化した。大名・役人は御供・留守において何らかの役割を分担した。その中で井伊家は、毎度将軍の側で供奉し、日光山の御霊屋では将軍の先立を勤めた。また、出立前に御用を務める諸大名らへ法令を発布する際には、白書院下段から帝鑑間にかけて居並ぶ諸大名に対し、井伊と老中が上段の襖際に着座して、表右筆が法令を読み聞かせた。この席でも老中より上座に位置し、諸大名の前では幕閣筆頭として振る舞っている。

かかる井伊家の役割は、家光・家綱の社参には常に井伊家が供奉していたのを継承している。ただ、同じ溜詰の会津松平家・高松松平家は寛文年間までは供奉を勤めたこともあったが、享保以降は常に留守を守っている。享保十二年、翌年に将軍の日光社参を決定した後、幕府は七月二十二日、諸大名に対して日光社参の先例があれば提出するよう命じ、先例を調査している(41)。井伊家では、寛文三年の供奉次第を提出し、その後も幕府からの問い合わせに答えた。幕府ではそれらを吟味した結果、八月十一日、井伊直惟に御供、松平頼豊に留守を仰せ付け、翌十二日、供連を公表した。

享保年間には先例を参照して検討を加え、諸大名の役割などを決定したが、それ以降は享保十三年の社参を先例とした。その次の日光社参は明和六年五月に仰せ出されているが(42)、井伊家は供奉を、高松松平家は留守を拝命という、享保時と同様のものであった。井伊家へ供奉を命じる将軍の言葉は「御吉例之通、不相替目出度御供仕候様(43)」というものであり、「吉例の通り」と前例どおりにすることを尊ぶ意識が読みとれる。

日光供奉においては、大名個別に役割が与えられたが、享保年間に定められた役割が固定化し、その後も家固有の役割として継承された。

将軍の名代

①日光名代

寛文年間までは、日光東照宮での家康・家光の遠忌法会に将軍みずからが参詣したが、それ以降は将軍社参はほとんどなくなり、江戸城内の紅葉山東照宮へ参詣し、家臣が日光へ派遣された。毎年の法会には高家が代参使として派遣されたが、五十年ごとの遠忌には盛大な法会が執行されたため、将軍やその家族、御三家らの名代が日光へ赴いた。将軍の名代は家康の遠忌には井伊家が、家光遠忌には高松松平家が勤めた。

代参の経過を元治二年（一八六五）の東照宮二五〇回忌法会の式書(44)により見ていく。

同年の名代は、井伊直憲が長州出兵の先鋒を命じられたことにより、一旦は日光名代を酒井雅楽頭忠績が務めるよう決定したが、二月一日、酒井が大老職となったため、二月五日改めて井伊直憲に命じられたのであった。当時、直憲は彦根にあったため、名代拝命の知らせを聞いて江戸に向かい、三月二十九日に到着した。四月六日、前日の登城召の老中より「明六日、日光へ御暇可被下候間、清候て五半時西丸へ可被罷出候、以上」という達書が到来する。当時、焼失した本丸に代わり西丸にあった仮御殿に登城した。その際に指示には「清候て」というものがあった。将軍は日光名代として派遣する者と対面するときには「清め」すなわち潔斎した状態で対面するが、名代の者も潔斎している。名代の道中の食事は別火で調理するなど、その「清め」の状態を維持したまま日光まで行った。

登城すると、通例のように数寄屋へ入った後、御座之間へ向かう。御座之間での行動は図示して記録されている。御座之間では、廊下で老中松平（本庄）伯耆守宗秀より今日の進退を聞いた後、若年寄土岐山城守の案内で御座之間内に入り、将軍に対面した。御座之間では上段まで上がり、将軍から「日光法会に付御名代相勤むべし」との上意を承る。下段に下がって老中からの取り合わせと直憲自身から御請を申し上げると、将軍からは馬を下される旨の上意があった。御座之間から退出し、黒書院溜之間で老中から進献物目録を受け取った。十二日には旅装束で発足した。発足の際には、見送りの面々と対面する。居間書院で一族である与板藩主井伊兵部少輔直安と対面し、昆布・熨斗・濃茶・大豆などで祝い、留守を守る家老小野田小一郎以下と対面して出発した。

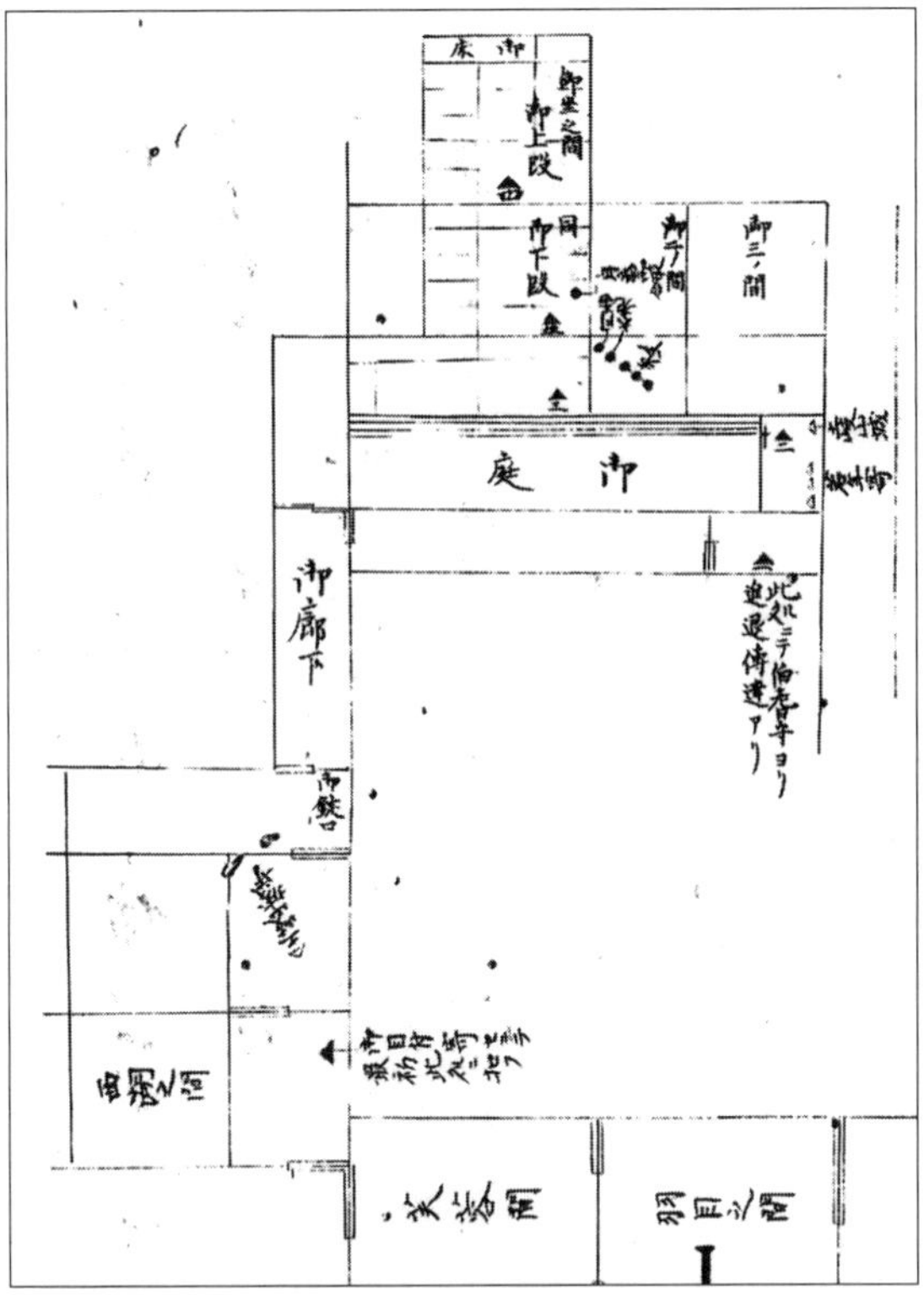

「日光御名代直勤之式書」より　御暇式図［758］

四月十五日に日光に到着するが、日光山に入る前にも入浴して清めをして着替えてから、下乗して神橋を渡った。神橋を渡り終わると再び乗駕して宿坊の南照院に到着した。

宿坊へは惣奉行を勤める老中の水野和泉守はじめ在山の役人が来訪し、次いで惣奉行の宿舎仏頂院や本坊に出向いて挨拶を交わした。十六日には将軍の上使としてやってきた竹本隼人正と本坊にて対面、「公方様益御機嫌能被成御座候、御名代ニ相越太儀被思召候」旨の上意を承った。その後御宮を内見し、十七日には、惣奉行水野とともに祭礼での勤め向きの動作位置などを確認した。十八日には、朝から本坊で饗応を受け、祭礼を拝見、夕方から束帯の装束を着して奥之院で将軍の名代として太刀を献じ拝礼した。十八日は本社法会に着座して拝礼、十九日には本地堂法会に着座し、二十日に日光を出発して二十三日に江戸に帰着した。

表5　溜詰の日光名代

年　月　日	内　　容	名代者
寛永 9（1632）4.17	家康 1 回忌法会	井伊直孝
寛文 5（1665）4.17	家康 50 回忌法会	井伊直澄
寛文 7（1667）4.20	家光 17 回忌法会	井伊直澄
寛文 11（1671）4.19	家光 21 回忌法会	井伊直澄
元禄 13（1700）4.20	家光 50 回忌法会	松平頼常
宝永 7（1710）3.11	家宣代替わりにつき	井伊直通
正徳 3（1713）4.7	家継将軍宣下につき	松平頼豊
正徳 5（1715）4.18	家康 100 回忌法会	井伊直惟
延享 2（1745）11.7	家重将軍宣下	井伊直定
寛延 3（1750）4.20	家光 100 回忌法会	松平頼恭
宝暦 10（1760）9.	家治将軍宣下	酒井忠恭
明和 2（1765）4.17	家康 150 回忌法会	井伊直幸
天明 元（1781）閏 5.28	家斉養子につき	松平頼起
寛政 12（1800）4.19/20	家光 150 回忌法会	松平頼儀
文化 12（1815）4.17	家康 200 回忌法会	井伊直亮
文政 11（1828）3.17	家斉昇進につき	松平頼胤
嘉永 3（1850）4.20	家光 200 回忌法会	堀田正篤
慶応 元（1865）4.17	家康 250 回忌法会	井伊直憲

遠忌における日光名代を勤めた家は表5のとおりである。最初の寛永九年は将軍家光が父秀忠の喪中につき井伊直孝が代参したものである。初期は井伊家が中心であるが、元禄十三年の家光五十

回忌[45]に高松松平家が名代を勤めて以降、家康遠忌は井伊家、家光遠忌は高松松平家が代参している。

②京都上使役

日光名代とともに、将軍の代理を務める御用として京都上使役がある。将軍の使者として朝廷へ赴き、天皇に対面して将軍の意向を直接伝える。上洛途中や京都で対面する幕府関係者からは、将軍に準ずる扱いを受けた。派遣目的は、将軍宣下の御礼をはじめとする将軍家任官の御礼言上や、朝廷の吉事へ祝儀を述べるためであった。溜詰に限らず、老中を経験するような譜代の上層の家から選ばれた。侍従以上か、御用拝命時に侍従に任じられたが、それは天皇と対面するためには昇殿が許される侍従以上の官職である必要があったからである。京都上使役については、本書朝尾論文「井伊直豊の京都上使」に詳述している。

将軍家儀礼への関わり

①将軍家若君と井伊家

家の跡継ぎとなる子供が誕生すると、種々の儀礼を重ねてその成長を祝った。将軍家では、有力家臣が先例に基づいてさまざまな役割を分担した。井伊家は将軍家跡継ぎの成長儀礼の中でも、重要な二つの役割を果たしている。

一つは将軍家の世子が宮参りとして紅葉山東照宮・日吉山王社へ参詣した後、休息をとるために井伊家屋敷に立ち寄るというものである。詳細は本書皿海論文を参照されたい。寛永十八年（一六四一）、家光に待望の嫡子家綱が誕生し、宮参りの帰りに井伊直孝の屋敷に立ち寄ったことを先例とする。井伊家の屋敷が山王社からの帰途の道筋にあったこともあろうが、嫡子である若君のみが井伊家へ御成し、その他の子供は別の家へ立ち寄ったことを考えると、若君と井伊家の間に独自の関係を築こうとしたことが窺える。

もう一つは若君の元服式での加冠役である。元服式で加冠役を勤める者は烏帽子親とも呼ばれ、後見人的な性格が強い。天皇の場合は太政大臣が勤め、武家では家老格の重臣が勤めた。これも正保二年（一六四五）、家綱の元服式で直孝が勤めたのが初例で、その後、江戸時代を通じて七回、いずれも井伊家当主が勤めた。

井伊家が宮参り後の御成や元服式での加冠役を務めるのは、筆頭の家臣による跡継ぎへの後見人という位置づけがある。御成の際には井伊家の家族が揃って若君に対面する。これは次世代にわたっても家として後見を勤めることが期待された儀礼と考えられる。また、元服式では若君の具足を調えて献上しているが、これも武威を支える筆頭の家臣の勤めと考えられる。そのため、井伊家以外が勤めようとする動きは見られず、幕閣や諸大名からも井伊家固有の役割と認識されていたと考えられる。

②譜代＝徳川家臣としての祝儀

江戸城でおこなわれる儀礼には、将軍家の儀礼ともいうべきものがある。将軍およびその家族の冠婚葬祭である。それへの諸大名の関わり方は、将軍と諸大名の対面儀礼が中心の年中行事とは異なる性質がある。

例えば、若君の成長儀礼では、家基（家治嫡子、世継ぎのまま死去）の例で見ると、初めて表出御した宝暦十三年三月一日には、御三家・加賀前田家・溜詰・越前家が白書院で御目見、帝鑑間で譜代大名とその嫡子・雁間詰・奏者番とその嫡子が御目見をしている。同日には外様大名は登城していない。袴着祝儀（明和三年一月二十八日）では、その儀礼には同席しない井伊と会津松平の二名が別の部屋（雁之間）で餅・吸物・酒を頂戴している。また、袴着や前髪執祝儀（安永七年四月十一日）が済むと祝儀の能を催しているが、それの見物を許されたのも譜代大名や幕府役人である。(46) また、姫君の婚礼でも結納式の際には譜代大名は登城し、式の場には列座しないが式後に格式に応じて対面する。(47) つまり、将軍家の祝儀では、より盛大なものは外様も含めたすべての大名が登城してそれに関わるが、儀礼によっては将軍家の家臣である譜代大名だけが祝儀の場に同席した。井伊家も譜代大名の一員として将軍家の儀礼へ列席した。

③具足祝儀の相伴

具足祝儀(48)も将軍家の儀礼と言えるものである。当日の登城者は譜代大名と幕府役人のみで、御三家や外様大名は登城しない。徳川家とその家臣の間での儀礼という性格が強い。

この儀礼では、黒書院の床に徳川家康の吉祥の鎧である歯朶具足を飾り、(49) 将軍はその前で具足餅の祝儀膳と酒を食すが、井伊家がそれに相伴することがある。将軍は黒書院で具足餅を祝う時、井伊のみが同じ黒書院で餅と酒を頂いた。それが終わってから黒書院で譜代上層の御目見があり、彼らは将軍が中奥に入ってから帝鑑間で祝儀餅をいただいた。

井伊家が相伴するのは、井伊家歴代が御用部屋入りもしくは大老職にある期間のみである。二代直孝が寛永十年に初めて相伴し、直澄・直興・直幸・直亮・直弼がある時期以降相伴をした。井伊家が相伴しない時は他の大名の相伴はなされない。相伴しない時期の井伊は他の溜詰と同様に黒書院で御目見して、帝鑑間で祝儀膳をいただいた。

成立期にさかのぼると、井伊家以外では、寛永十年から直孝とともに松平忠明が務め、忠明が務められなかった最初の一度のみは土井利勝・酒井忠勝が務めた例はあるが、その後この両名が務めたことはなく、忠明の死後は井伊家以外が務めた例はない。(50) 当初は直孝のみが務める役とされたのではなく、将軍の後見をする老臣が勤めたが、その後、直孝のみが長くその役を務めたため、その後も井伊家のみが務める役として定着したということができよう。武門を支える筆頭家臣としての井伊家の立場を象徴する儀礼といえる。

御用拝命の論理

以上、井伊家の勤めた幕府内の御用を概観してきた。御用を勤めるには多額の出費を要するものもあり、勤めを無事終えると恩賞として官位の昇進が認められるものもあった。若君の御成と元服加冠役、京都上使役、日光名代がそれにあたる。

では、ここで御用拝命の論理を考えておく。

一つは「殿席」の御用がある。井伊家の殿席である溜詰において構成員全員が均等に勤めた御用があった。殿中儀礼での「着座」や将軍の祖廟参詣における先立・予参・被物御用がそれにあたる。先立役など一人で勤める役は在府している全員が交代で勤めた。支障がある場合には別の同席が交代した。溜詰の各人の勤めにおける格差を考えると、官位を基準とした序列はあるが、それは座次であり、同一の席で共に行動している。先立役などの御用は均等に配分された。同席とは殿中では同様の行動をとる集団であり、同一の役割を交代して務めることができる関係でもあった。

一方、殿席には規定されず、井伊家のみが勤める御用もある。井伊家では、将軍家若君の御宮参り後の御成や元服式での加冠役を勤め、家康の遠忌には日光代参を勤めた。また、御用部屋入りの段階に限られるが、一月十一日の具足祝儀では将軍の祝儀膳に井伊家のみが相伴した。

これらは、井伊家固有の立場から他家には勤められないという認識のあったもののほか、結果として井伊家のみが勤めたが、他家が勤める可能性があったものとに二分できる。

他家では代替しえない固有の立場とは、将軍を守る家臣の筆頭という立場である。将軍若君に関わる御用や具足祝儀などである。それに対して井伊家以外も勤める可能性のあったのは日光代参である。日光山で家康遠忌法会が催される際の将軍名代は五十回忌・百回忌を井伊家が勤めており、百五十回忌法会が行われた明和二年頃には先例を重視する意識が浸透していたため、結果として井伊家が名代の御用を拝命したが、同席である会津松平家では日光代参は溜詰の御用とみなし、自家が勤めることを老中に内願している(51)。また、慶応元年の家康二百五十回忌法会の日光名代も、井伊直憲は長州出兵を拝命したため酒井忠績が勤めることとなったが、酒井が大老職を拝命したため、先例のある井伊家へと御用が命じられた。日光代参を勤める資格を考えると、必ず井伊家である必要はなく、先例に基づいて毎度井伊家が勤めてきたのであった。井伊家が毎度勤められたのは結果に過ぎない。

おわりに

幕府が大名に御用を任命する際には、個別家の家格はもちろんであるが、相対的な家格すなわち大名間のバランスも考慮に入れられている。殿席にもとづく同格の家に同様の役を賦課するという発想がある。

例えば、弘化四年（一八四七）、井伊家は相模湾の警衛を拝命したが、井伊家では自家は京都守護の家柄であるため相州警衛は家格不相応と考え、警衛を勤めながらも持ち場替えを願った。ところが、この時の幕府の海防政策全般では、それまで相模湾は川越藩に、房総半島は忍藩に警衛を命じていたが、このたびそれに加えて相模は井伊家、房総は会津松平家に警衛を命じている。会津が御用拝命にあたり老中阿部正弘方より承ったのは「御家之儀ハ兼々武備之御世話被為在候も右等之御用御勤可被成ため之儀ニ而、強而彼是被仰立偏ニ御遁被成度思召之様抔ニ響合候而ハ然ル間敷哉」、「相房総河口之義ハ枢要之御場所ニ候処、当時外夷之形勢先年之比ひニ無之候ニ付、御身近之方へ被仰付候御評議ニ相成今日之御沙汰ニ相成候(52)」というものであった。会津は武備の世話をしていた家すなわち将軍家の武門をつかさどる家柄であるため、外夷の危機にあたってその軍事力の投入を命じたというが、それは井伊家も同様である。殿席およびその本質にもとづいて両家へ相州警衛を命じた幕府の論理は正当なものと言える。文久二年（一八六二）に井伊家が京都守護を免じられ、会津藩主松平容保に京都守護職が命じられた際にも、三・四年経って直憲が成長したら、両名が交代で勤める見込みであるという考えを幕府の奥右筆組頭上倉彦左衛門より彦根藩城使役が承っている(53)。これらは、溜詰の中でも井伊家・会津松平家が同等の関係にあるという考えのもと、両家に均等に役を賦課しようという意図がうかがえる。

　幕末の動乱に対処するために幕府が軍事動員を命じた大名は、将軍の軍事力としての役割を幕府儀礼において続けてきた溜詰の家であった。

【註】

1　二木謙一『武家儀礼格式の研究』（吉川弘文館、二〇〇三年）、橋本政宣編『近世武家官位の研究』（続群書類従完成会、一九九九年）、小宮木代良「幕藩政治史における儀礼的行為の位置づけについて」（『歴史学研究』七〇三、一九九七年）など。

2　小宮木代良前掲註1論文、同「近世武家政治社会形成期における儀礼」（『日本の時代史十四　江戸幕府と東アジア』吉川弘文館、二〇〇三年）。

3　小野清『史料　徳川幕府の制度』（高柳金芳校注、人物往来社、一九六八年、原本は『徳川制度史料』大正十五年）、松平太郎『江戸時代制度の研究』（柏書房、一九七一年、初版は一九一九年）。

4　深井雅海編『江戸時代武家行事儀礼図譜』（東洋書林、二〇〇一～二〇〇二年）。

5　戦国時代以前の井伊氏については『引佐町史』（静岡県引佐町編、一九九一年）、戦国期の井伊氏の動向は「井伊家伝記」（『井伊家伝来典籍』E五三）、井伊家系譜の評価については野田浩子「彦根藩による井伊家系譜の編纂」（彦根城博物館研究紀要八、一九九七年）に詳しい。

6　彦根城博物館『徳川四天王』（一九九五年）所収「井伊直政年表」。

7　「聚楽行幸記」。

8　「織田信雄等二十八名連署血判起請文」（大阪城天守閣所蔵）。

9　井伊家の徳川家に対する奉公を五冊にまとめた「御覚書」［六〇三八一～六〇三八五］。元禄十年、井伊直興から柳沢吉保に提出された。［　］内は彦根藩井伊家文書（彦根城博物館蔵）の調査番号を示す。以下同じ。

10　前掲註9。

11　前掲註9。

12　その一事例として、宇治の茶師上林三入との間で頻繁な贈答関係が見られる（宇治市歴史資料館『大名と茶師』一九九三年）。

13　藤井譲治『江戸幕府老中制形成過程の研究』（校倉書房、一九九〇年）。

14　姫路市立城郭研究室蔵、幕府右筆所日記。以下、「酒井家本」と略記する。本日記は『江戸幕府日記　姫路酒井家本』（全二十六巻、ゆまに書房）として影印版の刊行が開始されているが、本論では国文学研究資料館蔵写真本を利用した。

15　「酒井家本」承応二年一月一日・二日条。

16　二木謙一「江戸幕府将軍拝謁儀礼と大名の格式」（『日本歴史』六一八、一九九九年、のち註1著書に所収）では、井伊家の正月二日登城を寛永十五年からとするが、川島慶子「寛永期の大名の身分序列について―正月二日の拝賀礼の検討を通して」（『史艸』四十、一九九九年）のとおり、寛永十年からとするのが妥当である。

17　「柳営日次記」延宝二年一月一日条。

18　「酒井家本」慶安四年八月一日条。

19　「酒井家本」慶安四年七月一日条。

20　「酒井家本」慶安四年十一月二十八日条。

21　『忠恭様御年譜』（会津若松市史・史料編Ⅲ）弘化四年一月十五日、房総警衛拝命時の箇条。

22　「酒井家本」慶安四年八月十八日条。

23　深井雅海『図解・江戸城をよむ』所収、「正徳三年将軍宣下御礼席図」。

24　「酒井家本」慶安四年十二月二十八日条。

25 「酒井家本」慶安四年八月三日、「柳営日次記」明暦二年五月三日条。

26 明暦二年四月、家綱が疱瘡にかかった時には、初日には直孝と正之が将軍の許に召されて御目見し、翌日からも日々登城して御機嫌を伺い、病状が快方に向かった時にも老中よりその旨を承った。平癒して酒湯を掛ける祝儀の日には、将軍が老中と祝儀を交わした後、隣部屋にあたる御膳立之間にて直孝・正之へも祝儀の吸物・酒が振る舞われている(「柳営日次記」明暦二年三月二十六日～四月十日条)。

27 藤井讓治前掲註13著書。
明暦の大火では、直孝・正之が登城し、老中とともに将軍の居所について協議している(『徳川実紀』明暦三年一月十九日条)。

28 松尾美恵子「大名の殿席と家格」(『徳川林政史研究所研究紀要』昭和五十五年度、一九八一年)。

29 溜詰については、野田浩子「大名殿席『溜詰』の基礎的考察」(『彦根城博物館研究紀要』十二、二〇〇一年)による。

30 殿席のうち雁間詰・菊間縁頬詰は、将軍の側に詰め奉公するために惣登城日以外にも交代で登城する半役人的性格を持つ。大廊下席・大広間席・帝鑑間席・柳間席は儀礼日のみ登城した。

31 「系譜」[三〇四七四]。

32 「直勤留」[八七二]天明四年十一月二十八日条。

33 「直勤留」[四〇二四九]天明七年九月十一日条。

34 広池学園出版部、一九九一年。

35 「柳営日次記」。

36 「系譜」[三〇四七四]。

37 奉書の発給という点からも、直興とそれ以前の役割の違いは明確である。高橋修「老中奉書の文書学的研究」(『歴史』八六輯、一九九五年)。

38 前掲註29論文。

39 「御城使寄合留帳」(『彦根藩井伊家文書』)延享二年九月一日条。

40 大友一雄「近世武家社会の年中儀礼と人生儀礼」(『日本歴史』六三〇、二〇〇〇年)。

41 「日光山御社参控」[六八八八]。

42 この日光社参は結局延引された。

43 「日光供奉直勤之式書」[六八四六]。

44 「日光御名代直勤之式書」[七五八]。

45 元禄十三年三月まで井伊直興は大老職を務めており、井伊家と同格の会津・高松のうち長老で官位の高い高松松平頼常に命じたと思われる。

46 「若君様へ初御目見式書」[五八一五]・「若君様御袴着祝儀登城式書」[五八四九]・「大納言様御前髪被為執候御祝儀登城式書」[五九五一]。

47 万寿姫(家治娘)と尾張家世子徳川治休との縁組での結納は、明和五年四月二十三日に江戸城黒書院で行われ、式には溜詰は溜之間、譜代衆は竹之廊下にて列座、終了後には黒書院で水戸と溜詰が祝儀言上した。(「万寿姫君様御結納被進ニ付登城式書」[五八八七])。

48 本来、具足祝儀は一月二〇日におこなわれていたが、家光の命日が二〇日であるため、承応二年より十一日に変更された。将軍家の具足祝儀の成立は未詳な点が多いが、「元和年録」(『内閣文庫所蔵史籍叢刊』)には元和六年から、『徳川実紀』には元和七年から確認できる。少なくとも将軍となるまでの徳川家では具足祝儀を行っていたとは認められない(平野明夫「戦国・織豊期における徳川家の年中行事」(所理喜夫編『戦国大名から将軍権力へ—転換期を歩く—』吉川弘文館、二〇〇〇年)。家康の具足を祭るため、家康没後、その神格化との関係で整備されたことが想定できる。

49 家綱以降は、その模造品である「御写形」を飾った。

50 「御用部屋入り」と同様の勤めをした松平定信も勤めていない。幕末に大老を勤めた酒井忠績は、元治二年二月一日から同年(慶応元年)十一月十五日がその任期のため、大老として具足祝儀に関わったことはない。

51 本書所収「井伊直幸と松平容頌の官位昇進競争」。

52 前掲註21史料。

53 『新修彦根市史』第八巻史料編近代一—五〇号(二〇〇三年)。

武家と官位

朝尾直弘

はじめに

儀礼をとりあげるのに官位のことから入るのはどういうわけか、とお考えの方も多いであろう。もともと武士の芸能は「弓矢の道」にあり、馬上にあって山野を駆けめぐり、騎射する職人集団に(1)、官位などどれほどの関係も持たないのでは、と思われがちである。

しかし、儀礼は一人では行われず、複数の人数によって集団的に行われる。演劇にたとえると、儀礼を演じる人（主演・助演等役割がある）、背後にあって企画・演出する人（新しいシナリオを書く天下人からマンネリで形どおりの役人たちまで）、それを観る人（みずから儀礼に参加している人から、天井桟敷や普通の街頭でただ見物するばかりの人たちまで）の三者によって構成されている。儀礼を行う空間には必ず座席の問題が生じる。座る場所により、観客の場合よく見える場所、そうでない場所、俳優の場合はこの儀礼におけるその人の役割や地位がわかる。主演俳優の待遇、助演の人たちの位置づけなど、興行師の頭を悩ます問題である。席次は集団内部における序列を表わしている。近世武家社会において、その序列を決定するのに、官位ならびに官位制度は大きな役割をはたした。

また、後述するように、官位は中世社会においては身分の判定に深く関わりあっていた。「侍」身分と従四位、あるいは有官位者との関係は、近世に持ちこまれ、より形式をととのえて現われた。

徳川将軍家を頂点とする大名領主（狭義の武家）の集団的支配＝幕藩体制は、ほんらいその原点に主従の固い契約にもとづく、私的な主従制度があった。即ち、主人と従者が主人の家を場として、御恩と奉公を軸に、私的に、人格的に結びつくかたちであった。「御家の犬」と自称する三河以来の譜代と将軍家の初期の関係はそのようであった。武家の力が大きくなり、組織が広がるとともに支配する領地も拡大した。それが個々の大名領国をこえ、国家的規模での領域化が進むと、組織も制度化を強めた。人格と個性をもった個人と個人との関係は薄れて後景にしりぞき、幕藩官僚制による点数主義、あるいはマンネリズムをもたらす伝統墨守の形式主義もはびこることになる。

「伊豆守」「伊賀守」「土佐守」等、国司の官職名は近世においては称号（名乗り）とされた。本論に紹介されているとおり、将軍が大名に官位をあたえるとき、大名に対しては「四品」または「諸大夫」とのみ伝える。[2] 四品は従四位下であるが、そうはいわずただ「四品」とのみ申し渡す。諸大夫も従五位下に相当するが、同様に「諸大夫」とのみ申し渡す。幕府におけるこの手続きが終わったあと、叙任を受ける人名を集めて、朝廷への手続きがとられ、それぞれ従四位下と従五位下叙任の口宣案が老中をとおして下される。「伊豆守」等の名乗りはこの過程の最初の段階（将軍からの伝達）で叙任を受ける本人がきめる。極端にいえば、本人の趣味・嗜好できまる。もちろん、まったく自由というわけではない。その大名家の歴史、大名個人の経歴などにもとづき、周囲の状況を判断し、とりわけ上位の人物への気遣いを示しながら決定する（上位の人物がえらんだのと同じ官職を名乗ることは無礼とされた）。したがって、律令官制とは根本的に異なる。表面の様式は律令官制の体系そのものであったが、内容も運用の実態も、それとは似ても似つかぬ独立の官位制がそこにはあった。

そして、これが序列の基準となり、将軍家のもとに結集した大名諸家の地位決定に大きな影響をおよぼしたのであった。

1　井伊家の官位と家格

大老の家

井伊家は譜代筆頭の家柄とされる。領知の石高三十五万石（内預り高五万石）は譜代大名のうち最大であり、殿中の座席は溜間にあり、これまた最高の地位にあった。石高でいえば井伊家より大きい領知をもつ大名は、たとえば加賀金沢の前田家、仙台伊達家、薩摩鹿児島の島津家などの有力外様大名があった。徳川将軍家と尾張・紀伊・水戸の三家を除けば、彦根井伊家はトップ・グループに属する大名家であった。

大名の地位は領知の大きさと江戸城内における殿席によって示されていたが、この二つ以外に重要な意味をもったのが官位であった。官位とは律令制に規定された官職と位階のことで、令外官《りょうげのかん》を含め、整然とした秩序の体系に編成されている。

豊臣秀吉は、この体系を利用して、天下統合をはかった。[3] 徳川将軍家もこれを継承したが、それらはもとの官位制度を換骨奪胎し、新しい官位制度の創出ともいえるものであった（後掲）。

彦根井伊家は最も高いところ（極官、極位）で中将、正四位上まで昇進する地位の家であった。歴代藩主のうち、直孝は正保二年（一六四五）四月、のちに四代将軍となる徳川家綱の元服式に加冠役を勤めるに際して、正四位上左近衛権中将《さこんえごんのちゅうじょう》に叙任された。次にこの官位を授与されたのは直該（直興より改名）で、正徳元年（一七一一）十月将軍家宣の上意によって、正四位上左近衛権中将に叙任されている（本書「井伊家歴代年譜」参照）。上意の趣旨がどこにあったか詳細は不明であるが、長男直通、二男直恒があいついで死去し、直興は「御代々格別御奉公も相勤め」たとして再勤を命じられ、じっさいの勤めは「病身に候間、御用捨《ようしゃ》遊ばさるべく候」と免除された(4)。叙任の恩典は恐らく再勤の功労に対して家宣がむくいたのであろう。

ついで直幸《なおひで》が安永七年（一七七八）一月に、直中が文化六年（一八〇九）四月に、直亮《なおあき》が文政十年（一八二七）閏六月に、直弼が安政六年（一八五九）十二月に、それぞれ正四位上に叙された。いずれも、その前数年の間に中将に昇進している。位階昇進の理由は、直幸は家格として勤めねばならないことは残らず勤めたうえ、五十歳になったからとの上意によったほか、直中と直亮は京都上使を勤めた功による。直弼は安政二年十二月、左近衛権中将に任じられた。これは井伊家の内願を受けた老中の申渡書に、「家督継承後、いまだ年数も無いが、相州・江戸湾海岸防備を始めとして、京都警衛役を勤めたので、別段の思召しを以て中将を仰せつける」と記しており(5)、そのとおりであろう。

井伊家は大老を多く出した家として知られている。元禄十年（一六九七）の直興以降、元治二年（一八六五）酒井忠績が任じられるまで、江戸時代の中心になる時期の大老は、すべて井伊家によって独占されていた。やや強調していえば、井伊家は「大老の家」だったのである。大老任命がどのような基準でなされたかはいまのところわかっていない。しかし、「井伊家歴代年譜」をみると、大老を勤めた人物は、すべて正四位上に叙されていることがわかる。幕府の役職と官位制とのあいだには、表に見えない連関があったのではなかろうか。

家職と家格

ここで見落としてならないのは、官位は彦根井伊家という家を単位に授与された点である。大名個人ではない。形式は個人名になっているが、その個人が特定の家に属し、家督を継承した家の当主または嗣子であることによって叙任されている。

直幸を例にとると、宝暦四年（一七五四）嫡子となり、九代将軍家重に目見《めみえ》をし、従四位下侍従に叙任、玄蕃頭を称した。翌五年襲封、掃部頭と改め、同十年家治の将軍宣下により京都上使を勤仕、少将に昇進した。明和二年（一七六三）将軍家治の継嗣家基の元服のときに加冠役を勤めることを命じられ、中将に進んだ。安永七年「齢《よわい》も五旬にをよび、家格の務《つとめ》もすでにのこるところなくつとめしにより」、正四位上に叙された(6)。こうして、天明四年（一七八四）大老職に補されることになった。

「家格の務」の語が示すように、大名にはそれぞれ家の格が定められていた。その基礎には官位制が置かれ、年齢と叙位任官が昇進の条件となり、官位制と主従制との組み合わせによって、家格なるものが大名内部の上下関係における主要な要因として登場している。どの家格の大名がどの役を勤めるかが定まっていたとしたら――たとえば井伊家の場合「京都守護」というような――、中世の官人と家職の関係に近いものが、幕末の列島社会に見出されようとしていたことになる。この問題は、後にもう一度検討する。

いずれにしても、大名の序列編成の基準として家格があり、家格の決定に官位の占める比重は、年をへるごとに増していった。律令制の解体から中世にかけて官司制度が変質し、官職が家につき、公家・官人の家職が固定していった歴史に相似した事態が幕末の列島社会に生起、浸透しつつあった。

　しかし、近世の最初の段階から、こうした状況が存在したかといえば、それは疑問である。井伊家の例だけを見ても、初代藩主となった直政は天正十四年（一五八六）十一月従五位下に叙され、同十六年には侍従に任じられたが、前者は豊臣秀吉と徳川家康の和睦にさいし、後者は後陽成天皇の聚楽第行幸にさいし、いずれも秀吉の奏請によったものと考えられる。また、なんらかの家格類似のものがあったわけでもない。そこに秀吉の思惑がからんでいたにせよ、井伊直政という一個の武将の功績に対する秀吉の恩賞的要素が基本になっていたのは疑いない。江戸幕府の初期においても、官位のことは個々の大名に対する将軍の功績評価のうえで与えられたのであって、大名の家柄や家格等々によったわけではあるまい。

　こうした構造は徐々に変化したと考えられるが、文献のうえで明確な裏付けがとれるのは、いまのところ十八世紀半ばを待たねばならない。寛保三年（一七四三）に定められた「寛保三年御定」は、大名などの官位昇進選考の基準を示す記録である(7)。それについては後に紹介する。先に、家の勤めというとき、避けて通れない「京都守護」の問題について述べておかねばならない。

「京都守護」をめぐって

　安政元年（一八五四）四月幕府は井伊直弼に京都警衛の役を命じた。前年十一月に相模湾警備を免じ、江戸湾羽田・大森の海岸警備に移らせたのち、さらにこれをやめ、京都警衛に専念させたのである。この異動は井伊家（彦根藩）の念願したところであった。相州警衛は京都守護を本務とする井伊家の家格に合わず、きわめて不名誉な役割と理解されていた。いわば低く評価されたわけで、面目が立たないと受けとられた。相州警衛から京都警衛への転回は、井伊家にとっては、その家柄の有した旧格を復活する運動に、勝利をおさめたものと歓迎されている。この間の政治史については、本叢書1におさめた岸本覚論文が詳細に解明したところである(8)。直弼のことばを借りるなら、「古来之通り京都之御守護此上大切ニ相心得」(9)ることになった。

　旧格復活といい、古来の通りといい、これらは井伊家が京都とのあいだになんらかの関係をもつか、或いはもちたがっていたか、いずれにせよ特別な感覚を有したことを示している。それははたして何であったか。吉田常吉『井伊直弼』(10)は、元和年中（一六一五〜二四）二代直孝が将軍から内密の上意として、山城・近江二国に鷹場を賜わったとし、これは表向きのこと、実は京都守衛のためであったとの申し伝えを紹介している。この申し伝えは井伊家に代々うけつがれてきたもので、直弼もそれを根拠に京都守衛説を展開していた。しかし、残念であるが、この伝承を確認する史料はまだ見つかっていない。

　また、京都に異変を生じたとき、天皇以下を奉じて安全な場所に移す義務を負っていたとの伝承もある。松原湊はそのために開発されたというものである。旧版の『彦根市史』[11]は次のようにまとめている。

西国に反乱が起きたなら、時を移さず、京都御所守護の軍隊を湖上坂本に送り、山越えで京都に入り、西国諸大名の先手を打って御所を守護する役目……（中略）、万一の場合は玉座（天皇）を彦根に迎えることをも含まれ……松原湊にはそのための御座船も置いていた。（取意。「彦根築城の政治的軍事的意義」）

彦根領松原湊は織田信長が大船を建造させた場として有名である。天正元年（一五七三）佐和山麓の松原浜に芹川を引きこんで港を整備し、近江国中の鍛冶《かぢ》・番匠《ばんしょう》（大工《だいく》）・杣《そま》を集め、大船を建造させた。船は長さ三十間（五四メートル）、幅七間（一二・六メートル）、百挺の櫓をもち、いざというとき、一日で京都へ大兵を送りこむことができた。直接には、足利義昭の反信長行動への対処として行われたが、その後も、秀吉・家康以下、歴代の天下人に同様の機能を期待されてきた。天皇・関白等の身柄を安全な場所に誘導することも考えられていたと推測される（『信長公記』巻六）。

彦根城の戦略的地位、井伊家のそこへの配置と、江戸時代をつうじ動かなかったこと、幕藩体制における天皇の位置などを総合して考えると、「京都守衛」が家の任務として存在したのは蓋然性の高い伝承と思われるが、確実な裏付け史料は得られていない。

2　官位制を生みだした背景

中世社会の「侍」と「凡下」

官位と官位制度は、明らかに近世の大名編成のなかに生きていた。その前提となった中世社会においては、どのような状態であったか。また、それを必要としていた大名家と家中の人々、その下に組織された庶民の意識についても考えてみたい。

兵農分離などをへて、社会における身分・階層のあり方が、或る意味ではわかりやすい近世社会にくらべると、中世の社会的身分は諸権門それぞれが内部にもつ独自の階層秩序が複雑にからみあっていた。法も公家法、武家法（幕府法）、寺院法などがあり、住民すべてが規制される共通の法は意識されず、その身分のあり方は外からは見えにくく、わかりにくい構造をもっていた。

そのうちにあって、比較的中世全般をつうじ、はっきりとした身分の区別は「侍《さむらい》」と「凡下《ぼんげ》」の別であった[12]。「侍」は「さぶらふ」の名詞形で、かつては公家その他主君に仕《つか》える者一般をさしていた。平安末から鎌倉時代にかけて、それがひとつの社会的身分、即ち「侍品仁《じほんのじん》」＝「侍」身分を構成するようになった。「侍」の対極にいたのが「凡下」である。

荘園や村落の住民のなかには、明らかにこれら二つの身分階層が存在し、在地の慣習法のなかでは、検断沙汰や服装のうえで、両者の間には身分上の差別が存在した。

たとえば犯罪の嫌疑をかけられたとき、「凡下」は拷問を受けるが、「侍」に拷問は適用されなかった。その根拠は、公家法が有官位者およびそれに准ずる者（僧侶、五位以上の者の子孫）に拷問免除を規定していたことに淵源している。官位をもつ者、有官位者とその系譜者が「侍」であると認定されていた。鎌倉幕府法や寺院法もこれに准じ、同様な規定・慣行を有していた。

刑罰においても同様な原則が働いていた。「侍」は所領没収などの財産刑が一般的で、財産の無い者は流罪や死罪、軽い者には召籠《めしこめ》・籠居《ろうきょ》などの処分を受けた。これに対し、「凡下」は禁獄のほか、火印を面に捺し、片鬢片髪を剃り、指を切るなど、身体に直接苦痛・損傷を与える体刑が課された。

鎌倉幕府法では、雑色、舎人、牛飼、力者、問注所・政所下部《しもべ》、侍所小舎人《こどねり》、職人・商人は「凡下」とみなされ、郎従も「凡下」と位置づけられていた。「凡下之輩」が御家人になることは認められず、また、鎌倉の市中における帯刀も「凡下」は禁止、着物に綾などを用いることを禁止、烏帽子懸・足袋の着用も禁じられていた。「侍」が「凡下」と大きく異なる点は、名字を名乗ることができた点であった。

これを要するに、「侍」身分の根源は官位を帯するところにあり、官位が身分判定の基準になっていたことである。そこから派生する「侍」の名字・帯刀御免、体刑免除などは、近世の「士」（諸大名家の中小姓以上の家中）が有した特権に共通する要素が認められるのである。遠く平安末以来、それは人々の意識の底に沈澱し、蓄積され、社会全体を規制する慣習的基準となっていた。

民間習俗にみる冠と名乗り

「侍」以外の階層はどうであったか。中世の人々は「侍」、「凡下」を問わず、日常生活において頭に冠＝烏帽子《えぼし》をつけていた。冠をつけない者は乞食《こつじき》・非人《ひにん》であり、一人前とはみなされなかった。個人の一生においても、男性には元服式があり、それを終えるとオトナになり、冠（烏帽子）をつけた。加冠の儀を烏帽子着といい、介添えする人を烏帽子親（加冠役）とよび、義理の親子関係をむすんだ。一般社会で元服のことをオトナ成《なり》ともよぶのはそのためである。こんにちの成人式にあたっている。烏帽子親がいて、式の主人公に烏帽子（冠）を着させる。ウイコウブリ（初冠）である。井伊家が将軍家での元服式にさいし勤めた加冠役は、まさにこれにあたる。将軍の義理の親を勤めたのである。かたちは異なり、施行範囲もはるかに狭いが、冠の種類で階層差を表わす意味では、冠位制度は律令位階制度（官位制度）よりも古い。冠＝烏帽子が地位を表わす標識と認識されてきたのにも、古い由来があるといえよう。

京都の町人社会や畿内と周辺諸国の農村社会では、この元服式のことをカント（ド）ナリと呼ぶところが多い。漢字では「冠頭成」とか「官途成」などの字を宛てている。烏帽子をつけるオトナになった、或いは官庁に勤める資格を得た、といった意味を儀礼的に宛てはめたものである。

さらに、名乗りの問題がある。元服式においては幼名を脱して、実名を名乗ることになる。近世は武士も平民も、よび名（称名）と実名（諱《いみな》）をもつ者が多かったが、よび名には多くの場合、勘兵衛・太兵衛・六兵衛など兵衛のつくもの、庄左衛門・次郎左衛門・喜左衛門など左衛門のつくもの、五郎右衛門・新右衛門・長右衛門など右衛門のつくものなどがあった。これらはみな宮中の兵衛府・左衛門府・右衛門府などに詰める官人の名称をうけたもので、他にも助（介）・丞など職階に関わる名前も多い。いずれもかたちだけ「官途成《かんどなり》」を実現したものといえる。そこには町人（商人・職人）・農民など庶民の官人社会に対する潜在的な憧憬と嗜好が反映していたとみられる。

ただ、それらがすべて永久不変の原理としてあったのかといえば、必ずしもそうはいえない。冠＝烏帽子の位置づけも変化した。近世社会では、烏帽子は公家・武家等の礼式の服装に限定されていた。元和六年（一六二〇）刊行の『日本語小文典』[13]は、ポルトガル人による日本社会の観察をもとに叙述されているが、烏帽子について、「かつては広く用いられたが現在は演劇・芸能で用いられている一種の帽子」と記している。十五世紀以降、烏帽子はその役割を終え、無帽時代に入る。戦国時代は月代の時代のとびらを開いた。

東アジアでは、月代に限らず、頭髪を剃るのは野蛮人の俗習とされてきた。ところがこの時代、公家社会にも月代を剃る風習が入りこんでいた。『言経卿記』・『時慶記』など、公家の日記には月代を剃る記事が散見される。野蛮人の一つと考えられてきた北狄《ほくてき》＝女真《じょしん》族（頭髪に剃りを入れている）が漢民族の明帝国を亡ぼし、清帝国を建てた時代、価値観も変動していた。月代は東夷の風習として受容されたとみられる。風俗も国際的な変動の影響を大きく受けていた。しかし、元服式や名乗りなど、その深層に沈澱した王権へのあこがれは残ったのである。

百姓の「王孫」意識

さらに、被治者である民衆の意識について考えてみよう。近江国は一向宗（浄土真宗）の門徒が多く、その勢力の強い地域である。村々は、共同体としてよく発達したすがたをもち、信長に反抗して敗れ、村に帰農して過ごすものも多かった。信長の掲げた「天下布武」のスローガンは、現実化したのであった。

一般に、武士団は戦闘集団であり、近世には、将軍家の武威を担保する実動部隊の性格をもっていた。天皇・公家の政治的な力は弱体化された。しかし、かたちだけとはいえ、律令制官位制度は残り、その頂点に立つ天皇の権威は、いったん解体したうえで、樹立された権力の正統性を保証する意味で構造的に残された。

たしかに、信長をはじめ、豊臣秀吉、徳川家康など近世社会の変革への道を切り拓いた権力者たちは、「天下人《てんかびと》」として公家・武家・寺家のうえに立ち、天皇の地位を左右し、百姓支配の実権を掌握した。かれらが最も強い抵抗を受けたのは一向一揆であった[14]。現世での安穏よりも、彼岸＝来世における救済を望んで一揆に立ちあがった百姓たちは、天皇・公家や武家にどのような意識（或いは無意識の意識）をもっていたのであろうか。

近江堅田本福寺の住職が記述した「本福寺跡書《ほんぷくじあとがき》」は、「諸国ノ百姓ミナ主ヲ持タジ〳〵トスルモノ多《ヲヽク》アリ」と述べ、中世末の列島社会に、武家の主従制的編成にもとづく支配を拒否する潮流の存在を示した。刀と鉄砲の武力で支配する武家への激しい対抗意識は、「侍モノ、フハ百姓ヲバサゲシムルゾ」という文章に表わされている[15]。百姓身分には農民を

写真1　九条幸家書状　井伊直孝宛［27398］

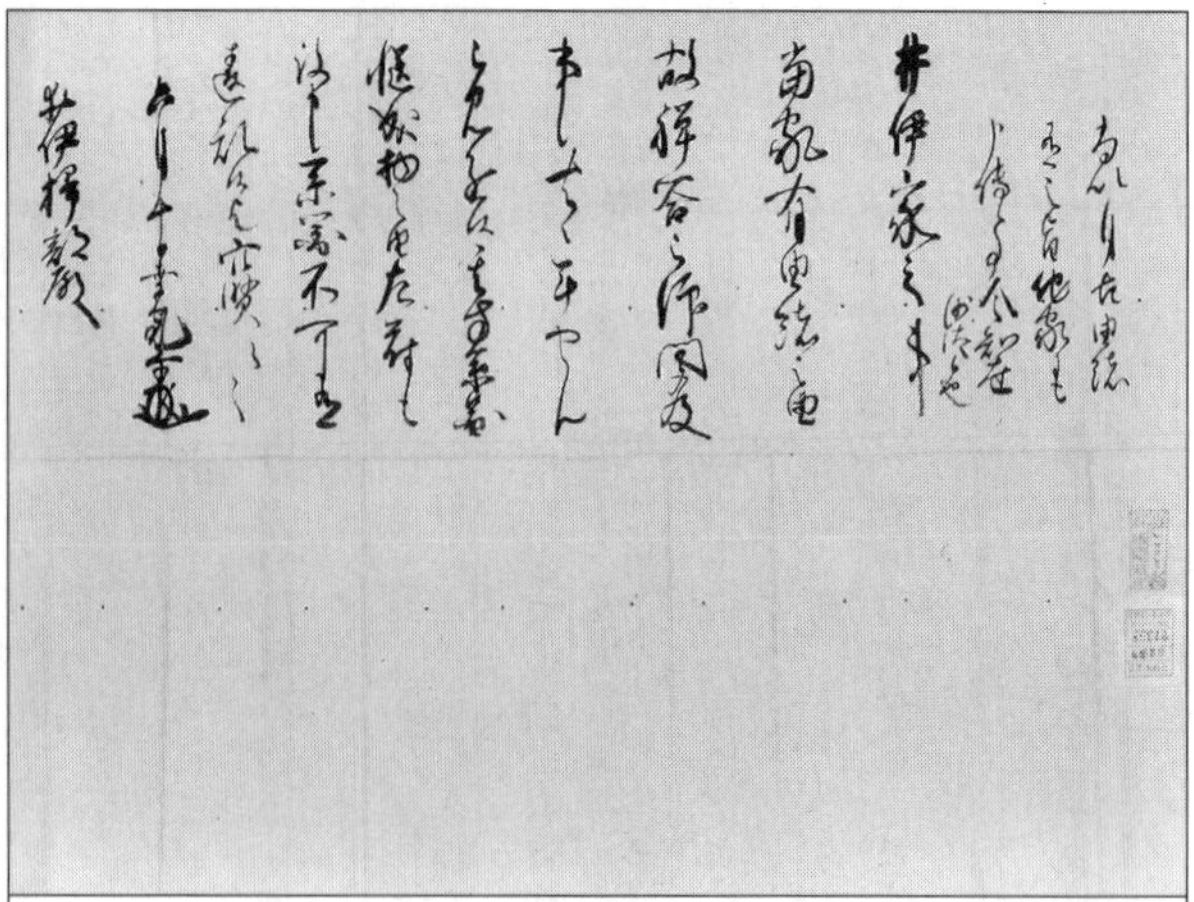

（釈文）

尚以自古由緒
有之旨、他家にも
申伝候事、令知世
沙汰候也
井伊家之事、
当家有由緒之由、
故禅閤被仰聞及
事候、去ゝ年やらん
被見懸候其方系図、
慥成物之由、左苻（府）も
被申候、系図不可有
違乱候歟、穴賢ゝゝ
六月十日　幸家（花押）
井伊掃部殿

（読み下し文）

なおもって古より由緒
これある旨、他家にも
申し伝え候事、世に知らしめ
沙汰候なり
井伊家の事
当家由緒あるの由
故禅閤仰せられ、聞き及ぶ
事に候、去々年やらん
見かけられ候其方系図、
慥《たしか》なる物の由、左府も
申され候、系図違乱あるべからず
候か、あなかしこ〳〵
六月十日　（九条）幸家（花押）
井伊掃部殿

主体に、多種多様な職人・商人が含まれていた。かれらは村や町の居住地に拠って共同体を構成し、自律的な集団として活動しようとしていた。かれらが求めた支配は何か。「主《シュ》ノナキ百姓マチ太郎《タラウ》ハ貴人《キニン》ノ御末座《ヲバチザ》へ参ル。百姓ハ王孫ノ故ナレバ也。公家《クゲ》・公卿《クギヤウ》ハ、百姓ヲバ御相伴《ヲシヤウバン》ヲサセラル、」。主従制への包摂を拒否した百姓は、より柔軟な公家・寺家の支配をえらぶ。「百姓ハ王孫」だから。

これは当時の現実である。近世初頭には、寺家が大名に頼んで足軽をつれ、渋る農民から年貢を取り立てた例もみられる⑯。なまの武力で搾取する武家との比較においてとはいえ、公家・寺家に対する親近感は否定できない。

それはたんに一向宗の一僧侶の観察にとどまらず、自律を求める百姓の意識が、習俗のなかにまで滲みこんだ古代国家の遺産を含め、大きな運動の流れのうちにふと露頭したものとみるべきであろう。「天下人」たちは百姓の運動のうねりを実力で抑えこんだが、百姓たちのこころの底に沈み積もった無意識の意識までは、変革することができなかった。しかし、「天下人」たちは百姓意識の右のような側面を逆手にとり、支配体制に包摂することをめざした。この問題の根は深く、ひとり百姓にかぎらず、広く社会の諸階層・諸身分の意識の深層におよんでおり、近世における天皇の存在意義にもふれる問題となった。

「御家元」九条家

「百姓ハ王孫」と唱える勢力に対し、「天下布武」とこたえる武家権力は、しかし、よりこまかく、懸命に対応しようとしていた。

井伊家に伝わった古文書のうちでも、たいせつに保存されてきた一通の書状がある（写真1）。

内容はおよそ次のようである。「井伊家が当九条家との由緒があるとのことは、故禅閤（九条兼孝）が仰せられたのを（私も）聞き及んでいる。

去々年であったか、見せられた井伊家の系図も、たしかな物であると左府（九条道房）も申しておられた。系図をたいせつにされるように。なお古くからの由緒のあることは他家にも申し伝えのあることで、世間によく知られていることです」。包紙には「申六月九条前関白殿ゟ井伊家系図之御証文也」とある。

禅閤とは摂政・関白を勤め、のちに出家剃髪した人をいう。ここでは筆者九条幸家の父兼孝（慶長九年出家）である。兼孝は寛永十三年（一六三六）に亡くなっている。同十八年に「寛永諸家系図伝」の編集が行われており、系図はそれと関連するものとみなされている。左府（左大臣）はこのとき幸家の嗣子道房であった。道房が左大臣であった期間は寛永十八年末から正保四年（一六四七）正月までであるから、この書状は寛永十九年から正保三年の間のものと考えられる。包紙の記事が正しければ、この間の申年は正保元年である。幸家は父と子の名を使って、間接話法で井伊家と九条家のつながりを認めている。一か月後、幸家は「系図」を井伊直孝にあたえ、直孝は家臣の岡本半介を使いとして献上品をさしあげている［二七三九七］。この系図がどれかわからないが、井伊家が藤原氏の末流で九条家と同じ系譜に属することを載せたものと推定して誤りはなかろう。

井伊家は、初祖利世からかぞえて六代目共保に生誕伝説がある。即ち、寛弘七年（一〇一〇）正月元旦、遠江国引佐《いなさ》郡井伊谷《いいのや》八幡宮の神主が境内の御手洗井《みたらしのい》の中に生まれたばかりの男子を発見、これを養育した。領主井伊備中守はこの子を引き取り、自分の女子と結婚させ、共保《ともやす》と名づけた。共保は器量人にすぐれ、井伊谷に確固とした基盤を築いた。彦根の初代藩主直政は共保から十七代目にあたる。江戸幕府公認の『寛永諸家系図伝』・『寛政重修諸家譜』（以下『系図伝』・『諸家譜』と略す）は右のように記述している。

ところで、初祖利世について同書は「内舎人良門が男」とし、『系図纂要』（以下『纂要』と略す）は「相模守利基朝臣男」と注記している。『諸家譜』にいう良門は、『纂要』によると、藤原北家繁栄の基礎を築いた藤原冬嗣の六男で、内舎人《うどねり》を勤め、従四位上に叙されている。井伊家の旗・幕の紋に用いる井桁は、共保の出生伝説によっていた。出生のとき、井のかたわらに橘があり、これを産着の紋としたので、家では衣類に橘の紋をつけている。

これを要するに、井伊家は幕府の系図改めにさいし、自家の系図でいう藤原氏の出自を確認しようとしたと思われる。貴種への接近は、ここに一つの典型を見せている。「京都留守居役手控」[17]は九条家を「御家元」と記載している。

「家元」は、現在では茶湯・生花・能・狂言・舞踊など多く芸能の師弟関係の頂点にいる人に用いられるが、古くは墓を守る本家の意味で使われることもすくなくなかった。井伊家は系譜上の本家を九条家に求めていたといえよう。

当時の大名は大なり小なり、こうした貴種志向の傾向を有した。或いは広く武家の歴史に特徴的な動向を示すともいえる面がある。ここでは、ただ一つだけ、将軍家にも、徳川家康が源氏を名乗りながら、藤原氏を望み、吉田兼右の協力を得て系図を入手したが、征夷大将軍の地位を得られる機会を得たため、源氏に戻した事実のあったことをあげておきたい。[18]

大きく見ると、百姓が「王孫」を主張したのに対抗しながら、その「王」をあやつってきた藤原氏の一門であると、暗に伝えるかたちになっている。しかも、貴種志向の点では領主も領民も同一次元に立つところがおもしろい。

3　武家官位制の成立

序列の基準となった官位

近世に入り、徳川将軍家の支配が確立すると、武家と官位の関係は明快になった。大坂夏の陣後、元和元年（一六一五）に制定された禁中并公家諸法度は、その第七条に、

一、武家の官位は、公家当官の外たるべきこと

と明記しており、大名を始めとする武家の官位は、公家の官位と関わりなく、将軍家の執奏により受けることができるようになった。公家に同官位の者がいても無関係なだけでなく、どの官位にでもつけるようになった。また官位の執奏者（とりつぎ推薦する人）が一人にしぼられた。即ち、将軍である。豊臣秀頼の生存中は、秀頼の執奏で「大坂衆」などが官位を受けていた。[19]豊臣氏の滅亡は官位の執奏権を徳川将軍家のもとに集中、統一する結果をもたらした。源義経と源頼朝の争い以来、武家の棟梁たちが悩み続けた問題は、ここに一つの解決をみたのである。

武家の官位が公家の官位から自由になったことは、武家が徳川将軍家のもとで、官位を基準にした序列編成を受け、組織のなかに統一的に位置づけられる環境が整えられたことを意味していた。

寛永二十年（一六四三）八月、幕府は諸大名とその子弟が将軍に拝謁（目見《めみえ》）するさいの序列を定めた。[20]（一）国持大名并侍従以上、（二）四品之衆、（三）御譜代之四品衆、（四）御譜代大名、中大名并国持之弟、壱万石以上之衆、（五）御譜代之衆・中大名・壱万石以上の惣領（傍点は引用者）、の五段階である。傍点を付した部分が官位制に属する。国持のように国単位の領知を持つ者、領知の広さを示す概念、譜代のように将軍家との主従関係およびその強弱による分類、壱万石以上のように領知石高の大小、大名家の弟・惣領など武家の家族関係を基準とするのにまじって、侍従・四品などの官位制にもとづく分類が組みこまれ、編成がなされている。それも上位の大名階層区分に用いられている。

幕藩体制の制度が確立したとされる、寛文四・五年（一六六四・六五）のいわゆる「寛文印知」の段階には、これが次の九段階に整理されていた。

（一）三位中将―（二）四品中将―（三）四品少将―（四）四品侍従（以上一〇万石以上の分）―（五）四品侍従（一〇万石以下）―（六）四品―（七）諸大夫（以上一〇万石以上の分）―（八）四品―（九）諸大夫

一〇万石以上はすべて官位が基準となっている。領知の石高をベースに官位との組合せによって、大名序列が定められていることがよくわかる。大名への領知を宛行う判物《はんもつ》・朱印状の発給は官名で行われた。こうした点から考えると、石高の少ない譜代に官位が相対的に高いことは、譜

代が中央の政治を担当し、ひいては将軍家が、日本列島の支配にあたることを合法化し、統治権的支配を行ううえで正統性を確保する意味があったかと思われる。その意味では、律令制は人々の意識のなかに生きていたのである。

その後、官位のことは幾度かの改変をへて、十八世紀の半ばごろ安定期を迎える。それは武家官位の基準の最高部分と最低部分がほぼ固定したことに表わされている。たとえば、寛永二十年（一六四三）にはトップが（一）侍従以上であったものが、寛文四・五年（一六六四・六五）には（一）三位中将から（九）諸大夫《しょだいぶ》までの幅となった。侍従は天皇に近侍し、補佐する職で、従五位下相当の官であったのに対し、中将は宮中警衛にあたる近衛府に属し、天皇側近の武官であるが、従四位下相当の官で、三位で勤めるものを名誉とした。もちろん、このような官位の内容はすでに形骸化し、たんなる称号と化していたのではあるが、名称のうえで上下関係ははっきりしており、従五位下相当の官と従四位下、もしくは従三位相当の官とのあいだには、明白な格差が存在した。

宝永六年（一七〇九）には、底上げして、それまで万石以上といっても必ずしも全員が諸大夫ではなかったものを改め、万石以上の大名はすべて洩れなく諸大夫となった。この時点で、大名とは一万石以上の領知を持ち、諸大夫に任じられた者という、近世史の常識ができあがった。

橋本政宣によると、[21] この時期の基準序列は、次のように七段階であったとしている。

参議以上―中将―少将―侍従―四品―諸大夫―布衣《ほい》

参議は律令制では大臣・大納言等とともに国政に参加する職で、正四位下相当であった。したがって、ここでも武家官位の幅は上に拡大したといえる。下にも拡大したことは布衣が入ったことでわかる。布衣はもと布で作った狩衣をさしたが、武家の式服として用いられ、諸大夫の下に位置づけられた。幕府の序列では御目見以上の格に属し、小普請組支配・新番頭・上方郡代・禁裏代官などの役職を勤めた者がなったという。

将軍家専決の選考手続き

武家の官位はどのようにして決定されたのか。橋本の研究によりつつ、近世中期以降の事例についてまとめておきたい。

武家官位の選考は江戸城の奥右筆部屋《おくゆうひつべや》で行われたといわれる。五代将軍徳川綱吉のとき、表右筆と奥右筆に分かれた。いうまでもなく、表は公務の行われる場、奥は私的生活の場である。右筆は「物書き」ともいい、将軍の書状や広く天下に布達する法令などを清書する書記を職務としていた。このときその職務は表右筆に継承され、奥右筆は老中・若年寄の詰める御用部屋の近くに移され、老中・若年寄らの秘書として機密に属する業務を担当することになった。ここは中奥といって表と大奥の中間にあり、将軍が日常の生活をいとなみ、政務をもとる場所で、徳川将軍家の司令塔ともいえる一郭であった。奥右筆部屋では、諸大名の願書や決済を必要とする書類等を整理し、将軍以下に提供、判断を仰いだ。

官位のこともここで伺書《うかがいがき》を作成した。諸大夫と布衣候補者の分は人名をまとめ書きし、四品以上は個人別に作られた。これを月番老中・月番若年寄をチーフとして検討し、将軍の意向を伺ったうえで決定した。

大名たちは目見・元服・家督相続などの時期に、それぞれの家の家格、先例（家例）、本人の経歴等を検討の資料として提出する。本人の経歴では年齢・職務についた年数などが評価の対象となる。

老中による選考が終ると、将軍への伺書が出され、決裁を受けて決定される。本人への通達は老中列座の席で担当の月番老中から直接なされた。先にもふれたように、この段階では諸大夫《しょだいぶ》、四品《しほん》に仰せつけるとのみ指定されていた。これを受け、その大名は希望する名乗りを「伺書」のかたちで提出、奥右筆部屋では同姓同名の有無、現任の役職者と重なって混同しないか、あるいは上級の武家、役職者に対し失礼にあたらないか、などを調べたうえ、さしつかえなしとなれば認可する。

決定した官位は、姓名を列記した文書と老中奉書を合わせ、将軍家から天皇への年頭の上使などに一括して持たせる。その後、京都所司代と武家伝奏の手を経て、当番の議奏（朝廷の政務を担当した公家の役職）から天皇に披露され、勅許を得る。このとき、叙従五位下、または叙従四位下の口宣案と位記が出される。日付は江戸で老中から本人に通達した日となっていた。また、勅許にさいし摂政・関白の内覧は不要とされた。将軍が決裁したものを変えることはできないからであろう。即ち、形式は律令制の枠組みに沿い、みごとに整っていたが、じつは将軍が任命し、将軍の「思召《おぼしめし》」によって昇進することがポイントごとに、あたかも念を押すかのように規定されていた。

将軍家は律令制官位制度の形式を変えることなく、「禁中并公家諸法度」に一行挿入しただけで、実質的に官位の将軍専決体制を布くことに成功したのである。

家例と年功重視

官位選考の規範とされたのが「寛保三年御定」である。全二十四条から成り、大名家をグループ分類し、かなりこまかく規定している(22)。タイトルどおり寛保三年（一七四三）に定められた。冒頭に「官位の儀は、家督よりの年数に構《かま》わず、年令等にて仰せつけらるべき旨、伺い済み」とある。家督をついでから、当主として将軍家に奉公するわけで、その年数を採らず、年齢によって叙任すると、あからさまに年功重視を宣言、将軍の許可を経て定めたことを明らかにしている。

全体の原則が右のように「家督（継承）よりの年数に構わず、年令」によるとされた点を確認しておきたい。

注意すべきは、官位が家を単位に授与されていることである。大名個人ではない。個人の属する家の「家例」（その家の先例）が尊重される。国持大名は家督を継いで侍従になり、ついで少将に昇進するのであるが、その間侍従を三十年間勤めねばならない。しかし、三十年経過しなくても、かれが五十歳になったら少将にしてもよい（第一条）。宇和島伊達家はそれに次ぐクラスであるが、秀宗以来壮年で侍従を勤めてきた家であるから、三十歳余になったら侍従に任命する。侍従になったまま昇進の例がない家でも、六十歳を超え、三十年侍従を勤めた場合は少将に叙任する（第三条）等々。加賀の前田家は五十歳をこえたら参議、六十歳になったら従三位に仰せつける（第五条）。早く侍従になり、その後昇進のない国持大名は、侍従になって三十年たてば少将に（第六条）。ただし、六十歳以上で少将の格といっても、たいがい六十四、五歳以上あたりで仰せつけるのがよい。久留米の有馬家、対馬府中の宗家は、しかし右の格にはしない。老年になったときの様子により仰せつける。

ずいぶんこまやかな配慮がなされているかと思うと、久留米の有馬氏、対馬府中の宗氏がなぜはずされたのか、説明はない。将軍の裁定に理由は不要なのであろうか。この調子で二十四か条、その主調音は年功重視であった。そして、各家を単位にそれぞれ歴史的由来を勘案し、昇進の条件を定めていた。

井伊家を含む、常に溜詰にある三家に言及した部分（第七条）をあげておく。

一、井伊掃部頭《（直定）》・松平肥後守《（容貞）》・松平讃岐守《（頼恭）》、是は部屋住《へやずみ》より家督の後までも侍従にて、その後少将仰せつけられ候、多分は御使等の節昇進候、少将より三十年以後に候はば中将仰せつけらるべく、松平讃岐守は源英《（頼重）》以来年齢にて中将これ無く候間、御使等の儀これ無く候はば、中将の御沙汰あるまじきこと

およそこのとおり事態は進行したといえよう。

むすびにかえて

日本社会の儀礼は草の根の民衆世界に根源をもちながら、朝廷行事の様式にしたがって洗練され、制度化されたといえる。逆に、朝廷の行事が民衆世界に入って、その影響を受け、変化したものも多い。年中行事の儀礼を思い起こすだけで十分であろう。

正月年始の行事、上巳《じょうし》（ひなまつり）・端午《たんご》の節句、七夕、八朔《はっさく》、重陽《ちょうよう》（九月九日）、玄猪《げんちょ》（いのこのいわい）とかぞえただけでも、それはわかる。いずれも民間で親しまれた半面、朝廷行事としてもみがきあげられてきた。中国など外部から輸入されたものと、列島社会の内部に生成したものとの区別もあり、取捨選択されて残るべきものが残った。

民衆世界から身を起こした武家の儀礼も例外ではない。江戸城における儀礼は朝廷でのそれに倣《なら》ったものが多い。かたちはそれをとりながら、武家独自のやりかたで加除操作をし、自分たちの都合にあわせて活用した。「禁中并公家諸法度」の制定、運用にはそうした面がみられる。

「律令官制の名称をとっているが、叙任手続きも性格も従来のものとは全く別のものであり、幕府の創出した独自の『序列装置』」である。(23) 素朴でかざり気がなく、実際的であることをたっとぶ武家気質が儀礼の面にも表われている。

家の重視、家例の尊重は武家のイエがもつ独立性にもとづくものであろう。中世の在地領主であったころから、武士の屋敷は一定の不可侵性を帯びていた。近世の武士は大名の家中《かちゅう》の一員として存在し、かつての独立性を失った。その単位は武家＝大名に継承された。「寛保三年御定」がいうところの家例はこの大名の家の先例である。

六十歳がひとつの区切りの時期とされたのは、村落における年齢階梯制原理が顔を出したとみることができる。周知のごとく村の組織は十五歳から六十歳の男性を一人前の役を勤めるものとみなしていた。

官職を自分のこのみにあわせて名乗る習慣も、早い時期から村で行われてきたところであった。領知朱印状の発給など公式行事のさい、石高の小さい譜代大名が官職の名乗りを行ったのは、国家の領域支配を将軍

—譜代大名の主従がとり仕切ることを合理化し、その正統性を主張する意味をもったと考えられる。ただの主従だけでは、領内に支配から抜け落ちる部分があり得るのに対し、近江守は近江一国を支配することができたからである。

人々の意識の底に沈澱していた官位制度は、中世社会が公家・武家・寺家など諸権門に分かれ、武家は大名領国を形成して対立しあい、寺家のようにいくつもの宗派に分裂したりすればするほど、共通の統一した尺度として覚醒し、あるいは思い出されて、社会的身分の基準となったのかもしれない。武家と官位の問題は、まだ多くの解明すべき点が残されている。

【註】

1 千葉徳爾『たたかいの原像』（平凡社選書、一九九一年）。
2 橋本政宣「近世の武家官位」（同編『近世武家官位の研究』続群書類従完成会、一九九九年）。本稿は以下の記述の多くを右の論文に拠っている。
3 池亨「武家官位制の創出」（同『戦国・織豊期の武家と天皇』校倉書房、二〇〇三年）。
4 『寛政重修諸家譜』第十二。
5 『大日本維新史料　井伊家史料』四巻一二二・一二三号（東京大学出版会、一九六五年）。
6 『寛政重修諸家譜』第十二。
7 橋本政宣前掲註2論文。
8 「彦根藩と相州警衛」（佐々木克編『彦根城博物館叢書1　幕末維新の彦根藩』彦根市教育委員会、二〇〇一年）。
9 安政元年四月八日付井伊直弼書状［一八〇三九―一〇］『大日本維新史料　井伊家史料』三巻一六〇号（東京大学出版会、一九六三年）。
10 人物叢書、吉川弘文館、一九六三年。
11 彦根市編、一九六〇年。
12 田中稔「侍・凡下考」（『史林』五九―四、一九七六年）。以下の記述は田中論文に拠る。
13 岩波文庫版、岩波書店、一九九三年。
14 朝尾直弘『将軍権力の創出』（岩波書店、一九九四年）。
15 「本福寺跡書」（『蓮如・一向一揆』日本思想大系、岩波書店、一九七二年）。朝尾直弘前掲註14著書。
16 鹿苑寺住持鳳林承章は、門前百姓が年貢納入催促になかなか応じないので強制力を示すため、河内狭山の北条氏重より足軽二人の派遣を求めた。結果、百姓はすぐに請状を出し、足軽へは一人に銭一貫文宛が支払われた（『隔蓂記』寛永二十一年十二月十日条）。
17 青柳義孝氏蔵。
18 橋本政宣「慶長七年における近衛家と徳川家康の不和」（同『近世公家社会の研究』吉川弘文館、二〇〇二年）。
19 朝尾直弘「幕藩制と天皇」（前掲註14著書所収）。
20 「江戸幕府日記」。橋本政宣前掲註2論文。
21 橋本政宣「江戸幕府における武家官位の銓衡」（前掲註2書所収）。
22 全文は橋本政宣前掲註2論文に掲げられている。註21論文にも詳しく説明、検討されている。
23 橋本前掲註2論文。

井伊直幸と松平容頌の官位昇進競争

野田浩子

はじめに

江戸時代中期、宝暦から安永年間にかけて、井伊直幸《なおひで》と会津藩松平容《かた》頌《のぶ》との間ではげしい官位昇進競争が繰りひろげられた。直幸の方が先に将軍に御目見をして大名としての勤めを開始し、官位を得たが、一時期容頌の方が官位が高くなり、官位の高い順に決定される溜詰《たまりづめ》内の序列が逆転してしまったことに端を発する。その後、両者が競って官位昇進を幕閣へ働きかける。さらには、官位以外にも家格上昇となる権利付与を願い出た。

　両者の官位昇進競争については、すでに橋本政宣がその運動の状況を紹介しているが(1)、江戸時代を通じての井伊家の官位、家格を考える上で、直幸の時期は重要なポイントとなる時期であり、本書各論文に関わってくる問題でもあるため、ここでその概要をまとめておきたい。

1　両者の官位昇進過程

井伊直幸は享保十六年（一七三一）生まれ、井伊直惟《なおのぶ》の三男として生まれ、彦根で育つ。直惟の跡はその弟直定が継ぎ、直幸の兄直禔《なおよし》がその養子となっていたため、直幸は井伊家の家督を継ぐべき立場ではなかったが、宝暦四年（一七五四）、兄直禔が家督相続後まもなく急死したため、先代の直定が一時的に再勤した後、同年十一月、直幸が直定の養子となり、井伊家世子となった。同月、将軍への初御目見を済ませ、溜詰としての勤めをすることを認められ、大名社会の一員となった。同年末に従四位下侍従に叙任された。その時実年齢は二十四歳であるが、幕府へは享保十四年生まれの二十六歳として届けられている(2)。家督を継いだのは翌宝暦五年七月である。

　一方、松平容頌は延享元年（一七四四）生まれ、父容貞《かたさだ》が寛延三年（一

井伊直幸画像　清凉寺蔵

松平容頌画像　土津神社蔵

七五〇）三十二歳の若さで死去したため、わずか七歳で会津藩主の座についた。[3] しかし、幼年であったため将軍への御目見をすることはできず、当主就任六年後の宝暦六年（一七五六）、幕府へ届け出た年齢で十五歳となり元服を済ませ、ようやく将軍への御目見がかない、実質的に大名としての活動ができるようになった。[4] その年末に従四位下侍従に叙任され、溜詰として勤めることも認められた。

つまり、両者の履歴を比較すると、大名となったのは容頌の方が先であるが、官位は直幸の方が先に侍従となっているため、官位順、同官位であれば先任順である溜詰内の序列は当初は直幸が上位にあった。

ところが、これが逆転する事態が生じた。溜詰大名は特定の幕府御用を勤めると官位を昇進できる先例を有していたが、その一つに京都上使役があった。井伊直幸は宝暦九年十二月、来春の京都上使役を松平容頌とともに拝命したが、同十年二月に養父直定が病気のため、この御用を返上し、代役として高松松平頼恭が務めた。京都上使役を無事に勤めた容頌は少将に昇進し、官位では直幸より上位に位置した。これにより両者の溜詰内の序列は逆転してしまい、容頌より下座に列することになった。このことは直幸にとって屈辱的なことであった。

そのため、官位を追い越された井伊家では、次に官位昇進を願うことができる機会に、ふたたび会津より上位となって座順を戻すことができるよう、老中らにはげしい運動をおこなった。

その昇進する機会となったのは、宝暦十三年（一七六三）九月、将軍家に誕生した嫡子が日吉山王社《ひえさんのうしゃ》へ宮参りした帰りに、休息のため井伊家の屋敷に立ち寄るのを迎えた御用である。宝暦十二年十月に将軍家治に嫡男家基が誕生すると、すぐに在国中の井伊直幸に出府の命が下された。出府した直幸に、若君が宮参りの節に井伊家屋敷へ御成するとの命が伝えられた。この御成の御用を無事果たした後、直幸は従四位上に昇進した。[5] 本書皿海論文「若君の宮参りと井伊家御成」に示されるように、井伊から老中松平輝高へ官位昇進できるよう内々に願い出ているが、それは会津より上位の官位となり座次を逆転させることが目的であった。[6] その結果、直幸は容頌よりも位階が上位となったため、官位に基づく序列は直幸の方が上となり、井伊家にとっては宝暦十年以前の座順に戻ったことになる。

しかし両者の官位昇進競争はこれで終わったわけではなかった。井伊家に官位を追い越された会津は、井伊家に追いつくことができるよう、運動を開始する。会津がその機会ととらえたのが、明和二年（一七六五）に執り行われた家康の一五〇回忌法会であった。歴代将軍の遠忌には盛大な法会が営まれるが、日光東照宮に廟所のある家康・家光の遠忌では、将軍がみずから参詣することはなく、その名代がたてられた。

それまでの例では家康遠忌では井伊家、家光遠忌は高松松平家が将軍の名代を勤めている。会津松平家はそれまで日光名代を勤めたことがなかったが、高松松平家や酒井雅楽頭が勤めていること[7]から、日光名代は溜詰という家格グループに仰せ付けられる御用であると位置づけ、今回も井伊家が御用を拝命してさらに官位の昇進があると「御家格ニ拘り後来之憂至極ニ相成」と、会津の家格にかかわる大事ととらえ、容頌みずから老中松平右近将監武元宅へ訪問して日光名代を拝命することを内願した。しかし、五〇回忌・百回忌とも井伊家が勤めているという先例が重視され、結局会津の願いは聞き入れられず、井伊家が名代を勤めることとなった[8]。しかしこの時直幸の官位昇進は見送られた。二年前に若君御成により従四位上に昇進したばかりであり、まもなく官位昇進の可能な御用である若君の元服式で加冠役を勤めることが予定されていたからである。

表１　井伊直幸と松平容頌の昇進関係　　（　）内は昇進理由

年　月　日	井　伊　直　幸	松　平　容　頌
享保 14（1729）11/13	出生	
寛保 2（1742）		出生
寛延 3（1750）11/12		家督相続
宝暦 4（1754）11/13	養子・世子	
11/24	溜詰	
11/25	将軍へ初御目見	
12/18	**従四位下侍従**	
宝暦 5（1755）7/25	家督相続	
宝暦 6（1756）9/15		将軍へ初御目見
12/1		溜詰
12/18		**従四位下侍従**
宝暦 9（1759）12/12	来春京都上使拝命	来春京都上使拝命
宝暦 10（1760）2/	養父直定病気につき京都上使返上	
宝暦 10（1760）3/1		京都上使役
4/26		**左近衛権少将**（京都上使）
9/6	京都上使役	
10/11	**左近衛権少将**（京都上使）	
宝暦 13（1763）9/6	将軍家若君の御成	
9/7	**従四位上**（若君御成）	
明和 2（1765）4/17	家康 150 回忌法会に日光代参	
10/15	**左近衛権中将**（元服加冠役）	**左近衛権中将**（元服理髪役）
明和 3（1766）4/7	将軍世嗣家基の元服加冠役	将軍世嗣家基の元服理髪役
安永 5（1776）4/17	将軍家治の日光社参に供奉	
安永 7（1778）1/23	**正四位上**	
12/16		**正四位下**
天明 2（1782）4/3	将軍世嗣家斉の元服加冠役	将軍世嗣家斉の元服理髪役
天明 3（1783）6/15	御用部屋入	
天明 4（1784）11/28	大老職	
天明 7（1787）9/11	大老職辞任	
寛政 1（1789）2/晦	死去	
文化 2（1805）7/29		死去

明和三年（一七六六）には、将軍家若君家基の元服式を執り行うことになり、準備が進められたが、前年十月、井伊直幸に加冠役、松平容頌に理髪役を命じた際に、両者とも中将に昇進させることが仰せ出された。これは家綱・家重の元服式の先例にならったものであるが、この時も先例通り御用の拝命と昇進ができるよう、会津から老中へ「手入れ」がなされていた[9]。井伊家も同様の内願をしていたのは間違いないであろう。

その後、直幸は安永七年（一七七八）一月に井伊家極位の正四位上に昇進した。その時の理由は、「家格之勤向不残程ニ相勤、其上五十歳ニ相及候[10]」というものである。また、同年末には容頌も正四位下に昇進した。これは、『会津藩家世実紀』（安永七年十二月十六日条）によると、井伊家が直幸の正四位上昇進の運動をしていることを会津が聞きつけ、幕府の御用取次側衆らを通じて昇進運動を進めた結果によるものであった。

両家の極位極官は、井伊家は直孝が正四位上中将、会津松平家は保科正之が正四位下中将であったのを先例とし、以後の歴代もそれ以上に昇進することはなかった。つまり、安永七年段階で、直幸・容頌は両名とも家の先例に基づく極位極官に達したことになる。これで本人の官位昇進競争は終わったわけであるが、官位以外にもさまざまな家格指標はあり、それらを上昇させようとする働きかけが続けられた。

2　井伊直幸の家格上昇志向

直幸の御用部屋入り・大老就任

家の先例に基づく極位極官までのぼりつめた直幸が、官位以外でみずからの格を上昇させるものの一つと考えたのが、御用部屋入りを経て大老職に就任することであったと考えられる。

直幸以前に御用部屋入り・大老職を勤めたのは井伊直興のみで、他家でこれを勤めた者はいない。当然会津も勤めたことはなく、先例主義の当時、就任する可能性のあるのは直幸のみであった。

直幸の御用部屋入りは当時「元禄以来御家格再御成立[11]」と認識されていた。元禄八年（一六九五）に御用部屋入りした直興と同様、井伊家にとって最高位の家格となることができたと見なされている。御用部屋入りとは、溜詰の範疇ではあるが、恒例の江戸城登城日に将軍に対面するのが中奥の御座之間で、将軍の御機嫌を伺う「間の御機嫌伺登城」も他の溜詰が月に二回であるのに対し、御用部屋入りすると月に四回となり、より将軍に近い存在となる。溜詰内の別格という位置づけである。

さらに、御用部屋入りの次には大老職を望むのは周囲の目にも明らかであったが[12]、これも直興と同様の格を望んでいた点から考えれば当然であっただろう。これらを獲得するために、直幸は膨大な資金をつぎこんで老中、とりわけ田沼意次に運動している。直幸にとって、御用部屋入り・大老職は官位昇進と同様の格式上昇の意味を持っていたのではないだろうか。それは、会津と競争において決定的な差をつけることができるものであった。

世嗣の官位

本人の官位が上り詰めると、次はその嫡子の官位が対象となった。直幸の嫡子は、まず宝暦十二年（一七六二）、若君御成に際して六歳の長男直尚を嫡子と届け出たが、彼は明和三年（一七六六）死去した。そのため、次子直豊《なおとよ》を嫡子と届け出た。直豊は安永四年十一月に将軍家治への初御目見を済ませ、同年閏十二月に従四位下侍従に叙任されるが、この時、幕府に届け出た年齢は十六歳。実年齢は十三歳で、「御振袖之御登城[13]」と子供姿の着衣で、実質的な元服である「前髪執」の成長儀礼は済ませておらず、姿かたちは童形のままの出仕となった。

直豊の官位叙任を幕府に願い出た際、「掃部頭家ニ部屋住ニて御目見被仰付、五節句・月次御礼不相済以前官位被仰付候例も有之候付、此度も右例之通官位被仰付被下候ニは相成間敷哉之旨内願[14]」と、先例があるためと主張し、直惟や直禔の先例を挙げて内願している。幕府では、国持大名では嫡子の官位の規定があるが、井伊家の規定はないため、家の先例があり、国持大名の嫡子で十四歳・十五歳で任官された例もあることから、願いの通り井伊家嫡子の初官である従四位下侍従を許可した。もちろん、この前提としては将軍への初御目見を許可されたことがあり、許可された理由は確認できないが、ここでも先例があったためと想定できる。

ただ、幕府は将軍への御目見と官位は許したが、年中行事への出仕は認めず、年始の登城のみを認めた。安永六年五月より月次登城・節句登城などを許可されて溜詰の一員としての勤めが認められた。安永八年六月になり、ようやく元服（前髪執）を済ませ、その後将軍が紅葉山などの歴代将軍の御霊屋へ参詣するときの先立役を勤めるよう命じられた。

直幸が、なかば強引に安永四年に直豊の出仕を願い出たのは、これまた会津との競争が想定できる。次に述べるように、容頌は従兄弟にあたる容詮《かたさだ》を養子として自分の跡継ぎとしたが、養子願いが認められるとすぐに幕府への出仕、官位が認められる。井伊家は、会津の養子願いより先に嫡子の出仕を認められ、次世代でも会津より先官となるために、若年の直豊の出仕を願い出たのではないだろうか。さらには、安永九年には世子ながら京都上使役を拝命し、その功により少将に昇進している。世子でこのような大役を務めることも、少将への昇進も井伊家・溜詰の先例にはなかったことである。

一方の会津は、容頌に男子が出生しなかったため、安永九年、先代容貞の弟の子容詮を養子とし、同年十一月に将軍に初御目見、年末には従四位下侍従に叙任され、溜詰の勤めを開始した。寛延三年（一七五〇）生まれの容詮は当時三十一歳で、直豊より十三歳年上であったが、溜詰内の序列は直豊の方が上座であった。

天明元年、翌年に将軍家若君の元服式が執り行われるにあたり、先例どおりであれば井伊家当主が加冠役、会津松平家が理髪役を勤めるはずのところ、両家とも世子が勤めるよう幕閣に働きかけていたようである。「井伊掃部頭様ニ而御嫡玄蕃頭様御勤被成候様御内密御手入有之歟ニも相聞、御手後れニも相成候而ハ如何」[15]と、会津は井伊家が「手入れ」をしているらしいと聞きつけ、それに後れをとってはいけないと考え、老中へ内願書を提出している。極位極官まで昇っていたため、官位昇進が見込める御用を世子に勤めさせ、世子の官位を昇進させようとしたのである。結局、両家とも当主が勤めることになったが、官位昇進競争は次の世代にまで引き継がれることとなった。

奥向・縁戚の関係拡大

井伊直幸が松平容頌に官位を追い越され、それをもとの序列に戻す機会として井伊家が老中に働きかけた宝暦十三年の若君御成では、官位昇進を運動するのと平行して、奥向の女性が若君に対面できるよう内願している[16]（本書皿海論文「若君の宮参りと井伊家御成」参照）。御成した若君に対面できた井伊家正室は、それを契機に江戸城大奥との交際関係を結ぶことができたが、この特権獲得を求めた理由は、官位上昇と同様、家格にかかわる上昇志向の一環ととらえることができるのではないだろうか。

さらに、大奥との関係では、直豊正室の守真院の立場がポイントであった。彼女は仙台伊達重村の娘で、養祖母が将軍吉宗養女の利根姫である。また母は重村の正室で摂関家の近衛家の養女である。それまでの井伊家正室の出自は、外様の蜂須賀家や譜代大名、公家では清華家の転法輪三条家などであり、これらの家とは婚姻関係を重ねていた。それに対し、仙台伊達家は、殿席などで将軍家の一族に準ずる扱いを受ける加賀前田家を除くと、国持大名の中では筆頭の家格であり、井伊家とはこれまで縁組したことがなかった。伊達家との縁組は、ひいては将軍家や公家の筆頭近衛家との縁戚関係が結ばれることを意味する。実際、守真院へは毎年末には江戸城大奥から歳暮の使者がやってくる関係であった。嫡子の正室の決定には当主の意向が強く反映されるため、この縁談には直幸の意図が込められているはずである。これまでと異なる家格である伊達家との縁組を決めたのは、その結果、将軍家や公家との新たな縁戚関係を求めてのことと考えることができる。

また、直幸には『寛政重修諸家譜』に記されているだけで十六男十六女もの子どもがいる。このうち、四人の養女を含め、十七人が大名家・公家へと婚嫁・養子で縁付いている（「井伊家歴代系譜」参照）。中にはこれまで縁組を結んだ家とその関係を重ねる場合もあるが、外様大名を中心に初めて縁組する家もある。多くの家と縁組関係を結んだ意図に、縁組に基づく勢力拡大のねらいが感じられる。

おわりに

最後に、直幸の家格意識の形成について触れておきたい。

宝暦十年（一七六〇）四月の京都上使役は、井伊家が老中に働きかけた結果拝命したようである。

先年御家ニ而御上京之御使会津ゟ被為召被為蒙仰候節、松平大和守様ニも御一同被仰付候筈ニ、御内々御治定之由ニ候処、掃部頭様御承知被成、御家ニ而御使御勤被成御先官ニ被為成候御義を心外ニ思召候哉、俄ニ御留守居役本多七右衛門・桜井安右衛門と申者を以、種々御手入有之者訳相立、大和守様御当前相止、掃部頭様へ御使被仰付候処、御隠居大監物様御不幸ニ而御役御勤不相成、猶以御残念相増候由之処、追而京都之御使被仰付間もなく少将ニ御推任有之候

（『会津藩家世実紀』明和元年五月七日条）

会津が御用を勤めた宝暦十年の京都上使は、会津と松平大和守朝矩（従四位下）に内定していたところ、井伊家留守居の「手入れ」によって直幸へその命が下ったという。この時の上使は、将軍家重の右大臣転任と家治の右大将兼任の謝使として遣わされる役で、転任・兼任それぞれに使者が立てられた。寛保元年（一七四一）、吉宗右大臣転任・家重右大将兼任の謝使は、前者は溜詰の会津松平容貞、後者はこの使者を勤めるため侍従に昇進した酒井忠寄（帝鑑間席）であったように、幕末に溜詰大名が増加する以前は、二名の上使が派遣される場合は両者の家格に差がつけられ、溜詰とそれ以外の侍従（御用拝命のため侍従に昇進する場合を含む）から選ばれている。宝暦十年のみ同格の溜詰二名となった理由は、やはり井伊家が会津より昇進が遅れることを心外に思って運動した結果と見るべきであろう。

会津に官位を追い越される以前から、すでに家格意識は強かったことがわかる。それに加えて、養父の死去という不慮のために官位昇進の機を逸し、相対的な官位が下がったため、過剰な家格上昇志向を持つようになったと考えられる。ふたたび会津よりも先官となった後も、官位やそれ以外の格を上昇させるために湯水のごとく資金を費やした。(17)

直幸と容頌の官位昇進競争の結果、昇進の先例を崩すことになった。直幸の代のものが次代の先例となり、井伊家では世子時代に少将に昇進することも可能となった。ただ、このような官位・家格のインフレ状態は井伊家にかぎったことではない。社会各層でみずからの存在の拠り所である先祖以来の家柄や由緒に関心を寄せるようになり、大名は官位や殿席により家格を上昇させる運動をおこなっている[18]。このような社会の風潮の中で位置づけるべきであろう。

【註】

1　橋本政宣「江戸幕府における武家官位の銓衡」(同編『近世武家官位の研究』続群書類従完成会、一九九九年)。

2　井伊家では、五代直通から十一直中のうち九代直禔を除く六名が、実年齢より一～三歳年上と幕府に届け出ている(「井伊家歴代年譜」参照)。

3　実際の生年は『会津藩家世実紀』(家世実紀刊本編纂委員会、吉川弘文館)による。『寛政重修諸家譜』では、寛保二年生まれ、九歳で家督相続とあり、実年齢より二歳年上と届け出ていた。

4　元服・初御目見を済ませて初めて大名としての勤めを開始する点については、大友一雄「近世武家社会の年中儀礼と人生儀礼」(『日本歴史』六三〇、二〇〇〇年)。

5　「若君様御成ニ付諸事直勤之式書」[六八三一]。[ ] 内の番号は彦根藩井伊家文書(彦根城博物館蔵)の調査番号を示す。以下同じ。

6　老中松平輝高方へ官位昇進を内願する中で、松平輝高用人石嶋弥一右衛門から井伊家城使役桜居安右衛門へ到来した密書に次のようなものがある。

以密書得貴意候

松平肥後守様
　従四位下少将
井伊掃部頭様
　従四位下少将
当時右之通と奉存候、弥左様ニ御座候哉
一、御位階御昇進被成候得者、仮令
　井伊掃部頭様
　　従四位上少将
ケ様ニ御進相成候哉、又者正四位下之事ニ候哉、従四位上ニ一階御進被成候得者仮令
　井伊掃部頭様
　　従四位上少将
　松平肥後守様
　　従四位下少将
右之御座順ニ可相成候哉、
右者曽而被仰上なと被成候事ニハ無之、誠私心得ニ仕候迄ニ御座候、
先日御咄之趣入組、得与覚不申候間、蜜《密》々御問合申上候(後略)

(「若君様御成御用前後御内用留」[六八六八] 宝暦十三年二月十九日条)

これより前、桜居から石嶋へ官位昇進を願って交渉した中で、直幸が昇進すれば容頌より上位となることを桜居が説明したが、石嶋は内容が入り組んでいて充分理解できなかったため、この密書によりその話の内容を確認したことがわかる。

7　酒井雅楽頭忠恭は寛延二年(一七四九)一月より溜詰。宝暦十年(一七六〇)将軍宣下により将軍名代として日光山へ代参する(『寛政重修諸家譜』)。

8　『会津藩家世実紀』明和元年五月七日条。

9　『会津藩家世実紀』明和二年十月十五日条。

10　「系譜」[三〇四九四]。

11　「侍中由緒帳」山本運平家、天明三年七月二十一日条。山本は城使役で、この運動のため活動した人物。この功績により五十石加増された。

12　横内次左衛門（彦根藩士、筋奉行・元方勘定奉行兼帯）宛て田中藤十郎（彦根藩士、江戸詰目付役）書状（那覇市所蔵「横内家文書」う―二六八。『彦根城博物館叢書4　彦根藩の藩政機構』一四二頁に翻刻掲載）。直幸の御用部屋入の翌日である天明三年六月十六日に認められた本書状では、藩財政を預かる立場から現状を批判する中で、井伊家も含めて諸大名から田沼へ夥しい賄賂を贈っており、この後大老を望みさらなる賄賂がなされると述べる。

13　「井伊御系図聞書」（井伊家伝来典籍E二五）。

14　「官位之留」（国立公文書館内閣文庫蔵、二二〇―五六）。同史料の性格については橋本政宣前掲註1論文。

15　『会津藩家世実紀』天明元年十月九日条。

16　官位昇進・奥向の対面の両方が老中松平輝高へ内願され、一連の交渉が「若君様御成御用前後御内用留」［六八六八］に記録されている。

17　前掲註12。また、会津松平家が運動にかけた費用については、将軍家の理髪役を世子が勤めることができるよう内願するため、金三百両を用意しようとしたが、国許からは二百両しか届かなかったため、相手（老中松平輝高・田沼意次）の好む道具（武器・鉢植えの松、能装束）を準備している（『会津藩家世実紀』天明元年十月九日条）。

18　ほぼ同時期の仙台伊達家と薩摩島津家の競争については、松平秀治「仙台伊達氏の官位昇進運動について」上・中・下（皇学館大学史料編纂所報『史料』十五～十七、一九七九年）がある。殿席の上昇については、溜詰では江戸初期の先例を主張して溜詰に入った松山松平隠岐守家、将軍御台所との関係により溜詰格となった中津奥平家などがある（野田浩子「大名殿席『溜詰』の基礎的考察」『彦根城博物館研究紀要』十二、二〇〇一年）。

第二部　儀礼の具体像

幕府儀礼の裏事情と井伊家の対応

岡崎寛徳

はじめに

幕府儀礼・儀式は主に江戸城内で行われ、殿席・役職等によって異なるが、大名は数日おきに登城を繰り返し、儀礼・儀式に参加している。その中で、彦根藩井伊家はどの程度登城し、どのような行動をとっていたのか。そして、そのあり方に時代的な変化は見られるのだろうか。

また、儀礼・儀式は、「儀礼的」という表現が端的に示すように、全てが形式的で、一つ一つが粛々と執行されるという、静態的な印象を抱きやすい。しかし、人の多く集まるところ、全く問題が生じなかったわけではないだろう。江戸城内で起きた歴史的事件と言えば、稲葉正休《まさやす》の堀田正俊刃傷、浅野長矩《ながのり》の吉良義央《よしなか》刃傷、佐野政言《まさこと》の田沼意知《おきとも》刃傷などを挙げることができる。こうした刃傷事件ではなくとも、江戸城内の儀礼・儀式において諸問題が発生した際に、幕府や大名はどのように対処したのか。そして、開催者である幕府側と参加者である大名側の双方が、なぜスムーズに諸事を執り行うことができたのか。

従来は、江戸城殿席・武家官位や殿中儀礼の確立から幕藩関係を論じるなど、近世前期における幕府からの視点が武家儀礼研究の中心であった(1)が、近世中後期の状況や、大名からの視点という切り口も重要であろう(2)。儀礼・儀式自体の研究は、儀礼を支えた人々や席図にも関心が向けられ、総体的かつ詳細な分析が進められている(3)。儀礼の表徴的な部分は重要であるが、それを取り巻く環境や内部事情にも目を向ける必要がある。

　そこで、儀礼・儀式の表面には見えない、水面下の裏事情に焦点を当てることとしたい。参加者である井伊家の対応を主眼として、具体的には、儀礼の習礼・稽古や、儀礼当日の見物席をめぐる問題を事例として、事前の段取り、不慮の事態への対処・駆け引きなどから、儀礼・儀式の裏側にある動態性を検討する、これが本稿の課題である。

1　恒例行事・臨時行事

1　恒例行事

　彦根藩井伊家文書の中に「恒例臨時行事留帳」〔六四二二〕[4]という史料がある。これは、表紙に「松平肥後守殿ゟ被指越候留記写」とあるように、溜詰同席の会津松平家から借用し、井伊家側で書写されたものである[5]。その内容は、幕府諸儀礼の際における溜詰の行動を詳細に記したもので、特記事項として享保二十年（一七三五）十二月十七日までの記事も載せられている。一方、幕府・大名双方にとって重要な元文二年（一七三七）の徳川家治誕生記事がないことから、元文元年の記録と推定できる。

　会津松平家は、新藩主容貞が享保二十年二月二十八日に初めて吉宗と対面し、同年十二月十六日に肥後守に任じられた。同年は井伊家にとっても変化の年で、五月九日に直惟から直定へ家督が相続されている。折しも、会津松平・井伊両家にとって代替わりの時期にあたっていた。翌元文元年に会津松平家側で「恒例臨時行事留帳」が記されたのは、容貞の家督相続・溜詰入りに伴う役務習得の目的があり、井伊家が同書を書き写したのも、直定にとって同じ目的があったと考えられる。情報共有を図っているのである。つまり、「恒例臨時行事留帳」は、代替わりの際に作成された溜詰の先例行動記録と位置づけられる。

　その前半部には一年間の恒例行事が記され、後半部には「臨時」として行われたものが列挙されている。この内、恒例行事の方を表1にまとめた。「西丸登城」は西丸にも同日登城することを示す。

　まず、元旦・端午・歳暮など、毎年決まった季節・月日に行われるものがある。また、毎月一日・十五日・二十八日には、江戸城「惣出仕」の月次登城があり、それは将軍の御目見がある重要な日であった。その他に、毎月十日前後と二十日過ぎの二度ずつ「間之登城《あいの》」が行われており、月に五〜八日は登城していたことになる。

　月次登城・「間之登城」・節句登城に際しての溜詰の行動を、「恒例臨時行事留帳」から少し紹介したい。

　まず、月次登城について正月十五日の記事を見ると、溜詰は「熨斗目《のしめ》半袴」で「五半時揃」に登城し、「例席」に詰めた。吉宗・家重の「両上様御黒書院江出御」となり、御三家・松平加賀守（金沢藩主前田吉徳）が御礼を済ませ、溜詰が嫡子ともども一同で溜之間の「御正面南御畳縁御障子際」で御礼を述べる。その際には「臨時上意」が言い渡される場合もある。それから「白書院西之御縁」で御礼が済むまで「老中之上ニ着座」。「両上様」は白書院へ渡御し、月次御礼が全て終わってから入御。溜詰は「着座之席」で老中へ御礼を述べて退出となる。「月次御礼之次

第」は毎回同様で、正月十五日・二十八日のみ「熨斗目着用」、他は「平服麻上下」であった。

次に、「間之登城」については、正月「廿一日・廿二日之頃」の記事に詳しい。溜詰は「裏付上下」を着て「四半時前」に登城。「御黒書院溜之間」で同朋頭《どうぼうがしら》を呼び寄せ、御機嫌伺のため登城したことを「月番之老中」に申し込む。ただし、初めから「溜之間」に行くと時間も長くなるので、まず「御数寄屋御勝手」で同朋頭を通じて老中に申し込む場合もある。そして、老中が揃って「溜之間」に来てから、溜詰は吉宗・家重の御機嫌を伺いたい旨を述べた。老中からは挨拶があり、登城してきたことを吉宗・家重に伝えることを言われ、退出する。他日の「間之登城」も同様で、御機嫌を伺うというものであった。

また、節句登城について、三月三日の「上巳」を例に取り上げると、「五半時揃」で「熨斗目長袴」を着て登城し、「例席」に詰める。「御鎖口」が開いたことを聞いてから、溜詰は「御白書院桜之間」に廻り、「両上様」が白書院へ出御。御三家と松平加賀守の御礼後、溜詰が一人ずつ「御正面南之御畳縁下御障子際壱畳目」で御礼。節句には「上意」がなく、すぐに大広間へ向かい、「二之間之前板縁上之方西之敷居際より北向ニ並」んで、「老中之上ニ着座」。「両上様大広間御中段ニ御着座」して、国持・譜代大名以下の御礼後に入御。溜詰は「着座之場所」で老中へ「御機嫌能御規式相済」んだことを述べて退去。そのまま西丸へ登城し、桜之間で奏者番に祝儀を述べ、退去して終了する。

さて、登城日は例年定まっていたが、時代による変化も見ることができる。「恒例臨時行事留帳」によれば、享保期にもいくつかの変更点があったことがわかる。

例えば、正月元日の登城で勢揃いする時間について、「享保十五戌年以前は六半時揃」であったが「五時揃」となっている。正月二日も「享保十一午年以前は六半時揃」が「五半時揃」に変更されている。両日とも登城時間が遅くなったのである。

時間については、「享保十四年酉八月、向後上使為御礼登城之儀、七時打候ハ、不及登城候、御本丸・西丸之老中宅へ可罷越候、御本丸へ七時前登城、若七時打候ハ、西丸へ不及登城候」という記述もあり、上使御礼の登城日における本丸・西丸登城刻限について、「七時」以降は登城不要の旨が定められている。全般的に縮小・簡略化の方向に向かっていたようである。

こうした時代による変化は享保期だけではなかった。比較素材として、「年中御直勤御定例書抜」〔二一三七五〕と「御勤向御召服年中行事」〔三一二五四〕に記されている登城日を表1に並記し、登城日には装束を記した。前者は、寛政十二年（一八〇〇）生まれの将軍家斉娘「峯姫」の名がある一方、それ以外の家斉娘の名がないことから、享和年間のものと比定できる。また後者は、家斉の娘「浅姫・盛姫・文姫・溶姫」の名があることから、天保元〜三年のものであろう。

この二つの史料と「恒例臨時行事留帳」を比較すると、大きく異なる点がある。それは二十八日の月次登城で、毎月登城から一・二・四・七・十二月のみに減少している。江戸時代を通じて、恒例行事は全て変わらなかったのではなく、変化したものと変化しなかったものがあった。

次の史料は、正月元日の登城に関する、「恒例臨時行事留帳」の一部

表1　幕府年中行事と井伊家登城日・装束

月	日	行　事　名	元文元年頃：[6421]より	享和期頃：[21375]より	天保初年頃：[31254]より
1	1	年頭御礼	烏帽子・直垂／西丸登城	烏帽子・直垂・中啓	直垂
	2	通御の御目見	烏帽子・直垂	烏帽子・直垂・中啓	直垂
	3夕	謡初	熨斗目・長袴	熨斗目・半袴	熨斗目・長上下
	7	若菜（七種）	熨斗目・半袴／西丸登城	熨斗目・半袴	熨斗目・半上下
	11	具足鏡披	熨斗目・半袴	熨斗目・半袴	熨斗目・半上下
	15	月次御礼	熨斗目・半袴	熨斗目・半袴	熨斗目・半上下
	20過	間之登城	裏付上下	染小袖・裏付上下	染小袖・継上下
	28	月次御礼	熨斗目・半袴	熨斗目・半袴	熨斗目・半上下
2	1	日光・久能鏡披（月次御礼なし）	烏帽子・直垂	烏帽子・直垂	直垂
	10前後	間之登城	裏付上下	染小袖・裏付上下	染小袖・継上下
	15	月次御礼	平服	染小袖・半袴	染小袖・半上下
	20過	間之登城	裏付上下	染小袖・裏付上下	染小袖・継上下
	28	月次御礼・阿蘭陀人登城御礼	平服	染小袖・半袴	染小袖・半上下
3	1	（月次御礼なし）			
		（公家衆参向の節）	直垂	烏帽子・直垂	直垂
	3	上巳	熨斗目・長袴／西丸登城	熨斗目・長袴	熨斗目・長上下
	10前後	間之登城	裏付上下	染小袖・裏付上下	染小袖・継上下
	15	月次御礼	平服	染小袖・半袴	染小袖・半上下
	20過	間之登城	裏付上下	染小袖・裏付上下	染小袖・継上下
	28	月次御礼	平服	——	——
4	1	月次御礼	熨斗目袷・半袴／西丸登城	熨斗目袷・半袴	熨斗目袷・半上下
	10前後	間之登城	裏付上下	染袷・裏付上下	染袷・継上下
	15	月次御礼	平服	染袷・半袴	染袷・半上下
	17	紅葉山社参御成先立又は予参	烏帽子・直垂	烏帽子・直垂	
	20過	間之登城	裏付上下	染袷・裏付上下	染袷・継上下
	28	月次御礼	平服	染袷・半袴	染袷・半上下
5	1	月次御礼	平服／西丸登城	染袷・半袴	染袷・半上下
	5	端午	染帷子・長袴／西丸登城	染帷子・長袴	染帷子・長上下
	10前後	間之登城			染帷子・継上下
	15	月次御礼	平服	染帷子・半袴	染帷子・半上下
	20過	間之登城	裏付上下	染帷子・継上下	染帷子・継上下
	28	月次御礼	平服	——	——
6	1	月次御礼（座敷夏構）	平服／西丸登城	染帷子・半袴	染帷子・半上下
		土用入	綟子肩衣／西丸登城	染帷子・継上下	染帷子・継上下
	15	（月次御礼なし）			
	16	嘉定	長袴	染帷子・長袴	染帷子・長上下
	20過	間之登城	裏付上下	染帷子・継上下	染帷子・継上下
	28	月次御礼	平服	——	——
7	1	月次御礼	平服／西丸登城	染帷子・半袴	染帷子・半上下
		御鷹之雲雀拝領御礼		染帷子・半袴	染帷子・半上下
	7	七夕	白帷子・長袴／西丸登城	白帷子・長袴	白上召・長上下
	10前後	間之登城			染帷子・継上下
	15	（月次御礼なし）			
	20過	間之登城	裏付上下	染帷子・継上下	染帷子・継上下
	28	月次御礼	平服	染帷子・半袴	染帷子・半上下
8	1	八朔	白帷子・長袴／西丸登城	白帷子・長袴	白上召・長上下
	10前後	間之登城	裏付上下	染帷子・継上下	染帷子・継上下
	15	月次御礼	平服	染帷子・半袴	染帷子・半上下
	20過	間之登城	裏付上下	染帷子・継上下	染帷子・継上下
	28	月次御礼	平服	——	——
9	1	月次御礼（座敷冬構）	服紗袷／西丸登城	染帷子・半袴	染袷・半上下
	9	重陽	花色小袖・長袴／西丸登城	花色服紗小袖・長袴	花色羽二重小袖・長上下
	12前後	間之登城			染小袖・継上下
	15	月次御礼	平服	染小袖・半袴	染小袖・半上下
	20過	間之登城	裏付上下	染小袖・裏付上下	染小袖・継上下
	28	月次御礼	平服	——	——
10	1	月次御礼	平服／西丸登城	染小袖・半袴	染小袖・半上下
		玄猪	熨斗目・長袴	熨斗目・長袴	熨斗目・長上下
	15	月次御礼	平服	染小袖・半袴	染小袖・半上下
	20過	間之登城	裏付上下	染小袖・裏付上下	染小袖・継上下
	28	月次御礼	平服	——	——
11	1	月次御礼	平服／西丸登城	染小袖・半袴	染小袖・半上下
	10前後	間之登城	裏付上下	染小袖・裏付上下	染小袖・継上下
	15	月次御礼	平服	染小袖・半袴	染小袖・半上下
	20過	間之登城	裏付上下	染小袖・裏付上下	染小袖・継上下
	28	月次御礼	平服	——	——
12	1	月次御礼	平服／西丸登城	染小袖・半袴	染小袖・半上下
		寒入	裏付上下／西丸登城	染小袖・裏付上下	染小袖・裏付上下又は継上下
		御鷹之雁拝領御礼		染小袖・半袴	染小袖・半上下
	15	月次御礼	平服	染小袖・半袴	染小袖・半上下
	20過	間之登城	裏付上下	染小袖・裏付上下	染小袖・継上下
	28	月次御礼・歳暮	熨斗目・半袴／西丸登城	熨斗目・長袴	熨斗目・半上下

である。

【史料1】

○御白書院ニ而御礼之席、中将・少将者下段御敷居之内下より弐畳目ニ御太刀指置、内壱畳目ニ而御礼、侍従者御下段御敷居之内壱畳目ニ御太刀指置、御敷居之外壱畳目ニ而御礼、四品者御敷居之外壱畳目ニ御太刀指置、外弐畳目ニ而御礼

○御盃之席、中将者御下段上より四畳目ニ御酌扣有之、五畳目ニ而頂戴之、少将・侍従者御下段より六畳目ニ御酌扣有之、七畳目ニ而頂戴之御敷居之内壱畳目也四品者御敷居之内壱畳目ニ御酌扣有之、御敷居之外ニ而頂戴之

○呉服台、中将者御下段御敷居之内下より弐畳目江出ル、少将者御敷居之内下より壱畳目江出ル、侍従者御敷居之外壱畳目江出ル、何茂東西江永ク置、四品者広蓋ニ而拝領也

このように、「御礼之席」も「御盃之席」も官位が重要であり、その上下によって席に差が設けられていたことがわかる。それは四品から侍従、少将、中将と進むに伴い、様々な場面における畳一畳の差で視覚的に表現されていた。

また、歴代将軍家の毎月の命日には、その廟所への参詣が行われていた。江戸時代の初めの頃は、参拝対象となる将軍家も数少ないが、代替わりするほどその数は増加するため、当然後代の方が参詣日は増加していく。参詣する場所は、紅葉山・上野寛永寺・芝増上寺で、それぞれに祀られている将軍家の忌日に合わせて参詣する。祥月命日はより重要で、さらに五十回忌・百回忌となると、その行事は大規模となる。

将軍自身が参詣する時には、相応の行列が組まれ、溜詰は先立役などをつとめた。こうした廟所参詣について、「恒例臨時行事留帳」は「年中御参詣」と記しており、恒例的な行事として認識されていた。

2　臨時行事

江戸城内では度々臨時行事も行われていた。「恒例臨時行事留帳」では、能見物や「御射留之鳥料理」拝領・「御鷹之鳥」拝領などが「臨時」として挙げられている。他にも、乗馬や武芸を拝見する、奏楽を拝聴するといったことがある。そうした際に、井伊家は幕府から事前に連絡を受けて登城し、将軍や他の大名とともに定められた席で参加していた。

しかし、急な呼出を受けて参加する場合もあった。寛政四年三月二十六日、井伊直中は老中松平定信の「自筆手紙」を受け取り、翌日に登城した。

【史料2】　「御乗馬拝見被仰付候式書」［六〇五三］

一、染小袖裏附上下着裏附上下継上下、御規式相分候事無之故、於御数寄屋継上下ニ着替候、五半時出宅登　城不常事故例ゟ早ク出候、例之通御数寄屋江相越、御同朋頭山本春阿弥を以申込、御老中揃を承り溜之間江出席、無程御老中被出列座、例之通伺御機嫌相済、直ニ越中守殿被相達趣左之通、

今日登　城之段申上候処、今日者

吹上御庭江被為

成被遊御乗馬候ニ付、拝見被　仰付

直中は「不常事故例ゟ早ク出候」と、いつもより早く登城したところ、定信から「吹上御庭」での将軍家斉「御乗馬」を拝見することが命じられた。当日に登城命令理由が伝えられたのである。

また、詳細は目付の石川六右衛門忠房が担当したが、幕府側も「今日は俄之儀」と認識している。結局、乗馬拝見は小雨により二日後に順延となったが、この事例にように、儀礼は全て万端整えられて行われたわけではなかった。そのため、この日の直中は諸事を石川に「掛合」ながら対応している。

次の史料は、嘉永三年（一八五〇）十二月十一日における「御鷹之雁」拝領に関する記録である。

【史料3】　「御鷹之雁拝領之図」［六一五七］

服紗小袖半袴着、永田・馬場之注進ニ而玄関江出居、上使被参候段触込を承り、直ニ（朱筆）●一印之処江参り居、上使住居門之内江被参候節、二足・三足計り前江出、会釈致し 但、膝より上迄手をおろす、 先江立而玄関江出ル 但、草履を敷出し、真中ゟ少し右之方ニ而ぬく、 直ニ座敷上之間（朱筆）●二印之処江披キ、下ニ居ル 但、手をチヨト膝之脇江おろし居、 上使（朱筆）▲印之処江着座被致候而、 上使ゟ会釈有之候与（朱筆）●三印之処江参り下ニ居り、扇子取置平伏候与上使 上意を述らる 御意成サル、御鷹之雁以上使被下由を被申聞、 此内平伏致し居ル、右相済、直ニ立而雁之前（朱筆）●四印之処江参り下ニ居り平伏、直ニ立て（朱筆）●五印之処江退座 手をチヨト膝之脇江おろし居、 上使も座を下り、（朱筆）▲二印之辺江着座被致候と、今日者難有存候段チヨト申之、 上使も挨拶被致 但、御太儀ニ存候段品ニ寄申之、 此内ニ熨斗・茶・多葉粉盆出之 但、随分早く右之品々可引之、 夫より 上使初之処江着座被致、会釈歟亦者御請と被申候与直ニ（朱筆）●六印之処江参り、扇子取置平伏、御請申上之 但、上使ゟ右之儀無之時者、此方ゟ御請可申上段申述之、 申上之次第者 上使を以御鷹之雁拝領仕、難有仕合奉存候御礼御請宜ト申之、 上使可申上旨被申 是迄平伏致し居、 右之可申上与被申候を承り、直ニ立、 上使も立而被出、先江立初之通玄関江出、草履をはき、先江立住居門を出、長屋前（朱筆）●七印之処江披キ立居ル、 上使前を被通候節、互ニ会釈有之 膝より上迄手をおろす、 上使六七間も行過被申候頃見計ひ立戻ル、但、上使之事故、平日ゟハ少々丁寧ニ致会釈候事、

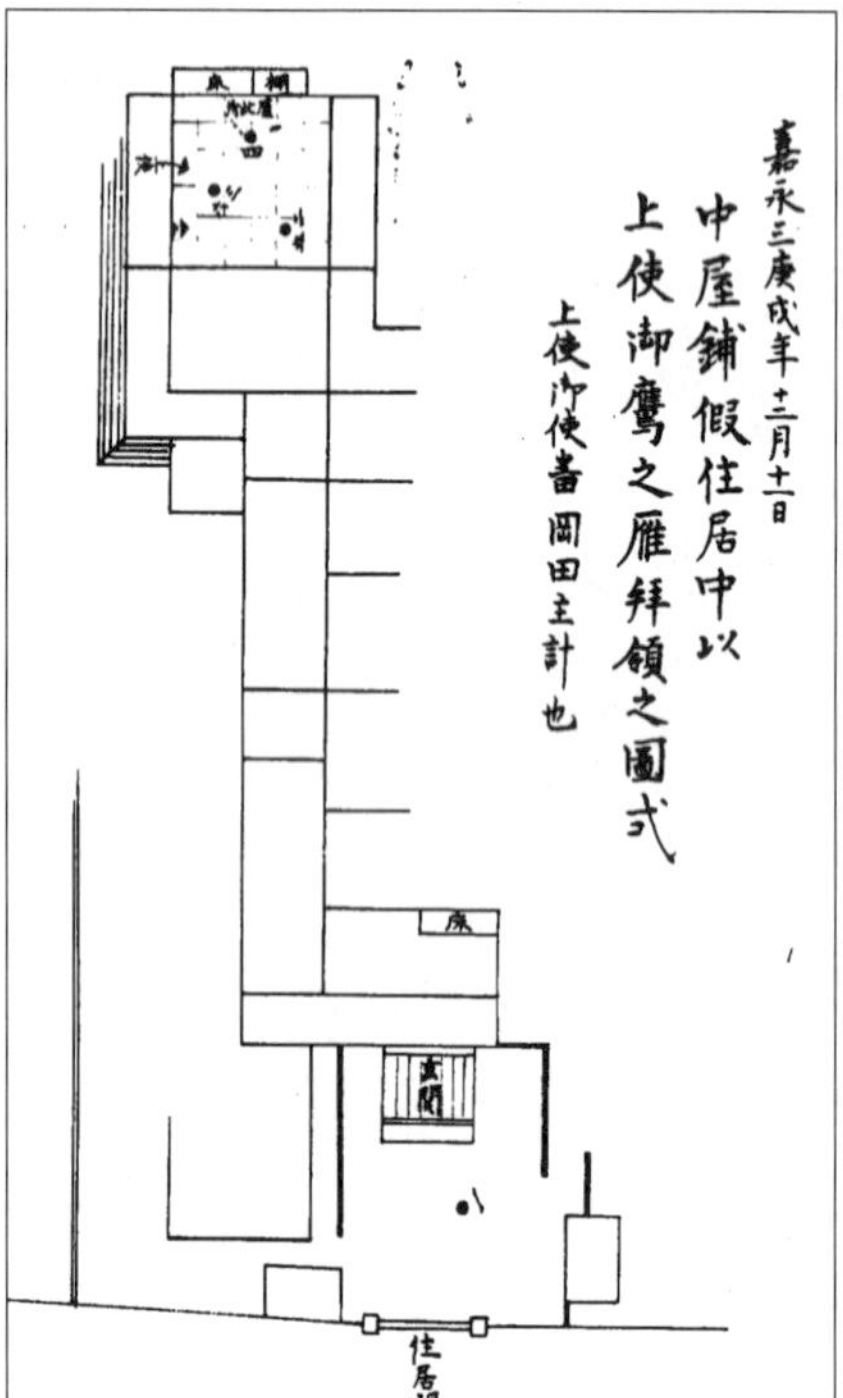

御鷹之雁拝領之図（史料3の付図）

この日、井伊直弼は将軍家慶から「御鷹之雁」を拝領することになり、将軍からの使者である上使が、それを持参して井伊家屋敷に来訪した。その上使役は使番の岡田主計善邦で、史料からは直弼・岡田両方の動きを見ることができる。詳述はしないが、着座位置ばかりではなく、会釈や平伏、手や扇子の動かし方やタイミングなども細かく記されている。そして、最後に「上使之事故、平日ゟハ少々丁寧ニ致会釈候事」とある。「御鷹之鳥」を持参してきた上使は、将軍の名代として来ているので、直弼は平常より丁寧に会釈をしている。将軍の姿なき影を体感しているのである。それは、上使が家慶の「上意」を述べている間、直弼が

平伏し続けていることなどからもわかる。

2　儀礼の習礼・稽古

1　紅葉山先立の現地習礼

現代でも重要な式の直前にはリハーサルが繰り返される。本番当日に失敗することを防ぎ、より完全なものを目指すことが目的である。これは江戸城内での儀式も同様で、特に最重要な時や初めて行う時などには、史料上「習礼」や「稽古」と表記されるリハーサルが必ず行われている。

文化六年（一八〇九）正月十七日、将軍家斉による紅葉山参詣が恒例行事として行われることとなり、井伊玄蕃頭直亮が先立役に任じられた。寛政六年生まれの直亮にとって初めての先立役であった。文化三年に初御目見を済ませ、溜詰の一員となり、侍従にも昇進していた。しかし、初めて行う役務でも、失敗するわけにはいかない。そこで、直亮は従来通りにつとめるため、事前に先例を学び修めることを目指した。

次の史料は、その正月十一日の記録である。

【史料4】「紅葉山御参詣先立之式書并同習礼之儀一件之留書」［六〇八二］

一、自分儀、紅葉山
御宮　御先立之致習礼度、依之、
中将様より御用番土井大炊頭江、左之趣之御伺書被差出
一、玄蕃頭儀、向後紅葉山・上野・増上寺御参詣之節、　御先立可
被　仰付旨被　仰出候付、紅葉山
御宮　御先立習礼為致申度候、依之、松平讃岐守茂同道、紅葉山
御宮江罷出候様致度存候、此段指図被呉候様御伺書、并寛政五年
九月、松平讃岐守諸　御参詣之節、　御先立被　仰付、上野・増
上寺者相勤候得共、紅葉山
御宮未相勤不申候付、指懸り不申内、御場所拝見仕置度、依之、
松平肥後守・掃部頭同道、紅葉山
御宮江罷出候様致度旨、御用番太田備中守殿江被相伺候処、御附
札可為伺之通、尤寺社奉行江可談旨指図有之候、右之類例書相添、
今日被指越
但、翌十二日、大炊頭より呼出ニ付、御城使罷出候処、右之伺
書ニ可為伺之通候、尤寺社奉行江可談旨附札有之、被相渡

直亮は先立を無事終えるために、溜詰同席の高松藩主松平讃岐守頼儀に「習礼」を依頼した。このような先輩大名に習礼を依頼し、実行することは当時一般的であった[6]。直亮の父井伊中将直中は、紅葉山現地における直亮習礼希望の「御伺書」を老中土井大炊頭利厚に提出しており、そこでは頼胤の同道にも触れている。そして、「御伺書」とともに寛政五年の先例を記した「類例書」を提出したところ、翌十二日に現地習礼許可と寺社奉行要相談の「附札」が渡された。

その後、直亮は同月十五日に頼儀とともに習礼を行い、十七日に先立を無事つとめあげることができた。こうした溜詰同士で相互に習礼を行うことは度々見られ、それは幕府の許可を得て、内見を兼ねて現地で行われていたのである。

同様に、安永八年（一七七九）九月十七日、玄蕃頭直富が初めて将軍

家治の紅葉山参詣先立役をつとめるに際しても、父直幸が松平讃岐守頼真に習礼を依頼している。

【史料5】「紅葉山御参詣父子共先立勤方之式書」［五九五六―一］

一、六半時弐分前出宅、玄蕃同道紅葉山江相越、
　但、玄蕃頭初而　御先立勤候故、御場所にて習礼可為致心得ニ
　而、例ゟ早ク出宅相越ス
讃岐守ニ茂被出、於御供所今日之勤方申談置、
御宮并惣御霊屋江玄蕃頭同道相越、夫々於御場所習礼為致相済、
御供所江復居、御先勤老中被参、今日勤方共委細ニ申談置

このように、初先立役をつとめる直富は、直幸・頼真とともに紅葉山で習礼をするため、「例より早ク」出宅した。そして、習礼の後に「御先勤老中」が紅葉山へ到着すると、そこで詳細な打合せを行っている。いずれも周到な準備をしていたことがわかる。

2　家治元服の稽古

次の事例は、寛保元年（一七四一）八月十二日における将軍吉宗の嫡孫竹千代（家治）の元服式に関するもので、史料6から史料9はその記録の一部である。表題に「寛保元辛酉年竹千代様御元服ニ付、直定様御加冠御役前後御勤方之留書抜、明和三丙戌年三月松平肥後守殿依所望指越候扣」［五七九七］とある史料で、溜詰の松平肥後守容頌からの所望に対して渡したものの控である。

その経緯は、表2のように、井伊掃部頭直定宛老中松平左近将監乗邑書付の五月十七日が最初で、翌日の西丸登城が命じられている。

表2　寛保元年、徳川家治元服の経緯　［5797］より作成

月　日	幕府老中より井伊直定への指示	井伊直定の行動	将軍家の行動
5月17日	松平乗邑より明日西丸登城の書付		
5月18日	松平乗邑より吉宗上意＝家治元服御用→本日家治御目見	平服登城→家治御目見（1度目）	家治「御座之間」出御
5月19日		平服登城→昨日の御礼	
5月24日	松平乗邑より明日西丸登城の書付		
5月25日		平服登城→家治御目見（2度目）	家治「御座之間」出御
6月1日	松平乗邑より本丸登城後に西丸登城の指示→本日家治御目見	惣出仕登城→家治御目見（3度目）	家治「御座之間」出御
6月6日	松平信祝より明日西丸登城の書付		
6月7日		平服登城→家治御目見（4度目）	家治「御座之間」出御
6月17日	松平信祝より明日西丸登城の書付		
6月18日		平服登城→家治御目見（5度目）	家治「御座之間」出御
6月21日	松平信祝より明日西丸登城の書付		
6月22日		平服登城→家治御目見（6度目）	家治「御座之間」出御
6月25日	松平信祝より明日西丸登城の書付		
6月26日		平服登城→家治御目見（7度目）	家治「御座之間」出御
7月12日	本多忠良より明日西丸登城の書付		
7月13日		平服登城→家治御目見（8度目）	家治「御座之間」出御
7月17日	本多忠良より明日西丸登城の書付		
7月18日	元服の稽古、絵図を見て相談	平服登城→「御座之間」で稽古→家重・家治の前で稽古	家重・家治「御座之間」稽古
7月22日	松平乗邑より明日西丸登城・装束持参の指示		
7月23日	松平乗邑より今後の稽古と吉宗上覧予定案	平服登城→「御同朋部屋」で直垂に着替→「御座之間」で稽古	家治「御座之間」稽古
7月26日	松平乗邑より明日西丸登城の書付		
7月27日		平服登城→「表坊主組頭」で直垂に着替→「御座之間」で稽古	家治「御座之間」稽古、吉宗・家重上覧
8月10日	松平乗邑より12日の「御作法書一冊」		
8月12日	松平乗邑より「御元服之御式書一冊」	直垂着用登城→家治元服「加冠役」→太刀・馬拝領	家治「御座之間」元服式→吉宗・家重・家治「御座之間」出御
8月21日		将軍家転任・兼任・元服祝儀の御礼登城	
8月23日	本多忠良より25日祝儀能見物上意の奉書		
8月25日		長上下登城→祝儀能見物→料理等頂戴	吉宗・家重・家治祝儀能開催
8月26日		昨日の御礼登城	
9月1日	松平乗邑より西丸登城の指示	惣出仕登城→家重より元服稽古骨折として家治「御召之御上下」拝領	
9月3日		9月1日の御礼登城	

【史料6】

（五月）同十八日

一、昨日之依達、綟子肩衣着用四時前登　城、四時過桜之間江左近
将監殿・能登守殿被出、左近将監殿被申聞候者、
御本丸ニ而被遊
御意候者、両人共（但、掃部頭・肥後守）
竹千代様御元服之節　御用相勤候、依之　御見なれ為被遊候、
御目見被　仰付候段被申聞候、則難有奉畏候旨御礼御請申達、猶
又右御礼之儀左近将監殿江窺候処、御礼能登守殿江可申達由被申
聞候、其後又々左近将監殿被出、弥後刻居残リ候而能登守殿江御
礼可申由、　御本丸江之儀者、明日例之通ニ　御機嫌窺ニ出、其
節御礼可申上旨被申聞候、九時過御鎖口明キ伊豆守殿被出、後程
老中一緒ニ出、
御目見致し候様ニ、尤腰之物茂取候由被申聞候、其後無間茂小出
信濃守殿被出、案内被致、御座之間御次迄相越候処、追付
竹千代様御上段江
出御、御座之間御縁側ニ而御老中一緒ニ脇指取、一緒ニ出席、一
通り　御機嫌窺御敷居際迄出候而、猶又相窺　御機嫌、夫より桜
之間ニ扣罷在、能登守殿被出、
御目見之御礼申上退去

　西丸桜之間に登城した直定は、松平肥後守容貞とともに「御本丸」の「御意」、すなわち将軍吉宗の上意として、家治元服の「御用」（直定＝加冠役、容貞＝理髪役）が命じられた。容頌も明和三年（一七六六）四月七日に家治嫡子家基の元服理髪役をつとめており、先例調査・情報収集のために井伊家からこの留書を借用したことは間違いない。

　さて、ここで注目したいのは、「御見なれ」である。この「見慣れる」は、単に「見て目になれる」の意だけではなく、「なれ親しむ」という意がある。元服を前にして、家治が直に接することになる直定・容貞と親密になっておくために、両名は西丸に呼ばれ、この日に御目見が行われたのである。家治は当時まだ五歳で、元服当日より約三ヶ月前に「御見なれ」の御目見が始まったことになる。

　その後も、表2のように、直定は家治御目見のため西丸登城を繰り返した。これは本丸への登城とは別である。また、登城を命じた松平乗邑・松平信祝・本多忠良は、いずれも本丸老中であり、吉宗の意向をうけて家治御目見が繰り返されていることがわかる。それらは全て元服当日のために行われた御目見であったと考えられる。

　そして、九度目の西丸登城・御目見となる七月十八日に元服の稽古が始まる。

【史料7】

（七月）同十八日

一、昨日之依達綟子肩衣着用四時前西丸江登　城、桜之間江左近将監
殿・能登守殿被出、今日者
御元服之節之稽古致し見候様ニ、則絵図等被為見及相談、其後於
御座之間稽古致ス、暫御間も可有之故、先退キ候様ニ被申聞、因
茲帝鑑之間御縁側ニ扣罷在ル、其後再御座之間江相通り、
大納言様　竹千代様御一統ニ　御着座、於　御前猶又稽古有之、

相済退去

西丸へ登城した直定は、「今日は御元服之節之稽古致し見候様ニ、則絵図等被為見及相談」というように、その場で「御元服之節之稽古」をすることが伝えられ、本丸老中松平乗邑・西丸老中松平乗賢らと「絵図等」を見て相談している。「絵図」は江戸城内の間取図や先例の式図類であろう。その相談の後、「御座之間」において、最初は家治抜き、次に家重・家治の「御前」で稽古を行っている。

【史料8】

（七月）同廿三日

一、昨日之依達、綟子肩衣着用四時　西丸江登　城、直ニ御同朋頭部屋江参、直垂ニ着替、其後御鎖口明キ御座之間江相通り、
竹千代様　出御、一通り致稽古候、左近将監殿被申聞候者、今二三度も直垂ニ而可有稽古由、尤
御上ニ茂　御覧茂可被遊由被申聞候、右相済直ニ退出

さらに、この史料のように同月二十三日も稽古日となった。この時は、前日の松平乗邑書付に「装束をも致持参候様ニ申来ル、尤端書ニ平服ニて出候様ニ、着替之儀者御同朋頭部屋ニて着替候様ニ」とあり、「平服」登城・「装束」着替えが指示されている。

それに従い、直定は「綟子肩衣」で登城後、「直垂」に着替えている。本番と同じ服装で稽古を行う段階に達したのである。この日、家治とともに一通り稽古が行われたが、松平乗邑は「今二三度も直垂ニて可有稽古由、尤　御上ニも　御覧も可被遊由」との提案を示した。さらに直垂で稽古を重ねることと、その際に「御上」すなわち吉宗にも「御覧」になってもらうということであった。

四日後にそれが実現する。

【史料9】

（七月）同廿七日

一、昨日之達ニ付、綟子肩衣着用四時前　西丸江登　城、表坊主組頭部屋ニ而、直垂ニ着替、
公方様ニ茂被為入
竹千代様御座之間江　出御、御稽古有之、
公方様　大納言様ニ茂稽古之様子
上覧有之、相済退出

このように、家治の稽古は「御座之間」で行われたが、その様子を吉宗と家重が上覧している。直定はこの日も平服で登城後、直垂に着替えて稽古に臨んでいる。元服式が間近となり、本番を想定した稽古であったことがうかがえる。

さらに八月十日には、「松平左近将監殿ゟ家来呼ニ参り来ル、十二日之御作法書一冊被相渡」というように、松平乗邑から本番の「御作法書一冊」が事前に渡されている。『彦根藩井伊家文書』中に現存する「家治元服御作法書」［六六一五］が、この「御作法書」であろう。

そして当日、この日の直定は最初から直垂を着用して登城している。登城後、「御座之間ニて御元服之御式書一冊被相渡候」と、二日前の「御作法書一冊」とは別の「御元服之御式書一冊」が渡されている。

家治の元服式は稽古の甲斐もあって滞りなくおさめられた。また、八月七日に家重は右大将、十二日に家治は大納言となり、元服の無事終了

を含めた祝儀の能が二十三日に開催された。九月一日には、「右大将様被遊御意候者、此度大納言様御元服之節之御稽古之時分、毎度罷出、骨折ニ思召候、依之大納言様御召之御上下被下候」と、直定は家重から、毎度の稽古に「骨折」であったとして家治「御召之御上下」を拝領している。

以上のように、幕府側からの指示により、元服式執行前には稽古が繰り返された。当日の次第や行動の順序が記された「御作法書」が幕府側で作成され、それを受け取った大名側は「御作法書」に即して稽古を重ね、さらに当日の「御式書」を元に本番に臨んだのである。準備は容易ではなかった。また、事前に「御見なれ」のための御目見が行われたことや、祖父吉宗・父家重が見守る中で稽古が執行されたことも興味深い。

3　見物席をめぐる問題

1　小用退席の問合せ

儀礼・儀式は長時間に及ぶ場合がある。そうなると、肉体的にも精神的にもかなりの苦痛・負担が伴う。参加する大名は開始から終了までの間、同じところに座り続けていなければならない。そうした儀礼・儀式最中の小用はどうしていたのであろうか。そのような疑問に答えてくれる史料が、次の史料10である。

【史料10】　「管弦聴聞之節登城之式書」［五八四四—一］

一、五月九日、昨日之依奉書染帷子長袴着用、五時三分過出宅登城但、揃之刻限五半時之旨大目付より廻状来ル、如例御数寄屋江参居但、休息所借リ不申弁当為持不申候、御同朋頭岡田常阿弥呼出シ、今日之勤方寛文五年之節之儀者百年余ニ茂相成候儀故不分明ニ候、如何可相勤哉与問合之趣申含、右近将監江申越候処、右近将監挨拶ニ最初溜之間例席江着座、通御之御目見致シ、御跡ニ付御白書院西之御縁頬月次之着座之場を前江出張リ着座候様ニ、尤着順之儀五節句大広間ニ而之通リ可相心得旨被申聞、依之右之通相勤、入御後御白書院着座之席ニおゐて老中江謁退出、八時四半前帰宅、

但、溜之間ゟ御跡ニつき参候義、勅使御対顔之節之通リニ而、波之間迄参リ、夫より細廊下を通リ着座之席江出ル、尤御座敷夏構之節月次着座ニ参候節之通リニ候、勿論老中初此通リニ候

一、着座之内御数寄屋江手水等ニ参候儀可相成哉与、老中江最初承合置候処、長座之事故不苦趣ニ候得とも、御座敷之様子着座之席を立候儀難致塩合ニ候事

明和二年五月九日、公家の鷹司・平松・正親町らが江戸城内で管絃を演奏することとなった。その聴聞者は将軍家治を初め、幕臣・諸大名らで、井伊直幸も参列を許可された。こうした管絃演奏の聴聞は寛文五年（一六六五）以来、百年振りの開催であった。

当日、直幸は「五時三分過」に登城し、「八時四半前」に帰宅している。着座・拝聴時間はわからないが、およそ二時間くらいであろうか。

実は参列前に直幸は老中に対して、不分明な件の質問とともに、演奏中、小用（「手水」）に立つ場合は退席することが可能かどうかを問い合

わせているのである。長時間に及ぶことを予測していたのであろう。老中の回答は、「「長座之事」なので退席しても構わないが、座敷の様子では難しいだろう」ということであった。

さらに、六日後の同月十五日、江戸城白書院の庭で舞楽が行われ、直幸も再び見物が命じられた(7)。直幸は、この時も事前に見物中の小用退席はどうすべきかを老中に尋ねている。その答えは「勝手次第」であった。両日とも、実際に退席したかは分からないが、いずれにしても途中退席は一応可能で、事前にその確認を行っていたことがわかる。

明和二年だけではない。文政八年（一八二五）三月十四日、江戸城黒書院で奏楽が行われることとなり、井伊直亮も参列している。当日の小用については、「奏楽初終之間、小用ニ座を退キ候儀は、御目通りニも無之間、勝手ニ立テ申候、同席申合セ置候事」とある(8)。やはり途中退席は可能であった。それは将軍家斉の「御目通り」がない間で、溜詰同席で申し合わせておくことという指示であった。

以上は小用退席の事例であるが、大名は幕府に対して、儀礼の不明な点を事前に問い合わせていた。

しかし、逆に幕府側が先例を問い合わせる場合もある。

例えば、天明四年（一七八四）三月九日、井伊直幸は将軍家治から「御拳之雉子」を拝領した(9)。その前日、幕府目付の山川下総守貞幹が井伊家城使の荒居治大夫・山本運平・富田権兵衛に「問合書付」を渡した。幕府上使が小納戸頭取で、「奥之衆之儀ニ付諸事不案内」であるため、井伊家に心添えを頼むとともに、先例を問い合わせるという内容であった。実際、小納戸頭取の岡部河内守一徳が上使として派遣されており、「問合書付」とそれに対する「返答書付」を元として、作法通りに事を運ぶことができたのである。

2　能見物席問題

ここでは、儀礼当日における見物席問題を取り上げる。

嘉永二年十一月二十七日、右大将家定の婚礼祝による能が開催された。彦根藩井伊家文書に、これに関連する史料「讃岐守より被相廻候書取」［二一九五八］がある。長文の史料であるため、史料を補注に掲げ、経緯を表3にまとめた。十一月二十七日当日と同年十二月一日の状況を知ることができる。

この日、表面的には無事に終了したが、内実は見物した大名の間で一触即発の事態が起きていた。それは見物席の広狭をめぐる問題で、溜詰・国持大名グループ対帝鑑間席大名グループという集団間での争いであった。

一件の内容に入る前に、登場する人物について述べておく。まず、経緯の記録者は溜詰の高松藩主松平讃岐守頼胤《よりたね》である。会津藩主松平肥後守容敬《かたたか》は不快のため登城していない。彦根藩主井伊直亮《なおあき》は在国中で、藩主に就任する直前の玄番頭直弼《なおすけ》が参列していた。この史料が井伊家に残されているのは、同席の問題として頼胤が直亮に詳細な経緯を伝えたためである。

松平修理大夫も頻繁に登場するが、鹿児島藩主島津斉興《なりおき》の嫡子斉彬《なりあきら》である。また、国持としては、熊本藩主細川越中守斉護《なりもり》、松江藩主松平出羽守斉貴《なりたか》、津藩主藤堂和泉守高猷《たかゆき》の三名が記されている。

そして、二グループの間に入って困惑しているのが、大目付の深谷遠江守盛房である。この深谷盛房と島津斉彬・松平頼胤の間で行われた対話が軸となっている。

事件の発端は、「脇能」（第一番目に上演される能）が済んだ後、帝鑑間席が大目付の深谷に対して、膝と膝が突き合うほど見物席が混雑しており、前にいる者は小用に立つ際に他の膝の上を跨いで通るほどであるため、他の見物席を少し上に詰めてほしいと願い出たことに始まった。帝鑑間席の上には、溜詰と国持しかいない。

その意見を深谷は島津斉彬に伝えたが、斉彬は従来から能の見物席は上を一間空け、二間半に着座しているので詰められないと答えている。そこで、深谷は松平頼胤に帝鑑間席の意見を伝えた。深谷にとって、国持は斉彬、溜詰は頼胤が頼るべき人物と目していたようである。しかし、頼胤の返答も斉彬と同様で、見物席は一本目の柱が規矩になっていることを先例として特に主張している。頼胤は井伊直弼にも相談し、同意を得ていた。

対して深谷は、この日の溜詰・国持は人が少ないので、今日を限りとして詰めてほしいと願い出た。頼胤は断りながらも、筆頭の者は動かずに次順の者から着座の間を詰めれば一人通るくらいは可能ではないかとの妥協案を提示している。

これで落ち着く様相が見え始めたが、能の「御中入」後に見物席に戻ると、帝鑑間席が溜詰・国持の見物席半間を取り込んで着座していた。直弼は「踏付ニ致候仕方」と立腹し、それは国持も同様で、斉彬は「押領」と反発している。そこで、頼胤は深谷を呼んだが、特に細川斉護は直接言って退かせると憤慨した。頼胤は「唯今此席ニテ口論ケ間敷相成候テハ、甚不宜候間、矢張役目之事故、遠江守ヨリ申聞為退候様可致」と細川を宥め、深谷に退かせるように伝えたが、板挟みとなった深谷は困惑していた。

結局、祝言能が始まる頃になり、帝鑑間席が以前の通り退いて着座したため、国持もそれぞれ着座した。

そして、この「着座一件」は、十二月一日の出仕時に頼胤・斉彬間で協議された。斉彬は頼胤に、帝鑑間席から何か動きがあるまではそのままにするとして、溜詰・国持それぞれで相談することとなった。さらに斉彬は、在府者だけの了見では返答できないこと、松平斉貴と藤堂高猷は「一理屈申候生質」を持つ注意人物であること、そして、近年の能見物席は二間半だが、古い絵図面を詮議すると二間で見物したこともあり、半間譲っても良いのではないかとの譲歩案を頼胤に伝えている。

このように、座席の少しのことが大きな問題となった。

さて、大名や幕府役人それぞれの性格・個性はなかなか見出しづらい。大多数は没個性的に捉えがちであるが、このような問題が生じた際には、断片的ながら心情を垣間見ることができる。

井伊直弼は、帝鑑間席の行動に「立腹」して立ち退かせることを主張しており、嫡子ながらも意気盛んな人物として映る。松平頼胤は、国持を宥める一方、大目付深谷の役目も立てており、穏健で重鎮的な存在感がある。

国持大名には熱い人物がいたようである。細川斉護は、直談判しようとするほどの「憤リ」を見せているが、頼胤の言は聞き入れている。細川以上に厄介な存在だったのが松平斉貴と藤堂高猷で、島津斉彬は二人を「一理屈申候生質」と評価している。その斉彬は国持クラスの代弁者的な存在で、深谷から帝鑑間席の要望を真っ先に伝えられている。見物席の先例を調査した上で、譲歩案を提示するなどの柔軟な考え方も持ち合わせている。

そして、やはり一番苦悩しているのは大目付の深谷で、座席問題の影響で能が時間通りに開始できなければ、深谷自身の責任問題ともなりかねない。両グループの要望・意見を聞いて右往左往している深谷の姿は、頼胤にも「余程困リ候様子」と見えていた。

これらは噂や伝聞ではなく、現場にいた頼胤や斉彬が感じ取った直接的な心情である。

さらに、同席大名間には連帯性があったことがわかる。溜詰、国持、帝鑑間席にはそれぞれ結束感があり、相互にその集団で対処している。

彦根藩城使役の「御城使寄合留帳」［六一二］を見ると、十一月二十七日に祝儀能が開催されたことは記されている。当時の溜詰の内、井伊直亮・松山藩主松平勝善《かつよし》・忍藩主松平忠国《ただくに》・姫路藩主酒井忠宝《ただとみ》は在国中、松平容敬・佐倉藩主堀

表3　嘉永2年、江戸城能見物席一件の経緯　　［21958］より作成

番号	発言者	相手	発言内容・行動
			【以下、11月27日能見物時】
1	帝鑑間席	深谷盛房	「帝鑑間席の「見物席込合」い、膝と膝が突き合うほど「難渋」し、「小用ニ立候節ハ膝ノ上ヲマタキ通り候程」である。「各方御見物席今少シ上へ御繰詰めてほしい」」
2	深谷盛房	島津斉彬	帝鑑間席の意見を伝える
3	島津斉彬	深谷盛房	「申し分はもっともだが、能見物席は「前々ヨリ」上を一間空けて、二間半に溜詰らが官位順に着座・見物してきたので、「前例ニ違ヒ上へ繰ツメ」ることは難しい」
4	島津斉彬	松平頼胤	「図面等を見せたが、溜詰席にも深谷が行くと思うので、一応経緯を伝えておく」
5	松平頼胤	島津斉彬	「深谷が溜詰席に来ても、「前々ヨリ」のことなので席を詰めることは承知できないと断る」
6	深谷盛房	松平頼胤	「帝鑑間席の見物席が「今日ハ殊之外込合難渋」なので、「今少シ上江御繰詰」めて「下之方半間タケ」空けてほしい」
7	松平頼胤	深谷盛房	「見物席は「前々ヨリ」一本目の柱を規矩にして、二間半に官位順に着座してきたので、「今日先例ニ違ヒ右御柱ヨリ上へ繰詰」めることはできない」
8	松平頼胤	井伊直弼	井伊直弼にも相談、同意
9	深谷盛房	松平頼胤	「溜詰・国持が「今日ハ御人少」ないので、「今日切御繰詰」めてほしい」
10	松平頼胤	深谷盛房	「「上之方江繰詰」めることはできない。官位筆頭の者が柱の蔭で見物できないほどだが、柱を規矩に「前々ヨリ」着座している。しかし、筆頭はそのまま着座して、次順から間を詰めれば、一人通るくらいは着座できるだろう。ただし、頼胤一人の了見では答えがたい」
11	深谷盛房	松平頼胤	「それならば国持衆も承知してくれるだろう」
12	松平頼胤	深谷盛房	「国持衆へも篤と掛け合うように」
13	松平頼胤	島津斉彬	深谷との経緯を伝える
14	島津斉彬	松平頼胤	「二間半の畳目が減り、「前々ヨリ之仕来ニ違」うので、我々は承知できない」
15	帝鑑間席		「御中入」後、溜詰・国持等に断りを入れずに、見物席の半間を取り込み着座
16	井伊直弼	松平頼胤	見物席に戻り「立腹」し、「我々を踏み付けにするやり方なので、早々に退かせてはどうか」
17	松平頼胤	井伊直弼	「深谷に言って退かせるので、まずは着座するように」
18	国持		見物席に戻り、様子を見て「甚立腹」
19	島津斉彬	松平頼胤	「帝鑑間席が断りなく「押領」着座しているのを、そのまま差し置くのか」
20	松平頼胤	島津斉彬	「決してそのままではなく、深谷から退かせるため今呼んでいる」
21	細川斉護	松平頼胤	憤慨して、「深谷に言うまでもなく、我々から直に帝鑑間席へ談判する」
22	松平頼胤	細川斉護	「言って素直に退けば良いが、万一異議があれば声高になる。今この席で口論がましくなるのは良くないので、やはり役目である深谷より言って退かせるべきだ」
23	松平頼胤	深谷盛房	「帝鑑間席のやり方は「押付」なので、とても熟談できないから、退くよう言うように」
24	深谷盛房	松平頼胤	余程困った様子で難渋を言う
25	松平頼胤	深谷盛房	「「公家衆御馳走御能」の時、帝鑑間詰は「五ツ側位」に着座するが、今日は「四側」に並んでおり、「毎モヨリハ却テ寛ニ」着座しているように見える。今日は「以前之通リ」着座させるように」
26	深谷盛房	松平頼胤	「帝鑑間席に伝える」
27	帝鑑間席		祝言能が始まる頃に、以前の通り退いて着座
28	国持		それぞれ見物席に着座
29	松平頼胤	国持	この「着座一件」は、来月一日の出仕時に究明することを相談
			【以下、12月1日登城時】
30	島津斉彬	松平頼胤	「「御能見物席之一条」を相談する予定だったが、帝鑑間席が何か言ってくるまではそのままにする。こちらは在府者だけの了見で返答できない。松平斉貴・藤堂高猷らは「一理屈申候生質」で、在府の斉斎に直書で伝えたが返事がなく、高猷は在国中である。溜詰の相談は決まっているか」
31	松平頼胤	島津斉彬	「まだ決まっていない。筆頭の松平容敬が不快で登城していないので、出勤後に相談する」
32	島津斉彬	松平頼胤	「相談が決まったら知らせてほしい。我々の相談が決まれば伝える。ただ、近年の能見物席は二間半だが、「古キ絵図面等」を詮議すると、二間で見物する時もある。近例は二間半なので、そうすべきであろう。万一難しければ、半間くらいは譲ってもよいと思う」

田正篤《まさひろ》（溜詰格）は在府中だが病気により登城していない。そのため、参列者は直弼・頼胤の他に、容敬嫡子松平容保《かたもり》・桑名藩主松平定猷《さだみち》・勝善嫡子松平勝成の計五名であった。

　注目したいのは、帝鑑間席との見物席一件については一切触れられていないことである。城使（留守居）が書き留めていないのは直弼から知らされていなかったためであり、溜詰の間で直接的に情報交換・共有が行われていたと考えられる。『続徳川実紀』にも能が開催されたことは記されているが、見物席問題には全く触れられていない。幕府にとっても内部的な問題として、それ以上は表面化しなかったのである。

　では、見物席問題の結末はどうなったのか。その後の経緯を記した松平容敬「覚書写」(10)がある。

【史料11】

　旧冬十一月廿七日、
右大将様御婚礼済御祝儀御能之節、同席并大広間衆与帝鑑間と見物席之儀ニ付、彼是混雑有之候一条、委細讃州扣ニ相見候通り之次第、讃岐殿ゟ相談有之候ニ付、猶来春出勤之上篤与御相談可致旨答置候処、当春出勤後、正月三日深谷遠江守ゟ同席并大広間席見物席二間ニ致、不紛為帝鑑之間見物席之間江押鉄置候図面差越、右図面を以大広間衆江茂掛合候処、猶同席中談事合、従是可致挨拶旨被申聞候、（中略）掃部頭殿当時勤振ハ違候得共、筆頭之事故、彦根表江件々之次第図面添、玄蕃殿ゟ為申遣、某より茂直書を以相談申遣候処、別意無之旨申越候ニ付、三月三日登
城之節、大隅守嫡子松平修理大夫江某・讃岐殿両人面会、同席にても右図面之通ニ而存意無之旨可及答与存候段申候処、大広間席ニ而も篤与相談、何れも別意無之趣ニ付、今日可致挨拶与存居候由申聞候ニ付、左候ハヽ、同席にても異存無之趣今日可致答、（中略）玄蕃殿江茂相談之上、讃岐殿両人にて遠江守江逢、先頃差越候御能見物席之図面、同席中及相談候処、何れ茂存意無之旨、且帝鑑之間席ニ而、以来如先頃失礼等無之様、御自分御心得を以被申聞置候様申述候処、何れも領承致候段申聞、其後当十五日登
城之節、左之書取図面添、遠江守ゟ以坊主遣候ニ付、同席中江茂及通達候事

　最初に「委細讃州扣ニ相見候通り之次第」とあるように、「讃岐守より被相廻候書取」は容敬の元にも「讃州扣」として届けられていた。また、彦根にいる直亮へも、「讃州扣」・容敬「覚書写」が伝えられており、やはり同席間で情報を共有していた。

　そして、嘉永三年正月三日に深谷が溜詰・国持（「大広間席」）へ図面をもって提案を示してきたことがわかる。見物席を二間とし、帝鑑間席見物席との間に「押鉄」を置くというものである。溜詰・国持双方に反対がなければ老中に伺いを立てることとなり、一・二月の間にそれぞれで相談が行われた。容敬は彦根に帰国中の直亮にも相談したところ、別意なしとの答えであった。

　三月三日登城時、容敬・頼胤が島津斉彬と面会・協議した後、双方ともに提示された案に反対のないことを深谷に伝えている。ただし、帝鑑間席が今後失礼なことをしないようにとの忠告を付け加えており、深谷は了承している。

結果、三月十五日に深谷が最終結論を提示した。「御能之節見物席之儀ニ付大目付深谷遠江守より相達候書付并図、右者嘉永三庚戌年三月同席より直弼玄蕃頭方江廻しニ相成写し置」というもので、次の史料はその書付である。(11)

【史料12】「大目付・目付連署達書写」〔六六五三―一〕

御能之節見物席混雑之義茂有之候間、大広間二之間江押鉄差出置席分致し候様、別紙絵図面之通伊賀守殿被　仰渡候事

三月　　大目付
　　　　御目付

見物席混雑の問題は、四ヶ月経って決着を見ることとなった。それは、老中松平伊賀守忠優が大目付・目付を通じて指示しており、「大広間二之間」に「押鉄」を置くということであった。この「押鉄」によって、溜詰・国持の見物席はここまで、帝鑑間席の席はここからと仕切られるようになる。つまり見物席については、先例にもある、前年十二月一日の斉彬譲歩案が採用された形となったのである。

おわりに

以上、いくつかの事例から、幕府儀礼の様々な裏事情と、それに対する井伊家の行動を見てきた。

江戸城を中心に連続して行われた儀礼は、決して単一的・静態的なものではなく、時代により変更も加えられ、官位などによって動きは異なっていた。また、儀礼は幕府からの一方的な指示ではなく、大名からの提案・相談によって定まる場合もあった。開催者・参加者双方の共同運営によって成り立っていたのである。不明な点は事前に問い合わせ、習礼・稽古も繰り返された。全ては儀礼当日を滞りなく終えることが目的であるが、その裏では、小用退席の事前確認などの慌ただしい動きも見られた。さらに、能見物席問題からは、殿席グループ間での小競り合い・駆け引きを見ることができ、心情にも少し迫り得た。

幕府・大名ともに、儀礼に対して、表立っては静粛に事を進めていたが、裏側では先例に固執する一方、柔軟な考えをもって対応した一面も備えていたのである。

最後に、将軍家と井伊家との間で取り交わされた「言葉」に着目したい。儀礼の際に、将軍や大名はどのような言葉を発したのか。深井雅海氏が「徳川宗家文書」から将軍家の言葉を紹介しているが、(12)言葉をかけてもらう大名家側の史料からも知ることができる。

例えば、嘉永六年五月の「常例御暇之式并図」〔六一六六〕によると、井伊直弼が将軍家慶から帰国の暇を許可された際に「夫江」、少し進み出たところで「緩々休息致ス様ニ」、そして、暇の餞別として通例の拝領物が与えられた時に「鷹・馬ヲ」との言葉が与えられている。直弼は「在所へ之御暇被下、拝領物仕難有、益御機嫌能被遊御座候様ニ」と、「御直ニ」返答している。(13)

幕末には特殊な事例もある。日米和親条約締結直後の嘉永七年三月二十八日、直弼は将軍家定から「上意振り左之通」として、「此度異国船渡来ニ付、御備場其外御警衛向之義、精入申付、御満足被思召候、家来

共も数日骨折候段、太儀之事ニ候」との上意を与えられた[14]。家定の言葉そのままではないが、湾岸警衛に「御満足」や「太儀」との上意が伝えられていることがわかる。

さて、ここで取り上げたいのは、将軍の言葉が聞き取れなかった時の対応、そうした裏事情である。

寛政三年五月十五日、井伊直中は参勤御礼のため江戸城に登城した。その際の状況を記した式書[15]によると、登城後すぐに「御礼之習礼」が行われ、直中は目付桑原善兵衛盛倫からの「御礼之次第書」に従った行動をとった。そして、将軍家斉から「息災ニ相見一段」との言葉をかけられた直中は、「益御機嫌能被成御座恐悦之旨」を「御直ニ言上」した後に、その場を退座している。

これで参勤御礼は無事済んだはずであったが、一点問題が残った。

【史料13】

一、今日之
上意、実者至而　御小音ニ而得承兼候ニ付、若不束成御請申上候様ニ被為　思召候而者恐入候事故、無急度越中守殿江、私儀此間少々不快ニ而逆上致し、今日之
上意得与得承兼候、若在所相替儀茂無之哉与　御尋之
上意ニ茂御座候而者、甚不束成御請之様ニ可被為　思召奉存候、万一御沙汰茂御座候者、何分宜頼入候段申述置、承知之旨被申聞
但、御代々被　仰送ニ而参勤御礼之節、在所相替儀茂無之哉与申　御尋之
上意有之事茂候旨相心得居候、殊ニ家督後初而参勤御礼之儀故、旁以若　御尋之
上意ニ茂有之候而者、御請之所甚不束ニ被存候ニ付、越中守殿江一応頼置候

このように、家斉の上意が「至而御小音」であったため、直中は聞き取ることができなかったのである。「此間少々不快」により上意が聞き取れず、もし「在所相替儀茂無之哉」との尋ねがあったならば「不束」な返答をしてしまったかもしれないとの不安を、直中は老中松平越中守定信に吐露し、対応を「頼入」・「頼置」している。直中にとって「家督後初而参勤御礼」であることも、不安を増長させているようだが、実際には「在所相替儀茂無之哉」との上意はなく、事なきを得ている。

また、文政六年五月十五日、井伊直亮は参勤御礼を述べるため江戸城に登城した時に、二年後の「日光山供奉」が命じられた[16]。その際の家斉の言葉は、参勤については「息才に見へる」、日光山供奉については「吉例之通不相替相勤る様、目出たい」であった。しかし、直亮は日光山供奉に関する上意を「聢ト御弁へ難被成」状況であり、念のため「御問合」をして内容を確認している。様々な儀礼の行動マニュアルがすでに固定化していたことが功を奏して、トラブルの発生を回避できたのである。

【註】

1　松尾美恵子「大名の殿席と家格」(『徳川林政史研究所研究紀要』昭和五十五年度、一九八一年)、堀新「近世武家官位の成立と展開—大名の官位を中心に—」(山本博文編『新しい近世史第一巻　国家と秩序』新人物

往来社、一九九六年）、同「近世武家官位試論」（『歴史学研究』七〇三、一九九七年）、小宮木代良「幕藩政治史における儀礼的行為の位置づけについて」（『歴史学研究』七〇三、一九九七年）、同「近世武家政治社会形成期における儀礼」（荒野泰典編『日本の時代史第一四巻　江戸幕府と東アジア』吉川弘文館、二〇〇三年）、川島慶子「寛永期における幕府の大名序列化の過程―元日の拝賀礼の検討を通して―」（西村圭子編『日本近世国家の諸相』東京堂出版、一九九九年）、橋本政宣編『近世武家官位の研究』（続群書類従完成会、一九九九年）、二木謙一『武家儀礼格式の研究』（吉川弘文館、二〇〇三年）など。

2　上野秀治「江戸城登城日をめぐる幕藩関係―菰野藩土方家を事例に―」（竹内誠編『徳川幕府と巨大都市江戸』東京堂出版、二〇〇三年）。

3　例えば奏者番については、史料館編『幕府奏者番と情報管理』（名著出版、二〇〇三年）や国文学研究資料館編・大友一雄『江戸幕府と情報管理』（臨川書店、二〇〇三年）、江戸城席図については、深井雅海「江戸城本丸御殿図に見る中奥・表向・大奥―その変遷を中心に―（上・中・下・下の二）」（『徳川林政史研究所研究紀要』第二七～三〇号、一九九三～一九九六年）や同編『江戸時代武家行事儀礼図譜』（東洋書林、二〇〇一・二〇〇二年）がある。

4　［　］内は彦根藩井伊家文書（彦根城博物館蔵）の調査番号。以下同じ。またこの史料は、深井雅海編『江戸時代武家行事儀礼図譜』第五巻（諸大名江戸城御殿席図一）に収録されている。

5　溜詰については、野田浩子「大名殿席『溜詰』の基礎的考察」（『彦根城博物館研究紀要』十二、二〇〇一年）を参照。

6　佐藤満洋「近世大名の交際について―隠居・家督等に伴う引請と客組を通して―」（藤野保先生還暦記念会編『近世日本の社会と流通』雄山閣出版、一九九三年）、荒木裕行「近世後期溜詰大名の「交際」とその政治化―会津藩主松平容敬の日記の分析から―」（『史学雑誌』一一二―六、二〇〇三年）。

7　「舞楽見物登城之式書」［五八四三］。

8　「奏楽聴聞登城之式書」［六一四〇］。

9　「御拳之雉子拝領之式書」［六〇〇八―一五］。

10　「松平容敬覚書写」［二四九八七］。この史料は、東京大学史料編纂所編纂『大日本維新史料類纂之部　井伊家史料』二巻五九号（東京大学出版会、一九六一年）に収録されている。

11　また、「井伊直弼添状」［二二六七五］によれば、同年四月一日に直弼が彦根の直亮へ結論の通達を伝えていることがわかる。

12　深井雅海『図解・江戸城を読む』（原書房、一九九七年）。

13　参勤交代・帰国時における井伊家の「言葉」については本書所収の野田浩子「御暇から参勤までの一年―帰国中の儀礼―」を参照。

14　「異国船渡来ニ付退帆後蒙上意候留書」［六一七三］。

15　「参勤御礼之式書」［六〇四九］。

16　「参勤并日光山供奉上意ニ付覚」［六一三二―一二］。

【補註】「讃岐守より被相廻候書取」［二一九五八］

今日御能見物之節、例之通リ同席并同席格之者国持大名ト官位順ニ着座致居候処、脇能スミ、松平修理大夫ヨリ達申度旨申聞候ニ付、大広間四之間ニテ逢候処、同人申聴候ニハ、只今帝鑑席之者ヨリ大目付深谷遠江守ヲ以テ申越候ニハ、各方ニモ御見及候通リ、拙者共見物席込合、膝ト膝突合居リ、誠ニ難渋イタシ候、殊ニ前側ニ居リ候者ナト、小用ニ立候節ハ膝ノ上ヲマタキ通リ候程ニ有之候、夫ニ付御内談申候、各方御見物席今少シ上ヘ御操(繰)詰被下候様ニト申聞候ニ付、修理大夫返答致候ニハ、御申聴之趣ハ御尤ニ候ヘ共、御能見物席之儀ハ前々ヨリ上ヲ一間明、二間半之所江溜詰并拙者共官位順ニ着座イタシ候テ見物致来候事故、唯今前例ニ違ヒ上ヘ繰ツメ候儀ハ難致旨相答、図面等為見置候得共、定テ又御席之方ヘモ申参リ可申ト存候間、為御心得御咄置申候旨、修理大夫ヨリ申聴候間、委細御咄之趣承知致候、万一拙者共方江申来候テモ、唯今御咄之通リ前々ヨリ二間半之所江着座致来候事故承知難致候間、相断可申ト存候旨相答置候処、追刻深谷遠江守参リ逢申度由申聞候テ、同人ヨリ申聴候ニハ、帝鑑席之者ヨリ見物席之義、今日ハ殊之外込合難渋イタシ候間、御席之方ニテ今少シ上江御繰詰被下候テ、下之方半間タケ御明ケ被下候様ニト同人申聴候間、某答候ニハ、御能見物席之儀ハ前々ヨリ上ノ方一間タケ明ケ置、一本目御柱ヨリ国持大名ト官位順ニ、筆頭之者右御柱ヲ規矩ニ致、夫ヨリ二間半之所江着座致シ来候間、今日先例ニ違ヒ右御柱ヨリ上へ繰詰候儀ハ難相成候旨答、猶玄蕃頭トモ相談致候所、同人義茂右様ニ而可然旨申聴候間、前文之通リ遠江守江相答置候処、又々同人参リ何分ニモ帝鑑席之者彼是難渋之趣申聞候間、御席并国持衆ニモ今日ハ御人少ニ御座候間、今日切御繰詰被下候様ニト達々申聴候間、某答候ニハ、上ノ方江繰詰候義ハ迚モ難相成候、既ニ筆頭之者右御柱之蔭ニ相成六々御能見物モ致シ兼候程ニ候得共、右御柱ヲ規矩ニ前々ヨリ着座致来候事故、是レハ難相成候間、左候ハヽ、筆頭之者ハ其マヽ着座致シ居、次順之者ヨリ着座之間ヲ詰メ並居候ハヽ、半間タケハ明キ申間敷候へ共、帝鑑席之者一人通リ位ハ着座モ出来可申哉ト存候得共、夫モ拙者一了簡ニテハ御答ニ及カタク旨相答候処、遠江守申聴候ハ、左様ニ被成下候ハヽ、誠ニ難有、右様ニ候ヘハ国持衆ニテモ承知モ致シ可申模様ニ有之候旨同人申聞候間、左候ハヽ、国持衆へモ右之趣御自分ヨリトクト御掛合可被成旨相答置、夫ヨリ修理大夫江、某ヨリ遠江守江ケ様ニ々返答致置候由相咄候処、修理大夫申聴候ニハ、夫ニテハ矢張二間半之内畳目減候様相成候間、前々ヨリ之仕来ニ違ヒ候間、拙者共承知致兼候旨申聞、彼是致候内御中入ニ相成、菊ノ間ニテ御料理頂戴相済、夫ヨリ見物席江参リ見請候所、同席・国持等御料理頂戴ニ立候跡ニテ、何等ノ断モ不申聴、此方見物致候席之内ヲ半間タケ取込、帝鑑席之者着座並居候ニ付、如何ニモ不得其意致方ニ有之、玄蕃頭始立腹致、余リ此方ヲ踏付ニ致候仕方ニ有之候間、早々為退候テハ如何之旨申聴候ニ付、至極同意ニ存候間、早速遠江守江申聞、為退候様可致候間、先ツ着座被致候様申聴居候内、無程国持ニモ参、右之様子見請甚立腹致、右之通帝鑑席無断押領致着座並居候ヲ、其侭差置候哉ト修理大夫ヨリ某江申聞候間、決テ其侭ニ差置候儀ニハ無之、遠江守江申聴為退可申ト存、唯今同人ヲ呼ニ遣候所ニ有之候旨致返答候処、細川越中守ナト申聴候ニハ、遠江守ニ申迄モ無ク拙者共ヨリ直ニ帝鑑席之者江右之趣可申ト、憤リ申聞候間、其儀者不宜様被存候、アナタヨリ御申聴被成候テ、帝鑑席之者スナホニ退候ヘハ宜候へ共、万一彼是故障申聞候ハヽ、是非高声ニ相成可申、唯今此席ニテ口論ケ間敷相成候テハ甚不宜候間、矢張役目之事故遠江守ヨリ申聞為退候様可致旨申宥メ置、遠江守ヲ呼、帝鑑席之者致方如何ニモ押付候仕方ニテ、縦令相談可相整義ニテモ右様押付候致方有之候テハ迚モ熟談致申間敷候間、只今之処ハ是非為退候様帝鑑席江御申聞被成候様ニト申聞候処、遠江守ニモ余程困リ候様子ニテ彼是ト難渋申聴候間、某申聞ニハ一躰公家衆御馳走御能之節ナトニハ帝鑑席之者ニハ見物席江五ツ側位ヒニ着座致候様見請申候、今日ハ四側ニ並居候様子ニ候間、毎モヨリハ却テ寛ニ着座之体ニ相見へ候、夫ハ兎モ角モ今日之所ハ是非以前之通リ退キ着座致候様ニ可申聴旨、達々申聞候所、左候ハヽ、右之趣帝鑑席之者江申聞候様可致旨、右遠江守及返答退候所、漸々祝言之御能初リ候頃ニ至リ、帝鑑席之者共以前之通リ退キ着座致候ニ付、国持ニモ夫々見物席江罷越致着座相済候、尤着座一件之義ハ来月朔日出仕之節否相究メ可申旨、国持衆ト一同致相談候事

十二月朔日、登　城之上、松平修理大夫江逢候処、同人申聞候者、去ル廿七日御能見物席之一条、今日篤与御相談可致旨過日御申合申候処、一躰此度之儀ハ帝鑑席之者ヨリ彼是申出候事故、何与カあ之方ヨリ可申出哉ト存候間、夫迄ハ先ツ此尽ニ致置可申哉ト存候、勿論此方ヨリ取究メ返答致候段ニ及候ハヽ、当年在府之者計之了簡ニ而返答ニ及候訳ニハ難参、且松平出羽守・藤堂和泉守なと一理屈申候生質ニ有之、出羽守儀ハ当時在府ニ候間、直書ニ而申遣候処、未タ返事参不申候、和泉守ニハ在国之儀ニ候間、申遣候而モトテモ急ニハ参リ申間敷候、乍併御席之方ニ

而ハ最早御相談御究リニ相成候哉与申聴候間、某返答ニハ未タ相談相究リ候事ニハ無之、当時肥後守筆頭之事故、同人存意可承之処、今日モ不快ニ而登　城無之候間、何レ同人出勤之上相談致可申旨相答候処、左候ハヽ、御席之方之御相談相極リ候ハヽ御咄可被下候、拙者共方ニ而モ相談相究リ候ハヽ御咄可申旨、修理大夫申聞候事

但、同人内々相咄候ニハ、近年之処ハ御能見物席二間半之処ニテ見物致候様相極リ居候得共、古キ絵図面等段々詮義致候処、二間之所ニ而見物致候事モ有之候様相見申候、乍併近例二間半ニ相成候事故、成ル丈ハ右様ニ而相済候様可致哉、万々一夫ニテ六ケ敷候ハヽ、半間位ハ相譲候而茂可然哉トモ存候旨、同人申聞候事

井伊直豊の京都上使

朝尾直弘

はじめに

　本稿は井伊家の勤めた京都上使に関わる儀礼をとりあげるが、通常の論文とは異なったスタイルをとっている。即ち、事実の経過と具体的な様子を式書・式図等にもとづき紹介しつつ、部分的に解説と注釈を加えるかたちをとる。依拠する式書の原文は資料編に史料翻刻を掲げる。本稿はその注釈つき現代語訳といってもよい。上使を中心として、時間的・空間的に展開する儀礼のかたちを追跡することによって、読者にまず事実を知って頂くことを目的としている。

　安永八年（一七七九）井伊直豊は老中に呼び出され、翌年に京都上使を勤めるよう命じられた。直豊は直幸《なおひで》の第三番目の男子、宝暦十三年（一七六三）生まれであるから、上使を命じられたときは数え年十七歳の青年であった。もっとも、幕府には宝暦十年生まれとして届けている。明和三年（一七六六）兄直尚が死去し、嫡子に指名されたものの、まだ部屋住《へやずみ》（世子）の身分であった。安永四年（一七七五）表向きの年齢十六歳で将軍家治に御目見を済ませ、その後、従四位下に叙され、侍従に任官し、玄蕃頭《げんばのかみ》を名乗ることを許された。安永九年ここにとりあげる京都上使を勤め、江戸に帰って少将に進んだ。部屋住の境遇といいながら、将軍家・御三家を除けば格式最高のグループに属した井伊家らしい処遇を受けたといわなければならない。期待された青年大名であったが、天明七年（一七八七）病いにかかり二十五歳で亡くなった。

　京都上使は将軍から天皇へ遣わされる使いで、直豊の場合は十代将軍徳川家治が右大臣に転任したことへの御礼を申し述べる使いであった。歴代の将軍は将軍宣下と同時に内大臣に任じられる慣行があった。さらに、一定期間をへて、右大臣に進級させられるのが定例となっていた。家治の父九代家重も延享二年（一七四五）将軍宣下と同時に内大臣に任じ、宝暦十年（一七六〇）右大臣に転任、直後に「五十の賀」を迎えて辞職、大御所様と呼ばれたが、翌年死去した。家重の父八代吉宗は紀州家から入ったが、将軍宣下と内大臣任官は同時、右大臣を経て隠居、大御所様とよばれ、六十八歳で死去した。下って十一代家斉は一橋家から入り、将軍・内大臣、右大臣のあと「五十の賀」を機に左大臣、ついで太政大臣まで昇進、天保七年（一八三六）将軍の職を家慶に譲って隠居し、翌八年より大御所様と呼ばれるようになり、同十一年六十九歳で死去した。

それぞれ体力・体質に個人差があり、「五十の賀」を健常状態で迎えるかどうかといった違いはあるものの、官職との関係には共通する面が続いていた。征夷大将軍と内大臣、右大臣転任、隠居、大御所のパターンは、家康・秀忠・家光の初期三代や家斉が太政大臣に任じたのを除き、すべての将軍に共通していた。

パターン化といえば、上使を勤める井伊家の側も同様であった。具体的には本書所収の「井伊家歴代年譜」のとおりだが、将軍に御目見の時点で従四位下侍従叙任、玄蕃頭の名乗りを許され、家督相続とともに掃部頭と改めた。京都上使のほか、日光代参・将軍家若君御成などの御用を勤めて少将に、また別の御用を勤めて中将に昇進した。直豊の父直幸の場合は、安永七年（一七七八）「齢五旬におよび（五十歳になって）家格の務もすでに残るところなくつとめしにより」正四位上に叙せられ、天明二年（一七八二）には将軍家元服（家斉）の儀式に加冠役をつとめ、同四年大老職に任じられた。

歴代の井伊家当主また嫡子は京都上使を勤めることにより少将に任官した者が多い。律令制の建前としては、御所の警衛をつかさどる地位にあたり、京都守護の核心をなす地位であった。由来はわからないが、藩のかたちをつくりあげた直孝が寛永三年（一六二六）の秀忠・家光父子の上洛に供奉、後水尾天皇の二条城行幸のあと少将に任官しており、それをひとつのモデルとしたかもしれない。

以下、直豊玄蕃頭の「京都上使直勤式書」（史料翻刻3）にもとづき、上使の次第、一部始終を追ってみよう。

1　京都上使の指名

1　上使の内意を受ける

安永八年（一七七九）十二月十七日夕方、井伊家の城使荒居治太夫[1]は老中松平輝高からの呼び出しを受けた。荒居が訪ねると、松平家の用人大野弥八郎から一通の封をした書付を手渡された。持ち帰って開けると、写真1のような文書が記されていた。

この書付は井伊玄蕃頭直豊に将軍の使として京都に赴くよう命じた文書である。文章に主語がなく、「御」の字で始まる各行を改行しているのは上位の貴人に敬意を表した形式。御転任は家治が右大臣に補任されたことを示し、御使は将軍の使者を務めること、御沙汰は将軍の意思を意味している。即ち、これは家治の右大臣補任に対する返礼の上使として禁裏に赴くことを、家治が井伊直豊に命じたものであった。

しかし、実際はこの時点で右大臣家治は実現しておらず、翌安永九年九月四日江戸城に勅使を迎え、諸大名・旗本以下が並び居る中、家治が任右大臣の宣旨を受け取り、一同でこれを祝う儀式が行われている。つまり、右大臣任官の幕府の意向が朝廷に対し内意として伝えられ、その後一年余りをかけて公武間の折衝、打合せを経て調整がはかられたのである。右の書付の懸紙《かけがみ》には「御転任御用懸《かかり》」として松平右京大夫輝高の名が記されていて、この問題を担当する老中一名が任命されていたことが判明する。井伊家では即刻御請の回答と礼の使者をどのように勤めるか、荒居治太夫に尋ねさせたところ、それぞれ差図がなされたので、以下その通りに進めることになった。

井伊家では問題を直豊個人というより家として受けとめている。それは翌十八日以降の動きによっても明白である。十八日は五ツ半時（午前八時頃）、直幸・直豊父子同道して松平右京大夫を訪ね、名誉の使者を勤めるについて将軍家の内意を伝えられたことへの礼を述べた。早朝の訪問は昨夜のうちに了解をとっていた。老中田沼主殿頭意次の屋敷にも同様に訪問したが、ちょうどこの日は江戸城内紅葉山東照宮の正遷宮の日にあたり、意次はそちらへ出仕し留守であった。直幸はあらかじめ用意してあった口上書を用人に渡して帰宅した。

この日、父子の服装はいずれも染小袖(2)と半袴であった。老中訪問はこの後も続き、二十五日田沼意次、二十七日板倉勝清・松平康福とそれぞれ礼を述べてまわった。

写真1　井伊直豊に京都上使を命じる老中達書

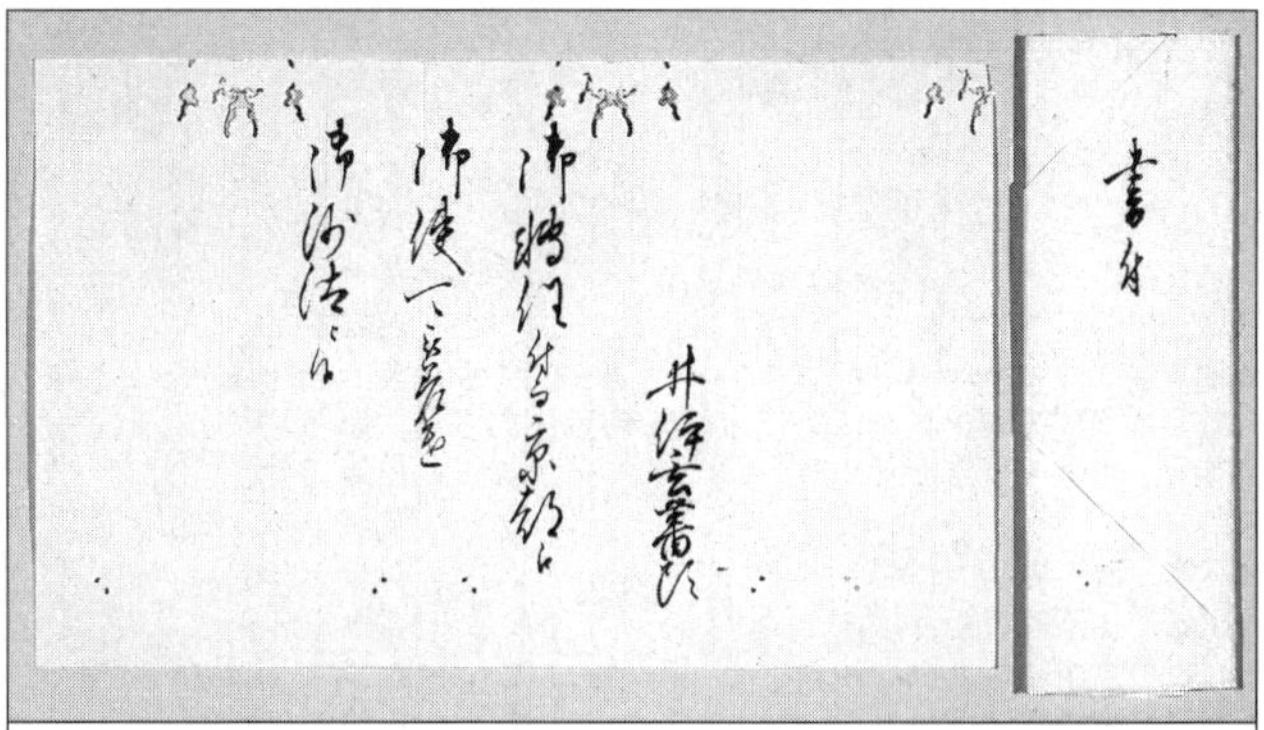

（釈文）
（包紙上書）
「書付」
井伊玄蕃頭
御転任付而京都江
御使可被差遣
御沙汰ニ候

（読み下し文）
井伊玄蕃頭
御転任について京都へ
御使に差し遣わさるべく
御沙汰に候

2　直幸の活動

老中と井伊家が次に活発な動きをみせたのは、翌九年四月のことであった。四月朔日、明二日四時（午前十時頃）に登城せよとの老中連署奉書が御用番老中松平周防守康福を通して直豊に届けられた。直豊は早速登城、御数寄屋へ参り、同朋頭を呼び、奉書により登城した旨を老中に申し入れた。これは通常の登城の手順である。この後目付に挨拶をして溜の間の席につく。老中が現れると溜の間内の南の方の障子際に抜いて(3)迎え、老中が列座す

表1　関係者一覧(1)　在江戸・井伊家関係者

京都上使役	井伊玄蕃頭直豊
差添高家	六角越前守広孝
井伊家歴代の京都上使	
宝暦10年（1760）	井伊掃部頭直幸、直豊父
享保20年（1735）	井伊掃部頭直定
幕府関係者	
将軍	徳川家治
老中	松平右京大夫輝高
同	松平周防守康福
同	板倉佐渡守勝清
同	田沼主殿頭意次
同	阿部豊後守正允

表２　井伊直幸が老中の了承をとった京都での進献・贈り物［2013-2］より作成

贈り先	太刀	馬代	その他
親王方	1腰	黄金10両	綿10把
九条摂政	1腰	黄金10両	蝋燭300挺
近衛准后	1腰	黄金10両	蝋燭300挺
摂家方	1腰	黄金10両	綿10把
法親王方	1腰宛	黄金10両	
御門跡方	1腰宛	白銀10枚	
両本願寺	1腰宛	黄金10両	
両本願寺新門跡・興正寺・仏光寺・専修寺	1腰宛	白銀5枚	
興正寺・仏光寺・専修寺各新門	1腰宛	白銀3枚	
伝奏衆	1腰	黄金10両	綿10把
院伝奏衆・議奏衆	1腰	黄金10両	
五摂家嫡子・諸家大臣方	1腰	黄金10両	
清華諸家の大中納言	1腰	白銀10枚	綿10把
清華諸家の大中納言隠居方	1腰	白銀10枚	
宰相より三位方	1腰	白銀10枚	綿5把
宰相より三位方隠居方	1腰	白銀7枚	
殿上人・児方	1腰	白銀7枚	
殿上人隠居方・極臈蔵人	1腰	白銀5枚	
壬生官務・押小路大外記・出納大蔵権少輔		白銀3枚	

ると扇子を抜き、すぐに前に進み出る。すると「御転任の儀が済み次第、御礼の使いとして京都へ差遣わされるので用意するように。なお、（高家）六角越前守広孝を差添え遣わす」との上意が御用番老中松平周防守によって、書付を渡すかたちで伝達される。直豊は書付を一覧し、「畏《かしこ》み奉り候、御使を仰せつけられ有難き仕合せ」と請ける。これで儀式は終り、直豊は高家六角広孝を殿中に訪ね、挨拶をすませて、帰宅した。

退出後、ただちに老中・御側御用人に礼を述べるため廻勤、帰宅は九半時（午後一時頃）となった。若年寄にも礼は述べたが、近例により直勤はしなかったと注記している。直豊自身は赴かず、使者などによったものと思われる。この日の着用は染袷と半袴であった。

さて、この日父直幸も染袷・半袴で老中と側用人を順次訪問、嫡子が上使を命じられたことへの礼を述べて廻った。

式書には右に述べた以外に記事はないが、関係文書[4]を見ると、直幸が藩主として、父としていろいろと気を遣い、行動していることがわかる。

まず、行列の人数・武器である。直豊は従四位下侍従、玄蕃頭とはいえ、「部屋住」の身にすぎない。人数・武器は「半高ばかりの格合」で諸事支度する。それでよろしいか。もっとも、すべてを「半高」で調えるのは困難だが、およその分で調整したいがいかが、と伺う。大名は将軍の命令を受けたら石高に見合った役を負担しなければならない。一万石に何人、武器は何梃といった具合である。直幸はそれを「半高」つまり領知高の半分に値切ろうというのである。

次に、鉄砲・弓・長柄（槍）・騎馬の数を伺う。鉄砲三十五梃・弓二十張・長柄三十本・騎馬二十五騎と細かいが、これは在所（彦根）から京都へ入る時の「先例」にもとづいている。以上の直幸の質問はいずれも伺書の形式をとっており、すべて付紙に「伺いの通りでよい」との老中の回答が記されて戻されている。

さらに、直幸の伺いは上京の際御所方・諸家への家別・身分別の進献と贈物のリストに及んでいる（表2）。当時の井伊家あるいは将軍家が、公家等の階層をどのように見ていたかがわかる。直幸はここでも、直豊が「部屋住にて勤めるのは初めてにつき伺いたい」と述べているが、付札は「勝手次第たるべく候」と一行の回答であった。さらに、伺書は禁裏・仙洞・女院・新女院・准后御附各御所の上臈局・長橋局・大御乳人以下の女房衆への贈り物（最高白銀七枚、最低一枚宛）の案を示し、「勝手次第」の付札を得た。同様に「内侍所御初穂」黄金十枚、「同御神楽料」

銀子五枚、また太刀・馬代・蝋燭のセットを禁裏・仙洞両御所に、紅白の縮緬・蝋燭のセットを女院・新女院に、蝋燭五百挺を准后に献上したいと届け出、「伺いの通りたるべく候」の回答を受け取った。いったいに、京都での行動はすべて出発前のこの時点で幕府要路に届け出、許可を得る慣例であった。例えば九条家について、「九条殿儀は（井伊家と）格別の由緒があり、直豊在京中に参上、御目にかからせたい。あわせて近衛殿・転法輪前右大臣、西本願寺へも訪問させたい」と届け出、「京都において所司代久世出雲守の指示に従うように」との返事があった。禁裏・公家・寺社関係は老中も所司代にまかせるほかないのが制度であった。

ちなみに、九条家は、井伊家にとっては「家元」と称し、井伊家が系譜上、藤原姓を名乗る根拠としてきた家であり、特別な関係を持つ間柄であった（本書論文「武家と官位」参照）。

転法輪三条家は当主季晴（前右大臣）の室として直幸の妹が嫁ぎ、嫡子実起を生み、実起の室に直幸の女子が入るという深い関係があった。両家の結びつきは五代直通の室に三条実治の女子が入った頃からのことと思われる。

西本願寺とは二代藩主井伊直孝と良如（光円）との深い関係がある。承応・明暦期（一六五二～五八年）同寺の学寮における能化の言行をめぐって、同寺と興正寺との対立が生じたとき、正式の裁判に発展することを嫌った幕府は直孝に命じ、争論を取り曖《あつか》い、当事者間で解決する方策を立てた（『本願寺史』第二巻）。以来、井伊家と西本願寺の関係は歴代密なるものがあった。

中には女房奉書をいただいて将軍に献上することの伺いがある。直幸は宝暦十年京都上使を勤めたが、この時江戸へ帰った報告の礼を申し上げた際、女房奉書を持参、将軍に献上した由緒がある。今回も直豊がそのようにしてよろしいか、というのが伺いの内容である。女房奉書は、天皇の意思を女房が伝奏に伝える文書で、独特な散らし書きの様式で、古文書学でおなじみのものである。室町末から戦国時代に天皇家の権力機構が簡略化した時期に多く用いられた。これも肯定的な返事を得た。

部屋住み上使直豊のための直幸の伺書はさらに続く。東海道今切の渡しの通り方である。今切の渡しは東海道のちょうど真中に近く、江戸から京都へ向かって舞坂宿から新井関（宿）の間は船で行くのが普通であった。直幸は自分の体験を引きながら、風雨の節は乗船なり難く、本坂越を旅行させたいとし、江戸への帰りは桑名から佐谷（屋）通を旅行させたく、また洪水などのため道・橋が損じた場合は脇道通行をも許可してやってほしいと述べている。

ついで、上京の途次「在所」（彦根）に立ち寄ることの許可である。「出入り五日」（到着と出発の日を含め五日間）の彦根城滞在を願っている。そこで上京の隊列を組むため、人数を揃え、幕府の勢威を示す準備もしたいとの願いである。また、道中の行事として、沼津に着いたら、ここで江戸（将軍）へ御暇の御礼に書状を出すこと、彦根入城の御礼も書状で出させたい。京都に着いたら、そのことの注進と御礼を使札をもって勤めたい。帰りは道中より一度使札をもって御機嫌伺いをさせたい。直豊参内のとき、禁裏を拝見させ、また二条城の拝見もさせ、所々の巡見もさせてやりたい。

この直幸の伺いに対して老中の回答は、伺いの通りでよい。禁裏の拝見と二条城拝見、そのほか所々の巡見については所司代に相談し、「先格」の通りにしなさい。というものであった。前半部分は井伊家当主に認められていた「特権」であり、後半部分の「先格」とは宝暦十年直幸が上使を勤めたさい認められた儀礼等をさすのであろう。

直豊が無事任務を果し、江戸に帰ってきたときの将軍家に対する御礼は「茶宇嶋《ちゃうじま》」(5)十巻・「干鯛」一箱と伺った。また、「御部屋様」（将軍の側室）への献上品や老中・若年寄・側衆や奥向女中への進物も、宝暦十年の実績にもとづいて伺い、認められた。

この間のやりとりで「進上物に及ばず候」との付札が還ってきたのは女一宮に対するケースだけであった。女一宮は後桃園天皇の娘でのちに光格天皇の皇后となる欣子内親王（のち新清和門院）である。この時点で満一歳三ヶ月、上使の対象にはならなかったものか。

ともあれ、四月初め、直幸は宝暦十年の自分自身の上使勤仕のさい藩主として受けた処遇を、「部屋住み」の身で初めて上使を勤める直豊にも与えられるよう、老中に伺いをたてたのであり、その中で井伊家としての「先格」「先例」が家単位で蓄積されていったと考えられる。

3 京都へ御暇の式

九月七日、老中連名の奉書が御用番老中松平周防守康福により届けられた。明日京都への御暇を下されるので五半時（午前九時頃）に登城せよ、との内容である。直豊は八日朝五時三分過ぎに屋敷を出た。服装は熨斗《のし》目袷《めあわせ》・半袴。儀式用の正装である。例により御数寄屋に赴き、同朋頭原田順阿弥を呼び出し、登城の趣旨を伝えた。目付井上図書頭が来て、西湖の間東縁に寄るよう、また溜の間にて御進献物（将軍から天皇への献上品）を渡すから準備するよう、それが済んだら山吹の間に行くようにとの老中の指示を伝達した。

直豊は西湖の間の雪松杉戸の内側、写真2の一の所で待機する。若年寄松平伊賀守忠順の案内で御錠口を入り、二に座を寄せる。扇子を取り、座に着く。この時、御座の間上段に将軍家治が出御、老中・若年寄衆よりの合図を確認して、御杉戸外際（三）に脇差を置き、無刀になって御前へ出、四の位置に平状する。御用番の松平周防守が名を披露。将軍家治は「ソレエノ」という。直豊は上意にもとづき、ただちに座を立ち、将軍の居る上段の間の縁より少し前で座り、膝行して上段に上がり、五印のところに平伏する。そのとき、将軍から「転任の礼のため京都へ遣《や》る、禁裏へよろしく申し上げてほしい、また、仙洞・女院・新女院・准后へもよろしく」との意向が示された。直豊は畏《かしこ》み奉る旨の御請を言上し、用番老中を介して、御使を命じられた名誉に御礼を申し上げた。下段へ戻り六印のところに中座、ここでさらに上意が下り、「所司代と相談し、念を入れて勤めを果たすように」とのこと、これも御請して退去する。次の間に老中が列座している前へ行き、老中の合図で再度御座の間畳縁八印のところに出て平伏する。用番老中松平周防守のとりなしがあり、再び上意「馬をやる」との声がかかり、ありがたく存ずる旨の御請を直答、退去して、先に杉戸の外九印のところで置いた脇差を帯し、十印のところで扇子をとり、差して御錠口を出、黒書院縁側より溜の間に戻った。

以上で将軍家治への目見と暇の式は終わる。この後、溜の間に老中が列座し、表右筆組頭の作成した御進献の目録・口上書、同じく御腰物奉行の持参した進献用の太刀等を拝見した。点検・確認の意味であろう。ついで、山吹の間へ移動、羽目の間に列座する老中立会いのもと、時服十・黄金百枚、いずれも白木の台に載せたのを頂戴する。ここでは挨拶だけで、内容の確認は御数寄屋で内見というかたちで行った。行事が終わると封印し、蘇鉄の間で家来に渡して、この日の予定は完了した。帰邸は九時三分過ぎ（正午過ぎ）になった。

以上の経過で面白いのは、上使任命と御暇を頂く儀礼であろう。将軍家治は必要最少限度の言語をしか発しない。御座の間上段に座して、下段に平伏する直豊の名前が用番老中によって披露されると「ソレエノ」と発する。「そこへ来い（来てよい）」という意味であろう。これを受けて直豊は膝行して上段に上る。ここで直豊は将軍の上使、つまり将軍と同格の人、或いは将軍そのものとなったのである。それは直後の所司代と相談の指示や拝領物頂戴の時と較べてみても明らかである。このとき直豊は下段六印や「御座の間御畳縁」八印のところに居る。下段よりさらに外側の部屋である。拝領は上位者から下位者に与えられるものであり、将軍は相変わらず口少なに「馬ヲヤル」と発したのみであった。これに対し、上使任命の儀礼は明らかに異なっていた。上段の間に上がって、将軍と対座することにより、天皇に礼を述べる使者として直豊は将軍と同格の地位を認められ、かつ人格的核心をも手に入れたのである。

その拝領物「時服十」は現物で給されたわけではなく、「京都において呉服師方よりさし出し候様にいたすべき旨、御納《おなん》戸頭《とがしら》へ申し渡し候」となっていた。近世後期にいたるまで、呉服は京都の産物であったことを示す。京都で作られたものを調達するのは呉服師であるが、このネットワークは将軍から御納戸頭へ下賜の事実が伝えられ、それをうけて御納戸方から呉服師へ代金の支払いがなされて完結するのであった。

さて、京都で礼を申すべき対象として挙がっていたのは天皇だけではなく、仙洞・女院・新女院・准后も含んでいた。天皇は直豊に上使の内意が伝えられた時

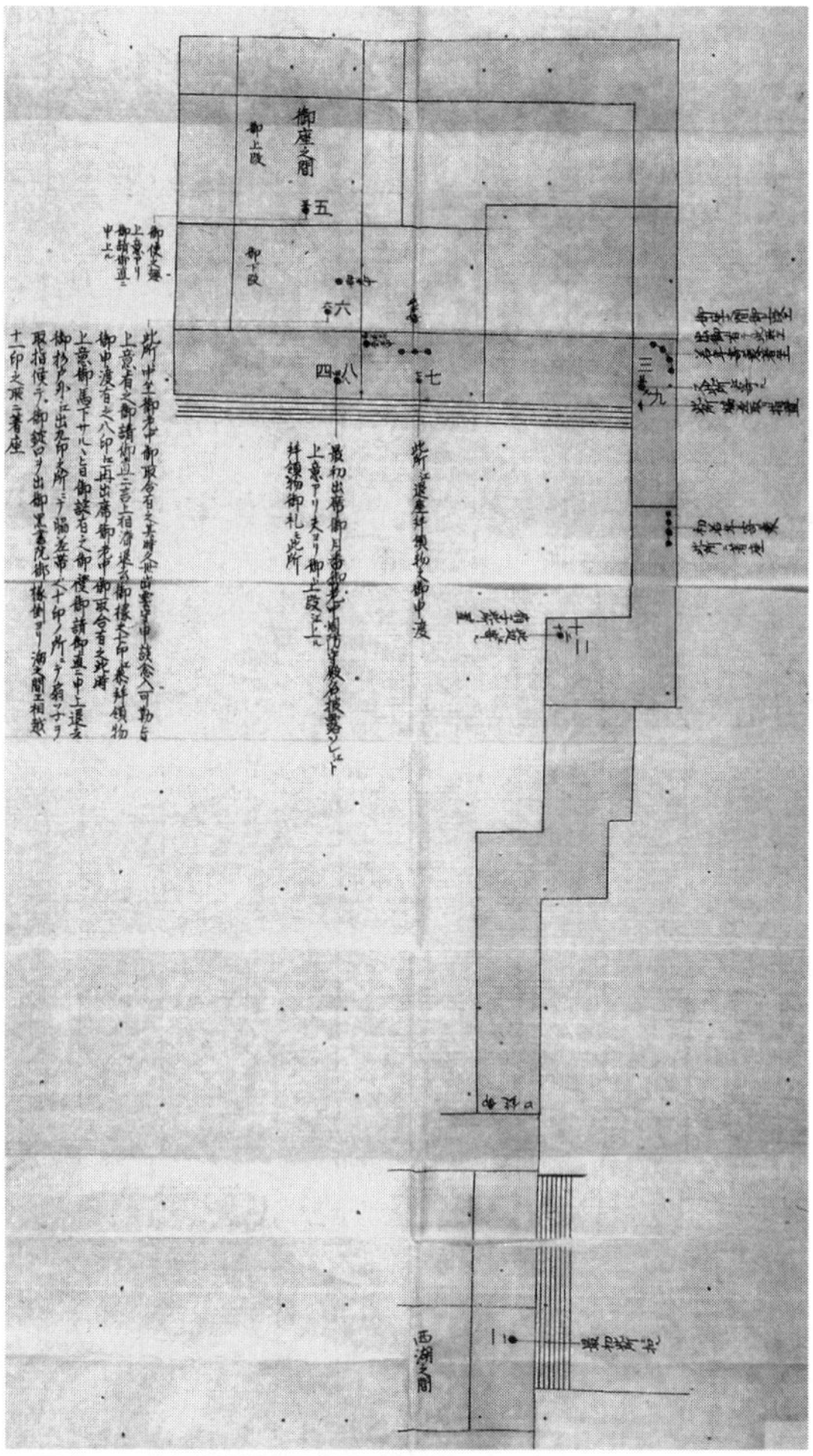

写真２　京都御使御暇式図（部分）
直豊の進路が番号により示されている。

には後桃園天皇であったが、安永八年（一七七九）十月二十九日に亡くなり、このため聖護院に入っていた兼仁親王が急遽儲君となり、同二十五日践祚、後継者（光格天皇）になろうとしていた。即位の儀は九年十二月四日に行われており、文字どおり過渡期に他ならなかった。仙洞は明和七年（一七七〇）に譲位、太上天皇の尊号を受けた女帝後桜町である。女院・新女院・准后は、いずれも歴代天皇の皇后である。

2　道中の儀礼

1　出立

かくして江戸での儀礼を終え、いよいよ上使として京都に向かい出立となる。安永九年（一七八〇）九月十三日朝六時（午前六時頃）、桜田上屋敷を出る直豊の衣装は旅装束。遠侍の前より乗馬、行列を組み将軍家の御威光を示す堂々たるものであった。もっとも、将軍から頂戴した馬はようやく九日に届いたばかりで、まだ「気合いも相知れず」、牽かせて連れることとし、直豊は乗り慣れた千歳川《ちとせ》という名の馬を用いた。虎門の外に出たあたりから駕籠《かご》に乗り替える。五時（午前八時）品川で小休、ここで隊列を組み替え、通常の行列を編成することになる。大名行列は江戸を出るとき京都に入るとき、途中の城下を通るときなどは、「御威光」を示すため服装をととのえ、隊列を組み直して、きらびやかに権力・権威のほどを示すように変貌する。この場合も、品川まで華やかなデモンストレーションは終わり、以後は道中の通常体制に変わるのである。品川出発が四時（午前十時）というのは、ここで二時間かけてその準備をしたことを意味している。川崎で昼食、暮六時（午後六時）前に戸塚宿に到着、第一日の旅程を終えた。

このようにして東海道を西へ赴く。行程を表3に示した。個々の説明は略し、変化のあった日について述べよう。

箱根と荒井（新居）に大きな関所がある。往路箱根の関所を通行するとき、（将軍の）「御用」により通るので、先例により直豊は乗輿のままとし、駕籠の戸を引き、番人に会釈《えしゃく》して通った。鑓も伏せることはしなかった。即ち、戦闘隊形は解かなかった。

江尻では、駿府城代本多淡路守忠弘より使者があった。明日十八日駿府通行の際、「所の面々」が申し合わせ、江戸表の御機嫌伺いをしたい、とのことで、諾否の返事を求めるものであった。上使は将軍の代理であるから、御機嫌伺いを勝手に断るわけにはいかない。直豊はただちに「承知」の返事をする。当日十八日は駿府城大手先の町屋に案内され、旅装束のまま座敷へ上がった。「江戸表の御機嫌伺い」とは、江戸の将軍家治の日常生活・健康状態を伺うもので、譜代の大名以下にとって、極めて重要な儀礼であった。上使は将軍に準じる待遇であるから、まっすぐ座上に着座する。入口まで出迎えた武士たちに会釈して通る。刀は自分で携えていく。城代本多淡路守がまず御機嫌を伺う。以下、直豊が一人ひとりに（家治の）「御機嫌よろしき」旨を申達し、訪問者は「恐悦に存じ」ると祝詞を申し述べて退座する。

挨拶に集まった面々は城代の本多氏を始めとして、書院番の永井美濃守、加番の関備前守・薮隼人・長谷川栄三郎、定番の水野弾正、ここまでは駿府城に詰めている大名と旗本である。さらに駿府の町奉行山崎四郎左衛門、同目付水野要人、書院組頭の安部又四郎、さらに御武具奉行大原右門、御医師塩谷桃庵らもいた。代官の柴村藤三郎は予定されていたが、病気のため欠席した。町奉行の山崎は阿部（安倍）川の川端まで見送りにきたので、駕籠を降りて挨拶をした。十九日は昼休に袋井宿に着いたところ、代官の大草太郎左衛門が来た。これには旅装束のまま挨拶をした。その日は浜松に到着、宿泊した。

この部分は出席者のことが詳しいが、宝暦十年の直幸の例によると、「面々名前」は江戸に帰ってから老中へ書付をもって報告している。町屋の玄関で出迎えと見送りをしたのは、この「面々」であった。

二十日朝七時に浜松を出、今切の渡しを船で渡る。東海道唯一の舟航部分である。三河吉田城主松平伊豆守信明が「馳走船《ちそうぶね》」を出してくれた。上使に対する譜代大名のサービスと考えるとよいだろう。例格のとおりこれに乗船した。その後の行程は表3のとおり。

表3　江戸から京都までの道中日程

9／13	江戸発
	戸塚泊
9／14	小田原泊
9／15	沼津泊
9／16	吉原泊
	＊富士川満水、川留
9／17	江尻泊
9／18	金谷泊
9／19	浜松泊
9／20	赤坂泊
9／21	熱田泊
9／22	大垣泊
9／23	彦根着
9／27	彦根発
	武佐泊
9／28	大津泊
9／29	京都着

二十二日夜五半時（午後八時頃）過ぎに大垣へ着くが、その夜九時（午後十二時）に出立して四時（午前十時頃）に番場宿で昼休、七時（午後四時）過ぎに彦根に着いた。ふだんだと大垣のあとは今須で昼休、番場泊りと決まっているのだが、吉原で一日逗留した分をとり返すため、このような強行軍になった。

二十四日・二十五日・二十六日と正味三日間彦根に逗留した。しかし、ゆっくり休むひまはなかったようで、二十五日には、ここで「足揃《あしぞろえ》」の調練を行っている。「足揃」とは、行列の先を行く足軽などの徒歩部隊と、跡を押さえる士分の騎馬部隊との「足を揃える」、つまり行列としての統一をはかることで、「御威光」の具体化を担保する重要な儀式であった。もちろん、直豊みずから見分をした。先例では愛知川の川端で行ったが、今回は彦根で済ませた。

やがて二十七日最後の行程に向け出発する。例によって五半時（午前九時頃）出発のときは旅装束、京橋御門内より乗馬、善利《せり》川橋を渡った所から乗輿、九時（正午頃）に愛知《えち》川で昼休、七半時（午後五時頃）武佐《むさ》宿に着き、泊まる。二十八日武佐宿を出、草津宿で正午前昼休、七時（午後四時）過ぎ大津に着き、宿泊する。

膳所《ぜぜ》城を通るとき、城主の本多主膳正康匡が城門の外へ出迎えた。直豊は駕籠を降りる。主膳正は「チヨト」蹲踞し、（将軍の）「御機嫌」を伺う。直豊は立ったまま御機嫌よろしき旨を伝え、これで上使に対しての正式の儀礼は終わり、このあと、互いに自分同士（大名同士）の挨拶を交わし、直豊は駕籠に戻る。このように、どこでも城主や領主が在国している場合は、城主・領主が上使の居る所まで出向いて御機嫌伺いをするのがきまりごとになっていた。

2　道中の心得

駿府城代以下の挨拶、吉田城主の奉仕、膳所城主との対面など、東海道を進むうち何回か儀礼的な行為を済ませてきた。式書は、他の例もここでまとめているので、説明しておく。

まず、大津の宿に上使差添の高家六角越前守が訪ねてきた。直豊は旅装束のままではあるが、一部屋とって出迎え、茶・煙草盆を出し[6]、もてなし、帰りは次の間まで送った。

大津には所司代久世出雲守からの音信があり、京都の所司代役宅の図面が届けられている。京都での「御機嫌伺い」の際の座席、出席者の交名などを記しており、送迎のことなどを書き込んだ付紙が付いていた。

旅行中、休泊或いは小休の場所などに「御機嫌伺い」に来る人たちがいた場合の態度であるが、駿府で既に実行したように、旅装束のまま準備された場所に行き、上座に着席、「御機嫌よろしき」旨を申達する。終わったら対座して自分の挨拶をする。上座へみずから直行するのはいうまでもなく「上使」であり、将軍そのものを体現しているからであり、自分の挨拶は文字どおり自分、即ち譜代大名筆頭の部屋住みである井伊直豊に戻ることを意味していた。もっとも、送迎など「会釈《えしゃく》方」は先方の格合によって不同だと述べている。相手のあることだから当然であろう。今回は大草太郎左衛門以外に宿泊中の旅亭に来た者はいなかった。

表4　関係者一覧(2)　在京者

幕府方	
京都所司代	久世出雲守広明
二条御殿番	三輪市之丞久邦
大工頭	中井主水
旅館主	山内土佐守豊雍
御所方	
禁裏	光格天皇
仙洞	後桜町上皇
女院	青綺門院藤原(二条)舎子、桜町天皇皇后
新女院	恭礼門院藤原(一条)富子、桃園天皇皇后
准后	盛化門院藤原(近衛)維子、後桃園天皇皇后
女一宮	後桃園天皇皇女、欣子内親王
公家方	
武家伝奏	油小路前大納言隆前
	久我大納言信通
院伝奏	四辻前大納言公亨
	難波前大納言宗城
議奏衆	万里小路前大納言政房
	広橋大納言伊光
	橋本前大納言実理
	冷泉中納言為栄
	六条前中納言有栄
評定衆	正親町大納言公明
	石山前中納言基名
	梅小路前宰相定福

表5　所司代屋敷に御機嫌伺いに出席した人々

役　職	人　名
伏見奉行	小堀和泉守
大番頭	遠藤下野守
京都町奉行	赤井越前守・土屋伊予守
禁裏附	水原摂津守・渡辺筑後守
仙洞附	三枝豊前守・小笠原伊豆守
目付	土屋市之丞・松平惣兵衛
代官	小堀数馬
門番之頭	夏目小十郎・間宮孫四郎

注）大番頭森川紀伊守は病気、代官石原清左衛門は検見に出かけ欠席。

代官たちが道中にて出迎えたときは、駕籠を地面に据え、駕籠を出ることなく、「御使」なので下乗はしないと断ること。幕府直轄領は本州中央部に集中していたから、可能性としては代官の挨拶は少なくなかった筈である。布衣《ほい》の代官衆には下乗しなくてはならない。

諸方の領地や代官支配所などにおいて、馳走として役人が出張していた場合、宿供の披露をし、時宜により通常の対応をすればよい。家老が出ておれば、駕籠の戸を引く（開く）こと。しかし、一般に言葉をかける必要はない。

尾張藩領において諸所に御馳走役人をさし出される場合がある。鑓持をつれている者（上士）には駕籠の戸を引いて会釈すること。鑓持をつれていない者には簾を上げさせ会釈する。同心の服装の者には簾を上げ、手を出す間もない程度に「ちよと」上げ、直ちにおろすようにすること。

大津から京都へ入る途中に山科を通る。ここは古くからの禁裏料で、中世は公家の山科家が代官として支配し、一方ではそのもとで在地の郷士たちが山科七郷など自治を発達させてきた地域である。徳川将軍家も伝統を重視し、禁裏御料として代官支配下におくとともに、山科惣頭を置いて郷士の自治を公認するなど、独自の制度を布いてきた。山科は次の蹴上《けあげ》とともに京都への出入りに送迎の儀礼を行う空間でもあった。近世初期には天下人の上洛を公家以下が出迎え、その後、所司代・町奉行の離着任に際しても配下の役人、町代・雑色等がこの地で送迎儀礼をおこなう慣行であった。また、大津寄りに三井寺円満院、山科には毘沙門堂、粟田口には青蓮院と、幕藩体制にとって欠くことのできない門跡寺院が立ち並んでいる。いわば地域全体が京都の玄関口にあたるといってよい。上使の目的とする本拠地に入ってきたのである。式書はいう。

御門跡等より御使者、法印・法橋、諸大夫之類、其外御役人等、山科惣頭、禁裏御役人等まかり出候

江戸では考えられないほど複雑な階層構成がここにはある。それに惑わされることのないようとの老婆心がここでの趣意であろう。

彼らが来たときは、宿供の家臣が披露し、駕戸を引き会釈する。言葉は懸けなくてよい。馬上のときは、笠でも被っておれば笠をとり会釈すればよい。相手が何か口上を申したとしても、ちょっと「からだにこたえるので」とかいって、下馬・下乗はしない。家来たちに応対させればよいのである。

3　上使の参内

1　京都に着く

九月二十九日五半時（午前九時頃）大津を出立。旅装束に羽織、踏込袴《ふんごみ》で。踏込袴は野袴《のばかま》ともいい、裾を細くしぼった歩きやすい袴。羽織を着用したのは入京を意識したものといってよい。大津から駕籠で出発したが、蹴上から騎馬にしたのも同様。行列の効果をあげるためである。昼前に三条河原町の松平土佐守豊雍（山内氏）の屋敷に到着した。ここが上使の旅館となる。

さっそく、所司代の久世出雲守広明より接触があり、その役宅を訪ねる。服装は熨斗目《のしめ》・半袴。准正式の服装である。役宅には近辺の関係者が集まっている。式台、縁取まで出迎えを受け、直豊の刀は二条御殿番三輪市之丞や大工頭中井主水らが持つ。出雲守は玄関の上、広間の縁側まで出迎え、先に立って使者の間縁側まで案内してくれる。高家六角越前守広孝がそこで待っている。屯《たむろ》の間縁側に大番頭《おおばんがしら》・禁裏附《きんりつき》・仙洞附《せんとうづき》その他役人衆が列をつくり並んで出迎える。それぞれへ会釈しながら書院へ通る。上《かみ》の間《ま》に入り、上の方より一間（一・八メートル）ばかり間を置き、縁側の方に着座する。その次にさらに一間の距離を置いて六角広孝が着座する。所司代久世広明は書院まで案内したのち勝手の方に下がり、座が定まったのを見て、所司代は直豊に向かい少し下座に着座し、将軍の御機嫌伺いを申される。ますます御機嫌はよろしき旨を答え、所司代は恐悦の旨を申し、これで上使に対する挨拶は一段落する。そこで所司代は直豊に対座し、自分の挨拶等をすませる。続いて出席の面々が一役ずつ上の間敷居の内に進み出ると、将軍はますます御機嫌よく過しておられる旨を直豊は申し、おのおのは恐悦の旨を所司代に向かい申し述べて退席する。直幸のとき（宝暦十年）は、面々が一人ずつ御機嫌を伺ったのちに、上使が答えたと記録されているが、今回は所司代が先方の発言なしでよいといわれたので、そのようにしたと注記がある。面倒な儀礼を簡略化しようとする動きがあったのかもしれない。この場に出席の

面々は表5のとおり。いずれも前夜大津で出欠の名簿を受けとってあった。

挨拶がすむと、所司代へ老中からのことづてを六角氏が伝える。所司代の案内で小書院に入る。直豊・六角の順で、次一人分をとばして伏見奉行・町奉行と一列に縁側の方に着座、所司代が挨拶をして退席すると、料理となる。しかし、「盃事《さかずきごと》」（盃の応酬）はなく、二汁五菜の料理であった。食事が済むと相伴衆は退出、所司代との用談となる。協議の結果、決定した事項は、

①禁裏へ進献の目録・太刀・口上書は江戸で受けとった。それ以外の品目は当地（京都）で調達すると承知している。→もうできあがっているとの返事。

②参内に関する問い合わせをしたならよろしく頼む。→即時に挨拶できるときもあり、その節々に細かく言うときもある。

③京都での動静を知らせるために宿継飛脚の件もお頼みした。→承知。特に老中との連絡を密にする。江戸から飛脚が来るたびに、こちらからも届ける。

④二条城の城内見学、近辺の巡見をしたい。→二条城は追って日取りを考え、知らせる。巡見は参内より前でもよい。回数も制限はない。

このほか、禁裏・仙洞・女院・新女院・准后の御所の絵図を渡された。これで今日の日程は全部済み、万事よろしく頼むと申し述べ、退出した。出雲守は式台まで送って来た。所司代以外の役人衆もそれぞれ礼式があったが、別紙絵図（図版2—6）に記入してある。

三輪市之丞と中井主水は、在京中いろいろと取持をつとめることとなる。角倉与市・施薬院等も来ていて、玄関で送迎してくれた。

2　二条城への「御城入り」

直豊が旅館である山内土佐守屋敷に戻ると、入れかわるように所司代が訪ねてきた。しかし口上を聞いただけで対面はしていない。これは「例格」だと記されている。この頃から「格」をめぐる処遇が重んじられるようになり、年齢・官位などのほか、相手との関係、距離のとり方など難しい問題になってきた。この場合は相互訪問で、入京した直豊が先に所司代屋敷を訪ね、あとで所司代が直豊の旅館を訪問したが、対面はしなかった。対等のなかで上使直豊に敬意を表したかたちになっている。

こうした微妙な対人関係を維持するうえでは「先例」「先格」もこまやかに積み重ねられなければならない。直幸上使のとき所司代が病痛で出られなかった件（家老が代わって来た）や、わざわざ天祥院（八代直定）の享保二十年（一七三五）の所司代応接の記録を式書に加筆したのは、そのためであろう。

九月晦日、所司代久世出雲守は井伊家の京賄役を呼び、明朔日「御城入り」をするようにと伝えた。「御城入り」は、上使が将軍の代理の資格で二条城に入ることである。即座に回答するとともに、京賄役を使者とし、公用人に明日の諸事を打ち合わさせた。「御城入り」に際し、供廻りの人数などを「先格の通り」召し連れたい、との主張は京賄役に書付をもたせて、所司代に伝えた。これも「承知した」と返事があった。晩になると、御殿番三輪市之丞が来て、「御城入り」の道筋の書付を用人共に渡し、その他あれこれと指示して帰る。

十月朔日、二条城へ「御城入り」の日である。所司代より適当な時刻に案内するとの連絡があり、熨斗目・半袴を着て四時（午前十時頃）に出邸する。まず、所司代役宅へ向かい、昨日と同じ所まで出迎えを受けた。直豊は小書院へ通り、出雲守と挨拶、済んだところで出雲守は勝手へ消える。ここで菓子・吸物・酒などが出る。座順は、直豊・六角越前守、下座に町奉行両人が着座した。食事が済んだところで所司代が出席、城中のことなど談話した後、案内の所司代を先頭に、同道して城に向かう。所司代出雲守以下、全員乗輿にて行く。北御門で下乗、門外に三輪市之丞と中井主水が出迎えた。城に入り、二之御門の内側に京地の役人中の出迎えがあり、会釈して通る。集まっていたのは御門番頭、御鉄砲奉行、御蔵奉行、在役破損奉行等である。破損奉行が先に立ち案内、大番頭遠藤下野守胤忠の宅に立ち寄り、玄関より上る。下野守が縁取まで出迎え、案内するのに会釈でこたえ座敷へ通る。刀は自分で持ち、後ろの方に置く。直豊と所司代の久世出雲守が列座し、高家の六角が傍に着座したところで、下野守が出て挨拶して退く。下野守がみずから熨斗鮑《のしあわび》を白木の三方に載せて持ち出し、直豊の前に据え、会釈して下がる。次に茶・煙草盆が白木で出る。それが済むと下野守がまた出て挨拶し、会釈して宅を出る。これで城内見学の前の儀礼は終わり、殿舎に入ることとなる。

まず、二の丸御台所を拝見、ついで大御番所では組頭衆四人が縁取まで出迎え、会釈。御番所へ上り、上座に着席。刀は手に持って行き、後ろに差し置く。所司代は列居、高家は侍座、大番頭が出座する（森川紀伊守は病気につき欠席、下野守のみ）。大番衆は群居し、その前に組頭衆が出座する。ここでも例のごとく将軍の御機嫌伺いとそれに対する返答が交わされる。これが済み、出る。組頭衆は初めの所まで送ってくれる。唐御門と東御門を見て、御車舎三ヶ所へ行く。この所には権現様（家康）の御車・御輦・御山駕籠、台徳院様（秀忠）の御車・御輦、大猷院様（家光）の御車・御輦が展示してあった。

幕府創設三代の車・輦の見学は上使のお定まりコースになっていたと思われる。或いは寛永の二条城行幸の際に用いたものではなかろうか。将軍家の権力の確立と勢威のほどを天下に知らしめたパレードに使用した車輛を見せることによって、歴史を想い起こさせ、伝統として伝える効果をもたせたといえる。

続いて、御玄関、遠侍《とおざむらい》、殿上の間、御式台の間、大広間、蘇鉄の間、御黒書院、御座の間、御庭廻りを拝見。さらに、本丸の御玄関、遠侍、大広間、書院、焼火の間、御座の間から天守台、御台所を拝見する。天守台の台に上ったときは直豊の刀は三輪・中井らが持っていた。天守台が聖的な空間としての扱いを受けていたことを物語るものといえよう。

これで主な見学は終わり、本丸大御番所と二の丸大御番所において、それぞれ番衆との「御機嫌伺いの式」をおこなった。本来なら大番頭森川紀伊守俊孝の宅に寄るべきところ、森川が病気のため中止となった。直ちに西門から出る。二の御門内側で破損奉行が、外御門下にてそれ以外が暇乞いされ、それぞれに会釈した。門外へ出て三輪市之丞と中井主水に会釈して別れた。城を出、門外の乗輿の場所にて久世出雲守に挨拶、六角越前守には会釈して別れ、おのおの輿に乗って帰った。直豊は丸太町の井伊家京都屋敷に立ち寄ったのち、井伊家呉服所の奈里吉六・七里彦次右衛門・佐生理兵衛方に寄り、七時（午後四時頃）過ぎ旅館に帰った。

「御城入り」の帰りにこうしたところへ立ち寄るのは定例ではないのだが、「ついでにまかせ」立ち寄ったのである、と注釈がついている。「ついでにまかせ」るの語意、語感はよくわからないが、道筋と時間の関係、心理的な安堵感覚を伝える言葉ではある。

帰宅後、さっそく京賄役を所司代へ使者に遣わし、二条城の拝見に案内して下さり、無事終わったことの礼を口上にて伝えさせた。「御城入り」については、所司代に依頼し継飛脚にて江戸へ注進状を届けている。

3　公家役職者との顔合わせ

参内前に、公家役職者を直豊の旅館に招き、対面する。その日程が九月二十九日、武家伝奏[7]から使者をもって書付がもたらされた。内容は、①十月二日巳刻（午前十時頃）武家伝奏両名が旅館を訪ねる。②同午刻（正午頃）議奏衆[8]、ついで院伝奏衆、評定衆が来られる。③三日・五日巳半刻より未刻（午後二時過ぎ頃）までのあいだに公家の諸家が来られる、というものである。その通り写して、承知したことを記し、ただちに先方の使者に持たせた。

十月二日四半時過ぎ、武家伝奏油小路前大納言隆前・久我大納言信通の二人が訪れる。直豊は熨斗目・長袴を着け、使者の間縁側まで出迎え、会釈して先へ案内する。書院上の間との間の敷居際において会釈、上の間に通し、一緒に入り、対座する。位置は両伝奏が明り床の方、直豊は張付の方である。そこで直豊は、禁裏御所にはますます御安全にお過ごしでしょうかと伺い、伝奏はご安全と答え、直豊は恐悦である旨を述べる。伝奏も将軍家の安全をたずね、直豊が安全の旨を答え、しばらく対話する。こちらから万事よろしくお頼みするといい、伝奏は承知したと伝える。追々参内のことを出雲守に申し入れるべしと述べ、白木の三方に載せた熨《の》斗鮑《しあわび》を出す。同じく白木の三方に載せた茶と煙草盆を出す。しばらく着座して、見合いこれを引き、ただちに退出した。直豊は式台の中ほどまで送りに出る。

禁裏附の武士水原摂津守に取持ちを依頼、先に来ていて、先般両卿が見えたときの迎送をした。なお、禁裏附衆・仙洞附衆の武士たちを取持のため招いたが、皆御用があるといって断ってきた。禁裏附水原摂津守だけ一人で来て、院伝奏衆・評定衆など全部済むまで終始一人で取り持ってくれた。

井伊家の家老・中老・用人は、迎送ともに白洲に出る。伝奏衆へお辞儀・挨拶は、だいたい対等に構えながら、少し「敬いの心」を用いるのがよい。

八時過ぎ（午後三時頃）議奏衆が現れた。諸式は伝奏衆入来の式と同じである。ただし、禁裏御所方の御機嫌伺いはしなかった。引き続き院伝奏衆、評定衆が入来、前者には仙洞の御機嫌伺いをした。その他は右と同じであった。

4　参内、御使いを勤める

十月二日所司代から書付が到来する。明後四日巳刻（午前十時頃）六角越前守と同道して参内し、院・女院・新女院・准后へも参上するよう仰せ出された旨が記されていた。すぐに、必要な返事を出した。三日には参内当日の「次第書」が、伝奏衆から所司代を通じて直豊のもとに届けられた。

十月四日、参内の日。服装は狩衣《かりぎぬ》・折烏帽子《おりえぼし》。短刀を腰に帯び、中啓を持ち、六半時四半過ぎに旅館を出立、施薬院へ赴く。宝暦十年の直幸上使の際は、旅館を出るときから衣冠を着用したが、今回は所司代の指示で、狩衣で来て施薬院において衣冠を着けるのが近例だというので、それに従った。施薬院へは近習の者や必要な役人をあらかじめ派遣しておいた。

施薬院は表門より入り、玄関から座敷へ通る。三輪市之丞・中井主水ら取持ちの人々の出迎えはいつもの通り。施薬院父子は白洲まで迎送された。

高家六角越前守は先に来ており、使者の間の上の間まで直豊を出迎えた。直豊の休息所とされた座敷上の間に入り、ここへ六角越前守が来てしばらく話す。いろいろと打ち合わせ事項などを承る。所司代はあとより来る。

禁裏附と仙洞附の武士が一人ずつ来て、直豊と出雲守が二の間へ出、一緒に面謁を遂げ、越前守も侍座し、これが済み再びおのおの休息所に入る。この間、上の間と二の間の間の襖は閉めておく。次に、休息所にて所司代より料理の振る舞いがあり、自分の家来の給仕で、勝手に食べる。その礼使は当所より休息所へ行かせる。所司代の着替えの様子を聞いて、直豊も衣冠を着す。

午刻（正午）、両伝奏より雑掌一人ずつが使者として派遣されて、「参内の時節よろしき旨」が伝えられた。返答するため、又二の間へ出、直豊・出雲守・越前守一席にて右の雑掌を呼び出し、披露する。その時「時節よろしき旨承知した。追付けいずれも同道参内いたします」と出雲守が伝える。直豊も「よろしく」と申し達すると、雑掌は退座。出雲守の挨拶があり、またおのおの休息所へ入り、支度ができるとその旨を出雲守へ申して、また二の間へ出座、それより同道し、表門より乗輿、参内する。

いよいよ本務である参内を遂げる。出雲守は案内として先頭に立つ。享保の時は裏門より乗輿だったが、「近格」は表門より乗輿になったそうで、宝暦十年のとき直幸に当時の所司代井上河内守から話があったということである。

唐門（俗に公家門という）から参内した。御門の石壇下でそれぞれ輿を下りた。いずれも浅沓《あさぐつ》を履いて、門際《ぎわ》で待つ出雲守と一緒に揃って歩を進める。太刀はみな自分で持つ。宝暦十年の留記には、太刀は棟の方を下にして左に持つと記されていたが、案内の出雲守は刃を下に、帯びた形で左の脇に掻《か》い込み持参したので、直豊もそれに倣った。

御門内に御附両人が熨斗目・半袴で出向いているのに会釈、そのほか出迎えの面々にも相応の会釈をしつつ、所司代を先頭に通る。

平唐門を入り、諸大夫の間沓脱《くつぬぎ》の前にて太刀を家来（刀番）に渡す。直豊は石壇の上に沓を脱ぎ、板縁へ上がる。ここも、小縁に沓を脱ぐつもりのところ、以前から所司代は石壇の上で沓を脱ぎ板縁へ上がってきたので上使もその通りにしてきた。非蔵人二人が御縁まで出迎え、障子を開く。すぐに昇殿し、諸大夫の間を通り、鶴の間へ入って着座する。

縁より入ったすぐの所が諸大夫の間。この所の畳縁は赤色である。その上《かみ》の間が殿上人・公卿等の間になっている。畳は大紋縁《だいもんべり》で御簾懸《みすがか》りになっているが、目下後桃園天皇の諒闇中なので芦簾が用いられている。

諸大夫の間では出雲守が少し脇へ抜《ひら》き、それより直豊が先に立ち、越前守、出雲守の順で並ぶ。三名のところに油小路と久我がやってきて、その前に対座する。そこで出雲守がいう。「いずれも参内いたしました」。越前守と直豊とは「今日の参内、有難く存じます」と申し述べる。直豊は少し座を進め、越前守の差添えを受けながら、将軍に代わっての口上を申し述べる。

（天皇の）御機嫌よく御座なされ、（将軍は）目出たく思召《おぼしめ》され候、今度（将軍の）御転任忝《かたじけ》なく思召され候、これによって御目録のごとく御進献候、（将軍から）宜しく申し上げ候旨（承って参りました）。

伝奏はこの旨を天皇に言上申し上げる、といって退入する。

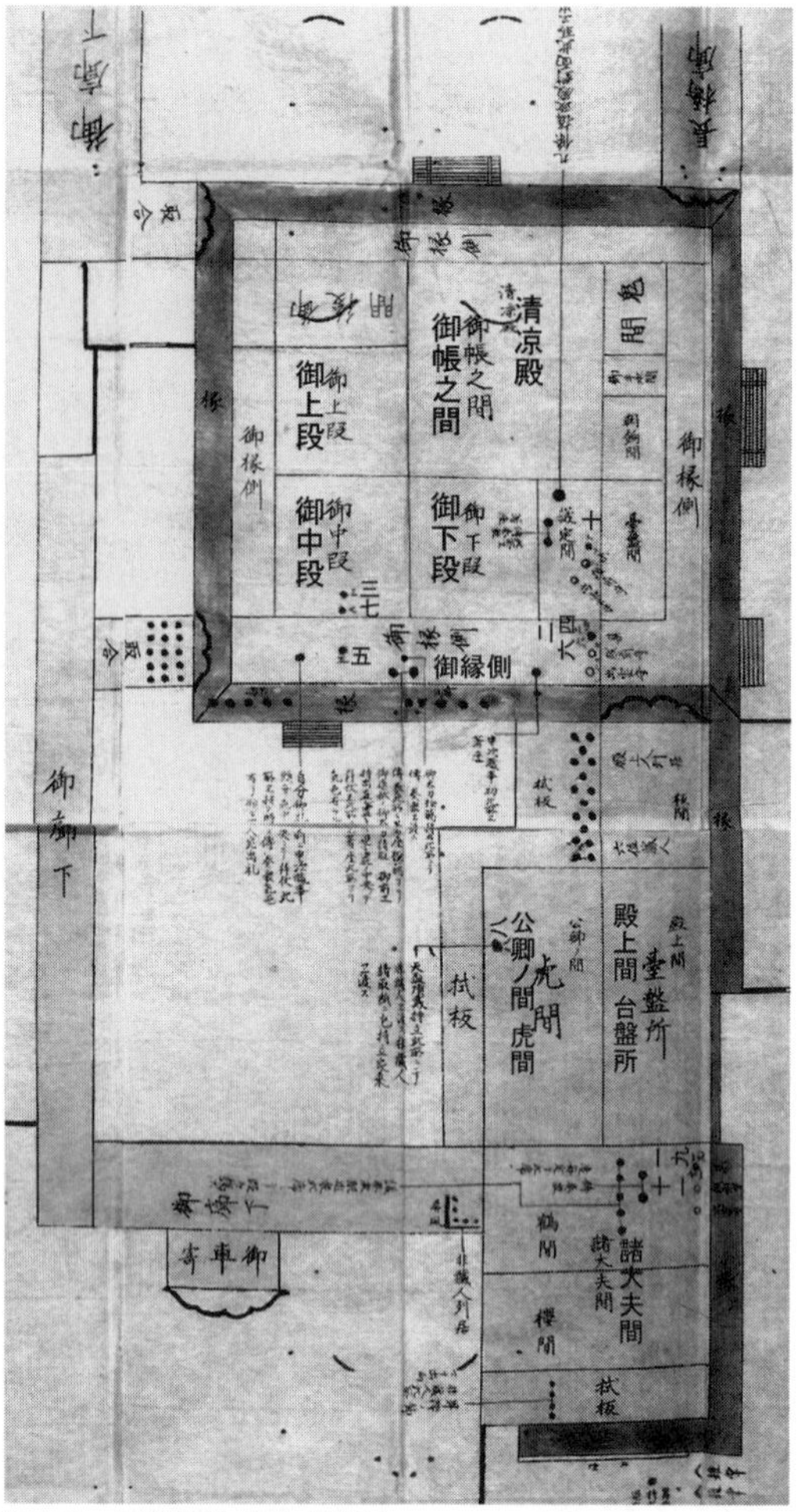

写真3　初度参内式図（部分）

ここで議奏衆と昵近衆が出席する。伝奏衆も出席、御礼席（参内儀礼の場）を見ておくよう誘われ、おのおの虎の間を通り、清涼殿へ参り御礼席を内覧、習礼《しゅらい》を済ませ、鶴の間の元の席に戻る。習礼とは儀式の一部始終を習うもので、予行演習である。

伝奏衆が出てきて、将軍家からの口上を天皇の御耳に入れたところ、御対面の意向であると伝え、退入する。伝奏衆がまた出て、（天皇が）清涼殿に出御《しゅつぎょ》されるので来るようにと案内され、清涼殿の庇（板縁）、評定所の際《きわ》、布障子の前に参り、控える。直豊・越前守・出雲守の順に右の方を上座にして並び居る。

いよいよ天皇と上使の会見である。まず、将軍からの献上物である太刀・目録を極臈藤嶋藤蔵人助が持ち出し、伝奏油小路へ渡す。油小路はそれを御前へ持ち出して披露し、庇へ退いて拝伏、少し脇へ披いて着座する。久我も列座している。両卿の合図をうけて、直豊と越前守が一緒に出席、中段の間の下《しも》より二畳目にて二人揃って龍顔《りゅうがん》（天皇の顔）を拝する。済んだら二人揃ってもとの席へ戻る。

これで儀礼の中心部分は終わったのであるが、式書はここで注釈を付けている。

敷居《しきい》の外際に居て、膝行して敷居の内へ入るのだが、ここの敷居は甚だ高いので進退とも注意が必要。また、二畳目ということだが、下《しも》より一畳目の上に居て、二畳目に手を掛けて拝伏するのである。

これは所作進退に関する注意事項であるが、続いて重要な注釈が記されている。

　とくと龍顔を拝し奉り、そのうえで平伏するのが宜しいとかねて承っていたので、その通りにした。また、膝行して敷居の外へ出、それより立って退く。退座の時は下座より先に立つ。中啓は御前へ持って出る。

　これと全く同じことが宝暦十年の直幸の式書にも記されている。後半部分は先と同じ注意事項であるが、前半部分はこの儀礼の本質を露呈したものといえる。ふつう目見《めみえ》の儀礼は、下位者が平伏し、上位者が「面《おもて》をあげよ」というまで面を見せないのが正式のやり方である。上位者の許可が出ても、むやみに下位者が上位者の顔を眺めるのは無礼な所作と考えられている。しかるにここには「とくと龍顔を拝し奉り」と、じっくりと下から天皇の御顔を拝見し、「そのうえに平伏するのがよろしい」と逆になっている。ふつうは平伏→拝顔の順であるべきなのが、拝顔→平伏、即ち下位者が上位者を見るのが先で、しかるのち平伏すると逆転しており、それも「とくと」見るようにと強調されている。座席は中段に居て上段の天皇をあがめるかたちをとりながら、所作は上位者の立場をじっくり表現することによって、席に連なる人々にはっきりと上下関係を認識させる効果をもたらしている。しかも、この所作を「かねて聞いていた」とあり、いわば井伊家における儀礼のノウハウとして伝えられていたと思われる記述になっている。このような事実は天皇に面謁をとげる機会を持つ大名にしか伝えられなかったであろう。近世社会においても、井伊家のようなトップクラスの大名にしか伝承されなかったと思われる。ここにこそ、江戸時代における天皇と将軍の関係が儀礼の中にあざやかに反映していた。

　蛇足ながらさらに付け加えると、そもそも清涼殿におけるこの対面式自体が、伝奏衆の「（天皇が）清涼殿に出御されましたので、おいで下さい」との案内から始まっている。目見の儀礼は下位の者が待つところへ上位者が出てくるのが通例であるのに、それもここでは逆転し、天皇が先に出て待つところへ直豊が出てくるかたちになっていた。形式上の上下関係は天皇が上、武家が下であり、実質上は武家が上、天皇が下という江戸時代の朝幕関係を、儀礼のかたちはみごとに表現していたといえよう。

　その後は「自分献上の太刀目録」、即ち直豊からの献上品の問題に入る。目録は非蔵人が虎の間に持ち出したのを、直豊は座を立ち、そこへ行き、目録を取り、布障子の前に戻る。越前守も同じ作法をとる。そこで貫首申次《もうしつぎ》中山頭中将《とうのちゅうじょう》忠尹が御前へ出、庇の中央に拝伏、少し脇に披いて着座する。伝奏衆の合図があって、直豊は座を立ち、太刀目録を持参する。このとき中啓は着座していた場所に置いておく。そして自分の礼をする。目録は中段の敷居の内、下《しも》より一畳目の下に置き、身体は庇の中央において龍顔を拝し奉った上で平伏する。一大名としての礼であるが、ここでも拝顔→平伏の関係が逆転している。

　これが済むと、布障子の際まで戻り、次に越前守、出雲守の順で自分の礼を同様に行う。但し、出雲守の太刀目録献上はない。

　ついで天盃頂戴である。伝奏衆の合図で直ちに直豊は出座、中段の敷居内下より二畳目に御酌がひかえているのを、一畳目に出て頂戴する。ここでまた注意事項が記されている。天盃は長柄の銚子の口に載せてある。天盃を右手にしっかりと取り、左の手は畳につき、盃を取ったら両手で持ち、謹んで頂戴し、御酒を受ける。天盃に口をつけ、盃を持ちながら退去する。布障子の際に参り、置いた中啓を取って持ち添え、退き、虎の間に出ると、そこに居た非蔵人に天盃を渡す。ここで御酒を掌に受け頂戴してもよろしい。天盃を最初手に取るとき、土器《かわらけ》に手が当たると銚子の内へ落とす可能性があるので用心しないといけないと、かねて聞いていたので、その用心をした。これは銚子の柄が突貫ではないせいである。さらにまた、非蔵人は天盃を受け取ると、紙に包んで諸大夫の間の縁へ持ち出し、井伊家の家来へ渡すことになっているので、側供の者が受け取る。もっとも、入れ物など兼ねて準備を申し付けて置くことが必要である。

以上のことが済んで清涼殿を退去、虎の間を通り鶴の間の最初の席に着座する。越前守・出雲守も天盃頂戴の式は右に同じであった。いずれも済み次第一人ずつ鶴の間に退く。

次に「主上御装束」と題して、天皇の服装が記されている。

御引直衣《インノウシ》　諒闇中に付地合平絹色橡
御張《ハリコ》袴　同断　地合布色柑子

直衣は平安時代以来天皇・公家のふだん着であった。ルビの「イン」は疑問。引直衣《ひきのうし》は略儀の行事用にあてられた。諒闇中は天子が父母の喪に服する期間、普通一年。光格天皇の養父後桃園天皇は安永八年十月二十九日に亡くなっており、まもなく一周忌を迎える時期に当たっていた。平絹《ひらぎぬ》は平織の絹布。ツルバミ色に注がつき、「但、橡色《ツルバミ》与申ハ薄赤キ色之由」とある。諒闇中でないときは、上使が上洛したときなど、「白地小葵之御衣、精好紅《もみ》之御張袴《はりばかま》」を着用されると承った。白地に小葵の文様が入っているのは将軍家にあやかったものか。精好《せいごう》は上質の絹織物、経《たて》に練糸《ねりいと》、緯《よこ》に生糸《きいと》を用いる。紅の張袴は俗にいう紅《くれない》袴、緋袴《ひのはかま》のこと。足を覆い、裾を長く引いてはく袴である。

表6　初度参内時の公家の分担

役割	人名
御服	高倉大宰大弐永範
御劔	飛鳥井少将雅威
御裾	九条摂政政尚
御陪膳	広橋大納言伊光
御手長	葉室右中弁頼熙
役送	北小路新蔵人俊幹
申次	中山頭中将忠尹

天皇の身辺に関わる公家の分担は表6のとおりである。御後座に議奏衆御児方が着座しており、御庇折廻し欄縁に公卿・殿上人が各列座している。

天皇が奥へ入られた後、伝奏衆が出て摂政九条尚実がお会いになるということを伝えられた。早速、案内されるままに議定所へ入る。清涼殿の同じ棟の内にある。布障子際の内の方である。向かい側に摂政殿が着座、その右に伝奏衆が着座、左に直豊・越前守・出雲守の順に一同に出席する。直豊は伝奏衆の向かいより少し下座に着座する。直豊は「参内を仰せつけられ、龍顔を拝し、天盃を頂戴し、有難く存じます」と申し上げる。摂政殿は「関東においては御安全であられるか」と申され、「御安全です」と答える。そのとき、皆が「使者（が無事済んで）めでたい」旨申され、（直豊は）忝ない旨を述べ、退出し、鶴の間に復座する。

そこへ伝奏衆が出席し、直豊は今日の御礼など申し述べる。その旨を天皇に申し上げると言われ、これより准后御所へ先に参るとの挨拶があって、伝奏は退いた。しばらく時を見合わせ、諸大夫の間を通って、最初上がった縁を通り、石壇で浅沓を履き、平唐門を通り、御唐門へ出、石壇下より輿に乗り、准后御所へ向かった。この間少し時間を見合わせるのは、伝奏衆が先に准后御所へ参られるのを見はからう意味である。乗輿の順番は、案内の所司代出雲守、直豊、越前守。出雲守は供の者も連れて先に行った。

5　准后・女院・仙洞・新女院御所へ参上する

次に、先代天皇の皇后である准后の御所に向かう。准后・女院・新女院といった女性の御所では、上臈に対面して、口祝いを給わる。口祝いとは、初めて対面する臣下の者に、祝儀の物を与えることで、女房言葉である。

准后御所に着くと、唐門より直に門際まで乗輿で行き、御門石段下にて下りる。御附衆が庭上に出向かれ、その他の人々も出迎えあり。それぞれに会釈をする。御車寄《くるまよせ》より上り、御客間に通る。

玄関に箱のような段がある。下は石畳で縁取り敷いてあり、狩衣を着た者が迎送に出る。御車寄縁取りの際まで浅沓を履き、太刀は下乗の所より左の脇に手に持って行き、縁取際にて刀番に渡す。

伝奏衆は御客間の取付き際に出てきて、挨拶して先導し、それぞれ御座敷に着座する。御門内より出雲守が先に立ち案内するかたちで、伝奏衆が出ておられるあたりで脇へ披き、そこから直豊が先に立ち行く。着座順は直豊・越前守・出雲守。伝奏衆がこれに対座される。

上臈おふきの方が出席され、口祝いがある。ここでは昆布・熨斗目を頂戴した。上臈へのお辞儀作法は伝奏衆と同じである。他の女房たちは上臈着座の後、縁側に出座する。口祝いの昆布・熨斗目は硯蓋に載せ、女房衆が持ち出して上臈の前に置き、退く。上臈は昆布と熨斗二色を一緒に挟み、直豊はそれを賜った。一人ずつが出て、手に請け戴き、懐中に入れる。終わって女房衆が出て、右の硯蓋を持ち、退入する。

これらが済み、直豊が少し座を進め、口上を申し述べる。越前守が差添え役を勤めた。

「（将軍は）今度のご転任を忝く思召《おぼしめ》されています。よって目録のごとく献上します。よろしく申し上げて下さい。」

女一宮への口上は越前守が申し述べ、その旨を言上すると申して上臈は退入した。上臈が再び出て来て、「御口上を申し上げたところ、御満悦に思し召された。返事は追って仰せ出される」と申され、退入した。女中衆への進物の礼は附添いの女房が挨拶なされ、上臈も会釈した。

これで准后御所での儀礼は済み、女院御所へ向かう。退出の順番や間合いは先程と同様であった。

次に、女院御所への参上。昇殿手順は准后御所に同じ。下乗位置や迎送した者の名が書き留められている。御客座敷へ通り、着座する。

上臈石井局が出座し、口祝があった。小督局は欠席。直豊は石井局に口上を申し述べる。准后御所で行ったのと同様の次第であった。退出順も先程と同様。

次に仙洞御所へ参上する。ここでは後桜町上皇に対面し、盃を頂いた後、酒饌の料理を賜る。昇殿から拝顔・御盃頂戴まではほぼ禁裏と同様で、異なるところは注記がある。伝奏衆が出てきて挨拶あり、先導され、竹の間に着座する。伝奏衆が対座して挨拶あり、退入する。

院伝奏衆の四辻前大納言公亨・難波前大納言宗城が出座し、挨拶の後、直豊は少し座を進めて、将軍からの口上を伝える。院伝奏はその旨を仙洞に伝える旨申され、退入した。次に評定衆が出座、挨拶して退入。伝奏衆が出席して暫く対話をする。院伝奏衆が出られ、御礼席を案内するから内覧されてはと誘われたので弘御所へ行き、おのおの習礼する。済んだところで竹の間へ帰る。院伝奏衆が出てきて、上使の口上の趣を院に言上したところ、対面するとの御言葉があったと伝えて退く。

院伝奏衆が院の出御を知らせてきたので、弘御所南の庇西方に参り、控え列座する。右の方を座上に直豊・越前守・出雲守の順。

将軍から進覧する太刀の目録を院伝奏難波殿が御前へ持ち出され披露される。次に、直豊と越前守が揃って、弘御所中段の下より二畳目にて御目見をする。諸式とも禁裏でのものと同様である。次に「自分献上」の太刀目録を献上。いずれも禁裏にての式と同様。済むと竹の間に退き着座する。

暫くたって竹の間へ院伝奏衆が出席され、御盃を頂戴に参るよう誘引される。南庇西の方に参り控える。みな最初のように並び座す。伝奏衆も初めのとき同様に着座する。そこで院伝奏衆の気色に応じ、直豊は座を立ち席に出る。この時も中啓は着座の席に置いておく。中段の敷居の内、下《しも》より二畳目に御酌が控えているので、一畳目へ出て御盃をとり、謹んで戴き、御酒を請け、御盃に口をつけ、御盃を持ちながら退去、着座の席に置いた中啓をとり、持ち添えて退く。「自分御礼」のとき献上した太刀目録を持ち出していた所へ上北面が出ているので、これに御盃を渡す。北面はこれを紙に包み、家来に渡す。そして、竹の間へ行き初めのごとく着座する。越前守・出雲守殿にも御盃頂戴の式が同様にあり、一人ずつ済み次第、竹の間に戻り、最初の席順に列居している。

ここに注釈がついている。御目見・自分御礼・御盃頂戴の式などは禁裏での式と変わらないが、仙洞は女帝なので御勝手にて召し上がられる由である。したがって、弘御所へ再び御盃頂戴に出席するときは御簾を垂らしてあり、出御はない。

御役懸りは次のとおりである。

御陪膳　櫛笥前大納言隆望卿
御手長　冷泉少将為訓朝臣
役送　北小路大膳大夫
申次　飛鳥井少将雅威朝臣

御後座は御局方始め女中ばかりが着座する。弘御所正面の板縁には公家衆が着座している。

次に、ここで酒饌を賜わる。伝奏衆がその由を申され、御礼を申し上げる。料理が出て北面が給仕する。伝奏衆が相伴する。膳は平折敷《ひらおしき》、椀は茶碗で土器の盞である。伝奏衆も同じ。御酒が出たところで院伝奏衆が席に出られ、どうぞお上がり下さいとの挨拶をして退入。御菓子と御茶が済むと、伝奏衆から新女院御所へ先に参りますと挨拶があり、先へ行かれる。院伝奏衆が出てきて、それぞれ御礼を申し述べる。退出の手順は先程からと同様。新女院御所へ向かう。今日の酒饌の御献立は史料翻刻二八九頁のとおり。

次は新女院御所。仙洞御所から直に新女院御門際まで乗輿、ここで下りる。御附衆の出迎えから御客座敷に入るまで、他の御所と同様。

上臈の堀川局の口祝いがあり、口上を申し上げる。その後の挨拶も女院御所の場合と同じ。

新女院御所参上まで済むと、伝奏衆へ御礼を申し上げ、退出する。伝奏衆は御客の間取付の所まで送って来られた。入ってきた通りの道筋を出て、御門際より輿に乗る。乗輿の順序は直豊・出雲守・越前守の順。以下、勝手に御礼廻勤するよう出雲守の挨拶があり、同道なしで銘々施薬院へ帰る。直豊は道が近いので退出の途中九条邸に赴き、参内の御礼を申し置き、それから施薬院へ行く。出雲守・越前守も施薬院へ来られ、休息所で暫く休息してのち、二の間へ出て、直豊・越前守が列座、向かいに出雲守が着座する。そこで出雲守に今日の御礼を述べる。

それより自分の挨拶を互いに交わし、出雲守・越前守は先に退散、直豊も退散し、表門より出て、伝奏油小路・久我、院伝奏四辻・難波、所司代久世宅へ御礼廻勤をつとめ、夜五半時（午後九時）過ぎ旅館へ帰った。

参内が無事済んだので、これを継飛脚で江戸へ注進するよう、所司代に依頼した。また使者も派遣した。

6　進献物

将軍から各御所への進献物は表7のとおり。進献物などの持参方法は、進献物と太刀目録には取次の家臣日下部三郎右衛門・藤田四郎左衛門を添え、自分献上物には京賄役を添え、二つ割りにして参内より先に各御所へ持参させた。女中への贈物も京賄役が持参した。

表7　将軍から各御所への進献物

贈り先	内容			御使
禁裏御所	真御太刀1腰	綿500把	白銀1000枚	井伊直豊
仙洞	太刀1腰	綿300把	白銀500枚	井伊直豊
女院		綿200把	白銀300枚	井伊直豊
新女院		綿200把	白銀300枚	井伊直豊
准后		綿200把	白銀300枚	井伊直豊
女一宮		綿100把	白銀50枚	六角広孝

禁裏では諸大夫の間の簀子《すのこ》の上で伝奏の雑掌に渡した。その他京都で調達した進献品は将軍家呉服所の者が付き添って持参し、右の場所へ差し出した。公儀呉服所の者や井伊家呉服所の者が取り持って渡した。

宝暦十年の直幸の時は、進献物に側役一人、自分献上物に京賄役一人を添え、各御所へ持参した。しかし、現在は御所の数が多くなり手間どるため、二つに割り差し出すように伝奏衆の雑掌から申し聞かされたので、そのようにした。

進献の太刀は、これまで施薬院において所司代が内覧されたことがあり、それを済ませてから各御所へ持参させてきた。しかし、これは時の所司代の気分によるので定例ではないと思われる。享保二十年（一七三五）、井伊直定が上使を勤めたときは内覧されず、宝暦十年には内覧があった。今回、久世出雲守に聞いたところ、内覧はしないとの返答であった。それでまっすぐ持ち運ばせた。

7　所司代役宅へ招かれる

上使の仕事の中で所司代との応接は重要なものがあった。所司代の職務の面からも興味深い事実を提供している。

十月六日直豊は所司代役宅へ招かれた。熨斗目・半袴を着用して、四時（午前十時頃）旅館を出立。役宅を訪れると、出雲守の家老・用人以下が白洲に出迎え、取持ちの三輪市之丞・中井主水が玄関縁取りまで出、伏見奉行と町奉行は式台まで出迎える。高家六角越前守も先に来ていて、使者の間縁側まで出迎え、大番頭は二人のうち森川紀伊守は病気で、遠藤下野守が禁裏附・仙洞附・御目附を上屯の間縁側に出迎え、列居する。

出雲守は使者の間縁側まで出迎え、会釈して先に立ち案内し、直豊らは小書院へ入った。この間、出迎えの衆にはそれぞれ会釈して通る。施薬院とその息の三雲治部卿も取持ちに出られ、式台の上、掛板の下座の方に出迎え居る。

小書院では縁の方を後にし、床の方に向かって上座に着座する。直豊の刀は玄関から三輪と中井が持つ。高家は直豊の少し次に、その他の衆は順次その次に着座。そこへ出雲守が出座して挨拶して退入。茶・煙草盆が出る。

将軍転任の祝儀を所司代に下される件、京都へ着いた日に京賄役を使者として派遣し、日取りを調整していたところ、役宅へ招請の日にしてほしいと言われたので、今日持ってくるよう申しつけ、公儀呉服所の者どもが先に持参していた。京賄役を所司代の公用人のもとへ遣わし、大書院に飾りつけた。飾り付けができたという町奉行の連絡が直豊と所司代の双方にあり、相伴の衆は退席、町奉行の案内で直豊は大書院上の間へ入り上座に着座、高家の六角越前守は縁側に侍座、出雲守は直豊の前へ進み出る。そのとき「御転任の御祝儀として（将軍からの）拝領物を下さる」と直豊がいう。出雲守は時服台の前に出て、頂戴する。その後再び前に出て御礼のことばを述べる。直豊は脇の方へ披いて自分の挨拶をする。披座のまま江戸の老中から預かってきた拝領物の書付を懐中より取り出し、出雲守に渡す。写留を追って帰されるよう挨拶する。これが済むと出雲守は退入する。拝領物はそのままにしておく。

ついで、料理が饗される。直豊は町奉行の案内で小書院へ赴き、初めのとおり着座、六角越前守は向こう側に直豊とは筋違いに下座に着座。相伴の衆は伏見奉行小堀和泉守、大番頭遠藤下野守、町奉行赤井越前守と土屋伊予守、禁裏附の水原摂津守・渡辺筑後守、仙洞附三枝豊前守・小笠原伊豆守、御目付土屋市之丞・松平惣兵衛が両側に着座する。そこへ出雲守が出て挨拶し、退入。熨斗鮑が出て取持衆の挨拶あり、三汁十菜の料理が出される。亭主の出雲守が客に取り分ける料理をのせた台引を持ち出し、酒がひととおり通ると正客の直豊だけに嶋台《しまだい》・押台《おさえだい》が出される。

嶋台は洲浜のかたちに作った台の上に松・竹・梅や鶴・亀、尉《じょう》・姥《うば》の形などを載せた祝い物。肴など食物を盛ったものもある。押台も御馳走を盛って出す盛台。メーン・ディッシュにあたる。

高家に対しては、三方に土器《かわらけ》を載せて取肴《とりざかな》が出された。主客直豊と亭主出雲守との間で盃が交わされる。その所作は、挨拶が済むと、直豊から最初の一献を請け、肴を給わり、酒を加えて出雲守へ遣わす。出雲守が一献を請けられると、肴を遣わして、酒の加えがあって返盃される。直豊がもう一献を請けて、その盃は自分の方に置いておく。それより出雲守と高家との盃事が同様にあり、済むと出雲守は退いた。それより相伴衆それぞれへ土器で酒が出される。取肴は取持衆が引いて、それが済み、直豊の押台と高家の取肴を取り替えると、出雲守が出席して納めの盃事をする。直豊の方から一献を請けて肴を給わり、酒を加えて返盃する。出雲守が一献を請けて肴を遣わし、加えがあってその土器は出雲守方で納める。高家とも同様の盃事があり、済むと出雲守は退出した。

盃事の間には、役者が出て、小謡を唄い、囃子《はやし》を立てる。盃事が済むと、菓子と濃茶が出て、後の菓子と薄茶が出る。順次出されるうちに膳部が片づけられ、煙草盆が出される。以上の饗応の後、所司代の家老・用人と対面する。それが済むとそのことに対して出雲守が礼を言う。暫く対話ののち直豊は退出する。所司代は式台の中ほどまで出て送られる。高家は出迎えの時よりも少し入口寄りの所まで送られた。その他大番頭・禁裏附・仙洞附・御目付など、はじめ来た時にいたあたりまで送られ、伏見奉行・町奉行は縁取まで出られた。施薬院と三雲治部卿も出迎えの地点まで出られ、三輪市之丞・中井主水は敷出しまで出る。いずれへもそれぞれ会釈した。所司代の家老・用人その他は白洲に出る。直豊は八時（午後二時）三分前に帰宅した。

この所司代邸招待に至る手続きは直幸の宝暦十年に較べると簡略化されていた。前回は三輪をもってあらかじめ所司代の内意が伝えられ、井伊家の承知の返答を受けて正式の使者を通して申し入れがあった。今回は、十月朔日に使者が六日の招待を申し入れ、井伊家は京賄役をもって応じる旨を申し遣わした。あらかじめ内意を示されることはなかった。

8　旅館へ所司代を招く

所司代から招かれた返礼として、同日夕刻、今度は所司代らを直豊の旅館へ招いた。所司代屋敷から帰宅後まもなく、時宜よろしければ只今おいで下さいと奉札をもって案内した。七時（午後四時）前に所司代が来られた。三輪・角倉・中井が薄縁のあたりへ出迎え、出雲守の刀は右の三人が持つ。町奉行の赤井・土屋は玄関式台まで出迎える。禁裏附の二人・仙洞附の二人・代官石原清左衛門は使者の間縁頬まで出迎え、施薬院は玄関の上掛板の下座の方に出ている。直豊は玄関取付の廊下まで出迎える。先立ちて案内し、書院上の間に通る。

明り床の方に出雲守が着座、直豊は張付の方に着座、二の間に京町奉行・禁裏附・仙洞附・石原が列座。見通し縁側に角倉与市、施薬院、三輪市之丞・中井主水らが出ている。直豊とは対座のところへ祝儀ものの白木の三方に載せて熨斗蚫が出る。平素の通り茶・煙草盆が出る。

直豊は挨拶して退入し、取持ちの衆の挨拶の後、相伴衆は両側に着座して、三汁十菜の料理を振る舞う。台引は亭主の直豊が持ち出し、間酒（燗酒か）が二篇と吸物が出る。盃台と取肴押は正客の出雲守へばかり出した。ここで出雲守と直豊との間で盃事を行う。今回は正客の出雲守より始まる。盃事は所司代屋敷でのものと同様の手順である。納めの盃事まで済ませ、それからまた間酒を出し、後段の菓子・茶などを出す。済むと膳部を引き取り、煙草盆を出す。町奉行が取持をして、井伊家の家老・用人を一同に呼び出し、出雲守に逢わせる。直豊も出席し、所司代に対し家老共に逢って下さった礼を述べる。これで所司代の招請が済み、暮時前に帰られた。見送りもそれぞれ格に応じた場所まで出て送った。

盃事のときは先例のとおり、旅先の旅館であるため盃台・嶋台は用いず、三宝を用いる。謡・囃子なども無く、省略されたところもある。高家六角氏を招待したが、断られた。もし高家が来たなら、盃事があり、盃台・押台などを出雲守同様に差し出すことになる。

9　二度目の参内

十月五日、所司代久世出雲守から書付到来。「七日午刻、直豊と六角越前守に御料理を下されるので、拙者同道して参内するよう、伝奏衆から申してきた。即ち書簡をお目にかけます。届き次第伝奏両卿へ返事をするように」。

直豊は直ちに書状を持参した使者に返事の手紙を渡し、京賄役池田太右衛門を使者として出雲守に送り、伝奏にも伝えた。

十月七日、狩衣・折烏帽子を身につけ、短刀を帯び、中啓を持ち、四時少し過ぎに旅館を出発。例のごとく施薬院邸へ行く。高家六角は先に来ている。去る四日に来た面々は全員来ている。

久世出雲守はあとから来た。直豊は出迎え、座敷二の間にて対面し、挨拶した。それが済むと皆は休息所にて休息した。すべて四日と同様。

施薬院において、所司代をはじめ全員へ軽い料理が出され、めいめい自分の家来が給仕し、休息所で食事を済ます。

禁裏附衆・仙洞附衆各一名が来られ、直豊・所司代・高家と一席にて面謁する。去る四日の式と同じ。

未刻（午後二時頃）伝奏衆より雑掌が使いとして来る。参内の時刻になったと伝えてきた。施薬院にて衣冠を着け、直豊・出雲守・越前守が同伴して出駕。唐門外にて下乗、参内する。鶴の間に着座。諸式とも四日の通り。座順は直豊・越前守・出雲守の順である。伝奏衆が出て挨拶、来られたことを天皇にお伝えするといって退く。再び出てきて、省中を拝覧されるようにと誘われ、三人で清涼殿に赴く。昼御座《ヒルノミクラ》、朝餉の間、鬼の間を見て、紫宸殿へ入り、高御座《タカミクラ》を拝見、御縁へ出て御縁の上より宜陽殿・日華門・月華門・内侍所・南門を見渡し、台盤所などを拝覧し、鶴の間へ戻る。

伝奏衆に導かれ、虎の間に行き列居する。伝奏衆と対座し、酒饌を給わると告げられ、料理が出る。伝奏衆の相伴、非蔵人の給仕で食事。酒が出ると議奏衆が挨拶して退入する。酒の三献目に吸物・肴は嶋台・押にて銘々に出る。直豊以下三人とも伝奏衆に会釈し、台の土器にて御酒を頂戴する。この土器は金銀で彩色している。五献で銚子は終わりお湯が出る。後段の吸物・酒肴が出て、三献で済んだ。料理献立は史料翻刻二九八頁参照。

終わると一同に進み出て、伝奏衆に今日の御礼を申し述べる。伝奏衆が退入し、一同鶴の間に戻った。

ふたたび伝奏衆が出座して挨拶がある。出雲守より、今日頂戴した盃台・押いずれも拝領したいと申し述べる。伝奏衆から御鳳輦拝覧のことを申され、おのおの退出しがけに禁裏附衆の案内で御蔵に赴き、鳳輦を拝覧した。これは、おそらく現用ではなく、後水尾天皇の二条城行幸に用いられたものかと思われる。平唐門を通り、御唐門口へ出て、それぞれ乗輿した。直豊はただちに九条家と伝奏衆と所司代に今日の御礼を申し述べに廻り、夜五時（午後八時頃）前に旅館に帰った。

今日の参内・省中拝覧・賜酒饌の儀が無事済んだことを、関東の将軍のもとへ継飛脚で注進するように出雲守に頼んだ。

10 巡見

将軍の上使として京都に入ると、在京中に一・二日間、京都周辺の名所などを巡見、つまり見物するのが例となっていた。

直豊は十月九日に東山周辺を巡見している。当日、四時（午前十時頃）旅館を出立、まず西本願寺へ向かう。かねてより由緒があり、江戸でも伺いを立てて予定していた訪問である。対面するがこれは巡見の扱いではない。先格により熨斗目・長袴を着用した。

ついで巡見として東山の養源院へ赴く。三輪市之丞・中井主水ら取持や町奉行赤井越前守も先回りして出迎えた。ここに上野寛永寺で供養される将軍家代々の尊牌があるので例格により拝礼する。東照宮もあるが、金地院にある宮に参拝するのが例格なので、ここでは参拝しない。白銀三枚宛を御尊牌に献納する。それが済むと、例格通り羽織・袴に着替え、三十三間堂・大仏・清水寺・高台寺を巡見、丸山（円山）静坊にて休息した。そこへ高家六角氏も来たが、他坊で休息した。町奉行赤井、三輪・中井らが先へ案内し、丸山にて昼食をとり、高家をはじめ同伴衆に弁当を振る舞った。

祇園社、次に知恩院へ赴く。境内に装束所が設けられており、熨斗目・長袴に着替える。本堂を巡見し、廊下続きの方丈を訪問する。ここには将軍家歴代のうち増上寺方の尊牌があり、拝礼、白銀三枚宛を献納した。ここには東照宮の御神影があったが、灸治の部分から膿水が出たので拝礼はしなかった。

これら巡見が済み、暮時に旅館へ帰着した。直豊が帰った後、案内の人々は自由解散した。

なお、南禅寺境内の金地院東照宮へは、前々より参拝してきたが、膿水が出たため参拝せず、献備の品物（御太刀・馬代として白銀三枚）を供えてきた。

高家六角氏は養源院から知恩院まで同道した。町奉行赤井越前守は直豊らの到着に先立ち、その場に来て世話をしてくれた。今日は御用のため来られないところであったが、格別のことでもあり、内々にて出てきてくれた。そのため、今後の例格にはならない。関東では表沙汰にしないことにする。留記などには記録しないようにと申し出があったということである。

三輪市之丞と中井主水も先に廻り取持をされ、拝礼などの時、直豊の家来が入りがたい場所では両人が直豊の刀を持ってくれた。

大仏殿では、堂中へ妙法院宮の使者の諸大夫が出てきて案内に立ち、帰りがけに宮からの口上を直豊へ申した。

巡見は勝手次第に何度でも、どこへ出かけてもよいのであるが、手の空く暇なく、一日行ったきりで他へは行かなかった。

11　三度目の参内

十月十一日、上使直豊に対する天皇の返答（勅答）を頂くために三度目の参内を果たした。服装は狩衣・折烏帽子、短刀を帯び、中啓を持ち、五時旅館を出宅、施薬院へ向かう。ここで衣冠を着し、参内した。参内までの次第、参内後の伝奏衆・議奏衆・昵近衆とのやりとり、天皇が出御と聞いて清涼殿にて目見するところまで、これまでの参内と同様の次第である。御目見場所は中段敷居の内下より一畳目の上で、二畳目へかけて拝礼する。まず龍顔を拝して後に平伏するのも同じ。勅答を受けると、直豊を少将に推任、越前守は従四位上に推叙のことが伝奏衆から達せられる。いずれも礼を述べ、帰府のうえ将軍に報告して許しを得たのち正式に返事をすると回答する。

ついで拝領物を下され、九条関白の謁見を受ける。准后御所でも同様に回答を受ける。ただし、ここでは女一宮からの返答を受ける。彼女は先帝後桃園の皇女で、昨年生まれたばかり。母が准后盛化門院なので、ここで会うかたちとなった。

表8　井伊直豊の拝領物

差出	内容	
禁裏	真御太刀	1腰
	古今和歌集	1箱
仙洞	伊勢物語	1箱
	御絹	20疋
女院	十二月花鳥巻物	1箱
	紅白紗綾	10巻
新女院	九十賀巻物	1箱
	紅白紗綾	10巻
准后	十躰和歌巻物	1箱
	紅白紗綾	10巻

次に女院・仙洞・新女院各御所へも同様に訪れた。済むと、所司代と高家に礼を述べ、御家元九条尚実はじめ伝奏衆・院伝奏衆に挨拶をして、五時に旅館へ帰り着いた。本日のことは、御推任のことを含め、江戸へ注進状を継飛脚により送るよう、所司代に依頼した。各方面への書状も同様。

直豊の拝領物は表8のとおりである。太刀と織物のほかは、古今和歌集・伊勢物語・絵巻物など古典籍の多いことが注目される。真太刀とあるのは、この頃、武家の献上品の定番であった太刀・馬代の太刀が形式化し、竹を削って刀身とした竹光が広く用いられていたのに対し、真の刀剣であることを明示しようとしたものと見られる。

4　江戸へ帰る

1　出立の準備、発駕

最後の参内を終えて帰宅後、天皇から将軍への意を伝える女房奉書を受け取る。十一日夜五半時前、伝奏衆両人が旅館を訪れ、書院上の間にて直豊と対座する。油小路前大納言の雑掌が禁裏より女房奉書を持参、油小路から直豊に渡す。同じく仙洞よりの女房奉書は久我大納言の雑掌が持参し、油小路の手で直豊に渡された。井伊家側では、小納戸役がかねて準備した白木台を持ち出し、直豊が二通の女房奉書をその台に載せ、小納戸が床へ上げ置く。その後、油小路の雑掌が伝奏衆から老中に宛てた添状三通を所司代久世出雲守に渡し、久世が直豊に渡し、直豊はそれを懐中に納める。白木の三宝に熨斗鮑を載せ、茶・煙草盆が出され、儀式は終了する。

女房奉書は天皇の意思を伝えるもので将軍に宛てた奉書は当然秘密であるべきであるが、伝奏油小路が自筆で写しを作成して直豊に渡している。これは文字通り「内々の事ゆえ他見いたすまじきこと」であった。

十二日、いよいよ江戸へ帰府の準備である。所司代が旅館を訪ね、直豊も返礼に所司代の屋敷を訪問する。茶・煙草盆程度の饗応であった。

十三日、京都を出立する。五半時旅館を出立し、九時過ぎに大津で昼休み、井伊家の大津蔵屋敷に立ち寄り、暮六時草津宿に着き、宿泊。彦根には立ち寄らず、東海道を通った。旅程は表9のとおり。道中の式は往きと同様であった。京都での用事にだけ用いるために彦根から連れた家臣らは草津宿で彦根へ帰らせた。

2　帰府後の式

十月二十四日、城使を月番老中に遣わし、明日帰府の報告と対面の約束をとる。二十五日、品川宿を染小袖・半袴の服装で、明け六時（午前六時頃）過ぎに出立。江戸に入り、月番老中松平周防守に上使の無事勤仕を報告し、自分の御礼もする。その後、他の老中・側用人へ廻勤の後、

表9　京都から江戸までの道中日程

10／13	京都発 草津泊
10／14	坂之下泊
10／15	桑名泊
10／16	鳴海泊
10／17	御油泊
10／18	浜松泊
10／19	島田泊
10／20	江尻泊
10／21	沼津泊
10／22	小田原泊
10／23	戸塚泊
10／24	品川泊
10／25	江戸着

屋敷に到着した。二十七日に老中連署奉書が届けられ、明日「京都帰りの御目見」があるので登城するようにとのことである。即刻御請の文を差し出した。

二十八日、熨斗目・半袴にて出宅、登城した。同朋頭池田貞阿弥を通じて老中を呼びだし、女房奉書以下京都で預かった書付を渡す。道中・在京中に御機嫌伺いに来た面々の名前書も差し出した。目付の案内で西湖の間の内縁に高家六角越前守と並んでいると、御鎖口が開き、若年寄の案内で図版2—16の一印から三印の所に進み、待っている。将軍家治が御座之間上段に出御。すると若年寄衆・老中よりの会釈を機に脇差を取り、御杉戸の外の方際に置く。そして四の場所すなわち御前へ出る。月番老中松平周防守が名を披露すると、家治が「ソレエ」と言う。すぐ立って歩き、上段の縁際の下へ行き、膝行して上段へ上り、五印に平伏する。将軍との距離は三尺ばかりというから一メートル以内である。平伏したまま天皇の返答を伝える。口上を発するため、普段の平伏より少し首を上げ気味にする。「禁裏より御返答に仰せまいらせます。御転任の御祝儀として指しのぼされ、御目録の通り御進献遊ばされまし、御感に思召します。ますます御安全に御座遊ばされまして、めでたく思し召します。よろしく申し上げまするように。仙洞・女院・新女院・准后よりも同様に仰せまいらされました」。

この返答は、京都で伝奏衆・上臈衆より承ったのとは少し前後する部分もあるが、添役の高家六角越前守に諒解を得、さらに老中田沼主殿頭にも相談をして、それでよろしいと言わせている。

やがて膝行して上段より下り、立ち歩きで下段敷居の内六印の所、二畳目の辺りに中座する。老中が付き添って来ているので、老中の席の前に当たることを考慮して中座がよいと注釈している。その時周防守が御使を勤めて有難い旨を発言、家治は「かれこれ骨折りであった」と上意。直豊は「有難き仕合わせに存じ奉る」と御礼を直接に申し上げる。退出して御杉戸の外へ出、置いてあった脇差を帯び、八印に控える。

直豊に続いて、六角越前守が帰府の報告と御礼を申し述べる。献上物の披露があり、御座之間を退去。黒書院溜之間にて老中列座の前で少将推任が将軍によって認可されたことの伝達を受ける。御礼を申し上げ、帰宅する。今日世話になった老中・側用人に廻勤し、礼を述べる。帰府御礼として、公方様へ茶宇嶋十巻と干鯛一箱、御部屋様へ綸子五巻を献上した。

少将昇進の御礼は十一月一日に登城する。熨斗目・長袴で登城、月次御礼が済んで白書院に出席、奏者の名披露を受け、将軍が「ソレエ」と言い、月番老中のとりなしがあって退去。入御の後、老中列座の前へ出て、御礼を申し述べる。献上物は、将軍へ太刀一腰・馬代金一枚・綿三十把、御部屋様へ白銀三枚となっている。

任官の口宣案頂戴使者を京都に派遣する件は、老中へ城使を遣わし、尋ねたところ、去る三日奉書を京都へ上らせた。勝手次第に使者を差し出すべしとの返事で、十一月十四日に家老格の中野三季介が使者として彦根を発足、二十五日に伝奏久我大納言屋敷にて、宣旨を直に渡された。中野は二十七日京都を発ち、二十八日彦根に帰着した。禁裏はじめ各御所への御礼献上物は史料翻刻（三一三頁）のとおり。

口宣案は知行取の士が付き添い、十二月六日に彦根を発し、八日程の道中で江戸に着く予定であったが、十一月二十九日に藩主弟の仙之允が病死するアクシデントがあり、忌中に入るため延期となった。忌明けの十二月十九日にようやく頂戴のはこびとなる。

老中らへの御礼は、十月二十九日染小袖・半袴で登城、月番老中に帰府御礼を申し上げ、少将任官の礼も申し述べる。十一月三日、側用人と老中一名に、四日老中田沼以下三名に同様の礼を述べた。

十一月五日、御三家、溜詰同席松平讃岐守宅へ向かう。これは染小袖・半袴を着用。十日には熨斗目・長袴で上野惣御霊屋へ、十二日には同装束で増上寺惣御霊屋へ行き、御礼参拝した。

以上ですべての行事が終了した。

【註】

1　大名の江戸屋敷に置かれた役職で、一般には留守居として知られる。初期には家老クラスの重臣が屋敷を預かる例が多かったが、十七世紀中葉以降、その職務は将軍家や他の大名家との連絡・交渉が中心となり、中堅クラスの家臣がえらばれるようになった。将軍家の法令や指示の受け取り、大名からの願書以下の伝達を担当。おおむね殿中同席の大名同士で組合をつくり、法令の解釈、施行の細部、先例・旧格の照会など情報を交換、協議にあたった。

2　小袖はもと礼服の下着であったが、室町時代以降上着として各階層に用いられ、多様な文様染が用いられた。半袴は裾を引く長袴に対し、引かないもの。幕府は儀礼ごとに長袴か半袴かなど細かく規定していた。

3　史料上、「披《ひら》く」・「披座」と表現される行為がしばしば出てくる。出座してくる者に敬意を表すために、着座している者がよけて座をあける行為。

4　［二〇一一二］［二〇一三―一～九］［二〇一五―一～五］。いずれも井伊直幸窺書。［　］内は彦根藩井伊家文書の調査番号。

5　インドのチャウル（chaul）という地の産で、ポルトガル人が舶来した薄地琥珀織の絹。日本でも十七世紀後半には生産されていたが、高級絹織物の一つ。

6　茶・煙草盆は、近世における武家の儀礼に道具として通用された。茶・煙草はともに江戸時代に嗜好品として普及し、これらを「一服」来客へすすめることは、客を接待する意味がある。来客に煙草盆を出すのは、相手に対する饗応の意を示す儀礼的道具と考えられる。茶席において煙草盆を差し出すのと本来的な意味は同様。

7　幕府と朝廷との連絡・交渉にあたった公家の役職。定員二名。幕府が人選し、所司代の血判誓詞を提出して就任した。江戸幕府の朝幕関係を反映して、朝廷機構中では実務の中軸を占めていた。

8　武家伝奏と並んで朝廷の政務を統括した公家の役職。定員四～五名。役料四十石は幕府が支給した。

若君の宮参りと井伊家御成
―井伊家奥向との関係を中心に―

皿海ふみ

はじめに

江戸時代の大名は、その家格に応じて、幕府より様々な御用を命じられ、その御用を勤めることが、将軍への奉公を果たすことでもあった。

諸大名が勤めた一般的な御用は、城郭や寺社、河川の普請にあたる大名普請役であるが、江戸時代の初期と末期を除く幕藩制秩序の貫徹した時期においては、老中などの役職に就いている大名にはこれが免除されたほか、井伊家など溜詰の大名には、普請役が命じられることはなかった。(1)幕府の役職を務めること自体が御用であったのと同様に、溜詰の大名は、将軍が祖廟を参詣する際の先立役など溜詰としての任務を勤めていたほか、京都上使や日光名代などの御用を勤める機会が多く、こうした御用を優先させるため、普請役は免除されていたものと考えられる。

譜代大名筆頭の立場にある井伊家は、溜詰大名の一員としての任務のほか、その家柄と先例によって、朝廷や日光への将軍名代や御用部屋入りなどの御用を勤めた。また、特に将軍家の儀礼に関わって、将軍家若君の宮参り後の御成や元服の加冠役を勤めたが、これらは井伊家のみが勤めた特別な御用であった。

井伊家の御用全般については、1部の野田論文「井伊家の家格と幕府儀礼」で概要が示されている。これを受けて、本論文では、このうち井伊家に固有な御用の一つとして、将軍家の世継である若君が、生後初めて宮参りをおこなう際に井伊家の屋敷に立ち寄る、という若君の宮参り・井伊家御成の儀礼をとりあげ、詳細を見ていくことにしたい。

どのような御用を勤める際にも、大名がその御用での役割を無事果たすために最大限の努力を尽くしたのは言うまでもないが、そこには、御用を勤めることによって、何か「家」の利益になるような成果を得たい、との思惑も渦巻いていた。

若君の井伊家御成の儀礼では、井伊家に莫大な出費が必要とされたが、その一方で、この御用を勤めることによって、当主の官位が昇進するなど、井伊家にとっての現実的な利益を求めることも可能であった。とりわけ、この御成を契機として、井伊家の正室と江戸城大奥との交流が開始され、御成のあとも恒常的に関係が続けられる、という特権が井伊家に与えられたことが注目される。

そこで本論文では、若君の宮参り・井伊家御成の儀礼の経過をなるべく具体的に明らかにしたうえで、正室をはじめとする井伊家の奥向がこの儀礼にどのように関わり、大奥女中や、大奥を通した将軍家との関係をどのように展開していったのかを中心に考察していく。そのなかで、これまで研究の進んでいない大名家の奥向と江戸城大奥との関係のあり方(2)についても、その一端を明らかにしていきたい。

1　若君の宮参り・井伊家御成の概要

若君の井伊家御成のはじまり

将軍家に世継となる男子が誕生すると、その誕生を祝い、成長を願って、様々な儀礼がとりおこなわれた。なかでも、生後はじめて産土神《うぶすながみ》に参詣する宮参りは、世継の存在を広く知らしめるうえでも大きな意味を持った。

宝暦十二年（一七六二）十月二十五日、十代将軍家治に長男（後の家基）が誕生すると、十一月朔日の七夜祝の日に竹千代と命名され、十一月三日には将来官位を得るまでの間「若君様」と称すべきことが大目付触により達せられた(3)。このように、将軍家の長男（兄が早世している場合を含む）として誕生した子は、通常、七夜祝の日に竹千代などの命名がなされ、官位を得るまでの間「若君様」と称された。その後元服時に官位を得ると、その官途名「大納言様」「内府様」などで呼ばれた。

家康が征夷大将軍となった翌年の慶長九年（一六〇四）七月、秀忠の次男（長男長丸は慶長七年に早世）として生まれた竹千代（後の家光）は、同年十一月八日に当時江戸城内にあった日吉山王社《ひえさんのうしゃ》へ宮参りをおこなった(4)。山王社は、江戸城の鎮護の神として築城当初から城内に祀られ、将軍家の産土神として、代々の将軍の息男や姫君の宮参りがおこなわれた。

若君の宮参り後に井伊家への御成が行われるようになったのは、寛永十八年（一六四一）に将軍家光の長男竹千代（後の家綱）が誕生し、翌十九年二月に宮参りをおこなった帰りに、井伊直孝の屋敷に立ち寄ったのが最初である。この宮参りでは、若君はまず、家康の死後江戸城内に造営された二丸東照宮と紅葉山東照宮に参ったあと、日吉山王社に参詣し、その帰途に井伊家の屋敷に立ち寄ったという(5)。以後、将軍世継の宮参りはすべて、城内の東照宮（二丸東照宮は承応二年に紅葉山に移築されたため、その後は紅葉山東照宮のみとなった）(6)に参詣した後、日吉山王社に参るのが通例となった。

この寛永十九年（一九四二）の宮参りの際に、若君家綱が井伊家に立ち寄ることになった由緒としては、「井伊年譜」(7)に次のような話がある。

【史料1】

一、今年（寛永十七年）家光公上意ニ、我世子なし、養子を被成御世継を定られんと、直孝公被仰上候ハ、上意之趣不然候、公之末期ニ御臨候共、我存命仕候内ハ御心侭ニ可仕候、其上家康公より寅卯辰と御生年之支ニ順

図1　日吉山王社参詣図屏風　　東京都江戸東京博物館蔵
家綱が宮参りに向かう様子を描く。右上が日吉山王社、中央右上が井伊家屋敷。

シ御相続在之候、来巳之年
ハ必若君御誕生有へしと被
仰上候、果シテ翌巳八月三
日家綱公御誕生也、家光公
其詞之あたれるを感し思召、
翌午二月九日山王へ御参詣
之時、直ニ桜田御屋敷へ御
入臨被仰付候

これによると、寛永十七年、将軍家光が、自分に世子がいないので養子を取って世継を定めたい、との意向を示したとき、直孝がまだその必要はないとこれに反対した。この時直孝は、歴代将軍の誕生年が、家康は寅年（天文十一年）、秀忠は卯年（天正七年）、家光は辰年（慶長九年）と、十二支の順に続いているので、来年寛永十八年の巳年には必ず若君が生まれるであろう、と語ったが、果たして、この直孝の予言が見事当たって翌年家綱が誕生したので、家光が感心し、家綱の宮参りの時に井伊家に御成をおこなうことを命じたという。この話の真偽は明らかでないが、家光の直孝に対する信頼の高さを示していると言えよう。

さらに、この家綱宮参りの時、立ち寄る先として井伊家が選ばれた、より直接的な理由としては、当時の山王社と井伊家が非常に近接していた、という地理的条件が考えられる。

山王社は、秀忠の時代に城外西側の西貝塚（現在の千代田区隼町）の地に遷されており、家綱宮参りの時にはこの地にあった。この山王社は、その後明暦の大火によって焼失し、万治二年（一六五九）、永田町の赤坂溜池付近に遷されて新しい社殿が落成し、現在の日枝神社に至っている。

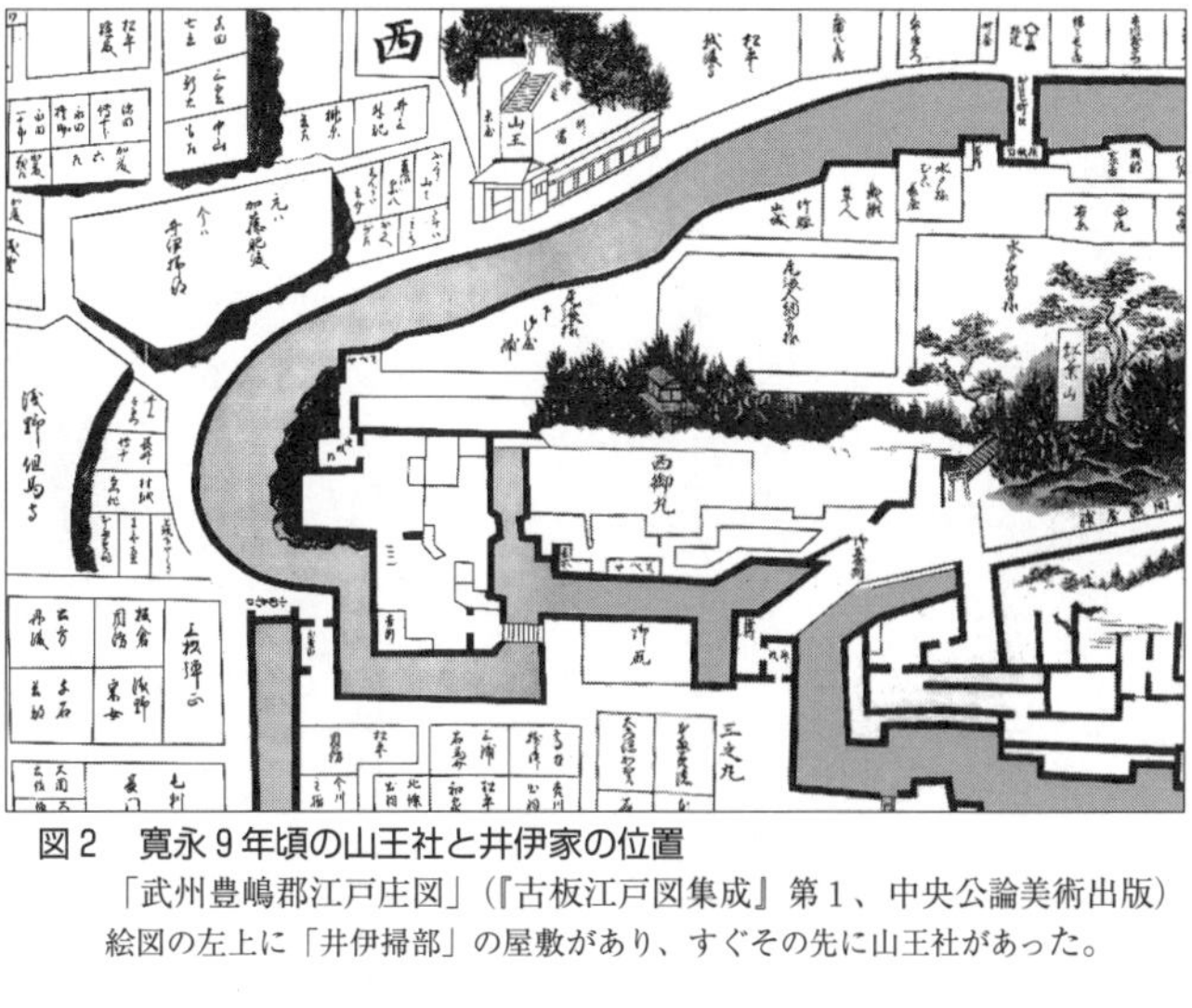

図2　寛永９年頃の山王社と井伊家の位置
「武州豊嶋郡江戸庄図」（『古板江戸図集成』第１、中央公論美術出版）
絵図の左上に「井伊掃部」の屋敷があり、すぐその先に山王社があった。

一方、井伊家の屋敷は、寛永九年（一六三二）、加藤清正の子忠広が改易となり、幕府が没収した屋敷を井伊家に与えられて以来、外桜田の地に上屋敷を構え、場所が替わることはなかった。寛永九年頃の江戸絵図（図2）には、「小田原口」（外桜田門の古名）から城外に出て間もなく「井

表1　若君の宮参り・井伊家御成関係表

若君				井伊家		
名前	続柄・経歴	誕生年月日	宮参り年月日	当主	嫡子（嫡子届の年月日）	正室（院号）
竹千代（④家綱）	③家光の長男	寛永 18.8.3（1641）	寛永 19.2.9（1642）	②直孝	直滋	（死去）
竹千代（⑩家治）	⑨家重の長男	元文 2.5.22（1737）	元文 2.9.27（1737）	⑧直定	直禔（元文 2.8.2）	（死去）
竹千代（家基）	⑩家治の長男 ▲安永 8.2.24 死去	宝暦 12.10.24（1762）	宝暦 13.9.6（1763）	⑩直幸	直尚（宝暦 12.12.16）	与板藩井伊直存娘（梅暁院）
竹千代	⑪家斉の長男 ▲寛政 5.6.24 早世	寛政 4.7.13（1792）		⑪直中	直清（寛政 5.3.5）	盛岡藩南部利正娘（親光院）
敏次郎（⑫家慶）	⑪家斉の 2 男	寛政 5.5.14（1793）	寛政 6.9.27（1794）			
竹千代	⑫家慶の長男 ▲文化 11.8.26 早世	文化 10.10.晦（1813）		⑫直亮	（未だ立てず）	高松藩松平頼起娘（龍華院）
嘉千代	⑫家慶の 2 男 ▲文政 3.3.19 早世	文政 2.7.23（1819）			（未だ立てず）	（死去）
家祥（⑬家定）	⑫家慶の 4 男	文政 7.4.8（1824）	文政 12.9.18（1829）		直元（文政 8.4.4）	与板藩井伊直朗娘（耀鏡院）

出典：若君関係は「徳川幕府家譜」、嫡子届は「系譜」、正室は「新訂井家系図」による。
＊人名頭に付した○番号は歴代将軍・当主の代数を示す。
＊宮参り年月日が空白のものは、当事者が死去したためおこなわれなかったことを示す。

伊掃部」の屋敷があり（「元は加藤肥後」との注記がある）、数軒の屋敷を挟んですぐのところに山王社があった。このように、家綱宮参りの当時、山王社と井伊家はほぼ隣接した位置にあり、若君の休憩先としては最適であったといえる。こうした地理的な近さも、若君が井伊家に立ち寄る理由になったと考えられる。

　この寛永十九年の家綱宮参り後の井伊家御成が吉例とされ、以後、将軍世子の宮参りの後には、必ず井伊家屋敷への御成がおこなわれるようになった。[8] なお、将軍家の世子以外の息男や姫君も山王社で宮参りをした帰途に大名の屋敷に立ち寄ることもあったが、世子のみ井伊家に立ち寄るのが慣例で、世子以外は他の大名家を訪れた。

　この次に若君の宮参り・井伊家御成が行われたのは、約百年も後の元文二年（一七三七）のことで、九代将軍家重の長男竹千代（後の家治）が宮参り後に井伊家屋敷に立ち寄った。間隔があいたのは、この間、家綱が嫡子に恵まれず、その後綱吉・家宣・吉宗と養子の将軍が続き、「生まれながらの将軍」といえるような世子が出なかったためである。生後一年ほどまでに行われる宮参りの時点で、将軍の世子と確定していた例は案外少ないのである。

　その後、宝暦十三年（一七六三）、寛政六年（一七九四）、文政十二年（一八二九）に実施されたのを含め、江戸時代を通じて五回の御成がおこなわれている。このほか、予定が決まっていながら、若君が早世したため中止された例が三件ある（表1参照）。

宮参りの行列

　若君の宮参りの時期は、通常、若君の生後半年から一年ほどの間に、春や秋の気候のよい頃を選んで行われたが、若君の体調などにより予定が延期されることも多く、家祥のように生後五年も経てようやく実施された例もある。

　宮参りの行列は、江戸城本丸を出発して、まず城内紅葉山の東照宮に向かい、若君が参拝を済ませたあと大広間で暫時休憩し、その後は西丸大手門を通って外桜田御門より城外に出て、山王社に向かった（図3参照）。山王社は明暦の大火後永田町に遷されており、外桜田門から出た若君の一行は、井伊家の屋敷前から脇道に入って井伊家の屋敷沿いに進み、その後は山王社のある南方向に進んで、山王社表門へと向かった[9]（図4参照）。山王社で若君が参拝を済ませたあとは、行きと同じ道順を通って井伊家の屋敷に立ち寄り、御成が済むと再び外桜田門から内桜田門、中門を通って江戸城本丸へ戻る、という行程であった。

宮参り行列の人数は、宝暦十三年の「若君様御成付御先勤御供御目見以上以下姓名并女中名書」［六八七〇］によると、山王社への御供は、御目見以上の大名・旗本が二九〇人、御目見以下の者が六四三人、江戸城大奥の奥女中が十七人で合計九五〇人となっている。このうち、行列の最後方には、諸大名の次男・三男や諸役人の嫡子など、十代中心の若い子息が派手に装い騎馬で御供をする小人騎馬が四十九人含まれていた。この小人騎馬には、それぞれ六名の供がついており、このほか供奉の大名や旗本もそれぞれ二名以上の供を連れていたから[10]、これらの私的な従者の人数を合わせると、行列全体の人数はさらに膨大であったはずである。

また、井伊家には、こうした宮参り行列とは別に、若君の行列より先に来て御成の準備にあたった「先勤」の者が多く詰めていた。同史料によると、この先勤の人数は、奏者番・留守居などの役人をはじめとする御目見以上の者が一三二人、台所人などの御目見以下の者が六九一人、奥女中が十七人、合計八四〇人となっている。これらの先勤の人数に加えて、前述の宮参り行列の人数がそのまま井伊家に立ち寄ったのであるから、当

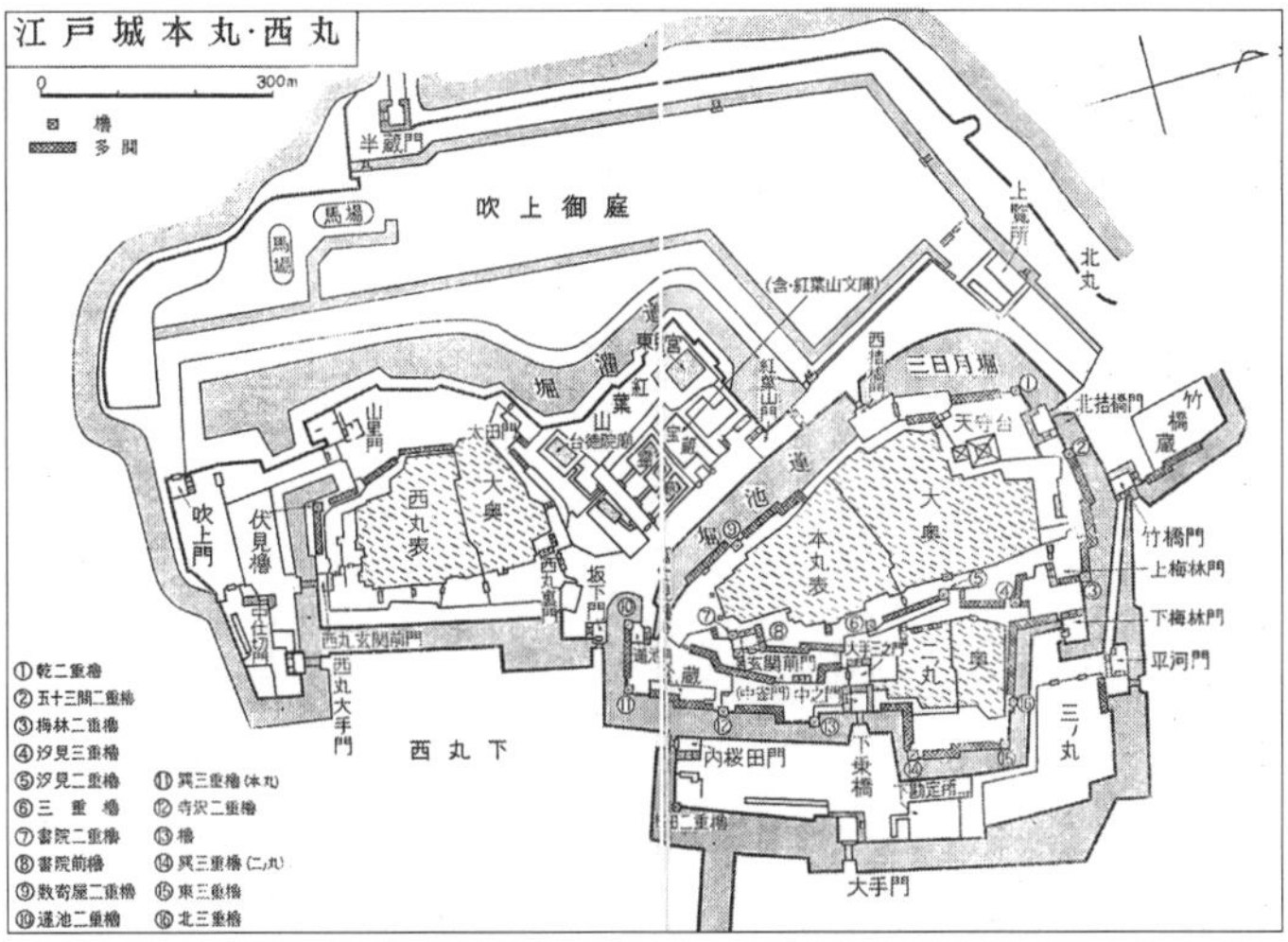

図3　江戸城本丸・西丸配置図　　村井益男『江戸城』（中公新書）より

図4　文政11年の井伊家屋敷周辺図

「分間江戸大絵図完」（『日本地図選集』第一巻、人文社）より

若君の宮参り行列は、桜田門を出た後、破線で示した道順で山王社（絵図右下）に至り、帰途に井伊家に立ち寄った。

日の井伊家屋敷の混雑ぶりは大変なものであったに違いない。

若君とともに大勢の関係者を迎えた井伊家では、若君には七五三の御膳（本膳に七菜、二の膳に五菜、三の膳に三菜を供える慶事用の最高級料理）を、老中・若年寄には三汁八菜、万石以上・布衣以上には一汁三菜の料理を、と格式に応じた料理を用意して饗応にあたり、御目見以下の者にも、簡単な料理が出された。また、赤飯は老中から「末々迄」の者に出され、これも役職や御目見以上・以下の違いによって、盛り付ける椀や付け出しの香の物などにも差がつけられていた。[11]

御成の儀式

井伊家に到着した若君は、表門を通って屋敷内の御成御殿に入り、井伊家の当主や正室らと対面した。

将軍が大名家を訪れる御成の際には、新規に御成御殿を建てた例も他の大名家には見られるが、[12]井伊家の若君御成では、新たに御殿を建築するのではなく、日頃使用している書院の上段の間を改築して、御成御殿に仕立てた。

元文二年（一七三七）七月、井伊家では、若君の御成に備えて、新規に御成御殿を建てることを老中本多忠良に願い出たが、[13]幕府の意向として、御殿の新造は控え、書院の上段を御成御殿に仕立てるべきことが伝えられた。指図された普請の方法は、次のようであった。

【史料2】「御成御殿新規改築ニ付返答書」［四〇二三四―二］

御成御殿新規ニ御建被成度由の御伺ニ付

只今迄之書院上段天井之下ニ新規ニ天井を張り、只今迄之ゆかの板敷之上ニ新規ニ板を張り可被申候、尤張付等新規ニいたし直し可被申事、御成以後新規之分取払、書院上段ハ相用可被申事、

右之通、入組候事故御伺之処、書付ニ御付札ハ無之、中務大輔殿（老中本多忠良）口上ニて御答有之筈ニ御座候

（中略）

七月七日

これによると、普段使用している書院の上段の間を御成御殿にするため、今までの天井の下に新しい天井を張り、今ある床の板敷の上に新しく板を張ること、とされた。天井・床とも、二重にする形で書院上段を御成用の御殿に造り変えたのである。そして、御成後にはこの新規の天井・床をすべて取り払ったうえで、もとの書院上段として用いた。

その後、御成の数日前には、山王社の勧理院に依頼して、この書院上段の御成御殿で清めの祈祷をおこない、当日若君に出す道具類や献上品などすべてに加持を施してもらっている。[14]

次に、寛政六年の御成の記録[15]から、御成当日の当主直中の動きを中心に、御成の儀式の内容を見ていきたい。

寛政六年九月二十七日、十一代将軍家斉の若君である敏次郎（後の家慶）が宮参りをおこない、井伊家屋敷に立ち寄った。この時の井伊家の当主は直中で、嫡子は前年に直清（欽次郎）が嫡子届を出していたが、幼少のため彦根から献上物のみ差し出した。

当主直中は、朝五半時（午前九時ごろ）、屋敷内で同朋頭半田丹阿弥に面会した後、井伊家門内に設けられた休息所で、御成まで待機した。前回宝暦十三年の御成の時は、当主が御成の朝登城し、若君の行列が山王

社へ向かうのを門前で拝見したが、今回は前年に没した養母（直幸正室）の忌服中であるためこれを控えた。直中実弟で他家に養子入りした真田豊後守幸専と土井中務少輔利義も若君への御目見をするため来宅した。御用部屋の者（中老沢村角右衛門・用人今村源右衛門・用人増田治右衛門・用人脇平次右衛門）も御目見のため休息所にて待機していた。

　山王社参が済んだとの注進をうけ、若君を出迎えるため、直中と真田・土井、御用部屋の者も同道にて表門より門外に出る。井伊家裏手の松平安芸守屋敷裏門の辺りまで出向き、直中を先頭に少し間をあけて真田・土井、さらに後方に御用部屋の者が並んで若君の行列を待った。若君の駕籠が見えると平伏し、駕籠が目前まで来た時、直中は駕籠の先に立って行列とともに進み、表門から中へ入る。この際、御用部屋の者は表門脇の登城門近くで若君への御目見をおこなった。若君の御成は九半時三分過（午後一時半ごろ）であった。

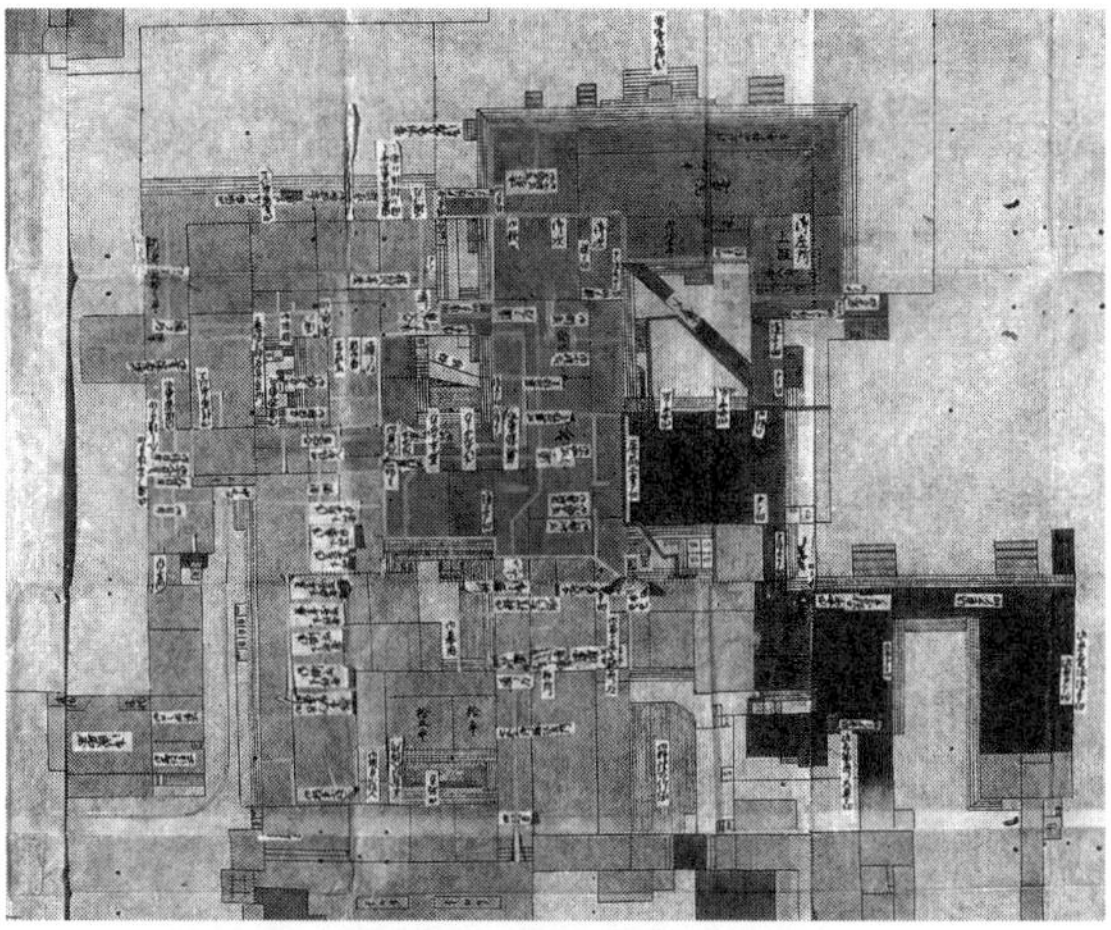

図５　宝暦１３年若君様井伊家御成絵図（部分）［6885-5］
右上の「御座所」に若君が着座した。

　御成当日の井伊家の屋敷内は、御成御殿を中心として、江戸城内と同様に、「奥」「大奥」「表」の三つの空間に区切られ、それぞれの仕切に錠口が設けられていた。

　直中は、老中・若年寄の案内に従って書院下段の縁頬に着座し、若君に御目見をした。若君は、御成御殿（書院上段）に置かれた二畳の台の上に褥を敷き、着座していた。江戸城中で諸大名が幼少の若君に御目見する際には、若君は奥女中に抱かれて出御したが、この時も若君はまだ一歳過ぎで、常に奥女中が若君を抱いて行動したものと思われる。直中は、若君に熨斗を差し上げるため、進み出て上段に膝で進んで上り、二畳台の上に熨斗を置き、一度退いたあと再び上段に進み、熨斗を下げた。次に七五三の膳の本膳を持ち、上段に上り献上、一度退いたあと、再び上段に進み膳を下げた。真田・土井両名も出座し、若君に御目見をした。

　その後、若君が下段に下りて、次の間に置いてある献上品や七五三の膳を上覧し、上段に戻った。次いで、若君より、直中父子・真田・土井らに拝領物が仰せ付けられ、直中らは御前に出座し、拝領物の御礼を申し上げた。この時直中は、拝領の刀を老中より受け取り退座した。以上、若君への御目見、献上、拝領の一連の行為は、「奥之御規式」と称されており、若君のいる書院上段を中心とした「奥」の空間でおこなわれた。

　「奥之御規式」が済んだ後、直中ら三名は「表」の拝領物の置いてある部屋に移動し、それぞれ拝領物を老中から受け取り、御礼を申し上げた。彦根に在った欽次郎への拝領物は直中が受け取った。

　この間に、直中の正室や娘など井伊家の女性たちが若君に御目見し、献上品を差し上げ、拝領物を頂戴した。女性たちの行動の詳細は次章で検討する。

こうして、若君は二時間余り井伊家に滞在し、七時過ぎ（午後四時ごろ）、「御供下り」を承り、直中は玄関より出て駕籠の前で平伏する。行列とともに表門の外まで行き、門前で平伏して、駕籠が外桜田門を入るまで見送った。真田・土井も表門外にてお見送りしたが、御用部屋の者は出なかった。若君が帰ると、直中はすぐさま着衣を着替え、七半時三分過ぎ（午後五時半ごろ）に出宅し本丸に登城、御座之間にて将軍に御目見した。将軍自ら熨斗鮑を下さり、御礼を申し上げて退出した。若君への御礼は奏者番稲葉正諶に、御台所《みだいどころ》への御礼は老中松平信明に述べて、六時一分過ぎ（午後六時半ごろ）帰宅した。以上にて、直中の多忙な一日の勤めはようやく済んだことになる。

なお、井伊家が若君御成のために用いた費用は、元文二年の御成では、一万七五七三両余の予算がたてられている。[16] また、表2のように若君御成にはおよそ二万両が必要であったことがわかる。井伊家の他の儀礼での入用と比較しても、若君御成は京都上使と並んで最も費用のかさむ儀礼であった。これらの膨大な出費の大部分は、彦根の町・村にかけられる御用金（通常の御成で一万二〇〇〇両）によって負担された。御用金の賦課方法や領民への影響については、井伊論文で詳しく論じられている。

表2　井伊家の儀礼入用の比較

年代	用途	入用
宝暦8	直幸様御婚礼	3,949両余
宝暦9～10	京都御上使	11,799両余
宝暦13	（若君）御成御招請	19,800両余
宝暦13	弥恵姫様（直幸養女）御婚礼	3,648両余
明和2	日光御名代	7,321両余
明和2	御加冠（若君元服式）	7,214両余
安永5	日光御供奉	7,979両余
寛政6	（若君）御成御入用	18,817両余
文政12	（若君）御成御入用	26,949両余

大魏院様御代ゟ御勤向并ニ御婚礼御入用御成御招請御入用留［31748］より作成

若君御成と官位の昇進

若君の井伊家御成は、同じく若君関係の御用である元服加冠役とともに、当主の官位昇進が可能となる特別な御用の一つであった。

若君の宮参りは数えで二歳前後、元服は通常五歳でおこなわれ、両者は実施される時期が近いこともあり、当初の寛永・元文の若君御成では当主の官位昇進はおこなわれず、元服加冠役での昇進が見られた。これが宝暦の御成になると、若君御成と元服加冠役の両方で、官職・位階のいずれかの昇進がみられる。宝暦十三年の若君御成では、直幸の位階が従四位下から従四位上へと上がり、二年後の元服加冠役では少将から中将へと官職が昇進した。この御成にあたっては、井伊家より老中の松平輝高に対して、中将への昇進が無理ならせめて位階だけでも上げてほしい、と内々に願い出ている。[17] これには、これより先の宝暦十年三月、直幸が京都上使を勤める予定であったところ、前当主直定の病気のため御免となり、急遽会津藩の松平容頌がこれを勤め、これにより容頌が昇進して、会津松平家の官位・席順が井伊家より上になってしまった[18]という事情が関係している。この官位昇進運動を進めるなかで、松平輝高の用人から密書が届けられ、直幸の官位の昇進は、従四位上か正四位下のどちらが適当か、との問合せがされている。[19] これに対して、井伊家は「従四位上ニ而席順相直候儀ニ御座候得者、正四位之儀ニ而者無御座候」と回答しており、この昇進の直接の目的が、会津松平家との席順を逆転することにあったことが示されている。[20] 井伊家は老中松平輝高とその用人に、たびたび贈り物もおこない、こうした働きかけの甲斐あって、この御成での位階の昇進が実現した。

これと同様に、寛政五年の御成（若君早世のため中止）の時も、老中松平定信に少将への昇進を働きかけており、[21] 翌六年の若君御成の時に昇進が実現、さらに二年後の元服加冠役でも少将から中将へ、と連続の昇進となった。この寛政六年の御成では、「系譜」［三〇四七四］に「若君様御宮参御立寄も近寄、例少将ニ而御待請申上候付、少将昇進被仰付候」とあり、前代までの御成において、当主が少将の位で若君を迎えたことが先例として認められての昇進であった。

このように井伊家では、若君御成を官位昇進の機会ととらえて、幕閣に対して積極的な働きかけをおこなった。若君の宮参り後の御成は、他家に見られない井伊家に固有の御用であり、こうした単独で勤める御用を持っていることは、それだけ他家よりも官位昇進の機会に恵まれ、昇進に有利であったことになる。

嫡子の決定と御成

若君の宮参り後の井伊家御成は、井伊家における嫡子の決定の過程ともまた密接な関わりを持っていた。

寛永の御成の時には、すでに直滋が大名並に出仕していたので、嫡子決定とは関係がなかったが、次の元文二年九月の御成にあたっては、御成の約二ケ月前の七月二十七日、当主直定は嫡子を金之助（直禔）、二男を虎之助（直賢）とする嫡子願を御用番老中松平乗邑に提出している。[22] ただし、この嫡子願の理由は「直惟様御嫡子金千代様（直後に金之助と改名）、先達而ハ御病身ニ御座被遊候所、近頃御丈夫ニ被為成御盛長被遊候故、直定様御嫡子様ニ御願被遊度」とのみ述べられており、若君御成との関係は明記されていない。

これが次の宝暦の御成になると、御成と嫡子の決定との間に明らかな関係が見られるようになる。宝暦十二年十一月十九日、直幸が若君（家基）の井伊家御成を拝命すると、約一月後の十二月十六日には、直幸の息男で側室の子である章蔵（直尚）の嫡子届が出された。[23] これに先立ち、老中や同席の溜詰大名などに出した口上書[24]では、嫡子届の理由について、「是迄奥方様ニ御男子様御出生も無御座候ニ付、御嫡子御届之儀奥方様ゟ掃部頭様へ達而被仰進候得共、不遅御儀ニ思召、先其侭被差置候処、此度御用被蒙仰候、前〻御宮参ニ付御成之節者、御嫡子様被成御座候御儀、格別之御時節、旁以奥方様ゟ廉而被仰進候」との説明がなされている。ここでは、これまでの若君御成では必ず井伊家に嫡子がいた、という先例をあげながらも、単に御成があるから嫡子を決めるということではなく、御成とは関係なくかねて嫡子を立てる相談をしていたところで、正室もこれに賛成していることを強調している。

また、次の寛政の御成でも、嫡子願の理由として、これと同様の論理が用いられている。

寛政四年（一七九二）十二月十五日、直中が若君（家斉長男竹千代）の御成を正式に拝命すると、早速井伊家では、嫡子確立のための動きが起こされた。この時直中は二十八歳で、この年の十二月初めに正室が女子を出生したばかりであった。[25] 前年には側室に欽次郎が生まれていたが、数年中に正室が男子を生む可能性も充分にあるという、嫡子を決定するには流動的な状況であった。しかし、井伊家はやはりこの御成を機に嫡子を決めることを企図し、老中松平定信に内々に相談をしている。この松平定信への問合(26)では、これまでの御成では必ず嫡子より若君に献上物を差し上げてきたこと、正室も欽次郎の嫡子届を再三勧めてきたことから、御成に合わせて嫡子届を出したいことが述べられた。

これに対して、松平定信の返答は、次のようなものであった。

【史料3】「老中松平定信書状写」（『西尾隆治家文書』五四）

御嫡子様を被定候者御国家之御大事ニ付、能々御治定之御事ニ候ハ、御書面之通ニ成り候とてもいかゝ之事ハ有御座間敷候、御宮参御立寄之御様子より御発起ニ而御相談と申のミ之軽事ニより候事ニハ有御座間敷思召候、重役衆其外御相談被決御治定之事ニ候ハヽ、敢而思召者無御座候事

定信は、嫡子を決めるのは国家の大事であり、若君の御成があるから嫡子をというだけの安易な考えは「軽事」であるが、まさかそうではないだろう、と井伊家の動きを牽制しながら、重役衆とよく相談の上決めたことならば、あえて言うことは無い、としている。これは、御成を機に嫡子を決めようとする井伊家のねらいを察した上で、これを遠回しに批判しながらも黙認する、という大変微妙な態度であった。これを受けて、井伊家ではすぐさま、この嫡子届はかねてから重役共と熟談の上準備してきたものであることを定信に説明し(27)、翌年三月、嫡子届の提出にこぎつけたのである。

この時嫡子に決まったのは側室の子直清（欽次郎）であるが、嫡子を決める時点ですでに、後年正室に男子が出生した場合には、その男子を直清の順養子とするか、または出生した男子を嫡子として直清は二男となるか、という選択肢もあげられていた(28)。実際、嫡子届を出した翌年の寛政六年六月には、正室に弁之助（後の直亮）が誕生したのである。その約十年後の文化二年（一八〇五）、直清は、「虚弱ニ付」という理由で退身し、直亮と嫡子を交代することになった。直清は、若君御成のために、嫡子をめぐる状況の変化に翻弄される結果になったのである。

続く文政の御成でも、直亮が御成を拝命した一月後には、早くも直中七男の徳之助（直元）を養子として嫡子願を出し、許されている。ただし、これより以前、文化十一年（一八一四）と文政三年（一八二〇）に、若君御成を拝命しながら、若君が早世することが続いたが、この二度の御成予定の前後には、「御城使寄合留帳」などでも嫡子を決める動きを確認することはできない。これは、直亮が文化九年（一八一二）に十九歳で藩主となったばかりで、直亮には子もなかったため、さすがに嫡子の確立には至らなかったのであろうか。

井伊家が御成に合わせて嫡子を決めることに執着した意図としては、先例通りに当主と嫡子そろって若君に献上物を差し出すことを重んじる先例重視主義とともに、嫡子を可能な限り早い時期に確立することで、次世代までの安定した井伊家の地位を公認させることもねらいであったと考えられる。また、若君御成の儀礼のなかで、若君に御目見して献上物を差し上げるという行為は、若君に近しく関わるまたとない機会であり、嫡子が将来の大名として、将軍家との関係を結び、次期将軍となる若君との関係においても、より優位な位置を占めていくために、重要な意味を持っていたのではないだろうか。

以上、本章で見てきたように、若君御成の御用を勤めることは、井伊家の家格を維持し高める上でも大きな意味を持っていた。次章以下では、

こうした若君御成の儀礼に、正室をはじめとする井伊家奥向がどのように関わったのかという側面にしぼって検討を進めていきたい。

2　若君御成と井伊家奥向

若君の井伊家御成は、正室をはじめとする井伊家奥向の女性たちが井伊家の儀礼に参加する様子を知ることのできる数少ない場であり、また、江戸城大奥の女中たちが、若君の御供をして大名家の邸宅を訪れ、奥向の女性同士が交流する珍しい機会でもあった。本章では、その具体像を見ていくことにしたい。

井伊家の奥向が若君御成との関わりを持つのは、宝暦十三年の御成以降のことである。というのも、寛永十九年の御成の時には直孝の正室隆雲院はすでに亡く、次の元文二年の御成の時も直定の縁組相手である久世大和守重之の娘が婚姻前に死去しており、その後正室が不在であった[29]ためである。もっとも、寛永の御成の時には直孝の娘[30]が一人、元文の時には前当主直惟の娘が一人いたが、いずれも若君御成には関与しなかった。すなわち、若君御成に関わった正室は、十代直幸の正室（梅暁院）、十一代直中の正室（親光院）、十二代直亮の継室（耀鏡院）の三名である。

若君への御目見

宝暦十三年の御成では、御成に先立って同年正月二十五日、井伊家から老中の松平右京大夫輝高に向けて、直幸の正室・娘たちが御成の際に若君に御目見することの願書が出され[31]、三月十五日許可された[32]。この許可が下りるまでには、井伊家と松平輝高との間で繰り返しやりとりがおこなわれている。井伊家側からは、元文の御成時に在所に直惟の娘がいたが若君への献上物の伺いもなかったことについて、彼女は当時彦根にあって、出生の届け出もされていなかった、という事情説明をしたり、以前に酒井家に御成があったとき、酒井河内守の母と妻が御目見した類例などを示して、御成での正室と娘たちの若君御目見を願い出た結果、ようやくこれが許されることとなった。

そして御成当日、若君に御目見したのは、直幸の正室（梅暁院）、松平伊賀守忠順の室（直定養女）、お錫（直幸娘）、お弥恵（直幸養女）の四名で、この他直幸の嫡子章蔵の婚約者およしと、お鉄（直幸養女）は、御目見の予定であったが風邪のため当日欠席、清蓮院（直禔正室）は差合が生じたため御目見しなかった。これは、幼少のお斐を除いて、江戸在住の歴代正室・娘の全員にあたる。また、直幸の母寿慶院は在彦根のため、献上物のみ差し上げている。

次に、奥向の女性たちの御目見の様子を、詳細の判明する寛政六年（一七九四）の記録[33]により見ていきたい。

寛政六年九月二十七日の御成に向けて準備が進められる中、井伊家から老中に対して御成の際に直中の正室・娘ら奥向の者が若君に御目見することを願い出て、七月二十六日に許可が伝えられた。この御成で若君に御目見をおこなったのは表3に示した九名である。直中の母量寿院は彦根にあり、献上物のみ差し上げた。このように、御成当日若君に御目見をする奥向の女性は、歴代当主・世子の正室と娘、当主の母親のうち、

表3　寛政6年御成で若君に御目見した井伊家の女性

名　前	関　係
妻	当主・11代直中の正室
清蓮院	9代直禔の正室
守真院	10代直幸の世子直富の正室
桃林院	直幸養女
戸沢上総介正親妻	直幸娘お正
酒井雅楽頭忠道妻	直幸娘お磐
お多寿	直幸娘
お謙	直幸娘
お琴	直幸娘

「若君様就御成直勤之式書并諸事留」坤［754-2］より

江戸在住の者が対象で、他家に嫁いでいる者も当日はこのために井伊家の屋敷に集まった。1章で見たように、表向でも、他家に養子入した当主直中の実弟（真田幸専・土井利義）が若君への御目見のため井伊家に来宅したが、奥向ともども、まさに一家をあげて若君を迎えたのである。

御成を前にした九月六日には、正室や娘はもちろん、他家に嫁いでいるお正・お磐も井伊家の屋敷にやってきて、若君への御目見の稽古がおこなわれた。

九月二十七日の御成当日については、「若君様御宮参御立寄之節守真院様御目見被仰上候節御覚書写」［六八七三—二］[34]という史料に奥向の様子が詳細に記されている。守真院は、世子のまま没した直富の正室で、後述するように仙台藩伊達家の出身で、祖母が将軍吉宗の養女にあたるため将軍家の一族として扱われており、このため御成の場でも特別の役割を果たした人物である。これらの記録によると、若君に御目見をする奥向の九名は、朝五ツ半時（午前九時ごろ）までに集合し、直中の居間で待機していた。その後、錠口が開いて若君御座所の次の間に移動し、江戸城大奥の御客応答《おきゃくあしらい》である中村の指導で、若君への御目見の稽古をおこなった。稽古が済むとひとまず居間に戻って若君の到着を待ち、若君が御成になると、まず当主直中ら表向の者が若君に御目見した。続いて奥向の者が御目見をする予定であったが、若君が昼寝をしたためそのまましばらく待機し、若君が目覚めた後ようやく御目見となった。

御目見の本番では、書院上段御座所の若君の側には若君付老女の万里小路が着座しており、井伊家の正室ら九名は下段の縁頬敷居際で平伏し、老女の「御近く江被為入候様ニ」との指示により、敷居内三畳目まで進んで御目見した。御客応答が「御丈夫ニ御成人被遊候」と若君を披露し、当方よりも「御機嫌能御成長被遊恐悦、今日は御日柄能御宮参御立寄被成難有旨」を申し上げた。老女が「御一流様よふ御見上ケ被成候やうニ」とすすめるので、一同は二度ほど若君を見上げて顔を拝見したあと、一人ずつ今日の御歓びと御礼を述べて退出した。

老女との対面

若君の井伊家御成には、江戸城大奥の女中たちが、若君の御供をして井伊家を訪れた。当主ら表向の御目見は老中や若年寄の指示に従って行われたのに対して、正室ら奥向の者の御目見はすべて奥女中の指示のもとでとり行われた。

寛政六年の御成の当日には、総勢三十五名の奥女中が、御供または先に屋敷に来て準備する先詰として井伊家を訪れた。なかでも「御老女衆」と呼ばれた上級の女中は、御台付上臈御年寄の花町、公方付老女の常盤井・野村に、若君付老女で「御乗添」として若君とともに駕籠に乗る万里小路、同じく若君付老女で乳人の笹岡の五名であった。上臈年寄は、奥女中最高位にあたり、老女はそれに次ぐ地位で大奥第一の実権者であった。[35]この当時江戸城大奥の老女は、公方付五名、御台付（上臈年寄を含む）三名、若君付二名の計十名がおり、(36)このうち半数の五名が井伊家を訪れていることになる。若君はまだ幼少で、日頃は西丸で奥女中の手により育てられており、御成当日も若君の世話をする若君付の奥女中の御供が必要であるのはもちろんだが、それ以外にも公方付・御台付の老女も御供に含まれていることが注目される。

このほか、大奥の接待役にあたる御客応答が中村・梅田の二名、大奥の外交係である表使が小山・松本・沢田の三名、さらに若君の御守・御抱守、錠口の係や、御目見以下の御仲居、御使番、御半下などの雑用係も含めて合計三十五名であった。

このように多くの奥女中が御供をしている背景には、若君が幼少のため大奥がその養育の責任を担っていること、若君の正式な母親は御台所であること、宮参りが将軍の「家」の儀礼としての側面が強いこと、などの事情から、宮参りは大奥にとっても重要な行事であったことが考えられる。宮参りの際の若君の出御の場所などは、老女の指示に従って決められており、(37)大奥老女が若君の行動に関わる決定権を持っていたことがうかがえる。

若君への御目見を済ませた奥向の女性たちは、すぐに屋敷内に設けられた「大奥」にある小座敷に移動して、常盤井・万里小路ら老女五名と対面した。この老女との対面の作法についても、御成前に稽古がおこなわれていた。御客応答が老女に引き合わせてくれ、当方より一人ずつ今日の御歓び、若君に献上物を差し上げる旨と、初めてお逢いする挨拶などを老女に申し上げた。続いて表使から、若君よりの拝領物の目録が渡され、一人ずつ進み出てこれを受け取った。前半の五人の拝領が済んだところで守真院が別段に進み出て、老女に対して公方・御台所への御機嫌伺の挨拶をし、若君よりの別段の拝領物を頂戴した。この守真院の御機嫌伺に対して、老女たちは少しひかえるようにして会釈をして返した。このようにして一同が拝領の品を受け取り終わると、御客応答に御礼を述べて退出した。

奥女中との会話・交流

御成当日、若君への御目見や老女との対面の際に、案内や取り次ぎの役として井伊家奥向と直接関わった奥女中は、主に御客応答と表使であった。井伊家の女性たちは、御目見や対面の合間の空いた時間にはこれらの奥女中と親しく会話し、交流した。

寛政六年の御成では、井伊家奥向の面々は、御成当日の朝、初めて先詰の表使一人と御客応答二人に対面し、まず「天気よく御めてたく」などと挨拶した。その後の御目見の稽古は御客応答の中村の指示に従い、献上の作法や御機嫌伺の文言なども同人に確認した。稽古が済んだ後は、表使の沢田と対面し、沢田より大変丁寧に挨拶があり、守真院からは御成前にこの間色々とやりとりしたことの挨拶や、袖ケ崎（守真院の実家伊達家の屋敷）でも今回の御成を大変よろこんでいること、など色々お礼を述べた。また御客応答の二人へは、「年中御使も被指上ま丶わけて御せわニならせられ候」と、日頃特別お世話になっていることの挨拶をした。この間、表使・御客応答が井伊家の面々に、「御名も」と名前を尋ね、それぞれ自己紹介をするなど、親しい会話も交わされた。

稽古の後には、奥女中より「おしつけ御成御座候は尤なから、いまたよほと御間も御座候は御待とをに御座候はん」と、御成までかなり間があり「お待遠」であると、井伊家を気遣う挨拶もなされている。

若君への御目見と老女への対面の本番では、常に御客応答の中村が先立ちして指示を出してくれ、拝領物の受け渡しは表使がおこなった。そして奥向の若君御目見、拝領物頂戴の式次第が済むと、一同そろって御客応答の二人へ「今日は万端御世話被下無滞相済候」とお礼を申し述べ、見送りのためついてきた表使の三人に「一統今日は御世話ニ相成候礼老女衆へも宜御申被下候様ニ」と挨拶し、錠口より退出した。

このように、御成当日の井伊家奥向は、朝の稽古から退出まで終始御客応答と表使の世話になっており、その合間にはこれらの奥女中との間で形式的な挨拶だけでなく、名前を尋ねたり、はじめて直接会うことの喜びなど、かなり親しく自由な会話も交わされていた。これとは対照的に、大奥で最上級の地位にある老女五名との対面は、挨拶も事前の稽古で確認した通りに行われており、「儀礼」としての対面であったといえる。

御成後の御礼

若君が江戸城に帰り、無事御成が済むと、1章で見たように当主は早速登城して将軍に御目見し、御礼を申し上げた。一方、奥向としては、若君の還御後すぐに、正室から大奥の老女へと、御成の御礼と若君の御機嫌伺の文を差し出した。

宝暦十三年の御成では、御成直前の八月二十二日に老中松平輝高に対して、御成後に正室から老女へ宛てて御目見の御礼や御機嫌伺の文を差し出すことを願い出て、許されている[38]。また寛政の御成でも、やはり事前に「若君様江妻初家内何茂御目見之後、御礼并還御後御機嫌伺等、老女迄妻より文通為致度」と願い出て、御成後に老女へ文を出すことを許されている[39]。このように、御成後に老女に御礼の文を差し出すためには、事前に老中の許可を得ることが必要であった。

御成後に正室より老女に差し出された文は、宝暦のものは残っていないが、寛政六年の御成後に出された、次のような文とほぼ同内容であったと思われる。

【史料4】[40]

一、若君様　還御後直ニ　御城江御礼并御悦、還御後之御伺

　御機嫌御呈書被差出、左之通

　　御悦并御礼

　　大奉書ちらし書

　　公方様・若君様江

御礼申上たさ御手まへ殿かたへ申上まいらせ候、まつ〳〵

御二御所様御初させられ

若君様　姫君様御揃遊し

御機嫌よく成らせられ御めてたさ、今日ハ御日柄よく

若君様御宮参り御する〳〵と済させられ候御事、おそれなから万〳〵年もと御めてたさ、御吉例の通り掃部頭かたへ

御成あらせられ冥加しこく有かたき仕合ニ存上まいらせ候、

御成の節ハわたくし初、其ほかの者とも存寄らす

御目見仰付られ、御機嫌よくまことニ〳〵御勇しやの御事、御ちか〳〵と伺ひ奉り御めてたさ、おそれ奉り有かたく存上まいらせ候、

其上私初めいく御目録の通り拝領もの仰付られ候御事、冥加至極有かたき仕合ニ存上奉り参らせ候、有かたさ御礼のほと、くるしからす思召候ハヽ、何分もよろしく御さた共御頼ましそんし上まいらせ候、まことニくいく久しく万々年千代万世の外までも御長久御繁昌遊し、御めてたさのミと祝く奉りまいらせ候、何もよろしく御さたの御事御頼存上まいらせ候、めて度かしく

井伊
掃部頭
内

なをくめて度かしく

常盤井殿
飛鳥井殿
野むら殿
峯野殿
勢川殿
万里小路殿
御ちの人殿
人々御中

右の冒頭の五行は留に付けられた見出しの部分である。そこには、この文が散らし書きで書かれたことが記されている。散らし書きは、朝廷の女房らが用いた独特の文字配列を用いた書状で、大奥老女との文のやりとりでも、この形式が用いられることが多かった。また、宛所は、公方付老女（常盤井以下五名）と若君付老女（万里小路と御乳の人）を連記してあるが、見出しに「公方様・若君様江」とあるように、この文が将軍と若君に向けられたものであることは明らかである。本文の内容は、若君の宮参りが無事済んだ御悦びと、御目見・拝領物の御礼を述べたものであるが、直接将軍や若君に御礼を述べるのではなく、本文中に「何分もよろしく御さた共御頼ましそんし上まいらせ候」とあるように、宛所の老女に対して、将軍や若君に御礼の意を伝えてほしい、と依頼する披露状的な形式[41]がとられているのが特徴である。井伊家では、このような将軍・若君に向けた老女宛の書状を「呈書」と称していた[42]。

このほか、御台所に向けても、同様に御台所付老女を宛所にした正室からの御礼の呈書が出された。

これらの呈書と同時に、「御老女様方江御自分之御文」として、老女本人にあてた文も出されている。このなかでは、「御手前殿かた御供ニて御出被成、はしめて御めにかかり御嬉しき、何かと御取合下され候ゆへ御首尾よく　御目見等万事相済、忝存まいらせ候」などと、初めて老女に会った喜びや御成当日お世話になった御礼が述べられている。

このように、若君御成が済むと、ただちに井伊家正室から大奥老女に宛てて御礼や御機嫌伺の文が出され、これをうけて老女からも井伊家正室に返礼の書状が送られた。これらの書状の内容や性格ついては、次章で改めて検討することとしたいが、ここで注目したいのは、このような若君御成の直後に結ばれた井伊家の正室と大奥老女との文通関係が、この時限りで終わるのではなく、その後も日常的に継続されていくことである。以下、3章では、御成後も続けられた井伊家正室と大奥老女との文通関係を中心に見ていきたい。

3　井伊家奥向と江戸城大奥の文通

文通関係の開始

若君御成の直後、井伊家正室から大奥老女に宛てて、将軍家に対し御礼を述べた呈書や老女本人宛の書状が差し出され、老女からも正室へ返書が送られるという形で、正室と大奥老女との文通がおこなわれたが、井伊家はこの大奥老女との文通関係を御成の時だけで終わらせるのではなく、日常的な関係へと発展させることを企図した。

宝暦十三年九月二十三日、若君の御成を無事終えた当主直幸は、老中秋元凉朝に、次のような伺書を出している。

【史料5】「御城使寄合留帳」［二五三］宝暦十三年九月二十三日条

一、秋元但馬守(老中秋元凉朝)様江被指出候御伺書左之通り

此度

若君様江妻始家内之者共　御目見被　仰付難有仕合奉存候、右ニ付
可相成儀ニ御座候者、為冥加、年始御祝義・暑寒伺　御機嫌并　格
別之御祝儀之節御歓、御老女迄妻方より文通為仕度奉存候、
今度　御成相済候上窺　御機嫌并拝領物之御礼御老女迄致文通候例
茂御座候間相伺申候、以上

「御附札　可為伺之通候
九月廿五日」

九月　　御名

ここでは、今回の御成が済んで御機嫌伺や拝領物の御礼のため老女まで文を出したという先例もあることを根拠に、以後、年始や暑中・寒中の御機嫌伺、その他格別の祝儀の際に御歓の文を老女まで差し出すことを願い出ている。二日後、附札によりこの伺いの内容は許可された。こうして井伊家は、御成直後だけでなく年間を通じて年始や暑中・寒中見舞、特別の祝儀の際に、大奥老女に文を差し出すことになったのである。

それでは、この大奥老女に対する文は、実際にどのようにして井伊家から大奥まで届けられたのだろうか。次の史料は宝暦十三年の十一月六日、城使役の桜居安右衛門が幕府の留守居水谷信濃守勝比宅へ赴き、用人に手渡した願書である。

【史料6】「御城使寄合留帳」［二五四］宝暦十三年十一月六日条

井伊掃部頭妻使
侍　壱人
右下人　壱人
御文箱持　四人

右者年始暑寒等并格別之御祝儀御座候節者、向後掃部頭妻ゟ御祝
儀申上候様此度被仰渡候ニ付、其節〻御老女様方迄使差上申候、
依之御門御鑑札被下置候様仕度奉存候、尤平川口御門ゟ御広敷迄
右御鑑札御門〻無御滞往来仕候様、宜御断被成下候様仕度奉存候、
以上

未十一月　御名内　桜居安右衛門

これによると、掃部頭の正室の使いとして侍一名とその下人、文箱持四名が老女方まで文を届ける、とされている。御成後に大奥へ文を届け

る使者は「錠前上番之歩行之者」[43]が勤めており、これが史料の「侍」にあたると考えられる。また、文箱持が四名というと多いようにも思われるが、寛政六年の御成の後には大奥に出す合計六通の書状を四つの文箱に分けて入れており、[44]文箱持一人が一つずつ文箱を運んだようである。この時の六通の内訳は、公方・若君付老女宛（連名）が二通、御台所付老女宛が一通、老女本人宛が一通、表使宛の添文が二通、となっており、この四箇所の宛先ごとに四つの文箱に分けられたのであろう。

文箱は、将軍・若君・御台所にむけた呈書は長文箱、老女本人あての文は小文箱というように、差し出す相手や文の内容によって格式が異なり、将軍向けの呈書は、蒔絵の梨子地の箱に、黒塗りの外箱があり、それを綸子の布で包む、という立派なものが用いられた。[45]

御門通用鑑札

こうした使者たちが正室よりの文を大奥の老女方まで届ける際に必要になるのが、史料6に見られる「御門御鑑札」である。これは、他の史料[46]で「御門御断」「御門札」「御門通用鑑札」などと称されているのと同じもので、大奥までの通行許可証というべきものであった。具体的には、史料6に「平川口御門ゟ御広敷迄、右御鑑札御門〻無御滞往来仕候」とあるように、この鑑札を持っていれば、平川門から大奥の御広敷まで各門を滞りなく通行できた。

図3からも分かるように、平川門は、門を入って右手に上り、下梅林門・上梅林門を通ると本丸の大奥に達したので、奥女中の通用門となっていて、別名「お局御門」とよばれていた。[47]また、御広敷は大奥の事務を取り扱う男子の広敷役人が勤めていた場所で、広敷御門（図3の⑤汐見二重櫓の向かい側にあたる）を入った大奥の玄関付近に広敷役人の詰所が設けられていた。[48]鑑札を持った井伊家の使者は、平川門を入り、下・上梅林門を通って大奥に達し、広敷御門を入って、広敷の担当役人に正室からの文を手渡したのであろう。

このように、大奥の老女との文通関係を持つということは、本丸の大奥という将軍の最も私的な生活空間にまで使者が入ることを許されるということにつながっていたのであって、その特権を証明するものが「御門通用鑑札」の交付であった。

宝暦十三年の御成では、九月六日の御成の後、九月二十五日に以後の文通が許可され、その約一月後には、大奥への通用鑑札の交付を繰り返し留守居に願い出ている。その後月日は不明だが鑑札が許されたため、十二月七日には留守居の水谷勝比とその用人に対して鑑札の件でお世話になった御礼を届けている。[49]こうして、実際に大奥に文を届けるための通用鑑札を許されたことにより、大奥へ文通をおこなう態勢が確立したといえる。このようにして、直幸正室（梅暁院）と大奥老女との文通が開始され、この関係は梅暁院が寛政五年十二月に没するまで続けられたと推測される。なお、大奥との文通関係はそれを許された正室の一代限りで行われるものであり、正室の死後、次の当主の正室へと文通関係がそのまま引き継がれるようなことはなかった。

続く寛政六年の若君御成の時には、九月二十七日の御成当日より一月ほど前に、老中太田資愛に対して宝暦度の先例を示して「若君様江妻初家内何茂御目見之後、御礼并還御後御機嫌伺等、老女迄妻より文通為致

表4　井伊家の正室と大奥女中の文通が行われた時期　「系譜」・「新訂井家系図」により作成

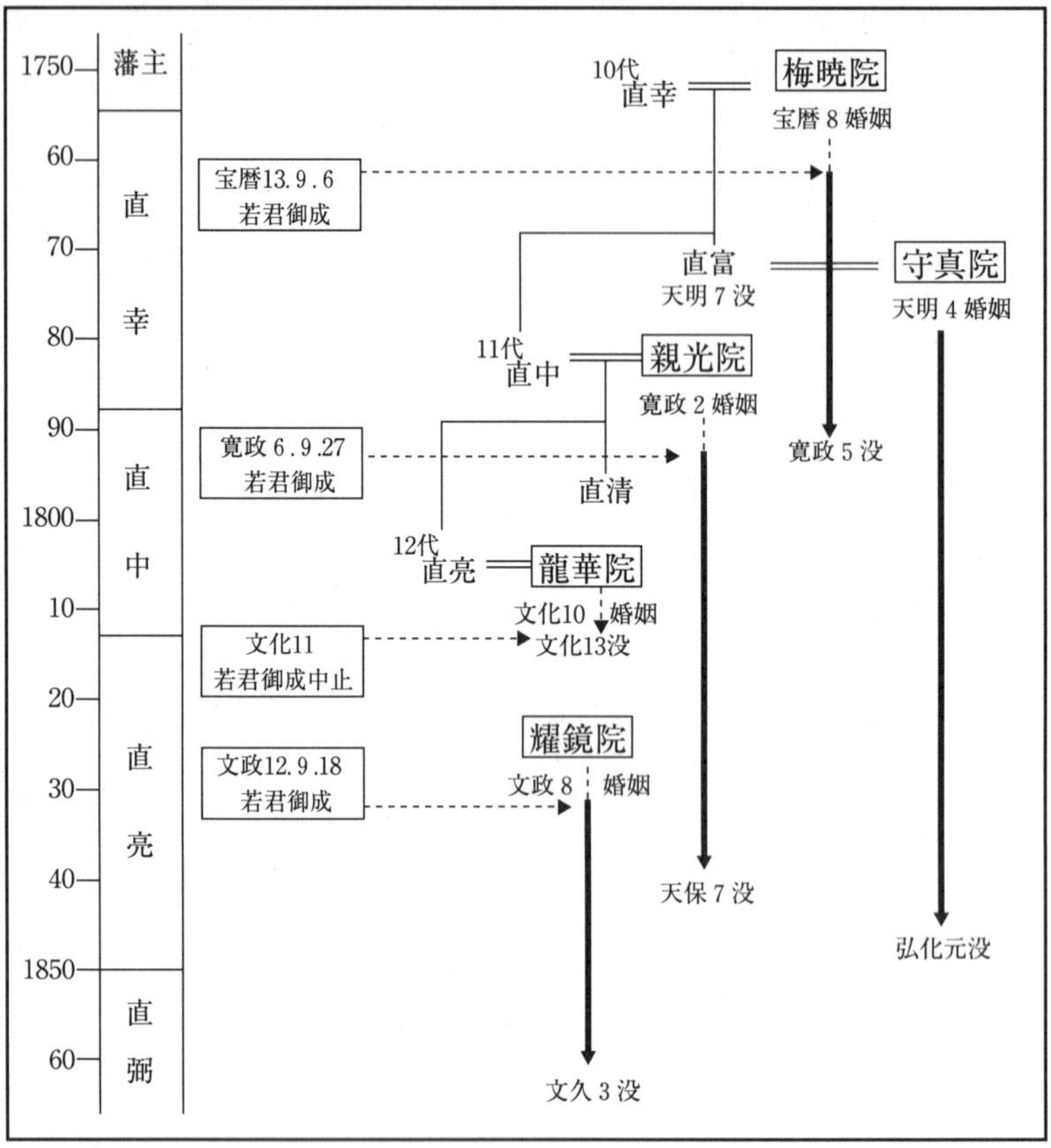

○本表では、正室と大奥女中の文通が行われた期間を、若君御成から正室の没年までと推測して、──→で示した。（但し守真院のみ婚姻から没年まで）
○正室の名は便宜上、すべて院号を用いて表記した。
○直亮以外は正室の実子ではなく、正室を養母としている。

度、且又御立寄被為済候上、年始御祝儀・暑寒御機嫌伺并格別之御祝儀之節、御歓等老女迄妻より文通為致度」(50)との伺書を出して、御成直後だけでなく、その後も年始や暑寒、格別の祝儀の際に正室から老女まで文通を行うことを許された。このため「御門通用鑑札」の交付を留守居に頼み、九月十日にはすでに鑑札二枚を留守居から受け取っている(51)。宝暦の御成後に獲得した老女との日常的な文通関係とそのための御門通用鑑札という特権を、今度は御成以前からあらかじめ確保し、準備を整えているのである。こうして、御成の直後から直中正室（親光院）と大奥老女との文通が開始された。この文通は、その後文政九年の時点で継続していることが史料的にも確認でき(52)、天保七年五月に親光院が没するまで続けられたはずである。

同様に、文政十二年九月十八日の御成の折にも、御成より前の八月晦日、留守居の柳沢佐渡守聴信に本丸・西丸の大奥への御門通用鑑札の件を願い出ている(53)。これが許可された月日は不明だが、直亮継室（耀鏡院）と大奥老女との文通が、御成の直後から耀鏡院が亡くなる文久三年の直前まで続けられていたことが確認できる(54)。

このように、井伊家の正室と大奥老女との文通は、宝暦十三年の御成を契機に開始され、その後の寛政・文政の御成では、御成当日までに御成後の日常的な文通と通用鑑札が許されるなど、御成にともなう井伊家の特権として引き継がれ、定着していったのである（表4参照）。

文通の内容と性格

すでに見てきたように、宝暦十三年の御成以降、井伊家正室から大奥老女へと恒常的に文を差し出すことが許され、これによって正室と大奥女中との間で頻繁な書状のやりとりがおこなわれるようになった。

ここで改めて、井伊家の正室と大奥女中との間でおこなわれた文通の内容と性格について考えていきたい。まず、正室から大奥に差し出された文には、次のようなものがあった。

①将軍・若君・御台所への呈書

将軍・若君・御台所に向けて（文政十二年には将軍家斉と御台所・内府家慶と御簾中・若君の五名）、御成の御礼や暑中・寒中の御機嫌伺、将軍家の慶事の御歓びなどを申し上げるため、それぞれ公方付・若君付・御台付の老女を宛所として、老女に取り次ぎを依頼する披露状的な形式をとって出されているもの。これは、表向の社会で大名が在所から書状を以って将軍に御機嫌伺をする場合などに、老中にあてて将軍への取り次ぎを依頼する形で書状を送ったこと[55]と対応している。2章であげた史料4はこの将軍・若君への呈書の一つである。

こうした呈書は、文政期ごろに作成された「御呈書御仕付方御名前覚帳」［六八一九—五］によると、年始・歳暮、暑中・寒中の御機嫌伺、御歓、御養子御歓、御引移・御婚礼、御礼、御疱瘡の節に出されることになっていた。実際に文政十二年の御成後の半年間に正室より出された呈書を見ていくと、御成の御礼・還御後の御機嫌伺（九月十八日）、御成翌日に直亮らが拝領物を頂戴した御礼（九月二十日）、和姫婚礼の御歓び（十一月二十八日）、寒中御機嫌伺（十二月十六日）、歳暮の御祝儀（十二月二十八日）の五回出されている[56]。正室から大奥老女へ呈書が出されると、後日、将軍らの意を奉じる形で老女からの返礼の書状が正室に送られた。

②老女本人への書状

①と同じく老女が宛所であるが、将軍らへの取り次ぎではなく、その老女本人に向けられた書状である。先の史料によると、この老女本人への書状は、年始・歳暮、暑中・寒中の御見舞、送り物の節に出す、とされている。実際に文政十二年の御成後の半年間に出された老女本人への書状は、御成の御礼（九月十八日）、寒中御見舞（十二月十六日）、送り物の節（十二月二十三日）、歳暮の御祝儀（十二月二十八日）の四回あった。①で見た直亮の拝領物御礼や和姫婚礼の時には、呈書のみで老女本人にむけた書状は差し出されていない。これは、婚礼など家の慶弔に対する挨拶は家族に向けて述べられる性質のものであるためであろう。老女本人への書状は季節ごとの挨拶を中心に差し出され、毎年年末には老女をはじめとする奥女中に「時候見廻」として正室から贈り物をおこなった。

このような、老女本人への書状に対しては、その老女たちの名で、贈り物や挨拶の御礼を述べた返礼が正室あてに送られた。

③表使宛書状

正室から大奥に向けて出される書状の中では表使宛の書状が圧倒的に多い。表使は大奥の外交係で、正室からの呈書には表使に老女への取り次ぎを頼む「添文」が必ず付けられた。また、暑中・寒中御機嫌伺や歳暮の呈書等を差し出すにあたっては、事前に表使との間で老女の名前や日限、挨拶の文言などについて細かい内容確認が繰り返された。

若君御成の前後には、井伊家から筆頭の表使に対し、「御城御用御頼御表使」となって以後の相談・世話にあたってくれるよう依頼し[57]、その後の大奥との交際に関わる様々な相談はすべて御用頼表使に対する書状を通じておこなわれた。また、年頭・歳暮、暑中・寒中御見舞、年末の贈り物の際には、表使本人に対する挨拶の書状が出された。文政十二年の御成以後の半年間に、正室から御用頼表使の嶋田にあてて出された書状は、呈書に付けられた添文五通のほか、直亮の拝領物頂戴の御礼の呈書を正室からも出すべきかの問合せ（九月十九日）、その呈書の文言と宛所の確認（九月二十日）、嶋田へ御成で御世話になった御礼の贈り物（閏九月朔日）、表使へ例年の贈り物（十一月二十一日）、嶋田よりの贈り物の御礼（十二月十一日）、寒中御機嫌伺の日限など問合せ（十二月九日）、嶋田への寒中見舞（十二月十六日）、歳暮・年始の呈書の日限など問合せ（十二月二十一日）、奥女中への贈り物の時期や名前などの確認（十二月二十一日・二十二日）、嶋田への贈り物（十二月二十三日）、嶋田への歳暮の御祝儀（十二月二十八日）と二十通近くとなっている。

以上①〜③で見たような書状が井伊家正室から大奥に差し出されたのであるが、そもそも、こうした大奥への文通がおこなわれるようになった出発点は、前述したように、宝暦十三年の若君御成後に史料6で「年始暑寒等幷格別之御祝儀御座候節者、向後掃部頭妻ゟ御祝儀申上候様此度被仰渡候ニ付、其節〻御老女様方迄使差上申候」とある通り、年始・暑寒、将軍家の慶事などの節目に、井伊家正室から将軍や若君・御台所に対して御祝儀を申し上げることが許されたことであった。この御成以前には、井伊家正室から将軍家に対して御祝儀を申し上げるという手段は存在しなかったのであるが、老女へと呈書を出すことが許されたことによって、正室が自ら将軍家に御礼や挨拶をおこなうことが可能になったのである。すなわち、井伊家正室と大奥との文通は、正室から将軍家に対して御礼や御祝儀などの挨拶をおこなうことを目的とするものであり、こうした将軍家と大名家奥向との関係はすべて大奥の老女がこれを取り次ぐ形でおこなわれていた。

そして、将軍家への挨拶を日常的におこなっていくためには、大奥の老女や表使の世話になることが不可欠であるため、大奥女中への挨拶も定期的におこなわれた。こうして、井伊家正室から大奥女中に対して、暑中・寒中の御見舞や贈り物などがおこなわれ、両者の間で贈答・文通関係が生み出されることとなった。井伊家正室が大奥を介して将軍家に挨拶を申し上げるという権利を獲得したことから広がって、大奥女中と井伊家正室の間で老中・大名間に類似した交際関係が結ばれた。

若君御目見と文通との関係

これまで見てきたような正室から将軍家に向けた呈書による挨拶は、なぜ若君御成を契機に許されるようになったのだろうか。

文化十年（一八一四）十月、右大将家慶の長男竹千代が誕生すると、早速十一月六日に宮参り後の井伊家御成が命じられたが、翌年八月竹千代が早世し、御成は中止となった。この御成の準備段階である文化十一年七月、前当主直中の正室である親光院が当主直亮の正室と自分の立場を比較して、将軍家に挨拶の呈書ができる資格にふれて、表使に次のような伺い[58]をたてている。

【史料7】

尚亦御問合申入まいらせ候、まつ〳〵
上〻様方御機嫌よく成らせられ、恐なから御めて度有難くまいらせ候、御そもし様に茂いよ〳〵御障りなふ御賑〻敷御勤被成候御事、御めて度そんしまいらせ候、さやうニ御座候得者、此度

竹千代様　御立寄之節　御目見願之通被　仰付候ニ付、御礼文にて
申上候而よろしく御座候半やと御とひ合申入まいらせ候処、何茂先
格之通ニ致候様ニと被仰下、御用多の御中、御細〻と御返事、忝
そんしまいらせ候、さりなから
御目見不申上候以前ハ文ニ而御礼等不申上候御事故、掃部頭妻義者
先格左様ニ御さ候へ共、私儀者是迄御祝義御礼文ニ而申上候御事故、
いか丶致よろしく御座候半やと御問合申まいらせ候御事ニ御座候、
右御礼申上候御事ニ御座候ハ丶、となた〳〵様江申上よろしく御座
候半や、尚又乍御面倒よろしく御指図被成被下候様ニ、御たのミ申
まいらせ候、めてたくかしく
　返〳〵誠ニ〳〵幾久しく万〻年御めてたさのミいわい〳〵奉
　り有かたくまいらせ候
　　めてたくかしく

井伊
修理大夫
内

岩井殿
人〻御中

この伺いは、数日前に直中（修理大夫）正室の親光院が大奥表使の岩井に対して若君御成の際の奥向の御目見願が許されたことにつき、御礼を文で出してよいかと尋ねたところ、「何も御先格の通りに被成候様ニ」との返答があり、これでは分りかねるため再度尋ねているものである。

親光院の問合せの要点は傍線部にある通り、①御目見を済ますより以前には文で御礼を申し上げることはしない、という先格があり、掃部頭妻（直亮正室）はこれにあてはまるが、②自分はこれまで（前回の寛政六年の御成で若君御目見を済ませて以来）、御祝儀や御礼を文で申し上げることが許されてきたので、その一環として今回の御目見願許可の御礼も文で出してよいか、との趣旨である。将軍家に向けた呈書は、「年始暑寒重キ御祝儀事之節」[59]に限定して許されていたから、今回のように特殊な御礼の文を出す場合には事前の確認が必要だったのだろう。

ここで注目したいのは、「御目見不申上候以前ハ文ニ而御礼等不申上候御事」とあるように、当主の正室は若君に御目見を済ますまでは文で御礼を申し上げることはしない、という先格があると述べられていることである。つまり、井伊家正室は若君への御目見を済ますことによってはじめて、将軍家に対して御礼などの呈書を出す資格を得ることができたことが分かる。表向の社会において、大名やその世子らは将軍への御目見を済ますことによって将軍との関係が取り結ばれ、将軍への奉公が可能になったが[60]、これと類似するように、井伊家の正室は将軍家の若君に御目見することによってはじめて、将軍家に呈書で挨拶をおこなうことを許され、将軍家との関係を結ぶことができたのである。こうした若君御目見と呈書との関係を考えれば、正室と大奥老女との文通がそれを許された正室本人にのみ有効な権利であって、次の正室へと引き継がれることがなかったのは当然のことといえるだろう。

守真院の立場

井伊家の奥向において特殊な立場にあったのが、直富の正室である守

真院である。直富は十代直幸の世子で、天明四年（一七八四）に守真院と婚姻したが、そのわずか三年後に世子のまま没した。守真院は、仙台藩伊達家の出身で、祖父宗村の正室が吉宗の養女利根姫であるため、将軍家の一族として扱われた。そのため、将軍家や江戸城大奥との交流があり、天明四年の婚姻以来、弘化元年に死去するまで、毎年歳暮には上使をもって拝領の品が届けられた[61]。また、節句などの年中行事、暑中・寒中の御機嫌伺、将軍家の慶弔などの際には、守真院付女中が「女使」として江戸城大奥に登城し、時には将軍や御台所に御目見をすることもあった。このほか、月次登城日や将軍の寺社参詣日には、守真院より大奥老女まで御書が出され、これには老女からの返書が送られた[62]。

安政年間に作成された「大奥向御規式之次第[63]」によると、正月や節句、歳暮などに、御三家・御両卿（田安・清水）の御簾中、将軍の姫君、その他「御由緒之面々」からの女使が、江戸城大奥に登城して献上などをおこなっているが、守真院はこの「御由緒之面々」に含まれる存在であった。こうした守真院と将軍家・大奥との関係は、将軍家との縁戚によるものであり、井伊家正室が若君御成を契機として大奥との文通を許されるのとは性質が異なった。また、将軍家との関係も、老女を通した呈書による挨拶に限定される正室とは違い、女使の定期的な登城や上使による拝領など、より直接的で親密なものとなっている。

このように、婚姻以来大奥女中とも交際を続けてきた守真院は、井伊家の正室が若君御成にあたって新たに大奥との関係を結ぼうとする際に、その両者を結ぶ橋渡し的な役割を果たしていた。

寛政六年の御成後、正室から御礼の呈書が出されたが、その文言については「守真院様御老女亀尾儀毎〻御城江能出、御表使衆とも懇意ニ付、沢田様江御頼申、御成前ニ夫〻御下書共御到来被遊[64]」とあるように、守真院付老女の亀尾が日頃から御城に出入しており、表使衆とも懇意なので、亀尾を通して表使の沢田に呈書の下書を頼んでいた。同様に、御成の後、以後の御用向を表使筆頭の小山に頼む際にも、亀尾より書状で依頼している。

また、文政十二年に家祥が井伊家御成をおこなう前年二月には、守真院付老女の百尾と関尾が表使の嶋田に文を出して、「掃部頭殿奥方ゟ御まえ様へ万事御せわ被下候様御頼被申候、此段よろしく私共ゟ御頼申上候様ニ申され候[65]」と、当主直亮の正室からの依頼を取り次いで伝えている。この後御成当日までに、正室から表使の嶋田へ渡された書状や贈り物は全て守真院を経由している。また、嶋田よりの返礼の品なども守真院を通して届けられた。そして、九月十八日の御成の当日、正室が若君に御目見を済ませ、若君の還御後、御礼と御機嫌伺の呈書を出すときに初めて、守真院を通さずに正室から直接大奥の老女に宛てて文が出されたのである。

このように、婚姻以来恒常的に大奥との交際を続けてきた守真院に対し、井伊家の正室は御成がない限り大奥女中と直接やりとりをする機会もなく、大奥の事情には不案内であるから、御成を機に大奥との交際を始めるにあたっては、守真院を頼りにして奥女中とのやりとりをおこなったのである。

おわりに

　以上のように、井伊家の奥向と将軍家・大奥との関わりには、将軍家と縁戚関係にある守真院によるものと、若君御成を契機とする正室と大奥の関係との二つの形態があった。守真院は、天明四年の婚姻以来、死去するまでの六十年間にわたって将軍家・大奥との交流を続け、正室を大奥と結ぶ案内役としての役割を果たした。

　一方、宝暦十三年の若君御成を契機として、直幸正室（梅暁院）から大奥老女を通して将軍家に呈書を出すことが初めて許され、大奥女中との文通関係が開始された。その後、直中正室（親光院）・直亮継室（耀鏡院）の三代にわたって、幕末までのほぼすべての期間、正室と大奥女中との間で文通を中心とする交際が続けられた。

　もっとも、直亮の継室は、文化十三年（一八一六）に正室（龍華院）が没して以来、十年近くも正室不在であったにもかかわらず、文政七年（一八二四）に将軍家の若君が誕生し、翌八年三月、直亮が宮参り後の井伊家御成を拝命した直後の五月、にわかに与板藩井伊直朗の娘との再縁組を願い出て許され、その月のうちに婚姻を済ませている。この詳しい事情は明らかでないが、宝暦の御成以降、正室によって続けられてきた若君との対面・大奥との文通関係を確保するため、御成に間に合わせて急遽継室を迎えることになった可能性が高い。正室から大奥の老女を通じて将軍家に呈書を出すことができる、また大奥との交際関係があるという特権が、長年続けられていく過程で、これが井伊家の家格にふさわしい要素として次第に定着し、欠かせないものとなっていたのではないだろうか。

　近世の大名家の奥向のなかでも、御三家・御三卿と、将軍の姫君が嫁いだ大名など、将軍家との縁戚関係がある家からは、「女使」といわれる使者が年中行事や月次御礼の際に江戸城大奥に登城し、将軍や御台所への御目見や献上をおこなった。しかし、こうした将軍家との縁戚関係を持たない大名家においては、正室の側から将軍家に挨拶をおこなうことはできなかった。例外的に、井伊家では、若君の宮参り後の御成という儀礼において正室が若君に御目見することによって、正室から大奥を通して呈書を差し出すという形で、将軍家に挨拶をおこなうことが許されるようになった。これは、女使による将軍家との関係とはちがい、書状によるやりとりに限定されてはいたが、若君御成という井伊家に固有の御用を勤めることによって獲得された特権であったといえるだろう。

　こうした大名家の奥向と、将軍家・大奥との関係が、他の大名家ではどのようにおこなわれていたのか、また、宮参りや元服という将軍家若君の儀礼に井伊家が深く関わっていたことが、当時の政治の中でどのような意味を持つのか、など探求すべき点は多いが、すべて今後の課題としたい。

【註】

1　松尾美恵子「近世中期における大名普請役」（『徳川林政史研究所研究

紀要』昭和五十二年度）、同「幕藩制解体期における公儀普請役」（同紀要昭和五十四年度）、同「近世初期大名普請役の動員形態」（同紀要昭和六十年度）。

2　近年、江戸城大奥の職制などについて、松尾美恵子「江戸幕府女中分限帳について」（『学習院女子短期大学紀要』三〇、一九九二年）、大名家奥向の機構について、柳谷慶子「仙台藩伊達家の『奥方』―七代重村の時代を中心に」（大口勇次郎編『女の社会史』山川出版社、二〇〇一年）などの研究が進められてきたが、大奥と大名家奥向の交流のあり方については、解明が進んでいないのが現状である。

3　『徳川幕府家譜』・『幕府祚胤伝』（『徳川諸家系譜』）。

4　『慶長見聞録案紙』（『内閣文庫所蔵史籍叢刊』六五）。

5　『元寛日記』巻之十、『寛明日記』巻第二十二（いずれも『内閣文庫所蔵史籍叢刊』六六）。

6　『新編　千代田区史　通史編』（千代田区、一九九八年）第四章第二節。

7　『井伊年譜』巻之七（『井伊家伝来典籍』D七七）。

8　六代将軍家宣の四男鍋松（後の家継）は、宝永七年（一七一〇）九月三日、根津権現に宮参りをおこない、帰途に湯島の酒井因幡守忠隆の屋敷に立ち寄っている（『幕府祚胤伝』）。これは、根津神社が家宣の産土神であることから、例外的に宮参り先が変更されたのであろう。また、この宮参りの直前の八月十三日、家宣三男の大五郎が三歳で死去し（長男・二男はすでに没）、これにより鍋松の将軍世子としての地位が確かなものとなったが、この宮参りの時点では、大五郎の死後間もないこともあり、まだ世子として扱われていなかったものと考えられる。

9　この絵図とほぼ同時期に作成された「若君様山王御宮参伺申上留」（『世田谷代官大場家文書』四四四）のうち、左に引用した文政十年十二月の伺と合わせると、宮参り・御成の道筋をほぼ再現できる。

御道筋之事

（若年寄京極高備）上総介殿

（内府付若年寄森川俊知）内膳正様

若君様

御宮参御道筋

御駕籠台ゟ御玄関前御門蓮池御門通り紅葉山御宮へ御参詣相済、西丸御裏御門同御長屋御門通り、御同所御駕籠台より大広間へ被為　成、夫ゟ西丸御駕籠台より同御玄関前御門、同中仕切御門、同大手御門通り、外桜田御門外松平河内守屋敷前、井伊掃部頭屋敷前脇右へ、岡田勝五郎屋敷前ゟ左へ、小堀織部屋敷脇前、山王表門、還御御成御道筋之通ニ而井伊掃部頭表門より被為　入、夫ゟ還御、同所表門ゟ外桜田御門、西丸下通り、内桜田御門、百人組中御門、御玄関、至御駕籠台

（付記部分省略）

右之通相心得可申候哉奉伺候、以上

（文政十年）十二月

10　元文二年「竹千代様御宮参之記」（『徳川礼典録』上巻）。諸大名については、「一、御宮参之節、侍草履取計同勢に相立候、其外鎗馬惣供廻りは内桜田下馬に控置候事」とあり、侍・草履取の最低二名の供を連れていたことになる。

11　宝暦十三年「若君様御成ニ付諸事直勤之式書」坤［六八三一―二］の「雑記」。［　］内の番号は彦根藩井伊家文書（彦根城博物館蔵）の調査番号を示す。以下同じ。

12　佐藤豊三「将軍家「御成」について（八）―徳川将軍家の御成　その三―徳川幕府安定期の御成」（『金鯱叢書』第十一輯、一九八四年）には、元禄十一年三月十八日に、綱吉が尾張徳川家の江戸麹町邸に御成を行った際、尾張家が添地を拝領し御成御殿を建築した例などが示されている。なお、同氏には、室町将軍家・徳川将軍家の御成に関する一連の緻密な研究（『金鯱叢書』創刊号～第十三輯所収、一九七四～一九八六年）があるが、本稿の若君御成との関わりで、氏の研究の成果を論じることができなかった。

13　「御城使寄合留帳」［一〇〇］元文二年七月六日条。

14　宝暦十三年「若君様御成ニ付諸事直勤之式書」乾［六八三一―一］、寛政六年「若君様就御成直勤之式書并諸事之留」乾［七五四―一］。

15　「若君様就御成直勤之式書并諸事之留」坤［七五四―二］。

16　「万留」（『新修彦根市史』第六巻史料編近世一、一四六号）。

17　「若君様御成前後御内用留」［六八六八］宝暦十三年二月十一日条。

18　本書野田論文「井伊直幸と松平容頌の官位昇進競争」参照。

19　［六八六八］（前掲註17）宝暦十三年二月十九日条。

20　「御成前後御内音物留帳」［六八四一］。

21　「城使伺書案」（『西尾隆治家文書』五二）。

22　「御城使寄合留帳」［一〇〇］元文二年七月二十七日条。嫡子願いの理由は同七月二十六日条。

23　「系譜」［三〇四七四］（『新修彦根市史』第六巻史料編近世一―一号に翻刻掲載）。以下、寛政・文化・文政の御成拝命、嫡子届提出の年月日も当史料による。

24　「御城使寄合留帳」［二四八］宝暦十二年十二月十一日条。

25　「新訂井家系図」下［三〇四八一］。

26　「城使伺書案」（『西尾隆治家文書』五五）。以下全文を示す。

（端裏書）「寛政五丑年二月松平越中守様江御問合下書」

先頃御問合被仰進候御妾腹之御男子様御嫡子ニ御届被成候義、格別被指急候義ニも無御座候得共、今般御吉例之通、若君様御宮参之節御立寄可被遊旨被仰出候、付而者御先例も御嫡子様御献上物も有之事ニ付、奥方様ニも右御妾腹之御男子欽二郎様ヲ御養ニ被成御嫡子ニ御届被成度、再三御名様へ御願被成□（ニカ）付、御名様ニも御聞届被成欽二郎様ヲ御嫡子ニ御届被成、追而奥方様御男子様御出生被成候者、右御出生様ヲ欽二郎様之御順養子ニ被成度御含ミ御座候、右之通御取計被成候而も御差支之節者無之義哉、且又追而奥方様ニ御男子様御出生被成候得者、是非右御出生様ヲ御嫡子ニ御願被成、欽二郎様ニ者御二男ニ御届被成候御振合ニも御座候事哉、此段御内談被仰進候間、何分御内慮之程被仰進候様被成度御頼思召候

27　「城使口上書控」（『西尾隆治家文書』四三）。

28　前掲註26史料。

29　「新訂井家系図」［七二四八五・三〇四八〇・三〇四八一］。以下、正室の没年月日はすべて同史料に拠る。

30　「井伊年譜」巻九（『井伊家伝来典籍』E二九）によると、直孝の娘亀姫は、将軍家より御城へ上がるようにとの命があったが、直孝は病身と称してこれを断り、このため亀姫は生涯独身のままであった。このような事情から、亀姫が将軍家若君に御目見することには差し障りがあったと考えられる。

31　［六八六八］（前掲註17）宝暦十三年正月二十五日条。御目見願に関するやりとりについては、同正月十九日条。

32　「若君様御成ニ付諸事直勤之式書」乾坤［六八三一］。若君に御目見した者の名前等も同史料。

33　「若君様就御成直勤之式書并諸事之留」乾坤［七五四］。

34　以下、寛政六年の御成における井伊家奥向の行動に関する記述はすべて、本史料と註33の史料による。

35　大奥女中の職制については、三田村鳶魚『御殿女中』（青蛙選書二、青蛙房、一九六四年）、永島今四郎・太田贇雄『千代田城大奥』（明治百年史叢書、一九七一年復刻）などにまとめられている。

36　寛政六年「御城御用日記」［六八一九―一］の呈書の宛所にある老女の名前を合計した。

37　「若君様山王御宮参伺申上留」（『世田谷代官大場家文書』四四四）。

38　［六八六八］（前掲註17）宝暦十三年八月二十二日条、［六八三一―一二］（前掲註11）の「雑記」。

39　［七五四―二］（前掲註15）の「雑記」。

40　「寛政六甲寅年御成之節　御呈書御用書抜」［六八一九―一二］。以下、御

台所への呈書、老女本人への文の出典も同じ。

41　披露状の厳密な書札礼については、小宮木代良「近世前期における将軍宛披露状の書札礼について」(『日本史研究』三九四、一九九五年)の研究がある。

42　「呈書」という用語の意味には、本来「書状を差し出す」という行為も含まれていると考えられるが、史料上は「御呈書被差出」(史料4の見出し部分)のように用いられているのに従い、本論文では、将軍家に向けた老女宛書状そのものを「呈書」ととらえて、「呈書を差し出す」などの表現を用いた。

43　「若君様御成ニ付諸事直勤之式書」坤[六八三一―二]。

44　[六八一九―二](前掲註40)。六通の内訳も同史料による。

45　「御城御呈書御用之品」[六八一九―四]。

46　順に、「御城使寄合留帳」宝暦十三年十月廿日条、同十二月七日条、[七五四―二](前掲註15)の「雑記」。

47　村井益男『江戸城』(中公新書四五、一九六四年)。

48　深井雅海『図解・江戸城をよむ』(原書房、一九九七年)。

49　「御城使寄合留帳」[二五四]宝暦十三年十二月七日条。

50　[七五四―二](前掲註15)の「雑記」。この伺書の出された月日は不明であるが、九月十日に鑑札を受け取る少し前であったと考えられる。

51　「御城使寄合留帳」[四一四]寛政六年九月十日条。

52　文政九年「大御前様御城御文通諸事留」[七七〇]、文政九年～十三年「御城御用御文通留別帳」[七七四]。

53　「御城使寄合留帳」[五四六]文政十二年八月晦日条。

54　文政十一～嘉永三年「御前様御城御文通諸事留」[七七二～八〇一]、嘉永三～万延元年「耀鏡院様御城御用諸事留」[八〇二～八一二]。

55　笠谷和比古『近世武家文書の研究』(法政大学出版会、一九九八年)、前掲註41小宮論文。

56　文政十一～十二年「御前様御城御文通諸事留」[七七一]。以下、文政十二年の老女本人への書状、表使宛書状も同史料。

57　同右史料文政十一年二月五日条。また、寛政の御成では、[六八一九―二](前掲註40)の十月二日条に、「御城御表使小山様江以後御用向御頼被遊度趣、亀尾ゟ文通ニ而被申越候所、被成御承知候段御返書ニ被仰越、其旨御用人衆江も申述置、尤小山様御儀御表使御筆頭之事故右江御頼被遊」とある。

58　「竹千代様御宮参之節御立寄被仰出候御伺之留」(『井伊家伝来典籍』Y一三一)。

59　「御城使寄合留帳」[二五三]宝暦十三年十月二十日条。

60　大友一雄「近世武家社会の年中儀礼と人生儀礼」(『日本歴史』六三〇、二〇〇〇年)。

61　天明四年から死去前の天保十四年までの「御城使寄合留帳」に、歳暮に将軍家からの上使を以って、拝領物を頂戴している記事が見られる。

62　守真院付御用日記である「御城日記」[七六〇～七六九]、「御城留」[七七五・七七六]。なお、守真院と大奥の交際については、彦根藩資料調査研究委員会「武家の儀礼」班の研究会における、野田浩子氏の報告「井伊家奥向と江戸城大奥の交際」(一九九八年十二月報告)に依拠した。

63　『徳川礼典録』下巻。

64　[六八一九―二](前掲註40)。次の小山への御用向依頼の記事は、同史料の十月二日条(註57に引用)。

65　「御前様御城御文通諸事留」[七七一]の文政十一年二月五日条。以下、文政十二年の御成前後の大奥とのやりとりについても、本史料による。

享保期井伊家の贈答儀礼と幕政・藩政

岡崎寛徳

はじめに

本稿は、彦根藩井伊家から将軍・幕府役人・諸大名への贈答行為について、享保期を中心に、幕政・藩政との関連で考察を試みるものである。

江戸時代の儀礼の多くは初期から幕末まで継続しているものが多く、そのあり方がほとんど変化していないものもある。しかし、江戸幕府成立前後や家光・家綱時代[1]、幕末維新期だけではなく、近世中期においても変化・変質している儀礼もあると考えられる。社会は刻々と変化しており、儀礼行為をその社会との関係で捉えていく必要がある。

そこで注目するのが、将軍吉宗の時代、享保改革の時代である。吉宗は幕府の政治改革・財政改革を断行した将軍であるが、この時代に財政が窮乏していたのは幕府ばかりではなく、全国・諸藩においても同様な状況があった。彦根藩主井伊直惟は享保三年（一七一八）七月二十二日、藩内の勝手向不如意を幕府に届け出ている[2]。藩内でも度々倹約遂行を指示し[3]、上米を実施する[4]など、井伊家でも財政は逼迫していた。

こうした財政難の中で、井伊家はどのように贈答を継続していたのか、これが本稿の課題である。贈答行為の中でも将軍への献上儀礼は、将軍に対する奉公・忠誠を示すものでもある。しかし、厳しい財政状況にあっては、幕府役人や諸大名への親密な贈答も含めると、毎年続くそれは藩財政の大きな負担となり得る。献上・贈答の継続と倹約の推進、いわば理想と現実の中で、井伊家が選択した判断や行動を明らかにしたい。

また同時に、財政難の中で何を献上し続けたのかということにも注目する。苦境にあっても献上する物は、重視された物であることを示している。それは主に地域の特産物であるが、一年の決まった季節に行う特産物の年中献上は、享保七年に全国的な統制・縮減が行われた[5]。その際、井伊家はどう対応し、何を献上したのであろうか。

以下、彦根藩の留守居（城使役）[6]の日誌「御城使寄合留帳」（『彦根藩井伊家文書』、彦根城博物館蔵）を活用して分析していく。

1　年中献上物の確定と幕政

1　享保七年の幕府統制

まず最初の史料は、「御城使寄合留帳」享保七年三月十八日条である。

【史料1】

三月十五日御礼相済候上、万石以上之諸大名様御居残リ被成、於御席〻御用番戸田山城守様御書付を以被仰渡、則右之　御書付弐通、御席〻御上座之御方様へ御渡被成、御順達被成候様ニと被仰達候由、御溜リ之間ニ而者、松平讃岐守様御請取被成候由、則写させ被遣、松崎渋右衛門持参、喜兵衛請取、横地形部(刑)を以指上候、拙者共方ニも写置候様ニと宇津木治部右衛門被申渡候、件之御書付左之通、

（中略）

一、近代礼物等莫大之品多ク、末〻之輩ニ至てハ、外をかさり、実儀を失ひ候事共に候条、是又減少被　仰出候、大概別紙に有之事、右礼物法事等之品、今度先被　仰出候、其余家内之事ニおひてハ、尤面〻覚悟あるへく候、或ハ倹約に事を寄せ礼義を麁略し、却而自己之栄光を好むの儀、猶以慎ミあるへき事ニ候、以上

寅三月

被下献上御礼物員数減少之覚大概

（中略）

一、此外領内土産物献上、是又減少之筈ニ候、并常式ニ而も御樽肴之外、領分土産ニあらさる物ハ献上相止候事

（中略）

以上

寅三月

これを見ると、三月十五日に諸大名が江戸城へ登城した際、老中戸田山城守忠真から殿席ごとに「御書付二通」が渡されたことがわかる。溜詰では高松藩主松平讃岐守頼豊が受け取り、同家留守居の松崎渋右衛門から、井伊家留守居正木喜兵衛を通じて井伊直定にも伝えられている。

幕府が諸大名に対し、法事などの礼物・献上物の縮小を指示した。近年それが莫大になり、「外をかさり、実儀を失ひ候事」になっているというのが理由で、すなわち倹約が主眼にあった。そして特に、「此外領内土産物献上、是又減少之筈ニ候、并常式ニても御樽肴之外、領分土産ニあらざる物ハ献上相止候事」とあるように、「領内土産物」の将軍への献上も減少となり、領内土産でない物の献上は中止と定められている。これは「御触書集成」(7)にも載せられており、全国的に指示されたものであった。

では、こうした幕府法令を受けて、井伊家はどのように対応したのか。献上物は全般的に減少あるいは中止となったため、それでも継続される物は、とりわけ重要視された物ではないかと考えられる。

そこで、幕府からの「御書付」に対する井伊家側の行動を「御城使寄合留帳」で見ると、献上する「領内土産物」確定の経緯を知ることができる。三月末から井伊家の留守居が高松松平家の留守居と連絡を取り合い、「年中御献上物御伺書」を作成して老中へ提出、四月に幕府から指

示が出されるという流れである。

【史料2】「御城使寄合留帳」享保七年三月二十九日条

一、御献上物御伺之儀、松平讃岐守様江被仰合被置候間罷越、御書
付可参候条請取可参由、昨日治部右衛門を以被　仰出候、并
殿様年中御献上物書抜、御留守居迄持参仕候様ニと被　仰付、今
日讃岐守様江罷越候、御請治部右衛門迄差上候、左之通、
松平讃岐守様江参上仕、御留守居呼出候得ハ、松崎渋右衛門
出会候ニ付、昨日被　仰付候通申達候、且又年中献上物書付、
各迄持参仕候由申候而、書付相渡候処、従　讃岐守様右同人
を以御返答被　仰聞候趣承知被入御念候御儀奉存候、御約束
仕候献上物伺之儀、書集させ置申候、未伺書清書出来不仕候
故、今日ハ不進申候、出来次第御用番江相伺候、前廉ニ近々
従是可懸御目候、且又年中御献上物書付見分仕、御念入候御
儀奉存候、則返進仕候、此段宜申上由被仰出、右之書付御返
進被成候、
渋右衛門并中川半之丞江茂対談仕候処、右御返答之通、御伺
書清書未出来不致候由、尤先日ゟ御書集させ被成、評議ハ有
之候由物語御座候、月次御献上物御肴ハ、例之通当月十九
日・廿五日ニ御上ケ被成候旨被申聞候
一、右両人江、御老中様初御役人様方江之御付届之御様子、如何
御座候哉、此段ハ拙者御内々ニ而相尋申儀候間、御横(模カ)様相知
次第知らせ可給由申談候□□(虫損)此間右之段も評議有之候得共、
未相決不申候□様、相知次第知らせ可申候由、両人共被申聞
候、以上

三月廿九日　　　　御使　正木喜兵衛

この史料は、井伊家留守居の正木が、高松松平家の留守居松崎渋右衛門と対談した内容を、家老宇津木治部右衛門へ報告したものである。井伊・松平両家では、幕府からの書付を受け、それぞれで「年中御献上物」を一覧にまとめることとなった。溜詰内では頼豊が取りまとめ役を担っていたようで、井伊家側では一覧の書付を頼豊に届けている。そして、両家で幕府への伺書作成に動き始めた。この段階では、「未だ伺書清書出来仕らず候」と、清書ができておらず、完成次第に用番老中へ届け出るとしている。溜詰同席内で歩調を合わせた行動を取っているのである。また、それは将軍への献上物だけではなく、老中など幕府役人への「御付届之御様子」も相互に確認し合うことを企図している。

【史料3】「御城使寄合留帳」享保七年四月四日条

一、御献上物御伺書并御女中江之御饋物書付・養仙院様江之御進上物
書付清書相認め候之間、弥御用番様へ持参仕、讃岐守様御留守居
一同ニ相伺可申由、且又御用番様へ罷出候前、井上河内守様へ参
上仕、御用人中迄、今日御伺書御用番様迄御指出被成候段可申達
旨、治部右衛門・五郎右衛門被申渡候ニ付、相勤罷帰御請指上候
ル（後略）

このように、四月四日、井伊・松平両家は用番老中水野和泉守忠之に「御伺書」の「清書」を提出する前に、老中井上河内守正岑に連絡を取っている。井上はこの頃病気がちであったが、吉宗が辞任願いを認めず、五月十七日に在任のまま七十歳で死去する。そのようなベテラン老中の

井上を溜詰は頼りにしていた。

井伊家側は家老宇津木治部右衛門と用人三浦五郎右衛門が担当している。また、両家の留守居が「一同」に行動していることと、「御献上物御伺書」・「御女中へ之御饋物書付」・「養仙院様へ之御進上物書付」の三種類を提出していることがわかる。養仙院は五代将軍綱吉の養女八重姫のことで、嫁ぎ先の水戸徳川吉孚が宝永六年に死去した後、養仙院と号していた。

四月十二日、留守居の正木は老中水野忠之宅に呼ばれ、用人赤星弥三左衛門から「御書付三通」を渡され、それを写し取った。次の史料はそのうちの一通である。同時に、以前の「御伺書三通」は返却されている。

【史料4】「御城使寄合留帳」享保七年四月十二日条

覚

一、年中月次献上物、只今迄度々被差上候類者、領内土産之物計被差上外被相止候事

一、右唯今迄度々献上物候処、領内土産物無之候ハヽ、魚・鳥・御菓子、何ニ而も差加、都合四五度之積り可被差上候、只今迄或ハ一度、或ハ二三度献上候者、尤其通たるへき事

但、前々より不時献上物無之面々者、是又其通たるへき事

一、酒・肴・御菓子類者、領内土産ニ而無之候共、領所近所之名物ニ而献上致付候類ハ領内之物同様ニ其侭可被致献上事

一、献上物減シ候付、暑寒　御機嫌伺之差上物無之面々も可在之候間、其類者見計繰合献上物可被伺候事

以上

水野より伺書に対する返答があり、年中献上物のあり方が定められたのである。献上物は「領内土産物」を中心に四、五回となり、酒・肴・菓子類では「領内土産物」でなくても「領所近所之名物」であれば「領内之物同様」に献上することなどが定められている。伺書を提出することによって、幕府側の方針をより具体的に得られたのである。

2　井伊家の献上物確定

そして、次の史料のように、年中献上物は四月十二日（前半部）と同月十八日（後半部）に確定した。

【史料5】「御城使寄合留帳」享保七年四月十九日条

一、当月四日、御用番水野和泉守様江年中御献上物之御書付被差出、十二日、御付紙ヲ以右之御伺書御返シ被成候、御付紙之趣有増左ニ記

一、御太刀　一腰

一、御馬代　銀百枚

一、綿　弐百把　参勤之御礼申上候節

但、御馬代御書付之通、向後二十枚献上并綿三十把献上可仕候

一、御伺書別ニ留上之故是ヲ略ス、御付紙左之通

一、年始・八朔御太刀・馬代、御謡初御盃、盃只今迄之通可被差上候

一、在所到着御礼

高宮布　弐拾端

二種一荷

右之通可被献候
一、端午
　　染御帷子
　御単物
一、重陽・歳暮
　御熨斗目
　染御小袖
右之通可被献候
一、御参府之節御饋物御伺被成候処、御付紙左之通
一、銀三枚宛　年寄女中
一、同弐枚宛　表使
右之通可被饋候
此外ハ追而御伺被成候様ニと被　仰出候、則十六日御伺書御差出、
十八日和泉守様ゟ以御付紙御挨拶相済、左之通
井伊掃部頭
一、鮒鮨　一桶　十五入　上箱鎖別
　在所之品ニ御座候間献上来候
四月
一、干鱈　一箱
　在所之品ニ無御座候得共、前〻ゟ献上仕来候
土用入
一、紅葉鮒鮨　一桶　十三入　上箱鎖別
　在所之品ニ御座候間献上来候

十一月
一、醒井餅　一箱
寒入
　只今迄在府之節寒入ニハ鮮鯛一折差上来候、在所ニ罷在候節
　ハ醒ヶ井餅差上来候、在所之品ニ御座候間、向後者在府之節
　も醒ヶ井餅献上可仕候
右之通、在府之節四度献上可仕候、在所ニ罷在候節、其侭今迄上ケ
来り候通、年始三ケ日御規式相済候ニ付、干鯛一箱差上、都合年中
五度献上可仕候
一、月次為窺　御機嫌、在所ニ罷在候節者、御肴類・御菓子類之内
　隔月ニ相当り候様ニ献上仕来候得共、向後ハ相止可申与奉存候
以上
井伊掃部頭
養仙院様
一、縮緬　三巻　参勤御礼申上候節
　只今迄縮緬十巻進上仕来候得共、向後者三巻進上可仕候
一、串海鼠　一箱　在所到着之御礼申上候節
　右之通進上可仕候、以上

まず、「参勤之御礼」では太刀・馬代・綿、「在所到着御礼」すなわち帰国御礼では高宮布などが献上物である。端午や重陽・歳暮といった季節の節目は帷子や小袖といった衣服の献上であるが、これは従来と変わらない。大奥の年寄女中・表使には銀、養仙院には「参勤御礼」では縮緬、「在所到着之御礼」では串海鼠を進上することに定まった。

また、鮒鮓《ふなずし》・干鱈・紅葉鮒鮓・醒《さめ》ヶ《が》井《い》餅《もち》の四種が並記されているが、これらが「年中御献上物」である。四月には、鮒鮓十五入の一桶を上箱にして献上することになった。その献上理由は、「在所之品ニ御座候間献上来候」と、「在所之品」すなわち彦根藩領の「領内土産物」であることがポイントになっている。

次の干鱈一箱は土用入りで、献上理由に注意すると、「在所之品ニ御座なく候得共、前々より献上仕来候」とある。すなわち、干鱈は彦根の「在所之品」ではないが、献上物として定められているのは、前々から献上しているという伝統・先例が重んじられたからである。「在所之品」以外全て中止とされたのではなかった。

十一月献上の紅葉鮒鮓一桶十三入は、鮒鮓同様、「在所之品」である。醒ヶ井餅一箱も「在所之品」で、献上季節は寒の入りである。ただし、この醒ヶ井餅献上は改変が加えられた。「只今迄在府之節寒入ニハ鮮鯛一折差上来候、在所ニ罷在候節ハ醒ヶ井餅差上来候、在所之品ニ御座候間、向後は在府之節も醒ヶ井餅献上仕るべく候」と、これまで寒の入りには、井伊家が在府の時は鮮鯛を献上し、在国の時は醒ヶ井餅を献上していた。しかし、以後は在府・在国にかかわらず、醒ヶ井餅を献上することになり、その理由は「在所之品」ということによる。

こうして、春夏秋冬年四度の献上物が確定したが、鮒鮓・紅葉鮒鮓・醒ヶ井餅が「在所之品」として重視されていたことがわかる。また、在国中の正月干鯛一箱献上は従来通りで、隔月肴類・菓子類献上は今後中止となった。

では、他の大名の献上物はどうだったのだろうか。享保末年から元文初年頃に作成されたと思われる「新編柳営秘鑑」[8]によれば、その当時、誰がいつ何を献上していたのかということを知ることができる。それによると、醒ヶ井餅を献上していたのは井伊家しかいない。彦根藩井伊家の献上物として認識されていたのである。それに対して、鮒鮓の献上者は七家を数える。具体的には、井伊家の他に近江国膳所藩本多家・大溝藩分部家・仁正寺藩市橋家・小室藩小堀家、山城国淀藩稲葉家、そして信濃国高島藩諏訪家である。

地域の特産物を献上するという傾向は、他の地域・藩でも同様である。例えば、伊勢桑名藩は蛤、播州赤穂藩は焼塩、明石藩は鯛、松前藩は鰊や数の子などというように、全国の諸大名は各地域の名産・特産を献上しており、彦根藩井伊家もその一人であった。

ここで一つ注意しておきたいことは、醒ヶ井餅の醒ヶ井地域は彦根藩領内ではないということである。醒ヶ井は享保七年当時幕府領で、その二年後に大和郡山藩柳沢家の領地となった。それにもかかわらず、井伊家が醒ヶ井餅を「在所之品」として献上していた。史料4に藩領外でも「領所近所之名物」であれば献上するようにと記されており、彦根名産というより、近江国名産として献上していたのである。

さて、こうして定まった年中献上物は、それまでと比べてどのように変化したのであろうか。

吉宗が将軍に就任した直後の「御城使寄合留帳」享保元年八月二十八日条に「年中献上物覚」が記されている。それによると、井伊家は四月の鮒鮓、土用入りの干鱈、十一月の紅葉鮒鮓、寒の入りの生鯛と、年四回の献上を行っており、享保七年四月改定以前の内容と一致する。

次の史料は、「御城使寄合留帳」享保元年十一月十六日のものである。

【史料6】

覚

一、寒ニ入、一両日之内為伺　御機嫌、生鯛御献上之儀、全翁儀常憲院様御代御役相勤候時分ゟ献上仕候、且又、全翁以前之儀者留書ニも無御座候

一、全翁・直通・当掃部頭、去年迄右御肴献上仕候

一、全翁儀以前、在所ニ罷在候節、生鯛献上之儀、留書ニ無御座候

一、直通代者、寒中之時分在江戸ニ付、在所より献上仕候儀無御座候

一、掃部頭去年迄寒ニ入御肴献上仕候、当年も献上仕候哉、在所ニ罷在候節献上之儀、此度初而ニ御座候付、御内意奉伺候

十一月

右、去ル十二日豊後守へ差上候処、今十六日壱人参候様ニ豊後守様衆より申来、伝蔵参上仕候処、加藤四郎右衛門を以御渡被成、請取帰、宇津木治部右衛門へ相渡申候

別紙ニ左之通相認、豊後守様へ指上申候写

松平肥後守様御留守居衆へ内〻ニ而承合候処、寒ニ入、一両日之内鮏之披、御在府之節者被献候、御在所ニ御座候時分ハ右鮏披寒中為伺　御機嫌、御使札を以被献候由、

右者、三沢幸右衛門へ十二日ニ一所ニ相渡申候

享保元年以前の状況も記されている。「全翁」は大老をつとめた井伊直興（のち直該と改名）のことで、直興・直通・直惟三代の先例がわかる。綱吉の時代から正徳五年（一七一五）まで生鯛献上は続いていた。しかし、吉宗の代になってから、直惟にとって在国中初の寒の入り献上であるため、老中阿部の内意を伺っている。

その「御附紙」には、この年の寒の入り献上について、「在江戸之時者可被献候、在国之時者被差上ニ不及候」とあり、江戸滞在時のみ生鯛を献上することになった。

しかし、同月十二日には、「醒ヶ井餅包熨斗御添御献上可被成哉、又者鳥類・御肴類御献上可被成哉、御内意御伺被成候段、三沢幸右衛門を以相伺候所、醒井餅御献上被成可然由[9]」とあり、直惟は老中阿部豊後守正喬に寒の入りの献上物について、醒ヶ井餅にすべきか、あるいは鳥や肴にすべきか尋ねており、阿部側は醒ヶ井餅をと返答している。実際、十二月三日に醒ヶ井餅が献上されている。献上物は、老中への伺いという井伊家の自主的な動きと、それに対する考えの中で具体的に定まった。

また、史料6の後半部では、会津藩松平肥後守正容に寒の入り献上物について問い合わせをしており、同家では在府・在国にかかわらず「鮏《さけ》之披《のひらき》」を献上していることが記されている。従来の慣習・先例を重視し、溜詰同席の大名や幕府老中に尋ねながら、献上物を決めようと対応しているのである。享保七年の献上行為の変化は、幕府によって大きく変えられたのではなく、従来の慣習や伝統を鑑みて、整備・縮小されたものであった。

2　幕府役人・諸大名への贈答と藩政

1　贈答の縮小と付届

前章では井伊家から将軍への献上について述べてきたが、大名間での贈答や幕府役人への付届も行われていた。

享保二年十月二十六日、高松松平家の留守居彦坂小四郎からの「年中相定候御献上物」・「御老中方江相定候御音物御届」・「若御年寄衆・御側衆江相定候御届」という三点の問い合わせに対して、井伊家の留守居落合勘左衛門は次のように答えている。

【史料7】「御城使寄合留帳」享保二年十月二十六日条

覚

公方様江

一、春鮒鮨

右被致献上候、此節為御残、御老中様・若年寄衆様・御側衆様・寺社御奉行衆様・御留守居衆様・大御目付衆様・御作事奉行衆様方へ相送被申候、四月頃ニ被致献上候

十一月頃ニ

一、紅葉鮒鮨

右被致献上候、此節ハ為御残、御老中様・若御年寄衆様・御側衆様江計遣シ被申候

一、土用入為伺　御機嫌、御肴一種被致献上候、此節御老中様方へハ献上以後ニ為暑気御見廻、在所之高宮布遣被申候、御残者進不申、御老中様方へ計、件之通被指越候

一、寒入為窺　御機嫌、御肴一種被致献上候、此節献上以後ニ為寒気御見廻、御老中様方へ計、肴一種宛遣シ被申候

右之外ハ、年始・端午・重陽・八朔・歳暮ハ何方様ニ而も御献上可有御座候、此方ニ而も其通ニ御座候

一、右之外ニ御老中様・若御年寄衆様・御側衆様江相定候音物等、尤月次音物無御座候

十月廿六日　落合勘左衛門

彦坂小四郎様

四月の春鮒鮨は、将軍への献上の「御残」を老中・若年寄・側衆・寺社奉行・留守居・大目付・作事奉行に渡し、十一月の紅葉鮒鮨は老中・若年寄・側衆のみであった。土用入りの「御肴」は献上のみで、代わりに老中へ高宮布を渡している。寒の入りの「御肴」は「献上以後」に老中へのみ渡すのが通例であった。

このように、井伊家が将軍に献上した物は幕府役人にも渡されていた。ただし、それらは「献上以後」あるいは「御残」というように、あくまでも献上が中心であった[10]。また、年中献上物四種でもそれぞれに違いがあり、特に「春鮒鮨」は最も多く贈答品として扱われていた。

こうした献上優先は、彦根藩内での徹底が図られ、「何方様ニ而も御音物者御献上相済候以後指出可申由」という指示も出された[11]。どのような相手でも、音物の贈答は将軍への献上が無事済んでから行うというものである。諸大名などへの贈答より将軍への献上が優先であった。

しかし、このような贈答行為は毎年のことで、しかも相手が多く、形も整えたものということになると、大きな負担となり得る。贈られた側にとっても、受け取ったらそれで終わりというわけにはいかず、御礼の使者や返礼品の贈答などの対応が必要で、やはり負担がかかる。

では、財政的に苦境にあった大名は、贈答行為についてはどのように対応したのか。中断したのである。

井伊家に贈答中断を伝えてきた例をいくつか挙げると、譜代大名備後福山藩阿部家や外様大名熊本藩細川家、老中井上正岑、御三家紀伊徳川家などがある。各家から井伊家に伝えられた文言は類似しており、「勝手向不如意」という理由であった。厳しく倹約をすることになり、贈答音物は以後中断し、使者の派遣なども用捨願うというものである。また、これは参勤交代などで彦根藩領内を通過する大名も同様で、休憩・止宿中の音信・贈答中断を井伊家側に要望している。

【史料8】　「御城使寄合留帳」享保五年八月十二日条

一、松平肥後守様御留守居中ゟ左之手紙来候付、彦根へも被申上候様ニ、左大夫江申達候手紙相渡候

以手紙致啓上候、然者、肥後守勝手向被致倹約候ニ付、兼而御贈答之御断被申候処、無拠儀者御内〻ゟ御音物御取替御座候得共、近年物入多、別而不勝手ニ罷成候故、猶以内証堅倹約被申付候、依之、向後者御祝儀物勿論、其外御音物等御内〻ゟ御附届、一切御用捨被成被下候様ニと被存候、右之趣、各様迄宜得御意候旨被申付候、以上

八月十一日

猶以大膳大夫儀も、右同様ニ被申付候、以上

多賀谷彦八

落合勘左衛門様

小川　元右衛門

今村甚平様

手嶋　一郎右衛門

さらに、この史料のように、享保五年の会津藩松平肥後守正容も財政的苦境にあった。会津松平家も勝手向き倹約のため、かねてから贈答を断ってきたが、溜詰同席である井伊家とのやむを得ない音物取り交わしは継続していた。しかし、近年は出費も多く、さらに財政が厳しくなってきているので、今後は祝儀物に限らず、その他内々の「御附届」なども一切中断したいと、松平家の留守居三名が井伊家の落合・今村に伝えている。正容嫡男大膳大夫正甫に対してもそれは同様であった。

同年九月九日、井伊家側もその承知の旨を伝え、両家間の贈答は中断することに決まった。会津松平家同様、以前から厳しい財政状況ではあったが、内々の贈答は続けられており、「御附届」を含めてそれまでは行われていたことがうかがえる。また、享保七年における幕府献上物縮減令より以前から、大名間では相互の贈答を減少する動きがあり、幕府からの縮減は大名側の意に叶うものでもあったといえる。

【史料9】　「御城使寄合留帳」享保八年二月二十三日条

一、角右衛門被申渡候者、去夏被　仰出御献上物御減少ニ付、被　仰出候通、今度御参勤之御献上共相減申候、就夫、此度ゟ御老中様方始其外も右ニ準シ、御参勤之御付届等相減可申筋ニ而候哉、此段御城使　御同席様方之御様子、又ハ　讃岐守様此度之御参府御付届なと被相減候哉、又ハ唯今迄之通ニ而候哉、其外常之御大

名様方ニ而も御付届減申方も候哉、兎角諸方承合候得者、此方様之御考方之たりニ成申事ニ候間、尤御同席様とハ訳違イ候事ニ候得共、御大名方之内ニも此方様ニ釣合申候格之御大名方ニ而之被成方も少々承合、御坊主衆抔江承合候而も、世上之御付届方能知レ申筋も可有之候間、承合候様ニと被　仰越候間、承合様ニ被申渡候ニ付、御同席様方御留守居中江承合、左之通書付認、角右衛門へ指出ス

松平肥後守様御届之儀、御留守居中江承合申候処為指御減少之御様子ニも無之様ニ被申、聢与不被申聞候、御老中様其外御役人様方江之儀ハ相知不申候得共、御坊主衆抔江之御送リ物者、少々御減少被相贈候様ニ、外ニ而承候得共、此段者聢与相知不申候、

松平讃岐守様御届承合、左之通、

歳暮

一種千疋　御老中様方
一種五百疋　若御年寄様方
右者前々之通
　御同朋頭
金五百疋宛　御数寄屋頭
　町与力衆
是ハ前々銀弐枚被相贈候処、去暮ゟ右之通御座候、
金壱両宛　御坊主衆
　町同心

右者前々之通

年頭

一種千疋宛　御老中様方
　若御年寄様方
一種五百疋宛　御側衆様方
右者前々之通御座候由

右之外御減少之筋無御座、前々之通御届被成候由、当年御参勤之節御届之儀者未相究不申候由、且又端午ニハ何方へ茂御祝儀物不被相贈候由、

松平下総守様御届承合、左之通、

去年御参勤之節御送リ物ハ、御老中様・御役人中様迄少々御減少被指出候由、歳暮之御送リ物者前々之通ニ被指出候由、御坊主衆抔江之御送り物、前々之通相違之儀無御座候、且又、端午・重陽之御送り物者、前々ゟ不被指出候由、

右之通、御同席様御留守居中へ承合候ニ付、書付指上申候、外御大名様方之御様子承合候様ニ被　仰渡候得共、　御同席様方之外御留守居中江者常々出合不申候ニ付、承合可申筋無御座候、御城坊主衆抔江も承合見申候得共、知兼申候、其内随分御坊主衆江茂頼置、相知次第追而可申上候、以上

二月廿三日　今村甚平
　林　与兵衛

沢角(沢村)右衛門様

井伊家の用人沢村角右衛門が、藩主直惟の参勤が間近に迫ったことか

ら、留守居の今村・林両名にある指示を出している。それは、「去夏仰出さる御献上物御減少」と、享保七年から参勤御礼の献上物は減少することとなったため、老中らへの「御付届」も減少すべきかを判断することが必要となり、溜詰「御同席様方之御様子」の調査を指示したのである。「御付届」を維持するか減少するかが重要案件で、井伊家側が参考とするためであった。

また、溜詰以外の大名の状況についても調べるようにとし、それは特に、井伊家と「釣合申候格之御大名方」を対象とした。さらに、幕府の「御坊主衆」に聞けば「世上之御付届方」もわかるのではないかという理由で、その調査も依頼している。「御坊主衆」を頼りとしていたのである。

そこで今村・林は、溜詰同席の留守居に現況を尋ね、調査結果を沢村に返答した。会津松平家では減小している様子はなく、老中などへの状況は不明で、坊主衆へは少し減らしているようであるという調査結果であった。高松松平家では、歳暮・年頭の贈答はほぼ従来通りで、直惟同様に藩主頼豊も参勤が間近であったが、その付届はまだ決まっていなかった。忍藩松平家は、参勤御礼時の付届は少々減らしているが、歳暮は以前と変わらず、「御坊主衆抔へ之御送り物」は変更なしとしている。

同席であっても、対応に多少の差があること、基本的には従来通りの付届が継続されていることがわかる。

さらに他席の大名については、留守居同士が「常々出合申さず候」という状況のため、今村・林は調査することができなかった。坊主衆へは尋ねることができたが、わかりかねるという返答であったため、追って判明次第知らせると付記している。

結局、井伊家側もほぼ従来通りとしている。倹約推進が理想ではあったが、付届は依然として続いており、現実は全般的に進められていたわけではなかったのである。

2　寛保三年の倹約と矛盾

井伊家側も財政的苦境であり、寛保二年（一七四二）には藩内の米札発行・通用を積極的に推進している[12]。そして翌寛保三年、井伊直定の代に次のような事が定められている。

【史料10】「御城使寄合留帳」寛保三年三月十八日条

御書付之写

近年物入多、勝手向致不足候処、去年領分水損、別而不勝手ニ付、五ヶ年之内厳敷倹約申付候、依之、音信贈答附届等之儀定書出之候

一、献上物之儀者勿論、御老中方初末〻御役人ニ至迄、定式帳面之通、少茂相違無之様ニ献上・進上可致候、且又用頼之衆中江茂右同事候、御城坊主江之取せ物も只今迄之通取せ可申候、乍然、先年茂被仰出候通、出入之御城坊主、外〻とハ違ひ、人数多ニ有之候間、書之、欠不申候様ニ致し、相減候分ハ可致其通候

一、大坂并近国・京都御役人衆・大津御代官江之附届、只今迄之通候

一、寺社方江附届之儀相考、減候而可然分者断相考、減候様可致候

一、養仙院様・竹姫君様・利根姫君様・御三家方・日光御門主・近衛殿・九条殿・転法輪殿江者、此方ゟ御断難申候間、先様ゟ御断

有之候ハヽ、其節者可任御断候、左義無之候ハヽ、只今迄之通候
一、上野・増上寺江之附届、宿坊其外江之遣物、是又只今迄之通可致候
一、参勤之節駿府御城代・同所町奉行衆・道中筋御代官衆江者、先使者を以太刀・馬代遣来候分、只今迄之通可遣候
一、御壺御通リ之節、音物其外只今迄之通ニ候
一、上使并御用ニ付領分被通候衆中江者、附届只今迄之通候、猶又其節各被相考可被申付候
一、一家衆并同席中其外懇意出入御旗本衆迄も、五ヶ年之内ハ音物贈答堅断可申遣候、尤参勤之土産餞別右同事候、且又一家衆并同席中江者、年始・五節句以使者祝儀申入候、其外無拠儀者格別、常式者家来中迄家来共ゟ以書付可申達候、其外之衆江者一切家来中迄家来共ゟ五ヶ年之内ハ以書付可申達候
一、参勤交代ニ付領内止宿并通行之衆中江、五・六ヶ年之内ハ旅宿江之使者并音物断申遣、人馬無滞川水等之節川越出申迄ニ可致候、尤関東領分茂右同断候
一、十ヶ年以来、彦根領分止宿并通行之衆中、吟味断可申遣候、以後其外通リ被申候衆中者、先達而為知、断も有之事ニ候へ共、其節右之趣を以可及返答候
一、備中守附届之儀も右同事候、件之通相定申出候間、五ヶ年之内ハ音信贈答并使者等取替無相違様可被申付候、別而江戸勤番之門支配中・用人中并其筋之役人共江可被申渡候、尤右断之儀ハ用人中・御城使ゟ夫々断申遣様ニ、是又可被申渡候

三月十八日　木俣清左衛門
長野十左衛門
脇　五右衛門
西郷藤左衛門

近年出費が嵩み、財政難の中、藩領が昨年水損に見舞われた。そこで今後五年間、厳しく倹約することを徹底するため、「音信贈答附届」を改定している。木俣・長野・脇・西郷は家老である。

しかし、一条目から八条目までを見ると、従来とあまり変わっていないことがわかる。一条目では、将軍への献上物も、「御老中方初末々御役人ニ至迄」の「進上」物も、変更ないようにと定められている。それは「用頼之衆中」や「御城坊主」に対しても同様であったが、後者は人数が多いため可能な分は減らすこととした。

三条目では、寺社に対しての付届を検討し、減らすことのできる分については断りを入れて減らそうとしている。八条目も同様で、幕府御用で彦根藩領内を通過する者に対して、「附届只今迄之通」としながらも、その時々で検討する余地を残している。

また、四条目は当時の贈答意識がよく表れている。将軍家の娘である養仙院・竹姫・利根姫、徳川御三家、日光門主、公家の近衛・九条・転法輪に対しては、井伊家側から贈答継続を断ることができず、先方から中断が要望されれば断るが、そうでなければ「只今迄之通」としている。井伊家としては中断したいという内部事情があるが、相手次第によるという方針を取らざるを得なかったのである。

その他、大坂・京都・大津などの幕府役人、寛永寺や増上寺、参勤時

の駿府城代や道中代官、御茶壺通行時の音物・付届も従来通りであった。基本的には五ヶ年間の贈答中断を原則としているが、例外規定は多く定められている。特に幕府役人への「進上」や「御城坊主江之取せ物」が継続されている点は注目される。藩財政の状況によらず、「御附届」を通じて、幕府役人への親密な接触は続けられていたのである。

そして、九条目には縮小の決断が見られる。井伊家の「一家衆」・溜詰「同席中」・「懇意出入御旗本衆」に対して、五年間の音物贈答を中断するというものである。つまり、この寛保三年以前は続けられていたということを示している。ただし、完全な中断ではなく、「一家衆并同席中」へは、年始・五節句および格別の事情により、祝儀品の贈答は継続することとなった。

十・十一条目では、参勤交代等で彦根領内を止宿・通行する者に対しての音物中断を定めている。十二条目では、直定の嫡子備中守直禔についても直定同様とし、藩内の徹底を図っている。

大名それぞれには従来からの交際関係(13)があり、特に親族や同席の大名とは親密であった。しかし、財政難という現実の前には、縮小の決断が必要だったのである。

このような改定を受け、同月二十一日には「御倹約ニ付御断奉札九拾弐通」を認め差し出している(14)。その文言は、「掃部頭儀、前〻ゟ不勝手ニ御座候之処、近年別而不如意ニ付、向後厳倹約被致候、依之、五・六ヶ年之内音信贈答堅御断被申度候」というものであった。

しかし、当時井伊家の留守居をつとめていた今村十郎右衛門・藤堂次郎大夫・門倉源五兵衛の考えは少し異なっていた。次の史料は、その「三人」が戸塚左大夫へ提出したものである。

【史料11】「御城使寄合留帳」寛保三年三月二十一日条

一、此度厳敷御倹約被　仰出、五・六ヶ年之内御音信御贈答堅御断可被遊候間、夫〻相達可申旨、御書面之趣委細奉拝見候奉畏候、右被　仰出候上、不顧憚、存寄問敷儀申上候儀、甚恐入奉存候得共、御手前様迄一応申上奉窺候、御同席様方江御断之儀ハ被遊方茂可有御座哉、下総守様・肥後守様・讃岐守様共御同席様之御儀故、古来より只今迄御音信御贈答被遊来候御儀与奉存候、無左候ハヽ、御親ミ不被遊候而も可被為相済哉、尤溜間御席之儀ハ格別重キ御儀不及申上、段〻御意味合も御座候得者、御一類様より茂御親ミ深、少茂御疎遠ニ不被遊御儀、第一　公儀江之御礼儀ニも可有御座哉、御存被遊候通、享保七寅年被　仰出候　公儀御書付ニ茂、金百枚者拾枚、綿百把ハ拾把と、ヶ様之類彼是被減候得共、一向被為止候儀無御座候、是ニ準愚慮仕候得者、此方様ニ而も只今迄御同席様江、二種一荷或ハ二種千疋或者二種五百疋被遣来候得共、左様之御儀被減、向後御祝儀事都而干鯛一箱之外ハ不被遣、其外御音物茂右ニ被為準、軽御取遣可被遊哉、左候ハヽ、御断被為　仰越候御趣者、御勝手向御不如意ニ被遊御座候ニ付、厳敷御倹約被　仰付候、依之、五・六ヶ年之内御音信御贈答之儀、御懇意之御方様ハ勿論、御一類中様方江茂急度御断被遊候、併御同席中様御儀ハ御格別ニ御座候間、一向被為指止候茂如何ニ思召候付、向後御音信御贈答随分御軽ク御取遣可被遊由被　仰遣候様成御趣ニ御座候ハヽ、乍憚可然哉、御家柄之御儀ニ御座候へ者、　公儀与御同様之御取計ニ無御座候而者難被為済可有御座哉、御老中様方にても御仲間御使ニ御音信御贈答之儀御断被仰被指止候御様子不奉承知候、是又御同列御親ミより之御儀ニも可有御座哉と奉恐察候、御同席様方御断急度被　仰越候共、御内〻抔と被　仰御音信被遣候時、厳敷御断被　仰候者、御疎遠之端ニ相成、御受納被遊候ハヽ、又先様江之其通リ被遣候様ニ相成可申哉、左候ヘハ御断被為　仰入候御趣意立不申候様ニ相成可申哉、旁以奉伺候、併今般被　仰出候儀、任愚慮指扣置候儀、対　御上恐入奉存候ニ付、此間御同席様方衆江参会仕候節、諸向江御断被遊候趣委細演説仕候、尤御同席様江者追而被　仰越候、御早茂可有御座候、先件之趣物語仕候様被　仰付越候段申述置候、以上

三月廿一日　　三人

戸左大夫様

留守居三名がここで主張しているのは、溜詰同席への贈答継続についてである。忍・会津・高松の松平家は、井伊家と「御同席様」であり、「古来より只今迄御音信御贈答」を続けていた。この「溜間御席之儀ハ格別重キ御儀」であるとし、「御意味合も」あることなので、「御一類様よりも御親ミ深」く、「少も御疎遠」になってはならないとする。また、享保七年における「公儀御書付」により、献上が減少することとなったが、「一向止させられ候儀御座なく候」という状況であった。

しかし、井伊家でも同席への贈答などを減少し、「御勝手向御不如意」のため「厳敷御倹約」を行うこととなる。「五・六ヶ年之内御音信御贈答」について、「御懇意之御方様」だけではなく、「御一類中様方」も必ず中断することとなった。ただし、「御同席中様御儀ハ御格別」と、同席は「御格別」の間柄であるため、贈答中断を疑問視している。今後は「随分御軽ク御取遣」をするというものである。これは「御家柄」に関わるものであり、「公儀と御同様之御取計」でなければ済まないのではないかと留守居は考えていた。

さらに、同席への贈答を断りながら、「御内々」などで贈答を行う際に厳しく断ってしまうと、相互の「御疎遠之端」になりかねない。もし贈答品を「御受納」すれば、こちらからも相応の対応をせざるを得ない。それでは「御趣意」に添わないこととなる。

この史料で注目したいのは、溜詰同席に対する留守居の考え方である。史料10では家老の木俣・長野・脇・西郷が、九条目で「一家衆」も「同席中」も五年間の音物贈答を中断することを指示している。しかし、情報交換や共有・交渉など直接的な接点を持つ留守居にとって、同席は「格別重キ」存在であった。「御一類様」以上に親密な関係であると考えていたのである。「御格別」の同席とは「御疎遠」になってはならないとしている。血縁より同席を重視、これは当時の大名社会における重要な指標であったと考えられる。

全般的な贈答中断の中での継続は、他にも見ることができる。

【史料12】「御城使寄合留帳」寛保三年三月二十三日条

一、加納遠江守様　一、渋谷和泉守様　一、大久保伊勢守様
一、真田遊我様
右御方〻様江茂、御音信御贈答可被為　仰入　御思召ニ被遊御座

候哉、乍憚此段難計奉存候得共、御手前様迄子細申上奉伺候、右
御方様ハ先年
殿様　御分格之節、御子細茂御座候而被為入御手、御音信御贈答
被遣候、依之、只今迄も被遣来候御儀御座候、拙者儀御使相勤候
節ゝ、何方様ニ而も御直答之節茂被仰候ハ、昔ニ不相替、只今迄
も御丁寧毎度御尋御音信等被遣、誠ニ厚ク　御思召之段御誠心忝
思召候由御挨拶御座候、右之御様子ニ御座候得ハ、只今迄之通被
遊候ハ、可然哉之旨申上度奉存候、併右之内伊勢守様・遊我様御
儀ハ、当時御役人様にて茂無御座候得ハ、外様江御断之上、表向
ゟ御使者を以被遣候御儀、対外江　御遠慮ニ　思召候御意味も可
被遊御座候ハヽ、其訳彼方様御用人中迄も申述置、奉札を以御音
信被遣候様成御儀も可然哉、此段も奉伺候、以上

このように、留守居は「御音信御贈答」を継続するべき相手として、四名を挙げている。幕府御側御用取次の加納遠江守久通、側衆渋谷和泉守良信、元文四年（一七三九）まで西丸側衆をつとめた大久保伊勢守往忠、および真田遊我[15]（不詳）である。この四名とは「殿様御分格之節」からの関係があった。これは、正徳四年の一万石分知により彦根新田藩主となった直定が、享保二十年に本藩の家督を相続するまでの期間のことを指すと考えられる。

それ以来、贈答が継続されており、使者として派遣された際には、「昔ニ相替らず、只今迄も御丁寧毎度御尋御音信等被遣、誠ニ厚ク御思召之段御誠心忝思召候」などの言葉がかけられていた。そうした関係があるため、留守居は今後も「只今迄之通」とすることを提案している。ただし、大久保と真田は「当時御役人様」ではなかった。そのため、「表向より御使者」を立てることは、「対外へ御遠慮」の関係から、先方の用人と相談して、「奉札」による「御音信」にしてはどうかとの伺いを立てている。

直接的な渉外担当をつとめている留守居にとって、彼ら四名は重要な存在であったことがわかる。将軍吉宗の側近くに仕えている加納や渋谷と親密な関係を保ち続けようとする他に、幕府の現職ではない大久保や真田との贈答継続も行いたいとする姿勢、本藩相続後も支藩時代の関係を維持しようとする姿勢は注目される。

では、こうした留守居の主張は、どう受け止められたのか。西郷らが戸塚に書付を渡し、それが戸塚から留守居へ伝えられている。

【史料13】「御城使寄合留帳」寛保三年閏四月五日条

一、戸塚左大夫被為見候書付、如左以書付得御意候
一、先達而被仰聞候御倹約厳被　仰付御贈答御断之儀ニ付、御城使
衆存寄書付被遊
御覧候、此上御同席様方御留守居中江、御城使中対談有之可被申
者、格別之御同席様方御贈答等被　仰入候儀者、至而御難渋被
思召候ニ付、外ゝ様とハ違ひ、表立候而者得不被　仰入候、併五
ヶ年之間者厳御断被　仰入候儀、別而御同席様之御事ニ御座候得
者、外ゝ様江御断被　仰入候御口書ニ茂相成候儀ニ御座候間、何
卒御内ゝ御断被　仰入、御音信等堅不被進上様被成度候、元ゟ
此方様ゟ者、猶以被進間敷候、右之趣ニ候得者、自然被進候御儀
も御座候而者、却而御迷惑可被　思召候間、幾重ニ茂御承引被成

被進候様ニ宜申、仲五ヶ年之内ハ御贈答曽而無之様ニ取計可申段
被　仰出候間、此段御城使中江被仰渡、五ヶ年之内者御贈答相止
候様御取計可被成候
　　加納　遠江守様
　　渋谷　和泉守様
　　大久保伊勢守様
　　真田　遊我様
右之衆中江者、只今迄之通リ可被得候、併万事軽ク相心得、或者
暑寒其外余時御到来之品抔者、御安否為御尋向、先達而門倉源五
兵衛伺之通、御用人中迄奉札を以可被遣　思召御座候間、左様御
心得可被成候、以上
　四月廿八日
　　　　　　西郷藤左衛門
　　　　　　長野十郎左衛門
　　　　　　木俣清左衛門
　　　　　　脇　五右衛門
　戸塚左大夫様

前述の「御城使衆存寄書付」は、藩主直定自身が「御覧」になり、前半部は史料11に対する返答である。

直定も「格別之御同席様方御贈答」を中断することは「至て御難渋」と考えていた。同席は「外々様とハ違」う関係であるため、表立って申し入れることができない。しかし、現状は苦境であるため、五年間は「厳御断」をせざるを得ない事情がある。

そこで、「御内々」に断りを入れたいとしている。井伊家側からは今後進上することができず、もし先方から進上されるようであれば「御迷惑」となるため、「幾重ニも御承引」してもらい、贈答中断の「取計」を進めることを直定が命じている。

後半部は史料12に対する返答である。加納・渋谷・大久保・真田への贈答は「只今迄之通リ」となった。ただし、「万事軽ク」することが注記されており、留守居の門倉が前に伺いを立てたように、先方の「御用人中」への「奉札」によって渡すようにという直定の「思召」であった。なお、史料12は門倉の意見であったことがわかる。

このように、留守居が主張した二つの意見に、藩主直定は基本的に同意している。渉外役をつとめた留守居の存在・意見の重要度は高く、ここでは財政難の現実よりも贈答継続の理想が採用されていることがわかる。

おわりに

最後に、享保期における井伊家の贈答に関する二つの史料を取り上げたい。一つは、文中でも触れた「御城坊主」への贈答の実例である。

【史料14】「御城使寄合留帳」享保八年九月五日条

一、松茸　　一篭　拾五本入
　　熨斗包添
　　　　　　原田良阿弥老
　（中略）
一、良阿弥老へ遣候手紙、左之通、

以手紙啓上仕候、然者掃部頭野州知行所之松茸風味宜候故、拙者ゟ御内々ニ而進上申候様ニ掃部頭被申付候、近年何方様へも音信等御断被申候ニ付、以使者不被申候、尤沢山ニハ知行所ゟ茂参不申、其内ニも年ニゟ申候、当年抔ハ別而数も参不申、外々様へハ指越不被申候、右之段拙者ゟ宜得御意旨被申付候間、如斯御座候、以上

九月五日　　今村甚平

原田良阿弥様

右之御音物手紙遣候処、他出ニ而、請取書参候ニ付、三浦五郎右衛門へ遣ス

井伊直惟が同朋頭原田良阿弥に下野国知行所内産出の松茸を進呈するというものである。用人三浦五郎右衛門が直惟の意向を受け、留守居今村甚平が原田への手紙を認めている。

彦根藩領は近江国内以外に、武蔵国世田谷と下野国佐野に飛地を有しており、「野州知行所」はこの佐野領を指している。そこで産出した松茸の風味が良いことから、原田に「進上」しているのであるが、「御内々」に贈るようにという直惟の「御意」がはたらいていた。「近年何方様へも音信等御断申され候」というのがその理由であった。そのため、表向きの使者は立てず、今村の手紙をもって松茸を渡しているのである。

松茸の産出量は少なく、「外々様」へは渡していないことを注記し、「風味宜」・「御内々」・「使者を以て申されず」・「数も参申さず」などの言葉を添えながら、原田への贈答を行っている。そこには、財政難の中でも、産物の贈答を通じて、幕府との強力なパイプを維持し続けようとする井伊家側の努力を見ることができる。

もう一つは、鷹の購入についてである。享保六年、井伊直惟は幕府鷹匠頭戸田五助勝房から「御捨払鷹」を譲り受けることとなった。用人小野田小一郎・三浦五郎右衛門が担当者となり、五月八日に大鷹三居と隼一居を千駄木の幕府鷹部屋で受け取っている[16]。

【史料15】「御城使寄合留帳」享保六年五月十二日条

御払鷹御納被成候ニ付、戸田五助様下役江黒平助・栗田門太夫・木畠幸八、右三人ゟ之手紙、左之通、

以手紙啓上仕候、弥御堅固ニ可被成御座候、珍重奉存候、然者此間差上申候大鷹三居代金九両・隼壱居代金弐分、今明日中ニ拙者共方迄被遣可被下候、金子取集請帳仕候故、如此御座候、以上

五月十一日

この史料のように「御払鷹」は有償であった。戸田の下役三名からの手紙によれば、大鷹三居は代金三両、隼一居は代金二分であり、明日中の支払を請求されている。翌十二日にその支払は完了しているが、こうした鷹購入も行われていた[17]。

全般的な財政倹約化の一方で、付届の継続や鷹購入なども進められており、理想と現実は乖離・矛盾していた状況があったのである。

【註】

1　小宮木代良「幕藩政治史における儀礼的行為の位置づけについて」

（『歴史学研究』七〇三、一九九七年）、同「近世武家政治社会形成期における儀礼」（荒野泰典編『日本の時代史第一四巻　江戸幕府と東アジア』吉川弘文館、二〇〇三年）、二木謙一『武家儀礼格式の研究』（吉川弘文館、二〇〇三年）などの先行研究がある。

2　『新修彦根市史』第六巻史料編近世一―五〇一号（二〇〇二年）。

3　『新修彦根市史』第六巻史料編近世一―四三八号・四四〇号。

4　『彦根市史』上冊　六二五頁（一九六〇年）。

5　大友一雄「近世の産物献上における将軍・大名・地域」（『和菓子』二号、一九九五年、のち『日本近世国家の権威と儀礼』吉川弘文館、一九九九年に所収）。

6　大名家の留守居役について、井伊家では「城使役」と呼ばれているが、文中では他家の留守居も取り上げるため、以下では井伊家のそれも「留守居」と記す。

7　高柳真三・石井良助編『御触書寛保集成』二九三一号。

8　「徳川理財会要」巻七（『日本経済叢書』巻三五、日本経済叢書刊行会、一九一七年）、大蔵省編『日本財政経済史料』巻一（財政経済学会、一九二二年）。なお、近世初頭から井伊家で鮒鮨を贈答品として扱っている例は、早稲田大学図書館所蔵「彦根藩三浦家文書」（早稲田大学蔵資料影印叢書第三二巻『近世古文書集』、一九九一年）、東京大学法学部法制史資料室所蔵「久昌公御書写」（彦根市史近世史部会編『久昌公御書写―井伊直孝書下留―』彦根市教育委員会、二〇〇三年）に見ることができる。

9　「御城使寄合留帳」享保元年十一月十二日条。

10　岡崎寛徳「献上鷹・下賜鷹の特質と将軍権威」（『弘前大学国史研究』一〇六号、一九九九年）。

11　「御城使寄合留帳」享保七年五月二十三日条。

12　『彦根市史』上冊六三〇頁。

13　井伊家の交際関係に関する史料に、西堀文吉氏所蔵文書「掌中雑記」内の「御両敬御通行之方々」（藤井譲治編『彦根城博物館叢書4　彦根藩の藩政機構』三〇四頁、二〇〇三年）などがある。

14　「御城使寄合留帳」寛保三年三月二十一日条。

15　「御城使寄合留帳」享保二十年六月三日条に、真田遊我（家）と井伊直定との間で贈答が行われ、それは遊我の「御取次小笹次郎兵衛」と直定の留守居門倉源五兵衛が担当していたことが記されている。

16　「御城使寄合留帳」享保六年五月八日条。

17　『彦根市史』上冊　四六三～四六四頁によれば、井伊直惟は狩猟（鷹狩）を好み、「直惟の時代は幕府中興の英主吉宗将軍の時に当り、武芸の奨励、倹約の励行によって、幕初の威風再興に努めた時期であったから、彦根においても、それに応じた法令がしばしば出された」とある。また、『八木原太郎右衛門家文書』によれば、直惟は側役をつとめた八木原らに鷹狩に関する指示を行っていたことがわかる（『彦根城博物館古文書調査報告書』Ⅴ、彦根城博物館、一九九八年）。

御暇から参勤までの一年
——帰国中の儀礼——

野田浩子

はじめに

大名が領国へ帰るということは、一年間の江戸からの離別を意味するため、固有の儀礼を交わして出立する。参勤時も同様である。また、帰国中には藩主の立場で家臣との間で儀礼が行われる。本論では、御暇《おいとま》・帰国の道中・着城、在国中、国許発駕《くにもとはつが》・着府という時間的経過に沿って、大名の帰国にともなう将軍・他大名・家中等との儀礼を概観する。素材には、江戸時代中期に作成された彦根城の殿中儀礼と参勤・上国のマニュアル的な史料（「殿中御作法向」〔三一二五六〕・「御参勤御上国雑記」（史料翻刻5）〔六九九七〕）や、寛政二年（一七九〇）五月から翌年にかけての井伊直中の初めての帰国の事例をもちいる。「御参勤御上国雑記」が直中初期の帰国を記録したものであるため、実例も同時期とした。特に、対面儀礼における座席や発言に注目しながら見ていきたい。

1　御暇の儀礼

御暇の内意

帰国するには相応の準備が必要であり、約半年前には将軍の「内意」として御暇が仰せ付けられている。寛政二年の御暇については、前年十二月二十日の「御城使寄合留帳」[1]に「先だって休息御暇の御内意」が出ているとあるため、それ以前に井伊直中の初めての御暇を認める旨が伝えられていることがわかる。

御暇の登城

領国への帰国は、将軍と大名の関係で言えば、将軍から御暇を仰せ出されるということになる。そのため、帰国前には御暇を仰せ出された御礼を将軍に申し上げるため登城し、将軍からの拝領品を受け取る。

御暇や参勤の御礼をはじめ家督御礼・役職御礼など、大名個別に関わるさまざまな御礼を将軍に述べる儀礼は、たいていのものは将軍が表向に出御して諸大名に対面する毎月一日・十五日・二十八日の月次《つきなみ》御礼日に行われた。月次御礼では、殿席ごとに定まった部屋で諸大名が将軍に対面するが、個別の御礼は月次御礼の間に組み込まれる。すなわち、将軍は御座之間、黒書院、白書院と移動して、そこで諸大名から御礼を受けるが、ある部屋での月次御礼と個別御礼が済むと次の部屋に動いてそこでまた別の大名から御礼を受け、すべてが済むと中奥に戻った。

井伊家が御暇を拝命した部屋は御座之間である。御座之間は将軍の執務空間である中奥に属し、諸大名との対面儀礼はごく限られたものしかなされない。御三家や井伊家の月次御礼の席は表向の黒書院であり、彼らの御暇拝命や御用任命などは御座之間が使われた。月次御礼の席が白書院である外様・譜代の大名らは御暇は黒書院で拝命したことから、月次御礼の席よりも一ランク将軍の日常空間に近い部屋で御暇の儀礼がおこなわれたことになる。将軍の城地である江戸を離れて、将軍に対する勤仕の休暇をとる行為である御暇は、将軍と大名の主従関係において重要な意味を持つが、その重要性を対面儀礼の空間において示していることになる。

なお、御暇の際に将軍と井伊家で交わされる言葉は、寛政二年五月十五日の直中初めて御暇の例では、将軍より「それへ」とあり、やや前へ出ると「在所への暇《いとま》遣わす、道具を」と暇の仰せがあり、「重畳有難き」旨を直に言上し、刀を受け取り平伏する。先ほどの位置まで退座すると、「鷹馬を」と拝領物を下す旨の仰せがある。それに対して井伊は「御鷹御馬頂戴仕り有難き」旨の御請を申し上げ、「益々御機嫌よく御座遊ばされ候様に」と答礼する。(2) なお、刀を拝領するのは初めての御暇のみで、それ以外は「在所への暇遣わす、緩々休息致す様に」という暇の仰せであった。(3) 将軍より発せられる言葉も大名の格式によって異なっている。(4)

拝領品の受領

将軍からの言葉にもあったように、井伊家は御暇の際には将軍から鷹と馬を拝領する。これも一部の大名のみに与えられた特権であった。帰国の際に鷹を拝領できるのは御三家・加賀前田家と溜詰、馬を拝領できるのは十万石以上の大名と、十万石以下で家例のある大名であった。(5)

拝領した鷹と馬は、当日もしくは翌日に受け取る。寛政二年は、御暇の翌十六日に老中鳥居丹波守忠孝の使者が馬を牽いて井伊家屋敷へ持参した。玄関式台の外で頂戴し、使者へ当主が直接答礼を述べ、使者へは吸物・酒を振る舞った。鷹は十六日に井伊家から城使役と鷹匠が若年寄安藤対馬守信明宅へ参上し、鷹二居を拝領した。拝領した鷹は、井伊家屋敷に到着すると書院上段に置かれ、当主の御覧に入れた(「城使」)。また、家老は拝領した刀や鷹を拝見している。それらの行為には、当主が無事に将軍から御暇を頂いたことを家臣が確認するという意味が込められていたのであろう。

仮養子願書

大名が未だ跡継ぎを定めていない場合、帰国や職務で江戸を離れる際には仮養子願書を提出する必要があった。仮養子願書とは、万一江戸に帰着する前に死去したときにはその者へ相続を仰せ付けられたいとの旨を記した願書で、出願者が万一国許や旅行先で死去した場合にはじめて効力を発し、本養子となるという性格のものである。(6)

寛政二年段階では、井伊直中には男子が出生しておらず、五月二十六日、弟の銀之介を仮養子願書を老中に提出した（「城使」）。なお彼は寛政三年に直中が着府した後、越前大野藩土井家の養子となることが決定し、寛政四年の帰国時には別の弟武之介を仮養子としている(7)。

江戸発駕の儀礼

出発前には、さまざまな人と暇の挨拶を交わす。

発駕前日には家臣との対面がある。江戸に残る城使役へは、留守中念入りに勤めるようにとの御意と、勤めに応じて品が下された（「城使」）。

発駕当日の様子について、「御参勤御上国雑記」により、起床から発駕までの当主の行為を追っていく(8)。

起床して髪を整えるのは奥向で済ませ、(9)表へ出て湯を召すのは常の通りである。半裃を着て御座之御間で御舎弟(10)と対面し、奥へ入り御祝の御膳で朝食を取る。終わると表向へ出て旅装束に着替え、留守詰めする中老に留守中の法令などを記した書類を渡す。次に、出立の儀式として祝儀熨斗《のし》をつけた節分大豆・濃茶が出され、それを食した。節分大豆とは、節分の夜に豆を焼いて行った豆占《まめうら》の豆のことで、それを保存しておいて魔除けに使用したもので、旅行中の安全を祈願する儀礼であった。それが済むと、玄関までの間に家臣や他家からの使者が控えており、それぞれと言葉を交わしていく。

　御張紙内廊下にて家族それぞれからの使者へ直答
　御目見席で家族の附人・側医師・儒者へ「無事に」との御意
　中之間次にて家中へ御目見
　小座敷にて御客様と対面
　中之間入り口で与板井伊家からの附使者へ直答
　中之間上にて出入りの御家人衆・そのほか他所家中衆・町医・出入りの者が居並んで御目見があり、直参衆には御意がある
　二十八畳の間で細居繁介が出て会釈
　同所で御城坊主衆に御意あり
　一族である秋元但馬守永朝（直中養姉の夫）と松平伊賀守忠済（養母が井伊直惟娘）、同席の溜詰大名よりの附使者へ直答
　その他の附使者は七畳半御使者の間にて直答

さらに、御広間窓下で親類ついで旗本・御医師の見送りがあり挨拶をし、式台では御舎弟の見送りがあり挨拶を交わして、いよいよ出立となる。

道中の儀礼

出立後、川崎で昼休みとなる。一日目の宿泊は保土ヶ谷で取る。正室よりの見送りの使者は、翌朝ここを出立する節に藩主からの直答を受け、その後江戸に戻る。与板井伊家よりの使者もここまで見送りに来た。

道中の宿場・立場などで小休を取る本陣・茶屋は原則として定まっており、「御参勤御上国雑記」に記される。事情により通例と異なる所に休泊した場合は、その日時と理由も書き留められている。各宿へは、その地の領主・代官からの使者が差し出される。

道中最大の難所といえば大井川であろう。増水により川止めとなり、道中の行程が変更されることがしばしばあった。そのため、大井川を無事に渡り終えると、その日の宿泊地では酒と吸い物で御祝いをする。御供の者にも酒が振る舞われる。江戸と彦根へは無事渡り終わった旨と今後の日程を飛脚にて知らせた。

道中で、井伊家ならではの使者を迎えることがある。井伊家は遠江国井伊谷の出身であり、その周辺に井伊家と由緒を持つ者が居住しており、井伊家の参勤交代のたびごとに宿泊地まで挨拶にやってくる。浜松宿には旗本近藤家[11]や、井伊谷龍潭寺住持または代僧がやってきて御目見した。

江戸から東海道を進んだ帰国の行列は、熱田から美濃路に入り、垂井から中山道を通って国入りする。領国に入った最初の宿である番場宿《ばんばしゅく》では、本陣に入った藩主に対して、重臣の中野助太夫が吉例に従って御茶を差し上げた。これは着城・発駕の両方ともおこなわれた。「吉例」の起源は未確認だが、中野に固定したのは直孝の頃の先例に基づくものと思われる。この儀礼は「坂迎《さかむか》え」の風習であると考えられる。坂迎えとは、遠い旅行から帰る者を村境に出迎える行事で、古代にさかのぼる風習である。無事に藩領に入ったことを祝っての儀礼であった。

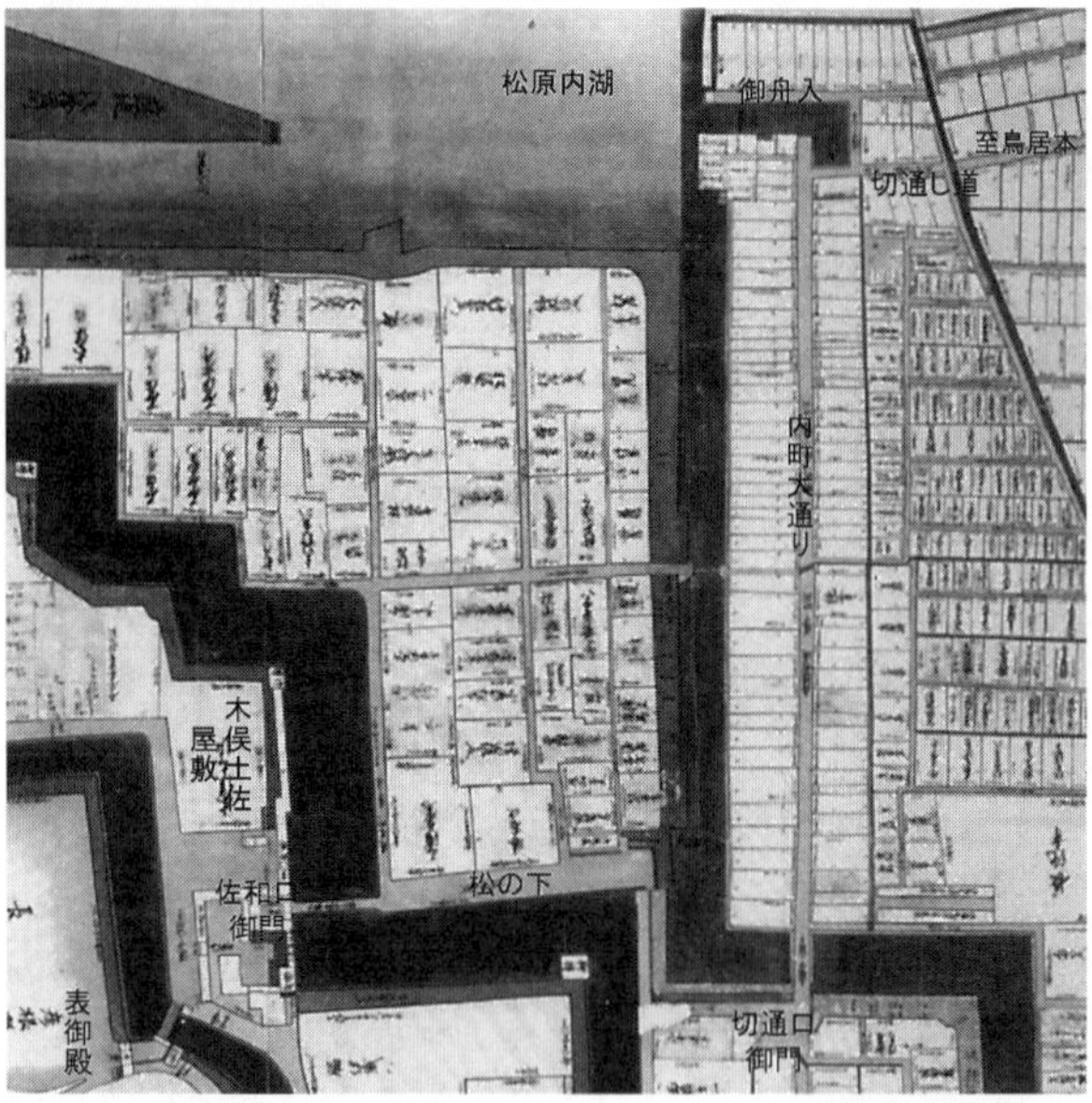

写真1　御城下惣絵図　部分　彦根城博物館蔵

国入の儀礼

彦根城下へ入るルートは二つある。一つは番場宿から中山道を通行して鳥居本宿《とりいもとしゅく》へ入り、切《き》り通《とお》し道を越えて城下に入る道。もう一つは番場宿から深坂道を通って米原湊《まいはらみなと》へ行き、米原から小早《こはや》船に乗って湖上を通り、外船町《そとふなまち》の船着に到着するルートである。前者は初めての国入りの際には使われたが、それ以外は両ルートとも使われており、当主の好みなどに左右されたようである。

彦根から鳥居本へつながる道は朝鮮人街道の一部であり、幕府の定めた街道にあたる。中山道から彦根へ入る公式な道であるため、井伊家の参勤でも街道を通るべきという意識があり、初入部ではこの道が使われたのであろう。ただ、もう一方の道にも井伊家との由緒があった。米原湊は、江戸時代初期、井伊直孝の命令により北村源十郎が開いた湊で、直孝は江戸往復の際に彦根・米原間は御座船を使い、北村源十郎家で休息したという。[12]確かに、急峻な摺針峠《すりはりとうげ》より御座船の方が時間的・肉体的に負担が少ない。ただ、迎える側にとっては家の格式に関わるため、片方とするわけにもいかず、両ルートが併用されたのであろう。

城下に入ると、両ルートとも外船町から騎乗した。ここで乗った馬は、御暇の節に将軍から拝領した馬であった。[13]馬に乗ることにより藩主の姿が衆目に触れることとなる。騎乗することにより、長大な行列を従えて国入する領主の威勢を、城下の者に顕示する意味があったと考えられる。[14]外船町は、城下で「内町大通り」と呼ばれたメインストリートの北端にあたる。内町大通りを切通口御門の内まで騎乗して進み、松の下で馬から下りて中堀沿いの道を歩行にて表御殿の方に進む。

彦根城下に入ったところ（米原ルートなら外船町、鳥居本ルートなら城下の外から）から表御殿に入るまで、家臣・扶持人・配下の者が役職・立場ごとに沿道に並んで藩主を出迎える。詳細は史料翻刻５（三二五頁）を参照いただきたい。なお、雨天の節は路上での出迎えはなされず、表御殿内で出迎えがおこなわれた。

木俣家への御成

中堀を渡り佐和口御門《さわぐちごもん》を入ると、表御殿はすぐ目の前であるが、表御殿に入る前に筆頭家老の木俣《きまた》家屋敷に御成した。

木俣家への御成は、先祖の由緒に基づいて定例化されている。その由緒とは、「御参勤御上国雑記」では「井家新譜」(15)の一節を引いているが、それは、慶長十九年（一六一四）の大坂冬の陣に当時の当主直継が井伊家の大将として出兵できず、家康の命により弟の直孝が井伊家の部隊を率いて出兵し、戦後、彦根に凱旋した直孝は、本丸御殿にいる直継の家族をはばかって家老木俣守安の屋敷に入ったという(16)。また、大坂夏の陣の凱旋の節にも直孝は木俣邸へ入り、以後定例となったという。木俣家御成は、藩主が御暇により帰国した時のみ行われるもので、直豊など世子が藩主に代わり帰国した場合や、京都上使御用のため彦根に帰国した場合は行われない。

木俣邸御成の概要については、まず、松の下を歩行してきた藩主を木俣家当主が佐和口御門枡形の外まで迎え、木俣邸まで先導する。木俣家には自分の出入りする玄関の横に藩主専用の御成門《おなりもん》が設けられており、藩主はそこから入るが、木俣親子は御成門の外で平伏して藩主を迎える。藩主はそこで木俣へ「相変わらず目出度《めでた》い」と声をかける。屋敷の中に入った藩主は旅装束から半袴に着替え、木俣やその他の家老、相伴する松平倉之介・印具徳右衛門が召し出されて、藩主からの言葉がある。その後、二汁七菜の祝儀御膳が差し上げられる。初入部の際は、三汁七菜の料理となり、木俣へは刀を下されるなど厚礼となる。料理の中で盃を交わし、御茶を差し上げると、藩主から木俣へ手みやげとして嶋縮二反（初入部の際は紗綾二反）という贈答用の織物を下された。その間に供揃の家臣へ準備するよう伝えられ、藩主が木俣邸から出ると、そのまま表御門から玄関へ入り、着城となる。

表御殿での着城儀礼

着城した藩主は、松の間下障子際で御舎弟方の出迎えを受け、祐筆部屋向かいで江戸にいる家族からの附使者へ直答し、御座之御間へ入って着座、そこで祝儀の酒が出される。最初に召し出されるのは、江戸へ出発する着城使者である。次に家老・用人を召して言葉をかける。御供した家老には「今日は滞りなく着いたし、道中にて大儀に存ずる」、御供の用人には「今日滞りなく、道中大儀」と声をかけた。ここでも、相手の立場・格の違いにより発する言葉に格差がつけられている。

次に江戸からやってきた井伊家家族の使者を召して、直答があった。「御参勤御上国雑記」の記された寛政五年頃には、先代藩主直幸正室の梅暁院と御前様（正室）からの附使者がやってきている。その後、木俣が対面し、御成のあったことに対する御礼を述べた。

帰国御礼使者派遣

着城すると、帰国した御礼を将軍に述べる使者が江戸に向けて出発する。使者は初入部の際は家老が、それ以外は物頭を勤める家臣から選ばれた。使者となる者は、藩主が表御殿に到着するのを旅装束で待ち、御座之御間に着座した藩主が最初に召してその意を伝え、そのまま江戸に出立した。およそ八日で江戸に到着し、老中に伺った上で登城し、将軍に御目見して、藩主が無事帰国した御礼を申し上げた。

寛政二年の帰国では、六月九日に直中が着城すると、家老脇伊織が在着御礼使者として江戸へ向かった。脇は二十日に江戸の井伊家上屋敷に到着すると、翌日に老中・若年寄宅へ廻り、直中が無事彦根に到着した旨を伝えた。七月一日には江戸城で将軍に対面して藩主の帰国御礼を述べ、献上品を差し上げた。なお、帰国御礼使者が将軍に御目見できる大名は、溜詰や一部の国持大名などほんの一部のみであった。

帰国御礼として献上したのは、将軍へは領内の特産品である高宮布一箱（二十反）と二種一荷、将軍正室へ一種一荷である。また、脇本人も自分が将軍へ御目見した御礼として銀馬代を献上している。七月六日には脇が登城して老中に対面し、御目見を許された御礼と脇への拝領品巻物二巻を受け取った。これらを終え、脇は帰国の途についた。

2　在国中の儀礼

着城後の惣出仕

着城翌日には、家中の惣出仕がある。まず、通常の惣出仕のとおり御座之御間にて家老らの御目見と、表向への出御があった後、御座之御間に戻り、中老・小溜席・町奉行以下の役人らが召される。(17) 御座之御間での礼席は図版3―4（三九六頁）のとおりである。

恒例の惣出仕日

彦根城表御殿での儀礼は表1のとおりであるが、絵図（図版3）の区分によると、恒例出仕日の礼席は、年始、五節句、朔望、間出仕の三パターンがあったことがわかる。五節句は一月七日（若菜）・三月三日（上巳）、五月五日（端午）・七月七日（七夕）・九月九日（重陽）で、江戸城でも諸大名が惣登城して儀礼が行われた。朔望とは朔日と十五日（望月）のことで、実際にはこの両日と月によっては二十八日にも月次登城と称される毎月定例の登城日があった。これも江戸城と同様である。間出仕とは、「間《あい》の御機嫌伺登城」とも呼ばれ、彦根城では毎月八日と二十一日であった。江戸では、井伊家を含む溜詰大名が揃って毎月二回登城して将軍の御機嫌を伺うことを「間の御機嫌伺登城」と称したが、これは日は不定で、すべての大名が登城する儀礼ではない。ただ、井伊家にとっては毎月定例の登城日であり、それをうけて、井伊家中では年中の登城日を決める際に惣登城日とされたと思われる。

絵図により諸儀礼における礼席・藩主の行動経路を見ていくと、五節句・朔望・間出仕とも、まず御座之御間において家老・用人の御目見がある。中奥にあたる藩主執務空間は「御張紙之内」と呼ばれ、この中で勤める藩主側向の役職者（側役・小納戸役・小姓・用使・櫛役・奥医師）は下段の間で藩主の着座向きに対して側面の方向に列座する。次に表向での家中との対面儀礼となる。上《かみ》の御錠口《おじょうぐち》から出ると黒書院の裏に出てくる。表向での家中との対面は、黒書院、松の間（大広間）、大御料理の間・笹

表1　「殿中御作法向」[31256] に記される儀礼

日限	内容
6／	御着城
着城当日	御座之間にて家老へ祝儀御意
	在着御礼使者を仰付ける、家老着座なし
	木俣土佐御成の御礼言上
	着城祝儀として家老・門支配・用人・小溜詰席より干鯛を指上げる
着城翌日	御機嫌伺い惣出仕
同月	土用入御機嫌伺い使者を江戸へ遣わす
	多賀神事能に目付を遣わす
7／1	惣出仕
7／7	七夕節句、召出御目見
7／21	惣出仕
7／25	光照院様（直通）祥月命日、清凉寺御廟御参詣
7／28	惣出仕
8／1	八朔祝儀、召出御目見
8／8	惣出仕
8／15	惣出仕
8／21	惣出仕
9／1	惣出仕
9／9	重陽祝儀、召出御目見
9／15	惣出仕
9／21	惣出仕
同月	御茶壺を江戸へ指し下す
	三河村元三大師へ御参詣
	参勤御供触
10／1	惣出仕
10／8	惣出仕
10／15	惣出仕
10／21	惣出仕
11／1	惣出仕
11／8	惣出仕
11／15	惣出仕、家中惣領の召出御目見
11／21	惣出仕
同月	御拝領之鷹到着
	拝領鷹にて鷹狩、献上の鳥入手
	御参勤伺い使者江戸へ派遣
	正月祝儀御用、年男を江戸へ遣わす
	正月祝儀御用を年男へ仰付ける
	初雪、御機嫌伺い
12／1	惣出仕
12／8	惣出仕
12／13	煤払い
12／15	惣出仕
12／21	惣出仕
12／28	歳暮御祝儀、惣出仕、年頭御礼帳を席々にて拝見
節分	節分につき出仕、年男豆はやす
同月	寒入御機嫌伺い使者を江戸へ遣わす
	伊勢年籠代拝を物頭衆の1人へ仰付ける
	三河村元三大師代拝を小姓の1人に仰付ける
1／1	元日、諸士御礼
1／2	家中無足倅·町医師の御礼、郷士以下御目見
	御乗初め
1／3	清凉寺へ御参詣
1／4	書院にて寺社の御礼
1／5	御鷹野初め
1／7	惣出仕、召出御目見、御粥頂戴
1／8	多賀尊勝院·高野永源寺御対顔、他寺社御礼
1／11	御具足御鏡披き
同日	御稽古初め
1／15	惣出仕、寺社御礼、横超院対顔
1／21	惣出仕、寺社御礼（清凉寺他）
1／28	惣出仕
同月	松囃子
	多賀神事能に目付両人を遣わす
2／1	惣出仕
同日	祥寿院様(直政)祥月命日、清凉寺御廟参詣
2／8	惣出仕
2／15	惣出仕
同日	家臣の二男・末子・弟初御目見
2／21	惣出仕
同月	江戸御長屋割
3／1	惣出仕
3／3	惣出仕、召出御目見
3／8	惣出仕
3／15	惣出仕
3／19	高野永源寺御参詣（19日夜から20日）
3／21	惣出仕
同月	参勤道中御供割を仰付ける
4／1	惣出仕
4／5	御首途祝儀、丑年は千代宮へ御参詣
4／8	惣出仕
同日	北野寺祭礼御参詣
4／15	惣出仕
同月	多賀祭礼に警固物頭・目付両人を派遣
発駕前	中老・笹間詰・小溜詰・物頭・諸役人を召す
日限不同	発駕
5／	御茶壺御通につき、御書をもって仰付ける
	宇治御茶詰御用に武笠魚兵衛を指上げる
時節不同	北野寺・千代宮・大洞・多賀へ御参詣

の間で行われる。

月次登城では、藩主が上の御錠口から出て黒書院上の間に着座すると、中老・弘道館頭取・笹の間席は一人ずつ、物頭からは二人ずつ「召出の御目見」が行われる。これは、上段に着座する藩主の前に一人または数人ずつが召し出されて着席し、言葉を交わして対面する方式である。それぞれの着座位置は図の通りで、家格の高い方が藩主に近い。ここでの御目見が終わると藩主は松の間へ向かう。松の間での御目見は「居並の御礼」である。そこで対面する家臣全員が並んで着座している空間に藩主がやってきて、立ったまま一同を見渡すことにより主従の対面を行う。松の間では知行取の士が軍事編制の形式で居並んでいる。彼らは侍大将を務める家老のもとで「八十三騎組」二組・「三十二騎組」二組・「三十七騎組」一組・外組に編制されており、組ごとに数列に並んだ。毎月の登城で軍事編制の形式で並ぶということは、惣登城が主人のもとへ集結する軍事動員を象徴しているといえよう。その後、藩主の通り道に御取次、母衣《ほろ》役、御供目付がそれぞれ着座し、藩主の通りがけに御目見する。最後に中の御錠口の手前の笹の間・大御料理の間で御勝手役人・儒者・表医師・三歩行・能役者の居並の御礼があり、中の御錠口から御張紙内に入った。

五節句は、黒書院で召出御目見のできる層が、番頭・役人・士組、中小姓・騎馬歩行といった月次では松の間で居並御礼であった者にまで拡がる。その後、松の間へは入らず、中の御錠口前での勝手方役人らとの対面があり、御座之御間へ戻る。

間の出仕は、黒書院での召出御目見はなく、中老・弘道館物頭・笹の間席も黒書院次の間などに着座して、藩主の通りがけに御目見する。松の間以降は月次登城と同様の者が同様の位置で御礼をおこなう。

図に記される以外では、藩主の兄弟・叔父らで彦根で部屋住の庶子は、藩主の御殿廻りが済んだ後、御座之御間で対面した（松下屋敷日記）。

年中行事の中でもっとも盛大なものは年始の儀礼である。一月後半までかけて、藩士はもちろんのこと、藩士の嫡子、次男・弟、扶持人、郷士、彦根・長浜の町年寄、領内寺社らとの対面儀礼が行われた。年末年始の諸行事は表1を参照されたい。

寺社参詣

城下・領内の寺社参詣について、「殿中御作法向」に記されているものは表1に載せたが、参詣は殿中儀礼ではなく、本史料からだけでは厳密なことは論じられない。また、歴代藩主の廟所のある清凉寺へは、命日ごとにみずから参詣するか家臣に代拝させている。ここにも将軍家の廟所参詣と相似的な関係が見られる(18)。

将軍家への献上物

帰国中には、冬になると御暇の際に将軍から拝領した鷹をもちいて、領内で鷹狩をおこない、獲物を将軍に献上した。将軍から鷹を拝領することが、領地で鷹狩をしてその獲物を将軍へ献上する義務を負うことを意味している。寛政二年には、十二月二十三日に拝領の鷹で捕らえた雁・鴨を献上している。その際の員数は雁一箱・鴨一箱であり、それ以外に老中へも鴨一箱ずつを贈っている（「城使」）。

3　参勤の儀礼

参勤時期伺い

次の参勤に向けての準備は九月頃から始められる。十月初旬に彦根から参勤時期伺いのため家臣が使者として江戸へ派遣され、老中から次の参府時期を指示した老中奉書が発せられる。寛政二年の例では、十月二十一日付の老中奉書［二三九八］に「来年五月中御参府遊ばさるべし」との旨が記されている。使者がその老中奉書を国許へ持ち帰った。

彦根発駕の儀礼

三月には家臣の道中供割が命じられ、四月に入ると城下の寺社に参詣する。発駕前日には家臣を御座之御間に召して言葉を懸けた。これは着城翌日と同様である。

出立当日の奥向・御座之御間での儀礼は、まず表で半袴を着用し、奥方での朝食は祝儀の料理が出される。朝食が済むと御座之御間に着座し、熨斗と酒肴により祝儀の盃事をする。次に御舎弟方と対面し、それが済むと旅装束に着替え、家臣との間での発駕の儀礼となる。

旅装束で御座之御間に着座すると、国許で留守をまかせる家老、次いで用人を召す。月番用人には、留守中の奥方について定めた条目書を直接渡す。次に江戸からやってきている正室らの使者に対面し、これが済むと節分大豆と御茶で御祝いし、それが済むと御座之御間を出立する。

御座之御間から玄関までの道筋には、家族・重臣らが見送りに出ている。それぞれ着城時と同様の位置にいる。玄関で家老・中老らに見送られて出立し、表門の外から行列を立てる。玄関から松の下までは歩行で、そこから馬に乗り、外船町から御座船に乗る。その道筋で家臣らと対面しながら進む。いずれも帰国時とほぼ同じ位置に並んでいる。

道中の儀礼

彦根から番場宿までの供揃は、領内を移動する際の編制である「御鷹野御供」であったが、番場宿で正式な参勤の行列に編制して江戸まで向かった。番場宿では、帰国時と同様、中野助太夫が御茶を差し上げた。今須で昼休をとり、彦根や上方よりの使者に対面して直答した。その後、帰国の際と同様の儀礼を交わしながら江戸へ向かった。

寛政三年に直中が初めて参勤した折には、井伊谷龍潭寺に立ち寄り、井伊家祖廟に参詣している。これは幕府へ許可を取った上で行われた。井伊家歴代はしばしば参勤途中に井伊谷に立ち寄っている。初めての参勤の場合が多いが、みずから先祖の故地を訪問して菩提寺に参詣する意図があったと考えられる。さらに幕末には井伊家とのつながりを求める地元からの働きかけにより藩主が井伊谷訪問したこともある(19)。

江戸へ入る

江戸に入る前日は、定例では品川宿で一泊し、当日朝に半袴を着て出立し、江戸に入る。中山道を通行した場合は板橋宿に宿泊する。

寛政三年の参勤では五月二日朝に江戸に入ると、当主直中はその足で御用番老中松平伊豆守信明宅へ向かい、信明に対面して参勤した旨を述べる。その後各老中宅へ廻勤した。それが済み、外桜田の井伊家屋敷に入った。若年寄へは城使役が使者となり直中が参勤した旨を伝え、同席・親類へは書面で知らせた(「城使」)。

屋敷に到着すると、家族・一族・家臣らの出迎えを受けながら屋敷の中へ入る。これも、発駕の節とほぼ同様の位置であった。御座之間へ着座すると、吸物・酒・取肴という祝儀の盃が出される。次に御供してきた家老・用人を召して言葉を懸ける。以上で江戸屋敷に到着しての対面儀礼が済み、ようやく奥方へ入ることができた(「御参勤御上国雑記」)。

なお、江戸へ到着した当日には、老中より、帰国前に提出していた仮養子願書を返却された。無事に着府したため、願書は無効となったからである。

将軍からの上使

井伊家が参勤すると、将軍からの使者(上使)が屋敷に遣わされた。これも大名の家格により異なり、井伊家ら溜詰は参勤のみ使番の役人が派遣されたが、御三家や国持大名は御暇・参勤の両方で老中が上使となり[20]、回数・使者の格に差があることがわかる。

御礼登城

参勤の御礼を将軍に述べるため登城する。寛政三年の参勤では、直中は五月十五日に登城して参勤の御礼を述べた。当日は月次登城日であり、白書院において月次御礼が済んだ次に参勤の御礼を述べた。そこでは、将軍から「それへ」の言葉により縁側から下段に入り、「息災に相見え、一段に思召候」と言葉をかけられた。

参勤にともない、将軍らへ献上品を差し上げる。将軍へは太刀一腰・綿三十把・馬代白銀二十枚、将軍正室へは白銀五枚を献上した(「城使」)。

おわりに

以上、御暇に伴う儀礼から次の参勤までの大名を中心とした儀礼行為を概観した。ここから見いだせた大名家の殿中儀礼の特徴について述べておきたい。

一つは、江戸城での将軍・大名間の儀礼と、彦根城での藩主・家臣間のそれには相似的な関係が見られることである。殿中の三層構造(表向=対面儀礼空間・中奥=執務空間・奥向=生活空間)、惣登城日、御礼の方式などに共通点がある。彦根城での殿中儀礼は基本的に江戸城の縮尺版といえる。ただ、そこには井伊家独自と考えられるものがある。井伊家が江戸城で行っている「間の登城」は惣登城ではなく溜詰大名のみの登城であるが、彦根城では惣登城となっている。江戸城の規定そのままを取り入れたのではなく、井伊家が体験している江戸城の儀礼を導入したと考えるのがよいであろう。

もう一点は、殿中での対面儀礼は、軍事編制を基本としていたが、これは、対面儀礼という主従関係の継続を確認する場において、両者の本来的な関係が表出しているということができる。

【註】

1　彦根藩城使役の職務日誌。『彦根藩井伊家文書』のうち。以下「城使」

と略記。

2　「直中初めて御暇被仰出候式書」［六〇四八］。［　］内は彦根藩井伊家文書の調査番号。以下同様。

3　「常例御暇之式并図」［六一六六］。

4　深井雅海『図解・江戸城をよむ』「10　将軍の言葉あれこれ」（原書房、一九九七年）。

5　『柳営秘鑑』「上使之次第」（内閣文庫史籍叢刊、汲古書院）。

6　中田薫「徳川時代の養子法」（『法制史論集第一巻』岩波書店、一九二六年）。

7　「城使」寛政四年五月三日条。

8　以下、本章は断らない限り「御参勤御上国雑記」による。

9　藩主の執務空間である中奥を指す。奥向に対する表現。

10　寛政四年の帰国時には直中弟の銀之介が在府。先代直幸の帰国時には嫡子直豊がおり、祝儀の御膳に同席した。

11　近藤家の先祖石見守秀用は、徳川家康より井伊直政に附けられた「井伊谷三人衆」の一人。

12　北村源十郎家文書、家2、（滋賀大学経済学部附属史料館所蔵）。

13　「御道中日記」天保五年［六三四二］。

14　大名行列のもつ象徴的意味については渡辺浩「『御威光』と象徴」（『東アジアの王権と思想』東京大学出版会、一九九七年、初出は一九八六年）。

15　享保四年成立、彦根藩士松居親久著（野田浩子「彦根藩による井伊家系譜の編纂」『彦根城博物館研究紀要』八号、一九九七年）。

16　当時直継は上野国安中（井伊家領地）に「外様鈍なる間押籠」られており（『当代記』慶長十九年十二月四日条）、彦根にはその妻女がいたと思われる。家康から直孝への井伊家家督相続の命令は井伊家の「系譜」には慶長二十年二月のこととされているが、冬の陣終結後の慶長十九年十二月二十四日には直孝が佐和山（彦根）城主となることが決定していたと考えられる（『駿府記』同日条）。

17　「側役日記」嘉永七年五月十六日条［三一四五九］。

18　具体事例の分析は後考を期したい。

19　野田浩子「彦根藩と遠江井伊谷の交流」（彦根城博物館だより三八、一九九七年）。

20　前掲註5史料。

付記　彦根藩の参勤・上国儀礼については、母利美和が執筆する予定であったが、原稿が提出されなかったため、野田が執筆した。そのため、概括的な紹介にとどまった。本論執筆にあたっては当研究会における次の報告を参考とした。

第四回研究会（平成十一年十一月二十三日）母利報告「国入・首途儀礼の成立について」

第六回研究会（平成十二年三月二十六日）深井雅海氏ゲスト報告「大名の謁見とその格式―「礼席図」による比較検討―」

第十七回研究会（平成十四年一月二十五日）江戸グループ報告（報告担当野田）「参勤・御暇の儀礼の概要」

第三部　儀礼の周縁

京都上使をめぐる井伊家と領民

井伊岳夫

はじめに

京都上使とは、将軍家および天皇家に関わる吉事の際に、江戸の将軍から京都の朝廷に対して派遣される祝いもしくはお礼の使者で、天皇と対面する関係上、侍従以上に昇進しうる家格の譜代大名が勤めるのを例とした。派遣の主な理由は、将軍家の場合は、将軍宣下の礼、将軍（大御所）の右大臣・左大臣といった昇進の礼、将軍世子の元服任官などの礼、天皇家の場合には天皇即位の祝い、立太子の祝い、女御入内の祝いなどであった。派遣された回数は現在までに史料上確認できたものだけで六〇回を超える。

井伊家は譜代筆頭の家柄の大名として、延宝八年（一六八〇）、宝永六年（一七〇九）、享保二十年（一七三五）、宝暦十年（一七六〇）、安永九年（一七八〇）、文化六年（一八〇九）、文化十五年（一八一八）、文政十年（一八二七）、文久二年（一八六二）の合計九回京都上使を勤めた。

文化六年の場合を例に旅程をみておくと、往路は三月十一日に江戸を発ち、東海道から美濃路を経て、大垣から中山道を通り三月二十日に彦根に入っている。そして二十一日から二十四日まで彦根に逗留し、二十五日に彦根出立、二十七日に京都へ到着した。復路は、四月十一日京都出立、東海道を通り江戸に二十七日に到着している。江戸を発ちふたたび戻るまで約一ヶ月半の行程であった[1]。

本稿ではこの京都上使という儀礼を取り上げ、将軍家からの命で儀礼を執り行う大名が、その費用をいかに捻出したのか、またその儀礼を行うことが大名の領内統治にどのような意味を持ったのかについて考察する。つまり、大名が勤める将軍家の儀礼の詳細を分析するという視点でなく、将軍家の儀礼が、それを勤める大名やその領民に及ぼす影響という視点からの分析である。

1　彦根領民の上納金

本章では、京都上使の際に領主がその費用を捻出するため領民から集めた上納金について考察する。これらの上納金は性質上、村や町単位で全領域的に徴収される御用金と富裕層を中心に集められた冥加金・調達金に大きく分けられる。以下では、①町方に課された御用金、②村方に課された御用金、③御用金以外の冥加金・調達金の順で考察する。(2)

（1）　町方への御用金

町への御用金の割付

町方への御用金賦課については、現在のところ、享保二十年・宝暦十年・安永九年・文化六年・同十五年・文政十年の京都上使時の史料が確認できる。このうち文化六年・同十五年・文政十年の三回の京都上使については『伝馬町文書』（彦根城博物館所蔵）に史料が残されている。いずれも同様の方法で御用金が徴収されているので、史料のまとまりの良い文化十五年の京都上使の場合を例に見ておきたい。

次に掲げるのは京都上使を勤めるに際し、文化十四年に伝馬町に出された御用金の割付である。(3)

【史料1】

覚　　伝馬町

家数四拾軒　内八人別上ケ、引而三拾弐軒家割
一、壱貫三百五拾九匁五分弐厘
　此金弐拾弐両弐歩ト九匁五分弐厘
　　上弐拾三軒　四拾五匁弐分六厘宛
　　中九軒　　三拾三匁弐分六厘宛
一、弐拾三両　大村屋惣八
一、弐拾両　北村猪右衛門
一、拾壱両　播摩（磨）や惣右衛門
一、八両　加久間伝右衛門
一、六両　よしや次介
一、五両　茨木屋市郎平
一、四両　大坂屋新平
一、四両　阿知波勘右衛門
〆八拾壱両
合百三両弐歩ト九匁五分弐厘
　内
　三拾五両　六月晦日上納
　三拾四両壱歩　八月晦日上納

三拾四両壱歩ト
九匁五分弐厘　十月十日上納
右者此度御用金割、件之通御上納可被成候、以上
文化十四年
丑六月　割元（印）
伝馬町
御町代横目衆中

これによると、御用金は「割元」により個々の町に割り付けられていたことがわかる。文化六年の同様の割付では差出が「本町年寄・横目中」となっている。彦根城下は本町手組・四十九町手組・川原町手組・彦根町手組の四手に分かれており、本町は伝馬町の属する本町手組の親町であった(4)。つまり、伝馬町への御用金は親町である本町を介して割り付けられた。

実際の割付をみると、上納者は「別上ケ」と「家割」という二種類に分かれていた。伝馬町の町代市郎平・横目惣右衛門といった町役人および有力町人と考えられる「別上ケ」が合計八名おり、それぞれ一名当たり四両から二三両、合計八一両の上納金が割り当てられている。また、伝馬町の家数四〇軒から「別上ケ」八名を除いた三二軒については家割で御用金が割り付けられている。三二軒の家割のうち、「上」が二三軒で一軒につき四五匁二分六厘、「中」が九軒で一軒につき三三匁二分六厘であった。御用金の合計は一〇三両二歩と九匁五分二厘で、六月晦日に三五両、八月晦日に三四両一分、十月十日に三四両一分と九匁五分二厘と、三回に分けて上納するよう指示されている。全体に占める「別上ケ」の負担率は八〇パーセント近い。

町内での御用金収集の実際

『伝馬町文書』にはこのときの上納金の収集を具体的に示す史料も残されている(5)。これによると、実際の上納は、割付どおり三回に分けてなされ、それぞれの納入額は割付の額面通りであった。「別上ケ」金も割付通り上納され、各人の負担金は各月それぞれ三回に分割して上納された。

しかし、割元からの割付では家割分と「別上ケ」は明確に分けられていたが、実際には「別上ケ」の者にも家割分を負担する者があった。また、割元の割付では、家割としては金額の高により「上」と「中」の二種類に区分されているのみであるが、実際には「借屋割」という減額された分が借屋人からも集められたり、難渋などの理由で御用金の全額または一部を「用捨」される者もいた。このように町内の家割分の収集額は細かに町内の実情を踏まえて調整された。

この点は文化六年と文政十年の京都上使の御用金上納でも確認できる。文化六年では「別上納」が九名、一軒につき四六匁六分を負担する「上割」が二四軒、一軒あたり一五匁から三九匁六分を負担する「中下割」が八軒、一軒につき一五匁から二〇匁を負担する「借屋割」が六軒あった(6)。また文政十年には一軒につき四五匁二分一厘を負担する「上」、同じく三三匁二分一厘を負担する「中」、無住「用捨」として五四匁四分二厘を負担する「中下」、一〇匁を負担する「借屋見立割」、難渋のため「用捨」として一八匁を負担する者、などに区分され収集された(7)。

他町の例としては、安永九年京都上使の御用金記録が、平田町で町代を勤めた中村家の文書にある。それによると「若殿様御上使御用金」と

して安永九年十月十三日までに四度上納されている。[8] このとき中村家では金一〇両と別に「町割之分」として金一両が納められている。この二種類の負担金のうち一〇両が伝馬町の「別上ケ」と同様に町の有力層に割り付けられたもの、一両が町の家割で割り付けられたものと考えられる。

これら江戸時代中後期の四つの事例にみられるように、町方における京都上使の御用金は有力層の負担分と家割の負担分とに分けて集められた。しかし、これ以前の事例である享保二十年と宝暦十年の場合はこれらの例と単純には合致しない点もあるので別にみておきたい。

享保二十年京都上使の御用金

京都上使の御用金について現在のところ見つかっている最古の事例は享保二十年のものである。

享保二十年の京都上使の入用高大積り[9]によると、彦根から京都までの入用が九二〇〇両余り、それ以外の招請、任官、京都支度、江戸彦根間の費用、供への下され金、土産・音信等の入用が一万両程度、合計二万両の入用としている。[10] また、『高橋四郎兵衛家文書』の「御用留」[11]でも、享保二十年大積りで約二万一〇〇〇両余としており、「万留」の記事とほぼ一致する。このときの見積りに相当する御用金二万両余が御用金として領内に課されたことを示すのが次の史料である。この史料は、彦根城下の四十九町住人田中藤助の日記である。[12]

【史料2】

（九月）七日　（中略）野□平兵衛御用銀被仰付来り、七つ時ニ帰ル、三つ屋村仁兵衛も右之御用ニ付参り候由ニ而、立寄其まゝ帰ル、郷町へ弐万三千両つもり割付被仰付候、四拾九町ニ而も弐拾貫目斗指上候様ニ被仰付候、銭や勘兵衛・片木弥次兵衛・米や六平・次郎右衛門郷手代久兵衛・木綿や六三次・米や介三郎・嶋や三郎兵衛・木綿や三左衛門、八人ゟ（以下改行し別の内容の記事が続く）

享保二十年には井伊直定に京都上使が仰せ付けられた。その情報が彦根に飛脚によりもたらされたのは八月二十六日であった（後掲史料10参照）。史料2には何のための御用金か明記されていないが、時期的にも、また先にみた享保二十年の入用高大積りの額からみても、この御用金は京都上使の費用捻出のために課されたものであると考えられる。

この日記の記載によると、御用金二万三〇〇〇両が井伊家領内の郷町に割り付けられ、そのうち四十九町には約二〇貫目を納めるように命じられた。九月七日条の引用部分の最後の一文は、文が不自然に切れており解釈が難しい。銭や勘兵衛はじめとする八名から御用金の二〇貫目が集められたと読めば、四十九町の場合、御用金の負担が特定の有力層に依存していた事になる。しかし、この八名が文化十五年の例にみられた「別上ケ」にあたる有力層として書き上げられた可能性も全く否定はできない。この当時の四十九町の家数・人口は不明だが、元禄八年には男三八七人・女三二六人、[13] 安永七年には年寄・横目四軒のほか町役家三五軒[14]であったから、享保二十年当時の役家がこの八名の家のみとは考えにくい。少なくとも御用金の負担において単純に役家数で割る方法ではなく、日記に名のあがった八名を中心に御用金の傾斜配分がなされていた可能性が高い。やはり町内の有力層の負担割合が大きかったと考えられる。

宝暦十年京都上使の御用金

宝暦十年の京都上使は井伊直幸が勤めた。当初は三月に徳川家重の右大臣転任の御礼使として京都に赴く予定であったが、養父直定の病気のため断り、代わりに同じ溜詰大名である松平讃岐守頼恭がこの役を勤めた。井伊直幸はこののち五月に徳川家治将軍宣下の御礼使に命じられ、十月に参内しその役目を果たした(15)。このように宝暦十年には井伊家に対し二回京都上使の命が下った。そしてその度に御用金が集められた。これらの御用金徴収については、『平田町町代中村家文書』に記録が残されている。それによると、中村家は平田町に本宅を持っていたが、この本宅分の御上使御用金として宝暦十年正月二十三日に米札二貫目が上納された。しかし、京都上使を断る井伊家からの願いが公儀により許可されたため、この御用金は同年三月九日に利なしで返済された。井伊直幸が再び京都上使に命じられたのは同年五月二十九日で、二度目の御用金は七月二十三日・八月二十五日・九月十日の三回に分けて合計二貫目が上納された(16)。この記録は、記載内容から中村家の負担分のみ書き留めたものと考えられ、平田町全体でどのような負担があったのかは不明である。しかし、時期が近い宝暦十二年の若君御成御用(17)の御用金は町単位の負担で、中村家以外にも町内四六軒が負担している。そして、それぞれの負担金は中村家が一八両、他の四六軒で合計一〇両となっていることを考えると、平田町では中村家の御用金負担率が非常に高いことがわかる。享保二十年や安永九年と同様に宝暦十年にも町単位で御用金は課せられ、有力層である中村家の負担割合が高かったと推測される。

しかし、御用金の徴収はこの年はこれで終わらなかった。この年京都上使の役目を果たし終えた後に三度目の御用金の徴収が行われた。これは宝暦十年の十一月頃から翌十一年春頃にかけて上納された。この徴収の理由は『高橋四郎兵衛家文書』の「御用留」に一端をうかがうことができる。これよると「此度之　御上使御入用之義、先年之（享保二十年の：執筆者注）御振合ヲ以積立」てたが、江戸発足の二日前の九月十三日段階で「弐千両斗」も不足する見込みだったという。京都上使の資金が不足しその捻出に苦心していたことがうかがえる。

この宝暦十年の冬から翌年春にかけて行われた御用金徴収は、前掲の田中藤助の日記からその概要がわかる(18)。これによると、このときの御用金は彦根・長浜の両町と彦根の郷中に割り振られた。町方については町奉行から直接上納者本人に割り付けられた。町方では先ず一〇名が選び出され人別に二〇貫目から七〇貫目の負担額を割り振られた。そして次に呼び出しがあった者には三貫目、五貫目と割付があり、十一月十二日には残る三〇〇人ばかりが町奉行所に行き四〇〇匁から二貫目まで仰せ渡されたという。これらの銀は合計二〇〇〇貫目で、替札と引替えに引替所が借り入れ、返済は一〇年賦で五歩の利付きであった(19)。この宝暦十年の年末頃に徴収された御用金についても中村家は上納しており、その具体的な支払いの記録がある(20)。このとき中村家は米札八貫目の上納を仰せ付けられ、十一月二十日に二五〇匁、十一月二十五日に一〇〇目、十一月三十日に一五〇匁、十二月十日に一〇〇目、翌年正月二十一日に五〇目、二月四日に三貫四五〇匁、三月六日に一貫目と、七回に分けて合計五貫一〇〇目を上納した。このときも上納期日は三回に分けられていたが、中村家はこれらの上納期日には納めきれず七回に分納し、二貫九〇〇目不足となった。

ここで注目できるのは、中村家の負担割当額の差である。一度目と二度目は米札二貫目だが、三度目は米札八貫目と一、二回目の四倍になっている。宝暦の京都上使の積立金は、享保の京都上使の「振合」によっていたから、二万数千両程度であったと考えられる。三度目に集められた銀は二〇〇〇貫目で、六〇匁替えとしても約三万三〇〇〇両となり、積立の約一・五倍程度である。つまり、三度目の上納は、一、二度目の上納と比べ、中村家のような有力層への割付の比重がさらに増すかたちで上納金が割り付けられたと考えられる。

以上、享保二十年から文政十年までを対象に町方の御用金負担について考察してきた。町方の御用金の上納は、宝暦十年末の場合を除き基本的に町を単位に請け負っていた。そして、負担額全体の割合から見た場合、町内の有力層に負うところが大きかった。その傾向がより強かったのが宝暦十年末の御用金であった。

（２）村方への御用金

村方への御用金の割付

まず、領主側からどのように御用金が課されたかを見ておきたい。次に掲げるのは文化六年京都上使の際、坂田郡高番村にかけられた御用金の事例である[21]。

【史料３】

高四百五拾九石七斗八升　　坂田郡高番村

一、拾三両壱歩永四拾八文

但高百石ニ付弐両三歩永百四拾弐文弐分八厘七毛

内

四両壱歩永弐百三拾八文　正月廿日納

四両壱歩永百五拾五文　二月十日納

四両壱歩永百五拾五文　同　晦日納

右割合之通日限無相違相納可申者也

辰（文化五年）十二月　　北御代官所（印）

この史料によると、一三両一歩と永四八文を、正月二十日に四両一歩永二三八文、二月十日に四両一歩永一五五文、二月晦日に四両一歩永一五五文と、三回に分けて上納するように北筋代官所から指示されている。そして村ごとにどれだけの金額が割り振られるかは村高によって決められ、この年の場合は高百石につき二両三歩永一四二文二分八厘七毛の割り当てであった。

村内での御用金収集の実際

では、村高によって各村に割り当てられた御用金は村の中でどのように収集されたのであろうか。

まずは高番村の場合を見てみたい。安永九年京都上使の御用金の場合、合計八一九匁を三月十五日に一七〇匁、四月十日に一七〇匁、五月五日に一三七匁、五月晦日に一三七匁、九月三十日に二〇五匁と五回の分割で上納するよう記されている。このうち一一五匁三分七厘五毛は「惣松林木代引」とされ、残る七〇三匁余りが各百姓に一石につき一匁八分八厘の高割りで割り付けられた。その結果、七二名が銀二分から四九匁九分九厘をそれぞれ負担した。上納する際には組ごとに集計された[22]。

このように高番村は村内においても高割により個々の百姓に御用金の割付がなされたが、高割と軒割が併用される村もあった。例えば蒲生郡脇村では、文化十五年京都上使の御用金は四六五匁の割り当てであった。このうち九三匁は軒割で一軒につき二匁八分六厘を三二軒半に割り付けている。そして残る三七二匁は一〇石につき一六匁五分ずつの高割であった[23]。また、文化六年京都上使の高番村の御用金上納記録によると[24]、各負担者の皆済までの上納回数は一～三回とばらつきがあった。各人がみな三分割で納入する必要がなく、村として三回に分けて全納されれば各人の支払い方は問題とされなかったのであろう。

なお、安永九年京都上使御用金徴収にあたり、愛知郡柳川村では、一度は京都上使の御用金を上納することに対して請印をしたものの難渋のため上納を断ったこと、およびその断りが聞き届けられ上納が用捨となったため以後奢りがましいことはしないことを約した証文が、利右衛門ほか四名の連署で御用金の御調達人である本庄村の山村権右衛門に対し提出された[25]。このように村の状況によっては御用金が免除されることもあった。

宝暦十年京都上使の御用金

宝暦十年時には、前述のように春に最初の徴収が行われていた。これには高番村の例がある[26]。これによると、負担の割付は高割で、高一石につき一匁七分三厘、総額一貫四〇匁であった。負担者は六四名で、百姓一人一人の実際の負担額は二分から五八匁三分であった。

また、宝暦十年末頃に徴収された京都上使の御用金については次の史料がある[27]。

【史料4】

覚

一、三百弐拾目　　上矢倉村　惣中
一、五百六拾目　　同　村　喜内
　〆　　　　　　　　　市郎兵衛

右者此度　御上使御用御借上ケ銀件之通慥ニ請取御借方へ相納申所実正也

宝暦十年
　辰十二月　　中村与次右衛門（印）
坂田郡上矢倉村
　庄屋横目中
　　指上人中

（裏面）「百四拾壱匁弐分壱厘三毛　　巳年分午秋御返済
此代米九表四升四合壱勺　　拾五匁五分直段
百四拾壱匁弐分壱厘三毛　　午年分未冬御返済
此代米六表四斗八升九合七勺　弐拾壱匁直段」

これは京都上使御用の入用金を借用した際の領主側の請取証文である。裏面には借用金の一部が宝暦十一年と十二年の二年間返済された記録が記されている。先の田中藤助の日記では、この借用金は一〇年賦で返却と記されているが、実際の返却は頓挫したらしく、二年分しか返済されていない。そして、ここでは村の惣中として支出する以外に村内の有力者二名が惣中負担分以上の金額を支出している（この両名は赤玉神教丸で有名な有川家の者である）。

高番村の例としては、宝暦十年十一月の「御用銀調達人中覚帳」がある。[28] これは上納を命じられた御用金を調達したときの記録で、このときの上納金額には前述の高割のような端数は出てこない。合計上納金額四五〇匁のうち、「惣」が五〇匁を上納し、残る四〇〇匁は百姓二一名が五匁から四〇匁を負担している。前述の同年正月の史料の負担者が六四名であったから、十一月の史料の上納者はそれと比べてかなり少ない。正月の史料で、高割により一〇匁以上上納した者は三四名いたが、このうちで十一月の史料に出てくる者は一九名である。つまり、十一月の史料に出てくる上納者二一名のうち一九名は比較的持ち高の高い百姓であった。[29]

このほか、犬上郡蓮台寺村の例では、村中と村内の有力者二名から御用金が上納されている。上納額は村中分が六六〇匁、有力者二名が二〇〇匁と一〇〇匁であった。このうち村中分は三六名がひとりあたり三厘五毛から七七匁二分二厘を負担した。[30] 犬上郡普賢寺村の例では、惣中より借上銀五九〇目が上納され、その上納金の一部が宝暦十二年から十四年の三年間返済された記録がある。[31]

以上、宝暦十年から文政十年までの村方の御用金上納についてみてきた。村方の場合も村を単位として上納金を請け負った。上納金の一部に軒割が採用された場合もあるが基本的には個々の百姓への割付は高割であった。そのため持ち高の多い百姓の負担額が大きくなった。特定の有力層への依存が顕著なのが宝暦十年末の御用金の場合で、惣中で上納を請け負ったり各百姓から調達できる額が集められるいっぽう、村内の有力者による負担も大きな比重を占めていた。

（3）御用金以外の負担

冥加金

御用金以外の上納金としては冥加金がある。特に大規模なものとしては文化六年の冥加金上納がある。村方に出された触によると「当春上使被遊　御務候ニ付、百姓共　御国恩奉感、高懸り之外為冥加金銀指上」とあり、高懸かり以外に冥加金の形で京都上使の資金が集められた。[32] その総額は不明であるが、一〇両から一〇〇両の上納者が一二三名、一両から九両までの上納者が二二五五名おり、そのほか人数は不明ながらも一両以下の上納者や村中組合からの上納もあった[33]（なお、この文化六年の冥加金については、上納者に対し馳走の振舞がなされたが、この点については後で検討を加える）。これ以外にも領民の冥加上納の事例はあるが、[34] 人数は少なく、文化六年ほどの規模の上納は確認できない。

ところで、ここまでの考察で取り上げてきたのは近江国彦根の所領であったが、井伊家は関東の下野国佐野・武蔵国世田谷にあわせて二万石の所領を有していた。冥加金の上納は文政十年にこの佐野・世田谷領でも見られる。[35]

【史料5】

今般佐野　御奉行様ゟ御書付ヲ以左之通リ被　仰渡書留

殿様今明年打続格別之御大令被　仰蒙莫太之御物入、彦根御領分

之町御用金被　仰付候趣ニ有之処、佐野・世田谷之儀は是迄御用金被　仰付候義も無之候得共、御厚恩を以御百姓相続仕相応之勝手ニも成行候もの共有之候ハヽ、為冥加員数ニ不抱身代相応之差上金致候様、各方無急度取計有之様存候、全石高割御用金と申様之振合ニは決而無之、実以御高恩と奉感服随意之差上金為致度事ニ候、勿論相応身代宜敷貯金有之者たり共不感服ものハ省之、聊人気ニ拘不申様其旨各方深考量を以取計可有之事

九月　　御奉行吉川軍次郎様

山下一太夫様

右文政十亥年九月三日御代官方ゟ被仰渡候ニ付、則前文御書付留置申処也

これは文政十年の京都上使が終了した後に言い渡されている。文中の「殿様今明年打続格別之御大令被　仰蒙莫太之御物入」に文政十年の京都上使の費用が含まれているのは間違いない。本史料によると、文政十年には、文化六年に近江国彦根領でなされたのと同様の冥加金が佐野・世田谷領でも集められた。また、佐野と世田谷では御用金を仰せ付けられたことはこれまでないことにもふれられている。このことは井伊家領が一律に御用金を賦課されたのではなく、領地の所在地による地域的な差異があったことを示す。

調達金

文政十年京都上使の際には多額の調達金が集められたことが確認できる。この年の京都上使の入用については、「直亮公御上使一件御書御触御指紙抜書」(36)に概要が記されている。これによると、文政十年の正月に「先例之通」り郷町中へ御用金が申し付けられ、郷中分として八〇〇〇両、彦根町・長浜町分として四〇〇〇両、合計一万二〇〇〇両が賦課された(37)。これ以外に領内の富裕層を中心に集められた調達金があり、二月には三五〇〇両が数江原丈・相撲村藤居平介・綿屋久右衛門ら七名から、三月には一〇〇〇両が「御調達金対談相整」として鈴木重兵衛から集められた。そして文政十年三月・四月・五月・八月には、単独での上納三八名、共同での上納二組（五名）により計八〇四〇両が調達金として上納された。この四三名はすべて村方の百姓であるが、そこに掲げられた村は高宮村・薩摩村・北町屋村・山本村・位田村といった近江商人を輩出した村々であった。つまり、調達金の上納者の中には近江商人として活躍していた富裕百姓が多数含まれていたと考えられる(38)。ここにあげた調達金だけでも合計一万二五〇〇両余りとなり、町在から集められる御用金の額を超える(39)。

御用金は、町や村の有力層の負担割合が高かったとはいえ、町や村を上納の単位とし広く領民から集められた。文化六年の冥加金は比較的生活にゆとりのある階層が中心と考えられるが、数千人規模で広く収集されていた。しかし文政十年には、御用金として領内から広く資金を集める方法と並び、近江商人等少数の富裕層から多額の調達金を集める方法が取られ、ひとり当たり一二〇〇両を最高に五〇両から数百両単位で集められた。文政十年段階では、儀礼を資金的に支えるものとして近江商人をはじめとする特定の富裕層の比重が大きくなっていた。

このように領民の負担面では、近世中期には御用金が基本で、それらは町村が請け負う形で集められ、町村内での有力層の負担割合が高い。

時期が下がるにつれて、御用金以外の冥加金や調達金の方法で集められる上納金が増え、これらは、町村を介さずに富裕な町人・百姓から直接集められた。また、文政十年にはそれまで御用金を賦課されなかった佐野・世田谷領でも冥加の形で上納金が募られるなど、京都上使の経費負担面で地域的な広がりを見せた。

2　京都上使の領民統治への利用

京都上使の役割は井伊家にとっては名誉あるものであったが、井伊家がこれを果たすためには、前節で見たように多額の上納金を領民に強いた。では、井伊家にとって、京都上使は名誉ではあっても、領民に多大の負担をもたらすものでしかなかったのだろうか。結論的に言うと、京都上使を果たすに当たり、井伊家ではこれを領民統治において様々な形で利用していた。ここでは、京都上使勤役中と勤役後にそれぞれどのような利用がなされたのか考察する。その際、勤役後については馳走の振舞と大赦、勤役中については領内への触と行列の通行を取り上げる。

（1）　馳走の振舞と大赦

馳走の振舞

先に文化六年には御用金以外に冥加金が領内から集められたことを述べたが、次の史料に示されるように、上納した冥加金の金額により御懸物之絵・御綿・御料理・御酒・御肴等が下されることになった(40)。

【史料6】

当春　上使　御務被遊候付、御領分御百姓共　御国恩奉感、為冥加と存金銀指上候義神妙之事ニ被為思召候、依之指上金多少ニ応し御懸物之絵・御綿・御料理・御酒・御肴等被下置候旨被仰出候間、於御馳走所頂戴為致可被申候、此段申渡候、猶又御綿等初御支度向之儀者御役方へ申渡置候間、各ゟ被懸合宜時節頂戴可被申渡候

（文化六年）十一月

本史料には、これに続き文化六年十一月十一日付の一〇カ条からなる達しが記されている。それによると領民への振舞の内容は次のようなものであった。

・一〇両から一〇〇両までの上納者一二三人には御料理・御酒・江州綿二把ずつを与える。このうち愛知郡薩摩村宮川精（ママ）右衛門・犬上郡高宮村利左衛門・坂田郡新庄東村治右衛門・同郡上矢倉村市郎兵衛の四人には御綿・御絵を添える。（第六条）

・一両から九両までの上納者二二五五人には御料理・御酒を与える。（第七条）

・一両以下の上納者および村中組合での上納には御酒・鯣を村方へ遣わす。（第八条）

このように、冥加金を納めた領民に対し、領主からその謝意がなされることを通じ領主の徳を示そうとしたものと考えられる。そして、冥加金を上納した各人への具体的な振舞を示したのが次に示す史料である(41)。

【史料7】

文化六己巳正月ニ被仰付候、

一、金壱両　御用金分掛り上ル

右者御上使御用指上申候、依之同年極月十三日ニ殿様御馳走所ニおいて御振舞被下置難有頂戴致候

膳次第

皿生盛　飯

坪　人しん・牛房 こんにやいほく　汁　かまほこ とうふ

平いな

但し壱人斗

酒　三ごん也

尤此酒ハ上酒也、いたミゟ取寄被下置候、皆とくり(徳利)・筒、其外入物持参致し持帰り、家内親類許分致し候、我等も酒九合斗持帰り申候

分掛之人数三人

金四両　藤兵衛

同壱両　猪兵衛

同壱両　孫兵衛

この史料は犬上郡安食中村の庄屋役も勤めた猪兵衛が記した記録である。領主側の触は「冥加」としているが、支払いをする領民側は「御用金分掛り」と記している。これよると、安食中村では藤兵衛の四両をはじめ、三名が計六両を上納した。猪兵衛自身は金一両を出し、その褒美に右に記されているような膳次第で料理が振る舞われた。振舞を受けられるのは直接的には「冥加」金を払った者に限られたが、この史料の後半の部分に記されているように、振る舞われた伊丹の上酒を徳利や筒などの入れ物に入れて持ち帰り家内親類に分配することで、間接的により広く振舞が行き渡った。

この馳走の振舞は井伊直中により文化六年のみ実施された。史料的にその理由を探るのは困難であるが、冥加金上納に対する謝意とはいえ数千人規模の酒肴の振舞を続けることは財政的に難しかったのかもしれない。

大赦

京都上使を無事終了した後、次の史料に示されるように大赦が実施されたことが確認できる。(42)

【史料8】

以書付相達候、然ハ此度

御上使　無御滞被為遊　御勤候ニ付、　大赦被　仰出候間、　御赦願度者ハ当月廿五日迄ニ願書指出し可申候、尤町々有無とも川原町年寄当番近藤正吾方へ、同廿二日迄ニ可被申出候、此段被　仰出候ニ付相達候、以上

(文政十年)閏六月十二日

福田吉次

疋田伴介

それでは井伊家領内ではいかなる場合に大赦が実施されたのであろうか。『宇津木三右衛門家文書』の「大赦書抜」(43)を用い検討してみたい。表1は本史料の大赦の事例（過去の先例も含む）から大赦実施の理由（実施に至らなかったものも含む）について整理したものである。この表によると大赦が実施される場合は大きく二つに分ける事ができる。ひとつは、井

表1　大赦の例　　　　宇津木三右衛門家文書「大赦書抜」により作成

大赦年	理　由	備　考
寛延 2（1749）	祥寿院 150 年忌	祥寿院は直政
宝暦 8（1758）	久昌院 100 年忌	久昌院は直孝
宝暦 13（1763）	若君様御成	
明和 2（1765）	日光法会済み	家康 150 回忌
寛政 11（1799）	龍泉院 13 回法事	龍泉院は直豊
寛政 13（1801）	祥寿院遠忌法事（200 回忌）	
享和 元（1801）	大魏院 13 年忌	大魏院は直幸
享和 3（1803）	龍泉院 17 回忌	
文化 2（1805）	大魏院 17 年忌	
文化 5（1808）	久昌院遠忌（150 年忌）	
文化 6（1809）	天祥院御法事（50 年忌）	天祥院は直定
	光照院年忌（100 年忌）	光照院は直通
	円成院遠忌（100 年忌）	円成院は直恒
文化 7（1810）	昨年京都上使首尾よく勤め	
文化 8（1811）	大魏院 23 回忌	
文化 9（1812）	直亮家督	先例吟味のみ。大赦実施せず
文化 11（1814）	若君様御成（中止）	文化 10 年に先例吟味あり。若君死去により御成中止のため大赦実施せず
文化 12（1815）	大魏院年忌（27 回忌）	
	日光法会済み	家康 200 回忌
文化 13（1816）	長寿院年回忌（100 回忌）	長寿院は直興
文化 15（1818）	京都上使首尾よく勤め	
文政 4（1821）	大魏院 33 回忌	
文政 7（1824）	玉龍院 150 回忌	玉龍院は直澄、来年 150 回忌のところ繰越の法事大赦
文政 8（1825）	大魏院 37 回忌	
	直中 61 歳年賀	
文政 10（1827）	上使済御吉事	
天保 3（1832）	文政 12 年の御成済大赦	

伊家歴代当主（直豊のみ世子）の遠忌や井伊直中の六十一歳年賀のように、井伊家の区切りとなる行事に関するもの、もうひとつは徳川家康の遠忌における日光法会（いずれも将軍名代として参詣）や京都上使、将軍若君の井伊家御成といったように、将軍家の儀礼の役目を果たした後である。

井伊家歴代の遠忌の場合には、死去の時期が近い直豊・直幸のみ法会の回数が多くそれだけ大赦も実施されているが、そのほかは五十年忌ごとの法会で大赦が実施された。井伊家歴代の遠忌で大赦を繰り返すことにより、領主の威徳をひろめようとしたのであろう。

また、大赦の実施には至らなかったが、井伊家の継承という点では井伊直亮の家督相続時における大赦の吟味が注目される。文化九年（一八一二）に井伊直亮が家督を相続したとき、町奉行と筋奉行から家老に対し大赦実施の伺いがなされた。その伺いには「此度御格別之御吉事ニ付大赦可被　仰付候哉、御隠居御家督之節大赦被　仰付候御吉例者相見不申候得共、ケ程迄ニ無之御吉事ニ御赦被　仰付候義御座候故、此度御格別之義与奉存相伺申候」とあった。すなわち、吉事の中でも家督相続は格別であり、たとえ家督相続での大赦の先例がなくとも、家督相続ほどではない吉事で御赦が実施された先例がある、だから今回の家督相続でも大赦を実施すべきではないかというのである。結果としてこの場合先例がないという理由で大赦が実施されることはなかった。しかし、この例は文化期において井伊家の吉事をよりひろく大赦の実施につなげようとする意識が強まっていること、そして大赦の実施には過去の先例が重視されていたことを示す。

文化期に将軍家の儀礼での役目を果たした後に実施された大赦におい

ても先例吟味や家老への伺いがなされた。文化十一年の若君御成の大赦を実施しようとした際の先例吟味によると（若君死去のため御成そのものが中止されたので大赦は実施されなかった）、宝暦十三年（一七六三）の若君御成では大赦があったが、寛政六年（一七九四）の若君御成時には大赦の例は見られなかった。文化十二年に日光法会終了の大赦を実施する際における大赦先例吟味では明和二年（一七六五）の先例が引かれている。文化七年に京都上使勤役後の大赦が実施された時には、先例吟味はなされていないが、大赦をすべきかどうかの伺いは町奉行・筋奉行から家老に対し出されている。なお、井伊家にとって京都上使・日光法会名代・若君御成とともに重要な将軍世子の元服加冠役は、文政十一年（一八二八）に井伊直亮が勤めたが、「大赦書抜」には記されていない。

このように、若君御成の大赦は宝暦十三年、日光法会名代の大赦は明和二年にはみられ、将軍家の儀礼後に大赦を実施する例は少なくとも井伊直幸の代にさかのぼることができる。しかし、宝暦十年や安永九年の京都上使（いずれも井伊直幸の代）後の大赦は確認できず、寛政六年の若君御成（井伊直中の代）後の大赦や文政十一年の元服加冠役（井伊直亮の代）後の大赦が実施されなかったことが示すように、将軍家の儀礼後に必ず大赦が実施される訳ではなかった。そのなかで、京都上使後の大赦は文化七年の井伊直中の代に実施されて以降、文化十五年、文政十年、文久二年(44)と続けられた。大赦実施に当たり先例が重視されたなかで、京都上使の儀礼後の大赦が文化七年には先例もなく実施に至ったわけであるが、今はその経緯について分析する材料を持たない。ここでは、井伊直中の代において、将軍家の儀礼後実施された最初の大赦が文化六年京都上使後のことであり、以後京都上使後の大赦が井伊家領内の政治的イベントのひとつとなったことを指摘するにとどめたい。

（２）　触と行列の通行

本節では京都上使時に出された触の分析から京都上使がどのように領民統治に利用されたかを考察する。史料上の制約もあり、考察には城下町に出された、享保二十年と文政十年の京都上使における町触を使用する。

享保二十年京都上使の町触

享保二十年京都上使の際に出されたことが確認できる町触は以下の通りである(45)。

【史料9】

写

ゐつに限らす候へ共、風烈敷時節ニ有之間、火之本大切ニ可致候、
殊更　今度殿様御大切之御用被為蒙仰、今月十一日江戸御発駕、御当城へも御立寄、夫ゟ京都へ被遊御越候、不及申候へ共、御在京中別而火之本大事ニ仕、町々自身番并立番厳敷申合、万相慎可申候、家持者勿論、借屋持家守肝煎町役人共裏屋〳〵端々迄見廻り、子共兄弟下人下女等へも急度申付ケ、万一胡乱もの等見当り候ハヽ、見遁不仕捕候而乞食頭へ相渡し可申候、
右触之趣不洩様ニ相達、堅相守可申者也

（享保二十年）
卯十月十日　　（青木）青平左衛門印

丸八(丸山)郎左衛門印
河原町組

この触が留められている帳面には、これ以外に京都上使に関係する触はない。しかし、触がないからといって、領主が京都上使を勤める情報が城下住人に伝わらなかった訳ではない。次に掲げるのは先に紹介した四十九町居住の町人田中藤助の日記から享保二十年の京都上使に関する記事を抜き出したものである。(46)

【史料10】

(八月)廿七日　昨夕御飛脚来ル、霜月ニ　御即位御座候ニ付、殿様へ御名代被仰付候ニ付、御家中御悦申上ル、御家督ゟ漸々六十日斗ニ而間も無之ニ、此度之御名代被仰付候事御威光強キ御事と下々迄難有悦申事也

(九月)廿七日　殿様来月十三日江戸御発足被遊候由、申来ル、御即位来月(ママ)三日ニ極り候よし

(十月)九日　木俣清左衛門殿京都へ発足、七つ道具・引馬五疋・鉄砲弐丁・かさり弓弐丁・供上下百六拾人之由、伝馬町迄見物ニ行、天気よし

十一日　殿様弥々十一日ニ江戸御発賀(駕)被遊候間、御城下随分ニ火之本専一ニ仕り、胡乱成もの候ハヽ、乞喰頭へ相渡し候様ニと触書廻ル

廿日　今晩　殿様柏原宿御泊り也、御道中天気能

十月廿一日　昨夜ゟ町中自身番致ス、家持三人つゝ罷出半夜替りニ致ス、立番借屋中ゟ昼夜□(廻か)り京都御立被遊候迄ニ極ル、朝之内雨ふる、五つ時ゟ晴ル、彦根町迄　殿様御着ヲ拝ニ行

廿五日　殿様京都へ御立、御供明六つ揃、六つ半ニ御立被遊ル、今晩武佐宿御泊り、大津御泊りなり

廿六日　殿様江戸御立ゟ今日迄夜斗雨ふり、昼ハ晴、珍敷事御仕合成事共諸人御悦申上ル

(十一月)五日　天気よし、京都ゟ御飛脚来り、御即位弥々三日ニ相済、殿様ニも終日内裏ニ御座被遊候由申来り、御家中御悦ニ上ル

十八日　殿様今朝京都御立被遊候而今晩草津宿御泊り、天気よし、十九日ハ坂ノ下御泊り之由

廿七日　木俣清左衛門殿京都ゟ御帰り、朝之内天気好、八つ時ゟ雨ふる

廿九日　天気よし、今日　殿様江戸へ御着

これによると、飛脚からもたらされる情報により、田中は領主の動向をかなり細かく把握している。しかし、領主側から出された触に関する記述は十月十一日条に出てくる「触書」のみである（これが、時期的・内容的に史料9であげた町触に当たると考えられる）。この時期においては京都上使に関する領民への触が数多く出されたとは考えにくい。また、史料9の町触自体、内容的には京都上使勤役中の治安の維持に重点が置かれており、井伊家の名誉ある役目を領民にアピールする積極的な姿勢はまだあまりみられない。

文政十年京都上使の町触

文政十年京都上使の場合の町触は、享保期の場合と違い数多く出された。この一連の町触により何がどの程度町人に知らされたのかを知ることができるので、大部だが以下に全文を掲げる。(47)

【史料11】

従江戸表御飛脚到着、先月廿六日　御老中様御連名之御奉書を以御
用之儀御座候間六七日御支度ニ而
御参府可被成旨被蒙仰、恐悦之御事ニ候、来ル九日此御地
御発駕可被遊段被　仰出候間可奉存候、其旨御尤（ママ）町並寺院江茂不洩
様可相達候、依之相触候者也

（文政九年）戌十二月三日　　（犬塚外記）犬　外御印
（舟橋音門）舟　音御印

早〻御廻し可被下候、以上

【史料12】

只今従江戸表御飛脚到着
殿様益御機嫌能被遊御座、就中今月廿日御老中様御連名之御奉書御
到来、翌廿一日御登城被遊候処、来年京都江之
御使被為蒙　仰候段被　仰下置、恐悦之御事ニ候、
件之趣御触有之ニ付相達候条、可奉承知候、尤町並寺院へも不洩様
相達可申候、依之相触ルもの也

（文政九年）十二月廿九日　　犬　外御印
舟　音御印

【史料13】

御上国
御上京御時節近〻ニ相成、別而大切之御時節ニ候間、町中万事相慎、
火之本猶以大切ニ可仕候、町〻役人共別而厚心懸ケ末〻迄急度麁抹
無之様可致候、尤町並寺院へも不洩様相達可申候、依之相触もの也

（文政十年）三月十六日　　舟　音御印
犬　外御印

【史料14】

一、町中相触候通、火之本之儀御逗留中并御在京中、別而相慎可申候
段急度可被申付事
一、御着城之砌、　御道筋へ拝見ニ罷出候者とも目立不申候様不礼
不作法無之、勿論頭ニ物ヲ置候義、曽而致させ申間敷事
一、御通り筋見セ先ニ草履・わらんし釣置不申売買可致候事
一、店先ニ葭簀すたれ懸置不申、勿論二階ゟ拝見為仕申間敷候、二
階窓〆置可申事
一、拝見ニ罷出候者とも家内火之元別而念入可申事
一、京都へ御発駕之節、右同様可相心得候事
右之趣御通り筋者勿論、四手町〻へ急度可被申付候

（文政十年）四月廿五日　　奉行所
四手町廻り中

右之通被　仰出候間、　御道筋町〻役人組頭等麻上下着シ罷出、
不礼法外無之様制シ可被申候
一、御着城前夜ゟ町〻自身番御在京中町〻引摺立番相廻り候様可被
致候
右夫〻不洩様うら借やニ至迄相達可被申候、以上

四月廿七日夜　　福田吉次
　　　　　　　　疋田伴介

【史料15】

京都へ御発駕之節
一、御道筋見苦敷壁其外見苦敷所繕ひ可被申候、随分奇麗ニ掃除可仕事
一、町ゝニ砂かこひ置、　御発駕之節、若通ゝニ候ハヽ、水溜り候所ニ敷可被申候
一、町ゝ二階之障子張替可被申候
但反古ハ無用、白紙ニ而張替可申事
一、御発駕之節、間数十間目程ニ卯之目ニ手桶杓付・ほうき出シ可被申候、尤新キを可用事
一、御発駕之節、町ゝれんじ者不残はづし可被申候、但はづれ不申候分ハ其侭ニ而戸・障子〆置、壱人茂人置不申候様可被致候、尚又すだれ等懸置候義不相成事
一、御道筋町ゝ通り角屋敷者孫ひさし取可申事
一、明キ家有之候ハヽ、御通り之日者明キ家与見へ不申様ニ可仕事
一、京橋ゟ中江信介家迄真中ニ敷砂致可申事
一、御発駕前夜九つ時ゟあんどう出シ可被申、尤京橋通ニ者宵ゟ出シ置可申事
一、拝見ニ罷出候面ゝへ見せ先ニ而菓子盆・たはこ盆・弁当出し、尤頭ニかぶり物不相成、刀・脇指ヲさし見せ先へ出不申、男之分者床之上ニ居不申、土間ニ居、万事大切ニ謹而拝見仕候様亭主ゝゝ能得心仕居制シ可被申候、家毎ニ亭主上下着仕、場ニ平伏罷在、其家ニ拝見人不敬無之様相示シ可申事
一、御道筋自身番、麻上下着仕、御通り之節、土間ニ罷在、自身番之場所江拝見人壱人茂指置申間敷候事
一、草履・わらんすハ勿論、惣而見苦敷品御目通りニ指置申間敷事
前件之通堅相守候様被　仰出候、尤御道筋　近ゝ
御奉行所御見分可被遊候間、町ゝ役人中町頭へ罷出、御案内可被申候、以上
（文政十年）四月廿五日　　両手町廻り中

【史料16】

殿様　御着城
御上京弥近ゝニ相成、大切之御時節ニ有之間、万事相慎、火之本猶以大切ニ可致候、勿論
御在京中同様ニ可相守候、且又
御着　城　御上京之節　御道筋へ拝見ニ罷出候者有之候ハヽ、不作法無之急度相慎候様可仕候、尤御進献物　御行列之上ニ立参り申候間、是又同様ニ相心得可申候、町並寺院へも不洩様相達可申候、依之相触者也
（文政十年）四月廿七日　　舟　音御印
　　　　　　　　　　（犬塚原之丞）犬　原御印
別紙御触書　御出被成候間、大切ニ取扱早ゝ順達、納ルゟ可被指戻候、以上

一、水溜減水無之様致、夜廻り宵より并四つ時起し番等無怠相廻り
可被申候、柵門損し無之哉時〻可被相廻候、已上
(文政十年)四月廿七日　　町廻り中

【史料17】

以書付相達し申候、然者自身番明十一日夕切　御免、御在京中引摺
立番相勤可被申候、尤組頭中時〻相見廻り無怠慢可被致候、其旨此
段被仰出候ニ付相達し申候
(文政十年)五月十日　　当手町廻り中

【史料18】

※紙幅の関係でこの史料についてのみ原文の改行箇所をカギ括弧で示した。

殿様益　御機嫌能、去ル十一日」京都江」御着被遊、同十五日就吉
辰」御参内　御院参、」大宮　女御　御方江茂」御参上、　御使
御首尾能被」遊　御勤、被為　拝龍顔、殊ニ」天盃」御頂戴、於」
仙洞茂　御目見」御盃　御頂戴被遊、同十八日」御参内　御院参、」
大宮　女御　御方江茂」御参上、於」禁裏被為　拝　龍顔、　御返
答」被　仰出　御暇被為　蒙　仰、」御太刀　御拝領、於」仙洞も
御目見　御返答」被　仰出　御拝領物被遊、其上」御料理　御頂戴、」
御所方ゟ茂　御返答被　仰出」御拝領物被　遊、　且又」御使
御勤被　遊候ニ付、可被」叙」正四位上旨被」仰出候、此段者　御
帰府之上」上意次第御請可被　仰上之」旨　伝奏方迄被　仰達候、」
同廿日」御参　内　御料理　御頂戴、」舞楽」御拝見、右之通段〻
無御滞」御首尾能被為　相済、一昨廿三日」益　御機嫌能　京都被
遊」御発駕、恐悦至極之御事」ニ候、」右之趣一統為可奉承知相触
候条、」町並寺院江も不洩様相達可申候、」依之相触ルもの也」
(文政十年)五月廿五日
舟　音御印
犬　外御印

一読してわかるように、これら八つの触は単に領主の動向を知らせるためだけに出されたのではなく、内容的に三つに大別できる。

ひとつは史料11・12・18のように儀礼の中での領主の動向を領民に知らせるものである。史料11では井伊直亮に京都上使を命じるために、老中が奉書により在国中の直亮を江戸に呼び戻したこと、史料12では井伊直亮が江戸城に登城して老中から奉書により京都上使を命じられたことをそれぞれ知らせている。史料18は京都へ到着してから発駕するまでに天皇・仙洞・大宮・女御の元を訪れたこと、天皇と仙洞に対面したとき盃を頂戴したこと、暇乞いの時に天皇から太刀を拝領したのをはじめ仙洞・御所方からも拝領物があったこと、お使いを無事勤めたことにより正四位上への昇進があったこと（実際の昇進は帰府後）などが知らされている。町人に対し、領主が京都上使という重要な役目を仰せ付けられたこと、京都で天皇をはじめとする貴人と対面し大切な役目を無事果たしたことが強調された。

二つ目には史料13と16・17のように領主の京都上使勤役期間における彦根城下の治安に関するものである。史料13・16は上国・上京が近くなってきたので万事を慎み、火の元用心などに気をつけるように命じたもの、史料17は町の勤める自身番や立番に関するものである。領主が大切な役目を果たす際に、国元で出火や治安の乱れが起きないように注意が

促された。

三つ目は史料14・15のように京都上使（領主）の行列通行時における町人の作法を定めたものである。

史料14は領主の着城時の作法を示したもので六カ条からなる。第一条では領主の彦根逗留中や在京中の火の元の用心、第二条では着城時に道筋に領主の行列を拝見に出る者の作法、第三条は店先に草履や草鞋をつって売買することの禁止について命じている。第四条では店先に葭簀やすだれをかけたりすることや二階から行列を見下ろすことを禁止し二階の窓を閉めること、第五条では行列を拝見に出る者の家内火元用心、第六条は京都へ発駕する時にも同様に心がけることを命じている。

史料15は彦根から京都へ出立する際のもので十二カ条からなる。内容は、道筋の壁等を修繕すること（第一条）、水溜まりに敷く砂の用意をすること（第二条）、二階障子は反故でなく白紙で張替えること（第三条）、道筋への新しい手桶・ほうきを準備すること（第四条）、連子やすだれを取り外すこと、連子が外れない場所には戸や障子を閉め、人を置かないこと（第五条）、通りの角屋の孫庇を取ること（第六条）、空き家があったら通行の時には空き家とわからないようにすること（第七条）、京橋から中江信介の屋敷まで敷き砂をすること（第八条）、発駕前には行灯を出しておくこと（第九条）、行列を拝見する者が店先で菓子盆・煙草盆・弁当を出すことや頭に被り物をすることの禁止、刀脇差をさして店先に出ることの禁止、男は床の上でなく土間におり万事大切に謹んで行列を拝見するよう亭主が気をつけていること、家毎に亭主は上下を着して場に平伏し、家にいる拝見人の不敬がないようにすること（第十条）、道筋の自身番は麻上下を着し、行列通行時には土間にいること、自身番所に行列拝見人を入れないこと（第十一条）、草履や草鞋のほか見苦しいものは通りに置かないこと（第十二条）である。

このように行列通行時、その道筋では見苦しいものおよび簾・連子・庇といった視界をさえぎるようなものが取り除かれると同時に、行列を「拝見」する人々の作法が事細かに定められ、家々の亭主や自身番には上下着用が命じられた。本稿冒頭で説明したように、井伊家は京都上使として上洛する際に、自らの領地を経由した。これは一旦領地に入って上洛への準備を改めて行うことができるという利点もさることながら、京都上使という名誉ある役目を果たす姿を領民に視覚的に訴える機会を得ることでもあった。

では、城下の町人はどの程度京都上使の行列に関心があったのだろうか。文政十年の平田町町代中村家の日記には、行列通行時の町内の様子について「近辺当町之内にも皆小家之事なれハ表の戸を〆拝見ニ出テ誠ニ町内躰一向無人なるよし、火之元抔心得へき事也」(48)と記している。行列の通行に向けられる町人の関心は高く、行列を「拝見」するために住人が出払ってしまい、町内が無人になっている様子がうかがえる。

以上、享保期と文政期の町触を比較検討してきた。そこで明らかになったことは、享保期に比べ文政期の町触は数も増大し、内容も多様化したことである。京都上使を勤める領主の名誉や勤役中の領主の動向に関する情報が、触というかたちで積極的に領民に伝えられるようになったのである。また、史料10にあるように、享保期においても領民は京都上使を勤める領主の姿を「拝見」していたが、それはまだ領民に「見られる」存在だった。しかし文政期には日常と異なる一定の秩序ある「儀礼の場」がつくり出され、その中で京都上使たる領主はその姿を領民に「見せる」存在へと変化した。京都上使を利用した領主の権威化が図られたといえよう。

結びにかえて

史料上の制約もあり、時期的変化を詳しく述べることはできなかったが、井伊家が京都上使を勤めた際の費用の捻出方法（領民の負担）と、京都上使の領民統治への利用について近世中期から後期にかけての大まかな変化をたどることができたと思う。特に享保二十年と文政十年を比べた場合、領民の負担面でも、領内統治への利用面でも、差異が顕著である。

京都上使という儀礼は、将軍から天皇に派遣される使者であり、本稿では使者を勤める大名とその領民という視点から考察してきた。儀礼というと形式的で固定的なイメージで捉えられがちであるが、決してそうでないことは本書所収の諸論文が明らかにしているところである。そして、本稿で荒っぽいながらスケッチしたように、儀礼のための資金の集め方も時代と共に変化してきた。また、京都上使は大名（ここでは井伊家）にとって名誉ある役目として捉えられてきたが、時代が下がるにつれて名誉ある役目を果たすことそのものを領内統治に利用した。本質的には将軍から天皇への使者であるものが、時代の推移と共に新たな意味を持つようになったのである。

京都上使という儀礼は、江戸から京都までの移動を伴った。今回は井伊家とその領地に注目したが、出発点の江戸、往復の道中および目的地である京都でも様々な儀礼があり、関係する者も多数に上った。また、京都上使を勤めた大名は井伊家のみではない。これらについての分析は今後の課題としたい。

【註】

1　「太子立坊京都奉使直勤之式書」（『彦根藩井伊家文書』七五六）。

2　史料上は「御用金」「御用銀」の両方ともに使用されるが、ここでは史料引用以外では御用金の語で統一する。

3　「御用金割達書」（『伝馬町文書』一一〇、彦根城博物館所蔵）。

4　旧版『彦根市史』上冊　五四八頁（彦根市、一九六〇年）。

5　「直亮様京都御入内御用金割帳」（『伝馬町文書』一〇九）。

6　「直中様御上使御用金割帳」（『伝馬町文書』一〇八）。

7　「直亮様京都御上使ニ付御用金扣」（『伝馬町文書』一一九）。

8　「御用銀留帳」（『平田町町代中村家文書』A3―3、彦根城博物館寄託）。

9　「万留」（『横内家文書』15お92　那覇市市民文化部歴史資料室所蔵）、『新修彦根市史』第六巻史料編近世一―一四五号（彦根市、二〇〇二年）に翻刻掲載。

10　宝暦十年・安永九年・文化六年・文化十五年・文政十年の各京都上使の入用については「大魏院様御代〻御勤向并ニ御婚礼御入用御成御招請御入用留」（『彦根藩井伊家文書』三一七四八）に概要が記されている。それによると、宝暦十年は一万一七九九両余、安永九年は九〇四二両余、文化六年は二万六一七〇両一歩余、文化十五年は二万七一四〇両一歩余、文政十年は三万五二六五両二歩二朱余であった。ただし、本留帳にはこれと異なるも数値も見られ、文化六年の入用高記載箇所に併記された宝暦十年の入用高は、二万六六三〇両一歩余である。また、本留帳後半部には「文政元寅年九月彦根ニ而上ル　大殿様御代・殿様御代諸臨時御入用高御尋被仰出留」と題した項目があり、そこでは文化六年は二万二五五四両の入用、文化十五年は二万二六八二両余の入用（いずれもこのうち一万二〇〇〇両が郷町からの御用金）であった。この留帳には入用高の内訳が示されておらず、そのため宝暦十年・文化六年・文化十五年の入用高の差がどこにあるのかは、現在のところ不明である。

11　『高橋四郎兵衛家文書』三七　彦根城博物館所蔵。

12　彦根市立図書館所蔵（郷土資料第一集歴史二一八）、享保二十年九月七日条。

13　「大洞弁才天祠堂金寄進帳」（『彦根藩井伊家文書』）。

14　旧版『彦根市史』中冊　一一頁（彦根市、一九六二年）。

15　本書掲載野田論文「井伊直幸と松平容頌の官位昇進競争」参照。

16　前掲註8史料。

17　将軍家若君の井伊家御成については、本書掲載野田論文「井伊家の家格と幕府儀礼」および皿海論文「若君の宮参りと井伊家御成」参照。

18　前掲註12史料、宝暦十年十一月十二日条。

19　この時期の御用金に関する史料中には「御上使御用御借上ケ銀」と明記されており（後掲の上矢倉村・普賢寺村の事例）、京都上使の御用金という名目で徴収が行われたことは間違いない。しかし、京都上使入用の不足分の上納としては二〇〇〇貫目という金額は大き過ぎ、徴収の目的が京都上使入用不足分の補填のみにあったかどうかは一考の余地がある。

20　「御用銀覚」（『平田町町代中村家文書』Ａ３―４）。

21　『細田家文書』藩政五の帳面綴りに結び付けの文書（滋賀大学経済学部附属史料館寄託）。

22　「殿様御用銀割覚帳」（『細田家文書』藩政四）。

23　「殿様御上使ニ付御用金割帳」（『脇共有文書』租税六　滋賀大学経済学部附属史料館寄託）。なお、同じ文化十五年京都上使の神崎郡垣見村での御用金割付は、村内で「高壱石ニ付弐匁かけ」（「御上使御用金割附帳」、『垣見共有文書』租税七三　滋賀大学経済学部附属史料館寄託）として算出されており、同時期に異なる方法により村内で御用金の割付がなされていた事例が確認できる。

24　「御上使御用銀割賦帳」（『細田家文書』藩政五）。

25　安永九年四月十五日「御上使ニ付御用銀之儀一札」（『柳川共有文書』藩政一四、滋賀大学経済学部附属史料館寄託）。

26　「殿様御用銀割覚帳」（『細田家文書』藩政三）。

27　「御借上ケ銀請取覚」（『上矢倉共有文書』貸借八、滋賀大学経済学部附属史料館所蔵）。

28　「御用銀調達人中覚帳」（『細田家文書』租税三二）。

29　ただし、必ずしも持ち高が高い百姓から順に負担をしているわけではなく、どのような基準で上納者が決まったのかは、現在のところ不明である。

30　「宝暦拾年辰之歳御上使御用銀上納覚」（『種村家文書』租税二六、滋賀大学経済学部付属史料館寄託）。

31　宝暦十年十二月「借上銀請取覚」（『犬方共有文書』貸借一、滋賀大学経済学部付属史料館寄託）。

32　「御触書願書留帳」（『上矢倉共有文書』法令六）。

33　中村達夫氏所蔵「御用部屋留帳」（『新修彦根市史』第七巻史料編近世二―八一号、彦根市、二〇〇四年）。

34　「直亮公御上使一件御書御触御指紙抜書」（『彦根藩井伊家文書』三一七二七）。

35　「諸事御用留記　参」（『武州荏原郡上野毛村名主田中家文書』、『世田谷区史料叢書』第四巻（世田谷区立郷土資料館編、一九八九年）所収、四十五頁)。

36　前掲註34史料。

37　註10で述べたように、文化六年・同十五年の京都上使では、町郷から一万二〇〇〇両の御用金が集められた。文政十年の「先例」は少なくとも文化六年まで遡ることができる。

38　例えば、薩摩村の宮川清右衛門、山本村の小泉新助・稲本利右衛門といった近江商人の名が確認できる。

39　町郷からの御用金が一万二〇〇〇両集められたことがわかる文化六年以降、入用中に占める御用金の割合は徐々に小さくなってきている(註10参照)。つまり、京都上使入用高に占める御用金以外の割合が大きくなってきていることがわかる。

40　前掲註33史料。

41　「万覚帳」(『田中正蔵氏文書』彦根市史編さん室写真帳)。

42　「御触留帳」(『藤村正一氏文書』彦根市史編さん室写真帳)。

43　『宇津木三右衛門家文書』B3―4(個人蔵、彦根城博物館寄託)。

44　文久二年京都上使の大赦は「一本紙御触留」(『奥野家文書』法令二、滋賀大学経済学部附属史料館寄託)で確認できる。

45　「御触書留帳」(『平田町町代中村家文書』A1―15)。

46　前掲註12史料。これに史料2を加えたものが、享保二十年の京都上使に関する記事のすべてである。

47　前掲註42史料。これに史料8を加えたものが、文政十年京都上使に関する町触のすべてである。

48　「こゝろの茎」(中村前全の日記)文政十年五月九日条(『平田町町代中村家文書』B6―b―455)。

付記　本稿執筆にあたり史料の所蔵者・所蔵施設には大変お世話になりました。この場を借りてお礼申し上げます。

彦根藩主の領内巡見

渡辺恒一

はじめに

彦根藩井伊家の歴代藩主は、その治世初期の彦根在国中に、領内の巡見をおこなった(1)。この藩主の領内巡見は、十八世紀までは「御領分御見分」、「御国廻り」、「御領分御廻り」と称えられ、十九世紀以降には、「御領分御巡村」、「御巡在」などとも呼ばれた（以下、藩主巡見と略して記す）。

在国中の藩主が、寺社参詣や鷹狩りなど、彦根城から外出し、城下町や村方に出向くことは決して珍しいことではなかった。しかし、藩主の領内巡見は、右の外出とは異なり、藩主の国入り儀礼の一環として、藩主の領内統治のなかで特別な意味づけを与えられたものであった(2)。

これまで領内巡見については、関係資料が巡見先の村方にも残存しているこどもあり、自治体史で各地域の個別事例が紹介されてきた(3)。これらは個々には興味深い史料や事例を提示している。しかし、史料上の制約もあり、藩主巡見の全体像や江戸時代を通じてのあり方については論じられず、また、彦根藩政の中での位置づけもなされてこなかった。

そこで本論では、江戸時代各時期の藩主巡見に関して、その準備段階から実施段階にいたる具体的内容を整理・提示し、その全体像を明らかにすることを第一の課題としたい。

藩主巡見の準備段階については、①藩主巡見の意思表明、②藩主の供廻りの人員・物資などの準備、③藩から村への諸通知、④村側での準備に分け整理し、実施段階については、①巡見の行程、②巡見中の藩主の実際の行動、③御目見・贈答などの藩主と領民との接触の局面について特に注目し、その具体像を提示したい。

その上で、右の整理・提示を通して、藩主巡見の時代的な変化を検討し、儀礼としての藩主巡見が、領内統治においてどのような意味を持っていたのかを明らかにしたいと思う。儀礼が近世社会の果たした役割を追求した大友一雄は、儀礼が社会を構成する諸集団の統合と序列化の機能を有する権威維持システムであり、かつ民衆側もそれを主体的に利用するいわば身分制維持のシステムでもあることを具体的に明らかにした。(4) この大友の視角に学びつつ、儀礼が彦根藩領の社会編成にとってどのような機能を持ち、どのような役割を果たしたのか、この問題を藩主巡見を通じて検討するのが、本論第二の課題である。

藩主巡見の事例

表1には、歴代藩主の領内巡見で、管見の限り判明するものを掲げた。表から読み取れる全体的な特徴を以下に指摘しておこう。

第一に、藩主巡見の成立時期の問題である。現在、判明する一番古い事例は、延宝七年（一六七九）の井伊直興による巡見である。それ以前については、初代直政の場合、関ヶ原合戦の戦後処理に奔走し、佐和山入部後、一年余りで死去することから、領内の巡見をおこなった可能性はかなり低い。直政の嫡男直継、二代直孝、三代直澄の藩主在任中についても現時点では巡見関係史料を確認できないので、この時期の藩主巡見については今後の史料発掘を期するしかない。ただし、2章でも見るように、享保元年（一七一六）における七代直惟の巡見実施の事前調査の際に「御代々御見分被遊候御道筋細ニ吟味書付可差出候」と述べつつも、延宝七年の直興の巡見のみが先例としてあらわれる事実(5) から、直興・直惟の代に藩主巡見が制度的に確立してゆくとの見通しを提示しておきたい。(6) なお、表1に、五代直通・六代直恒・九代直禔が登場しないのは、彼らが藩主巡見をおこなっていないためである。(7)

第二に、藩主就任後の初入部時に第一回目の藩主巡見をおこなうのが基本であるという点である。表1に掲げた藩主巡見と、本書「井伊家歴代の居場所」表とを対照してみると、四代直興のみが二度目の在国時に巡見しており、それ以外は、初入部後の在国時に巡見していることがわかる。(8) この事実は、藩主の国入り儀礼、あるいは治世当初の政策の一環として、藩主巡見がおこなわれていたことを示している。

第三に、藩主巡見の対象地域が、十三代直弼より前は、彦根藩の「北郡」すなわち藩領北部の伊香・浅井・坂田の三郡に集中している点である。(9) 寛政三年（一七九一）の十一代直中の巡見と、文化十年（一八一三）の直亮の巡見だけが、例外的に藩領南部境界域を対象としたものである。また、直弼の巡見は、表1を一見してわかるように、対象地域が藩領全域に及んでおり、それ以前の藩主の巡見とは大きく異る。この点は、直弼の巡見の位置づけを検討する際の重要な事実であり、4章で検討を加える。

第四に、藩主の宿泊場所と休憩場所の問題である。巡見は最短で三泊四日、最長で五泊六日でおこなわれている。宿泊・休憩場所で「本陣」とされるのが、村方の寺院や地域有力者の家であった。これらの場所の選択には、先例が重視され、その結果、限られた者がその役割を果たし、儀礼の中で固有の地位を与えられるようになる。このような地域社会の住民をも含めた儀礼での役割、秩序形成の問題にも留意したい。

結論を先に述べれば、巡見の内容の特徴から、①四代直興から直富、②十一代直中から十二代直亮、③十三代直弼、以上の三つの時期に区分できる。以下、各藩主の巡見を時代順に見てゆこう。(10)

表 1　藩主巡見の実施日と行程

④井伊直興	延宝 7 年（1679）8 月 5 日～ 8 日　北筋 彦根－長浜（昼）－木之本（泊）－中河内（昼・国境）－柳ヶ瀬（泊）－伊部（昼）－春照（泊）－藤川（国境）－長岡（昼）－彦根
⑦井伊直惟	享保元年（1716）10 月 11 日～ 14 日　北筋 彦根－長浜（昼）－木之本（泊）－中河内（昼・国境）－柳ヶ瀬（泊）－伊部（昼）－春照（泊）－藤川（国境）－長岡（昼）－彦根
⑧井伊直定	元文元年（1736）10 月　北筋
⑩井伊直幸	宝暦 6 年（1756）10 月 10 日～ 14 日　北筋
井伊直富	天明 4 年（1784）9 月　北筋
⑪井伊直中	寛政 3 年（1791）3 月 24 日～ 28 日　南筋 彦根－愛知川（昼）－八日市（泊）－河合（昼）－中之郷（泊）－野（昼）－高野（泊）－政所（昼）－下山本（泊）－金屋（昼）－彦根 寛政 7 年（1795）3 月 12 日～ 15 日　北筋 彦根－長浜（昼）－種路（泊）－竹生島（昼）－柳ヶ瀬（泊）－中河内（昼・国境・泊）－黒田（昼）－木之本（泊）－長浜（昼）－彦根
⑫井伊直亮	文化 10 年（1813）4 月 9 日～ 14 日　南筋 文化 14 年（1817）3 月 11 日～ 16 日　北筋 彦根－長浜（昼）－種路（泊）－竹生島（昼）－黒田（泊）－坂口（昼）－柳ヶ瀬（泊）－中河内（昼・国境・泊）－柳ヶ瀬（昼）－木之本（泊）－長浜（昼）－彦根 文政 2 年（1819）4 月 26 日～？　北筋
⑬井伊直弼	嘉永 4 年（1851）9 月 15 日～ 19 日　初度浜手南筋 彦根－柳川（昼）－本庄（泊）－福堂（昼）－奥之嶋（泊）－沖之嶋（昼）－山路（泊）－稲葉（昼）－清水（泊）－彦根 嘉永 5 年（1852）閏 2 月 21 日～ 26 日　二度目南中筋 彦根－安食中（昼）－八島村（泊）－山本（昼）－川合（泊）－安倍居（昼）－中之郷（泊）－市原野（昼）－ 瓜生津（泊）－宿（昼）－木流（泊）－肥田（昼）－彦根 嘉永 5 年（1852）3 月 4 日～ 7 日　三度目北筋 彦根－加田（昼）－西上坂（泊）－東主計（昼）－榎木（泊）－室（昼）－宇賀野（泊）－彦根 嘉永 5 年（1852）3 月 12 日～ 17 日　四度目南中筋 彦根－八町（昼）－下枝（泊）－勝堂（昼）－小田苅（泊）－妹（昼）－下山本（泊）－大沢（昼）－元持（泊）－岩倉（昼）－北落（泊）－高宮（昼）－彦根 嘉永 5 年（1852）3 月 23 日～ 26 日　五度目 彦根－長浜（昼）－中野（泊）－高月（昼）－東阿閉（泊）－片山（昼）－竹生島－種路（泊）－彦根 嘉永 7 年（1854）8 月 11 日～ 14 日　六度目伊吹割北筋 彦根－下番場（昼）－長岡（泊）－大清水（昼）－春照（泊）－小田（昼）－鳥羽上村（泊）－米原（昼）－彦根 安政 2 年（1855）4 月 12 日～ 15 日　七度目南筋 彦根－？（昼）－八日市（泊）－？（昼）－黄和田（泊）－（昼）－川相（泊）－（昼）－彦根 安政 2 年（1855）5 月 18 日～ 23 日　八度目北筋 彦根－長浜（昼）－黒田（泊）－柳ヶ瀬（昼）－中河内（泊）－中之郷（昼）－北木之本（泊）－杉野下（昼）－金居原（泊）－下山田（昼）－伊部宿（泊）－長浜（昼）－彦根 安政 4 年（1857）5 月 11 日～ 15 日　九度目中筋 彦根－一円（昼）－佐目（泊）－保月（昼）－水谷（泊）－河内中（昼）－丹生（泊）－男鬼（昼）－鳥居本（泊）－彦根
⑭井伊直憲	慶応 3 年（1867）4 月 明治 3 年（1870）2 月 17 日～ 20 日　南筋

注 1）各藩主ごとに、巡見実施日、対象地域、また、判明するものに限り順路を掲げた。藩主名の左の丸囲み数字は井伊家歴代の代数である。ただし、井伊直富は世嗣である。

注 2）順路は休泊地の村名・宿場名を掲げた。（泊）は宿泊（昼）は昼食の休憩を示す。この間に小休地があるが本表では省略した。

注 3）享保元年「御領主様御国廻記」（『林文書』藩政 1、滋賀大学経済学部附属史料館寄託資料）、寛政 7 年 2 月「御国廻諸事留」（片山源五郎文書Ａ 3 -1795-02、高月町古文書調査室架蔵写真）、宝暦 6 年 5 月「側役日記」［7054］、寛政 3 年 3 月「御領分御廻り留」［6993］、文化 10 年「松下御屋敷日記」［5720］、文化 14 年 3 月「北筋御領分御廻留」［6330］、註 28 掲載史料に拠り作成した。

1　井伊直興・直惟の領内巡見

直惟の領内巡見と先例の調査

享保元年（一七一六）八月、七代直惟が藩領北筋への巡見実施の意向を表明した。この意を受けた家老から筋奉行、さらに代官から村に次の達書が伝達された。[11]

【史料1】

御領分中御見分可被遊候由被仰出候、来月ゟ十月中、北筋江御出可被遊旨御意ニ候、御代々御見分被遊候御道筋細ニ吟味書付可被差出候、御宿抔之儀、古来相勤候者無相違様ニ可被致候、以上

（享保元年）八月二十四日　　老中

筋奉行衆

右之通被仰出候間、各支配下早々承届可被申聞候、尤前々名所・旧跡・寺院など御一覧被遊候所も候ハヽ、是又承届書付出被申候、以上

（享保元年）八月二十四日　　筋方

御代官中

筋奉行は、彦根藩の村方支配の統括者であり、代官は、筋奉行の下で村方支配の実務にあたった役職である。[12]右の史料では、代官は、以前の藩主巡見の経路、宿泊場所、藩主御覧の名所・旧跡・寺院について村方から情報収集をし報告することを命じられている。

この事実からは、当時の彦根藩には過去の藩主巡見の先例が十分な形では記憶・蓄積されておらず、そのため村からの情報により先例を確認している事態であったことがうかがえる。この時点では、藩主巡見はいまだ儀礼として確立していないが、藩が先例を重視し、それを蓄積してゆく志向にあることから見て、儀礼化の方向にあったといえよう。

翌九月、村々を調査し情報収集をおこなった代官が、延宝七年の四代直興による巡見（「御国廻」）の際の道筋、および宿泊場所、休憩場所、「御腰掛」の場所を筋奉行に報告した。さらに、十月には、巡見道筋の名所・旧跡・寺社などの書き上げが作成されている。差出・宛名ともに記載のない文書であるが、八月の達書を受け、代官が作成したものと見られる。

右の報告の中で代官は、「此外（直興の領内巡見道筋などの書付のこと—引用者注）村々吟味仕申候得共、覚申候村々無御座候」と述べている。村方住民の記憶も三十七年前に実施された直興の巡見にまでしか遡ることができなかったのである。この結果、直興の巡見が以後の先例となってゆくのである。

巡見の準備

同年十月に入ると、巡見の準備が進められた。十月一日には、直惟から家老・用人に宛て、三通の御書付が出された。

一つは、用人役の増田平蔵以下、巡見の供を勤める家臣に巡見中に勤める役務を申しつけた文書である。二つには、巡見中における供の家臣たちの朝夕の食事・昼弁当、旅籠代の精算方法に関する文書で、食事は馳走とすることなく軽易にすることを命じている。三つには、家臣、さらには家臣が召し連れる又者を対象に、巡見中の服装、村内田畑の歩

行・稲荒らし、諸品の押買の禁止、目付役発給の切手による人足使役、などが定められた文書である。また、道筋の掃除は無用とし、宿も「成合」、つまりあるがままでよいとの指示を与えている。

さらに、十月六日には、北筋奉行から代官に、藩主巡見を迎えるにあたっての村々の心得・遵守事項が達せられ、各代官の支配村に廻状により触れられた。

この触書は全十五箇条からなる。藩主を迎える村方が特別なことをせず、簡素に対応することを基本内容とする。藩主巡見を簡素におこなうという方針は、以後の巡見でも基調となる。

直惟は、道筋の掃除も無用との意向であったが、筋奉行らにはさすがに憚られたらしく、五条目で一通りの掃除を申しつけている。

図1　延宝7年・享保元年の藩主巡見行程地図

注）地図上の●は、宿泊場所、昼食休憩場所を示す。

八・九・十・十二条は、巡見の供の役人への対応の仕方を指示した内容、十五条は、宿泊・休憩所の設えに関する内容で、畳薄縁・家具類の不足品を代官が近郷より手配することを述べている。使用後の返却の注意まで記され、なかなかきめ細かい。

また、四・七・十三条は、藩主を迎える領民の作法を指示しており、関心をひく。四条は、稲刈りの農繁期に通常の農作業を行うことを命じたものであるが、藩主通行時には道筋周辺で農作業をおこなっている者は「つくばる」ようにとする。七条は、「一、御泊・御休所々并於村々ニ男女共ニ大勢見物之様ニ相集、不作法之仕形有之間敷候」とあり、藩主の宿泊・休憩場所への「見物」を禁じる。「見物」という表現には、興味本位で、普段見られないものを見に来るという意味合いが含まれているように思われる。領民の藩主への視線が素朴であり、近世後期に見られるような藩主への信仰的態度が伺えない点に留意しておきたい。

巡見の行程

直惟の北筋巡見は、先例取り調べの結果、延宝七年の直興の巡見を踏襲して、享保元年（一七一六）十月十一日から十四日にかけて実施された。行程は表1の通りであった。これを地図上に表したのが図1である。

彦根から船路、琵琶湖を北上し、長浜に着き、北国街道を北上し、近江国伊香郡中河内《なかのかわち》村の近江と越前の国境に至る。そこから北国街道を戻り、木之本村から今度は北国脇往還に入り、近江国坂田郡藤川村の美濃国との国境に至り、その後、中山道を通り、彦根へ帰還する。

この行程から、目的地は越前国境と美濃国境の二カ所であり、かつ最短の経路で目的地に向かっていることがわかる。この巡見の実施にあたって名所・旧跡・寺院の調査を実施しているものの、目的地に向かう途中の地域に関する意識は、のちの時代の藩主巡見に較べ希薄といわざるをえない。

右の行程から見て、直興・直惟段階の藩主巡見は、藩主自身が統治する藩領と国境に自らが赴き、我が目で領内と国境を確認してくることにその第一の目的があったと考えられるのである。藩主巡見は、初めて国入りした藩主が統治者として自らの支配領域を確認する象徴的な行為であったといえよう。領民への新藩主の御披露目や、藩領の実情把握という意識は希薄であったと思われるのである。

藩主を迎えた村の様子

以下では、延宝七年と享保元年の北国脇往還坂田郡藤川宿での事例により、藩主と領民とが接触する様子を見ておきたい。

藤川宿で本陣を勤めた林家では、先に見た享保元年八月二十四日の筋奉行達書を受け、同宿での延宝七年の巡見の先例を記した二通の上申書を藩に提出した。一通には、藤川宿と隣村・国境との里程、および近辺の旧跡、延宝七年に直興が藤川宿兵右衛門宅に「御腰懸」になった経緯など、取り調べの結果が書き上げられている。もう一通は、次の通りである。

【史料2】

又一通横折

一、延宝七年未八月

直興様御国廻り被為遊候時、藤川宿枝郷等寺林ニ而彦七郎後家と申者之前ニ小鳥居申ニ付、暫御止り被為遊、其後水を被召上御機嫌能、右彦七郎後家ニ金子百疋被下置奉頂戴仕候

一、藤川宿兵左衛門宅ニ御腰被為掛候時、庭ニ伊吹之木御座候を指上申候様ニと大久保藤助迄御意被遊候ニ付、翌日大久保藤助様御屋敷迄指上申候

享保元年

丙申八月廿六日

藤川宿　三郎左衛門

十兵衛

兵左衛門

御代官

近藤彦惣

右の史料では、彦七郎後家と兵左衛門の二件の事例が記されている。二条目の兵左衛門宅は、「定家卿（藤原定家）屋敷跡」とされる場所であり、美濃国境見分の後に直興が「御腰懸」けとなった。これは旧跡として立ち寄ったものと思われる。二つの事例からは、直興が巡見の途中の名所・旧跡を楽しんでいることと、家の前に居た小鳥を止まって見たというような、直興の気分による偶然によっても、藩主と領民との接触が起こる場合があったことがわかる。このような細かな事柄が由緒となっていった例も存在したと思われる。

次に享保元年の藤川宿での様子を見ておこう。

同年九月二十七日、延宝七年の先例に従い直惟が居宅に立ち寄ることとなった兵左衛門は、畳表等の受取状を代官から渡され、それを持ち、彦根城の京橋櫓まで赴き、畳奉行から近江畳七枚・薄縁七畳分・縁糸六三匁を受け取った。

巡見の最終日の十月十四日、美濃国境見分に向かう直惟一行が藤川宿

を通った。この時の様子は次のような次第であった。

藤川宿の「ミツイノ」という場所にて、庄屋弥右衛門と三郎左衛門が裃を着、「股立取《ももだちとり》」すなわち袴の左右の股立をつまみ上げ袴の紐に挟んだ恰好[13]で、道脇を少し掘り下げ（「道脇を少々くぼめ候而」）て「下場（下座の意味か）」し、藩主を出迎える。藩主が十間（約一八メートル）ほど彼らの前を通り越した時、近習の役人から「御先へ立候様」に声が掛かる。弥右衛門ら両人は道の脇を走り抜け、一行の御先に立つ。なお、前出の享保元年十月六日の北筋奉行達書では、村役人は行列の先払いの組衆より三間（約五・五メートル）ほど先で案内するように指示されている。また、代官の片木弥次兵衛もこの場所に出張ってきており、弥左衛門らの「下場所」より二十間（約三六メートル）ほど村寄り（藩主からみれば弥左衛門らより先の場所）に「下場所」を拵え、藩主に御目見した。

この後、直惟は兵左衛門宅に立ち寄り「御腰掛け」となる。同人宅前には、北筋奉行丸山市太夫が兵左衛門の前に控えており、藩主と御目見する。丸山は藩主が宅内に入るとき門入口にて「下場」し見送り、藩主が「御腰掛け」している間に先に国境へ向かう。筋奉行は、藩主一行とは別行動をとり、藩主が向かう地点の先遣の役割を果たしていた。

その後、弥右衛門と三郎左衛門の両人は、国境まで案内をし、国境見分を終え彦根への帰途についた藩主一行を大清水村まで案内する。大清水村の境で「下場」をし、一行が通り過ぎるとすぐに藤川宿に戻り、羽織に着替え、直惟が昼休をとる長岡村まで御礼に赴いた。

藩主が去った翌々日の十六日には、弥右衛門・三郎左衛門・十兵衛・半右衛門の四名が彦根へ御礼に行き、用人・側役には弥右衛門・三郎左衛門の二名のみが行き、筋奉行・代官らには四名全員で御礼に訪れている。

以上のように、藩主と接触する領民はごく限られていたことがわかる。

2　井伊直中・直亮の領内巡見の準備過程

十一代直中と十二代直亮の巡見は、前節でみた直興・直惟の巡見とは、本章および次章で明らかにするように、巡見対象地域・巡見内容などの点で違いが見られる[14]。以下、前章と同様、準備過程・実施過程の順で見てゆく[15]。

巡見の意図の変化

寛政三年（一七九一）二月、井伊直中は、「御領分御廻り」の先例取り調べを側役に命じ、その結果を上覧したのち、藩主巡見につき家老に諮り、一統の合意を得ている。その上で、次のごとく、巡見の実施を表明した。

【史料3】

一、此度御領分御廻り被遊候義、御鷹御逍遙御止メ被遊、誠ニ民之艱苦・土地之嶮易を茂得と可被遊御覧為之思召之旨、右ニ付申候而者、御人数を茂格別御減少被遊、到而御手軽く可被召連候旨被仰出候、尤此度者南筋より御廻り可被遊、依之南筋奉行中川次郎右衛門、御検見衆之内西村軍衛文江何角懸合取調申候、尤御鷹方御野廻り御供割ニ不抱、御供割仕候様被仰出候

一、此度御領分南北共御廻り可被遊旨被仰出候ニ付、御家老衆江御相談被遊候旨、御用番庵原主税之介殿江酒居三郎兵衛を以、被仰出、何茂壱統弥御領分御廻り被遊可然旨御請申上、相達御聴申候

右の経緯で注目されるのは、第一には、南筋の巡見が初めてあらわれる点である。家老に諮問する理由を、「此度御領分南北共御廻り可遊被候ニ付」としているので、南筋への藩主巡見が先例のないものであったと推測される。

第二には、「民の艱苦《かんく》」・「土地の嶮易」をじっくりと見たいとし、巡見の目的を領内の実情視察に置いている点である。このような目的は、直惟の巡見では表明されておらず、新たな表現であることに注意したい。

次いで、文化十四年（一八一七）の直亮の巡見実施表明もあわせて見ておく。直亮は初入部の文化十年に南筋巡見を行っており、今回は北筋巡見であった。次の史料は、筋奉行から村々へ触廻状である。

【史料4】(16)

一、当三月中旬北筋御領分御順村被為遊候段被仰出候、右之御義ハ民之風俗、且農業艱苦之所被遊御覧候間、御臨村ニ付村方費用等有之候而ハ末々百姓共難義迷惑筋出来候而ハ思召ニ不相叶、依之御道筋悪敷故、御馬・御駕ニ而御通行難被遊場所ハ御歩行可被遊候間、道造り等ニ人夫費候義無之様ニ可仕旨被仰出、全百姓共勤労を御厭被下置候御仁憐之思召ノ所、村々難有可奉存候、右之通相触之条、御道筋近在へ相達し可申候、依之相触候者也

右の史料の前段の部分は、史料3を元に作成したものとわかる。ただし、その表現は、より具体的になっており、「民之風俗」や「農業艱苦」、「百姓共勤労」など、生活者・勤労者としての領民ということを強く意識した表現となっている。また、これと関連するが、藩主が民・百姓の苦しみを深く理解し、民・百姓に対し「仁憐」の思いを持っているという姿勢が前面に押し出されている。

このような藩主の姿勢の変化は、不断の農民の対領主闘争の結果獲得された百姓の社会的地位の上昇によって生じたものであろう。

前章で述べた藩主巡見の目的に、領民把握あるいは村方状況把握という新たな目的が加わってきていることが重要である。

巡見の準備

寛政三年の巡見の準備の実際は、側役・南筋奉行・検見衆が中心となり進められた。この準備過程からは、各役職の役割分担がよくわかるので、内容が少し細かくなるが記しておく。

①巡見行程の決定　同年三月六日から九日に検見衆が巡見道筋を見分し、道筋の明細書が側役を通じ藩主に提出され、道筋が決定された。検見衆の見分に際し、側役は宿泊での供廻りの夜具の調達方法など十五箇条の確認事項を伝え、検見衆はこれらの事項を現地で検討し、差し支えない旨を報告した。また、これらの事項について、側役は南筋奉行とも協議、調整を行っている。巡見の里程書き上げは検見衆が作成し、また、宿泊・休憩場所は、筋方役所から藩主に提出され決定された。

②供廻り家中の準備　①の通り、行程と、宿泊・食事などの調達の基本的な段取りが決定されると、次に、三月十三日に藩主から家老・用人への藩主御書付により、供廻りの家臣の人事と勤め方が通達さ

れ、同日には、供廻りによる村々への迷惑行為の禁止を命じる藩主御書付も出された。その後、三月十六日から二十日にかけ、供廻りの家臣に、宿泊・昼休の旅籠代の支払方法、挟箱持の人足の手配、持参荷物の受け渡し方法など、具体的な段取りが順を逐って知らされた。

③村方への巡見触　②と並行して三月十三日には、巡見にあたっての村方の取り計らい方が家老から筋奉行に通達された。内容は、孝心・奇特者を道筋へ呼び寄せること、農業には構いないこと、村からの御目見・献上物の禁止、の三カ条であった。これを受け、筋奉行から代官、さらに村へと詳細な巡見触が出されたと思われるが、寛政四年については現在のところ確認できない。これはおそらく同年の「御領分御廻り留」の編集基準により収録されなかったためと思われる。

村方への巡見触

寛政七年と文化十四年については、道筋の村方に達せられた巡見触が確認できる。以下では、触書の内容を見ておきたい。

寛政七年触は、享保元年触と同様、簡素な対応、道筋の諸準備を村に通達している。この触で注目されるのは、彦根藩から先年に孝心者として褒賞された者が巡見道筋にやって来たときの世話を命じた箇条（十五条）である。これは、孝心・奇特者の道筋への呼び寄せを命じた同年三月十三日付けの家老達書を受けてのものであった。

文化十四年触の内では、まず、一条目で、休泊所前の盛砂・飾り手桶をおこなうことを義務づけていることが注目される。享保元年の巡見触では、逆に盛砂は禁じられていた。休泊所の威儀が高められている。また、穢れの忌避に関する箇条が新たにあらわれる。道筋の雪隠などを葭簀で囲うことを命じたものと、通行時に葬所の煙をあげることを禁じたものである（八・十一条）[17]。

これらの箇条の意味については3章で位置づけを試みるが、ここでは、藩主の権威の質的な変化と関わる問題であることのみを指摘しておく。

供廻り人数の構成

次に供廻りの人数・構成の特徴を直惟から直弼の時期にわたって見ておきたい。巡見の供廻りの特徴は、巡見前の供触の内容から、以下の通り指摘できる。

第一に、全体の人数については、享保元年（一七一六）の直惟北筋巡見が四一〇人、寛政三年（一七九一）の直中南筋巡見が一三七人、文化十四年（一八一七）の直亮北筋巡見が一三五人、嘉永五年（一八五二）の直弼北筋巡見が二二八人である[18]。寛政三年の巡見で大きく減少、文化十四年の巡見で微減、嘉永五年の巡見では増加となる。

享保元年に較べ寛政三年の供人数が少ないのは、北筋と南筋という対象地域の違いよりも、巡見の基本方針の違いに基づくものであろう。先に引用した史料3では、直中は、「此度御領分御廻り被遊候義、御鷹御逍遙御止メ被遊」、「御人数を茂格別御減少被遊、到而御手軽く可被召連候旨被仰出候」と述べ、御鷹方の野廻りに関わらず供割をするよう方針を達しており、実際、鷹役など鷹狩り関係の役人が参加していない。先代直幸の「南筋御泊り御鷹野（鷹狩りのこと―引用者）」よりも簡易にする方針であった。また、騎馬徒・歩行が勤めた馬付・鑓付・挟箱付・平供などが見られなくなり、かつ知行取藩士・切米取藩士が召し連れる又者（若党・草履取など）の人数が制限され、供廻り人数削減されていることがわかる。

一方、嘉永五年に供廻りの人数が増加するのは、鷹狩り関係の役人、その又者、中間などが増加したことの影響である。基本的には、寛政三年・文化十四年と同じ傾向とみてよいと思われる。

第二に、供人数の構成について。文化十四年・嘉永五年の供触等の史料における供の書き上げは、知行取藩士・切米取藩士と、足軽以下とを区別する(19)。これは、士とそれ以下の者という、彦根藩士における身分階層区分と対応している。前者の内、切米取は小姓・騎馬徒《きばかち》・歩行《かち》であり、医師の内にも切米取がいる(20)。他方、後者は、足軽・扶持人・中間・定夫・日雇からなる。

以上、供の人数と構成を見たが、寛政三年の巡見以降は、必要最小限の人数であり、行列を誇示しようとする意図はうかがえない。また、筋奉行は配下の足軽組を従えたと推定されるが藩主一行とは、別働隊であり、藩主一行には、足軽が配備されていない。軍事的な示威行動でない点にも注意すべきである。

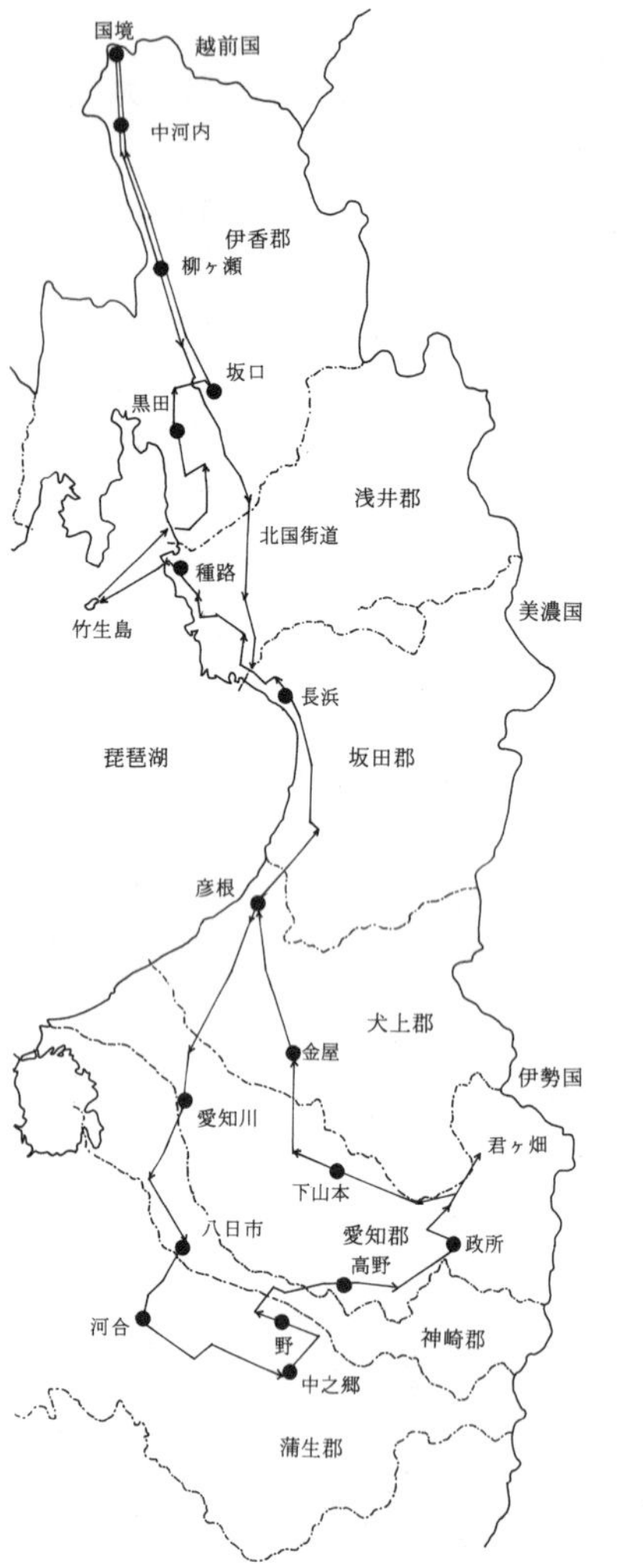

図2　寛政3年・文化14年の藩主巡見行程地図

注）地図上の●は、宿泊場所、昼食休憩場所を示す。

3　直中・直亮の巡見の実施過程

巡見の行程

寛政三年の直中による南筋巡見と、文化十四年の直亮による北筋巡見の行程は表1の通りである。行程の詳細を地図上であらわしたのが図2である。

寛政三年の巡見は、南筋への巡見が確認できる最初の事例である。行程の特徴は、第一に藩領南部の境界域の村々が目的地となっていることである。彦根藩領南部の愛知川以南、すなわち現在の五個荘町・八日市市・蒲生町・日野町・永源寺町の地域では、藩領は他領と錯綜する。蒲生郡今堀村・布施村・川合村・綺田《かばた》村・蓮花寺村・中之郷村等、最も外縁となる村々は、いずれも宿泊・昼休・小休の場所とされた。綺田村と蓮花寺村などは、隣村であるにもかかわらず、ともに小休の場所となっている。つまり、境界地帯での休泊場所の設定は、移動の距離によるのではなく、境界域の村の全てに藩主が留まるという意図にもとづいて設定されているのである。

第二に、近江国と伊勢国との国境近くの鈴鹿山系の山間部の村に赴いている点である。黄和田村・政所村・蛭谷村・君ヶ畑村（いずれも現永源寺町）など険しい山道を一日で踏破している。

第三に、以上の二点の裏返しとなることであるが、外縁部の目的地と道筋以外の村を巡見しようとする意図は見られない点である。なお、彦根から八日市までの南下の行程では、可能な限り、中山道などの街道を通行することを避けている。

一方、文化十四年の北筋巡見の行程は、延宝七年（一六七九）と享保元年（一七一六）の北筋巡見と較べた場合、相違点は、①彦根から長浜までが陸路となっていること、②長浜から越前国境に向かう際に北国街道ではなく琵琶湖寄りの行程をとり竹生島に参詣していること、③美濃国境に向かわず、越前国境から彦根まで南下して帰ってくること、以上の点である。寛政七年の北筋巡見もほぼ同じ行程であったと推測される(21)。

以上のように、直中・直亮の巡見も基本的には、北筋・南筋ともに国境に向かうことを目的としたものであった。

藩主直亮、国境に臨む

次に藩主の国境での行動について、藩主の所作・言葉にも注目し、見ておきたい。ここでは文化十四年三月十三日から十五日にかけての越前国境周辺地域での様子を取り上げる。

三月十一日、彦根城を出発した直亮一行は、十二日には、竹生島参詣を果たし、十三日には、賤ヶ岳・菅山寺などに立ち寄りながら巡見をおこなった(22)。

菅山寺参詣後、北国街道を北上し、国境方面へ向かった。中之郷村で小休をとり出発した頃は、すでに暮れ時であった。東野村付近で日が暮れ、行列の先に提灯が出され、小谷村付近からは松明も焚かれた。五ツ時（午後八時）頃、柳ヶ瀬宿の本陣猪平宅に到着した。宿の入口に、関守の柳ヶ瀬護右衛門、同静七郎、北国聞合役である椿坂村の鈴木庄司が藩主を出迎え、小姓が披露した。本陣では、筋奉行を通して、護右衛門・静七郎がそれぞれ肴一折を献上し、金子二百疋が下付された。関守・北国聞合役は、彦根藩の役職であり、在村しながら藩から扶持を支給される存在であった。

三月十四日は、前日の宿泊地到着が遅くなったため、五ツ時（午前八時）過ぎの出発とされた。北国聞合役の鈴木庄司が案内として、駕籠先に立ち、直亮の尋問に答えた。柳ヶ瀬宿の北のはずれにある柳ヶ瀬関所では、関守と番人が麻裃を着用のうえ平伏し、藩主を出迎えた。

その後、椿坂村の鈴木庄司宅にて小休があり、鈴木が肴一折を献上し、「先例」として熨斗目も献上した。さらに中河内村の峠茶屋嘉十郎の所にて小休をし、見当山に登った。この登山は急峻な道のため、巡見にあたって道を改修している。なお、登山にあたっては、藩主の荷物は茶弁当と床机だけとし、供廻りにも「例外之儀」として杖の使用が許されている。山上では、若狭・丹波・越前の山々・海などを眺望し、「五位ヶ谷之峯」に「見当石」を建てていることを鈴木庄司が直亮に絵図を見せ説明している。

昼は、中河内村又市宅を本陣とした。又市から先例により薯蕷（ながいも）一包の献上を受け、金子百疋を下付した。

この後、直亮一行は目的地である越前との国境である栃ノ木峠へと向かう。国境近くに到着し、茶屋弥右衛門にて小休を取る。弥右衛門からは橡餅一箱の献上があり、金子百疋が下付された。小休後、直亮は国境に臨んだ。ここでの直亮の立ち振る舞いは、特に重要であるので史料を引用しておこう。

【史料5】

右茶屋（弥右衛門の茶屋のこと―引用者注）直ニ側より越前之国ニ成候由ニ而、其所誠ニ手廻り計ニ而御覧被遊、直ニ始之御道江御帰り被遊

但、茶や之庭之垣之下坂道者越前之由、其坂之下ニ大木之橡之木有之、秀康中納言御入国之節、見事成木故、大切ニ致置候様被仰出候故ニ、今ニ垣致有之候、茶や之左之方山大木之とちハ越前、小木之橡は近江国之由ニ御座候

供廻りを減らした上で、直亮自身が道脇を入り、まさに国境の境目に臨み、ただちにその場を立ち去っている。すぐに立ち去るのは、国境侵害などの事態に配慮してのことであろうか、その理由はわからないが、少なくとも目立つことを避けているように思われる。藩主自身がまさに国境の現場に立たなければならないという点に、この行為の重要性が表現されているように思われる。

国境の見分を終えた直亮は、七ツ時（午後四時）、その夜の宿泊地としていた中河内村本陣又市宅へ戻った。本陣門内で直亮は下乗し、士分（知行取・歩行以上の供廻り）を召した上で、「大儀」と声を発する。用人正木舎人が「御取合」をおこない、士分の者が礼を言上した。足軽以下の供廻りには、正木舎人から目付役を通じ、「一段ニ思召」す直亮の意向が達せられた。すなわち、ここでは、藩主巡見の目的が完了し、直亮から供廻りへ、ねぎらいの言葉がかけられている。以上の経過からも国境の見分が藩主巡見の目的であったことが明らかである。(23)

巡見先における贈答

巡見先では、藩主と領民との間で贈答が行われた。贈答は一部の者に限られていた。寛政三年三月十三日の筋奉行宛の家老達書では、「一、村々御出先江御目見等ニ罷出、献上物等堅不仕候様可被取計候事」とあり、御目見と物品献上が制限されていた。

贈答は、寺社を参詣した際の寺社との間でのものと、藩主の宿泊および休憩先となった宿場役人、有力百姓との間でのものとに限られていた。いずれも、寺社あるいは宿場役人、有力百姓から藩主に物品が献上され、それに応え藩主から金子・銀子が下付される。

献上される物品の内容は、多様であった。坂口村での飴など、その場所での名産品も含まれている点に特徴がある。

一方、金子・銀子の下付についても、いくつかの区分が見られる。また、文化十四年の段階では、これらの贈答は先例として認識され、固定されている。このように特定の有力百姓が藩主巡見に際して、休泊の御用を勤め、御目見・披露の上、献上品を指し上げるという、特権的な地位を得ることが地域の中で及ぼした影響は少なくなかったと思われる。(24)

孝心奇特者の褒賞

同じく寛政三年三月の家老達書には、「一、孝心者奇特者有之候ハヽ、御道筋江親子共罷出候様可被致候、尤先達而御褒美被下候者共是又夫々御道筋江罷出候様可被取計候事」と、孝心奇特者と過去に褒美を頂戴した者が藩主巡見の道筋に出てくるように手配が行われている。

藩主巡見に際しての孝心奇特者への褒賞は、享保元年の巡見では確認できない。彦根藩で孝心奇特者への関心が高まるのは、十八世紀後半と推定される。なおも今後の史料発掘が必要であるが、彦根藩領民への孝行奇特者の褒賞が寛政年間頃に行われるようになり(25)、寛政三年の巡見にも導入された可能性が高いと思われる(26)。「孝義録」の編纂などに示される幕府の政策動向が彦根藩に影響を及ぼしたことも検討する必要があろう。

巡見における孝行奇特者への褒美下付の全体像がわかるのは、文化十四年の巡見である。「北筋御領分御廻留」は、巡見結果の記録であるが、巡見行程部分の記載で褒美金下付の様子を記し、かつ帳面末尾に孝行奇特者の行状をまとめて記している。

この巡見時に、孝行奇特者として褒美金を下付されたのは二十名であった。いずれも過去に「本米」あるいは「救米」を下付された者であった。親への孝行と農業への出精が孝心奇特の基準とされ、下付される米には、本米五俵・救米三俵・救米二俵の三ランクがあった。巡見の際の褒美金の下付は、休泊所の入口のほかに、村間の道筋でもおこなわれた。先述した通り、これらの場所に孝心奇特者が出向くように筋奉行が事前に段取りをつけており、藩主一行は、孝心奇特者の「出所」に関し事前に筋奉行から報告をうけていた。

本米受給者と救米受給者とでは、藩主の前での扱いが異なった。本米受給者は、代官から藩主に披露され、藩主から「何ぞとらせ」との御意があり、代官が請ける。救米受給者は披露ばかりで御意はない。本米受給者と救米受給者とが同じ場で披露される場合は、両者の間は意図的に十間（一八メートル）ばかりの距離が置かれ、本米受給者のみが御意をうける形がとられている。本米と救米との褒賞としての差は、米の量的な差だけでなく、藩主との儀礼行為における格差でも表現されていることがわかる。

孝行奇特者への披露・褒美は事前に周知され、孝心奇特者とされた領民は、晴れの場で藩主と身近に「目見《まみ》える」という最高の「栄誉」を与えられる。この儀礼行為は他の領民の目が集まるのを意識したもので、彦根藩側からみた、あるべき領民像やその規範を地域社会に浸透させる効果があったと思われる。

また、この巡見では、三例のみであるが、「極難渋者」にたいして米の下付が命じられている。例えば、越前国境の中河内村では、「御帰り道御歩行ニ而国境より少シ下り候所ニ三軒家有之、其内壱軒極貧窮難渋者之由、御目ニ留り、御尋之上御米被下置候事」という様子であった。他の一例も「極難渋者御目ニ留り御米」を下付されたものであった。これら極難渋者については、帳面の末尾に生活状態が記されているが、彼らの生活は困難を極めている。この状態が藩主の目に留まり、米を下付され救われるというのは、話としては少々出来すぎであり、事前に仕組まれた演出のようにも思われる。ただ、仕組まれたかどうかは別として、藩主が偶然行きがかりに極難渋者を目にし、米を施すという行為は、藩主の領民に対する憐愍の心を示すものとして、領民に強い印象を残したと思われる。

孝心奇特者と極難渋者。この領民の内の対照的な両者が藩主に御目見することにより、藩主が寛大で慈悲あふれる存在として浮かび上がってくる。この儀礼行為はこのような効果を持っていたのである。

領民を意識した巡見へ

以上のように、直中・直亮の藩主巡見は、国境に藩主が臨むという本来の目的を保ちつつも、領民を儀礼の参加者として組み込む方向性が見られる。さきに、巡見の意志表明が、生活者・勤労者としての領民を強く意識し、領民に対する慈悲の思いを全面に押し出した内容に変化したことを述べたが、このような意図が実際の巡見において具体化したものといえよう。

また、右の変化が同時に、藩主の神聖化ともいうべき現象をともなっていることが重要である。先に、巡見に際しての法令で、盛砂が禁止から義務へと変化したこと、通行時の葬所の煙の禁止など、穢れの忌避の傾向については指摘した。

一方、領民からの藩主に対する視線にも変化が生じている。

文政二年（一八一九）四月の領内巡見にあたって出された四月二十日付け筋奉行達書に、盛砂、葬所の煙に関する規定とならんで、「一、村々ニ而御通行拝し申度面々ニハ居村之内ニ而慎ミ拝礼可仕事」という箇条がみられる。「村々で藩主の通行を拝したい百姓の面々は、（道筋に出てこないで）居住する村の内で慎んで拝礼をせよ」との意味である。

ここで注目したいのは、村々の百姓が藩主に対して「拝礼」するという点である。領主法令の文言であるが、一定の現実をふまえてのものと思われる。領民が藩主を神聖なものとして見る動向があったと推測される。享保元年の法令では、藩主の休泊場所に領民が「見物」のため群集することを禁じていた。おそくとも十九世紀前半には、領民の藩主に対する視線は、明らかに享保期とは異なる段階に至っていたと考えられるのである。

民衆世界の成熟・百姓の社会的地位の上昇に規定され、彦根藩の領民支配において、生活者・勤労者としての領民への意識が強まる。にもかかわらず、というよりむしろそれ故に、領主支配のあり方、すなわち領主の領民に対する態度が、イデオロギー的、儀礼的な色彩を帯びてゆく。この時期の藩主巡見の内容変化は、このような過程における現象として把握できるのではないだろうか。

4　井伊直弼の領内巡見

「領内端々村方まで残りなく巡見すべし」

嘉永三年（一八五〇）十一月、井伊直弼は直亮の跡を継ぎ、彦根藩主となり、翌四年六月に国元彦根への初入部を果たした。世嗣となるために江戸に出発してから五年ぶりとなる帰国であった。

八月十八日、直弼は、次のように巡見の実施を表明した。

【史料6】(27)

一、八月十八日、御領分御廻之義被仰出、御用番伊予殿江御趣意致書取、同廿一日、相渡ス、左之通
今度御領分端々村方迄無残可被御巡見候段被仰出、御先例与替候得者御不都合者可有之候得共、御休泊・御小休之在々普請者勿論、所飾り候義可為無用候、道橋之義も仮成ニ而宜、村方之煩ニ不相成様致、是非当御在城中御領内不洩様御巡見被遊候思召ニ候間、其御趣意致貫通、村々江可被申渡候

直弼の巡見の趣意は、側役が書き取り、二十一日に用番であった家老西郷伊予に伝えられた。休泊場所、道や橋の普請の簡素化、村方負担の軽減にかんしては従来の基調とかわらない。ところが、ここで注目すべきは、「領分の端々まで残りなく御巡見」を実施すると述べている点である。さらには、「当在城中」にもれなく巡見を実施すると強い意気込みを見せている。

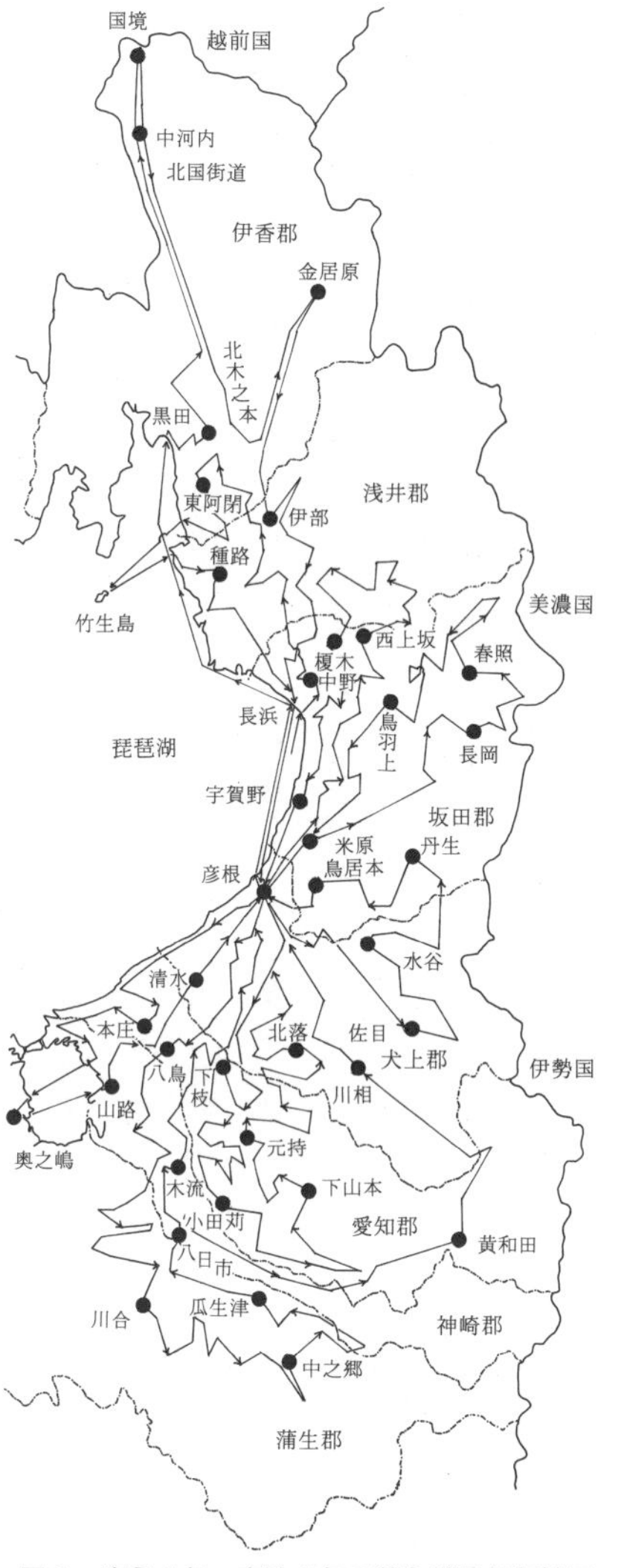

図3　嘉永4年～安政4年の藩主巡見行程地図
注）地図上の●は、宿泊場所を示す。昼食休憩場所は略した。

そして九月十五日から十九日の南筋浜手（琵琶湖岸）の村の巡見を皮切りに、以後、安政四年五月までの間に合計九度の巡見が実施された（表1）[28]。直弼の巡見地域を地図上にあらわしたのが図3である。巡見の範囲が直弼以前の巡見（図1、図2）とくらべ格段に広がっていることがわかる。直弼の言葉通り、まさに「領内端々村方まで」巡見がおこなわれたのである。巡見実施対象地域という点では、直弼の当初の目標が果たされたことになる[29]。

また、直弼の当初の予定とは異なり、巡見は結果的には三度目の在国期間中にまで及んだが、直弼はその間も巡見の早期完遂を意図していた[30]。

巡見実施の背景

では一体どのような理由で、直弼はこのような徹底した巡見を実施したのであろうか。

管見の限り、その理由を直接に示す史料は確認できない。嘉永三年当時の彦根藩および直弼が置かれた状況から、直弼の巡見の実施理由を考えてみたい。当該期の彦根藩および直弼に関する三つの先行研究の成果をふまえ、右の課題に接近したい。

第一に、彦根藩の相州警衛に関する研究である。

弘化四年（一八四七）、彦根藩は、江戸への異国船渡来にそなえた海岸部防衛対策として相模国三浦半島沿岸の警衛を幕府から

命じられた。いわゆる相州警衛である。彦根藩ではこの役割を井伊家の家格にそぐわないものと受け止め不服とし、同藩が本来の役割と認識していた京都守護への任命を求めてゆく。この「旧格」復帰が嘉永三年段階の彦根藩にとって最大の政治課題であった。彦根藩による相州警衛を「旧格」復帰という政治運動の観点から論じた岸本覚は、「旧格」復帰は、弱体視され悪評であった彦根藩の警衛を充実させる方策がとられ、その結果、「旧格」復帰運動により、京都守護を獲得する成果がもたらされ、同時に、大規模な軍事改革による軍制の編成替がおこなわれたことを明らかにした。あわせて彦根藩の職制全体に影響する問題であることも指摘している(31)。

第二に、井伊直弼の政治意識と政治行動に関する研究である。

井伊直弼の政治行動の特徴について論じた母利美和の論考では、本稿との関わりから言えば、以下の点が注目される(32)。①直弼の政治意識は弘化三年（一八四六）に世嗣となって短期間かつ急速に培われたものであること、②それは彦根藩儒者中川禄郎の儒学的政治観、長野義言の影響による神道的国体観、彦根藩が歴史的に築いてきた家格意識も含む歴史観を基礎としていること、③中川禄郎からは彦根藩領内の実情に即して藩主としての仁政のあり方を説かれていたこと、以上の点である。

第三に、近世後期の彦根藩の地方支配政策の基調を論じた研究である(33)。東谷智は、彦根藩の宝暦期の改革が、狭義の藩機構の財政再建だけでなく、村方の財政を含む藩領全体の財政改革であったことを指摘した。また、筆者も、①右の政策基調が宝暦期以降も継続し、かつ村方居住者の商いを禁じる農本主義的な政策が触れられていること、②直弼の藩主就任後の嘉永四年末から五年にかけ、領内百姓の公事訴訟で障害となっていると認識されていた筋奉行配下の元締役と郷中用懸かり、郷宿の癒着の構造を排除する政策が打ち出されていることを指摘した。中川禄郎が嘉永四年十月に、直弼に献呈した「蒭蕘之《すうぎょうの》言《げん》」では、政道の基本を仁（慈悲の心）であるとし、「農業国本（農業は国の本）」と題し、百姓の年貢の上納法や郷宿入用等に関し具体的な弊害を指摘する。また、「胥吏《しょり》之弊」として、寺社方・筋方・代官方の元締を「虎威をかる狐にて廉潔の者十ガ二三なり」と酷評する。「胥吏」とは役所の下役人の意である。

この元締に対する評価は、嘉永四年の元締役等の公事訴訟からの排除につながるものである可能性がきわめて高い。つまり、直弼の藩主就任後の領内統治政策に中川禄郎の影響が及んでいると推定できるのである(34)。

以上の三つの研究成果をふまえ仮説を提示すれば、嘉永三年段階の直弼の政策意図は次のように理解できるのではないか。

嘉永四年段階で彦根藩の最大の政治課題であった「旧格」復帰、すなわち相州警衛の免除、京都守護の地位獲得のため、直弼が採った方法は、彦根藩への「悪評」を取り除くための相州警衛の強化・充実であった。この強化・充実面にむけては、軍備自体の充実のほかに、軍事組織をはじめとする藩組織の編成替、藩士の士気向上、また、「莫大之御入費」がかかる財政負担の問題などが当時直面していた課題であったと考えられる。

嘉永四年の初入部後に立て続けに直弼によって実行された政策、すなわち、公事訴訟からの元締の排除と、新たな方式での領内巡見、弘道館改革は、彦根藩の組織強化のための政策であったと考えるべきであろう。

弘道館改革は藩士教育を通しての家臣団の文武にわたる強化であった。他方、公事訴訟からの元締の排除は、裁判の公正化とともに、村の費えを減少し、村財政を健全化する意味を持つ政策であった。領内の村を含み込む形での藩財政の再建政策という宝暦期以来の観点がその歴史的前提としてあったと考えられる。

そして、領内巡見は、国の本となる百姓（農業国本）に藩主の仁、すなわち慈悲の心をもたらし、領内の人心を掌握するためのものであったといえよう。

直弼の領内巡見は、従来の国入り儀礼としての藩主巡見を基礎としつつも、嘉永三年段階に彦根藩がおかれた政治状況―すなわち西洋列強諸国への幕藩権力の対応と、幕藩体制における軍事の再編成の中での彦根藩の地位の確保―に規定され、藩の組織体制強化のための領民の統合をはかる目的をもって実施され、従来以上に藩主の仁政を強調する必要が要請されたものであった。したがって、以前の巡見をはるかに越える規模で実施された。直弼の巡見の変化の理由を仮説ながら以上のように提示しておきたい。

褒賞対象の拡大

直弼の巡見の実施内容を見たとき、巡見範囲の拡大ばかりでなく、巡見の場でおこなわれる行為自体に大きな変化がみられる。

従来の孝子・奇特者は、父母への孝行者と農業出精者であったが、異なる内容に対する褒賞が行われるようになる。

一つには、村単位での褒賞である。嘉永四年九月十五日から始まった直弼の最初の領内巡見で、神崎郡垣見村には、「農業格別出精致ニ付被下」として、米札銀三十二匁を下付している。また、三度目の北筋巡見では、坂田郡下多良村には、「右村方者余業商等致候者壱人も無之、一統農業出精仕、昨冬之御年貢納等ニ茂、松原於御蔵方、外村方ニ相勝レ上米相納、御皆済も早ク仕候趣ニ付、何卒農業出精仕候儀、御褒美被下置候様仕度奉存候」と筋奉行から出願があり、米札金二百疋が下付された。彦根藩では十八世紀半ば以降、百姓の商いに従事することを禁じる商業抑制の法令を度々発令している(35)。下多良村は、藩の政策によく従い、かつ年貢上納の成績も良い模範的な村として表彰されたというわけである。

二つには、村方の成り立ちに貢献した者への褒賞である。例をあげておこう。

神崎郡川南村の十介は、「郷中難郷数ケ村用懸り相勤格別出精」により、銀八匁を下された。また、愛知郡下枝村藤野四郎兵衛は、「浜手水損之場所揚地御用懸肝煎」を勤めたことにより、藩主の直書を下されている。藤野は蝦夷地交易商人であり、彦根藩に多額の献金を行った人物としてよく知られている。彦根藩では十九世紀に「用懸かり」として村方有力者に種々の御用を命じている場合が見られるが、これらもその一例である。坂田郡加田村庄屋は、三十年以上の庄屋役勤続を励み、奇特者として褒美を受けており、一村の庄屋の勤功も褒賞と対象とされた。

このように、村やさらに広域の地域社会の存立への貢献が褒賞の対象とされているのである。ここには、藩が藩領全体に働きかけ、その能動性を喚起しようとする姿勢が見られる。個人レベルの孝行・奇特者褒賞とは段階的に異なる、地域社会の成熟に対応した褒賞であると思われる。

難渋人の取調と御救い

先に見たように、直亮の巡見では、難渋人への救米の給付は、偶発的かつ個別的な形をとった。ところが、直弼の巡見では、新たな方式が導入された。次に掲げたのは、一度目の南筋巡見時の側役の記録である。

【史料7】

一、今日御巡在村々難渋者江御憐愍被下之思召ニ付、取調被下方付出候様被仰出候間、田中三郎左衛門・佐藤孫右衛門江相達置候処、取調伺出候間、申上候処、窺之通為取候様被仰出候間、相達、先達而御救被下之割方ちと不碍ニ思召候間、此度者不碍ニ不相成候様相考、取斗可申候旨御意ニ御座候ニ付、是亦相達置、

田中は南筋奉行、佐藤は北筋代官である。かれらが、巡見の道筋の村々の難渋者を取り調べ、伺いの上、御救いが給付された。御救いの割り方が問題とされていることから、多数の人間に配分されるものであったこともわかる。

愛知郡竹原谷村や同郡常安寺村などは、難渋人が村に一人もいなかったとして村役人が褒賞されている。しかし、このような村はごくわずかである。このことから逆に、実際の取り調べは、村単位に村役人によりおこなわれ、また大半の村では難渋者が申告され、筋奉行・代官に報告されていたことがわかる。

つまり、直弼の巡見では、村による難渋人調査・報告を受けての村単位での御救い給付という新たな方式が導入されたのである。村への救米の給付制度は、彦根藩では恒常的なものであったが、藩主巡見を契機とした御救いは、領民に藩主の恩恵をより直接に意識させる効果を狙ったものと思われる。藩主が通ったあとには、恵みがもたらされたのである。

その他、直弼の巡見では、長寿者のほかに、聾唖者への米札金の下付の事例も見られる。

医師による難病人への診断と施薬

直弼の巡見から新たに登場する行為の一つに、難病人の救済行為がある。嘉永五年三月四日からの北筋巡見では、同日、坂田郡常喜《じょうき》村にて、長病人の庄治郎が医師の診察を願い出、直弼は奥医師小県清庵に診察を命じている。また、安政四年（一八五七）五月の中筋巡見では、巡見の供の医師中が、道中での難病人の診察結果を側役に報告している。それによれば、犬上郡保月村では、それぞれ「痰喘浮腫」、「支飲之症」、「産後之長病」、眼病の四人が医者中島宗達らの診察をうけ、調合した薬を与えられた。手足が弱っていた下丹生《しもにゅう》村の老女には、宿泊地に来られなかったため、医者が村役人から容態を聞き、薬のみを渡している。なお、願い出ればいつでも施薬することを医師中からこれら五名の者に申し渡している。

愛知川難所の見分

南筋巡見では、愛知川の川除普請場所の見分にも注意が払われていたようである。愛知川は、江戸時代後期の彦根藩では、「愛知川上之手者無類之難所多」い場所であると認識されていた。[36]

愛知郡小倉村での様子は次のごとく記す。

【史料8】

一、此村（小倉村—引用者注）より安民猿尾御歩行ニ而御覧御出被遊、川除奉行湯本原太郎罷出居御小姓申上ル、御意有之、所々御普請

所御尋有之、直中様・直亮様御代大徳猿尾両所ニ字御附被遊候、
　外村迄御歩行被遊、愛知川筋壱番之難所之由

小倉村にある愛知川堤の安民猿尾と大徳猿尾を直弼が歩行で見分している。文中に「直中様・直亮様御代大徳猿尾両所ニ字御附被遊候」とあるのは、大徳猿尾と安民猿尾の名を直中・直亮自らが名付けたとの意味であろう。これらの堤普請は彦根藩の大規模普請によって築かれたのであろう。「大徳」「安民」の名前は、その幸せをもたらした藩主の恩恵をおのずと領民に意識させる言葉であった。そのような場に直弼が行くことは、勧農行為者としての藩主の役割を象徴的に示すという点で、また藩主自身にその自覚を促すという点でも重要な意味があったのではなかろうか。

村からの贈り物

直弼の巡見は、従来の巡見にくらべ明らかに領民との接触機会が増えている。たとえば、村からの献上品の事例が散見する。直弼より前の巡見で、献上品は厳しく制限されており、参詣した寺社と、休泊所を提供する有力百姓ばかりであったのと対照的である。

村からの献上は、犬上郡の山間部を廻った安政四年五月の巡見を例にとると、四手村《しで》（梨）、仏生寺村《ぶっしょうじ》・八重練村《やえねり》（岩梨）、屏風村・後谷村《うしろだに》・上丹生村《かみにゅう》・男鬼村《おおり》（自然薯）、落合村（山葵）、屏風村（小豆）、今畑村（山椒）、上矢倉村（干柿）などであった。村の産である素朴な品が多い。側役の記録で、村からの贈答が村役人からの贈答という表現になっていない点にも注意しておいて良い。おそらくは、この贈答は藩主直弼を村に迎えるに当たって、村全体の歓迎の意をあらわすという形がとられているものと見て良いであろう。

直弼の巡見の特徴

以上、本章では直弼の巡見について見てきたが、巡見範囲と巡見中の行為、つまり量と質の両面において彼以前の藩主の巡見とくらべ飛躍したものであったことが明らかであろう。

巡見で直弼が直接に接触した相手は、参詣先の寺社、宿泊施設提供者、孝心奇特者・長寿者であり、この点は、前代の藩主巡見と大きく変わらなかった。ただし、村・地域社会の成り立ちの功労者あるいは村への褒賞や、村単位での難渋者への救済、村全体での贈答行為など、間接的ながら、藩領全体の広範な諸階層への働きかけが意識され、巡見が行われている点に直弼の巡見の重要な特徴が見いだせるのである。

おわりに

以上、四章にわたり、彦根藩主の領内巡見の展開過程を見てきた。四代直興から直富以前の巡見は、新藩主の入部儀礼であった。国境への意識が極めて高く、藩主が自らの統治する領地を確認するという、領内統治のための象徴的な儀礼であったと思われる。

十八世紀後期以降、十一代直中と十二代直亮の巡見は、基本的には、前代からの性格を引き継ぎながらも、「民之風俗・農業艱苦の所」を藩主が実見することを表明し、また孝心・奇特者の褒賞、難渋者の御救が実施されるなど、領民の存在を意識した儀礼の側面があらわれる。

右の新たな側面は、十三代直弼の巡見において大きく展開した。巡見範囲の拡大（巡見村の増加）、褒賞内容の拡大、間接的ながらも領民諸階層との接触など、この時点で、藩主巡見は領民を客体とし、その統合をはかることを目的とした儀礼へと変質した。この変質の原因は、嘉永年間当時の彦根藩がおかれた政治・軍事状況にあったと仮説を提示した。

彦根藩の藩主巡見において、この機会に藩主と接触しえた者は、藩主との固有の由緒を持つ者となった。しかし、直弼より前の巡見では、そのような領民は少数で先例により固定的な存在であった。直弼の巡見は、このような特権的な存在の範囲を拡大することになったと考えられよう。つまり、藩領の諸階層が藩主巡見という儀礼に関わる、あるいは藩主とともに儀礼を行い、「共演者」として儀礼空間を共有することによって、藩主直弼と固有の由緒を持つこととなったのである[37]。

明治国家においては、天皇の巡幸を国民の視覚にうったえる国家儀礼として、その国民統合に大きな役割を果たしたと言われる[38]。直弼の巡見でみられた領民を客体とした藩主の儀礼は、右のような「大衆」に対する政治支配の一つの歴史的前提と言えるかもしれない。

【註】

1 天明四年（一七八四）に、当時世嗣であった井伊直富が領内巡見をおこなっている。ただし、父直幸の御用部屋入・大老就役に伴い、直富が藩主の役割を果たしていたので、直富の巡見は藩主巡見と同じ性格のものと見てよい。

2 ほかに十八世紀末以降、藩主の御鷹場巡見がある。当時、彦根藩では、将軍家から井伊家に与えられた御鷹場が近江国一国と山城国淀堤に及ぶ範囲であるという認識を持っており、寛政十一年（一七九九）に井伊直中による近江国内の鷹場巡見が「復興」され、以後、数度にわたって実施された。彦根藩の鷹場については、岡崎寛徳「近世中期における彦根藩『御鷹場』の認識」（関東近世史研究会編『近世の地域編成と国家―関東と畿内の比較から―』岩田書院、一九九七年）を参照。

3 『近江愛智郡志』、『近江長濱町志』など。

4 大友一雄『日本近世国家の権威と儀礼』（吉川弘文館、一九九九年）。

5 享保元年（一七一六）「御領主様御国廻記」（『林文書』藩政1、滋賀大学経済学部附属史料館寄託資料）。

6 享保・元文期は、先例の蓄積により、武家儀礼が整備され固定化がすすむ時期である。その基礎となったのは、大友一雄が幕府寺社奉行の情報管理と記録作成で指摘したような、情報管理体制の整備があったと思われる（大友一雄『江戸幕府と情報管理』臨川書店、二〇〇三年）。徳川吉宗による大名から幕府への贈答品の先例調査と整備（本書所収、岡崎寛徳「享保期井伊家の贈答儀礼と幕政・藩政」）、享保十三年の日光社参が井伊家をはじめとする各大名への先例調査によって整備され実施された事実（本書所収、野田浩子「井伊家の家格と幕府儀礼」）もこの動向として理解できるものであろう。彦根藩主の領内巡見の儀礼化も、右の動向との関わりで位置づけられるかもしれない。

7 井伊直通が彦根に滞在したのは、京都上使を勤め、江戸から上京する際に立ち寄った宝永六年（一七〇九）五月二十五日から同月二十九日までの五日間のみであり、かつその期間は上使の準備に時間が使われたことから、その期間に領内巡見はなかったと推測される。また、直恒と直禔はともに藩主就任直後に死去しており、藩主として彦根に帰国することがなかった。本書「井伊家歴代の居場所」表をあわせて参照のこと。

8 八代直定・世嗣直富の最初の彦根滞在は、京都上使として上京する際の「立寄」であり、二度目の彦根滞在が初入部と認識されていた。この認識は、彦根藩井伊家の公式な系譜である「系譜」［三〇四七四］（『新修彦根市史』第六巻史料編近世一、一号に翻刻掲載）に示されている。［　］内は彦根藩井伊家文書（彦根城博物館所蔵）の調査番号、以下同じ。

9　近江国内の彦根藩領は、北筋・中筋・南筋の三筋に分けられ、各筋は二〜三名の筋奉行が管掌した。北筋は天野川右岸地域より以北、南筋は犬上郡と愛知郡の郡境南側地域より以南がそれぞれ筋境とされ、その間の彦根城下周辺地域が中筋であった。

10　十四代直憲の巡見は、近代移行期の彦根藩の領内統治の問題を検討する上でも重要と考えられるが、現段階では史料収集が十分でなく未検討であるため、本論では取り上げられなかった。

11　前掲註5「御領主様御国廻記」。以下の直興・直惟の巡見に関する記述はすべてこの史料による。

12　筋奉行と代官については、東谷智「彦根藩筋奉行の成立と機構改編について」、渡辺恒一「近世後期彦根藩地方支配機構の改編について」（藤井譲治編『彦根城博物館叢書4　彦根藩の藩政機構』彦根城博物館、二〇〇三年）を参照。

13　『日本国語大辞典』縮刷版第一版（小学館、一九八一年）。

14　八代直定・十代直英（直幸）・世嗣直富の巡見については、現時点では、北筋巡見を実施したことが判明するのみで、その内容は不明である。ただ、北筋巡見のみ事例しか確認できず、かつ本文でも述べるように直中の巡見で南筋の藩主巡見が始まったと推測されるので、現時点では、直中・直亮段階の巡見と区別した。直定から直富の巡見については史料発掘を含め、今後の課題としたい。

15　2章・3章であつかう各巡見の典拠史料は以下の通りである。寛政三年（一七九一）の直中の南筋巡見は、同三年三月「御領分御廻り留」［六九九三］。同七年の直中の北筋巡見は、同年二月二十二日「御国廻諸事留」（片山源五郎文書A3―一七九五―〇二、高月町古文書調査室架蔵写真）。文化十四年（一八一七）の直亮の北筋巡見は、同年二月二十二日「御国廻留」（片山源五郎文書A3―一八一七―〇二）、および同年三月「北筋御領分御廻留」［六三三〇］。片山源五郎文書中の彦根藩主巡見関係史料については、竹原藍子氏に御教示いただいた。

16　前掲註15「御国廻諸事留」（片山源五郎文書）。

17　寛政七年触にあった孝行奇特者の褒賞に関する箇条が文化十四年触で見られない点が気になるが、後でみるように、実際の巡見では、孝行奇特者が褒美を受けている。

18　嘉永五年三月「三度目北筋御廻村留」［三一九七七］。

19　享保元年の供触は、供での役割による配列で書き上げられている。

20　供における役割分担を、全体の構成がわかりやすい文化十四年を例として挙げておく。知行取藩士・切米取藩士から。用人役は、巡見一行の実質的な統率者であった。筋奉行は、巡見一行の向かう先々を廻り、宿泊地・休憩地などの要所で藩主の到着に備えた。側役・小納戸・小姓・櫛役・医師らは日頃から身近に仕える役職の者たちで、当然のことながら巡見にも藩主の側に従った。賄役は巡見中の旅籠銭支払や物資調達の担当であった。目付役は供の者の監察、代官は事前に道筋の調査をおこない、道筋を案内し、藩主と巡見先の百姓との取り次ぎの役割を果たした。鷹頭取・餌割役・鷹野先払役・鷹役は鷹狩りに関わる役職である。
　足軽以下では、鳥打足軽・筋方元締・代官方下役・目付方下役は足軽が勤め、餌方・犬牽・賄手代・小道具小頭・厩小頭・草履取り・駕小頭・馬取小頭・馬取・膳方・早飛脚などの役割は扶持人が勤めた。玉薬組・元触・小道具・菅笠持・杵持・眼鏡持・茶弁当持・薬箱持・本陣小使・小納戸長持宰領・きせる掃除・櫛箱持が中間、釜屋は定夫、雨具持は日雇がそれぞれ勤めた。足軽・扶持人・中間・定夫・日雇の身分序列は、熟練労働から非熟練の単純労働という、労働の質に基づく序列であった。足軽以下の切米扶持高については、幕末期のものであるが、「彦根藩切米扶持書上」（『彦根城博物館叢書4　彦根藩の藩政機構』に翻刻掲載）で知ることができる。

21　前掲註15「御国廻諸事留」に収められている寛政七年三月七日の巡見触の宛名には、美濃国境および前後の道筋にある村が含まれていないことから推測した。ただし、竹生島参詣前後の順路は異なる。

22　以下に、藩主巡見を具体的にイメージするために、文化十四年（一八一七）三月十一日から十三日における浅井郡・伊香郡内の巡見の経過を記しておく。

三月十一日六ツ半時（午前七時）過ぎに、彦根城表御殿の表門から出立した直亮一行は、下屋敷（槻御殿）前の「御花畑」から小早船に乗り、「内海（松原内湖）」・「北海（入江内湖）」を通り、米原湊で上陸した。米原村本陣原十郎宅にて小休の後、陸路を北上、長浜町を経由し、同日七ツ半時（午後五時）に種路《しゅろ》村の本陣新太郎宅に入った。その晩、用人役正木舎人以下、奥坊主までに鯉・薄塩大鯛などが直亮から振る舞われた。

翌三月十二日には、竹生島参詣がおこなわれた。六ツ半過、種路村の本陣を出立。琵琶湖岸の尾上《おのえ》村に着くと庄屋藤介宅にて小休し、船奉行黒柳孫右衛門から竹生島へ渡海可能との報せをうけ、直亮は小早船、供船は「大たろ（大舵楼）」、その他の者は丸子船に乗船し、竹生島へ渡った。鷹役など渡海せず片山村へ向かう者たちもいた。竹生島では、船着きにて一条院が出迎え、先立ちとなり、しばらくして惣代花王院が出迎えた。直亮は、手廻りばかりにて先に一条院に入院し、弁財天に銀三枚、観音への献納として金子五百疋を一条院に渡し、半裃に着替え、弁財天堂・観音堂に参拝した。弁財天堂では、宝物を見物している。再び一条院に戻り、白蒸神酒、高坏盛の干菓子、二汁五菜の膳でもてなされ、また、別に一条院から蕨などの食材、一山中から干菓子の献上をうけた。一条院を発つ時、玄関にて一山学頭西方院に目見えた。帰路、船着まで一条院と花王院が先立ち、船着場にて平伏し、直亮を見送った。八ツ時（午後二時）前に片山村に着船、上陸。同村問屋原五郎が上がり場に出居り、小姓が披露し、原五郎宅にて小休を取った。原五郎から鮒二枚が献上され、直亮からは金子百疋が下付された。八ツ半時（午後三時）過、片山村から出発し、坂越の峠にて景色を眺め、熊野村惣太宅にて小休。唐川村では、同村仁内から供廻りに蓬餅小豆餅の「煮染」が出された。赤尾村では西徳寺で小休を取り、座敷にて名石・しゃれ木を見物した。西徳寺での小休は、前夜筋奉行からの上申をうけ、急遽実現したものであった。三月十二日の宿泊は、賤ヶ岳山麓の黒田村庄屋大音弥太夫宅を本陣とした。弥太夫宅では、柳ヶ瀬関所番人大音軍次所持の「秀忠公御内書」、「太閤秀吉公」の鞍・鐙、そのほか書翰・太刀・錦を実見している。

三月十三日は、六ツ半時に黒田村を出発し、大音弥太夫が案内にて賤ヶ岳へ向かった。直亮は、大岩山までは駕籠で移動し、後の行程は徒歩であった。「御駕も大岩山迄被参、其外者難参候得共御駕付者相願、御供ニ附、御駕者江と（江土村のこと—引用者注）江相廻候事、御馬者難所故御昼江直ニ被参」とあり、馬は賤ヶ岳へ上げておらず、駕籠は大岩山まであったことがわかる。大岩山では、周囲を眺望し、それより猿馬場、賤ヶ岳へ登った。山上を一回りし、この巡見に際し拵えられた休息所でしばし休憩後、鳥打坂方面を下り、余呉湖岸の庭戸の浜に着き、対岸の江土村まで屋形船一艘、供船三十五艘で渡船した。昼食は坂口村庄屋孫太夫宅にて取られ、ここでは坂口村の芋畑から出土したという賤ヶ嶽合戦の鑓を実見している。午後からは坂口村の菅山寺を参詣した。直亮は、坂口の石碑から二町ばかり進み、後は歩行にて登坂している。方丈・密厳院では、本堂前に同院惣代興善院が出居り、小姓が披露し、先立ちとなる。密厳院では、干菓子の献上と金子百疋の下付があり、休息の間に菅公（菅原道真）の「筆之経」、「縁起類」などを実見している。興善院では、「菅公之御手植之桜」を見物し、本堂にて「尊像江ちょと御拝」み、宝物を実見している。天満宮にも参詣し、金子二百疋を献納した。その後、七ツ時（午後四時）過ぎに、坂口村まで戻り、北国街道を北へと向かった。

23　藩主の意向の伝えられ方が、士と士以外と間で異なっている点も注目される。敢えて指摘する必要はないのかもしれないが、この藩主巡見儀礼においても両者の明確な身分差が一貫して見てとれる。

24　巡見時に藩主に宿泊・休憩場所となり御目見する者が地域社会の秩序の中で有力な者であったことはいくつかの事例から窺い知れる。ただし、この地域社会の構造分析の検討については、今後の課題としたい。

25　文化十四年の「北筋御領分御廻留」の末尾の孝行奇特者の書上には、各人ごとに本米と救米が下付された年次が記載されているが、最も古い寛政二年（一七九〇）の事例が二十例中三例あり、同年頃が孝行奇特者への米支給が開始された可能性がある。

26　彦根藩の孝行奇特者行状の顕彰に関する史料は、寛政三年十二月の「孝行奇特者行状」［三二五一九］と、十九世紀前半の成立と推定される彦根藩士佐藤貞寄編「教生録」（『井伊家伝来典籍』D六六）がある。

27　嘉永四年（一八五一）「被仰出留」［二七四二六］。側役西尾隆治作成。

28　彦根藩井伊家文書には、直弼の巡見関係史料がまとまって伝来している。以下の直弼の巡見に関する記述は、以下の史料による。嘉永四年（一八五一）九月「初度浜手南筋御領分御廻り留」［三一七九三］、同五年二月「御巡見御用留」［三一七九六］、同年三月「三度目北筋御廻村留」［三一九七七］、同年三月「四度目南中手筋御領分巡り留」［三一九七九］、同七年八月「六度目伊吹割北筋御領分御廻り留帳」［三一九八九］、安政二年（一八五五）四月「南中筋御巡見御用留」［三一九八二］、「北筋御巡在留」［三一九八四］、同年五月「北筋御巡在日記」［三一九八五］、同四年五月「中筋御巡在日記」［三一九八八］。

29　直弼は伊吹山までも登るつもりであった。嘉永七年八月の巡見では、直弼は、以前から待ち望んでいた伊吹山登山を希望したが、側役らが冷気の季節であることを心配し、直弼を思いとどまらせたため、登山は実現しなかった。

30　安政元年（一八五四）閏七月二十一日付「彦根藩城使用状」［二四五九四］（『大日本維新史料　類纂之部　井伊家史料』三巻二〇七号）によれば、在彦根の側役から江戸の彦根藩城使役に、直弼の江戸参勤延期の内願の趣旨が伝えられている。その趣旨は、京都守護の御用向の取り調べを十分におこなうために翌安政二年秋までの参勤延期が必要であることを主張したものであるが、あわせて「且御入部より此度二度目之御在城ニ而、御領分御巡見其外御初入之御廉も未相済御義も有之、当年御在城中是非右之件々御整被遊度思召ニ被為在」と述べられている。ここからは、領内巡見が「御初入り」すなわち初入部におこなうべきものと理解されていることと、直弼が巡見の完遂に強い意志をもっていたことがわかる。

31　岸本覚「彦根藩と相州警衛」（佐々木克編『彦根城博物館叢書1　幕末維新の彦根藩』彦根市教育委員会、二〇〇一年）。

32　母利美和「井伊直弼の政治行動と彦根藩」（佐々木克編『幕末維新の彦根藩』）

33　前掲註12東谷論文、渡辺論文。

34　嘉永四年十一月に実施された弘道館改革も、直弼の世嗣時代から中川禄郎が指摘してきたことであった（前掲註32母利論文）。

35　前掲註12渡辺論文。

36　「侍中由緒帳」三十八［六六二］、大鳥居次介家の享和三年三月二十四日条。

37　領主の儀礼の場あるいは贈答関係に領民が組み込まれ、その統合・序列化がすでに江戸時代前期からみられることは、前掲註4大友著書などの先行研究で明らかにされている。ただし、ここでは、幕末期の外圧、国際的契機による領内統治強化の局面で儀礼による統合がおこなわれている点に注目したい。

38　最新の成果としては、原武史『可視化された帝国　近代日本の行幸啓』（みすず書房、二〇〇一年）がある。

（付記）本論文の作成にあたって、史料の利用をお許しいただきました片山源紀氏、林弘之氏、また、史料閲覧・利用にあたりお世話になりました高月町史編纂室および滋賀大学経済学部附属史料館に御礼申し上げます。

溜詰の直勤記録

——儀礼を支えた「式書」——

野田浩子

はじめに

『彦根藩井伊家文書』には、その調査報告書において[1]「式書」と分類された史料がまとまって残っている。報告書では、Ⅲ彦根藩文書・［Ｉ］幕政・g式書に分類され、一五四五点（3巻）・二二点（追加目録）計一五六七点が所収されている。それ以外に他の項に分類された同系統のものもあり、それらを含めて彦根藩主井伊家の当主が大名として幕府の儀礼へ列席した際の行動記録を中心とする一連の史料群である。

江戸城で日々繰り返される諸儀礼への列座をはじめ、井伊家当主が将軍家・幕府へ奉仕する行為に対する表現として、当時の記録ではしばしば「直勤」という文言が使われていた。「式書」に分類される史料などの管理台帳として作成された目録は、その表題に「御直勤御留外題目録」・「直勤記録分類見出」などとある。また、当主の日々の将軍・幕府への出仕を日記形式で記録したものは直勤日記と呼ばれている。「直勤」の範疇には、当主が江戸城へ登城して殿中での諸儀礼に参画した行為だけでなく、将軍の祖廟参詣に伴い一定の役割を果たした場合や、将軍名代として京都や日光に赴いた御用、将軍若君を井伊家屋敷に迎える行事など、江戸城の内外を問わず井伊家当主が幕府・将軍家の儀礼・行事へ役割を果たしたものが含まれる。一方、私的な外出、例えば他大名屋敷への私的な訪問や寺社参詣などは直勤日記の記載対象外である。また、幕府への奉公であっても家臣の登城、書面によるやりとりは本記録には含まれない。記録される対象者は基本的に当主であるが、それに加えて世子の行為が記録される時期もある。それは世子が溜詰として大名と同等の勤めをすることを認められた時期である。つまり、直勤とは、当主またはそれに準じる立場の世子が幕府・将軍家へみずから直接に勤める行為であり、それに関して一定の形式により記録が残された。

本論では、井伊家に残された直勤記録について、その全体像を確認することを第一の目的とする。また、藩の組織における作成過程・保管・

活用といった史料学的見地からの検討も加える。それにより、幕府儀礼に参画した大名がその行為を記録する意味を考え、当時の直勤に対する意識を導き出したい。

なお、これら直勤記録を指す用語として作成当時から「式書」という表現があり、調査報告書の分類においても使用されているが、当時の式書は、ある空間で繰り広げられた儀礼である「式」の次第書という意味で用いられている。直勤の記録には、その範疇に入らない日記や家臣が幕府と交渉した経過の記録なども含まれる。そこで、式書を含む史料群としては直勤記録とし、一定形式で記録された「式」次第書を式書と表現することにする。

1　井伊家に残された直勤記録

1　保管された直勤記録とその目録

現在、『彦根藩井伊家文書』には当主の直勤に関する記録類が多数残っているが、その中には保存を目的としたものと、ある時点で活用されて保存する意図がないものが混じっている。また、当時作成されたすべてが現在残っているわけではない。そこでまず、現存する史料と当時作成されたものとの関係を数量的に把握しておきたい。

幸いなことに、保管を目的に作成された直勤記録の台帳が二冊確認できた。異なる時期のもので、一冊は安永九年（一七八〇）に作成された目録で、その外題には「彦根ニ被指置御直勤御留外題目禄」〔八二九〕[2]とあり（以下、安永目録と称す）、もう一冊は文政十三年（一八三〇）に作成され、その後嘉永四年（一八五一）頃までの加筆があり、推敲の跡のある「直勤記録分類見出」[3]である（以下、文政目録と称す）。保管用の直勤記録は同一物が二点作成されて江戸と彦根で分蔵されたが、いずれも彦根保管分の目録である。

両目録とも、内容別に分類して年代順に各記録の袋上書を写しているが、分類方法は両目録で異なる。また、安永目録に収載されている直勤日記が文政目録では含まれていないという相違点もあり、文政目録は安永目録を反映させたものではなく、別個に作成されたことがわかる。

両目録収載史料の点数およびそれらの現存状況を見ていく。

安永目録は、

①京都上使之部
②若君様御成之部
③御先立并御参詣ニ付着座且又被物予参之部
④日光御名代之部
⑤若君様御元服之節御加冠御用相勤候部
⑥朝鮮人并琉球人来聘之節勤方之部
⑦雑之部

に区分され、全一二七件[4]が記録される。⑦には①〜⑥に含まれない恒例・臨時の登城、すなわち節句や嘉定などの年中行事、管弦聴聞など臨時登城、将軍家への冠婚葬祭の祝儀や御見舞、参勤御礼・初御目見・縁組仰出など井伊家の冠婚葬祭や成長儀礼に関する登城のほか、直勤日記も含まれる。これらのうち、現存する史料が破損甚大なため袋上書が完全に判読できず、推定を加えたものもあるが、目録採録一二七件のうち十九件が現存の確認ができない。そのうち八件は江戸留が現存している。また、文政目録に項目が挙げられているが「相見えず」との付箋が貼り付けられているものが五件あり、不明分に一致する。すでに文政〜嘉永頃にその存在が確認できなくなっていたものである。

文政目録は、

①殿中之部
②紅葉山・上野・増上寺御参詣且右ニ付登城之部
③山王御参詣之部
④御立寄之部
⑤御加冠御用之部
⑥京都上使之部
⑦日光供奉并名代之部
⑧朝鮮人来聘并琉球人登城之部
⑨雑之部

に区分される。安永目録の⑦雑之部に収載されるものはほぼ①殿中之部に収められ、⑨雑之部には井伊家屋敷への上使来訪や老中宅での式書、直勤留が含まれる。本目録には直勤日記は収められていない。目録には全二九〇件が記録されているが、そのうち三十五件が現存せず、このうち十六件は江戸留がある。本目録内に不明との書き込みのあるのは、袋ごとないのが五件、袋内の一部が不明な物が二件である。

一方、当時保存用に作成された直勤記録がすべて目録に収載されているのかどうかも見ておく必要がある。目録から漏れたものがある可能性が考えられるためである。そこで、現存する直勤記録のうち、袋や包紙に入り、表紙に「彦根（江戸）ニも有之」と記された保管用のものがいずれも両目録に含まれているか確認したところ、嘉永四年以降に作成されたもの以外は、両目録の少なくとも一方に記載されていた。

同系統の記録でも、表紙に「彦根（江戸）ニも有之」などと記されないものもある。これは下書や保管用のものから必要事項のみを抜き書きしたものである。これらは年代未詳のものも多いが、年代が判明するものは天保以降の比較的新しい時代のものが残っている。

以上より、直勤記録の現存状況は、保存用に作成された全体が目録化され、その目録に収載されたうちの九割程度が現存している。また、下書や書抜なども一部残っており、全体像を把握するには充分な史料が現存していることが確認できた。

2 各種の直勤記録

井伊家で保管された直勤記録は、すべてが井伊家で作られたわけではなく、他家で作成されたものがさまざまな理由により井伊家にもたらされたものも含まれる。ここでは、作成者や形態をもとに大まかな分類をして、各種の記録の特徴を概観する。

［1］直勤日記（玄蕃頭直勤日記を含む）

嘉永四年に改められた直勤日記の「在江戸日記目録」［八二八］によると、当時存在した直勤日記は宝暦十三年（一七六三）からの冊が最初で、文政五年（一八二二）まで四十一冊が連続してあり、文政六年から嘉永二年（一八四九）までの日記は嘉永三年の井伊家江戸上屋敷類焼の節に焼失したが、文政八・九年と天保十二年の二冊が残ったという。その後、嘉永三年から万延元年（一八六〇）までの七冊も記されているが、嘉永五年以降は、作成してから目録に加筆されたものである。そのうち日記が現存するのは、宝暦十三年から天保十二年までのものであり、嘉永三年以降の冊は現存しない。(5) また、万延元年以降の直勤日記は、清書本は残っていないが下書が一部現存する。

直勤日記の作成された年代を井伊家歴代に対照させると、十代直幸の途中で作成が始まり、それ以降の歴代で作成されたが、十二代直亮の途中からが焼失し、十三代直弼の時期も現存していない。また、当主が大老職や在国中のため、世子が単独で直勤をしていた時期については、世子の直勤日記が作成された。直豊（直幸世子）・直亮（直中世子）・直元（直亮世子）のものが現存する。直弼の世子時代のものは焼失した。

直勤日記の作成を開始した年代は、最初の冊が残る宝暦十三年であったことがわかる。同年の日記表紙に「但、此日記癸未年六月朔日ヨリ初而記之、夫ヨリ前記之分者跡ヨリ補記也」とあり、同年六月一日から書き始め、同年一月から五月分は後で記した旨が記されている。つまり、その元となる情報はあったものの、直勤日記という形式で記録を残そうとしたのが宝暦十三年六月であった。

日記の作成される期間は、大名本人の江戸滞在中に限られる。日記の内容である「直勤」が大名本人の将軍家への奉公を指すため、大名が江戸城に登城できる期間となる。大名はほぼ一年おきに江戸と国許を往き来するが、井伊家当主も幕府御用など特別の事情がない限り、毎年五月に帰国・参勤を繰り返していた。本日記は参府から江戸発駕までの約一年を一冊とする。各冊の冒頭は、江戸に入る直前の宿（原則として東海道の品川宿、例外的に中山道を通行した場合には板橋宿の場合もあり）を出立して、着府するとそのまま老中宅へ向い、老中に対面する行為から記録をはじめる。末尾は出立の前日に老中宅へ廻勤する御用までを記す。ただし、幕府御用などのため一年を超えて滞府し、在府期間が長くなる場合にはその途中で分冊されることもある。また、家督相続時は、家督を仰せ付けられた当日から新たに冊を設けた。

世子の日記は、「玄蕃頭直勤日記」と称される。井伊家の世子は代々が玄蕃頭を称しており、その通称を冠したのである。世子の立場から二系統に分類でき、一つは「御在邑御留守中」つまり当主の帰国中に世子が単独で登城・直勤する時期の日記で、もう一つは当主が幕府大老職にあるため世子が当主名代の立場にある時期のものである。当主留守中の日記は、最も古いものは直豊玄蕃頭の安永七年閏七月九日から翌年四月十一日までのものである。この年に初めて作成されたのは、彼が前年五月二十七日に溜詰となり、江戸城において溜詰大名と同席に列するようになっていたためである。直幸在府中は直勤日記に両名の行為が列記されていたが、直幸が帰国すると井伊家では直豊のみが溜詰として直勤御用を勤めるようになったため、直豊を主体とする直勤日記が編成された。同様のことは直亮の世子時代にも当てはまる。

玄蕃頭直勤日記の叙述方法は、当初は直勤日記と異なり、時刻・着衣・同席者の記録がない簡略な表現であるが、次第に直勤日記と同形式となった。

直勤日記に採録される行為は、

①江戸城へ恒例臨時の行事への参加や御機嫌伺いのため登城。行事で登城すべき日に病気で登城できなかった場合は理由と共にその旨を記す。
②紅葉山東照宮・上野寛永寺・芝増上寺の将軍家祖廟などへ将軍が参詣する時に先立役などの御用を勤める。
③紅葉山・上野・増上寺へ自分が参拝するために赴く。
④老中役宅へ御礼言上のため訪問。
⑤同じ殿席である溜詰大名・御三家宅へ御礼・見舞のため訪問。

である。他大名家への訪問も、記録されるのは同席・御三家・老中といった殿中儀礼で関係の深い大名との定型化された挨拶であり、私的な交際関係は記録されない。

形式は日ごとに順を追って記す日記形式をとる。その項目は、まず出立刻限と行き先・目的、装束、出先での行為、同席者の名、退出・帰宅の刻限と、一日の行動の流れに沿う形で記す。また、恒例の殿中儀礼であれば「例の如し」として内容は略される。一方、通例と異なり内容が多くなる場合は一件ごとの式書に別記される。

人名の表記方法は、当主を「某」と記し、当主本人を主体とする直書の形態をとる。世子が溜詰を命じられて直勤している時は、彼は「玄蕃頭」と表記される。また同じ殿席の溜詰大名は殿中で行動を共にするが、日記の当日に登城した溜詰は、「同席」という項目にてその名を列記する。彼らの名は「会津守」・「讃岐守」といった官途名のみで記し、敬称は付さない。同席以外で当日の列席者名を列挙するのは、老中と御三家である。老中は「田沼主殿頭」と苗字・官途名で表記する。御三家の名には敬称「殿」を付す。

御三家をここに記すのは、溜詰と同一の場で式に臨む場合である。大名が惣登城して将軍と対面する式の多くでは、御三家と溜詰が同じ空間で対面する。溜詰である井伊家が同一の空間で行われた一連の儀礼を記録する際に、先に対面した御三家の人名も記録したのである。また、将軍の祖廟参詣でも溜詰は先立役・予参を勤め、御三家は予参を勤めるため、その式に列座していた御三家が直勤記録に書きとどめられた。

[2] 式書・式図

直勤記録の両目録に収められる記録の大半は、井伊家当主が実際に江戸城などで行動した結果を書き残したものである。それらはいずれも袋に入れられ、標題が上書されている。標題は「年月日、内容……候式」という形式をとり、必ず末尾には「式」または「式書」とあるのが特徴である。

「式」とは、ある儀礼空間——江戸城内なら御座之間・黒書院・白書院・大広間など——で、記録される主体（井伊）が将軍や役人らと対面して言葉や贈答品を交わした儀礼行為を指す。その式の次第を中心に記録したのが式書である。そこでもっとも注視されているのは空間での関係である。対面に使用する部屋の格や、着座位置つまり将軍からの距離が両者の関係を象徴しているため、それらが詳細に記録された。空間での各人の位置や動線を文章だけで記録することが困難な場合は、儀礼空間を図示した「式図」が式書の別図として作成されることもあった。当該儀礼の行われた空間のみに限定して描かれている。

一件の式の記載範囲は、標題の儀礼当日の出宅から帰宅まで、および前日の老中より登城・御用を指示する達書や後日の御礼などその儀礼にかかわる一連の行為である。井伊家当主本人の行動に沿って記し、その日におこなわれた儀礼であっても本人が関わっていない空間でおこなわれたものは記載対象外となった。

式書が作成されるのは、何らかの事情で詳細な記録を残す必要がある儀礼に限られる。通常通りであった場合は、直勤日記に概要と出席者名などが記録された。通例とは異なる儀礼がおこなわれた場合などには別に詳細な記録を残し、日記には「式書之通り相務」「別記委細記す」などと記している。つまり式書とは直勤日記の「別記」という性格がある。万延・文久年間の直勤日記の稿本の中には「日記別記下書」というものがあるが、これを清書したものが袋一括された式書であった。

式書が作成されたのはどのような場合か、その傾向は次の通りである。

①井伊家歴代が直勤を開始して最初や家督相続後最初の年中行事
②井伊家の初御目見・家督相続・官位昇進・婚礼などの御礼
③将軍家の大礼や冠婚葬祭に井伊家が御用を勤めた式
④江戸城が修復中につき通常と異なる殿舎で儀礼が行われた場合
⑤その他通常と異なる儀礼が行われた場合

これらは、ある日の結果を記録したものであるが、それ以外に、年中行事など毎回同様の行為について規定をまとめた式書も作成されている。明和二から四年、文政八年、嘉永三から四年頃に集中している。袋上書には改訂された年次が記載されるが、その年の結果を記録したものではなく、汎用性のある行動規定である。明和は直勤記録の作成を開始してまもなくの時期にあたり、嘉永三年は直弼が当主になった時期のため、代始めに整備したと考えられる。文政八年は理由は確実ではないが、その頃溜詰では長老格の高松松平頼儀や会津松平容衆がともに去り、[6]直亮が溜詰筆頭になったこととの関連が推測できる。

式書の形態は、たいていのものは一度の「式」当日およびその前後のみの記録であるため、巻紙または折本形式である。ただ、京都上使役・日光名代などの御用の場合、拝命から終了まで長期にわたってさまざまな人物と対面儀礼を繰り返す。各儀礼がそれぞれ「式書」として文章が作成され、それらを冊子に書き連ねている（史料翻刻3参照）。いずれの形態のものも、式書・式図および関連の書付がある場合はそれも袋に一括して保管された。袋は入れる書類にあわせて仕立てられたもので、それぞれ大きさが異なる。

［3］式書の留帳

数件の式書を一冊にまとめた冊子が数冊ある。直勤之雑書一冊［七五二］・直勤録二冊［七三六］・［七二七］である。前者は「宝暦十庚辰五月十三日御移替之式」から「宝暦十二壬午御暇被下候節宮内卿殿へ御頷知被下候て居残り候式」まで全三十五項目が収載されている。宝暦十年頃の将軍家代替わり関係の諸式が冒頭に列記されているが、それ以前のものも含まれる。いずれも井伊直幸が世子となった宝暦四年以降、直幸が関わった恒例・臨時の式の記録で、節句や先立役など恒例の行事では初めての年次のものが記録されている。年代が前後している点や本文の行間などに「小書入」およびその文言が記されている所があることから、その元となる記録がすでに存在し、それを冊子状にまとめて写したものとわかる。

作成された年代は、記載年代の下限から判断して宝暦十二年以降と考えられる。この時期は直勤日記の作成開始（宝暦十三年）など、直勤記録の作成にとって画期となった時期である。一件ずつの式書が式終了後に作成されるようになったのもほぼ同時期であり、同時期の式書を一冊にまとめた「直勤之雑書」の形態は、宝暦年中の式書保管の過渡的段階を示していると言えよう。

一方「直勤録」は寛政四年（一七九二）から同十年、文化四年（一八〇七）から同十一年の二冊が現存している。目録にもこの二冊しか記録されていないため、作成されたのも二冊のみと推定できる。その内容は、将軍家成長儀礼に関するものが多く、若君の誕生・髪置・縁組や姫君の縁組に関する式やそれに関わり井伊家が官位昇進した関係の式がほとんどである。それ以外にも、琉球人御礼や井伊家娘の縁組願などの式も含まれており、将軍家の成長儀礼に限定したものではないが、いずれも江戸城中での儀礼である。

直勤録に含まれる式のほとんどは、一点ずつの式書は作成されていない。唯一重複する式書は、袋上書に「此図式直勤録之内ニも有之」とあることから直勤録が先に存在し、それを写したものであることがわかる。また、これは目録には採られておらず、保管用のものではない。直勤録のある時期の式は、直勤録か一点ずつの式書かのいずれか一方で記録が残されたことがわかる。直勤録に記録された方が数量的に多いが、その採録基準は不詳である。

【4】溜詰大名間で交換された直勤記録

目録に収録される直勤記録には、他大名家から到来したものも含まれる。いずれも同じ殿席である溜詰大名家からのものである。当該式が行われた直後にもたらされたものと、年月を経てから到来したものがある。

前者の例として、明和三年七月二十八日の月次登城では大風雨により、将軍の表向への出御はおこなわれなかったが、御三家と溜詰は通例の黒書院での御目見とは異なり、中奥まで入って御座之間で御目見をおこなったが、その式を当日登城した同席の松平肥後守・酒井雅楽頭から井伊家へ知らせてきたものがある。(7) 井伊直幸は帰国御暇後であったため登城していない。その他、井伊家が登城していない日に通例と異なる不時御目見、雨天の際の御参詣、殿舎の修築による空間の変更などがあった場合、当日参加した者から井伊家へその次第が届けられた。

一方、当該式が行われてから年月を経て、式書の写を同席大名間で交換したのは、自分が勤めをするにあたってその先例となる式書が自家に存在しない、あるいは内容が不十分なため、同席大名から先例を取り寄せたものである。これは井伊家が受け取る一方ではなく、同席大名の求めに応じて井伊家から同席家へも渡している。直勤記録の中には井伊家から他大名に渡した控えが含まれており、袋上書に式の年代とその式書を交換した相手・その年代が記されている。中には、井伊家保管分と他家へ渡した控がともに残っている式もあり、その内容を比較すると、多少の改変を加えていることが判明する。改変箇所は、項目そのものを削除したり、人名表記では諸大名・役人に敬称を付している点などがある。改変を加えたため、その控を作成したのである。

溜詰間で直勤記録が交換されたのは、同席内ではいずれの家の先例であってもそれが自家の先例として利用できたためである。

[5] 幕府からもたらされた記録

直勤記録の中には数点であるが幕府から受け取った次第書が含まれる。いずれも京都上使・日光名代・若君御成・若君元服式に関わるもので、幕府の御用として井伊家が特別の役割を仰せ付けられた際のものである。

立場の相違が儀礼記録の配布範囲に関係していると考えられる。つまり、次第書が渡された儀礼は、井伊家は儀礼を執行する側に位置している。それに対して、恒例の対面儀礼では幕府主催の儀礼を受ける立場にある。この場合幕府から事前にその儀礼の次第書を受け取ることはない。儀礼の参加者である大名は、儀礼の全体を把握しておく立場ではないからである。当日の詳細な次第は登城後に目付から指示を受けた。幕府では儀礼をつかさどる奏者番が記録を残していたが(8)、それを活用できるのは幕府内の儀礼を執行する側のみで、一般大名はそれを活用する立場ではなかった。当時の記録は流布範囲が自己および同じ立場の者に限定されており(9)、そのため幕府・大名家それぞれの立場から別個に儀礼の記録を作成したことがわかる。

2　直勤記録の作成・保管

次に、井伊家において直勤記録を作成する過程や作成・保管にたずさわった役人について見ていく。

1　直勤書記役

直勤記録を作成する部局は、直勤方と呼ばれ、そこに勤める者は直勤書記役と称された。直勤日記下書などには、表紙に「御直勤方」と記されている。

彦根藩士の履歴史料である「侍中由緒帳」(『彦根藩井伊家文書』)によると、「御直勤書記役」という役職に就いている者がいる。定江戸の藩士で百石までの下級の知行取が勤める。

最初に直勤書記役を務めたのは、三代目飯田左仲である。飯田家の初代左仲は昌平坂学頭を勤めた後、林大学頭の推挙によって享保七年(一七二二)に井伊家に召し出された儒者であり、歴代が儒者であった。「侍中由緒帳」によると、三代目左仲が直勤御用向を勤めたのは寛政三年(一七九一)からとなっている。ただ、それ以前、天明四年(一七八四)十二月十三日〜同七年九月十九日には案詞奉行を勤めている。案詞奉行とは、幕府老中の家臣にも置かれ、老中が仕事予定を記して袖に入れて持参した「御袖裏」の作成にたずさわった役職である(10)。飯田が案詞奉行に就いたのは井伊直幸の大老就任期間にほぼ一致している。のちの直亮・直弼の大老就任期間には、直勤書記役がその期間だけ案詞奉行へと役替となり、大老退職後は再び直勤書記役に戻っていることから、大老就任に伴ってそれを支える家臣の構成を老中のものと同様とする中で、当主の行動を記録していた飯田が類似する職務内容である案詞奉行に就いたと思われる。案詞奉行の前後は「儒者御用」だけで役職名が出てこないが、これは当主の行動を記録する勤めが一つの役職として確立していなかったためであろう。

直勤書記役一覧

「侍中由緒帳」より作成

＊人名の頭の○数字は代数を示す。

＊━は直勤書記役、═ は案詞奉行　┅┅ は直勤書記役見習 ┅━┅ は他役との兼帯期間を示す。

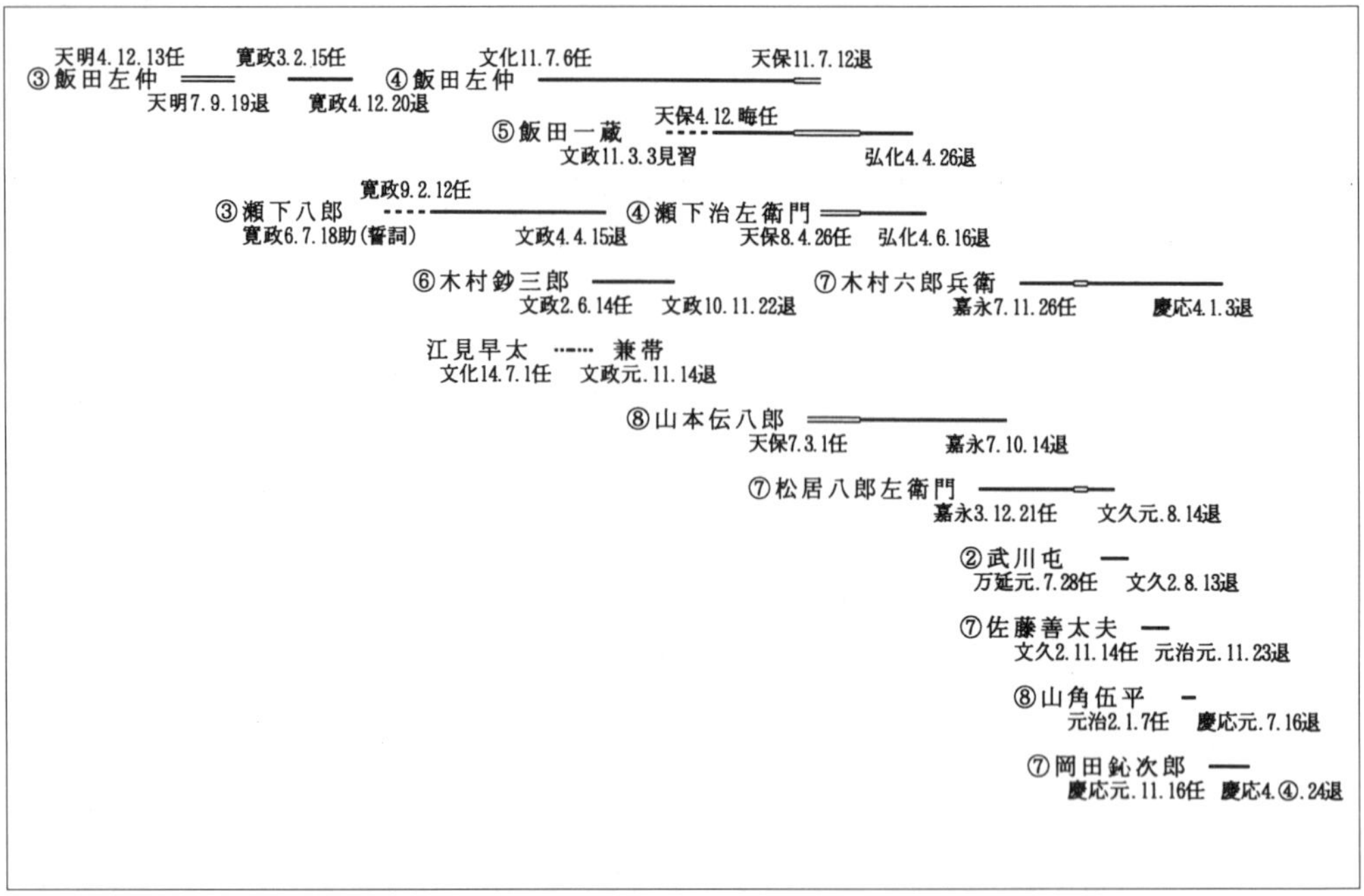

飯田の晩年に瀬下八郎（三代目）が「直勤御用向見習」となっている。彼は右筆役でそれ以前から直勤留記御用を勤めていたが、飯田の確立した直勤御用を継承したものと考えられる。彼は寛政九年から直勤書記役となっており、これにより正式な役職と確立したことが判明する。その後、幕末まで飯田・瀬下の子孫を中心とする江戸詰藩士の一・二名が同役を務めた。もっとも、安政年間、直弼時代までは飯田・瀬下ら世襲する家の者が長期にわたり同役を勤めたが、万延以降はそれまで関係のない家の者が二・三年で交代している。

直勤書記役の役割は、その勤め向きの日記「直勤方日記」［四〇二五九］や直勤記録の出納記録「直勤記録指上留」［四一六一三］により次のとおりとわかる。

①直勤記録を作成、保管

②既に保管している直勤記録を必要に応じて上覧

③保管している記録から先例を調査する

当主が直勤する予定は前日に直勤書記役にも知らされ、必要に応じて式書を差し上げる。当日の外出前には御目見をする。直勤にあたらない外出の場合は御目見は行わないが、外出があった旨は日記に記録されている。当主の帰宅後、その直勤行為を直勤日記または別記である式書として記録する。

2　直勤記録の作成過程

宝暦年間から作成され始めた直勤記録は、当初のものは保管用のものしか現存していないが、その役目を終えた下書にあたる史料が一部現存

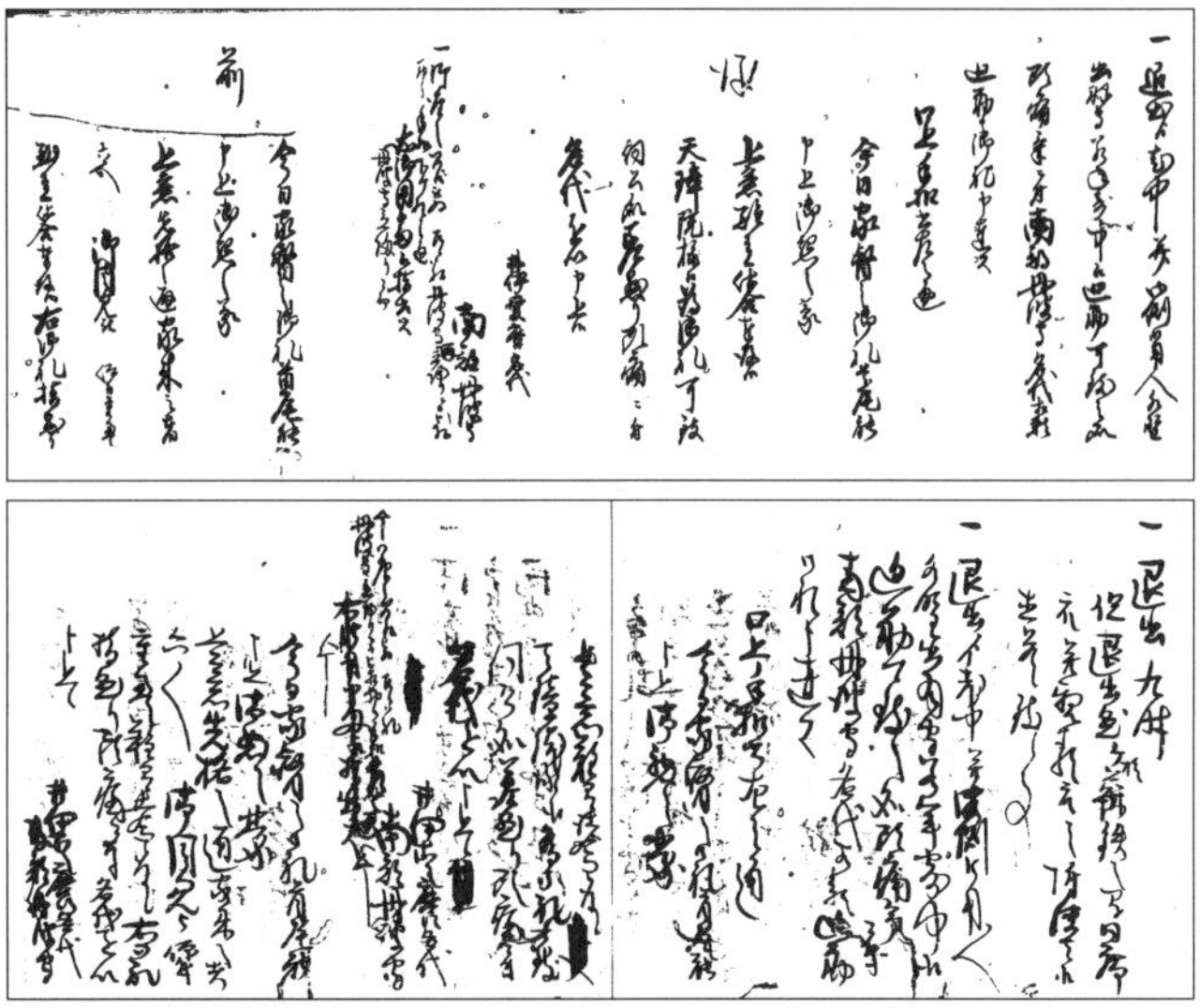

上　直勤日記別記中書伺　万延元年六月朔日［40260］
下　直勤日記別記下書　同日　［40261］

しており、作成過程が詳細にわかる。

最初に下書が作成される。直勤日記の下書は、「直勤日記稿」[11]・「御直勤方日記別記下書」[12]などが現存しており、いずれも横半帳の冊子である。式書の下書は、一定期間分をまとめて一冊になったものと、一回分が切紙に記されたものがある。いずれも文字は個性が強く、記録者本人が読めればよいような字体で、加筆・訂正か所が多い。下書を訂正した後のものが、「御日記中書伺」と題する横帳にまとめられる。他人が読むことを想定した丁寧な文字であり、異筆による訂正が加わっている。「中書」とは下書の次の段階というような意味で、「伺」とはこの内容を伺う目的の冊子という意味が見いだせる。万延元年からの「直勤記録指上留」［四一六一三］によると、ほぼ一か月単位の日記中書を翌月初頭に側役に提出し、即日または数日後に戻されている。別記については個別式ごとに中書を作成して側役に指し上げている。中書伺を提出する先は側役であるが、その内容を最終的に伺う相手とは、直勤日記に記される行為の主体すなわち当主のはずである。側役を介して当主へ御覧に入れ、そこで必要に応じて訂正されて戻されたと考えられる。その後保管用の清書がおこなわれた。

例えば、万延元年六月一日、井伊直憲が家督相続の御礼を申し上げた式書の作成過程では、六月十一日に「御家督御礼ニ付御別記中書」が直勤方から側役へ渡され、同十五日に側役から戻される。それをもとに作成された「家督御礼申上候式并図」が七月一日に彦根へ廻すために側役に差し出された。この中書には、文字の訂正や加筆、貼り紙による挿入、順序を入れ替える指示が書き込まれており、これが伺った結果である。その内容は、体裁を整えるための訂正もあるが、ある行為を追加するなど内容的な訂正もある。

直勤方が作成した下書の情報源は、史料としてはほとんど残っていないが、側役から直勤方へ当日の直勤の結果を報せた書付一通が残っている。紅葉山の将軍御成が延引になった旨を承知するようにとの内容である。[13]側役や城使役などから直勤書記役へ、直勤が済むごとにその結果が伝えられたと考えられる。

3　直勤記録の保管

上覧を経て保管用に清書される式書は、同一物が二通作成される。一通は江戸屋敷に保管され、もう一通は側役を通じて彦根に届けられて保管される。各通の袋上書に「此留彦根（江戸）にも有之」と記されている。二か所で保管するのは当初からのことで、明和四年には「御大切之御留書ゆへ、出火之節之御用心二通り被仰付、江戸と在所と両方ニ被指置候」(14)という認識があった。直勤記録は大切な文書と考えられており、火災で焼失することを防ぐために江戸と国許の両方で保管することにしているという。井伊家の場合、各部局で作成された文書のうち現存するものに偏りがあるため断定はできないが、作成時点で保管用予備も拵えた書類は他に見あたらない。他の諸記録とは異なり、将来的に利用するために記録を蓄積しているのであり、失ってはいけないという認識を作成当初から持っていたのであろう。

江戸・彦根での保管方法は具体的に確認できる資料はほとんど見つからないが、嘉永三年二月五日の江戸の火災により井伊家の外桜田上屋敷が類焼して江戸留の直勤記録も焼失した際「直勤方・祐筆・目付之土蔵悉ク落ち」(15)たということから、直勤記録は直勤方の土蔵に収められていたと考えられる。

江戸留の直勤記録は火災に遭ったが、現在、彦根留とほぼ同数の江戸留の直勤記録が現存していることから、現存する江戸留は、嘉永三年に焼失した後、彦根留を写して作成されたものである。江戸留には同一筆跡のものが多数あることからも、短期間に筆写されたことが裏付けられる。分置しておいた成果が発揮されたわけである。

3　直勤記録の活用

1　儀礼前の「予習」

大名は月に何度も恒例・臨時の儀礼のため登城を繰り返すが、儀礼ごとに服装、登城刻限、使用する殿舎、着座位置などが異なり、同じ殿席でも官位により着座位置が異なる場合もあり、複雑な規定があった。幕府側からは、前日に登城すべき旨の連絡はあっても、殿中での具体的行為が事前に指示されるわけではない。初めて臨む場合は習礼という予行演習をすることができ、先例がない場合は同朋頭に尋ねたが、既に勤めたことのある儀礼はそれを記録しておき、同様の行為を再現できるようにしたのである。殿中での直勤行為で間違いは許されないため、登城ごとに事前に当該儀礼での自分の行動を確認した。恒例の行事、類例のある登城日には前もって当該儀礼の先例にあたる式書が手許に届けられ、その行為を予習しておき、必要な場合には手控を懐中に入れて式に臨んだ。

そもそも、先例に頼ったのは大名だけではない。幕府側でも、儀礼をおこなう前には先例を参照した。将軍家の成長儀礼や婚礼など数年・数十年に一度しかおこなわれない儀礼では、以前のある年に準じて執り行うことを大名側へも知らせておき、大名側でもそれにのっとって式に臨んだ。安永七年若君前髪執祝儀能は宝暦三年、安永九年将軍家治右大臣転任式の勤め方は宝暦十年を参照すると幕府から通知があったため、井伊家ではその年の先例を自家の記録から探し、それがない場合は同席家から入手して当日の儀礼に臨んだ［五九五二］・［五九七〇］。幕府のそのような方式に対処するためにも、先例の蓄積は必要であった。

実際に式書を参照した事例では、井伊直弼が家督を継いでから六年後の安政三年（一八五六）には、一月から五月の帰国までに、一月七日の七種祝儀、一月十一日の具足祝儀、四月十七日の紅葉山東照宮大祭の式書が、前日に直勤方から側役へ差し出されている⑯。月次・節句など恒例の登城では、式書の出納はなされていない。それらの式書は手許に常備されていたのか、それとも恒例のため見る必要がなかったのであろうか。他の大名では、同じ溜詰の会津松平容敬は「御参詣御先立等ハ御平常之御勤ニ候へハ御熟練被遊候儀勿論ニ候へとも、其毎度前夜歟当朝ニハ必御勤品を記候留記を篤と御覧之上御出被遊候⑰」という。彼は、勤めの前夜か当朝に当該行為を記した留記を確認してから出かけたという。また、熟練後も毎度確認したのは、御勤を大切に思う故の行為とする。それは、大抵の大名はそこまでは徹底しなかったということを意味するのであろうか。

2　先例の活用

通例どおりの式に臨む場合は、規定された式書を確認するだけでよいが、通例と異なる事態が生じた場合、どのように行動すべきか検討する指針として先例が活用された。

通例と異なる場合には、類似した例が以前にあったかどうかを直勤方役人が蓄積されている記録の中から調べ、その行為が先例にある場合はそれと同様の行為をした。例えば、井伊家は参勤交代で江戸に到着する際、前日は品川宿に泊まり、早朝六半時に出立して、登城する前の各老中宅へ廻勤するのが通例であった。しかし、それと異なり、体調不良により廻勤できない場合に家臣を通じて月番老中へ届書を提出した事例（文政四年）や、品川より遠い神奈川宿に宿泊したため江戸に到着するのが遅くなったので老中が帰宅した後に訪問した例（文化四年）が一件ずつ書抜きされて、恒例のものと三通が「御着府当日之御留書抜」と上書された包紙に一括されている［六七〇四］。この包紙内には天保二年の着府当日も体調不良で廻勤できなかった旨が三通とは異筆で認められて同封されているが、これは天保二年もしくはそれまでのある時点で廻勤できない可能性が生じたため同様の先例を調査し、天保二年の結果を同封したものと考えられる。

また、家督相続をはじめ、身分に関わる願書に例書を添えるのは早い段階からおこなわれており、井伊家では幕府と交渉をつとめた城使役の日誌「城使寄合留帳」が作成されはじめた享保初年からそれは確認できる。ただ、後期になると、服装や着座位置、御礼方法など細部まで「先格」どおりおこなおうとしている。例えば、天明七年（一七八七）、井伊直中が嫡子となり初めて登城した式だけでも、下着に白小袖を着用することを事前に老中に願い出ておき、老中より嫡子を仰せ付けられる前に控える席（寄座）が先例と異なるため出入坊主に頼んで先例どおりの位置に直してもらっている。初御目見登城した際に控えの部屋は、溜詰が使用する御数寄屋へ入ったが、これは達しがあったわけではないが先格のためそのようにした。御礼廻勤は、老中だけでなく若年寄まで勤めたが、これは会津・高松が初御目見や家督御礼の「重き御礼」では若年寄まで勤めた先格があるためとする（史料翻刻1参照）。

内容により老中に事前に届けるもの、届けなくとも先例どおりに行動するものがあるが、いずれも先例どおりに行動している。

なお、先例が無かった場合は、溜詰内で今後の先例となるような式次第を決定する場合がある。例えば、天明元年閏五月、高松松平頼起は、将軍世子が家斉と決定したことにより日光へ将軍の名代を勤めることになったが、その勤め方について井伊家に相談があった。井伊家では、延享二年（一七四五）に先代直禔が、将軍宣下後の日光名代を勤めたことがあるがその式書は保存されておらず、家康遠忌以外の日光名代式書は残っていなかったため、毎年の日光名代を勤める高家の次第書を借用して検討した。頼起は前年に溜詰となったばかりであり、同席の長老格である井伊家に相談を持ちかけ、井伊家が溜詰としての勤め方を作成したのである。(18)

おわりに

以上、井伊家の蓄積した直勤記録について、作成・保管・活用の面から見てきた。宝暦年間以降、井伊家当主やその世子が溜詰として幕府・将軍家へ奉公した直勤行為が、日々の直勤日記やその別記である式書・式図という形態で記録された。直勤記録の重要な性格の一つとして、井伊家のみでなく他の溜詰大名にも該当する先例として活用できる点があった。これは、同じ殿席の者は、個人の官位による格差・序列はあっても、行為そのものは共通しており、先例を共有できる関係にあったことを意味する。

最後に、直勤記録の作成・活用に関わる井伊家の意識を時代的背景とともに見ておきたい。

享保年間頃、幕府では、儀礼における大名の負担を規定しようとする動向が確認できる。享保十三年（一七二八）、六十五年ぶりに将軍の日光社参を実行するにあたり、それ以前の社参での勤め方を諸大名に調査し、その結果に基づいて享保度の役割や次第が決められた。次の明和六年（一七六九）の日光社参（計画公表ののち延引）では、享保時の先例にもとづいて役割分担が行われた。(19)本書「享保期井伊家の贈答儀礼と幕政・藩政」で示されたように、大名から幕府への献上品も、享保期に幕府が調査した上で規定している。幕府における情報管理においても享保期は画期であり、将軍吉宗による法整備や先例の蓄積が行われた。(20)これらは同一の潮流にあるとみなすことができよう。

この時期に先例資料の蓄積の必要性を感じたのは大名家も同様であったと考えられる。井伊家では、享保元年に対外交渉を担う城使役の職務日誌である「城使寄合留帳」を作成しはじめるが、これも先例となる情報の蓄積を意識してのことであろう。

時代が下り、井伊家では宝暦年間に直勤記録の作成が開始されるが、享保時代の先例重視の傾向が進行し、より細部までが記録されるようになる。この段階で先例として記録されたものは、移動経路・着座位置や所作など各人の具体的な動作までをその対象とした。これは、幕府側が規定したものではなく、[21]儀礼に参加する大名側が先例どおりに執行する幕府儀礼に参加する上で必要性を感じて自発的に記録を始めたのである。幕府が大名からの願出を判断する場合でも、同様の先例があるかどうかが有力な判断基準となっており、幕府の先例主義に対処する必要性から記録を残したのである。

この時期の井伊家固有の事情としては、直勤記録の蓄積を開始した宝暦十三年（一七六三）頃は、当主直幸にとって重要な意味を持つ年であった。本書「井伊直幸と松平容頌の官位昇進競争」に詳述したが、会津松平容頌に官位を追い越された直幸が、はげしい運動の末に従四位上へと昇進を果たし、再び会津より上座となることができた年である。直勤記録の作成・保管体制を整備したのは、御用の拝命・昇進願出をする中で先例の記録の重要性を認識したためではないか。

幕末になると、先例を絶対視する考えが見られる。嘉永三年（一八五〇）、溜詰の先例に反した忍藩松平下総守家を井伊直弼が中心となり糾弾した「忍一件」[22]が起こっている。直弼や会津松平忠敬・高松松平頼胤は、下総守家のとった行為が溜詰各家の先例にはないことを確認した上で「後来之規矩も崩、同席之瑕瑾」、「跡々之例ニ相成候てハ不宜候」という。[23]先例こそが自分たちの行為の規矩だという。

また、元治二年（一八六五）の日光代参の式書では、注記として、本文には先例どおりにおこなったと記録したが事実はそれと順序が異なったという記録を残している。[24]そこには、先例はそのとおりに勤めなければならないという価値観が見いだせる。

社会が成熟してマニュアルが整備され、運用を続けていると、ついにはマニュアルそのものを絶対視するようになる。しかし、先例どおりの運用しかできない者には社会の変化への柔軟な対応ができず、その社会体制を維持することはできなくなる。

先例に対する意識の変化は、硬直化した幕府体制そのものを象徴しているのかもしれない。

【註】

1 『彦根藩文書調査報告書』一～五・補遺続き（彦根市教育委員会、一九八三～八五年）、『同（追加目録）』（彦根城博物館、一九九六年）。

2 ［ ］内は彦根藩井伊家文書（彦根城博物館蔵）の調査番号。以下同じ。

3 彦根藩・大久保家文書（個人蔵）。

4 袋一括ごとに一件と数えた。調査報告書では、袋内の各史料を別個に採録するため、両者の数は一致しない。

5 これらの時期のものが現存していない理由は、明治初期に旧藩士の歴史学者中村不能斎により井伊直弼の大老政治を調査する中で、直弼の藩主期の史料が別置されたためと考えられる。直弼の藩主就任以降の式書が現存しないのも同様。

6 松平頼儀は文政四年五月二十七日隠居、松平容衆は文政五年二月二十九日死去。

7 「御座之間にて御三家・溜詰御目見之式書（松平肥後守より到来）」［五八五六］・「同（酒井雅楽頭より到来）」［五八五七］。

8 大友一雄『江戸幕府と情報管理』（臨川書店、二〇〇三年）。

9 明和四年、松平下総守が翌年京都上使を勤めるため井伊家が式書を貸した際、これまでは溜詰の酒井雅楽頭（宝暦十三年）以外には貸しておらず、下総守から他家へ決して貸してはいけないと又貸しを禁止している

（「御城使寄合留帳」明和四年閏九月十一日条）。

10　松平秀治「江戸幕府老中の勤務実態について—真田幸貫の史料を中心に—」（児玉幸多先生古稀記念会編『幕府制度史の研究』吉川弘文館、一九八三年）。

11　［六四〇一］・［四〇二七一］。目録上は二件に分離して採られているが、本来は一冊のもの。

12　［四〇二五八］。嘉永三年から安政四年まで二十件の別記の下書。

13　「側役用状」［四〇八五九］。

14　「御城使寄合留帳」明和四年閏九月十六日条。松平下総守へ直勤記録を貸し出した際の彦根藩城使の口上のうち。

15　嘉永三年三月十三日付「井伊直弼書状」［二八〇三九—二］（『大日本維新史料　井伊家史料』一巻五三号）。

16　「直勤方日記」［四〇二二九］。

17　『会津藩第八代藩主松平容敬「忠恭様御年譜」』巻之二十一（会津若松市史・史料編Ⅲ）。

18　「日光御宮御名代勤方之式并御暇御進献物受取寄付御目見之式」［五九八九］。

19　「日光山御社参控」［六八八八］・「安永五年四月日光供奉直勤之式書」［六八四六］。

20　前掲註8著書。

21　老中によって行為の手順の指示が異なることも式書に記録されている。宝暦十三年十月の玄猪祝儀では、溜詰が白書院で餅を拝領する前、初出（溜詰の筆頭に並ぶ者）のみは縁側に着座する老中の前に中座して会釈するのは不要と大目付より伝達があったが、明和二年の同儀礼では、筆頭の者も老中の前に中座するよう指示があった。注記の最後には「如此年々違候間、以来初出之順ニ当り候ハヽ、登城之上問合セ可申事也」と、筆頭にあたった者は毎度問い合わせるよう、申し伝えている。「玄猪餅頂戴之図」［五八四一］。

22　忍藩主松平忠国が世子忠矩の初御目見にあたり、自身が同道できない場合は同席の溜詰大名に同道を依頼してよいかを老中に伺い許可を受けたが、同席中に相談もなく老中へ伺ったこと、さらにそれは溜詰の先例に反することを「常溜」の井伊直弼が問題視した。さらに忍藩は井伊家の指示どおりの対処をしなかったこともあり、約一年にわたり「常溜」三家が協議して忍藩を追及した（吉田常吉『井伊直弼』吉川弘文館、一九六三年）。

23　「松平容敬書状」（嘉永三年七月二十日付、［二四七八九］『大日本維新史料　井伊家史料』二巻八二号）、松平頼胤書状（同年七月末頃、［二四七九一］『同上』二巻八五号）。

24　元治二年の日光代参で、祭礼前日の四月十六日、名代井伊直憲は、将軍上使の竹本隼人正と対面した後、東照宮を内見して祭礼での動作位置を確認した。この本文の後に、実は内見が遅くなると不都合があるという理由で惣奉行を勤める老中水野和泉守と相談して内見を先に行った旨の注記がある。先例を崩しては宜しくないという理由で式書では先例どおり記したという（「日光御名代直勤之式書」［七五八］）。

式書の目録（「直勤記録分類見出」）と現存する式書の対照

	包紙上書	調査番号	保　存
	殿中之部		
001	一、勅使院使御対顔并御返答之節登城之式図　一、同御饗応御能見物之節登城之式図	6607	彦根
002	元文二丁巳年七月朔日家治公竹千代様へ初て御目見之勤方覚　但依所望酒井雅楽頭忠知殿へも此書付遣置	5790	彦根
003	元文三午年五月朔日竹千代様御幟拝見御吸物御酒頂戴之式　旧記校合認直外へ遣候留書之扣	5791	彦根
004	寛保元辛酉年六月朔日表衆竹千代様へ御目見之節式扣書　尤此書付御城へ懐中致し相越候付為扣写置	5798	彦根
005	宝暦十庚辰年九月将軍宣下之節登城之式　天明七丁未年三月松平肥後守殿より頼来り認させ遣し候扣	6705	彦根
006	宝暦十庚辰年御転任御兼任之御式書并登城御目見之次第二通、寛保元酉年之例書一通　但右松平肥後守殿より被指越候留写	5810	彦根
007	宝暦十三癸未年正月十八日御拳之鳥御料理頂戴之式	5812	彦根
008	御拳之鳥御料理頂戴之式　旧記書抜外へ指越候扣	6697	彦根
009	宝暦十三癸未年十一月廿五日御射留之菱喰御料理頂戴之式	5829	彦根
010	宝暦十三癸未年三月朔日若君様へ初て御目見之式書写　松平讃岐守殿へ当未十二月朔日指越候扣	5815	彦根
011	宝暦十三癸未年七月廿九日章蔵縁組被仰出候付直勤之式并同日以上使御鷹之雲雀拝領直勤之式	5818	彦根
012	宝暦十四甲申年卯月廿二日勅使御返答被仰出候付登城之式	5830	彦根
013	明和二乙酉年二月十五日参勤之御礼申上候式并絵図	5836	彦根
014	明和二乙酉年五月九日於御本丸管絃御聴聞之節登城之式并絵図	5846	彦根
015	明和二乙酉年五月十五日舞楽上覧有之見物被仰付登城之式并絵図	5845	彦根
016	明和二乙酉年五月管絃舞楽之節登城之式、同年十月松平肥後守殿より被申越指越候扣二冊	5847	彦根
017	玄猪餅頂戴之図　明和二乙酉年十月改記之	5841	彦根
018	明和三丙戌年正月廿八日若君様御袴着御祝儀登城御餅御吸物御酒頂戴之式一包　一、同廿九日右同断為御祝儀惣出仕付登城之式一包　一、二月三日右同断為御祝儀御能有之見物被仰付登城并翌日御礼登城之式一包	5849	彦根
019	明和三戌年七月廿八日大風雨ニて表出御無之於御座之間御三家溜詰御目見之式　松平肥後守殿より到来之書付写	5856	彦根
020	明和三丙戌年土用入ニ付登城御黒書院不時之出御御目見有之候扣　酒井雅楽頭殿より来候書付写	5853	彦根
021	明和三戌年七月廿八日大風雨ニて表出御無之於御座之間御三家溜詰御目見之式　酒井雅楽頭殿より到来之書付写、但石居次郎兵衛より之書付も此内ニ入	5857	彦根
022	嘉祥之図并式書	6711	彦根
023	明和四丁亥年五月朔日参勤之御礼申上候式并絵図入	5864	彦根
024	明和四丁亥年十月廿四日拝借金被仰付候節直勤之式	5873	彦根
025	明和五戊子年三月廿七日万寿姫君様尾張中将殿へ御縁組被仰出候付勤方式書	5882	彦根
026	明和五戊子年四月廿三日万寿姫君様へ尾張中将殿より御結納被進候ニ付登城之式并同廿五日右為御祝儀惣出仕之式　但絵図添	5887	彦根
027	明和五戊子年五月朔日在所へ御暇被仰出例格之通拝領物被仰付候式并今日大納言様へ御三家溜詰大坂御城代御目見之式	5889	彦根
028	明和五子年五月廿五日土屋能登守嫡子左京方へ於宣縁組願之通被仰出候節直勤之式	5890	彦根
029	明和五戊子歳十二月十五日御拳之鶴御料理頂戴之式書　但此式書松平肥後守方へ頼遣シ認被指越候ニ付写置	5892	彦根
030	明和六己丑年六月十六日嘉定ニ付登城并今暁土用入ニ付窺御機嫌候式	5900	彦根
031	明和六己丑年西丸御修復中於殿上之間御次謁之席図	5895	彦根
032	明和六己丑年西丸御修復中仮御玄関より通行大広間上之御縁頬ニて謁之席図	6736	彦根
033	明和六己丑年十月廿六日嫡女勢与松平越後守へ二女斐立花冨之進へ縁組被仰付候式	5902	彦根
034	明和六己丑年十二月九日西丸へ大納言様御移徙相済候ニ付同十一日為御祝儀登城之式	5905	彦根
035	明和六己丑年十二月九日西丸へ大納言様御移徙相済候為御祝儀同十一日登城之式書　松平肥後守殿へ指越候扣	5904	彦根
036	明和六己丑年十二月十五日御拳之鶴御料理頂戴之式	5906	彦根
037	明和八辛卯年五月朔日参勤之御礼申上候式	5909	彦根
038	松平肥後守殿より之御手扣一封写	6746	彦根
039	殿中畳目之図一折	6605	彦根
040	明和八辛卯年御台様薨去ニ付御朦中九月朔日惣出仕有之於御座之間御三家溜詰松平越前守殿御目見被仰付候式	5907	彦根
041	明和八年辛卯年御台様御不例且薨去ニ付登城之式書　松平肥後守殿より頼被申越同年十二月十日ニ差越候書付扣	5915	彦根
042	安永二癸巳年五月朔日参勤之御礼申上候式并於美代京都引越願之通被仰出候御礼廻勤之式	5917	彦根
043	安永三甲午年六月土用入ニ付同十三日登城御黒書院不時之出御御目見有之候扣、同年七月廿五日松平肥後守殿より被指越候書付写	5926	彦根
044	安永三甲午歳重陽之節徳川大蔵卿殿逝去ニ付登城御機嫌相伺候扣、右松平肥後守殿より来ル	5928	彦根
045	安永四乙未年十一月十五日豊吉初て御目見某儀も右御礼申上候式	5932	彦根
046	安永四乙未年閏十二月十一日豊吉官位被仰付候式、同十五日玄蕃頭官位之御礼申上某儀も悴官位之御礼申上候式	5934	彦根
047	安永六丁酉年六月朔日初て月次登城玄蕃頭相勤其節初て大納言様へ御目見仕候式	5939	彦根
048	安永六丁酉年六月十六日嘉祥ニ付玄蕃頭初て登城之式	5941	彦根
049	安永六丁酉年十二月十一日夜田安御屋形出火之節登城直勤式書	5940	彦根

050	安永七戊戌年正月正四位上位階昇進被仰付候式、右御礼申上候式、位記頂戴之上御礼廻勤之式	5950	彦根
051	安永七戊戌年三月十八日大納言様御前髪被為執候ニ付御祝儀登城之式、同四月十一日右御祝儀御能有之見物被仰付登城之式并絵図	5951	彦根
052	安永七戊戌年大納言様御前髪被為執候御祝儀登城并右ニ付御能見物御料理頂戴被仰付登城之式并絵図、松平肥後守殿頼ニ付認遣候扣	5946	彦根
053	安永八巳亥年五月五日端午ニ付登城之処御法事中ニ付表出御無之同席中於御座之間御目見被仰付候式	5953	彦根
054	出火之節登城之時老中へ申込候事埒方ニ付安永九庚子年三月御用番田沼主殿頭へ申達候趣有之則先格之通ニ以来致候様ニ達有之同席中へも通達申遣候様ニ被申達候ニ付夫々相達候趣留書	5965	彦根
055	松平肥後守殿より来り候絵図并書付写、但シ不時ニ参勤之御礼之節之絵図并書付、安永九庚子年五月廿一日江戸より来ル	5975	彦根
056	寛保元年辛酉八月七日御転任御兼任之節式書并絵図　右安永九庚子年三月松平讃岐守殿へ頼遣被指越候式書并絵図写	5801	彦根
057	安永九庚子年六月十八日土用入ニ付登城於御黒書院御目見被仰付候式并絵図	5968	彦根
058	安永九庚子年九月四日御転任之節勤方之式并図	5970	彦根
059	安永九庚子年九月御転任并御能之扣　但右松平肥後守殿より被指越候写	5963	彦根
060	安永九庚子年十二月十九日忌明ニ付玄蕃頭登城、忌中ニ惣出仕并寒入有之ニ付右恐悦并御機嫌伺申上候式	5972	彦根
061	参勤御礼図	6748	彦根
062	天明元辛丑年四月十五日御養君様御内意被仰出候式、同年閏五月御養君様被仰出候節諸直勤式書并絵図	5988	江戸
063	天明元辛丑年八月廿五日御養君様被仰出候御祝儀御能有之見物被仰付登城并右御礼之式并絵図	5981	彦根
064	天明元辛丑年十二月二日若君様へ御名被進候ニ付登城、同三日惣出仕ニ付登城之式	5984	彦根
065	天明二壬寅年二月七日種姫君様紀伊岩千代殿へ御縁組被仰出候付勤方之式書	5990	彦根
066	天明二壬寅年十二月廿六日権現様御誕生日支干（ママ）御相当ニ付翌廿七日登城御祝儀申上御料理頂戴之式	6553	彦根
067	御本丸表方絵図	61661	彦根
068	天明三癸卯年四月十五日種姫君様へ徳川常陸介殿より御結納被進候ニ付登城之式并絵図并同十六日右為御祝儀惣出仕之式	6000	彦根
069	天明七丁未年四月十五日将軍宣下ニ付登城之式并絵図	6010	彦根
070	天明七丁未年四月廿五日将軍宣下相済候為御祝儀御能見物被仰付登城之式并右御礼登城廻勤之式	6011	彦根
071	天明七丁未年五月三日御袖留御祝儀登城之式	6012	彦根
072	直中　一、天明七丁未年九月廿五日中将様御願之通嫡子ニ被仰付候付登城之式　一、同十月十五日初て御目見登城之式　一、同十一月朔日初て月次登城之式　一、同十一月十一日初て間之御機嫌伺登城之式	6016	彦根
073	直中　一、天明七丁未年十一月十五日御縁組御弘惣出仕月次御礼も有之登城候処不時官位被仰付候式　一、同十二月十五日官位之御礼申上候式	6018	彦根
074	直中　一、天明七丁未年十一月廿五日種姫君様御入輿前惣出仕有之登城之式　一、同十一月廿七日種姫君様御入輿ニ付登城之式并絵図　一、同十一月廿八日種姫君様御入輿相済候ニ付惣出仕有之登城之式	6753	彦根
075	直中　一、天明七丁未年十二月六日種姫君様御入輿相済候御祝儀御能有之見物被仰付登城之式并図　一、同十二月七日昨六日御能見物御料理頂戴之御礼登城之式	6021	彦根
076	直中　一、天明七丁未年十二月廿八日登城歳暮御祝儀申上候式	6681	彦根
077	直中　一、天明八戊申年正月元日二日御謡初始て登城之式并絵図一枚　一、同七日若菜之御祝儀初て登城之式　一、同十一日如例年御具足之御祝ニ付始て登城御祝之餅頂戴之式	6037	彦根
078	直中　一、天明八戊申年正月十五日月次登城之式　一、同正月廿五日当月下旬間之登城不致候ニ付御用番へ申遣置候式	6026	彦根
079	直中　天明八戊申年二月朔日日光并久野御鏡披ニ付初て登城之式	6027	彦根
080	直中　一、天明八戊申年二月六日兼て御前髪可被為執旨仰出候処京都御所向并二条御城炎上ニ付御延引惣出仕有之ニ付登城之式　一、同八日禁裏炎上ニ付為伺御機嫌惣出仕有之登城之式　一、同廿一日公方様御前髪被為執候ニ付登城之式	6659	彦根
081	直中　一、天明八戊申三月三日初て節句登城之式　一、同五月五日始て端午節句登城之式	6034	彦根
082	直中　一、天明八戊申年四月十八日御結納被進候ニ付登城、同十九日惣出仕ニ付登城之式	6023	彦根
083	直中、天明八戊申年三月十八日禁裏御疱瘡御酒湯被為召候ニ付惣出仕有之登城之式	6754	彦根
084	直中　天明八戊申年五月十五日初て彦根へ御暇被仰出候式并発駕迄之諸式	6033	彦根
085	寛政元己酉年四月十六日家督被仰付候式、同年四月廿四日忌明ニ付御老中御側御用人へ廻勤同廿五日御老中登城前面会之式、同年四月廿五日名替被仰付候式、同年四月廿八日家督之御礼申上候式	6040	彦根
086	寛政元己酉年六月十六日嘉定初て登城之式	6041	彦根
087	寛政元己酉年十一月廿七日縁組願之通被仰付候式	6044	彦根
088	寛政二庚戌年四月十五日婚姻之御礼申上候式并図	6046	彦根
089	寛政二庚戌年五月十五日家督後初て彦根へ御暇被仰出候式并図、此絵図不相見	6048	彦根
090	寛政三辛亥年五月十五日参勤之御礼申上候式別記	6049	彦根
091	寛政四年壬子三月廿九日於吹上御庭御乗馬拝見被仰付候留	6054	彦根
092	寛政五年癸丑二月九日、溜詰登城之節御城内御門々制止方老中より夫々へ達し有之候一件留記	6054-1	彦根
093	直勤録　従寛政四壬子年至同十戊午年一冊、従文化四丁卯年至同十一甲戌年一冊	6425	彦根

094	寛政九丁巳年十二月出火之節色分絵図、外ニ書付一通添	6906	彦根
095	寛政十午年五月朔日就御暇従大納言様之拝領物西丸ニて頂戴之図式	6057	彦根
096	寛政十一己未年十月二日御黒書院ニて玄猪御規式有之図、但例は御白書院ニ候処此節御修復中ニ付御黒書院ニて有之	6060	彦根
097	寛政十一己未年十一月　一、淑姫君様御入輿ニ付て之書付一通　一、御出輿之節之絵図一枚　一、御入輿済御能見物登城之式書并絵図	6061	彦根
098	直亮嘉定之図式	6744	彦根
099	文化三丙寅年十二月廿二日於御黒書院直亮官位之御礼申上候式并図	6071	彦根
100	文化五戊辰年出火之節登城之定例	6882	江戸
101	文化六己巳年正月七日直亮若菜御祝儀登城之節向後御先立相勤候様ニ被仰出候式	6081	彦根
102	文化九壬申年二月　一、中将様御願之通御隠居家督無相違某へ被仰付候式　一、名改候様被仰付候式　一、家督之御礼申上候式并中将様御隠居之御礼以御名代被仰上候式	6691	彦根
103	文化九壬申年六月朔日直亮初て彦根へ御暇被仰出候式図	6101	彦根
104	文化十三丙子年四月二日御転任御兼任之節登城勤方之式并図	6634	彦根
105	文化十三丙子年四月七日御転任御兼任相済候ニ付御礼申上候式并図	6120	彦根
106	文化十四丁丑年四月廿二日間之登城之節同席格奥平大膳大夫始て間之登城被致候節之式并図	6121	彦根
107	文政三庚辰年三月十五日参勤之御礼申上候式	6668	彦根
108	文政三庚辰年四月十三日御座之間御修復中御黒院仮御座之間ニ相成候ニ付大目付より来候絵図面并触書之写　絵図二枚触書之写三通	6673	彦根
109	文政三庚辰年四月廿四日御座之間御修復中御黒書院仮御座之間之節間之登城式図	6677	彦根
110	文政三辰年四月廿八日御座之間御修復中月次登城之式図	6682	彦根
111	文政三庚辰年五月十五日於仮御座之間御暇被仰出候式図	6674	彦根
112	文政五壬午年九月十五日於御白書院病後御礼之式并図、西丸例席御修復中ニ付大広間西御縁頬謁席之図式	6680	彦根
113	文政六癸未年六月十六日所司代松平右京大夫登城有之節嘉定之絵図并其節改候式図共入	6672	彦根
114	文政六癸未年十月十五日月次登城居残式部卿殿へ領知被進候ニ付御祝儀申上候式	6560	彦根
115	直亮　文政七甲申年正月七種登城式図	6679	彦根
116	直亮　文政七甲申年正月十五日登城之式	6678	彦根
117	直亮　文政八乙酉年正月廿八日参勤之御礼申上候式并図	6137	江戸
118	直中　文政八乙酉年三月十四日於御黒書院奏楽有之聴聞登城之式并図	6683	彦根
119	文政八乙酉年三月廿一日若君様御弘被仰出右御祝儀御礼申上候式并別紙留記入	6774	彦根
120	直亮　文政八乙酉年五月廿一日縁組願之通被仰付候式	6667	彦根
121	御本丸殿中御絵図	不明	
122	文政十三庚寅年十二月西丸下乗腰掛内へ駕籠并供廻り入置儀松平肥後守家来より御本丸御目付戸塚豊後守へ十一月十三日伺書差出処、同十八日同人方へ肥後守家来呼出附札ニて差図有之段廻状を以御城使へ申来書付之写	6561	彦根
123	直弼玄蕃頭　嘉永二己酉年二月朔日月次登城於松溜居付御目見致し候節之一件別記、并右ニ付讃岐守殿留記之写	不明	
124	嘉永二己酉年二月朔日同席松溜ニて居付御目見致し候儀ニ付三月十日老中阿部伊勢守へ申談候一件留記	6151	彦根
125	直弼玄蕃頭　嘉永二己酉年十一月右大将様御縁組御婚礼登城一件留	27425	写
126	直弼玄蕃頭　嘉永二己酉年十二月廿二日少将之御礼申上候式并図	6150	彦根
127	御能之節見物席之儀ニ付大目付深谷遠江守より相達候書付并図　右は嘉永三庚戌年三月同席より直弼玄蕃頭方へ廻しニ相成写し置	6653	彦根
128	勅使院使御馳走之御能見物被仰付登城之式并図　嘉永三庚戌年三月直弼玄番頭改記之	6776	彦根
129	直弼玄蕃頭　嘉永三庚戌年嘉定之式并図	6153	彦根
130	直弼玄蕃頭　嘉永三庚戌年八朔御礼之式并図	6152	彦根
131	一、嘉永三庚戌年十一月廿一日家督被仰付候式　一、同年同月廿六日忌明ニ付老中廻勤且御用番老中へ面会之式　一、同年同月廿七日名改候様被仰付候式　一、同年十二月朔日家督之御礼申上候式并図	不明	
132	正月朔日・同二日・同三日夕登城之式并図　嘉永四辛亥年正月改記之	不明	
133	嘉永四辛亥年正月十一日登城之式并図	6160	彦根
134	嘉永四辛亥年五月十五日初て彦根へ之御暇被仰出致拝領物候式并図	6161	彦根
	参詣之部		
001	寛延三午年十月四日大猷院様百回御忌相済、為御祝儀御能見物被仰付登城之式	5795	彦根
002	宝暦十三癸未年正月廿四日増上寺惣御霊屋御参詣御先立相勤候式并天英院様御霊前御先立之図	5814	彦根
003	於東叡山御年忌御法事有之被物着座御当日御参詣ニ付御先立并着座之勤方式書絵図星合附　宝暦十三癸未年六月改置	5820	彦根
004	於増上寺御年忌御法事有之被物着座御当日御参詣ニ付御先立并着座之勤方式書絵図星合附　宝暦十三癸未年六月改置	5819	彦根
005	宝暦十四甲申年五月記之　上野増上寺ニて御法事之節同席中は着座被仰付予参は不相勤候埒合相決候一件之留書	6832	彦根
006	明和二乙酉年二月晦日有章院様五十回御忌御取越御法事御式并自分勤方之式書	5837	彦根
007	直定様直＿様御一緒ニ御先立御勤被成候様老中より到来之奉書書抜　明和三戌年於殿中松平讃岐守殿へ直ニ指越候扣	6699	彦根
008	明和三丙戌年四月廿一日大納言様紅葉山御宮へ御参詣ニ付初て御先立相勤候式	5852	彦根
009	明和四丁亥年六月於増上寺惇信院様七回御忌御法事之御式并自分勤方覚書	6633	彦根

010	明和四丁亥年六月於増上寺惇信院様七回御忌御法事之節御老中松平右京大夫殿へ及示談同席中申談以来之儀迄相極置候御先立着座勤方図式并雨天之節勤方図式　但右京大夫殿直達之覚書并松平讃岐守殿へ認遣候図式之扣も此内ニ入置	5862	彦根
011	明和四丁亥年六月於東叡山有徳院様十七回御忌御法事有之被物着座相勤候式書并絵図	5866	彦根
012	明和四丁亥年六月廿日於東叡山有徳院様十七回御忌御法事有之御参詣之節御先立并着座勤方之式并絵図　但御先立は松平兵部大輔被勤兼て申合置候星合之図之通被相勤	5867	彦根
013	明和五戊子年正月十七日紅葉山御宮御参詣御先立之式	5877	彦根
014	明和五戊子年正月廿四日増上寺惣御霊屋御参詣御先立相勤候式并天英院様御霊前御先立之図、御装束所ニて御目見之図	5880	彦根
015	明和五戊子年四月十七日紅葉山御宮へ御参詣雨天ニ付御先立勤方例と違候式并御先立予参手傘相用候式、同年同月廿三日松平讃岐守殿へ於殿中見せ候書付之扣	5886	彦根
016	明和五戊子年四月十七日紅葉山御宮へ御参詣雨天ニ付御先立勤方例と違候式并御先立予参手傘相用候式	5885	彦根
017	明和五戊子年四月十七日紅葉山御先立之絵図　右は松平肥後守殿より来候雨天之節之図式写也	5876	彦根
018	一、正月十七日紅葉山御宮御先立勤方之図式　一、四月十七日紅葉山御宮御先立并予参勤方之図式　一、紅葉山御宮自拝之図式　但正五九月并四月十二月モ同断	6600	江戸
019	深徳院様・浄円院様・至心院様御位牌所御先立勤方図式	6710	彦根
020	明和七庚寅年九月十七日紅葉山御宮并惣御霊屋へ御参詣ニ付松平肥後守殿松平兵部大輔殿へ御先立被仰付候処兵部大輔殿ニは不快ニて御断被申御老中松平周防守殿増上寺方御先立被相勤候付、例之通上意有之候趣且又其節雨天ニ付足袋用不被申候段御老中松平右京大夫殿へ肥後守殿被申越候趣共御城使方へ彼方留守居より指越候書付写壱冊	6865	彦根
021	明和八辛卯年六月廿日於東叡山有徳院様廿一回御忌御法事之節御先立相勤候式	5912	彦根
022	明和八辛卯年九月十四日心観院様御法事中上野法談所へ参詣拝礼之式并絵図、外ニ書付三通	5910	彦根
023	紅葉山御宮御先立并予参自拝之図式、惣御霊屋御先立図、御宮并御霊屋御先立勤方之式書　右松平隠岐守殿頼ニ付明和八辛卯年九月認遣候扣	6850	彦根
024	安永二癸巳年増上寺方丈御修復ニ付御成先方丈向屏風仕切絵図写、并御役人衆より之書付写壱通、御城使書上写壱通	5923	彦根
025	六月十二日増上寺御先立之図式　但御年忌之図式書之外也	6716	彦根
026	安永二癸巳年六月十二日於増上寺惇信院様十三回御忌御法事有之同十一日被物着座相勤候式并絵図	5920	彦根
027	安永二癸巳年六月十二日惇信院様十三回御忌於増上寺御法事有之御先立相勤候式、并御装束所ニて御目見之図式、松平加賀守殿予参ニ被出候ニ付着座之席図	5924	彦根
028	安永六丁酉年六月於増上寺惇信院様十七回御忌御法事有之同十二日御参詣之節御先立并玄蕃頭初て着座相勤候式書并絵図	5944	彦根
029	安永六丁酉年六月於増上寺御法事有之同十三日惇信院様御霊前へ大納言様御参詣之節松平讃岐守殿御先立被勤其式相談ニ付前日及示談其通り被勤候由然所猶又其節示談之趣聞合有之ニ付安永八己亥年七月認遣候図式扣	5936	彦根
030	安永八己亥年五月廿一日厳有院様百回御忌御法事相済候ニ付御能有之見物被仰付登城之式并席図	6756	彦根
031	安永八巳亥年五月八日厳有院様百回御忌御法事之御式并自分勤方玄蕃頭勤方之覚	5959	彦根
032	安永八巳亥年五月廿七日公方様御服明ニ付紅葉山御宮御参詣御先立相勤候式	5960	彦根
033	安永八巳亥年九月十七日紅葉山御宮并惣御霊屋御参詣ニ付御先立三人へ被仰付玄蕃頭初て御先立相勤候式并絵図	5956	彦根
034	安永八己亥年十二月廿一日紅葉山御宮惣御霊屋へ御参詣之節仮御宮ニて御召替有之候ニ付御先立勤方之図式　安永九庚子年四月松平肥後守殿頼ニ付認遣候扣	6737	彦根
035	安永十辛丑年於増上寺台徳院様百五十回御忌御法事有之正月廿四日御参詣之節松平肥後守殿御先立被勤候図式　但附紙之書付は手前ニて致置同年四月肥後守殿より来候図式写也	5978	彦根
036	天明元辛丑年五月紅葉山御宮御先立雨天之節勤方之図式　但雨天之節御先立未相勤候故先年松平肥後守殿被勤候節之図式を以考合為以来ニ図式拵置此方ニて相勤候ハヽ此通りニ可相勤事	5987	江戸
037	天明二壬寅年四月十七日紅葉山御宮へ両御丸御参詣之節予参之式	5993	彦根
038	天明二壬寅年四月十八日松平讃岐守殿より来候四月十七日紅葉山両上様御参詣之節予参之儀ニ付讃岐守殿方先代之留記書抜	5994	彦根
039	増上寺御霊屋絵図	6638	彦根
040	上野御成之節絵図	6714	彦根
041	増上寺御成之節方丈座敷内御取建絵図	6749	彦根
042	上野本坊座敷内御成之節御取建并三御位牌所絵図	6576	彦根
043	六月廿日御祥月上野御霊屋御廟御先立之図	6609	彦根
044	上野御成先御取建絵図写	不明	彦根表ニ不相見
045	天明三癸卯年正月廿四日増上寺有章院様惇信院様御相殿御霊屋御修復中ニ付御仮御霊屋へ御参詣御先立相勤候絵図	5998	彦根
046	天明三癸卯年六月十二日惇信院様廿三回御忌之節於増上寺御先立并着座勤方之式并絵図	6780	彦根
047	天明三癸卯年六月於増上寺惇信院様廿三回御忌御法事有之同十一日被物着座相勤候式并絵図	6005	彦根
048	天明三癸卯年六月廿日於東叡山有徳院様三十三回御忌御法事有之、御参詣之節御先立并着座勤方之式書并絵図	6006	彦根
049	天明三癸卯年六月於東叡山有徳院様三十三回御忌御法事有之被物着座相勤候式書并絵図	6007	彦根
050	天明七丁未年五月十日将軍宣下相済候ニ付東叡山常憲院様有徳院様孝恭院様御霊前法談所浚明院様御霊前御参詣有之法談所御先立相勤候図式	6013	彦根

051	寛政元己酉年四月晦日増上寺御先立家督後初て相勤候式并絵図	6556	彦根
052	東叡山ニて浚明院様御三回御忌之節松平肥後守殿御先立被相勤候図式壱枚　右同所雨天之節御先立之図式壱枚　松平肥後守殿より参候図式也　右は肥後守殿より松平隠岐守殿借用被致候を隠岐守殿より此方へ借寄セ写置　寛政元己酉年七月	6574	江戸
053	直中　一、天明八戊申年四月十五日月次登城之節向後御先立相勤候様ニ被仰出候式　一、同十七日紅葉山御宮御先立初て相勤候式	6032	彦根
054	紅葉山御宝物御拝覧手控　此図式寛政元巳酉年九月松平隠岐守殿より借用写置	6709	江戸
055	寛政三辛亥年五月十七日紅葉山御先立被仰付候処雨天ニて御延引相成候別記	6051	彦根
056	寛政三辛亥年九月八日上野浚明院様御霊前御廟所御参詣之節御先立相勤候図式	6739	江戸
057	寛政十二庚申年正月十七日紅葉山御宮御参詣雪降候ニ付御手水御場所替り御先立勤方例と少々違候図式	6062	彦根
058	寛政十二庚申年四月廿日大猷院様百五十回御忌ニ付於日光山御法事有之御当日上野御霊前へ御参詣被遊御先立相勤候図式并於御装束所御目見之図式	6065	彦根
059	一、寛政十二庚申年四月大猷院様百五十回御忌ニ付於日光山御法事有之ニ付書付一通、同閏四月二日御法事相済候為御祝儀御能有之見物被仰付登城勤方之式并絵図	6755	不詳
060	享和元酉年十月増上寺御霊屋御参詣相済御装束所へ被為入候節御先立披キ之図	6067	彦根
061	享和三癸亥年十月十四日文昭院様御霊屋御参詣松平讃岐守御先立被相勤右之節護国殿黒本尊被遊御拝覧候其節之儀追て讃岐守より被申越候書付写	6068	彦根
062	享和三癸亥年六月東武両山御絵図　二枚	Y135/Y136	彦根
063	文化四丁卯年十月両山御法事之節勅額御門内薄縁敷出シ一件　右ニ付御目付より来候絵図写并石居次郎兵衛書上写	6077	彦根
064	文化四丁卯年十月常憲院様百回御忌御取越御法事有之東叡山御霊前へ御参詣ニ付御先立相勤玄蕃頭初て着座相勤候式并絵図弐枚、大目付触留一冊	6621	彦根
065	文化四丁卯年十月　一、常憲院様百回御忌御取越御法事ニ付段々勤方之書付　一、右御法事相済候付御能被仰付見物御料理頂戴之式	6074	彦根
066	四月十七日紅葉山御宮御先立并予参勤方之図式　予参勤方以前之式と当時之勤方之式は少々違候儀有之ニ付相改候図式　文化五戊辰年六月	6557	彦根
067	文化六己巳年正月十七日紅葉山御宮御参詣ニ付御先立直亮初て相勤候式并松平讃岐守へ習礼之儀頼紅葉山内見届方之一件	6082	彦根
068	文化七庚午年六月惇信院様五十回御忌ニ付於増上寺御法事有之同十一日被物着座相勤候式并図一枚　一、同十二日御霊前へ御参詣之節御先立相勤并於御装束所御目見之式并図弐枚	6087	彦根
069	直亮　文化七庚午年浚明院様廿五回御忌ニ付於上野御法事有之九月七日被物着座相勤候図式　一、同八日御参詣之節御先立相勤候図式并於御装束所御目見之席図　一、同十日大納言様御参詣之節御先立相勤候図式	6089	彦根
070	直亮　文化八辛未年二月孝恭院様三十三回御忌御法事有之廿四日東叡山へ御成之節於御装束所御目見被仰付候式図并御成前御霊屋向内見之一件　但御参詣は雨天ニ相成御延引被仰出候	6090	彦根
071	直亮　文化八辛未年六月十七日大納言様御服明後紅葉山御宮へ御参詣ニ付御先立相勤候式	6092	彦根
072	直亮　一、文化八辛未年十月文昭院様百回御忌ニ付於増上寺御法事有之十四日御参詣ニ付御先立相勤并於御装束所御目見之式図　一、同十六日大納言様御参詣ニ付御先立相勤候式図	6095	彦根
073	直亮　一、文化八辛未年十月文昭院様百回御忌御法事ニ付段々勤方之書付　一、同廿五日御法事相済候付御能見物被仰付御料理頂戴ニ付勤方之式并図	6093	彦根
074	一、文化十癸酉年七月十四日紅葉山大猷院様浚明院様御仮殿へ御先立之図式　一、同年九月十七日御同所仮御宮へ御出立之図式　但仮御宮へ自拝之図式も有之	6104	彦根
075	文化十一甲戌年二月十七日公方様大納言様紅葉山御宮へ御参詣公方様ニは上野方惣御霊屋へ御参詣ニ付御先立相勤候図式	6105	彦根
076	文化十二乙亥年二月十七日紅葉山御宮并惣御霊屋御参詣ニ付御先立相勤候式	6111	彦根
077	文化十二乙亥年二月有章院様百回御忌御取越御法事於増上寺御執行有之同廿九日被物着座相勤候式図	6117	彦根
078	文化十二乙亥年二月有章院様百回御忌ニ付於増上寺御取越御法事有之同晦日就御参詣御先立相勤候式図并御装束所ニて御目見之式図	6116	彦根
079	文化十二乙亥年二月有章院様百回御忌御法事相済右御祝儀之御能見物御料理頂戴ニ付勤方之式并図	6115	彦根
080	直亮　文政六未年九月八日上野浚明院様御霊前御参詣之節御先立相勤慈徳院殿御牌前へも御拝有之ニ付御見送場之図式	6676	彦根
081	直亮　文政八乙酉年四月廿九日増上寺有章院様御霊前御参詣ニ付御先立相勤候節之式	6675	彦根
082	増上寺御霊屋御参詣済御装束所へ被為入候節御先立被キ之図　天保四癸巳年四月廿九日酒井河内守殿へ遣候扣	6147	彦根
083	直弼玄蕃頭　嘉永三庚戌年四月於日光山大猷院様二百回御忌御法事有之ニ付登城并上野御先立且御能見物其外諸事之留三折絵図三枚	6154	彦根
084	正月十日東叡山御参詣御先立之式并図	6661	彦根
085	右大将様紅葉山惣御霊屋年始御参諸御先立之式并図	6717	彦根
086	直弼玄蕃頭　嘉永三庚戌年六月廿日於東叡山有徳院様百回御忌御法事御参詣之節御先立并御装束所ニて御目見之式并図　付箋「此図未無之追て御書下ケ之筈也」	40018	彦根
087	嘉永四年辛亥年五月十八日紅葉山御参詣之節孝恭院様仮御霊前ニ付御先立例と違候由ニて追て肥後守殿より被指越候図式写	6159	彦根
	山王御参詣之部		
001	山王御絵図一枚	6779	彦根

002	宝暦十三癸未年十月五日山王御参詣之節御先立之式　天明二壬寅年十月十九日松平讃岐守殿留記書抜被差越候書付写	5827	彦根
003	宝暦十庚辰年十月六日山王江御参詣之節御先立之図式　天明二壬寅年十月十五日酒井雅楽頭殿へ頼取寄候彼方先代之留記写	6598	江戸
004	文化十癸酉年九月三日公方様山王社就御参詣直亮御先立相勤候式図	6778	彦根
	御立寄之部		
001	宝暦十三癸未年九月、若君様紅葉山御宮参之節御行列書一冊、御成御延引被仰出候ニ付再御成被仰出候迄之内御座所其外座鋪向〆切之絵図一枚、御老中方見分之節道筋絵図一枚、御成之節御殿仕様并席付等絵図一枚、御供立場披場并御迎送り之図一枚、若君様御成并還御之節外向之図一枚、御成之節御目見并拝領物被仰付図一枚、御成之節御座所其外飾并献上物置様之図一枚　附家内之面々御目見并拝領物被仰出候節進退之図式	6885	彦根
002	宝暦十三癸未年若君様御成付御先勤御供御目見以上以下姓名并女中名書	6870	江戸
003	宝暦十三癸未年若君様御宮参之節松平右京大夫殿被相渡候御式書写	6869	江戸
004	従宝暦十二壬午年十月廿四日始て至同十三癸未年十一月朔日終　若君様御成ニ付諸事直勤之式書　乾坤二冊有之	6831	江戸
005	宝暦十三癸未年九月十一日　但御成は六日也　若君様御宮参之節御成相済候為御祝儀老中招請之式書	5823	彦根
006	宝暦十三癸未年九月十三日　但御誕生は壬午年十月廿四日也　若君様御誕生為御祝儀老中招請之式書	5826	彦根
007	宝暦十三癸未年三月五日御細長拝見之図式　右明和五戊子年五月九日松平讃岐守殿依頼差越候書付之扣	40014	彦根
008	宝暦十三癸未年若君様御成前後内用向役方留記弐冊	5834	彦根
009	明和二乙酉年十二月朔日若君様へ御名被進候御祝儀一件ニ付覚書一包　一、右ニ付若君様紅葉山御宮へ御参詣初て御先立并同日右為御祝儀登城御酒御吸物頂戴之式　松平讃岐守殿より来ル留書写二通	5840	彦根
010	天明元辛丑年七月朔日若君様へ表向之衆并先達て於御座之間御目見之節烦ニて出仕断之溜詰庶流其外式日出仕之大小名初て御目見之式并翌日為御礼登城廻勤之式	5985	彦根
011	寛政四壬子年七月十三日より若君様御成ニ付諸事直勤式書	6596	江戸
012	寛政六甲寅年九月廿七日家慶公就御成直勤之式書并諸事之留　乾坤二冊　絵図三枚添	754	江戸
013	直亮　文政八乙酉年三月三日若君様御宮参之節御立寄被仰出候節之式図	6138	彦根
	御加冠御用之部		
001	享保十年家重公御元服之節御加冠御役相勤候留書	不明	
002	寛保元年家治公御元服之節御加冠御役相勤候留書	不明	
003	家基公御加冠御役ニ付諸事直勤之式　明和二乙酉年十月十四日ニ始て明和三丙戌年五月廿八日ニ終	6733	江戸
004	明和三丙戌年三月晦日於殿中岡田常阿弥を以松平右近将監殿被相渡候若君様御元服之節之御式書写二冊（朱筆）「本紙焼失江戸ニ有之とも写也」	5863	彦根
005	寛保元辛酉年竹千代様御元服ニ付直定様御加冠御役前後御勤方之留書抜　明和三丙戌年三月松平肥後守殿依所望指越候扣	5797	彦根
006	寛保元辛酉年八月十二日竹千代様御元服ニ付直勤之留書抜　明和三戌年松平讃岐守殿へ依所望指越候扣	5799	彦根
007	明和三丙戌年四月廿二日大納言様御加冠御役相勤候付老中招請之式	6652	彦根
008	天明二壬寅年三月廿七日御用懸老中松平周防守殿へ御城使被呼相渡被差越候若君様御元服之節之御式書写壱封但二冊	5997	彦根
009	従天明元辛丑年十月至同二壬寅年四月家斉公御元服之節御加冠就御役諸事直勤式書	6847	彦根
010	家慶公御元服之節御加冠就御役直勤之式書諸事之留	755	江戸
011	一、正保二年乙酉御元服記一冊　一、厳有院様御元服之留一冊	6838･6837	江戸
012	一、正保二年御元服記抜書一冊　一、林大学頭殿返状并御城使請書留	6848･6849	彦根
	京都上使之部		
001	享保二乙卯年直定様御勤被遊候御即位庭上之図	不明	彦根表ニ不相見
002	宝暦十庚辰年九月将軍就宣下京都之御使相勤候節之用書　弐冊	6833	江戸
003	宝暦十年十月京都直勤式書　同絵図下書	不明	彦根表ニ不相見
004	宝暦十庚辰年家治公将軍宣下ニ付禁裏へ之奉使直勤之式書	752	彦根
005	宝暦十年将軍宣下ニ付禁裏へ奉使直勤之絵図廿枚（朱書）「内八枚不足、目録朱印付置」	6859	廿枚の内八枚不足
006	宝暦十庚辰年九月家治公将軍宣下ニ付京都御使之節所司代井上河内守より被相渡候禁裏女院准后御所参内之節絵図、二条御城入之節東西大御番所席付図	6703	彦根
007	宝暦十庚辰年京都上使之節所司代へ拝領物申渡候式書　松平肥後守殿より被指越候書付写	不明	
008	宝暦十庚辰年所司代へ拝領物申渡之式書、松平讃岐守殿より被指越候書付写二通	5807	江戸
009	安永八年十二月十七日より同九年十二月十九日迄　直豊玄蕃頭京都奉使直勤式書并絵図	753･6874	彦根
010	文化六年三月直中公太子立坊京都奉使直勤之式書	756	不詳
011	直中文化六己巳年三月太子立坊京都奉使図式十三帖	6886	江戸
	日光供奉并御名代之部　　附日光ニ付登城之式此部ニ入		
001	宝暦十四年五月十三日来年権現様百五十回御法会之節日光山へ御名代被仰付候式	不明	此留彦根表ニ不相見

002	宝暦十四甲申年五月十五日彦根へ休息之御暇被仰出候式并日光御名代被仰付候ニ付来年参勤之時節被仰出候式	5833	彦根
003	権現様百五十回御神忌ニ付御法会有之明和二年四月日光御名代并着座直勤式書	不明	此留彦根表ニ不相見
004	明和六己丑年五月朔日参勤之御礼申上并日光山供奉被仰付候式	5898	彦根
005	安永四乙未年四月朔日於殿中来申之年日光御社参可被遊被仰出候旨松平肥後守様御留守居中より申来り候書付	5931	江戸
006	安永度日光御社参之節御先立合印其外共絵図四枚	6777	彦根
007	安永五丙申年四月日光供奉直勤之式書并絵図	6846･Y134	江戸／彦根
008	安永九庚子年二月四日日光正遷宮正遷座相済御祝儀御能見物金銀御料理頂戴之式并絵図	5962	彦根
009	日光御宮御名代勤方之式并御暇御進献物請取帰府御目見之図　右是迄御神忌之外御名代此方ニて不相勤候故其式書無之候此度松平讃岐守殿日光御宮御名代被仰付候ニ付相談有之間松平甲斐守殿六角越前守殿被勤候節之式書借寄見合同席勤方考合認候て及示談候此以後此方ニても相勤候儀有之候ハヽ此通りニ可致存候事　天明元辛丑年閏五月七日	5989	彦根
010	文化十一甲戌年九月廿一日日光御宮正迁宮相済候為御祝儀御能有之見物被仰付登城之式	6108	彦根
011	文政六癸未年五月十五日参勤之御礼申上并日光山供奉被仰付候式	6133	彦根
朝鮮人来聘并琉球人登城之節勤方之部			
001	一、宝暦十四甲申年朝鮮人来聘ニ付直勤之式書一冊、同登城之節大広間之絵図壱枚、同曲馬之節見物所之絵図壱枚、同吹上見物所へ道筋之絵図壱枚　老中松平右近将監殿より相渡候、朝鮮人御礼之次第書写一冊　御目付太田三郎兵衛曲渕勝次郎より被指越候、朝鮮人御礼并御饗応之絵図写弐枚	30359	彦根
002	宝永七庚寅年琉球人御礼之次第七月より十二月ニ至ル	6878	江戸
003	寛延元戊辰年十二月御本丸琉球人御礼之次第同音楽并御暇之次第一冊、西丸琉球人御礼之次第、同御暇之次第	不明	
004	琉球人御目見之節大広間畳目絵図・同楽之節絵図　二枚	5796	彦根
雑之部			
001	天明七丁未年三月廿日於老中松平周防守殿宅就御代替玄蕃頭誓詞相調候式	6422	彦根
002	天明七丁未年十一月廿一日於老中牧野備後守殿宅直中儀御代替之誓詞相調候式壱冊并誓詞扣之写一通	6845	彦根
003	宝暦中直勤之雑書	751	江戸
004	松平肥後守殿より被指越候留記写　恒例臨時行事	6421	彦根
005	上使有之節請之式絵図四枚添　名代を以請候式は別ニ有之	6883	江戸
006	上使有之名代を以請候式	6884	江戸
007	文化四丁卯年八月嫡子名代ニて上使請候式　絵図三枚添	6841	彦根
008	文化十一甲戌年十二月峯姫君様御守殿御玄関御座敷向絵図	6106	彦根
009	文化十三丙子年三月二日朦中ニ付以上使御尋之節之式并図	6558	彦根
010	文政六癸未年十一月廿一日御拳之鳥拝領上使之節書院之図	6877	江戸
011	朝参筆記　帙入六冊	不明	
012	嘉永三庚戌年十月十二日中屋鋪仮住居中御香奠拝領上使請之式并図　奏者番ヨリ好ニ付関久円迄認遣候図式写も此内へ入置	6156	彦根
013	嘉永三庚戌年十二月十一日中屋鋪仮住居中以上使御鷹之雁拝領之図式	6158	彦根
014	直勤留四冊　従天明七丁未年九月到同年十二月	6296/6554/6297/6038	彦根

1．本表は、『彦根藩井伊家文書』所収の「式書」につき、その目録である「直勤記録分類見出」（彦根藩・大久保家文書、以下「見出」と略記）の分類・配列にしたがい、並べ直したものである。

2．「見出」の項目ごとに番号を付け、左端につけた。ただし、「見出」は推敲により配列を変更した跡があるため、ここでは推敲後の配列とした。

3．原史料の現存するものについては調査番号欄に『彦根藩井伊家文書』の調査番号を記し、標題欄は原史料の包紙上書を記した。原史料の不明なものは調査番号欄に不明と記し、「直勤記録分類見出」に記されている標題を記した。

4．式書は、同一物が2点作成されて江戸と彦根で保管されたため、基本的に2点が現存している。ここではオリジナルに近い彦根保管分を採用したが、彦根保管分が現存していない場合、江戸保管分の調査番号を記した。「保存」欄には、その調査番号の史料が彦根保管か江戸保管かを記した。また、史料が現存せず、「見出」にも不明の旨があるものは、その文言をこの欄に記した。

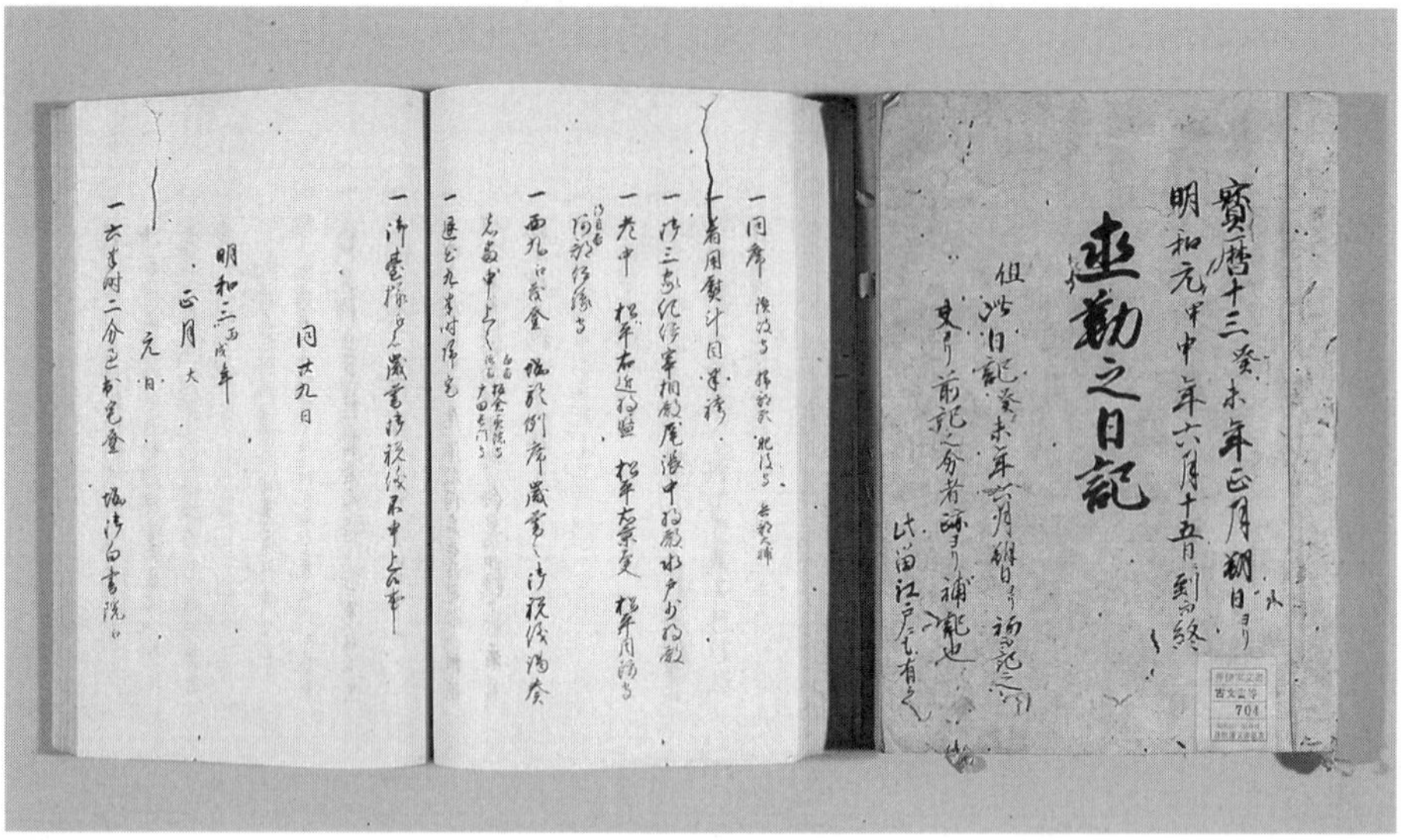

直勤日記

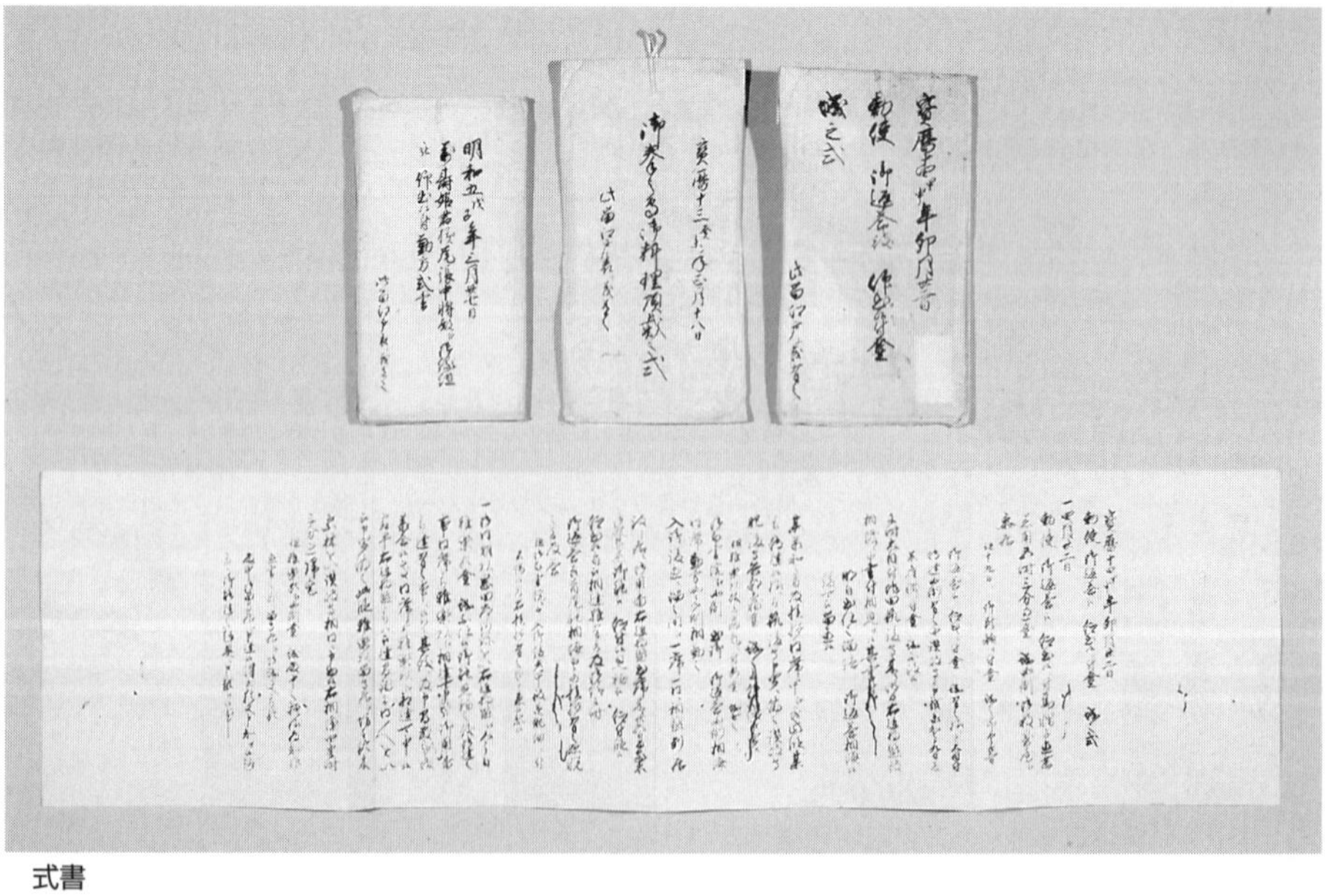

式書

資料編

凡例

1 資料編には、彦根藩内で作成された井伊家の儀礼に関わる資料を翻刻または図版として掲載した。

2 資料の概要については、「資料解題」で説明した。

3 各資料の冒頭には、名称および、作成年代・資料群名を記した。名称は、内容により新たに付したものもある。そのため『彦根藩文書調査報告書』（彦根市教育委員会、一九八三年）の標題とは必ずしも一致していない。

4 史料翻刻の表記にあたっては、次のとおりとした。

（1）原則として常用漢字を用い、一部の固有名詞および以下に掲げる文字は原文の文字をそのまま使用した。

刕（州）　忰（倅）　龍（竜）　躰（体）　嶋（島）　侭（儘）

并（幷）　餅（餠）　早（畢）　尓（爾）　廐（廏）

ゟ（より）〆（しめ）

（2）かなは現行のひらがな・カタカナに改めたが、者（は）・茂（も）・而（て）・与（と）・江（え）などについては、もとの字体のままとし、文中では活字の大きさを小さくして記した。

（3）史料には読点「、」や並列点「・」をつけた。

（4）校訂者による補注は、丸括弧に入れて傍注とした。誤記・意味不明などの場合には、正しい字を傍注するか、右傍に（ママ）を付した。脱字・衍字や疑念が残る場合は右傍に（カ）を加えた。

（5）本文以外の部分は、上下にカギ括弧を付し、その右肩に（表紙）（端裏書）（包紙上書）など、傍注を付した。一部、割付の都合上左肩に付した箇所もある。カギ括弧の右肩に注記のないものは、すべて貼紙による改変を示す。

（6）原本に改変のある場合には、墨抹は左傍に「〻」を付し、貼紙による抹消は網掛け表記して、右傍にカギ括弧を付して改変後の文字を記した。虫損・汚損・破損などで解読が不能な場合には、字数の判明するものは□□で、字数の判明しないものは［　］で示した。

（7）史料に付箋を貼付している場合、貼付位置に＊を付し、当該条文の末尾に記した。同一条に複数の付箋がある場合は＊1のように番号を付して対応させた。

（8）敬意を示す欠字は一字空きとし、平出は改行した。

5 本資料編は、歴史的事実を正しく理解するために、史料原文をそのまま掲載することを原則とした。ただし、現市民の人権をそこなう恐れのある表現を含む史料については、該当個所を省略した。この趣旨を理解され、人権尊重の視点にもとづき、活用していただきたい。

6 本資料編の構成および掲載資料の選択は、彦根藩資料調査研究委員会「武家の儀礼」研究班研究員が行い、史料翻刻の校訂は1・2は江戸班（岡崎・皿海・野田）、3・4は京都班（朝尾・井伊）、5は彦根班（渡辺・母利）が行い、瀬島宏計・三宅正浩の協力を得た。資料解題は野田が執筆した。

資料解題

史料翻刻

1 溜詰の式書

井伊家で作成された、殿席「溜詰」の大名としての勤め方を記録した式書のうち五件を翻刻掲載した。

1 井伊直中初登城式書　『彦根藩井伊家文書』六〇一五

形状　竪約一五・八㎝の巻紙四通。一通ずつに標題の四件の各「式」を記す。四点が包紙一括された上、袋に入る。

内容　①井伊直中が直幸の嫡子となることを幕府に願い出て、直中が江戸城に呼び出され、老中より願いのとおり仰せ付けられた一件、②直中が初めて将軍に御目見した一件、③直中が初めて月次登城を勤めた一件、④直中が初めて間の御機嫌伺い登城を行った一件。

　井伊直幸には本来、直豊（のち直富と改名）という嫡子がいたが、天明七年（一七八七）に死去したため、直豊の弟である直中を直幸の嫡子に立てることになり、幕府へ届けた。本式書は直中が嫡子となることを許可された時点から、恒例の登城（月次・間の登城）を初めて勤めた式までの記録が一括されている。なお、初めての節句登城の式書は、別の袋に一括されている（次項の翻刻史料）。

　直中の初御目見は天明七年十月十五日のことで、父直幸とともに登城し、白書院の正面縁頬にて将軍家斉に対面した。初めての儀礼に臨むため、事前に習礼（予習）をしている。

　初御目見を済ませると、日常的な出仕すなわち月次や五節句に登城することを願い出て、それが認められたため、翌月一日に初めて月次登城をした。月次登城は溜詰が集団で行動する。黒書院にて溜詰一同が将軍に対面して御礼を申し上げ、黒書院での儀礼が終わると白書院へ向かい、そこでの諸礼が済むまで西縁頬に着座した。

　間の御機嫌伺登城は、溜詰のみの登城行為で、月次登城の間にあたる十日頃と二十日過ぎ頃に一同で日程を合わせて登城し、老中に対面して将軍の御機嫌を伺うものである。また、間の御機嫌伺い登城をすることの承認を求めた老中への伺書では、出火の節に溜詰が登城した際に彼らと共に登城することも承諾を求めており、この両件が溜詰独自の登城であることがわかる。

2 井伊直中初節句登城式書　同　六〇三四

形状　竪約一五・八㎝の巻紙二通。一通ずつに標題の各「式」を記す。二通が袋に一括される。

内容　井伊直中が井伊家世子となり幕府への奉公を開始して最初に江戸城での節句の行事に参加した天明八年（一七八八）三月三日の式と、同年五月五日の端午節句の式。

　天明八年三月三日の上巳の節句では、白書院で溜詰一人ずつが将軍に御礼を申し上げ、それが終わると大広間へ向かい、そこでの諸礼が済むまで二之間の前の板縁に、上座が西の敷居際となるよう着座した。五月五日の端午の節句でも、ほぼ同様の式であった。

3　井伊直中縁組仰せ付られ候式書　　同　六〇四三

形状　竪約一六・〇cmの巻紙一巻。包紙に包んだ上、袋に入る。

内容　井伊直中が盛岡藩主南部慶次郎の姉と縁組することを幕府に願い出、それが許可されて御礼を申し上げた式。

縁組の願書は、寛政元年（一七八九）十一月二十六日、旗本の倉橋三左衛門が老中の役宅へ持参して提出されている。それを受理した老中から翌日登城するよう命じられ、翌二十七日、直中が登城して、縁組を仰せ付ける旨、老中から申し渡された。

4　正月十日東叡山御参詣御先立式書　　同　六六六一

形状　竪一五・七cmの折帖。式図四点とともに包紙一括された上、袋に入る。

内容　一月十日は五代将軍徳川綱吉の命日にあたり、綱吉の御廟のある東叡山寛永寺に将軍が参詣した。井伊家ら溜詰の一人は、将軍が徒歩で進む御霊屋内で将軍を先導する先立役を勤めた。式図に「文恭院殿」（家斉）とあることから、家斉の死去した天保十二年（一八四一）より後に作成されたことがわかる。この式書はある年に実際に行われた結果を記録したのではなく、毎年の同儀礼に適用できる「マニュアル」として作成されている。

当日、将軍が参詣するのは一之御霊屋・二之御霊屋・最樹院（家斉の実父一橋治済）御霊屋・位牌所の四か所である。一之御霊屋は大猷院（家光）・厳有院（家綱）・浚明院（家治）・文恭院（家斉）、二之御霊屋は常憲院（綱吉）・有徳院（吉宗）・孝恭院（家基）が祀られており、位牌所とは家治・家斉・家慶の生母三名の位牌所である。本文および図により先立役の行動を記す。式図では、図中に朱点と番号を付し、本文中でその位置ではどのような行為をするのかを記述する。

先立役の行為を式図の表記により概観すると、将軍が輿を降りる勅額門の外（×印）で草履を脱いで直垂の括りを下ろし、将軍の到着を待つ。将軍の乗る轅の輿がやってきたのを見て門の正面中央に着座して平伏し（三印）、将軍を迎える。将軍が輿を出たのを見て、先立ちする。将軍が手括りを下ろすときには中座し（四印）、その後又先立ちする。将軍が手水で清める時には後方で控え（五印）、内陣までさらに先立ちする。内陣の外まで来ると内部の様子を伺って（六印）無事と確認した上で階を下り、七印の場所に平伏して、将軍が内陣に入ると八印に着座。御三家の拝礼が済んで将軍が退くと、再び先立ちをする。なお将軍の参拝手順は本史料では記述されていないが、他史料によると、拝殿に入った将軍は御膝突で参拝、奉幣したあと右脇に着座し、予参の御三家の参拝、将軍二度目の参拝と続く。勅額門まで戻ると、将軍は輿に乗り、次の霊屋へ向かう。

5　東叡山御年忌法事勤方式書　　同　五八二〇

形状　竪一五・四cmの折帖の式書二点、式図四点。被物着座式書と同式図、先立式書と式図はそれぞれ袋で一括し、全体を畳紙で包み、さらに包紙をかける。

内容　東叡山寛永寺で歴代将軍の遠忌法会が営まれた際の溜詰の勤め方

を記録した式書。宝暦十三年（一七六三）六月の有徳院（吉宗）十三回忌で井伊直幸が被物着座、酒井忠恭が将軍参詣の先立役を勤めた。被物着座とは、将軍から法会を勤めた寺院へのくだされ物が渡される場に着座する役で、溜詰の中から一人が勤めた。将軍が参詣する際に溜詰の一人が先立役を勤めるのは毎月の将軍参詣と同様である。先立役以外の溜詰が着座するのは、四月十七日の家康命日と歴代の遠忌のみであった。

この式書が作成されたのと同時期に、増上寺年忌法事の式書も作成されている。両式書は、その後の先例となるようまとめたものである。そのため、本式書には高松松平家から入手した宝暦三年（吉宗三回忌）の節に先立役を勤めた式図も同封されている。

2 直勤留

『彦根藩井伊家文書』六七八一～六七九五

形状　各竪約一六・一㎝の巻紙各一巻。十五点の式書とその目録（六七九六）が一括して帙状の包みに収められている。

内容　井伊直幸は大老就任の前年に「御用部屋入り」という立場を拝命し、大老職に就くまで、および大老辞任後にこの立場にあった。本史料は、直幸が御用部屋入りした天明三年六月十五日から同年末まで十五回の登城行為を記録した式書を一括している。

包紙上書には、「直勤留　但御用部屋入中之別記也　此留江戸ニも有之」と記されている。このことから、彦根藩直勤方にて作成した直勤記録の一つであり、本記録は彦根に置かれ、同一のものが江戸で保管されていたことがわかる。ただ、大老辞任後の期間の「直勤留」（横半帳）と比較すると、体裁の相違のほか、加筆訂正があり、字体が崩れている点から、天明三年の直勤留は清書する前の段階のものと考えられるが、これをもとにした清書が作成されたかどうかは不明である。

なお、調査番号は調査時点での配列順により付されたが、本来の順序とは異なっている。ここでは同封されている「直勤留目録」（六七九六）に記されているとおり、成立当初の順序である月日順に配列しなおした。

ここで記録されているのは、御用部屋入りとして初めて勤める節句の行事や、将軍家の冠婚葬祭・火事といった臨時登城につき、登城召の達書から出宅時刻、殿中での行動、退出時刻、装束、老中や同席大名の名前などが一定の規格により記されている。

井伊家が御用部屋入りを勤めるのは、井伊直興が御用部屋入りしていた元禄八年（一六九五）から正徳元年（一七一一）（但し、大老期・隠居時期を除く）以来のことであり、当時の勤め方について不詳の点も多いため、老中から指示を受けたり（八朔登城式）、老中へ伺って（六月十九日伺書）勤め方を確定していった。「周防守殿・主殿頭殿万端懇ニ世話被呉候」（玄猪登城式）とあるように、老中の中では松平康福・田沼意次が直幸の勤め方について指導的な役割を果たしたことがわかる。

関係人物

某　井伊掃部頭直幸
世子　井伊玄蕃頭直富（直豊より改名）溜詰
溜詰　松平駿河守容詮　会津松平家世子
　　　松平讃岐守頼起　高松松平家当主
老中　松平周防守康福
　　　田沼主殿頭意次

久世大和守広明
鳥居丹波守忠意　西丸老中
水野出羽守忠友　老中格
御用御取次側衆
稲葉越中守正明
横田筑後守準松
本郷伊勢守泰行
小笠原若狭守信喜　西丸附
田沼能登守意致　西丸附

3 京都上使直勤式書

『彦根藩井伊家文書』七五三

形状　竪二九・二cm　横二一・二cmの竪帳一冊。畳紙で包まれた上で式図（図版2）と袋に一括される。

内容　安永九年（一七八〇）、井伊家世子の井伊直豊が、将軍徳川家治の右大臣転任御礼を天皇家に述べる使者として京都へ派遣された御用の式書。安永八年十二月十七日、幕府老中から井伊家に対し、井伊世子である直豊に京都への御使として派遣する内意が伝えられた。その後、直接将軍に対面して御使いを命じられ、直豊が江戸を出立して京都に入り、京都での勤めを果たして江戸に戻って御礼を述べ、御用を勤めた褒賞として少将に昇進した御礼まで、さまざまな人と対面や贈答の式が繰り返されたが、各「式」の経緯を同形式で記録し、それを一冊にまとめたものである。

本式書には十七枚の絵図が添えられているが、それらは図版2に掲載した。

内容は、本書朝尾論文「井伊直豊の京都上使」に詳しい。

4 京都上使御用下宿町家惣絵図

那覇市所蔵『横内家文書』

形状　竪一四三・六cm　横四三・二cmの絵図一枚

内容　安永九年、井伊直豊の京都上使の節、直豊が宿泊した京都河原町の松平土佐守（土佐山内家）屋敷と、井伊家家臣が分宿した周辺町屋の図。概略図を示し、図中の井伊家家臣宿泊地を示す箇所を翻刻した。

図の範囲は、北は二条、南は四条、東は鴨川、西は河原町通りの区域で、図中に井伊家家臣らの宿泊場所を書き込んでいる。上段に宿泊した者、下段に家主名が記される。下段には、漢学者岩垣長門介など別の所に複数回名前の出てくる人物がいるため、その家の家持の名と判断できる。

本史料には町屋を示す部分が彩色されている。概略図では、彩色部分を網掛けで示し、宿泊者・家持名の記されている部分を白抜きとしてその中の番号を翻刻の番号と対照させた。図中の番号の向きは、記載文字の向きに一致している。

京都上使を勤めた大名は、自家の京屋敷があったとしてもそこには宿泊せず、他大名家の屋敷を使うのが一般的である。中でも山内家屋敷を使う例が多い。井伊家は最初の延宝八年（一六八〇）と最後の文久二年（一八六二）直憲以外は土佐藩邸を利用した。それは、先例重視のためもあろうが、別の側面が考えられる。上使の行為は洛中の一角に武家の軍勢を駐屯させ、町人へも屋敷の提供を課すことになり、一種の軍事演習とみなすことができる。それが洛中の入口である三条大橋周辺というのも、近世都市京都の機能を考える上で興味深い。

5　御参勤御上国雑記　　『彦根藩井伊家文書』六九九七

形状　竪二五・五㎝、横一七・五㎝の竪帳一冊。本史料は虫損などによる損傷が著しく、開披不能の状態であったが、平成十三・十四年度に重要文化財彦根藩井伊家文書美術工芸品保存修理事業において、国から国宝重要文化財等保存整備費補助金、および滋賀県より滋賀県文化財保存事業費補助金の交付を受けて修理を施した。法量は修理後のものを記した。

内容　彦根藩主が国許と江戸を往復する参勤交代に際して、出立や到着、道中での藩主の行為や側役の勤めにかかわる事項などを、九項目にわたって記す。作成者は表紙の表記から側役とわかる。側役が参勤・上国の際に勤めを果たすためにまとめ、活用された史料と考えられる。

事例として取り上げられているのは、井伊直中の初めての帰国（寛政二年（一七九〇）から翌三年）と、二度目の帰国（寛政四〜五年）を基本としており、作成された年代は寛政五年頃と推定できる。ただ、本文中に貼紙による訂正や、付紙による注記、後年の儀礼の結果を書き付けた紙が挿入されているため、作成後、側役の中で活用されていたことが窺える。例えば、梅暁院（直幸正室）には貼紙にて別の人物に書き換えられている所があるが、彼女は寛政五年十二月に死去したための訂正が加えられたのである。また、三二七頁に挿入された紙は、次の藩主直亮が彦根を発駕する際に、父である大殿直中や彦根居住の兄弟・叔父らとの対面次第を記録したものである。

表紙の次の丁には、目次の意味を持つ九項目が列記されている。また、各項目の位置には見出しとなる付箋が付けられている。翻刻文中では（見出し札）と注記してカギ括弧に札の文言を入れて、当該箇所に表記した。

その内容は、彦根からの発駕と彦根への着城の際の諸儀礼、道中での休泊地や対面者の慣例、江戸への到着と江戸から発駕の諸儀礼、発駕前の準備や家臣の役割・行列、道中での宿泊・小休、川の渡り方、宿泊先での御供の勤方、発駕前に側役や御供へ渡される物品といったものである。

家督相続後、初めて国入りする際は、それ以外と内容が異なり、初めての場合のみにおこなう特別な儀礼があった。本文中では、初めての国入りは「入部」と表現し、それ以外の場合と区別している。

関係人物（寛政四・五年頃のもの）

藩主　井伊掃部頭直中

江戸にいる井伊家家族

梅暁院　　井伊直幸正室（寛政五年十二月死去）
真如院　　井伊直定側室
清蓮院　　井伊直禔正室
守真院　　井伊直富正室

彦根にいる直中の御舎弟様方

勇吉　　井伊直容、直中弟
東之介　　井伊直致、直中弟

先代藩主・世子

大魏院　井伊直幸

龍泉院　井伊直富（直豊）、直幸世子、世子のまま死去

井伊家一族

井伊兵部少輔　与板藩主井伊直朗

井伊家家臣

木俣土佐　筆頭家老

木俣半弥　木俣土佐嫡子

松平倉之介　中老上席

印具徳右衛門　中老

中野助太夫　歴代が中老から家老となる家柄

奥山六右衛門　小溜席

片岡一郎兵衛　船方支配

図版

1 京都上使行列絵巻　『井伊家伝来資料』

形状　紙本著色　五巻

竪三五・三cm（共通）、　横二一三一・三cm（一巻）

二二五六・六cm（二巻）　二四八七・一cm（三巻）

二三〇九・一cm（四巻）　二三三八・四cm（五巻）

内容　文政十年、井伊直亮が将軍家斉の太政大臣宣下と世嗣家慶の従一位宣下の御礼使者として京都に派遣された際の行列絵巻。

江戸から京都へ向かう井伊家の行列は、いったん彦根に入り、国許で支度を調えて京都へ向かう。彦根出発時と大津から京都までは「惣行列」と呼ばれる正式な隊列であったが、本図に描かれるのは、その中でも大名が馬上にある時の様子で、これは彦根出発直後と京都に入る直前のみにとる形態で、それ以外の道中では当主は駕籠に乗っていた。入京時は白川近くから馬に乗ったが、これは入京する大名の威勢を京の人々に示す効果を考えてのことであった。

図の下部には、行列の構成にしたがって、該当する役割・人名を記した。本絵巻とともに行列の順序を記した巻紙が一括されているが、それを参考に書き加えた。ただ、行列書は藩主が駕籠に乗っている際の行列であり、騎乗している本図の藩主周辺とは若干異なる。

行列は、足軽隊、当主の具足など先道具、朝廷への進献物のあとに御供に囲まれた馬上の直亮、その後ろに騎馬供が連なり、総勢一九六八名が描かれている。直亮の前には平供三〇人が連なり、一〇名の小姓が直亮を囲んでいる。本図では直亮のみ彩色されていないが、これは当主を憚った表現であろうか。

騎馬の侍にはそれぞれ供や具足・駕籠や道具などを持つ者が随っており、後尾の家老小野田小一郎・庵原助右衛門にはともに九十人以上の供が描かれている。紋付き羽織・袴の藩士、法被に脚絆を巻いた中間など、服装により身分差が描き分けられている。

直亮を主体とする絵巻は、天保十四年（一八四三）の日光供奉行列のものも伝わっており、直亮がみずからの事績を遺すために描かせたとも考えられる。

2 京都上使直勤式図

『彦根藩井伊家文書』六八七四

形状　彩色絵図十六枚。最大　竪九七・〇cm　横八〇・二cm
最小　竪五四・三cm　横四五・三cm

内容　翻刻史料2「京都上使直勤式書」の付図十六枚。

同封されている目録には、

一、京都御使御暇之図
一、京都御進献物請取并拝領物之図
一、所司代御役宅之図　京着初参之式
一、二条御城入之図
一、伝　奏議　奏院伝奏・評定旅館江入来之図
　并女房奉書持参之式
一、所司代御役宅略図　上使招請之式、所司代江拝領物申渡之式
一、旅館江所司代招請之図
一、施薬院之図　伝　奏之使者江直答之式
一、初度参内之図　御使相勤拝　天顔天盃頂戴之式
一、二度目参内之図　省中拝覧賜酒饌之式
一、三度目参内之図　御返答御暇　御推任拝領物之式
一、仙洞御所之図　御使相勤　御盃頂戴賜酒饌之式
一、仙洞御所之図　御返答拝領物之式
一、女院御所之図　御使相勤候式、御返答拝領物之式
一、新女院御所之図　御使相勤候式、御返答拝領物之式
一、准后御所之図　御使相勤候式、御返答拝領物之式
一、御返答言上帰府御礼之図并少将ニ被　仰付候式

とあり、十七枚の図が入っていたことがわかる。ただ、剥がれてしまった付箋で「此図不相見」と記されるものが同封されている。現に「施薬院之図伝奏之使者江直答之式」のみ同封されていないことから、近世の段階でこの図は既に現存していなかったことがわかる。

3 彦根城表御殿諸式図

『彦根藩井伊家文書』三二二二

形状　式図八枚と表御殿指図一枚が袋に一括して入る。

内容　彦根城表御殿における藩主・家臣間の定式の対面儀礼の席を記録した図。

袋上書には、次の通り各図の標題が記されている。

1　彦根旧御殿御張紙内年始五節句朔望出仕御家老被為召候節ノ席略図
2　同正月御盃頂戴之図略
3　同召人被仰付事御座候席略図
4　御帰城後笹之間諸御役人小溜被為召候節之略図
5　同正月元日御礼式御黒書院ヨリ松ノ間笹ノ間御椽(縁)頬ニテ御礼式御目見之略図　但シ慶応三丁卯年ノ姓名ヲ以記ス、二日御礼四日八日十五日廿一日寺院之姓名順席モ記ス
6　同朔望御礼式表方之略図　但シ五節句八朔例召出シ之席ノ義モ記ス
7　同八日廿一日間之登城表方之席略図
8　同御能拝見之略図

いずれの図も彦根城表御殿を描いているが、描かれる空間をみると二種

類に区分できる。それは標題に「御張紙内」・「表方」と表記されている。「御張紙内」は、藩主の執務室である御座之御間を中心に、「御鎖口」により入口が警固された空間で、そこでおこなわれる儀礼は、中央の御座之御間に着座する藩主（絵図では「御」と表記）の前に家臣が召されて対面する儀礼であった（図1～4）。

一方の「表方」は、書院・広間といった殿舎が連なっている。式図では、図5～7には、「御張紙内」から出た藩主の進む経路が朱線で引かれている。藩主は日々の対面儀礼において、上の御錠口から中の御錠口まで表方を一周する中で、儀礼の格式と家臣の身分の組み合わせによって決められた方式により、黒書院・松の間（大広間）などで大勢の家臣と対面した。つまり、「表方」は儀礼空間であり江戸城の「表向」に相当し、「御張紙内」は藩主の執務空間、つまり江戸城の「中奥」に相当する。

また、図8は表御殿中央にある能舞台で藩主・家臣がともに能を拝見するときの座席を示す。舞台の正面に藩主が座り、その周囲には家老ら重臣や側向きの家臣が座る。物頭以下の士は、大広間に座席が与えられ、舞台の脇から拝見することになる。

なお、彦根城表御殿は、現在外観復元されて彦根城博物館として機能している。能舞台は江戸時代のものが博物館中央に現存する。

史料翻刻

1　溜詰の式書

『彦根藩井伊家文書』

天明七年（一七八七）

1　井伊直中初登城式書

（袋上書）
「直中
一、天明七丁未年（一七八七）九月廿五日、
中将様（井伊直幸）御願之通嫡子ニ被　仰付候付登城之式
一、同十月十五日、初而　御目見登　城之式
一、同十一月朔日、初而　月次登　城之式
一、同十一月十一日、初而間之　御機嫌伺登　城之式
此留彦根ニも有之」

（包紙上書）
「直中
此留彦根ニも有之
一、天明七丁未年九月廿五日、
中将様御願之通嫡子ニ被　仰付候付登　城之式
一、同十月十五日、初而　御目見登　城之式
一、同十一月朔日、初而　月次登　城之式
一、同十一月十一日、初而間之　御機嫌伺登　城之式」

天明七丁未年九月廿五日、
中将様御願之通、自分儀、嫡子被仰付候式
九月廿四日
一、老中連名之奉書、御用番松平周防守（康福）殿より
中将様御方江御到来、其文、
猶以其方病気候者、名代可被差出候、以上
御用之儀候間、明廿五日四時、同氏庭五郎（井伊直中）同道、可有登
城候、以上
九月廿四日
阿部伊勢守（正倫）
鳥居丹波守（忠意）
水野出羽守（忠友）
牧野備後守（定長）
松平周防守（康福）
松平越中守（定信）
井伊掃部頭（直幸）殿
右之通申来、即刻御請如例被差出候由
同　廿五日
一、中将様御疝瀉御同篇ニ付、今日御登　城難被成間、御名代被差出候趣、
御断書御用番周防守殿江御城使を以今朝被差出候由
一、我等下着ニ白小袖着用之儀ニ付、周防守殿江今朝御城使被指越、口上
ニ而申述候様ニ被　仰付候趣左之通、
井伊掃部頭、先〻より末子を嫡子ニ相願、被　仰付候節、初よ
り白小袖着用仕候、尤、其朝御用番様江申達、直〻御承知之御

答被仰出候先格御座候、此度も右同様ニ仕候、此段御承知被置
候様被致度、以使者申達被置候

右之通申遣、承知之旨、返答被申越候事

一、中将様御名代松平伊賀守(忠済)殿御頼被成、依之今朝此方屋敷江被相越

一、我等儀、染小袖・半袴着之、但、下着白小袖着之、伊賀守殿同道、五半時弐分前出宅、登　城、直如先例御数寄屋江相越、尤直ニ御数寄屋江相越候事、何方江も届等出置ニ不及、坊主共江者先格之趣御城使ニ咄置候様、兼而中将様より被　仰付置候事、伊賀守殿ニハ彼方之例席江相越被居候由

一、登　城之趣、御同朋頭を以、自分より老中江申遣置

一、御目付池田修理(長恵)寄せ候節、我等・伊賀守殿一所ニ大廊下江寄せ候間、出入坊主鈴木春波を呼、此方之席ニ而者奏者溜江寄座致し居候而、其所より出候趣、兼而
中将様被　仰含候趣を以、例格申聞候処、其段御目付江可申由ニ而、春波委細ニ申達呉候由、依之修理ゟ老中江被伺候由ニ而、其後寄セ直し有之、自分儀ハ奏者溜江寄座ニ相成、伊賀守殿ニハ初之通也

一、其後老中被出、御白書院御縁頬ニ列座、
中将様之御名代伊賀守殿・自分儀一同に出席、掃部頭願之通二男庭五郎儀嫡子被　仰付旨、月番周防守殿被申渡、御礼申上退去、夫ゟ自分儀者御数寄屋江相越、用事相弁候而、直ニ退出、但、下乗まてハ伊賀守殿与同道致し候、伊賀守殿ニハ直ニ此方屋敷江又被相越、今日之趣、委細
中将様江被申上候、我等ハ退出より直に大手より出、為御礼老中不残廻勤、八時四半前帰宅

一、廻勤之節口上書持参左之通、
今日被為　召、同氏掃部頭嫡子被　仰付難有仕合奉存候、為御礼致参上候
九月廿五日　　井伊庭五郎

一、中将様より御礼、秋元摂津守(修朝)
御名代ニ御頼、老中不残廻勤有之候

一、若年寄衆・御側衆江者、
中将様・我等より以使者御礼申達、尤、若年寄衆江者御城使、御側衆江者使番也

天明七丁未年十月十五日、直中初而
御目見被　仰付候式

十月十四日

一、老中連名之奉書、御用番牧野備後守(貞長)殿より
中将様(井伊直幸)御方江御到来、其文
同氏庭五郎(井伊直中)事、
御目見被　仰付候間、明十五日五時、同道可有登
城候、且又其方儀茂御礼可被申上候、以上
十月十四日　阿部伊勢守(正倫)
鳥居丹波守(忠意)
水野出羽守(忠友)
牧野備後守(貞長)
松平周防守(康福)

松平越中守（定信）
井伊掃部頭（直幸）殿
右之通申来ニ付、如例連名之御請即刻備後守殿江被差出候由、御請之
文ハ右筆方留ニ有之故爰ニ略之
同　十五日
一、熨斗目・長上下着之、六半時弐分過出宅、昨日之依奉書登
城、直ニ御数寄屋江相越居
但、中将様御同道登　城候様ニ申来候得共、中将様ニ者当時御用部
屋入被遊候ニ付、御城内御門〻〻ニ而下座等之埒合有之に付、途
中者別ニ　御上り被遊候事
一、席之儀、別段ニ達無之候得共、先格有之に付、直ニ御数寄屋江相
越候
一、中将様ニ者御熨斗目・半御上下被為召、五時壱分前御出宅、御登
城、御玄関より御数寄屋江被遊御越、御同朋頭を被成御呼、石川栄阿
弥参り、老中揃之儀御聞被成、自分登　城候旨を老中江栄阿弥を以被
仰遣、其後老中揃之旨申来、御用部屋江御出被成候
一、於御白書院如例習礼有之、自分儀致習礼、相済而又御数寄屋江相越居
ル
一、中将様ニ者御習礼無之、直ニ御着座之御席より御礼之席江御出被成候
一、御鎖口明承、御白書院奏者溜江相越扣居ル、其後御白書院江
出御、月次之御礼相済而、自分初而之御目見
但、御正面御縁頬、五節句其外御礼事都而申上候所也
名披露奏者番水野左近将監（忠鼎）

ソレヱノ上意有之、御用番備後守殿御取合有之、相済而退座、奏者溜
江復居、都而御礼共相済而
入御後、老中着座之前江出、初而
御目見首尾能仕、難有奉存旨、御礼申上之、相済、御数寄屋江相越、
見合退出、九時壱分過帰宅
一、中将様ニ者当時御務振之通御着座等被遊、自分初而
御目見仕候御礼、於御白書院被
仰上、又御用部屋江御越、御用御取次衆を以御礼等被　仰上、相済、
直ニ被遊御退出候事
一、御太刀馬代黄金拾両
一、縮緬　五巻
右　庭五郎献上
一、紗綾　十巻
右　中将様御献上
一、御三家、尾張大納言（宗睦）殿・水戸宰相（治保）殿・尾張宰相（治行）殿
但、紀伊中納言（治貞）殿・同中将（治宝）殿、御所労ニ付登　城無之
一、同席、忰御目見之御礼中将様・月次讃岐守（松平頼起）殿・初而御目見庭五郎
但、雅楽頭（酒井忠以）殿ニ者日光
御名代ニ而在山中也
一、老中、松平越中守殿・松平周防守殿・牧野備後守殿（御用番）・水野出羽守殿・
鳥居丹波守殿・阿部伊勢守殿
一、八時三分前再出宅、為御礼老中・若年寄不残廻勤、八半時弐分過帰宅
一、着用、熨斗目・半上下

一、御側衆江者使番為使者御礼申遣
　但、若年寄衆江者不相越候筈ニ安永八(一七七八)亥年同席中示合有之候由、併
　重キ御礼事ニハ相越候申合ニ付、肥後守殿(松平容頌)ニ而も安永九子年、専(松
　平容詮)之助殿初而
　御目見之節被相越候、同年讃岐守殿家督御礼之節茂被相越候由ニ
　付、格別之事故、今日も相越候
一、中将様ニ者老中江計御礼ニ可被成御出処、御退出より御腰痛ニ付、同(井
伊直広)氏和泉守江
御名代御頼被成候事
一、今日御白書院ニ而御礼衆出順、左之通、

巻物　五	妹婚姻御礼	松平阿波守(蜂須賀治昭)
御太刀　一腰 金　三枚 綿　二十把 御馬　一疋	家督之御礼	松平雄次郎(利謙)
御太刀　一腰 巻物　五 金　馬代	初而御目見 掃部頭嫡子	井伊庭五郎
巻物　十	悴御目見之御礼	井伊掃部頭
時服　十 羽織	遠州相良城請取在番ニ付 御暇	岡部美濃守(長備)
巻物　五 銀　馬代	参勤 周防守養子(康定)	松平左京亮

　　以下略之

天明七丁未年十一月朔日、初而月次登　城直中相勤候式

一、直中五節句月次登　城之御願書、十月十六日ニ御城使為使者、御用番
牧野備後守殿(貞長)江従
中将様御差出被遊、同十七日、御伺之通附札を以達有之候
一、御礼日着座之御伺、十月廿二日ニ御城使為使者、御用番備後守殿江
中将様より御指出被遊、同廿三日、御伺之通附札を以達有之候、右御
願書・御伺書・附札等之文言、委細右筆方記録ニ有之間、爰ニ略之
一、十月晦日、同席衆江御城使為使者差越、明朔日初而月次登
城ニ付頼申遣ス、着座之儀も如先例被　仰付候趣をも申遣

十一月朔日

一、五時壱分過出宅、登　城、御数寄屋江相越、御同朋頭を以、今日初而
月次登　城候段、御用番越中守殿(松平定信)江
中将様被　仰遣被下候
一、御黒書院江
出御、月次之御礼如例同席松平讃岐守殿・酒井雅楽頭殿・自分一同ニ
出座、名披露越中守殿〳〵御機嫌伺之言上讃岐守殿△被申上、相済、退座、御白書院西御縁頬江
参居、諸御礼相済候迄着座
一、諸御礼済、
入御被遊、月番之老中一列ニ着座被致候上、如例同席中着座、居なり
ニ振向キ、月次御礼済恐悦讃岐守殿被申上、次ニ自分老中前江少し着
座之席より進、今日月次初而御礼申上難有奉存旨申上、相済、一同ニ
御数寄屋江相越、夫〻退出

一、着用、染小袖・半袴
一、中将様ニ茂、月次ニ付今日御登　城、老中揃之上御用部屋江被　遊御
越、諸事当時例御務方之通御勤被遊候由
一、御三家、尾張大納言殿・水戸宰相殿・尾張宰相殿・紀伊中将殿
　但、紀伊中納言殿御病気ニ付登　城無之
一、同席、中将様・讃岐守殿・雅楽頭殿・庭五郎初而
一、老中、松平越中守殿・松平周防守殿・牧野備後守殿・水野出羽守殿・
鳥居丹波守殿・阿部伊勢守殿
一、退出より、月次初而御礼申上候ニ付、為御礼老中不残廻勤、九半時三
分前帰宅
一、若年寄衆・御側衆江者、如先例使者茂不差越候事
一、中将様より、先例者老中江計御礼御使者被指出候得共、此度者御用部
屋ニ而御礼被　仰上候ニ付、御使者不被指越候事

天明七丁未年十一月十一日、直中初而間之
御機嫌伺登　城之式

十一月三日
一、月次之外両度充為伺
御機嫌登　城、并出火之節同席中登　城有之節登　城之儀、従
中将様御用番松平越中守殿江御伺書、御城使を以例格之通被指出之
同　五日
一、越中守殿江御城使被呼、去ル三日ニ被差出候御伺書ニ附札を以、御伺
之通指図被申達
一、右ニ付、同席中江為知、并間之登　城示合之頼、出火之節之儀頼、并
登　城為知合之事等申遣置
同　七日
一、来ル十日、間之登　城之示合讃岐守殿より申来、同様可致登　城旨返
答為申越候
同　九日
一、明十日、間之登　城之積ニ兼而示合有之候処、今日雅楽頭殿より被申
越候者、明日日光御門主登　城有之候間、可致延引旨、尤今日讃岐守
殿ニ茂雅楽頭殿宅江被参居候ニ付、同様ニ被存候ニ付、雅楽頭殿ゟ示
合被申越候由申来、相応之返答申越、明日之登　城致延引
同　十一日
一、五半時三分前出宅、初而間之為伺
御機嫌登　城、如例御数寄屋江参居、同席揃之上、其段御同朋頭を以
老中江讃岐守殿被申込、其後老中出席、於溜之間如例一同ニ謁之、
御機嫌相伺、可及言上旨月番越中守殿挨拶有之、相済而、又御数寄屋
江相越、夫ゟ同席一同ニ退出
一、着用、染小袖・裏附上下
一、同席、讃岐守殿御用番・雅楽頭殿・庭五郎初而
一、老中、松平越中守殿・松平周防守殿・牧野備後守殿・水野出羽守殿・
鳥居丹波守殿・阿部伊勢守殿
一、今日登　城之時刻、
種姫君様御道具被遣候ニ付、例々ゟ早ク可出旨、讃岐守殿ゟ前日示合
申来候ニ付、早く罷出候事

2　井伊直中初節句登城式書

天明八年（一七八八）

（袋上書）「直中
一、天明八戊申年三月三日、初而節句登　城之式
一、同五月五日、始而端午節句登　城之式
此留江戸ニ茂有之」

天明八戊申年三月三日、直中初而節句登　城之式

三月三日

一、熨斗目・長袴着、五時壱分前出宅、上巳ニ付登　城、如例御数寄屋江参居

一、御鎖口明キ承、御白書院奏者溜江相越居、御白書院江出御、御三家御礼、相済、同席壱人充御正面南之御畳縁、御障子際一畳目江罷出、御礼申上之、名披露無之、尤節句者上意被　仰出候儀も無之、相済而、見合せ御先江大廊下より西御縁通り大広間江相越、二之間之前板縁、上之方西之敷居際より北向ニ並ひ、老中之上ニ着座、大広間江出御有之、御中段ニ着御、国持衆・御譜代以下御礼有之、相済而入御、相済候上、着座之場所ニ而、老中江御機嫌能御規式相済恐悦之旨申述、退去、御数寄屋江相越、見合退出、四時四半過帰宅

一、御三家、尾張大納言殿(宗睦)・水戸宰相殿(治保)・紀伊中将殿(治宝)・水戸少将殿(治紀)
　但、紀伊中納言殿(治貞)御病気ニ付登　城無之

一、同席、讃岐守殿(松平頼起)・雅楽頭殿(酒井忠以)・玄蕃頭(井伊直中)
　但、中将様(井伊直幸)御不快ニ付御登　城無之

一、老中、松平越中守殿(定信)・御用番松平周防守殿(康福)・牧野備後守殿(貞長)・水野出羽守殿(忠友)・鳥居丹波守殿(忠意)

一、今日自分儀、節句登　城者初而ニ候得共、初而ニ付御礼等入不申、都而勤方相替儀無之

天明八戊申年五月五日、端午節句直中初而登　城之式

五月五日

一、染帷子・長袴着、五時三分前出宅、登　城、如例御数寄屋江参居

一、御鎖口明承、御白書院奏者溜江相越居、御白書院江出御被遊、御三家方御礼済、同席壱人ツヽ、　御正面南之御畳縁、御障子際壱畳目江罷出、御礼申上之、名披露無之、節句者例も上意被　仰出候儀も無之候、相済、見合　御先江大廊下より西御縁通り大広間江相越、二之間之前、板縁上ミ之方、西之敷居際より北向キに並ひ、老中之上ミに着座、大広間江出御被遊、御中段ニ着御、国持衆・御譜代以下御礼有之、相済而入御、相済候上、着座之場所ニ而老中江恐悦申述、退去、御数寄屋江相越、見合退出、夫より直ニ松平越中守殿江相越、近々京都江被致出立候ニ付、暇乞歓等申置、四時四半過帰宅、今日　殿中勤方之式、上巳之節句之節ニ相替儀無之事

一、御三家、尾張大納言殿(宗睦)・水戸宰相殿(治保)・紀伊中将殿(治宝)・水戸少将殿(治紀)
　但、紀伊中納言殿(治貞)病気ニ付登　城無之

一、同席、肥後守殿(松平容頌)・讃岐守殿(松平頼起)・雅楽頭殿(酒井忠以)・玄蕃頭(井伊直中)

但、中将様御風邪御再感ニ付御登　城無之
一、老中、松平越中守殿（定信）・牧野備後守殿（貞長）・御用番鳥居丹波守殿（忠意）・松平伊豆守殿（信明）
一、上巳・端午・七夕・重陽等、都而節句勤方同様之儀故、一〻此後留記
不致候、尤相替儀有之節者、別記可致事

3　井伊直中縁組仰せ付られ候式書　寛政元年（一七八九）

「（袋上書）寛政元己酉年十一月廿七日
縁組願之通被　仰付候式
此留彦根ニも有之」

「（包紙上書）寛政元己酉年十一月廿七日
縁組願之通被　仰付候式
此留彦根ニ茂有之」

寛政元己酉年十一月廿七日、縁組願之通被　仰付候式

十一月廿一日
一、南部慶次郎（利敬）姉縁組仕度趣願書、御先手倉橋三左衛門（久雄）を以御用番鳥居丹波守殿（忠意）江今朝差出之
但、願書之文言者右筆方留ニ有之故爰ニ略之

十一月廿六日
一、御用番丹波守殿ゟ連名之奉書到来、其文
猶以若病気候者名代可被差出候、以上
御用之儀候間、明日四時可有登
城候、以上
十一月廿六日
松平和泉守（乗完）
鳥居丹波守（忠意）
牧野備後守（貞長）
松平越中守（定信）
井伊掃部頭殿（直中）

右之通申来ニ付、如例御請即刻使役を以差出、左之通
猶以若病気候者名代可指出旨奉得其意候、以上
御用之儀御座候間、明日四時登
城可仕旨、御連名之被成下
御書付拝見、奉得其意候、以上
十一月廿六日　井伊掃部頭
松平越中守様
牧野備後守様
鳥居丹波守様
松平和泉守様

同　廿七日
一、松平伊豆守殿（信明）ニ者忌中ニ付連名無之
一、染小袖・半袴着、四時四半前出宅、登　城、如例御数寄屋江参居、御同朋頭山本春阿弥呼出、昨日之依奉書登　城候段、如例御老中江申遣
一、今日申渡之節出席順書、御目付御数寄屋江持参、被為見候
一、御目付案内有之、御白書院溜之間江自分者勝手ニ参り居ル、御白書院

縁頬にて一通り之縁組之分、御老中列座ニ而申渡有之候由、右之分相
済而、御用番丹波守殿壱人着座、南部慶次郎幼年ニ付名代永井日向守（直進）
被出申渡有之候由、右相済而自分儀被　仰付趣申渡有之書付被相渡、
其文

折表ニ　井伊掃部頭江

井伊掃部頭

南部慶次郎姉、其方母方江引取置、追而其方江婚姻相整度由、願
之通被　仰付之

御礼申述、退去、御数寄屋江相越、夫より退出
一、退出より御用番丹波守殿江相越通り、用人呼出、
御台様江之御礼申上置、廻勤之口上者玄関ニ而取次江申達、夫より
御老中松平越中守殿・同牧野備後守殿・同松平和泉守殿江為御礼廻勤、御側御用人本多弾正
（忠籌）大弼殿江茂御礼相越、八時四半前帰宅
一、御老中之内松平伊豆守殿ニ者忌中故不相越候、忌明候而茂追而相越候ニ
不及候事
一、若年寄衆江者御城使、御側衆江者使役為使者御礼申遣

4　正月十日東叡山御参詣御先立式書

（袋上書）「正月十日東叡山
御参詣　御先立之式并図
此留江戸ニも有之」

（包紙上書）「正月十日東叡山
御参詣　御先立之式并図
此留江戸ニ茂有之」

（端裏書）「正月十日東叡山
御参詣　御先立之式　図四枚添」

正月十日東叡山
御参詣　御先立之式

一、熨斗目・半袴着、明ケ六時前出宅、上野江相越、本坊玄関ゟ上り、下
部屋ニ至り、見計ひ直垂着替、老中被相越、案内有而両人共奥之部屋
江相越刀持行及挨拶、一之御霊屋并（一橋治済）最樹院様御霊屋者誰相勤、二
之御霊屋并御位牌所者誰相勤候段、老中江申達扣居ル
一、段々注進有之、御側衆左右ニ而老中同道内道通り一人ハ　一之御霊屋、
一人ハ二之御霊屋江相越扣居ル　但、刀者奥之部屋ニ差置
一、一之御霊屋　御先立之者、
勅額御門外「（朱筆）×」印之処ニ而草履をぬき、御門内「（朱筆）●」一印之処ニ而
括りを下し「（朱筆）●」二印ニ扣ふ　但、中啓持居ル、扇子之時ハ始終差居申候、　御先を見て「（朱筆）●」三
印江御出迎、　御轅居り御簾老中被揚、其時平伏、　御轅ゟ被為　出
候を見上ケ御先立、御括り御下し被遊候節「（朱筆）●」四印ニ中坐、又御先
立、御唐門外ニ而御手水之節「（朱筆）●」五印ニ扣、御手拭御小性江御渡シ
被遊候を見て又御先立、　御内陣之階を上り、「（朱筆）●」六印ニ而　御内
陣を伺ひ、直ニ階を下り、「（朱筆）●」七印ニ而平伏、　御内陣江被為入候

（端裏書）「一之御霊屋」

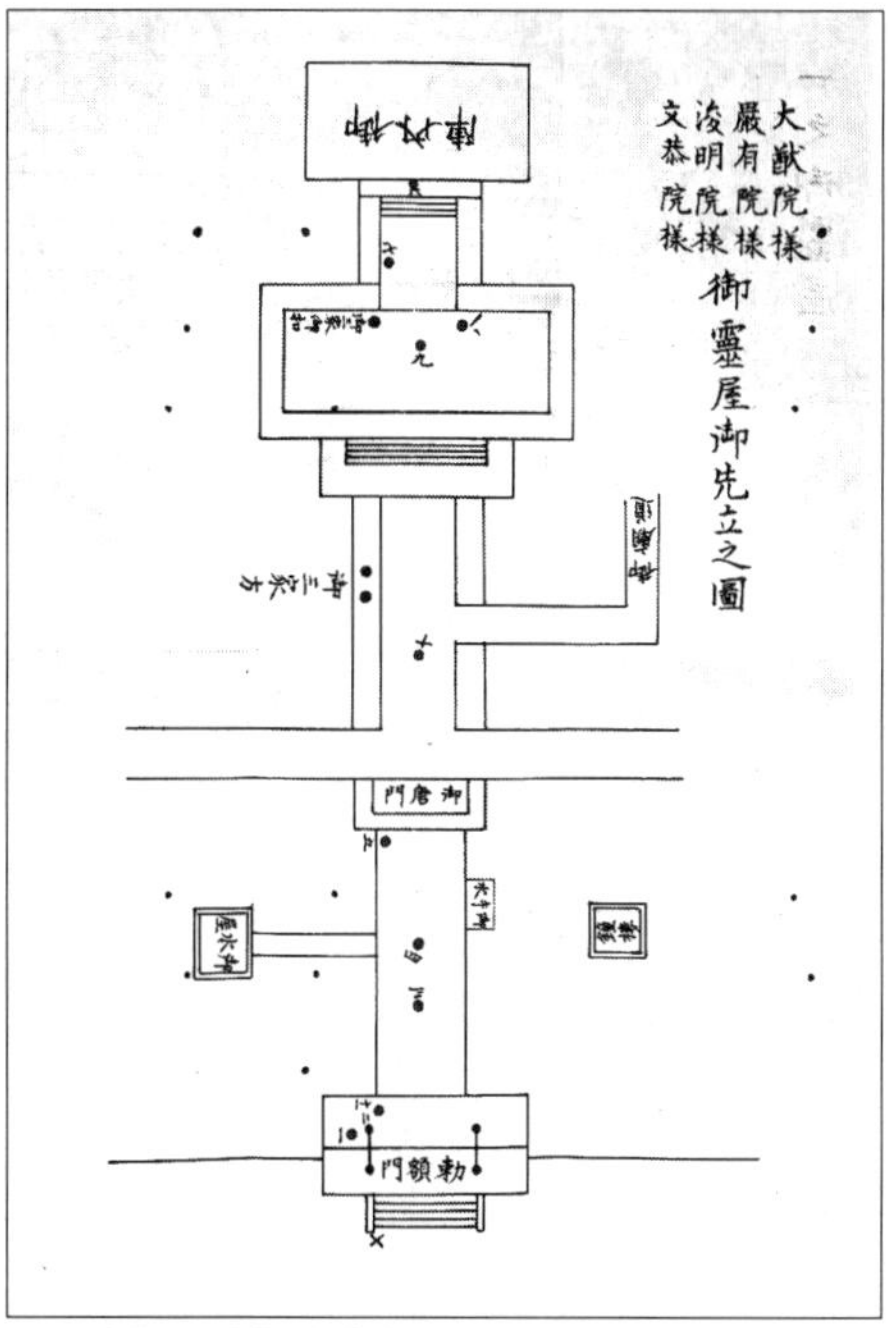

一之御霊屋御先立之図

（端裏書）「二之御霊屋」

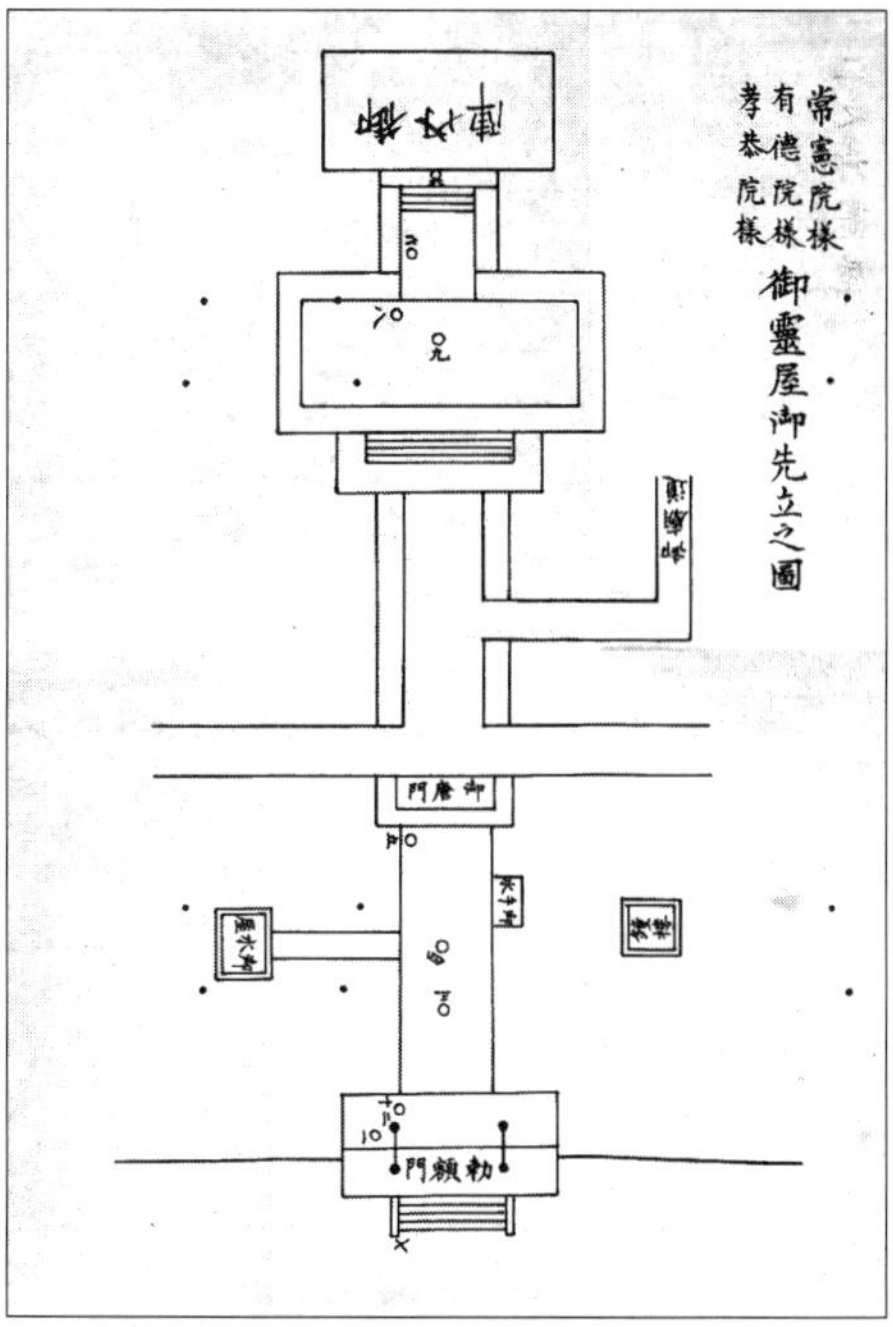

二之御霊屋御先立之図

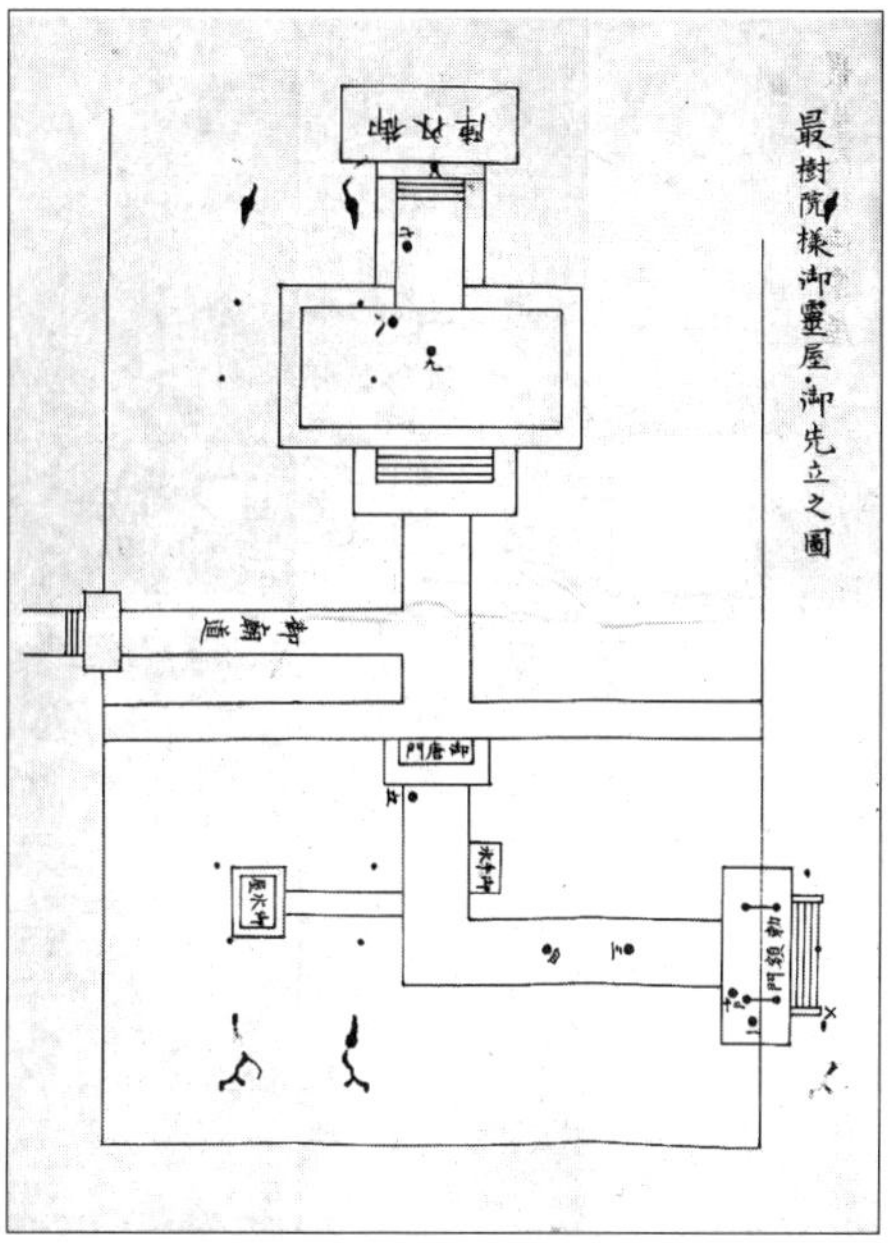

最樹院様御霊屋御先立之図

（端裏書）「三御位牌所」

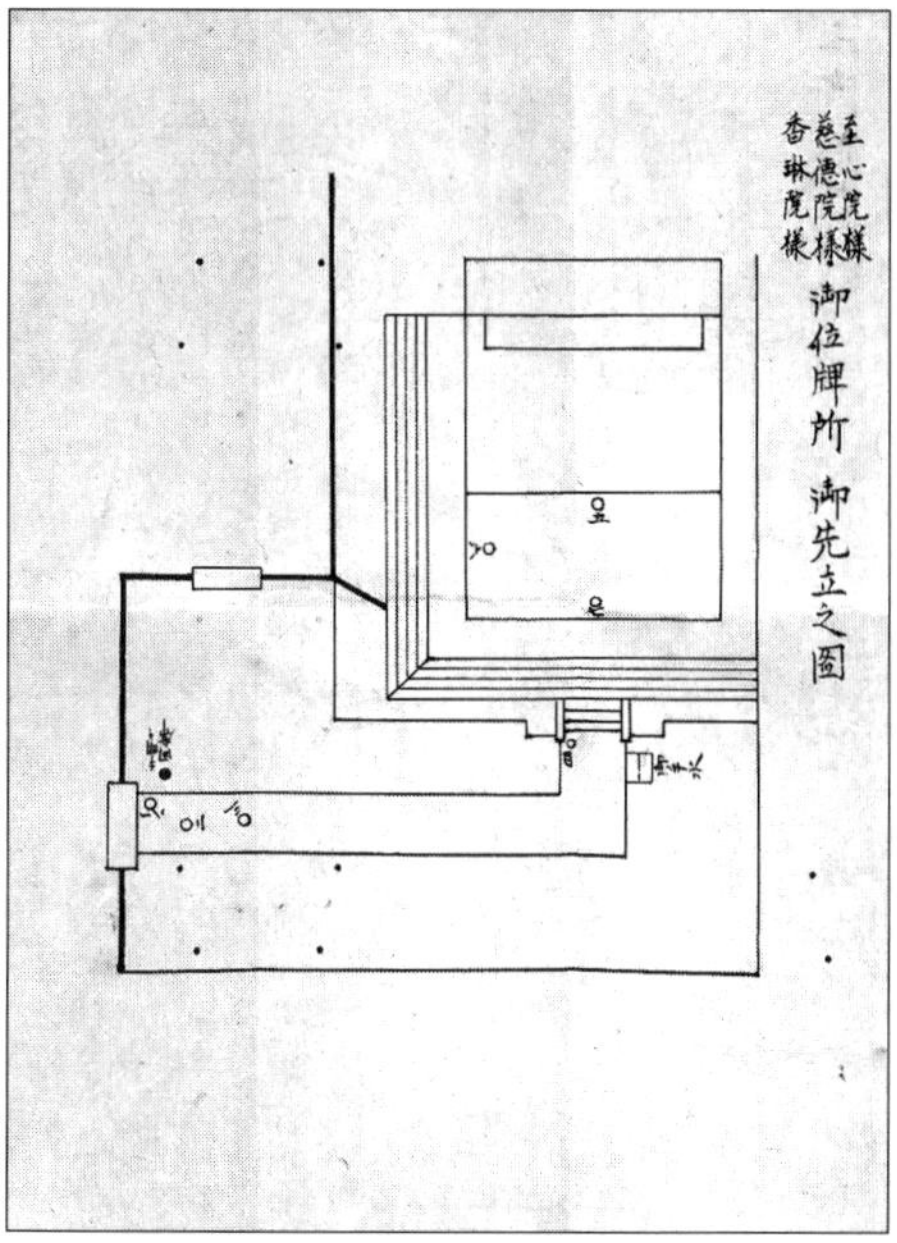

三御位牌所御先立之図

と御拝殿「●」(朱筆)八印江着坐 但、御三家方予参無之時ハ御右之方江致着坐候事、 御三家拝礼済、被退
候と、直ニ「●」(朱筆)九印江進ミ居、 還御之御様子を見て、御先立、御
唐門内ニ而御三家江
上意之節、「●」(朱筆)十印ニ中坐、
勅額御門内「●」(朱筆)十一印江拔キ平伏、
御轅上り候と括りを上ケ、御跡ニつき
最樹院様御霊屋江相越扣居
一、二之御霊屋 御先立之者右同様、別紙図式之通相勤、尤御三家方予参
無之ニ付、御唐門内ニ而之中座無之、
勅額御門ニ而平伏等、 一之御霊屋之如くいたし、直ニ 三御位牌所
江相越扣居ル
一、最樹院様御霊屋 御先立右同式、直ニ御供ニ而 三御位牌所江相越、御
門内「●」(朱筆)印之処江予参ニ出ル
一、至心院様(家治生母)・慈徳院様(家斉生母)・香琳院様(家慶生母) 御位牌所 御先立、御門内「○」(朱筆)一
印ニ扣居、夫ゟ「○」(朱筆)二印江御出迎、「○」(朱筆)三印ニ而御括り被為解候節
中坐、「○」(朱筆)四印ニ而御手水之節、扣へ、「○」(朱筆)五印ニ而
御内陣を伺ひ、「○」(朱筆)六印江拔キ、扣居、「○」(朱筆)七印江御出迎、 還御
之御様子を見て 御先立、「○」(朱筆)八印江拔キ平伏、
上意有之、御請申上之
　但、御請申上様者、 御機嫌能
　　御参詣相済、恐悦之旨申上、平伏致し居ル
御歩行ニ而御装束所江被為入候間、両人共御門外ニ而御見送り申上ル
　但、御位牌所 御参詣無之時者、仕廻之 御霊屋 御参詣済、御跡
　付ニ而本坊塀重門外迄参り、御見送り申上候事
一、御先立万一壱人ニ而相勤候節ハ、御轅脇を駈抜ケ相勤候事、外相
　替儀無之
一、御見送り済、老中と一緒ニ塀重門を出、奥之部屋江相越、 御参詣済
之恐悦、老中江申述、下部屋江引、夫より勝手ニ 御当日様江自拝ニ
相越
　但、老中同道、内通り相越候事も有之
一、年始参拝不相済候得者、
　御宮 惣御霊屋江参拝、御門主江も相越候事
一、時ニ寄、御用御取次を以、格別之
思召ニ而、同席并老中江御葛湯被下候儀有之、左候得者、其席ニ而直
ニ老中江御礼申上候而相済候事

5 東叡山御年忌法事勤方式書 宝暦十三年（一七六三）

「(畳紙上書)於東叡山御年忌御法事有之、被物着座・御当日 御参詣ニ付 御先立
并着座之勤方式書・絵図星合附
　宝暦十三癸未年六月改置　　此留江戸ニも有之」

「(包紙上書)於東叡山 御年忌御法事有之、被物着座・御当日 御参詣ニ付 御先
立并着座之勤方式書・絵図星合附
　宝暦十三癸未年六月改置　　此留江戸ニも有之」

宝暦十三癸未年六月廿日、
有徳院(徳川吉宗)様十三回御忌ニ付御法事御式并自分勤方覚
十七日　御初発
十八日　御中日
十九日　御結願
右之通於東叡山御法事有之、度々大目付廻状有、此方用番方留ニ記、
依而略之
一、十八日、御中日ニ付同席中申合、為窺御機嫌登　城
一、十八日夕、御用番老中松平右近将監(武元)ゟ奉書到来、其文
猶以刻限之儀者秋元但馬守(凉朝)江可被承合候、尤太刀被帯之、
下襲者無用候、末広可被持候、以上
明十九日、東叡山
有徳院様於　御霊前被物有之ニ付着座被　仰付候間、被存其趣、
衣冠ニ而可被相越候、恐々謹言
六月十八日　松平右近将監
井伊掃部頭(直幸)殿
件之通申来候ニ付、御請如例差出ス、右筆方ニ悉記故略之
一、右ニ付御法事御用懸秋元但馬守江刻限之儀承合候処、午之刻一番鐘、
午之中刻二番鐘ニ候間、昼時迄ニ東叡山江致参着可然旨申来ル
但、御結願之御法事者十九日之暁ゟ早朝迄ニ相済候由
一、十九日、昨夕之依奉書、巳之刻二分前出宅、染帷子麻上下ニ而参ル　東叡山宿坊勧善
院江相越、御城使ヲ以惣奉行但馬守江参着之案内申遣シ、猶又参堂之
時刻之事承合候処、御用懸り寺社奉行酒井飛騨守(忠香)江承合可申趣、無急
度用人申候由、依之直ニ飛騨守江御城使参り、口上申述、承合候処、
午之刻一番鐘ゟ致装束、二番鐘ニ武家参堂ニ候、惣奉行参堂之趣承合
セ、直ニ致参堂可然被存旨、尤指図ニ而者無之条申来ル
一、壱番鐘承、装束ニ懸ル、衣冠着之　襲無之、太刀帯之　革緒太刀、中啓持
之、相済、二番鐘ヲ相待居ル、二番鐘之節御目付夏目藤四郎ゟ只今二
番鐘之由申来ル、飛騨守よりも右同様ニ申来ル、但馬守参堂之儀附人
致置参堂之由、附人之注進承之、直ニ参堂、尤只今参堂之旨但馬守よ
りも為知有之
但、惣奉行参堂附人ニ不及、寺社奉行より之知セ有次第□(直)ニ参堂致
候儀、程合宜候事、重而之為ニ記置之
一、着座勤方之儀者図ニ悉記ス
一、着座相済、惣奉行会釈有之、直ニ退散、某勝手ニ宜ニ付衣冠之侭宿坊
江不立寄、直ニ七時三分過帰宅
一、御法事御用懸り
惣奉行　御老中 秋元但馬守
寺社奉行　酒井飛騨守
御勘定奉行　小野日向守(一吉)
一、今日勤役左之通
御老中　惣奉行 秋元但馬守凉朝
若年寄　酒井石見守忠休
御側　松平肥前守忠根
寺社奉行　酒井飛騨守忠香

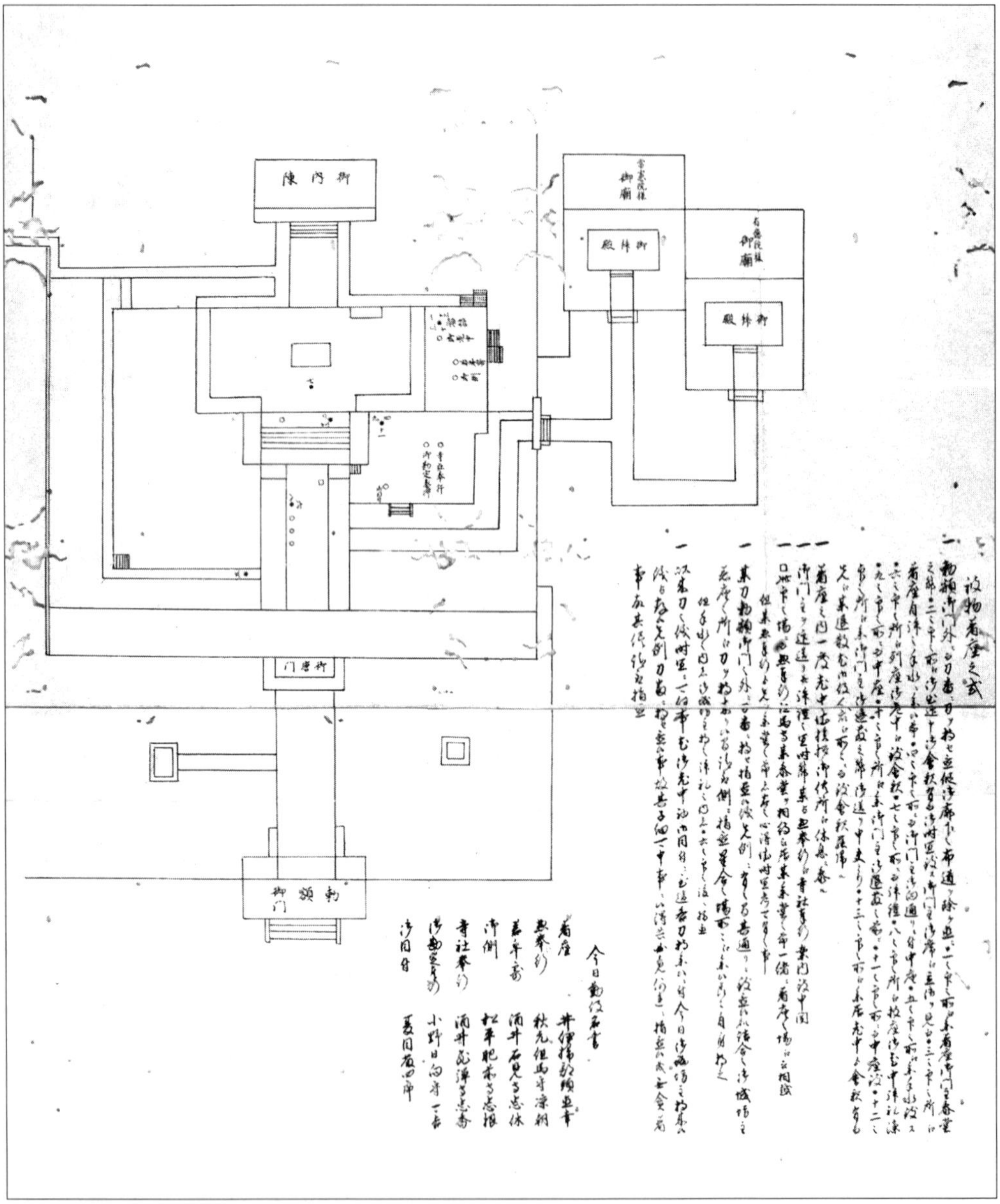

被物着座式書・式図

御勘定奉行　小野日向守一吉
御目付　夏目藤四郎

(端裏貼紙)「宝暦十三癸未年六月、於東叡山有徳院様十三回御忌御法事有之、同十九日被物着座相勤候式并絵図星合附」

被物着座之式

一、勅額御門外ニ而刀番ニ刀ヲ持セ置、仮御廊下之布道ヲ除ケ、直ニ(朱筆)「●一」之印之所江参着座、御門主参堂之節(朱筆)「●二」之印之所江御出迎申、御会釈有而御時宜致ス、御門主御席江立御ヲ見而(朱筆)「●三」之印之所江着座、自拝之手水ニ参候節(朱筆)「●四」之印之所ニ而御門主御向通りニ付中座、(朱筆)「●五」之印之所江参、手水致ス、(朱筆)「●六」之印之所江列座、御老中江致会釈、(朱筆)「●七」之印之所ニ而拝礼、(朱筆)「●八」之印之所江披座、御老中拝礼済、(朱筆)「●九」之印之前ニ而中座、(朱筆)「●十」之印之所江参、御門主御退散之前ニ(朱筆)「●十一」之印之所ニ而中座致、(朱筆)「●十二」之印之所江参、御門主御退散之節御送り申、夫より(朱筆)「●十三」之印之所江参居、老中ゟ会釈有而先江某退散、尤御役人衆江所々ニ而致会釈罷帰ル

一、着座之内一度、老中依挨拶御供所江休息ニ参ル

一、御門主ヲ迎送り并拝礼之宜時節、某与惣奉行江寺社奉行案内致申聞

一、(朱筆)「□」此印之場ニ而惣奉行但馬守、某参堂ヲ相待被居、某参堂之節一緒ニ着座之場江被相越

　但、某惣奉行ゟ先□(江)参堂之節者右之心得依時宜考可有之事

一、某刀勅額御門之外ニ刀番ニ持セ指置候儀、先例ニ有之間、其通りニ致置候処、詰合之御城坊主着座之所江刀ヲ持来り候間、請取側ニ指置、星合之場所々江参候節々自身持之

　但、手水之内者御城坊主持之、拝礼之内者(朱筆)「●六」之印之後ニ指置

一、以来刀之儀、時宜ニ可任事、尤御老中初御目付ニ至迄各刀持参候ニ付、今日御城坊主持来候儀与存候、先例刀番ニ持セ置候事故、其子細可申事ニ候得共、必(畢)竟何れニ指置候茂無貪着事故、其侭請取指置

今日勤役名書

着座　井伊掃部頭直幸
惣奉行　秋元但馬守凉朝
若年寄　酒井石見守忠休
御側　松平肥前守忠根
寺社奉行　酒井飛騨守忠香
御勘定奉行　小野日向守一吉
御目付　夏目藤四郎

宝暦十三癸未年六月廿日、

有徳院様十三回御忌ニ付十七日・十八日・十九日於東叡山御法事有之、度々大目付廻状有之、手前用番方留ニ記、依而略之

一、十八日、御中日ニ付同席申合、為窺　御機嫌登　城

一、十九日、被物有之、某着座被　仰付、相勤之、被物着座之式別書悉記ス

一、十九日之夕、御用番御老中松平右近将監(武元)より奉書到来、其文

　猶以刻限之儀者秋元但馬守(凉朝)江可被承合候、尤太刀被帯之、下

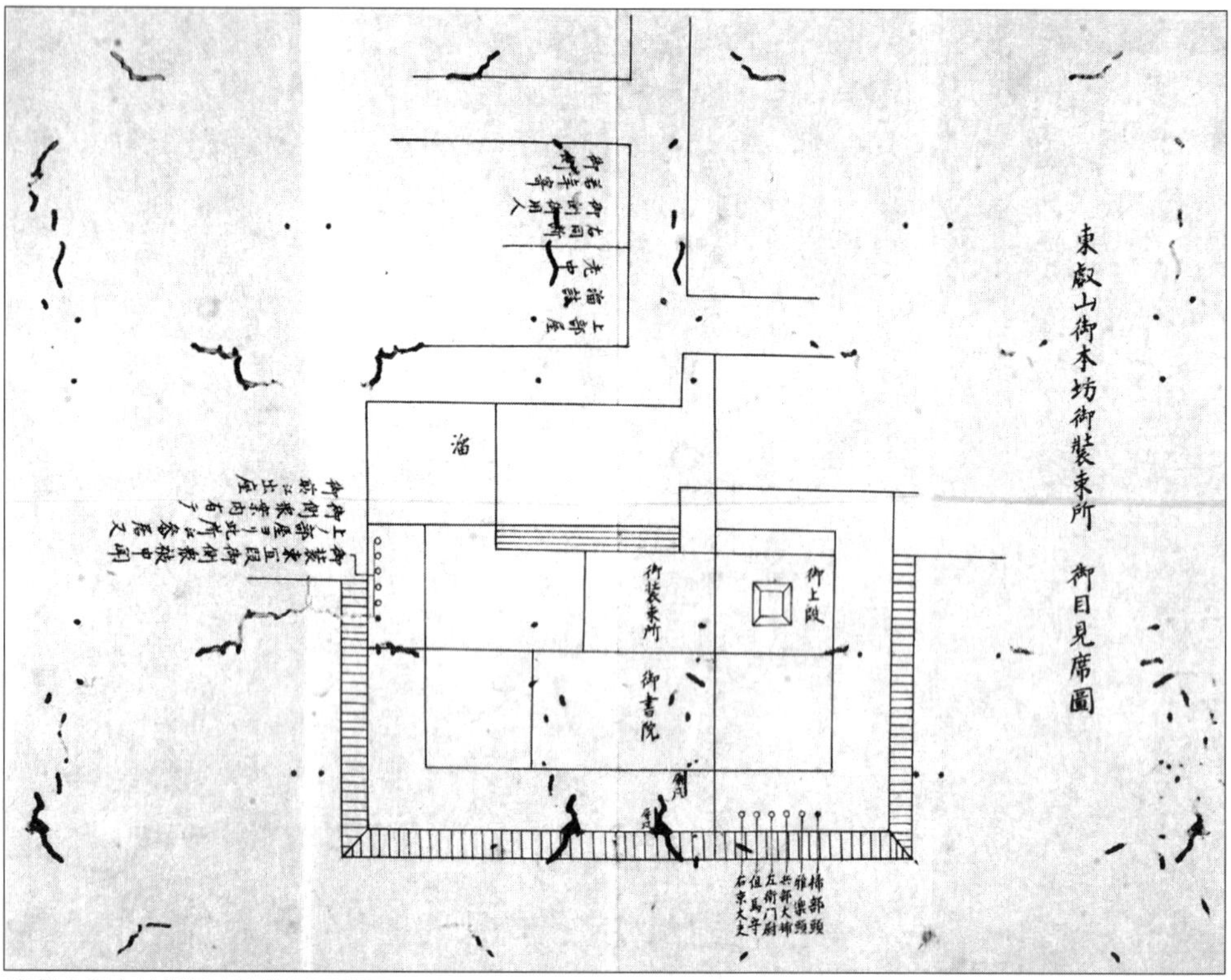

東叡山御本坊御装束所御目見席図

襲者無用候、末広可被持候、以上

明廿日、東叡山
有徳院様於　御霊前被物有之付、着座被　仰付候間、被存其趣、
衣冠ニ而可被相越候、恐々謹言

六月十九日　　松平右近将監

井伊（直幸）掃部頭殿

件之通申来ニ付御請如例差出ス、悉右筆方留ニ記、依而略之

一、右ニ付惣奉行秋元但馬守江刻限之事承合候処、刻限之儀指図難致候、当月十二日於増上寺　御成之節着座之勤方之通ニ而可然旨、尤　御成時刻者明朝六ツ半時御供揃、但馬守ニ者八ツ時供揃ニ而被相越候由申来ル

密云、奉書之文言聊間違茂有之哉ニ雅楽頭（酒井忠恭）共雑談申事ニ候、子細者、

御参詣ニ付着座可被　仰付之処、奉書之文言ニ而者別ニ被物有之様ニ相聞江候、其起者七回御忌之節御聴聞無之ニ付　御成前ニ被物相済、依之同列着座被　仰付候、其文言不相改認り候儀哉ニ被存候、件之訳故刻限聢与差図無之儀与被存候、尤此趣ニ松平兵部（頼真）大輔方江も申参候ニ付、彼方ニ而茂不審有之由

一、廿日、昨夕之依奉書前夜八ツ時出宅、染帷子麻半上下着参ル　東叡山御本坊江相越、於下部屋装束、衣冠着之 襲無之、太刀帯之 革緒太刀、中啓持之、相済、御老中上之部屋江被相越候ヲ承り、如例上之部屋江相越、黒門之注進承り同列并御老中与一同ニ　御霊屋江相越、別紙如絵図着座相勤、　御参詣相済、　御輿之跡ニ付キ如例御供仕り、御装束所江被為　入候節

中座、夫ゟ直ニ御老中一同ニ上之部屋江参り列座致居ル、御装束宜候
旨御側水野豊後守（忠友）被申聞、御老中与一同ニ御装束之間御縁迄参居、
御前江可出旨豊後守被申聞、同列并御老中一同ニ
御前江出、　御目見
　但、掃部頭・雅楽頭・兵部大輔・左衛門尉（酒井忠寄）・但馬守・右京大夫（松平輝高）右一
　　列ニ出座也
上意有之、掃部頭御請言上、但馬守ニ茂御礼被申上、退出、上之部屋
江相越居ル、懸り之寺社奉行・御勘定奉行
御目見有之、相済、御老中上之部屋江被出候上、御老中江恐悦并　御
目見之御礼申達ス
　但、今日
　　上意之趣者、御法事無滞相済、今日天気茂能　御参詣相済、御満
　悦被遊候由、但馬守江者日々相詰骨折ニ　思召候旨
　　上意有之
還御済、御老中与申談置、各一同ニ御内道より　御霊前江参自拝仕、
相済、直ニ二天門ゟ退出、昼四ツ半時帰宅
　但、某勝手ニ付宿坊江不立寄、衣冠之侭ニ而帰ル、尤御内通りより
　自拝ニ参候付、刀番・草履取御内道江御老中供与一緒ニ相廻候様、
　惣供廻り者二天門江相廻り候様ニ御用部屋坊主を以申遣置
一、若君様（徳川家基）　御名代　松平周防守
右被相勤、今日　御参詣之御役懸りニ無之ニ付御装束所ニ而
御目見者不被致候
　但、御内道之間ニ而　御名代帰ニ出合候ニ付、同列并御老中共ニ脇
江披キ蹲踞致時宜、尤　御名代ニ付周防守ニ者会釈無之

一、御先詰御老中　酒井左衛門尉
　秋元但馬守
　松平右京大夫
一、御簾　松平右京大夫
一、御法事懸り　秋元但馬守
一、御三家予参　紀伊中将殿（重倫）御壱人
一、御法事懸り寺社奉行　酒井飛騨守
一、同御勘定奉行　小野日向守
一、勤番　松平能登守
一、廿一日、御法事済惣出仕有之、登
城、　西丸江者御触面之通登
城無之

（端裏貼紙）「宝暦十三癸未年六月、於東叡山有徳院様十三回御忌御法事有之、同廿
日御当日ニ付　御参詣着座相勤候式并絵図星合附」

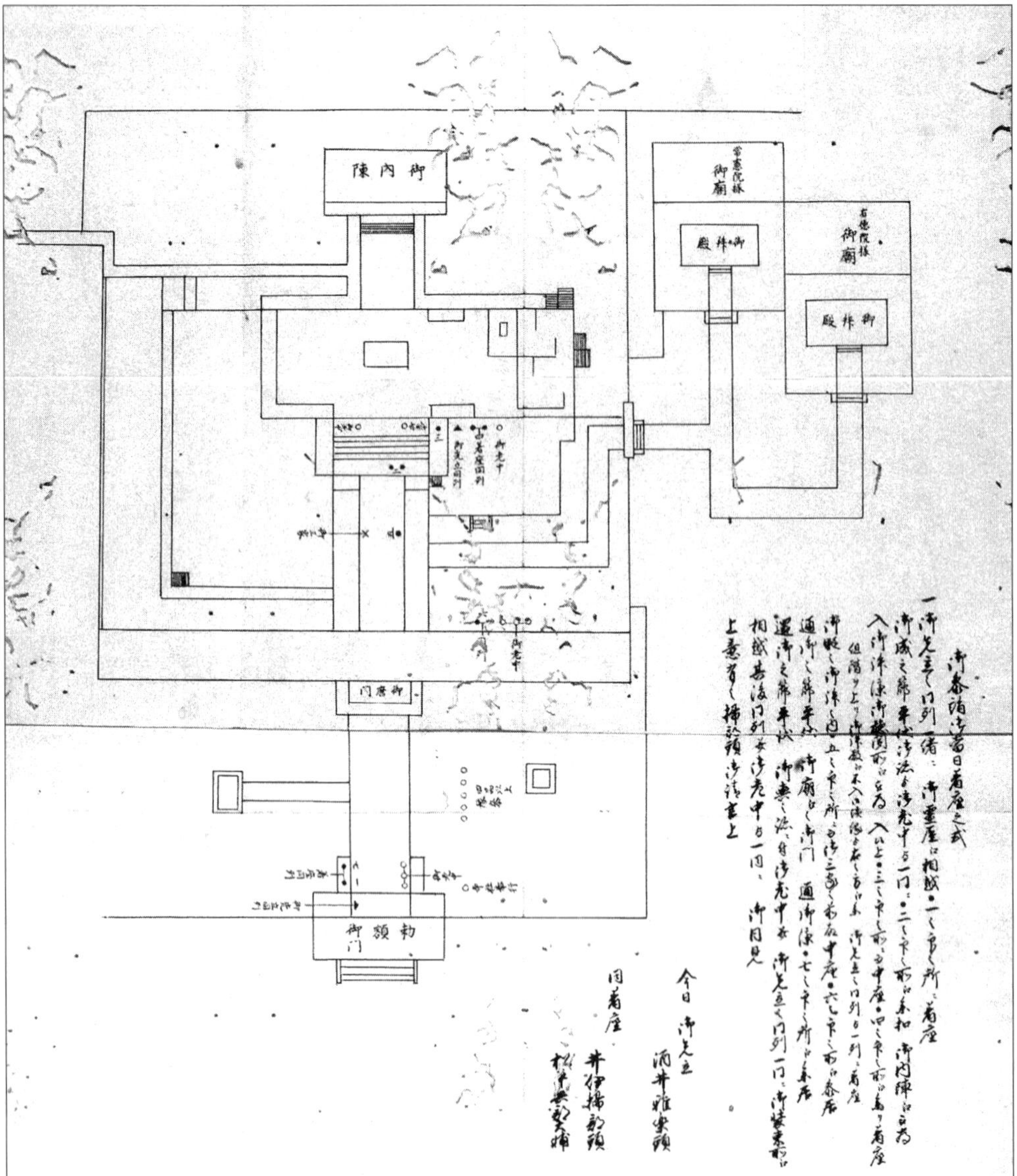

御参詣御当日着座式書・式図

御参詣御当日着座之式

一、御先立之同列一緒ニ　御霊屋江相越、「●一」(朱筆)之印之所ニ着座、御成之節平伏、御跡ゟ御老中与一同ニ「●二」(朱筆)之印之所江参扣、　御内陣江被為　入、御拝済、御聴聞所江被為　入候上、「●三」(朱筆)之印之所ニ而中座、「●四」(朱筆)之印之所江参り着座

　但、階ヲ上リ御拝殿江不入御続縁ゟ右之方江参、　御先立之同列与一列ニ着座

御暇之御拝之内「●五」(朱筆)之印之所ニ而御三家之前故中座、「●六」(朱筆)之印之所江参居、　通御之節平伏、　御廟江之御門　通御済「●七」(朱筆)之印之所江参居、　還御之節平伏、　御輿之跡ニ付御老中并　御先立之同列一同ニ御装束所江相越、其後同列并御老中与一同ニ　御目見、上意有之、掃部頭御請言上

　今日　御先立

　　酒井雅楽頭(忠恭)

　同着座

　　井伊掃部頭(直幸)

　　松平兵部大輔(頼真)

(包紙上書)「宝暦三癸酉年六月廿日、於東叡山
有徳院様三回御忌御法事有之節、松平讃岐守殿　御先立被相勤候絵図」

於東叡山御法事有之、御当日　御参詣

御先立某未相勤候ニ付、
有徳院様(徳川吉宗)三回御忌之節松平讃岐守(頼恭)相勤候絵図ニ候得共、為見合取揃置

但、某按ニ必竟(畢)増上寺ニ而　御先立某相勤候ニ聊別儀無之事ニ候間、重而相勤候節者御場所之相違雖有之、増上寺ニ而之　御先立式書絵図ヲ以相勤可申事

一、此図ニ
常憲院様(徳川綱吉)　御廟前中座之儀星付ケ無之候得共、中座可致事与存候、既ニ
有徳院様十三回御忌之節、酒井雅楽頭忠知
御先立被相勤ニ付、此儀如何与承合候処、中座被致候旨被申聞

一、此図ニ十七之印御見送之事相見江候得共
御輿跡ニ付キ御装束所江参候事故、御見送り之貪着不可有儀与存候、
諸事於増上寺
惇信院様(徳川家重)三回御忌之節、　御参詣ニ付、某御先立相勤候式書之通可相心得事

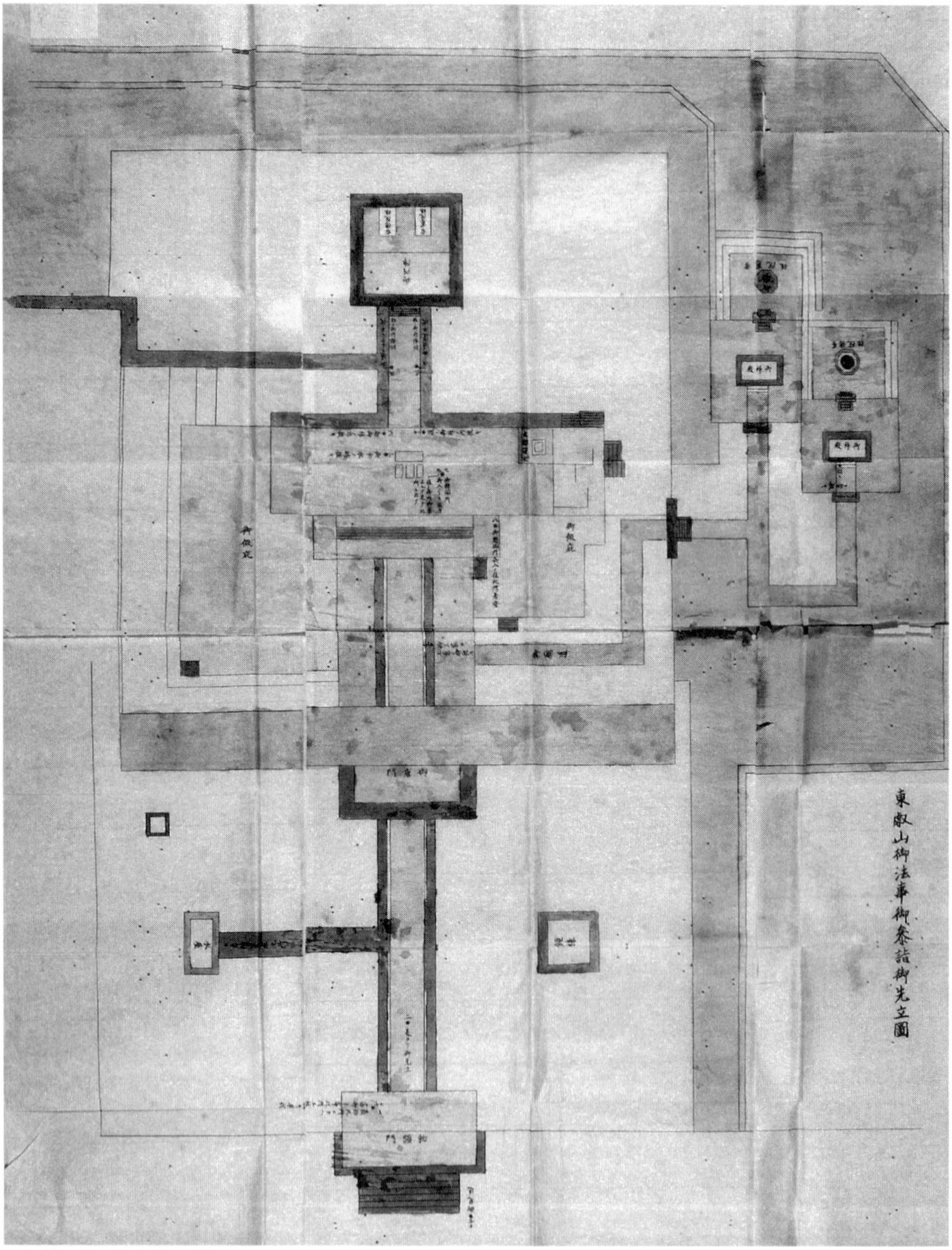

東叡山御法事御参詣御先立図

2　直勤留

『彦根藩井伊家文書』

天明三年（一七八三）

（畳紙上書）
「天明三癸卯年六月ゟ同年十二月迄
直勤留
　但御用部屋入中之別記也
　　此留江戸ニも有之」

（包紙上書）
「天明三癸卯年六月十五日、
御礼有之節着座并御用部屋入被　仰付候式」

御礼衆有之節着座并御用部屋入被　仰付候式

一、天明三癸卯年六月十四日、御老中御用番松平周防守康福殿ゟ封書壱通以使者被差越、其文

　明十五日御用之儀有之候間、致登　城可被在之候、以上

　　六月十四日　　松平周防守

　井伊掃部頭（直幸）様

右之通申来ニ付、御請封書ニ而指出之、其文

　明十五日御用之儀御座候間、登　城仕可罷在旨、御書付被成下、拝見、奉畏候、以上

　　六月十四日　　井伊掃部頭

　松平周防守様

一、右ニ付、周防守殿江御城使荒居治大（太）夫差越、明日周防守殿登　城之正刻、某何時致登　城候而可然哉承合并何角之頼等申遣、五半時被致登　城候間、某儀茂其刻致登　城可然旨被申越

一、六月十五日、昨日之依奉書、染帷子・半袴着用、四時四半過出宅、登　城、御数寄屋江参、御同朋頭原田順阿弥を以登　城候段御老中江申達、今日参勤之御礼衆有之、御黒書院江出御被遊、右　出御前□（ニカ）順阿弥を以羽目之間江可寄旨申来、致参居候、即刻同人を以御用部屋江可相越旨御老中ゟ申来、順阿弥を先ニ立而御用部屋江相越候、御老中列席、御用番座之次江出席候処、周防守殿被申渡候者、

　向後御礼有之節、着座可仕候、且登　城之刻、御用部屋江茂相越候様被仰出之

右之通被申渡候間、冥加至極難有仕合奉存候段申上ル、亦被申聞候者、後刻相達候義有之旨被申聞候、直ニ御用部屋ニ居り候処、御座之間江可被相越候様各被申聞、御老中同伴ニ而　御座之間江相越候而、一印ニ寄座、又御老中与一同ニ二印江相越居ル、扇子此所ニ而致懐中候様、出羽守（水野忠友）殿被申候間、致懐中候、御老中計御座之間江出座被致、御目見済、寺社奉行安藤対馬守（信成）・御勘定奉行松本伊豆守（秀持）一同ニ御目見

　但、明日ゟ上野御法事ニ付而被相越候ニ付而之　御目見也

御小納戸有田与九郎、今日　西丸御広敷御用人被　仰付候ニ付、御目見、済、某出座、

御目見、結構ニ被　仰付難有仕合奉存旨、周防守殿御取合有之、
上意被成下、年来出精相勤一段ニ思召候旨也、御取合有之、御礼某茂
申上、再
上意、幾久敷目出度可相務旨御諚有之、御取合有之、某茂御礼申上退
座、御錠口ゟ御老中与一同ニ御黒書院江出、某儀者直ニ御数寄屋江参
居ル、尤今日者着座之儀指懸り候儀、重而ゟニ可致旨被申候而、相待
居候様ニ被達、再御用部屋江相越候様被申越、順阿弥先ニ立而御用部
屋江相越候処、初之通之席ニ而、最初被申渡候書付、周防守殿被相渡、
向後勤向之書付茂一通被相渡、拝見、奉畏候旨申達之、右書付之文

井伊掃部頭

向後御礼有之節、着座可仕候、且登　城之刻
御用部屋江茂相越候様被仰出之

井伊掃部頭

一、年始・五節句・月次御礼其外共、老中一統於御座之間
御目見相済、御廊下老中之上ニ罷在、御表江
出御之節被致御供候事
但、御座之間ニ而御礼衆有之時者御廊下ニ被在之候事
一、御黒書院御礼之内、溜之間着座、御白書院江
出御之節、同所老中之上江居直り平伏、夫ゟ被致御供老
中之上江只今迄之通着座、大広間渡御有之時者是又被致
御供、老中之先江立、
御前罷通り、只今迄之通着座之事
一、年始、表ニ而御礼之次第、是迄之通ニ候事
一、嘉定・玄猪御祝頂戴之次第、是迄之通ニ候事
但、嘉定ニ者、是迄之通大広間御縁通り莚之上列居、
玄猪ニ者、頂戴畢而西之御縁頬月次之通罷在、
入御相済、退散之事
一、八朔、御太刀目録、御白書院西之御縁頬老中之上ニ被指
置候事
一、御礼日登　城之儀、老中之登　城ニ無構登　城、表ニ扣
被在之、案内次第御用部屋江被相越、退散之儀茂、御礼
相済、外ニ御用茂無之候ハ、直ニ退散、何そ談等ニ而茂
有之候者、猶被申込、左右次第、又候御用部屋江被相越
候事
一、不時御礼之節、御座之間限り御礼之節者登　城ニ不及候
△御黒書院迄
出御之節者登　城、
出御以前直ニ溜之間着座、御礼相済
入御之節、同所御床際ニ罷在、
入御相済退散之事
一、間之御機嫌伺登　城之節茂、老中之登　城ニ無構登　城、
表ニ扣被在之、案内之上御用部屋江被相越候事
一、御用部屋ニ而者、月番之脇ニ而御機嫌被相伺候事
右之通可被相心得候
但、十五日ニ被相渡候書付ニ者
△印之ケ条

御黒書院迄
出御之節者登　城、御成廊下ニ而老中之上ニ罷在
御目見、御黒書院江被致御供、溜之間着座、御礼相
済、
入御之節同所御床際ニ罷在、
入御済退散之事
右之通之書付ニ候所、翌十六日ニ本文之通之書付取替被渡候
自今者何事茂可申談候間、無遠慮申達候様、何茂懇ニ被申聴候、御用
御取次江茂御礼申上可然旨ニ付如何可申上哉与申談候処、此席江呼出
可申旨被下、則主殿頭殿御用部屋坊主江被申付、御用御取次呼ニ被指越
但、御用多衆ニ候間、壱人被出候事茂可有哉、壱人被出候而茂三人
衆江申上ル旨申達宜段、主殿頭殿被申聞
即刻御用御取次稲葉越中守(正明)・横田筑後守(準松)・本郷伊勢守(泰行)三人之衆共被
出、其前江出御礼申上候、可申上旨被申聞、退入被致候
但、御用部屋ニ而御礼申上候義、品宜事也
御老中何茂懇ニ段〻被申聴、彼是世話有之
但、御側衆何茂歟、御用御取次計江歟、御礼可申哉と相尋候処、御
用御取次江計申上宜段被申聞候
委咄合候、若年寄衆も御用部屋江茂参、御礼可申述旨各被申聞、周防
守殿案内給、若年寄衆部屋之口迄被参、掃部殿被参由被申之、則某右
江出座、御礼申上、自分挨拶有之、退座
但、若年寄衆者酒井石見守忠休殿・太田備後守資愛殿・煩加納遠江
守久堅殿・米倉丹後守昌晴殿

其次迄参候処、御用御取次衆三人共相待被居、自分之御歓申上候段被
申之、厚御礼申達、直ニ中之間通りゟ御数寄屋江参ル、今日之被　仰
付ニ付、御城向御門〻〻惣下座ニ被　仰付由、退出ゟ直ニ惣下座ニ成
ル、
種姫君様(徳川家治養女)　御部屋様(於知保の方)江御礼之儀如何可仕哉、御広敷江茂参候義哉与承
候処、御広敷江者参候ニ不及、以使御礼申上候様ニ被相達候、依之使
相勤候所之義承候処、御用番江可指出旨ニ付、従　御城直ニ御城使山
本運平江周防守殿宅江相勤候様ニ申付候、今日之御礼玄蕃頭(井伊直富)勤方相伺
候処、　両御丸江登　城、夫ゟ廻勤可致由指図有之、右済而退出
一、西丸江出、御同朋頭河野宗阿弥を以御老中鳥居丹波守忠意殿江申入候
処、案内有之、宗阿弥先ニ立而御用部屋江参、丹波守殿江御礼申上、
御本丸ニ而も御用御取次江茂御礼申上候段申候処、則呼被申、小笠原
若狭守(信喜)被出、於御用部屋御本丸之通ニ御礼申上ル、尤御用御取次御両
人江申上候旨申達
但、壱人ハ田沼能登守(意致)也
可申上旨被申、退入被致候、若年寄衆之御用部屋江茂参、御本丸之通
御礼申上候
但、酒井飛驒守忠香殿壱人被居候、同氏(井伊)兵部少輔直朗ニ者病気ニ付
登　城無之
直ニ御数寄屋江参、退出、夫ゟ
御老中
松平周防守康福殿
田沼主殿頭意次殿
久世大和守広明殿

西丸御老中　　鳥居丹波守忠意殿
御老中格　　水野出羽守忠友殿
若年寄　　酒井石見守忠休殿
　　太田備後守資愛殿
　　加納遠江守久堅殿
　　米倉丹後守昌晴殿
西丸若年寄　　酒井飛騨守忠香殿
　　井伊兵部少輔直朗殿

右江為御礼廻勤、御老中ニ而者相通り候而、用人呼出御礼申述ル、尤表向之御礼者例之通門内ニ而取次江申達候

一、八時壱分前帰宅

一、御側衆江者例之通使者を以申達候、直勤ニ無之故名前略之

一、今日下座之儀被申渡候書付、左之通之由

井伊掃部頭

右登　城之節、向後
御城内御門〻〻ニ而一統致下座、往来無礼無之様相制可申旨可被申渡候、留候ニ者不及候事
　但、御門下ニ而軽キ者行違候儀者無之様指留可申事

一、六月十九日朝、御用番周防守殿江御城使ヲ以伺書差出、左之通
　元禄八亥年、直興掃部頭、此度之通被　仰出候後者、挟箱之儀致登　城候場所江為持申候趣旧記ニ御座候、台部屋口蓮池通江之儀者毎度致通行候段、是又旧記ニ相記御座候、届向之留記者先年焼失之内ニ御座候哉、相見江不申候、右之通先格ニ御座候故、蓮池通り之儀者是迄も罷通候砌者其節〻御目付衆江御断申達通行仕候得共、以前之通度毎ニ無断台部屋通り蓮池通り通行之儀相伺申候、御指図可被下候、以上

　六月　　井伊掃部頭

右之通差出候処、同日夕御城使被呼、御附札を以差図被申達、
右附札之文
　被致登　城候場所迄挟箱為持候儀、勝手次第可被致候、且台部屋通り被通候義者無用ニ候、蓮池通り通行之儀者可為勝手次第候

右之通相済候ニ付、以来登　城之節、御玄関又者中之口ニ而茂出入候口迄挟箱為持候事
　但、六月廿一日惣出仕之日ゟ右之通ニ為持候

一、西丸御裏御門・中之口・御玄関之義、伺書ニ無之候得共、御目付ゟ被申上相済候旨、御目付山川下総守(貞幹)被申聞候

一、玄蕃頭御礼勤方左之通
六月十五日、染帷子・半袴着用、九半時壱分過出宅、登　城、於羽目之間御側松平図書頭(忠寄)江謁、御礼申上ル
　但、御奏者番退出被致候ニ付、例之通御側衆江謁之

一、西丸江茂登　城、於例席御側田沼能登守江謁、御礼申上ル
　但、御奏者番退出後ニ付、右同断

一、退出ゟ両丸御老中・老中格水野出羽守殿・両丸若年寄衆江為御礼廻勤、八半時壱分過帰宅

一、御側衆江者以使者御礼如例申達候

「(包紙上書)天明三癸卯年六月十六日、嘉祥ニ付登　城之式
但、御用部屋入被　仰付候而初而之嘉祥也　」

天明三癸卯年嘉祥ニ付登　城之式

六月十六日

一、五時壱分過出宅、嘉祥ニ付登城、御数寄屋江相越、御同朋頭原田順阿弥を以御老中江申込、御用部屋江可相越旨ニ付、右同人先江立、御用部屋江相越居ル、御鎖口明キ、其後御側松平図書頭、出御被遊候旨御老中江告ル、于時御老中与一同　御成廊下江相越、東坡御杉戸内御襖之方江列座

但、座順掃部頭(井伊直幸)・主殿頭(田沼意次)・大和守(久世広明)・出羽守(水野忠友)

御用番周防守(松平康福)ニ者右御杉戸内ゟ御先立ニ付、御敷居際ニ着座被有之候、此所迄者御側衆御先立也、直ニ　出御被遊、通御之節平伏、御目見仕、直ニ御右之方ニ御供仕ル、(但、御老中之上ニ列行)御鎖口被為出、御黒書院御上段之上ヲ御通り抜被遊候節、御上段上を直ニ御供仕ル、竹之御廊下通りゟ松之大廊下通り御供仕、大広間御納戸構江　入御之節、各中座致シ候、西之御縁側西王母之御杉戸内之辺ニ成ル、直ニ立而猨之御杉戸を御老中之上ニ立出、百合之御杉戸より御縁側通りを例之着座之所江参居

但、中座致し候而、右着座之所江座ニ着候事、例之通也

次ニ主殿頭・丹波守(鳥居忠意)・出羽守着座、周防守ニ者直ニ月番座江如例出座、大和守ニ者北之御縁側例之所江着座

但、玄蕃頭(井伊直富)ニ者如例桜之間ニ而　通御之御目見、御老中跡ニ付御供仕り候間、跡ゟ来り某次ニ着座、駿河守(松平容詮)ニハ今日病気ニ付登　城無之

御菓子頂戴万端是迄之通り也、国持衆頂戴済退座、周防守月番座を退キ、玄蕃頭与主殿頭との間江着座、出席頂戴之順者

某・玄蕃頭・煩松平越後守(康哉)・煩松平駿河守・周防守・主殿頭・大和守・丹波守・出羽守也、其次略之

但、某頂戴御菓子熨斗、玄蕃頭羊羹

某頂戴之御菓子、例者坊主ニ相渡候処、御衝立際ニ而御老中之通平御同朋請取、扇子も取、此方江指出候、四品以上頂戴済、此時周防守

御前を伺、

上意之趣四品以下江被達

但、右以前ニ周防守北之御縁之方江被相越

御請被申上、御下段迄

出御、一同　御目見、畢而　入御済、周防守・某一列ニ列座、于時如例恐悦申上、扨居ル側通り、某・玄蕃頭退入、玄蕃頭ニ者直ニ御書院番所前ゟ退出、某者柳之間縁通り御数寄屋江相越居、御菓子頂戴、一統相済、御老中初御役人衆如例頂戴之式済、退入被致候上ニ退出

一、玄蕃頭義、五時壱分前出宅、嘉祥ニ付如例登　城、諸式如例、相済四半時、四半前帰宅

一、着用、父子共帷子・長袴

一、退出ゟ直ニ田沼主殿頭江相越通り、彼是礼共申置、夫ゟ同氏兵部少輔

方江相越面会、九半時弐分前帰宅

一、殿中ニ而、出入之坊主先江立候様ニ今日ゟ相成ル

一、御数寄屋ニ而、是迄ハ何茂一緒ニ居候処、以来ハ御数寄屋御道具部屋之内を借、休息致居、多葉粉盆など心得ニ而御数寄屋ゟ指出し候

一、御機嫌伺間之登城之義、御老中江伺候而、朔日ゟ十五日迄ニ両度、十五日ゟ晦日迄ニ両度致登　城候様ニ指図済候事

(包紙上書)「天明三癸卯年六月廿二日、不時御礼有之ニ付初而登城之式」

天明三癸卯年六月廿二日、不時御礼有之ニ付初而登城之式

六月廿一日

一、今夕御用番松平周防守殿(康福)ゟ書付一封状箱ニ入、徒使を以到来、其文

明廿二日、御礼衆有之候間、麻上下ニ而五半時可被成登
城候、以上
六月廿一日　松平周防守
井伊掃部頭(直幸)様

右之通申来ニ付、返書直ゝ其使之者江相渡差越、其文

明廿二日、御礼衆有之ニ付、麻上下ニ而五半時可致登
城旨、御書付之趣奉承知候、以上
六月廿一日　井伊掃部頭
松平周防守様

同廿二日

一、五半時三分前出宅、昨日之依達書登　城、到御数寄屋御同朋頭呼出、登　城候段御用番江申遣ス、

出御前御黒書院溜之間御床前江着座、御老中ニ茂例之所江斜ニ着座、其後

出御被遊、御礼初ル、諸御礼相済而御老中一列ニ鷺之御杉戸前江着座被致、某溜之間御敷居際江出張り、東向ニ着座、御上段ゟ御縁通りを通御被遊候節、平伏、西湖之間通りを入御被遊、御勝手之方ニ伺公之御老中共各一列ニ着座被致、某遮而御老中前江出、可致退出旨挨拶之、竹之御廊下通り、退出

一、着用、帷子・半袴

一、御老中、御用番松平周防守殿・田沼主殿頭殿(意次)・久世大和守殿(広明)・御老中格水野出羽守殿(忠友)

御礼之節図

[図1]

入御之節図

[図2]

一、今日御礼衆左之通

煩　御暇　酒井雅楽頭(忠以)
煩　同　榊原式部太輔(大)(政永)
巻物十 御馬被下　酒井修理大夫(忠貫)
巻物五　同　松平遠江守(伊達村候)
巻物十 御馬被下　同　戸田采女正(氏教)
巻物五 御馬被下　初而　奥平大膳大夫(昌男)

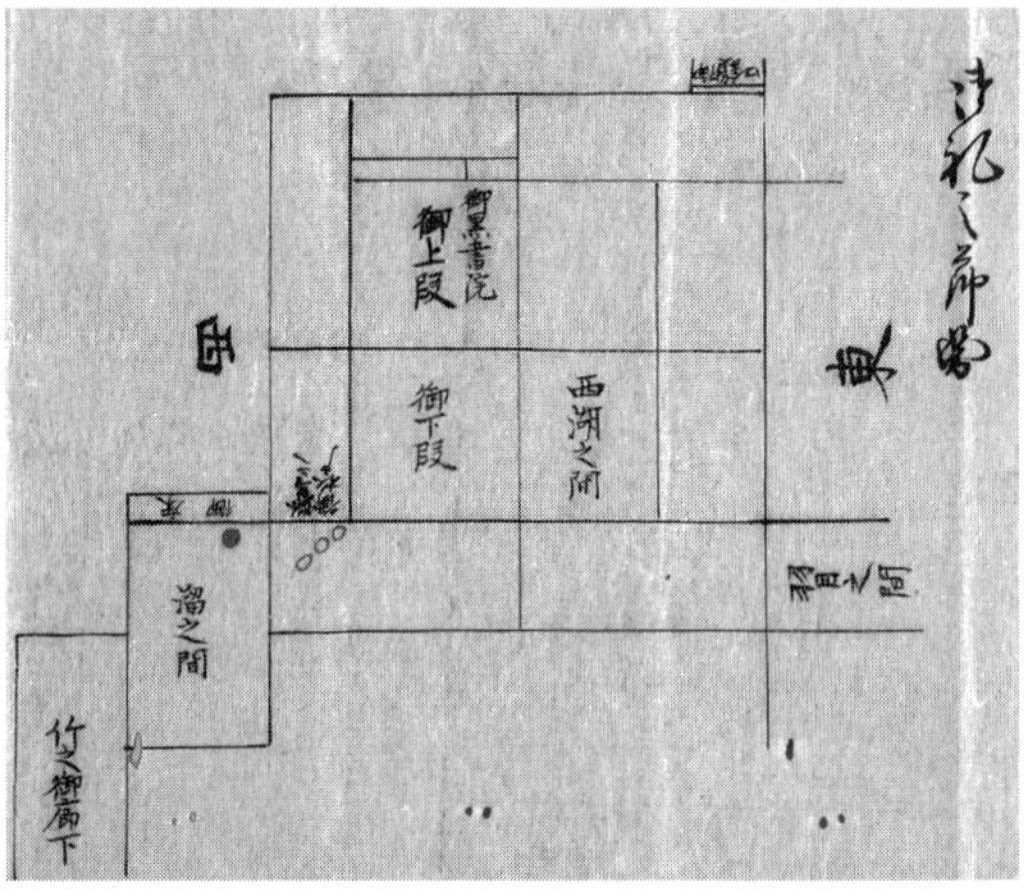

図1　御礼之節図

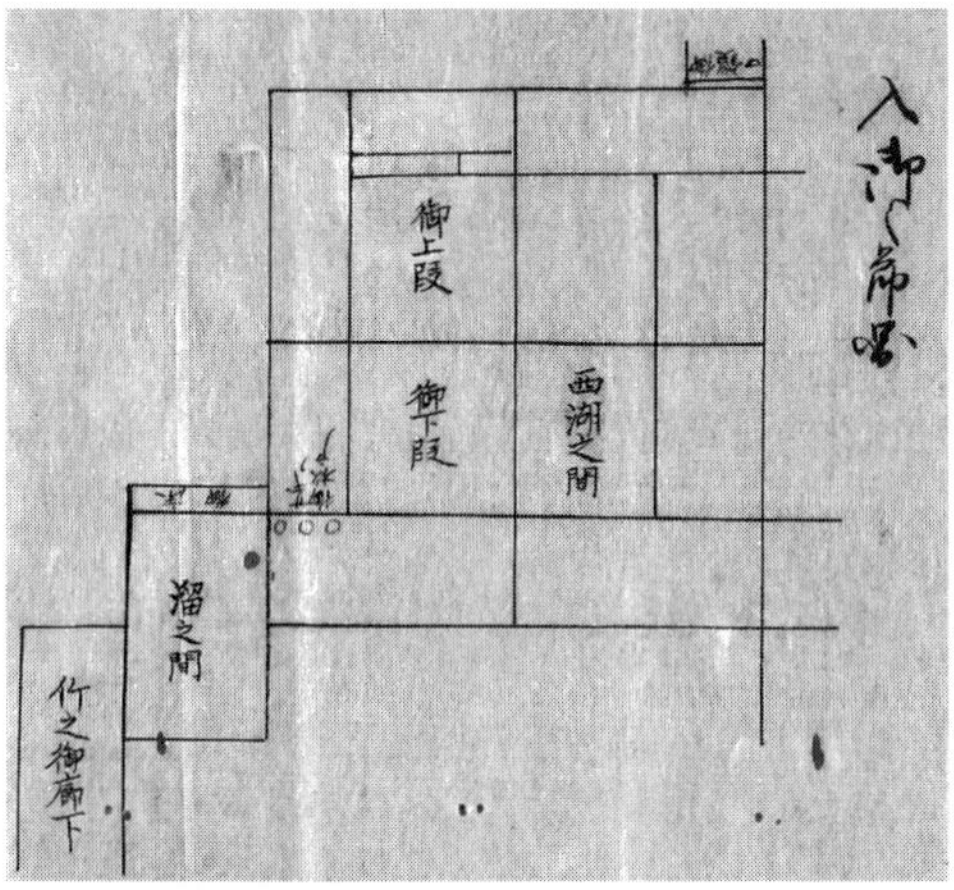

図2　入御之節図

巻物五		同	松平伊豆守（信明）
同			秋元但馬守（永朝）
同			溝口主膳正（直養）
同			松平紀伊守（信道）
同			間部若狭守（詮茂）
同			土井能登守（利貞）
銀二十枚 巻物五	初而		亀井吉三郎（矩賢）
	煩	同	松平筑後守（親貞）
巻物五			朽木伊予守（鋪綱）
同			松平山城守（信亨）
同			稲垣摂津守（長以）
同	初而		諏訪伊勢守（忠粛）
同			加藤佐渡守（明陳）
同			小笠原相模守（長教）
同		同	内藤右近将監（学文）
同	初而		本多豊後守（助受）
同			堀河内守（親忠）
同三			牧野遠江守（康満）
同			本多伊予守（忠裔）
同			太田原飛騨守（庸清）
同五		同	織田左近将監（信浮）
同			松平玄蕃頭（忠福）
同三			細川玄蕃頭（興晴）

同　松平兵部少輔(乗友)
同　本多弾正少弼(忠籌)
同　本堂伊豆守(親房)
同　松平弾正(守惇)

金二枚
巻物二　家督御礼　水野藤十郎(勝剛)

銀馬代　中奥御小姓　蒔田備中守(定静)
同　伊藤(東)志摩守(祐政)
同　鍋嶋伊予守(直賢)
同　小笠原但馬守(長有)
同　土屋備前守(業直)

御勝手ゟ

金五枚
羽織三拝料(領)　初而　御暇　大坂町奉行(直年)　小田切喜兵衛

岩茸一箱　参上　日光奉行(忠敬)　酒井因幡守

時服三拝料(領)　初而　御暇　駿府町奉行(守寿)　依田五郎左衛門

一、退出ゟ直ニ尾張殿江相越、此度結構ニ被仰付候御礼之口上、御父子江申置、夫ゟ紀刕殿江相越、右同断

一、九時弐分前帰宅

(包紙上書)
「天明三癸卯年、八朔登　城之式」

天明三癸卯年八月朔日、登　城之式

八月朔日

一、五時壱分過出宅、登　城、如例御数寄屋江参居、献上御太刀・折紙御老中与一緒ニ御白書院西之御居側江廻さセ置、御同朋頭案内ニ而御用部屋江相越候、御鎖口明キ出御之旨御側衆被告来、御老中与一同ニ御座之間大(太)公望之御杉戸前江相廻ル、

出御被遊、

大納言様(徳川家斉)御対面被遊、御太刀・折紙被進、直ニ御着座被遊、民部卿(一橋治済)殿御対顔、御太刀・折紙被指上、宮内卿(清水重好)殿ニ者御病気ニ付、名代之御使者を以御太刀・折紙被指上、相済、直ニ某・御老中一同ニ出座、御祝儀申上之

但、御太刀・折紙此所ニ而者持参不致候

上意有之、御祝儀申上之、但、掃部頭言上之、直ニ退座、御成廊下例之所江御老中与一同ニ列座、

通御之節平伏、御供仕御鎖口出、御黒書院御上段御供ニ而通り、波之間ニ而致中礼、御納戸構江被為　入、御用番大和守殿御白書院西之御縁江被相廻、直ニ某・周防守殿・主殿頭殿・丹波守殿・出羽守殿御白書院西御縁江廻り、如例着座、御三家御礼、相済、御名代之使者御目見、相済、松平加賀守(前田治脩)殿・井伊玄蕃頭(直富)・松平駿河守(容詮)殿太刀・折紙持参、壱人宛御礼申上之、御白書院ニ而御礼之分不残済、某・周防守

殿・主殿頭殿・大和守殿・丹波守殿・出羽守殿西御縁ニ列座、各御太
刀・折紙前ニ置
　但、月次着座之所也、鷲之御杉戸之方内座上也
通御之節拝伏、直ニ御供ニ而大広間江参、但、御太刀・折紙ハ其侭ニ指置、
例之所ニ而中礼、御納戸構江被為入、御用番大広間江被相廻、某・周
防守殿初、各大広間例着座之席江廻ル、尤廻り候節、西御縁例之所ニ
而壱ヶ所、御正面ニ而壱ヶ所致中礼候、諸御礼相済、
入御被遊、例之通御老中江居なりニ恐悦申上、御数寄屋江相越、見合
退出
一、西丸江登　城、於御用部屋謁丹波守殿、御祝儀申上ル
一、退出、四半時三分過帰宅
一、着用、白帷子・長袴
一、御三家、水戸宰相殿（治保）・尾張中将殿（治行）・徳川常陸介殿（治宝）
一、同席、井伊掃部頭（直幸）・同玄蕃頭・松平駿河守殿
一、御老中、松平周防守殿・田沼主殿頭殿・御用番久世大和守殿・御老中格水野出羽守
殿・西丸者鳥居丹波守殿
一、今日之勤向、於御用部屋周防守殿・主殿頭殿委細被申聞、致承知其通
り相務候事

（包紙上書）
「天明三癸卯年八月十七日、
心観院様御法事御中日ニ付、為窺御機嫌登城之式」

天明三癸卯年八月十七日、心観院様（徳川家治御台所）十三回御忌御法事御中日、為
御機嫌伺登　城之式
八月十七日
一、四時四半過出宅、登
城、於上野昨十六日ゟ来ル十八日迄
心観院様十三回御忌御法事有之、今日御中日ニ付、如例案内之上御用
部屋江相越、御機嫌伺謁御老中申上ル
一、是迄同席中者御一周忌・御三回忌・御七回忌之節御中日ニ御機嫌伺不
致登　城、触面之通廿一日ニ御法事済ニ付而之登城計致来候得共、此
度者某者当時之勤柄ニ付、触面ニ不構致登　城、御老中江及相談候所、
御機嫌伺可然旨ニ付、則相伺候事
一、着用、帷子・継上下
一、御老中、松平周防守殿（康福）・御用番久世大和守殿（広明）・御老中格水野出羽守殿（忠友）
　但、田沼主殿頭殿（意次）ニハ上野御法事懸ニ付上野江被相詰候故出席無之
一、西丸江茂登　城、御用部屋江相越、御老中鳥居丹波守殿（忠意）江謁之、御法
事中之相窺
御機嫌
一、退出、九半時壱分過帰宅
　同廿一日
一、四時壱分前出宅、此間如触面登　城、如例案内有之而御用部屋江相越、
謁御老中、
心観院様御法事無御滞相済候恐悦申上ル
一、着用、帷子・半袴
一、御老中、松平周防守殿・田沼主殿頭殿・御用番久世大和守殿・御老中格水野出羽守殿

一、西丸江茂登　城、於御用部屋如例鳥居丹波守殿江謁之、御法事済恐悦申上ル
一、退出、九時帰宅
一、同席中、如触面今日者登城有之、松平駿河守殿(容詮)被出候、悴玄蕃頭(井伊直富)義者痛所有之ニ付昨夕断申達、出仕無之事

(包紙上書)
「天明三癸卯年九月廿五日、不時御礼有之ニ付登　城之式」

天明三癸卯年九月廿五日、不時御礼有之ニ付登　城之式

九月廿四日
一、御用番松平周防守殿(康福)ゟ書付壱封状箱ニ入、徒使を以被差越、其文
明廿五日御礼衆有之候間、麻上下ニ而五半時可被成登城候、以上
九月廿四日　　松平周防守
井伊掃部頭様
右之通申来ニ付、返書認させ、直ニ右使之者江相渡差越、如例
同廿五日
一、五半時三分前出宅、昨日之依書付登　城、御鎖口前ニ御用部屋江参候様ニ御同朋頭を以被申越、直ニ御用部屋江相越ス、出御之旨御側衆例之通被申来、某・御老中一同ニ御座之間御成廊下ゟ御鎖口通りを(カ)御黒書院着座例席江相廻ル、追付御上段出御、御礼被為請、諸御礼相済、西湖之間御縁通り御廻り被遊、入御済、御老中列座之前江出座、及挨拶退出、九時三分過帰宅

但、当六月廿二日之節者、御鎖口前ゟ御鎖口外江相廻り居り、御鎖口明候与見合、着座之所江参候処、今日者案内□(ニカ)而御用部屋江参り、御老中与同列ニ而御成廊下ゟ御鎖口通り出ル、此以後此通りニ候趣也
一、着用、染小袖・半袴
一、御老中、松平周防守殿(御用番)・田沼主殿頭殿(意次)・久世大和守殿(広明)・水野出羽守殿(御老中格)(忠友)
一、今日御黒書院ニ而御礼左之通
増上寺江住職
大僧正被　仰付　　鎌倉　光明寺
松平於義丸
伊予守ト改
右元服被　仰付候ニ付、
御目見、御一字被下、被任侍従
御太刀一腰
銀三十枚
巻物十
御馬裸脊一疋
御刀肥前国忠広
代金十枚　　松平伊予守
治好
右之通献上之御礼申上之、
御盃頂戴、御刀石刕直守
代金十五枚　拝領之
綿二十把
金馬代　　悴元服之御礼(重富)
松平越前守
同　　参勤　　岡部美濃守(長備)
巻物五
銀馬代　　参府　周防守養子(松井康福)
松平左京亮(松井康定)

家督之御礼
巻物五　牧野虎次郎(宣成)
金二枚　名代牧野内膳正(康陛)

其外略之

(包紙上書)「天明三癸卯年十月五日晩、玄猪ニ付登　城之式」

天明三癸卯年十月五日晩、玄猪ニ付登　城之式

十月五日

一、玄猪ニ付、七半時熨斗目・長袴着登　城、但、揃刻限等例之通、兼日大目付触有之御数寄屋江参居、御同朋頭平井専阿弥を以御用部屋江可相越旨申来り、則御用部屋江相越候、今晩勤方之儀、主殿頭殿(田沼意次)委細被申達候趣、奥ニ記候通也、周防守殿(松平康福)・主殿頭殿万端懇ニ世話被呉候
出御之段御側衆松平図書頭(忠寄)被申出、即刻某・御老中一同ニ御成廊下江相越、例之所ニ列居、通御之　御目見仕、例之所〻《通》ニ御供仕り、御白書院西之御縁月並着座之所江相越、着座
但、所々ニ而中座等月次之通也
右之所江着座候ゟ直ニ小サ刀并扇子を取、其所ニ差置、御老中列居之末之前江少し出寄居ル、御前江御祝之御餅出、次ニ頂戴之御餅　御前江出、御給仕之衆御次江退比、主殿頭殿会釈有之、直ニ御前江出、例之通自　御手御餅頂戴、初メ之出座之方江退キ、御餅を袋江入致懐中
但、此袋於御用部屋主殿頭殿ニ囉候
少サ刀帯之、扇子指之、初之所ニ着座
但、頂戴之順某壱番也、是迄ハ頂戴済、東之方へ通り抜、柳之間江参候得共、此度勤方ニ付而出座之方江退キ本文之通也、御老中ニ茂順之通壱人ツヽ、頂戴之式右同様也、丹波守殿ニ者右済御用部屋江被退候、若年寄衆ニハ万石之衆之内ニ而桜之間ゟ一人ツヽ、頂戴ニ出席也
布衣以上ハ不残壱人ツヽ、自
御手御餅被下置、布衣以下之分御前江六人ツヽ、出席、御下段ニ有之餅を御敷居外より自分ニ取り、頂戴之、布衣以上自　御手之分済候と、御老中月次着座之所江被披候而、着座被在之、尤月番ハ月番座ニ被有之候、此時御餅之台者御敷居内江出ル、御同朋頭迄六人ツヽ、頂戴相済、直ニ月番主殿頭殿之次江吾等出、周防守殿其外老中方不残順々ニ出ル
但、月番主殿頭殿、次ニ我等、次ニ周防守殿・大和守殿・出羽守殿与順〻《二一》同ニ出、斜ニ列座、　御前ゟ御見江被遊候程ニ出、御祝義申上ル、月番主殿頭殿被致言上候
無御滞相済、恐悦御祝儀申上候旨言上也
無滞相済、目出度トノ
上意有之、直ニ　立御被遊、御納戸構江被為入、竹之御廊下通り入御ニ付、波之間入口之所
通御之御見通し故、初之所ニ乍居、何茂御明り床裏之方江少々向而敬ス、
通御済、御老中御用部屋江退入之跡ニ付而御用部屋江相越
但、出羽守殿之跡ニ引付而参り候
於御用部屋無御滞相済、恐悦之旨、主殿頭殿江申之候、但、謁スルニハ無之、致挨拶候
御用御取次被呼候処、稲葉越中守殿御用部屋江被参、御老中与一同ニ

某茂自御手御餅頂戴之御礼越中守殿江謁之候、可申上旨被申退入被致候、右ニ而相済候間、可致退出旨ニ付、御用部屋ゟ中之間江出、竹御廊下通り御玄関江退出、五時弐分過帰宅

一、同席、掃部頭(井伊直富)・玄蕃頭(松平頼起)・讃岐守(松平容詮)・駿河守

一、御老中、松平周防守・御用番田沼主殿頭・久世大和守(広明)・西丸附鳥居丹波守(忠意)・老中格水野出羽守(忠友)

一、御餅頂戴之順、

井伊掃部頭　尾州江御暇松平掃部頭(勝長)　松平弾正大弼(勝当)
煩松平左近将監(頼興)　煩松平左京大夫(頼謙)　松平摂津守(義裕)
井伊玄蕃頭　松平讃岐守　松平播磨守(頼済)
松平大学頭(頼亮)　立花左近将監(鑑通)　松平駿河守
有馬上総介(頼貫)　松平周防守　田沼主殿頭
久世大和守　鳥居丹波守　水野出羽守
小笠原左京大夫(忠総)　煩酒井雅楽頭　以下略之

一、玄蕃頭義、七半時壱分前登　城、六時三分過帰宅、例之式ニ替事無之

同六日

一、周防守殿・主殿頭殿江御城使為使者差越、昨夜初而ニ候処、段〻厚ク預世話、勤振宜候ニ付、厚礼申遣之

(包紙上書)
「天明三癸卯年十月廿八日暁、小伝馬町ゟ出火、及大火候ニ付登　城之式」

天明三癸卯年十月廿八日暁、従小伝馬町出火、及大火候ニ付登城之式

十月廿八日

一、今暁八半時比ゟ小伝馬町二丁目(カ)ゟ出火、堺丁辺日本橋辺迄焼失、及大火候ニ付、御老中登　城之様子承合、明六時壱分前出宅、致登城、羽目之間江出、御同朋頭呼出候処、御老中者登　城ニ候へ共、未御同朋頭不出候ニ付、御用部屋坊主呼出、登　城候旨申入候而、御数寄屋江相越居候処、何之沙汰も無之間、又〻御用部屋坊主呼寄承り候処、御老中退出之趣ニ申聞候間、致如何候事哉、難計候得共、既ニ退出之事ニ候へハ、羽目之間江参、御側衆呼出、相窺

御機嫌退出致し候、然所、翌日外之用ニ付主殿頭殿江御城使役山本運平罷出候処、昨夜出火ニ付御登　城有之節、御用部屋江御案内申候筈之処、取紛退出致し、中之口辺迄相越候而存出シ立帰、御用部屋江相越候処、其内ニ御側衆江御謁被成候由ニ付致退出候、御用部屋ニ而謁候趣ニ御心得被成候様ニと申来候〻由間、猶又挨拶申遣置候、其後登　城候節、於御用部屋茂右之挨拶先夜之断被申聞、火事之節者指懸り候御用多候間、以来ハ御用部屋坊主を以、幾度茂催促申遣候様ニ、其内御用ニ取紛、退出懸り候ハヽ、御用部屋坊主御老中江心付申出候様ニと某ゟ可申達旨、委敷周防守殿・主殿頭殿被申聞、尤御同朋頭詰合候節茂同様之義ニ候事

一、着用、火事装束

一、退出、六半時弐分過帰宅

(包紙上書)
「天明三癸卯年十一月十五日、来年在府相務候義、玄蕃頭彦根江御暇被

下候義、願之通被　仰出候御礼勤方之式」
　天明三癸卯年十一月十五日、来年在府相務度、玄蕃頭彦根江御暇被
　下候様仕度旨、願之通被　仰出、御礼勤方之式
　　十一月十一日
一、来年御暇順年ニ候得共、当夏結構ニ被　仰付候ニ付、為冥加重而之順
年迄一順御当地ニ罷在、相務度旨願書、且又某儀願之通被　仰付被
　下置候ハヽ、同氏玄蕃頭(井伊直富)義為養生山野歩行等も仕可然旨、池原長仙(奥医師)
院毎度申聞候ニ付、某代りニ来年五月玄蕃頭義在所江御暇被　仰出候
様ニ仕度旨願書、右両通願書御先手倉橋三左衛門を以御用番久
世大和守(広明)殿江差出之
　　同十三日
一、今夕御用番大和守殿ゟ御城使呼出有之、去ル十一日差出候願書ニ付札
を以、願之通来年御暇被下間敷旨、玄蕃頭義来年五月御暇被下ニ而可
有之旨被　仰出候段被相達、受取罷帰り申聞ル
一、右ニ付、御礼勤方如何可致候哉、玄蕃頭義茂御礼勤方如何可致哉伺候
旨、御用番大和守殿江伺書今夕御城使を以差出
　　同十五日
一、五時壱分前出宅、登　城、月次御礼如例、某勤方当時如例
一、今日於御座之間、田沼山城守(意知)殿此間若年寄被　仰付候、御役儀之御礼
有之候
一、去ル十三日願之通被　仰出、付札を以御用番大和守殿ゟ被相達候ニ
付、御礼勤方之義即日伺書差出置候へ共、今朝ニ至候而も何之達茂無
之候故、御同朋頭原田順阿弥江其段相咄、無急度主殿頭殿江今日御礼
申上、可然哉否之義承合候処、順阿弥心得之趣ニ致し承合呉候処、同
ニ付差図者未無之候得共、於御用部屋御老中一統江御礼申可然旨、并
御用御取次衆を以御礼申上可然旨ニ付、則御用部屋ニ而御老中一統江
御礼申達ス、御用御取次衆呼出候所、稲葉越中守殿被出候ニ付御礼申
上ル、西丸江御礼之事、直ニ御老中江承合候所、申上可然、是又御用
御取次衆を以茂御礼申上可宜旨被申聞
一、着用、染小袖・半袴
一、御老中、松平周防守(康福)殿・田沼主殿頭(意次)殿・御用番久世大和守殿・御老中格水野出羽守(忠友)殿
一、西丸江茂登　城、御用部屋江相越、御老中鳥居丹波守殿江御礼申達、御
用御取次衆呼出候処、田沼能登守(意致)殿被出御礼申上ル
一、退出ゟ直ニ松平周防守殿・田沼主殿頭殿江相越、用人呼出、表向御礼
者伺未下候故罷出不申候、彼是今朝茂預御世話候御礼挨拶ニ相越候趣、
口上申達置、九半時三分前帰宅
　　同日
一、玄蕃頭義も今朝月次ニ付登城例之通
一、御用番大和守殿ゟ御城使被呼出、去ル十三日差出置候伺書ニ付札を以
老中・丹波守・出羽守宅江父子共可被相廻旨被相達
一、右ニ付、八半時弐分過玄蕃頭同道出宅、両丸御老中・御老中格水野出羽守殿江
為御礼廻勤、七半時二分前帰宅
一、着用、染小袖・半袴
一、右願書之文并付札之文、委細右筆方留記ニ有之ニ付略書ス

(包紙上書)「天明三癸卯年十二月朔日、
徳川(治実)常陸介殿御官位被　仰出候節之式」

天明三癸卯年十二月朔日、徳川常陸介殿御官位被仰出候節式

十二月朔日

一、五時出宅、登　城、如例案内被申越候而御用部屋江相越、御鎖口明キ坊主申来り、

出御之旨御側衆被申来、例之通御老中与一同ニ御鎖口を入、御老中にハ例之所江列座、某・丹波守殿ニハ御老中与少々間を置、御杉戸之内迄参居ル、徳川常陸介殿於御座之間従三位中将ニ御任官被　仰出旨

御直ニ　御諚有之、相済、常陸介殿御退座、直ニ某・御老中・丹波守殿・出羽守殿一同ニ御前江出

御目見、相済而御役人被　仰付候ニ付、某ニ者御成廊下江相越居ル

　但、御座之間ニ而御礼御役人等被　仰付候節者、例茂此通りニ候故、此末《以後》ニ者略而不記之

右被　仰付相済而、御老中・丹波守殿・出羽守殿御成廊下江被参、一同ニ

通御之節平伏、夫ゟ表

出御之御供如例仕ル、於御白書院月次御礼其外御礼衆有之、諸式如例

一、着用、染小袖・半袴

一、西丸江茂登　城、如例案内之上御用部屋江相越、謁鳥居丹波守殿、当日御祝儀申上ル

一、退出、九半時帰宅

(包紙上書)「天明三癸卯年十二月七日、不時御礼有之ニ付登　城之式」

天明三癸卯年十二月七日、不時御礼有之ニ付登　城之式

十二月六日

一、今夕御用番松平周防守殿ゟ手紙状箱ニ入、徒使を以到来、其文、

　明七日御礼衆有之候間、麻上下ニ而五半時可被成御登

　城候、以上

　十二月六日　松平周防守

　井伊掃部頭様

右之通申来ニ付、返書例之通認させ、右使之者江直ニ相渡差越

同七日

一、五半時壱分前出宅、登　城、如例案内有之而御用部屋江相越、御側衆案内被申聞、御老中与一同ニ御成廊下江相越、紀伊(治宝)中将殿御官位之御礼於御座之間有之ニ付、御老中ニ者御座之間之方江被参、某ハ直ニ御鎖口ゟ表江出、御黒書院溜江参ル、右ニ付御成廊下ゟ御鎖口迄之間ニ而中将殿ニ出逢候間、中座致居り候而御通り過候而、御鎖口迄之間ニ見合居ル、中将殿御礼済、御錠(ママ)口江被出候を見請、西湖之間江出、中将殿御通り過サセ、御跡ニ付而溜之間江出ル、此様子能候事、其外万事如例

一、着用、染小袖・半袴

一、退出、九時四半前帰宅

（包紙上書）「天明三癸卯年十二月十五日登　城之式、并初雪之節登　城、正月三日朝・同六日登城之儀達之式」

天明三癸卯年十二月十五日登城之式、并初雪之節登城之義、正月三日之朝・同六日登　城之儀達之式

十二月十五日

一、五時壱分過出宅、登　城、如例案内被申越候而御用部屋江相越、御用部屋ニ而月番周防守殿并主殿頭殿江初雪之節為伺　御機嫌登　城可致哉与申述候処、為窺　御機嫌致登　城、於御用部屋御用取次衆呼出、窺　御機嫌可然旨、尤年寄衆ニ茂右之通ニ被致候由被申聞候、且又来正月三日朝・六日之義主殿頭殿被達、奥御右筆組頭安藤長左衛門被呼、書付ヲト被申、則長左衛門書付持出、直ニ某江相渡ス、右書付之文

来正月

三日朝

六日

右御礼之節登

城候事ニ候得共、前日之案内手紙者無之積り申談候事

一、御鎖口明申来り、其後

出御之旨御側衆被申来、御老中与一所ニ御鎖口を入、御老中ニ者例之所江列座、某・丹波守ニ者御老中与少間を置、御杉戸内迄参居ル、御座之間江

公方様出御、　大納言様御対顔被遊御同座、夫ゟ民部卿殿（一橋治済）御対顔、畢而掃部頭初御老中一同於御座之間　御目見、相済、御役人被　仰付候ニ付、某ニハ御成廊下江相越居ル、

右被　仰付、相済而、御老中御成廊下江被参、一同ニ　通御之節平伏、夫ゟ表　出御之御供如例仕、月次御礼如例月有之、諸式如例

一、着用、染小袖・半袴

一、退出、九時三分前帰宅

（包紙上書）「天明三癸卯年十二月十九日、初雪　御機嫌伺登　城之式」

天明三癸卯年十二月十九日、初雪降候ニ付、為窺　御機嫌登城之式

十二月十九日

一、今朝初雪降候ニ付、彼是承合、御城ゟ茂申来候旁九時壱分前出宅、登　城、如例案内有之而御用部屋江相越、御用取次衆を御老中方呼出し給り、横田筑後守（準松）被出、相伺

御機嫌候而、御老中方江致挨拶退出、夫より

西丸江登　城、案内之上御用部屋江相越、御用取次小笠原若狭守（信喜）被出、相伺　御機嫌相済、鳥居丹波守（忠意）殿江及挨拶、退出

一、着用、染小袖・裏付上下

一、八時四半前帰宅

（包紙上書）「天明三癸卯年十二月廿二日夜、増上寺方丈出火ニ付登城之式」

天明三癸卯年十二月廿二日夜、増上寺方丈出火ニ付、為窺　御機嫌

登　城之式

十二月廿二日

一、暮六時過、増上寺方丈ゟ出火、御老中被致登　城候旨承之、五半時出宅、登　城、如例案内有之而御用部屋江出、御用取次衆呼出、横田筑後守被出、相窺　御機嫌候、御老中ニも右之通ニ候間、其通可然旨周防守殿(松平康福)被申聞、其通ニ致し候事、相済、彼是と御老中与挨拶致居ル、主殿頭殿(田沼意次)にハ増上寺江被詰候由、晦日・十二日御霊屋下遷座被遊候由承之、御用部屋ニ而者窮屈ニ茂可有間、御数寄屋江相越居候様ニ成共との事故、及挨拶、御数寄屋江参居ル、御老中之退出之程見合退出可致と被申聞候ニ付、御数寄屋ニ居ル、御同朋頭原田順阿弥を以、及鎮火、　御霊屋茂無御別条候ニ付、追付何茂致退出候間、退出可然旨被申越、御老中ニハ主殿頭殿ゟ書付来候故、右返答出来次第ニ退出之由被申越候間、直ニ致退出候、四時弐分過帰宅

一、着用、火事装束

(包紙上書)「天明三癸卯年十二月廿八日、登城、歳暮御祝儀申上候式」

天明三癸卯年十二月廿八日、登城、歳暮御祝儀申上候式

十二月廿八日

一、五時壱分前出宅、登　城、如例案内之上御用部屋江相越候処、周防守殿・主殿頭殿被申聞候ニ者、歳暮之御祝儀御用取次衆を以申上可然旨、老中ニも右之通之由被申聞、依之御用取次衆呼出候所、本郷伊勢守(泰行)被出、歳暮御祝儀申上ル、相済、御鎖口明キ申来り、如例出御之旨御側衆被申来、御老中与一所ニ御鎖口を入（同ニ御座之間之方江参）御老中与一同ニ於御座之間如例御目見致し、退座ゟ御成廊下江相越居ル、於御座之間御小姓衆叙爵之御礼有之ニ付、右相済而御老中ニハ御用番之外、不残御成廊下迄被相越、御用番ニ者御座之間ニ居残り、御側衆拝領物済候而御成廊下江被参候、夫ゟ通御之節一同ニ平伏、表出御之御供如例致ス、月次御礼諸式如例、入御後直ニ退出

但、込合候間、以来歳末ニ者表衆退出済承候而退出、西丸江出可申事

一、歳暮御祝義、御用部屋ニ而御用取次衆を以申上候間、表ニ而者不申上候

一、西丸江登　城、御同朋頭半田丹阿弥を以丹波守殿江申入候而、御用部屋江出ル、御用取次衆可呼出処、御本丸江御跡詰ニ被参候由ニ付、泊り方御側衆江可申達哉与丹波守殿被申候間、如何様共宜与申候所、左候ハヽ、泊り方之御側江成共とて被呼出、小堀土佐守(政明)被出、歳暮御祝義申上ル、相済、丹波守殿(鳥居忠意)江及挨拶、退出、八時帰宅

一、着用、熨斗目・半袴

一、丹波守殿西丸江不被出間取候節者、直ニ御用部屋江出、御側衆江謁可然哉、御本丸方江被申談、内談相済候由、序ニ御本丸方ゟ挨拶等有之旨咄被申候

3　京都上使直勤式書

安永九年（一七八〇）
彦根藩井伊家文書

（畳紙上書）
「安永八己亥年十二月十七日ゟ（一七七九）
同九庚子年十二月十九日迄
京都奉使直勤式書并絵図
　此留江戸ニ茂有之　」

（袋上書）
「安永八己亥年十二月十七日ゟ
同九庚子年十二月十九日迄
直豊玄蕃頭
京都奉使直勤式書
　此留江戸ニ茂有之　」

（表紙上書）
「安永八己亥年十二月十七日ヨリ
同九庚子年十二月十九日迄
直豊玄蕃頭
京都奉使直勤式書
　此留江戸ニも有之　」

京都奉使直勤之式書
　目録
一、京都御使　御内意達有之式
一、京都御使被　仰付候式
一、京都御使被　仰付候ニ付、御老中江登　城前相越面会并所司代・差添
　高家等江相越候式
一、伝　奏衆・　院伝　奏衆下向ニ付面会之式
一、京都御暇被　仰出、拝領物并　御進献物請取之式　絵図添
一、御暇後、御老中登　城前相越面会并京都江出立前日廻（カ）勤之式
一、江戸出立、上京道中之式
一、京着并即日所司代江相越候式　絵図添
一、所司代旅館江被相越候式
一、二条御城入、拝見之式　絵図添
一、伝　奏衆・議　奏衆・　院伝　奏衆・　評定衆并諸家旅館江入来之
　式　絵図添
一、参　内、御使相勤候式并　仙洞・　女院・　新女院・　准后御所江参
　上、御使相勤、　仙洞ニ而賜酒饌之式　絵図添
一、御進献物并自分献上贈物等之式
一、所司代御役宅江某招請之式并拝領物申渡候式　絵図添
一、旅館江所司代招請之式　絵図添
一、二度目参　内、省中拝覧、賜酒饌之式　絵図添
一、巡見ニ相越候式
一、三度目参　内、　御返答被　仰出并御暇、拝領物、　御推任被　仰出

候式、且又　仙洞・　女院・　新女院・　准后御所江参上、　御返答
被　仰出、拝領物之式　絵図添
一、女房奉書伝　奏衆持参之式
一、京都出立前旅館江所司代被相越候式并某出立前日所司代□(江)相越候式
一、京都出立、帰府道中之式
一、帰着之節勤方之式
一、京都帰之　御目見被　仰付、　御返答言上并帰府之御礼申上、如　勅
許少将ニ被　仰付候式　絵図添
一、少将之御礼申上候式并口　宣頂戴之式
一、帰府御礼済候後、御老中江登　城前相越面会之式
一、帰府御礼済、少将　御推任ニ付、上野増上寺江参詣、御門主・方丈江
相越并　御三家江参候式
一、雑記

京都奉使直勤式書

京都　御使　御内意達之式

一、安永八己亥年十二月十七日夕、御老中松平右京大夫輝高殿より御城使
被呼、荒居治大(太)夫罷出候処、用人大野弥八郎を以、封シ候書付壱封被
相渡、罷帰差出候間、開封披見候処、其文

井伊玄蕃頭(直豊)
御転任付而京都江
御使可被差遣
御沙汰ニ候

右之通申来ルニ付、即刻答并礼使者申付、荒居治大夫差越、右ニ付御
礼勤方等内意為承合候処、夫々差図被申越、其通りニ相務
但、十八日之所ニ有之務方之通故、爰ニ略記ス、且又右之封書付者
中将様(井伊直幸)御開封之上被遣、致見分候事、御礼勤方承合等茂中将様ゟ
夫々被　仰付被遣候事

一、同十八日五半時過、
中将様御同道ニ而出宅、御老中松平右京大夫殿江相越面会　但、昨夜内意承合、則昨夜面会之儀申込置相越　京都御使　御内意有之候御礼申述ル、夫ゟ御老中田沼主殿頭(意次)
殿江相越申置　但、右京大夫殿江昨夜内意承置相越、今日者申置候故、面会之事昨夜不申込候　御礼之趣委細口上書認、
中将様御持参被成候、是者今日紅葉山
正遷宮有之ニ付、紅葉山江被出候様子承ニ付、口上書持参申置候也、
四半時帰宅、　御着用、染御小袖・半御袴、　某着用、右同断

一、同廿五日、五半時過、
中将様御同道ニ而出宅、御老中田沼主殿頭殿江相越面会　但、十八日ニ申置候故、昨夕申込置相越面会　京都　御使　御内意有之候御礼申述、四半時前帰宅、　御着用、
染御小袖・半御袴、　某着用、右同断

一、同廿七日、四時前、
中将様御同道ニ而出宅、御老中板倉佐渡守(勝清)殿・松平周防守(康福)殿江相越面
会　但、前日申込置相越　京都　御使　御内意有之候御礼申述、夫ゟ向寄之方寒気
見舞等相務、九時帰宅、御着用、染御小袖・半御袴、某着用、右同断

一、安永九庚子年四月朔日、御老中連名之奉書、御用番松平周防守康福殿
京都　御使被　仰付候式

ゟ到来、其文

御用之儀候間、明二日四時可有登　城候、以上

四月朔日　田沼主殿頭(意次)
板倉佐渡守(勝清)
松平周防守(康福)
松平右京大夫(輝高)

井伊玄蕃頭(直豊)殿

右之通申来ニ付、即刻奉畏候旨御請差出、御請之文者右筆方留記ニ有之故略之

但、連名之奉書周防守殿ゟ来ニ付、連名之御請周防守殿江差出ス

一、同二日、昨日之依奉書、四時弐分前出宅、登　城、如例御数寄屋江参居、御同朋頭呼出、昨日之依奉書登　城候旨御老中江申込、其後御目付依挨拶、溜之間例席江出居、御老中被出候を見請、溜之間之内ニ而南之方御障子際江披ク

但、宝暦十(一七六〇)辰年之節、

中将様竹之御廊下江御披被成候由留記ニ有之候得共、近来本文之通ニ被仰合候ニ付、其通りニ致候事

御老中列座被致、其時扇子を抜キ、直ニ御老中之前江出候処、御転任相済次第為御礼京都江　御使ニ被指遣候間、用意可致候、六角越前(広孝)守差添被遣候旨、御用番周防守殿被申達、書付被相渡候間、請取一覧候而奉畏候、　御使被　仰付難有仕合奉存候旨申上之、退出

一、周防守殿被渡候書付之文

井伊玄蕃頭

当秋

御転任相済次第、為御礼京都江

御使ニ可被遣候間、可致用意候、六角越前守差添被遣之候

一、右ニ付、差添之高家六角越前守広孝殿江於殿中面謁、及挨拶置

一、退出ゟ直ニ為御礼御老中并御老中末席阿部豊後守(正允)殿・御側御用人江廻勤、九半時前帰宅

但、若年寄衆江者近例之通御礼ニ直勤不致候

一、着用、染袷・半袴

一、酒井雅楽頭忠以殿ニ茂今日被為　召、当冬御即位之節、為御祝儀京都江　御使可被遣候間、可致用意旨被　仰付、高家有馬兵部大輔(広春)差添被　仰付候旨承ル

一、同日、

中将様ニ茂九半時御出宅、某江京都　御使被　仰付候御礼、御老中并阿部豊後守殿・御側御用人江御廻勤、八半時壱分前御帰宅、御着用、染御袷・御半袴

京都　御使被　仰付候ニ付、御老中江登　城前相越面会并所司代・差添高家等江相越候式

一、安永九庚子年四月三日、五半時、中将様(井伊直幸)御同道ニ而出宅、御老中田沼主殿頭(意次)江相越面会但、前日申込置、昨日京都　御使被　仰付候御礼、彼是与先達而ゟ預世話候礼申述ル、且又主殿頭殿願之通、在所江之御暇被　仰出候間、近〻発足ニ付、暫不致対面事故、旁相越致面会候、相済、夫ゟ　御用番御老中松平周防(康福)

守殿江相越面会但、前日申込置、京都　御使被　仰付候御礼等申述ル、
相済、夫ゟ　御老中松平右京大夫(輝高)殿江相越面会但、前日申込置、右同断(康福)
之御礼申述ル、且又先達而ゟ彼是与預世話候礼等申述ル、相済、四半
時帰宅、御着用、染御袷・御半袴、某着用、右同断

一、同五日、五半時前、
中将様御同道ニ而出宅、田沼主殿頭殿江相越、近日在所江被致出立候
ニ付、暇乞申置、夫ゟ　御側御用人水野出羽守(忠友)殿江相越面会但、前日
申込置、夫ゟ　御老中板倉佐渡守(勝清)殿江相越面会但、前日申込置、夫ゟ　御
老中末席阿部豊後守(正允)殿江相越面会但、前日申込置、何茂京都　御使被
仰付候御礼等申述ル、相済而、
中将様ニ者直ニ千田(駄)谷屋鋪江御出、暮時御帰館

一、某儀者、右相済、夫ゟ酒井雅楽頭(忠以)殿江相越、今般京都　御使被　仰付、
侍従ニ被任候歓申置、夫ゟ所司代久世出雲守(広明)殿江相越、時候見舞并京
都勤方宜世話頼候旨申置、夫ゟ差添之高家六角越前守(広孝)殿江相越、京都
御使差添被　仰付候歓并此方江為歓早〻預入来候礼、且又京都勤方ニ
付万端宜頼候旨申置、九時過帰宅

一、御着用、染御袷・御半袴、某着用、右同断

伝　奏衆・　院伝　奏衆下向ニ付面会之式

一、安永九庚子年八月十六日、御老中御用番松平右京大夫(輝高)殿江伺書差出、
其文

私儀、京都江之
御使被　仰付候ニ付、此度参向之伝
奏衆并　院伝　奏衆江致面談度、依之伝　奏屋鋪江相越申
度存候、此段相伺申候、以上
八月　井伊玄蕃頭(直豊)

右之通差出候処、同十八日、御城使被呼、右書付ニ附札被致被相渡、
附札之文

可為伺之通候、猶又高家可被談候

右ニ付、即刻答之使者差越

一、同十九日、右達ニ付、差添高家六角越前守(広孝)殿江御城使為使者頼旁申入
候処、承知、御馳走屋敷江相越候節取持可被呉旨、尤懸り之同列両人
衆江茂彼方ゟ可申達置旨、返答ニ被申越

一、同廿九日、伝　奏油小路前大納言隆前卿・久我大納言信通卿、　院伝
奏四辻前大納言公亨卿江、昨廿八日着府被致候歓相兼面会之儀、御城
使為使者申入候処、承知之旨返答有之、即夕伝　奏衆之雑掌中ゟ御城
使荒居治大(太)夫呼ニ参り相越候処、明朔日参候者可被致対面由被申越

一、右承知之上、伝　奏衆江明日逢可被呉旨承知大慶候段挨拶申遣、明日
何時相越候者故障有之間敷哉、時刻承合参候様ニ申遣候処、退出後ゟ
相越候者可被致対面由返答有之候、右使者者物頭吉川軍左衛門差越候

一、院伝　奏衆江、明日右之時刻伝　奏衆江致面会候、彼方ニ茂指障無之
候者其節対面被呉候様ニ致度旨申入候処、承知、其節逢可被呉由返答
有之、使者者吉川軍左衛門右一緒ニ相務ル

但、今朝申込候節、伝　奏衆対面之節彼方ニ茂故障無之旨被申越候
ニ付、右之通申遣候事

一、右之通返答申来ニ付、六角越前守殿江取持之儀頼旁御城使荒居治大夫

同日ニ差遣ス
一、右同日、御馳走懸り秋月山城守種茂殿・毛利甲斐守匡豊殿江右案内之使者荒居治大夫差越ス
一、同九月朔日、月次ニ付登　城、四半時帰宅
一、同日八時過出宅、辰之口御馳走屋敷江相越、着用、熨斗目・長袴
　但、六角越前守殿先達而被相越居、宜時分唯今参候様ニと御馳走屋敷ゟ被申越、即刻出宅相越ス、尤此方ゟ附人致置、其人ニ案内被申越
一、御馳走屋敷門ゟ入玄関ゟ上ル、伝　奏衆之雑掌四人共ニ縁取江出迎、尤玄関江向イ候而左之方江出ル、御馳走大名之家来茂出迎居ル、右雑掌之内壱人先江立案内、座敷取付之間迄六角越前守殿被出向、座敷入口ニ而雑掌抜ク、越前守殿同道ニ而座鋪江通り着座、但、刀者直ニ後ニ差置高家有馬兵部太(大)輔殿ニ茂、今日酒井雅楽頭殿伝　奏衆江対面ニ被参候ニ付、先達而被参居、座敷江出居、越前守殿与並座、某雑掌を呼出、口上可申入与申候処、越前守殿自身ニ両卿之雑掌を四人共ニ呼連レ被参呉候、則両卿江之口上申達、雑掌退入、其後御馳走懸秋月山城守殿出席、挨拶有而退入、其後両卿出席、対面挨拶、相済、退入
　但、宝暦十辰年之節者、御馳走田村下総守村隆殿ニ而、玄関式台迄被出向、帰候節茂式台迄被送候由御留記ニ相見江候得共、此度者秋月山城守殿迎送り無之、
　両伝　奏衆も、座敷取付之衝立際之外、杉戸際迄被送候由御留記ニ見江候得共、此度者挨拶済候而直ニ退入被致、送り無之
右相済、内通り廊下続ニ　院伝　奏衆之方江相越ス、尤越前守殿同道也、雑掌壱人先江立案内致し、　院伝　奏衆之方、廊下続間之境ニ衝立有之、其際迄案内致し、其所ニ而抜ク、其所ゟ　院伝　奏衆之雑掌壱人出迎居候而、先江立案内、座敷入口ニ而抜ク、座敷江通り着座、諸式伝　奏衆之方ニ而之趣同前、御馳走懸毛利甲斐守殿、座敷江被出候而、挨拶有之而退入、其後　院伝　奏衆被出対面、挨拶相済而退入、夫ゟ越前守殿江及挨拶罷帰ル、座鋪取付之間迄越前守殿被送、玄関式台迄甲斐守殿被送、　院伝　奏衆之雑掌両人縁取迄送ル、其外御馳走方家来茂出ル、某供廻り、　院伝　奏衆之玄関并門前江廻し置、此所ゟ帰ル、八半時過帰宅
一、伝　奏衆・　院伝　奏衆江持参之太刀・馬代、先達而以使者差越、雑掌中江渡し置

京都御暇被　仰出、拝領物并　御進献物請取之式

一、安永九庚子年九月七日、御老中連名之奉書、御用番松平周防守殿ゟ到来、其文
　明日、京都江之御暇可被下候間、五半時可有登　城候、以上
　九月七日　阿部豊後守
　田沼主殿頭
　松平周防守
　松平右京大夫
　井伊玄蕃頭殿
右之通申来ニ付、御請如例即刻差出、御請之文者右筆方ニ書記故略之

但、連名之奉書周防守殿ゟ来ル故、連名之御請周防守殿江差出ス
一、右御請持参之使者桜居重四郎江扣居候様ニ周防守殿取次安達平六申聞
候ニ付、扣居候処、同人を以書付一通相渡被差越、其文
明日、日光
御宮御名代御暇被下候ニ付、御清メニ候間、其心得ニ而
罷出候事
一、御目録其外、明日直ニ可相渡候事
一、右ニ付、答之使者即刻差越ス
一、同八日五時三分過、熨斗目・袷・半袴着、出宅、昨日之依奉書登　城、
如例御数寄屋江相越、御同朋頭原田順阿弥(定勝)呼出、昨日之依奉書登　城
候段御老中江申遣、且又　御座之間済御進献物御渡、夫より拝領物頂
戴有之哉与内〻御老中江問合申遣候処、其挨拶順阿弥未申聞候内、御
目付井上図書頭(正在)被参、西湖之間東御掾(縁)江寄候様ニ被申聞、且又　御座
之間済候者直ニ溜之間ニ而御進献物可相渡候間、出居候様ニ、夫済候
者山吹之間江相越居候様ニ御老中被申旨伝達有之、承知之旨及挨拶、
則西湖之間雪松御杉戸之内絵図一印之所ニ寄座、御鎖口明キ、若年寄
松平伊賀守忠順殿案内ニ而御錠口を入、二印之所ニ寄座、此所ニ扇子
取置、又三印之所江寄座、　御座之間御上段江出御有而、御老中・若
年寄衆会釈有之、御杉戸外際江脇差取差置、無刀ニ而直ニ　御前江出
席、御畳掾四印之所江出、平伏、御用番周防守殿名披露、ソレェノ
上意有之、直ニ起座、　御上段ふちより少し前ニ而下ニ居、膝行して
御上段五印之所江上り、平伏、于時
上意、御転任ニ付為御礼京都江被遣候、
禁裏(光格天皇)江宜申上旨、仙洞(後桜町院)・女院(青綺門院藤原舎子)・新女院(恭礼門院藤原富子)・准后(盛化門院藤原維子)江茂宜与
御掟有之、奉畏旨御請御直ニ言上、御下段江下り、六印之所ニ中座、
御使被　仰付難有旨、周防守殿御取合有之、其時久世出雲守申談念入
可勤旨
上意有之、奉畏旨御請御直ニ言上、相済、退去、御次七印之所、御老
中列座之所江参居、此所ニ而拝領物被　仰付旨周防守殿被申達、難有
旨御請申上ル、直ニ御老中会釈有之、再　御座之間御畳掾八印之所江
出座、平伏、拝領物被　仰付難有段、周防守殿御取合有之、此時
上意、馬ヲヤル、難有奉存候旨、御請御直ニ言上、直ニ退去、御杉戸
之外九印之所ニ而脇差帯之、十印之所ニ而扇子を取、差候而、御錠口
を出、御黒書院御掾側ゟ溜之間江相越、御張付之方例席ニ十一印之所
ニ着座、御老中被出候を見請、溜之間之内ニ而南之御障子際十二印之
所江披ク、御老中御張付之方南を上座北御床之方を末座ニして列座、
于時表御右筆組頭柴村源左衛門(盛方)、御進献之御目録二通并竪御目録・
御口上書・一紙目録等木地三方ニ載之持出、御用番周防守殿之前ニ差
置退ク、次ニ御進献之御太刀、箱ニ入台ニ居、御腰物奉行竹尾喜左衛(元貞)
門持出、溜之間御床之前、東を上ミ西を下モニ長ク置之退ク、周防守
殿会釈有之、某、周防守殿之前十三印之所江出座、周防守殿御三方ニ
手を懸ケ、　御進献御目録・　御口上書之旨申被相渡、某御三方ニ手
を懸ケ受取、御目録・　御口上書不披上包之上ゟ拝見、奉請取旨申達、
少し脇江御三方を寄せ置、于時周防守殿所司代江申渡之書付一通被相
渡、受取披見、奉畏旨申達、致懐中退席、竹之御廊下通り波之間ゟ御
白書院細廊下通り山吹之間江相越、十四印之所ニ着座、御老中羽目之

間江出座、御羽目之方ニ西を上東を末座ニして列座、于時時服十・黄金百枚、何茂白木台ニ乗ル、進物番持出、東西江長ク置而退ク、御目付井上図書頭会釈有之、直ニ出座、拝領物之前十五印之所ニ而平伏、夫より少し脇之方江披キ、十六印之所ニ而周防守殿着座之方江向ひ、台越シニ拝領物被　仰付難有奉存旨御礼申上、退座、御数寄屋江参り居ル、柴村源左衛門・竹尾喜左衛門御数寄屋江相越、御目録共・御太刀内見致候様ニと被申聞、則御黒書院御椽側東江向、溜之間を後ニして某着座、于時平御右筆ニ御目録共之載せ有之御三方を為持被出、源左衛門会釈之上内見致ス、尤源左衛門不残披キ被為見候、壱通宛内見済候と源左衛門江渡ス、白木箱江入、封印付ケ、家来江可渡旨被申聞、承知之旨申達ス、其後蘇鉄之間ニ而御城使之者江被渡候由、右相済而御進献之御太刀、箱ニ入、台ニ乗せ、御腰物方之衆ニ為持、竹尾喜左衛門被出、御箱ゟ喜左衛門取出、御袋ゟ出し被為見、某手ニ取、得与拝見、御鋒をも少〻抜掛ケ致拝見、尤其段喜左衛門江及挨拶拝見、畢而則喜左衛門江渡ス、受取、御袋ニ入、御箱ニ納メ、家来江可渡旨被申聞、承知之段及挨拶、相済而相応之挨拶源左衛門・喜左衛門江申述、直ニ退出、九時三分過帰宅

一、右御太刀者、兼而　御進献物請取之役人申付置、御城使同道、　御城江遣し置、御腰物方役所江参り、受取罷帰ル

一、周防守殿被渡候所司代江申渡之書付之文、左之通

折表ニ　井伊玄蕃頭江

御転任之御祝儀

時服　十　　久世出雲守

右之通被下候間、其段可被申渡候、被下候時服之儀者、於京都呉服師方ゟ差出候様ニ可致旨、御納戸頭江申渡候間、被存其趣、可被申談候

九月

一、御黒書院御椽側ニ而内見之御目録共、左之通

禁裏江被進　御太刀目録　一通

仙洞江被進　御太刀目録　一通

女院江被進　御堅目録　一通

新女院江被進　御堅目録　一通

准后江被進　御堅目録　一通

外ニ　半切認御進物書　一通

奉書二ツ折ニ認候　御口上書　一通

一、八時弐分過再出宅、着用如前条、御老中・御側御用人江為御礼廻勤、七時四半前帰宅

一、差添六角越前守ニ茂今日御暇被　仰出、拝領物在之候

一、同日夕、御老中松平右京大夫殿江御城使被呼、書付被相渡、其文

井伊玄蕃頭

発足之儀、勝手次第可被致候、

御使之儀者、於京都久世出雲守江申談、可被勤候

右ニ付、答之使者即刻差越
一、今日拝領之御馬、三春栗毛五歳四寸三春立、翌九日五時、松平周防守殿ゟ
使者差添為牽被指越、頂戴之

京都江御暇後、御老中登　城前ニ相越面会并京都江出立之前日
廻勤之式

一、安永九庚子年九月十日、五半時弐分過出宅、御老中田沼主殿頭殿江相
越面会、夫ゟ御老中松平右京大夫殿江相越面会、四半時壱分過帰宅、
着用、染小袖・半袴
一、十日者御日柄ニ付、面会之儀、常ニ者不申込候得共、来ル十三日出立
□(ニカ)付、日間無之故、右京大夫殿江御城使を去ル八日夕差越、用人迄内
〻為懸合候処、不苦候間申込候様との事ニ付、昨九日夕申込置、今日
相越候
一、同九月十一日、四半時三分過出宅、御老中松平周防守殿江相越面会、
夫ゟ御老中阿部豊後守殿江相越、此間ゟ病気□(ニカ)付見舞申置、九半時弐
分前帰宅、着用、染小袖・半袴
一、退出後ニ参候而面会之儀、常ニ者難申入候得共、来ル十三日出立ニ付、
日間無之趣申遣、先内意御城使を以用人迄為懸合候処、退出後ニ而茂
可被致対面旨ニ付、前夕申込置、十一日退出後、面会ニ相越候
一、同九月十二日、九半時三分過出宅、明日京都江致出立候付、御老中・
御側御用人江廻勤、八半時四半前帰宅、着用、染小袖・半袴
一、差添□(之)高家六角越前守殿江者、出立日限兼而申合置候事

江戸出立并道中之式

一、安永九庚子年九月十三日、明六時桜田上屋鋪出立、着用、旅装束、遠
侍前ゟ乗馬
但、此度拝領之馬、漸去ル九日ニ参候而、気合も不相知候故、為牽、
是迄乗馴候馬、千歳川鹿毛用之
虎御門外ゟ乗輿、五時品川小休江到着、夫ゟ行列等夫〻相改、四時過
川崎昼休江着、暮六時前戸塚宿泊江着
一、同十四日、明七半時戸塚出立、四時大礒昼休江着、七半時小田原宿泊
江着
一、同十五日、明七半時過小田原出立、四時過箱根昼休江着、暮六時過沼
津宿泊江着
一、箱根御関所通行之節、御用ニ而通り候故、例格之通乗輿之侭通行、駕
之戸を引、番人江会釈致ス、鑓も伏候ニ不及
一、同十六日、明七時沼津出立、四時前吉原宿小休江着、富士川満水川留
ニ付、此所ニ今夜止宿
一、同十七日、五時前吉原出立、今朝ゟ富士川明候ニ付、無滞渡船但、馬越者未無之、九時前蒲原昼休江着、七時江尻宿泊江着
一、江尻泊江駿府御城代本多淡路守忠弘殿ゟ以使者口上書并姓名書被差
越、其文
明十八日駿府被成御通行候由、承知仕候、依之所之面〻申
合、大手先町屋迄罷出、江戸表伺
御機嫌申度奉存候、被成御立寄可被下哉、承知仕度奉存候、
御返答ニ被

仰聞可被下候、以上

九月十七日　本多淡路守

御城代　本多淡路守

御書院番頭　永井美濃守(直富)

御加番　関　備前守(長誠)

同　藪　隼人(忠居)

同　長谷川栄三郎(正満)

御定番　水野弾正(勝羨)

町奉行　山崎四郎左衛門(正導)

御目付　水野要人(忠通)

御書院組頭　安部又四郎(信門)

右、何茂奉伺　御機嫌候以後、左之通罷出候

御代官　病気ニ付罷出不申候　柴村藤三郎(盛膺)

御武具奉行　大原右内(景定)

御医師　塩谷桃庵(定興)

以上

右両通之返答書承知之旨、右使者江直ニ差越ス

一、同十八日、今暁八半時江尻出立

一、途中江御城代本多淡路守殿ゟ口上書到来、其文

口上覚

今朝江尻被成御発足候段、承知仕候、弥御堅達被成御旅行、珍重御儀奉存候、先達而申上候通、府内御通行被成候節、大手先町屋江御立寄被下候様仕度奉存候、何茂相揃罷在候、依之以使者申上候、以上

九月十八日　本多淡路守

右之通申来候、途中故口上ニ而返答申遣ス

一、府中御城大手先町屋江立寄、旅装束之侭座敷江通り、座上ニ着座、但、入口迄何茂被出迎、会釈致し通ル、刀者自身持行後ニ差置、于時本多淡路守出席、奉窺御機嫌候旨被申聞、各壱役宛段〻ニ出席、何茂　御機嫌宜旨を申達ス、恐悦之旨各申退座、相済而町奉行相伴ニ而菓子・吸物・酒出ル、相済而見計ひ立出ル、各入口迄被送、夫〻ニ相応之及挨拶、会釈

一、阿部川之端ニ町奉行山崎四郎左衛門被致出居、致下乗及挨拶

一、九時過岡部昼休江着、暮六時金谷宿泊ニ着

但、大井川無滞越候ニ付、　公辺江届方者無之

一、同十九日、明七半時金谷出立、四半時袋井昼休江着、暮六時過浜松宿泊江着

一、袋井昼休江御代官大草太郎左衛門(政董)被相越、旅装束之侭及面謁、江戸表御機嫌伺被申聞、　御機嫌宜旨申達ス、其後自分之挨拶、相済而某退入

一、同廿日、明七時浜松出立、今切舟渡し乗船、参州吉田城主松平伊豆守信明殿ゟ馳走船被出、如例格右之船江乗、四時荒井昼休江着、暮六半時過赤坂宿泊江着ス

一、荒井御関所通行之節、箱根同前

一、同廿一日、明七時過赤坂出立、九時過池鯉鮒昼休江着、夜五時前熱田宿泊江着

一、同廿二日、今暁八時過熱田出立、九時前萩原昼休江着、夜五半時過大垣宿泊江着

一、同廿三日、前夜九時大垣出立、四時過番場昼休江着、七時過彦根江着

但、兼而者今須昼休、番場泊之積りニ定置候処、吉原ニ一日逗留故、日を込大垣ゟ直ニ彦根着し候

一、同廿四日・廿五日・廿六日、彦根逗留

一、同廿七日、五半時過彦根出立、旅装束、京橋口門内ゟ乗馬、善利川橋向ゟ乗輿、九時愛知川昼休江着、七半時過武佐宿泊江着

但、先ゝ例、愛知川端ニ而先行列跡騎馬行列足揃致させ見分致候得共、此度彦根ニ而廿五日ニ足揃見分相済候ニ付、愛知川ニ而者其儀無之

一、同廿八日、明六半時武佐出立、九時前草津昼休江着、七時過大津宿泊江着

一、膳所之城主本多主膳正康匡殿、城門之外江被出向、依之下乗致し立向、会釈有而主膳正チヨト蹲踞被致、　御機嫌伺候旨被申聞、某者乍立御機嫌宜旨申達、相済、主膳正如初被立、自分挨拶互ニ申述、相済退、別レ乗輿致ス

但、何方ニても城主・領主在邑ニ候得者出向、　御機嫌伺有之候、右之仕成也、自分之挨拶時宜□(合カ)者先方之斑(班)爵ニ寄事勿論也、尤在邑ニ而も病気等ニ候得者、以使者其断被申聞候事也

一、大津泊宿江差添高家六角越前守(広孝)殿被参、一間出迎相通ス、旅装束之侭ニ而及対面、茶・多葉粉盆出し、相済、被帰候節、次之間迄送ル

一、大津泊宿江所司代久世出雲守(広明)殿ゟ所司代御役宅之図　但、出迎送等書入付紙有之、　御機嫌伺出席面ゝ名書二通被差越

一、旅中休泊又者小休ニ而茂、為窺　御機嫌被出候衆有之節者相通し置、旅装束之侭出席、座上ニ着座、　御機嫌伺候旨被申聞、　御機嫌宜旨申達、畢而対座、自分之及挨拶、尤迎送等惣而会釈方者先方格合ニ依而不同也、此度者大草太郎左衛門之外ニ者旅亭江被出候衆無之

一、御代官衆道中ニ而出迎被居候節者、駕をすへ、駕ゟ不出、　御使之儀故、下乗不致候趣及挨拶候事、布衣之御代官衆ニ者下乗可致事、乍去達而先ゟ挨拶有之候ハヽ、時宜可応事

一、諸方領地并御代官支配所等ニ而為馳走役人出居候節宿供披露致し、時宜請常之通也、家老出居候得者駕之戸を引候、惣而詞者懸ルニ不及候事

一、尾張殿(徳川宗睦)御領分ニ而諸所江御馳走役人被差出候、鑓為持候者江者駕之戸を引致会釈、鑓不為持者江者簾を上させ致会釈、同心躰江者簾を上ケ手を出し候間も無之程ニちよと上ケ、直ニおろし候様ニ致候事

一、山科・蹴上ケ・粟田口辺ニ而、青蓮院御門跡・毘沙門堂御門跡・三井寺円満院御門跡等ゟ御使者、法印・法橋・諸大夫之類其外御役人等出、山科惣頭禁裏御役人等罷出候、其節宿供致披露、駕之戸を引及会釈、詞者懸候ニ不及候、馬上之時者笠ニ而も被り居候得者笠を取及会釈候、口上有之候得者痛所等申立、下馬下乗不致、宿供を以御答申遣候事

一、道中取計委細之儀者、夫ゝ役人共持前之留記ニ悉記之故爰ニ略記ス

京着并即日所司代江相越候式

一、安永九庚子年九月廿九日、五半時大津之駅出立、着用、旅装束　但、羽織・踏込

京都旅館三条河原町松平土佐守豊雍殿屋鋪江九時前到着

但、大津ゟ馬ニ而も駕ニ而も勝手次第之事ニ候間、大津ゟ駕ニ而出
立、蹴上ケゟ騎馬ニ而京着
一、京着案内之使者、夫々如例差越ス、委細右筆方留記ニ記之故爰ニ略之
一、所司代久世出雲守殿ゟ案内被申越、即刻出宅但、八半時也、熨斗目・半
袴着用、出雲守殿御役宅江相越、参居候衆中式台或ハ縁取迄出迎、某
刀ハ二条御殿番三輪(久邦)市之丞・御大工頭中井主水等持之但、布衣ニ而無之、常々御代官衆も
詰合被居候得者被持候事之由　玄関之上、広間之縁側迄出雲守殿被出迎、致会釈、先江被
立、使者之間縁側迄高家六角越前守殿先達而相越被居候ニ付被出向候、
上屯之間縁側ニ大御番頭・禁裏附・仙洞附其外御役人衆列居、出迎、
各江致会釈書院江通ル、上之間ニ上之方ゟ壱間計置而掾(縁)側之方ニ着座
致ス、其次ニ間夕壱間計も置候而六角越前守被致着座、出雲守殿ハ書
院迄案内之上、勝手江被入、右之通座定候上、出席、此方江向ひ少シ
下座ニ着座、
御機嫌伺候段被申、　益御機嫌能候旨某申達ス、恐悦之旨被申聞、相
済、某向江対座ニ着座被致、自分之挨拶等相済、為伺　御機嫌当席江
何茂可差出旨被申聞
但、出席之衆名書并不参之衆名書、昨夜大津泊江先達而被指越
于時其面々、上之間敷居之内江壱役宛出席、某発言、　益御機嫌能候
旨申聞ル、各恐悦之旨出雲守殿江向ひ被申述、退席
但、宝暦十(一七六〇)辰年十月、
中将(井伊直幸)様御勤被成候節者、一役宛出席、先方ゟ
御機嫌奉伺旨被申聞、其時此方ゟ　益御機嫌能候段申聞候趣、御
留記ニ有之候得共、此度者先方ゟ発言無之、直ニ此方ゟ発言致シ
宜旨出雲守殿ニ承候間、其通りニ致候事
一、出席之衆左之通
伏見奉行　小堀和泉守(政弥)
大御番頭　遠藤下野守(胤忠)
町奉行　赤井越前守(忠皛)
同　土屋伊予守(正延)
禁裏附　水原摂津守(保明)
同　渡辺筑後守(直)
仙洞附　三枝豊前守(守歳)
同　小笠原伊豆守(信保)
御目付　土屋市之丞(昌愈)
同　松平惣兵衛(忠朋)
御代官　小堀数馬(邦直)
御門番之頭　夏目小十郎(信正)
同　間宮孫四郎(盛時)
一、大御番頭森川紀伊守(俊孝)病気、御代官石原清左衛門(正範)検見ニ罷越候ニ付罷出
不被申候由
一、右相済、出雲守殿江年寄衆ゟ之伝言を六角越前守殿被申達
一、右相済而、出雲守殿案内ニ而小書院江通り、某・高家其次座を闕し、
伏見奉行・町奉行一列ニ掾側之方ニ着座、出雲守殿挨拶有而退入、二
汁五菜料理出ル但、盃事無之　相済而、相伴之衆退座、出雲守殿出席、御用談
申合候事
一、御進献御目録・御太刀・御口上書等、江戸表ニ而請取申候、其余

之品〻、於当地御出来之段、承知仕候事
一、参　内之節之問合、御頼申候事
一、宿継御飛脚為御知被下候様ニ御頼申候事
一、二条御城入之事
一、所〻巡見之事
右手扣ニ認持参、夫〻申談ル、　御進献之儀被致承知、成程其余之品〻御支度申渡置出来有之旨被申聞、参　内之儀、即時ニ挨拶有之済候事茂有之、其節〻被申聞候義も有之候、宿継飛脚之事、承知之旨被申、右ニ付宿継度毎ニ為知申来り、御老中江届之書状指越候節者頼遣候、且又江戸表ゟ宿継飛脚来ル度毎ニ　倍御機嫌能候段為知被申越、此儀者頼ニ不及、例格ニ而申来ル、二条之　御城入之儀者、追而日限可申達由被申聞、所〻巡見之儀者勝手次第ニ可相越候、初参　内ゟ前ニ而も不苦、何ケ度ニ而も可出旨挨拶有之候
一、禁裏・　仙洞・　女院・　新女院・　准后御所之絵図被相渡
一、右相済、万事宜相頼候旨申述退出、出雲守殿式台迄被送、其外御役人衆夫〻被相送、委細者絵図ニ記之
一、三輪市之丞・中井主水等、彼是与双方取持候事、角倉与市(玄壽)・施薬院(宗隆)等茂参居、玄関江迎送有之候事

旅館江所司代被相越候式

一、安永九庚子年九月廿九日、京着之日、所司代御役宅江某相越、帰宅之後、為挨拶如例格所司代久世出雲守殿旅館江被相越、併被申置候ニ付不及対面候
但、宝暦十辰年　中将様(井伊直幸)　上使被成御務候節者、所司代井上河内守(利容)殿ニ而有之候処、痛所有之由ニ而、不被相越候趣段〻断被申聞、家老為使者被差越候由
一、享保廿卯年(一七三五)、　天祥院様(井伊直定)　上使御務之節者、所司代者土岐丹後守(頼稔)殿ニ而、即日被相越、　御対面被成候由、為後勘其節之式旧記を以爰ニ書加置、左之通
一、所司代被相越候節、書院与広間との間、廊下迄出迎、先江立書院上之間江通し対座、被申聞候ニ者、先刻者御出、其節　御機嫌能候段被仰聞恐悦奉存候旨、次ニ自分之安否尋之挨拶等被申聞、夫ゟ物語等有之、長熨斗鮑・茶・多葉粉盆計出之、相済、被帰候節式台迄相送ル
一、今日着用、熨斗目・半袴
一、家老・用人等、白洲江迎送共ニ出候事

二条御城入、拝見之式

一、安永九庚子年九月晦日、所司代久世出雲守殿江京賄役被呼、明朔日御城入致候様被申越、即刻答之使者京賄役差越、委細公用人江明日之諸事懸合為致置
一、御城入之節召連候供廻り之儀并内迄召連候人員等、先格之通ニ召連度旨、出雲守殿江書付候而、京賄役使者ニ而指越申遣ス、承知之旨返答申来ル、委細者右筆方留記ニ有之故略之
一、右同日晩、二条御殿番三輪市之丞被参、明日　御城入ニ付、道筋書付壱通用人共江被相渡、彼是示談申聞被帰候、是又右筆方留記ニ委細有

之故爰ニ略之

一、同十月朔日、二条御城入ニ付、所司代出雲守殿ゟ宜時刻案内申来り、熨斗目・半袴着之、四時出宅、出雲守殿御役宅江相越、例之所迄被出迎、町奉行衆両人・御殿番・御大工頭等式台或縁取迄出迎、高家六角越前守殿ニ者先達相越被居、使者之間掾側迄出迎有之、何茂京着之日相越候節同前故省略して記之、小書院江通り、挨拶有之而、出雲守殿勝手江被引、菓子・吸物・酒等出ル　但、座順、某・越前守、下座ニ町奉行両人着座、相伴有之、　右相済、出雲守殿出席、於　御城中之儀共被申談、夫ゟ同道ニ而玄関ゟ出ル、挨拶有之、為案内出雲守殿先江被出乗輿、其後皆〻乗輿、相越ス

一、御城北之御門にて致下乗　但、御門外江三輪市之丞・中井主水出迎　御城江入、二之御門内江京地之御役人中出迎有之、致会釈

　但、御門番之頭・御鉄炮奉行・御蔵奉行・在役破損奉行等也

破損奉行先江立案内有之、大御番頭遠藤下野守胤忠殿之小屋江立寄、玄関ゟ上ル、下野守殿縁取迄被出迎、致会釈、先江立被致案内、座敷江通ル、刀者自身持行後之方ニ差置、某・久世出雲守殿列座、六角越前守殿傍ニ着座、下野守殿出席、挨拶有之退座、夫ゟ熨斗鮑白木三方自身被持出、某前ニ被居、致会釈、被引之、次ニ茶・多葉粉盆出ル何も白木、右相済、下野守殿又出席、挨拶被致、及会釈而立出ル、夫ゟ二之丸御台所拝見、夫ゟ大御番所江相越ス、組頭衆四人共縁取迄出迎、致会釈、御番所江上り、上座ニ着座、刀者手ニ持行後ニ差置、出雲守殿列居、六角越前守殿侍座、大御番頭出座　但、下野守殿計被出、森川紀伊守殿病気ニ付出席無之、　御番衆群居、組頭衆御番衆之前座ニ出座、某発言、　益御機嫌能被成御座候旨申聞ル、組頭衆、下野守殿ニ向ひ、恐悦奉存旨申上ル、下野守殿、出雲守殿江向、恐悦之段被申之、相済、立出ル、組頭衆初之所迄送り有之、夫ゟ御唐門・東御門、夫ゟ　御車舎三ヶ所相越、此所ニ、

権現様(徳川家康)　御車　御輦　御山駕籠
台徳院様(徳川秀忠)　御車　御輦
大猷院様(徳川家光)　御車　御輦

右拝見致し、相済、夫ゟ御玄関・遠侍・殿上之間・御式台之間・大広間・蘇鉄之間・御黒書院・　御座之間・御庭廻り迄拝見、夫ゟ　御本丸御玄関・遠侍・大広間・御書院・焼火之間・　御座之間・　御天守台・御台所迄拝見

　但、御天守台者台ニ上り拝見、某刀者三輪市之丞・中井主水等持之

夫ゟ　御本丸大御番所江相越、御番衆　御機嫌伺之式　二之丸大御番所之式同断故爰ニ略之、夫ゟ大御番頭森川紀伊守俊孝殿之小屋江可立寄処、病気ニ付、兼而断有之故其儀無之、直ニ西之御門・二之御門内ニ而御破損奉行暇乞被致、外御門下ニ而何茂暇乞被致、夫〻及会釈、御門外江三輪市之丞・中井主水出ル、是又及会釈、　御城を出、御門外乗輿之場ニ而出雲守殿江挨拶致し、六角越前守殿江茂及会釈、各乗輿、出雲守殿ニ者直ニ御役宅江被帰、某者直ニ丸太町手前之屋敷江立寄、夫ゟ呉服所奈里吉六・七里彦次右衛門・佐生理兵衛方江立寄、七時過帰宅

　但、御城入之帰ニ手前屋敷江立寄候事并呉服所之者共方江立寄候事、定例ニ者無之、任序立寄候、尤呉服所者立寄之儀先例ニ任せ願候間、今日序ニ立寄候事

一、帰宅後、出雲守殿江使者差越、今日者天気茂能、二条　御城拝見、難

有奉存候、其節、御同道被下御太儀之至、忝致大慶候旨口上申遣ス、
尤京賄役使者ニ差越ス
一、御城入ニ付、出雲守殿江頼、継飛脚ニ関東江注進状其外届方無之

伝　奏衆・議　奏衆・　院伝　奏衆・評定衆旅館江入来之式

一、安永九庚子年九月廿九日、伝　奏衆ゟ以使者書付到来、其文
一、来月二日巳刻、両卿可被参候事
一、同日午刻、議　奏衆、引続　院伝　奏衆・評定衆可被参候事
一、同三日五日巳半刻より未之刻迄之内、諸家方可被参候事
九月廿九日

右之通申来ニ付、返答者あの方ゟ認来候通ニ認、月日之奥ニ右之通承知仕候事与相認、彼方之使者江直ニ差越ス

一、同十月二日、四半時過、伝　奏油小路前大納言隆前卿・久我大納言信通卿入来、熨斗目・長袴着、使者之間縁側迄出迎、致会釈、先江立案内致し、書院上之間、間之敷居際ニ而致会釈、上之間江相通し、某茂一緒ニ入、致対座、尤明り床之方ニ両卿着座、某者張付之方ニ着座、某発言、

禁裏御所方益御安全ニ被成御座候哉与相伺、　御安全之旨被申聞、恐悦之段申述ル、彼方ゟ茂於関東御安全ニ候哉与被申聞、御安全之旨申之、暫時対話有之、此方ゟ諸事宜頼候旨申述ル、承知之由被申聞、追〻参　内之儀出雲守迄可申入由被申、熨斗蚫出之白木三方、茶・天目ニ而白木小四方ニ乗ル多葉粉盆白木出之、暫差置見合引之、直ニ退出被致、式台中程迄送ル

一、禁裏附之衆水原摂津守取持ニ頼候ニ付、先達而被参居、両卿入来之節、玄関之上板之間ニ出迎、着座、両卿書院江被通候上、跡ニ付被参、書院二之間江掾側ゟ入ル、敷居之内ニ着座但、二之間之末ニ而敷居之際也両卿被帰候節、式台之端、下モ手之方ニ出、着座、送被申候
一、家老・中老・用人、白洲江迎送共ニ出ル
一、伝　奏衆江時宜合挨拶等、大躰対〻ニ乍致、少し敬之心を用
一、今日、為取持　禁裏附衆・　仙洞附衆何茂相招候得共、御用有之断ニ而、　禁裏附水原摂津守計被参、　院伝　奏衆・評定衆等入来済候迄、始終壱人ニ而取持被致候
一、八時過議　奏衆入来、諸式伝　奏衆入来之式同断、但、　禁裏御所方御機嫌伺者不申候事

万里小路前大納言政房卿
広橋大納言伊光卿
議奏衆　橋本前権大納言実理卿
冷泉中納言為栄卿
六条前中納言有栄卿

右相済候而、引続　院伝　奏衆入来、諸式伝　奏衆入来之式同断、尤仙洞之御機嫌伺候事

院伝　奏衆　四辻前大納言公亨卿
難波前大納言宗城卿

右相済而、引続評定衆入来、諸式右同断、尤仙洞御機嫌者不伺候事

正親町大納言公明卿

評定衆　　石山前中納言基名卿
　　　　梅小路前宰相定福卿

参　内、　御使相勤候式

一、安永九庚子年十月二日、所司代久世出雲守（広明）殿ゟ書付到来、其文
　明後四日巳刻、貴様・六角越前守同道、参
　内、参　院、　女院・　新女院・　准后江茂可致
　参上旨被　仰出候由、伝　奏衆ゟ申来候、則書翰懸御目
　候、御報次第両卿迄可及返簡候、以上
　　十月二日　　　久世出雲守
　井伊玄蕃頭（直豊）様
　追而六角越前守（広孝）江茂是ゟ申達候、以上

伝　奏衆書翰左之通
　此度関東御祝儀
　御使井伊玄蕃頭・六角越前守上着候由、則令言上候処、明
　後四日巳刻其元同道候而参
　内、参　院、　女院・　新女院・　准后江茂可有
　参上旨被
　仰出候、右之趣可被相達候、以上
　　十月二日　　　久我大納言（信通）
　　　　　　　油小路前大納言（隆前）
　　久世出雲守殿

一、外ニ書付被差越、其文
　明後四日、於
　仙洞、貴様・六角越前守・拙者江茂御料理可被下旨被　仰
　出候段、伝　奏衆ゟ申来候、則書翰懸御目候、以上
　　十月二日　　　久世出雲守
　井伊玄蕃頭様
　追而六角越前守江茂是ゟ申達候、以上

伝　奏衆書翰左之通
　明後四日、於
　仙洞、井伊玄蕃頭・六角越前守・其元江茂御料理可被下旨
　被　仰出候、此段可被相達候、以上
　　十月二日　　　久我大納言
　　　　　　　油小路前大納言
　　久世出雲守殿

右之通申来候ニ付直ニ其使者江返翰遣ス、伝　奏衆之書翰者戻ス、猶
又為答京賄役出雲守殿江使者ニ差越、返書之文者右筆方ニ書記故略之

一、同三日、久世出雲守殿ゟ以使者書付到来、其文
　明日之御次第書、伝
　奏衆ゟ被差越候条、進之候、以上
　　十月三日　　　久世出雲守
　井伊玄蕃頭様
　猶以六角越前守江者是ゟ申達候、以上

右之通申来り、御式書壱通被指越、則返書其使者江差越、返書之文者
右筆方ニ書記故略之

一、同十月四日、狩衣・折烏帽子着之、短刀帯之、中啓を持、六半時四半過旅館出宅、施薬院江相越
但、宝暦十(一七六〇)辰年、
中将様　御使御勤被成候節者、旅館ニ而衣冠御着用被成候而御越被成候得共、狩衣ニ而相越、施薬院ニ而衣冠着候儀、所司代ゟ被申越候近例其趣ニ相聞江候故、狩衣ニ而相越候、尤時刻等、予以使者所司代江承置

一、施薬院江近習之者其外入用之役人先達而差越置、供廻り人員等者何茂其手〻〻之役人留記ニ委細書記故爰ニ略之

一、施薬院江相越、表門ゟ入玄関ゟ座鋪江通ル、出入之度毎ニ取持之衆式台或者縁取迄迎送り被致候、施薬院父子者白洲迄迎送被致候
但、取持者三輪市之丞・中井主水等也、此等之式参内度毎ニ同様故此末ニ者略之

一、差添高家六角越前守殿ニ者先達而被参居、使者之間之上之間迄被出向

一、施薬院之座敷上之間、某休息所也、勝手之座敷、所司代之休息所也、玄関取附之所、高家衆休息所也

一、座敷上之間、某休息所江相通ル、此所江六角越前守殿被参、暫談話、彼是承合申談置

一、所司代久世出雲守殿ニ者跡ゟ被参、其時施薬院之座敷二之間ゟ使者之間之方江出候所、境之襖之敷居之際迄出向、上之間与二之間与之間之襖を明ケ置、上之間江被通候様ニ挨拶致候得共、二之間ニ着座被致、越前守殿ニも出席、彼是今日之儀共申談、相済、挨拶有之、外掾通り勝手之方、休息所江被相越、越前守殿ニ茂休息所江被相越、某茂休息所江入、上之間与二之間襖〆置

一、禁裏附・仙洞附各壱人宛被相越被参、某・出雲守殿二之間江出、一所ニ及面謁、越前守殿ニ茂侍座但、上之間と二之間との間襖〆置、相済、又各休息所江退入

一、休息所ニ而所司代ゟ料理被振舞、手前之家来給仕ニ而勝手ニ食之、右礼使当所ニ而休息所江差越ス

一、所司代着替之様子承候而、某茂衣冠着之

一、午刻、伝　奏衆ゟ雑掌油小路殿ゟ伏田右衛門、久我殿ゟ森河内守使ニ被差越、参内之時節宜旨被申越、依之又二之間江出、某・出雲守殿・越前守殿一席ニ而、右雑掌呼出、出雲守殿之公用人誘引、次之間入口之所江出座、右公用人名披露、其時節宜旨承知、追付何茂同道可致参　内旨出雲守殿被申伝、某茂宜与申達ス、相済、雑掌退座、出雲守殿挨拶有之、又各休息所江入、用事相弁候上、支度宜旨出雲守殿江申遣、各又二之間江出座、夫ゟ同道、表門ゟ乗輿、参　内
但、出雲守殿為案内先江被参候由、挨拶有之而先江供を被立、御所不残済、退出之節者某供を先江立候

一、享保之節者裏門ゟ乗輿之由、近格表門ゟ乗輿ニ成候由、宝暦十辰年、
中将様御務被成候節、所司代井上河内守殿物語被致候由、尤其節も表門ゟ乗輿之趣留記ニ有之

一、御唐門ゟ参　内、但、俗ニ公家門ト云、御門石壇下ニ而各下乗、何茂浅沓履之、出雲守殿下乗有而御門際ニ待合被居、何茂相揃候而進歩、太刀者何茂自身持之
但、太刀ハ棟之方を下ニして左ニ持候趣、宝暦十辰年、

中将様御務之節之御留記ニも有之候得共、出雲守殿刃を下ニして
帯候形、左之脇ニ揺込持被参候間、某茂其通りニ致候事
御門内ニ御附両人熨斗目・半袴着出向、会釈致ス、其外出迎居候面〻江相応
之及会釈通ル、出雲守殿先江被立、各同道、平唐門を入、諸大夫之間
沓脱之前ニ而太刀を家来江渡ス但、刀番石壇之上ニ沓を脱御板掾江上ル
但、小掾ニ沓脱可申処、以前ゟ所司代石壇ニ而脱被申候由、依之上使も其通り致来候由　非蔵人鴨脚長門松室播磨　御掾迄出迎、障子開
之、則致昇殿、諸大夫之間を通り、鶴之間江相越、各着座
但、御掾ゟ入候処、直ニ諸大夫之間也、此所御畳縁赤色也、其上之
間ゟ殿上人・公卿等之間也、此所ハ御畳大紋縁り也、御簾懸り有
之候、尤諒闇中ニ付芦簾也
諸大夫之間ニ而出雲守殿少し脇江被披、夫ゟ某先江立参り、玄蕃頭・
越前守・出雲守と此順ニ列居、追付伝　奏油小路殿・久我殿出席、各
列居之前ニ対座、于時出雲守殿何茂参　内仕候旨被申述、某・越前守、
今日参　内難有奉存旨申述ル、夫ゟ某少し座を進、越前守殿差添、
御口上申述ル
御機嫌能被成御座目出度被　思召候、今度
御転任忝被　思召候、依之如御目録御進献之候、宜申上候旨
但、大樹公（徳川家治）ゟ与申儀者不及申
右相済、可及言上旨被申聞、伝　奏衆退入
一、議　奏衆・昵近衆被出席、挨拶有之而退入
但、今日参　内難有旨計申述ル
万里小路前中納言政房卿
広橋大納言伊光卿
議　奏衆
橋本前権大納言実理卿
冷泉中納言為栄卿
六条前中納言有栄卿
昵近衆
三条西前大納言実称卿
冷泉右衛門督為章卿
高倉大宰大弐永範卿
四条三位隆師卿
舟橋少納言則賢朝臣
飛鳥井少将雅威朝臣
橋本少将実誠朝臣
堀川侍従康暁朝臣
山科少将忠言朝臣
梅園侍従実兄
勧修寺侍従良顕
土御門陰陽頭泰栄
但、従是奥ニ者議　奏・昵近名前同様之事故、略而不記之
一、伝　奏衆出席、御礼席可致内覧旨被申、誘引有之、各虎之間を通り清
凉殿江参り、御礼席内覧、習礼、相済而鶴之間江復座
一、伝　奏衆出席、　御口上之趣達　叡聞候処、追付
御対面可有之旨を被申聞、退入
一、伝　奏衆又出席、清凉殿江
出御候間、可参旨被申、則誘引、清凉殿之庇但、板掾也議定所之際、
布障子之前ニ参扣、某・越前守・出雲守与此順ニ右之方を座上ニして

並列居

一、大樹公ゟ御進献之御太刀目録、極﨟藤嶋藤蔵人助具持出、伝　奏油小路殿江相渡ス、油小路殿　御前江被持出、披露有而庇江退、拝伏、但、庇ハ板掾也少し脇江披、着座、久我殿ニ茂列座、両卿気色有之、某・越前守殿、一同ニ出席、御中段之下モゟ二畳目ニ而両人一同拝

龍顔、相済而、両人一同ニ初之席江復座

　但、御敷居之外際ニ居り、膝行して御敷居之内江入ル、此所御敷居甚高ク候故、進退可心得事、且又二畳目と申事ニ候得共、下モより一畳目之上ニ居り、二畳目江手を掛而拝伏也、得与奉拝

　龍顔、其上ニ平伏仕候儀宜旨、兼而承候故、其通りニ致ス、又膝行して御敷居之外江出、夫ゟ立而退也、退座之時者下座ゟ先江立ツ、中啓ハ御前江持出ル

一、自分献上之御太刀目録者虎之間ニ非蔵人鴨脚長門持出居候間、座を立、右之処江参り、御太刀目録を取、布障子前江復居、越前守殿茂同断、但、非蔵人ハ別人　于時貫首申次中山頭中将忠尹朝臣、御前江出、庇之中央ニ而拝伏、少脇江披、着座、其時伝　奏衆気色有之、直ニ某座を立、御太刀目録持参、但、中啓者着座之席ニ差置出ル　自分之御礼、御中段之御敷居之内下モゟ壱畳目之下モに差置、其身者於庇之中央奉拝

龍顔而平伏、相済而、布障子際江復居、次ニ越前守殿自分之御礼、次第右同断、次ニ出雲守殿自分之御礼、次第右同断、但、出雲守殿者御太刀目録献上無之

一、天盃頂戴ニ付、伝　奏衆気色有之、直ニ某出座、但、中啓ハ着座之席ニ差置　御中段之御敷居内、下モゟ二畳目ニ御酌被扣居候間、壱畳目江出而頂戴之

　但、御長柄之銚子之口ニ　天盃を載有之　天盃を聢与右之手ニ而取、左之手者下ニ突居ル、　天盃を取而両手ニ而持、謹而頂戴致し、御酒を請、　天盃ニ口を付而、夫ゟ　天盃を持なから退去、布障子際江参り、差置候中啓を取候而持添退キ、虎之間江出、非蔵人出居候間、是江　天盃を渡ス、此所ニ而御酒を掌ニ請、致頂戴候而も宜候、　天盃初手ニ取候節、御土器江手当り候得者、御銚子之内江落候間、用心可致由兼而承居候間、其用心致し候事、是ハ御銚子之柄突貫ニ無之故也、且又　天盃非蔵人請取候上、紙ニ包、諸大夫之間之御掾江持出、家来江相渡候由、側供之内ゟ受取、尤人物等兼而其手当申付置候事

相済而退去、虎之間通り鶴之間最初之席江参、着座、越前守殿・出雲守殿ニ茂　天盃頂戴之式右同断、尤頂戴済次第、壱人宛鶴之間江退ク

一、主上(光格天皇)御装束

御引直衣《インノウシ》　諒闇中ニ付　地合平絹色橡　但、橡色与申ハ金色之薄赤キ色之由

御張袴《ハリコ》　同断　地合布色柑子

但、諒闇中ニ無之時者、上使之砌、白地小葵之御衣、精好紅之御張袴之由承ル

但、紅御張袴ハ俗ニ云緋之御袴也

御服　高倉大宰大弐永範卿

御釼　飛鳥井少将雅威朝臣

御裾　九条摂政尚実公

御陪膳　広橋大納言伊光卿

御手長　葉室右中弁頼熙

役送　　北小路新蔵人俊幹
申次　　中山頭中将忠尹朝臣

一、御後座、議　奏衆御児方之由、着座有之
一、御庇折廻欄掾ニ公卿・殿上人各列座
一、入御之後伝　奏衆出席、摂政殿 九条前左大臣尚実公 可面謁旨被申由被申伝、則誘引、議定所江相越、 但、清涼殿一棟之内ニ而布障子際内之方也 向ニ摂政殿御着座、其右之傍ニ伝　奏衆着座、左之傍ニ某・越前守・出雲守与此順ニ一同ニ出席、 但、左右ハ摂政殿の御左右也 某者伝　奏衆之向ゟ少し下座ニ着座致ス、某出言、参内被　仰付、拝
龍顔、天盃頂戴仕、難有旨申上ル、摂政殿其時ニ、於関東御安全候哉与被申、御安全之旨答之、其時何茂使目出度旨被申、忝由申述、相済退出、鶴之間江復座
但、関東ニ而御三家之通ニ此方ゟハ時宜合致し候、彼方ゟハ重〻敷被取成候事
一、伝　奏衆出席、今日之御礼共申述ル、可申上旨被申聞、是ゟ
准后御所江先達而可参居旨挨拶有而退入、暫時見合、諸大夫之間を通り、初メ上り候掾を通り、石壇ニ而浅沓を履キ、平唐門通り、御唐門江出、石壇下ゟ乗輿、
准后御所江参ル
但、暫見合候者、伝　奏衆
准后御所江先達而被参候間を見合候事、乗輿之順出雲守・某・越前守と乗輿致ス、出雲守殿案内之為先江被参候由挨拶有之、先江乗輿、供を茂先江被立行候也

准后御所江参上之式

一、御唐門ゟ直ニ　准后御門際迄乗輿、御門石壇下ニ而下乗、御附衆庭上江被出向、其外出迎有之、夫〻致会釈、御車寄ゟ上り、御客間江通ル
但、御玄関之如箱段有之、下ハ石畳ニ而縁取敷有之候、狩衣着候者迎送ニ出ル、御車寄縁取際迄浅沓履之、太刀ハ下乗ゟ左之脇ニ手ニ持而行、縁取際ニ而刀番江渡ス
伝　奏衆御客之間取付際ニ出居、挨拶有而先江被立、各御座敷ニ着座、 但、出雲守殿殿御門内ゟ案内之様子ニ而先江被立、伝　奏衆被出居候辺ニ而脇江披被申、某先江立行、着座之順某・越前守・出雲守 伝　奏衆対座
一、上臈壱人おふき之方出席 但、御乳人年寄相添上臈おかつ之方ハ所労ニ付出席無之 口祝有之
但、上臈江之時宜合、伝　奏衆同前也、其外女房達、上臈着座之後御掾側ニ出座有之、口祝者昆布と熨斗を硯蓋ニ載、女房衆持出、上臈之前ニ差置退ク、于時上臈昆布と熨斗二色を一緒ニ挟給ル、各壱人ツヽ出而、手江請戴キ懐中致ス、相済、女房衆出而右之硯蓋を持、退入、是ゟ奥ニ口祝之事有之、所〻皆同断之式故略之
右相済、某少し座を進、御口上申述ル、越前守差添
今度　御転任忝被　思召候、仍而如御目録被進之候、宜申上由相済而、
女一宮江之御口上、越前守殿被申述、相済而、可申上旨被申、上臈退入、追付被出、御口上申上候処、　御満悦　思召候、御返事者追而可被　仰出旨被申聞、挨拶有而退入
但、女中衆江進物之礼、附添之女房達之内ゟ挨拶有之、上臈も会釈有之

伝　奏衆ニ者、
女院御所江先達而可参旨挨拶有之而、先江被相越、暫時見合、初之道筋を何茂退出、御門際ゟ乗輿、
女院御所江相越
但、出雲守・某・越前守と此順ニ乗輿、尤案内之為との挨拶出雲守殿被申聞、先江立被参

女院御所江参上之式

一、准后御所御門ゟ直ニ
女院御所御門際迄乗輿、此所ニ而下乗、御附衆庭上ニ被出迎、其外出迎有之、夫〻致会釈、御車寄ゟ上り、御客座敷江相通り、着座、惣而
准后御所ニ而之式同断、北面迎送り有之松波伯耆守 堀川但馬守
一、上﨟壱人出座石井局、但、小督局所労ニ付出席無之口祝有之、某少し座を進ミ、越前守差添　御口上申述ル、諸式
准后御所ニ而之通り、聊無別儀、依而略記ス
一、右相済、伝　奏衆ニ者、
仙洞御所江先達而可参由挨拶有之、先江被相越、暫見合、初之道筋何茂退出、御門際ゟ乗輿、
仙洞御所江相越ス、乗輿之順、出雲守殿挨拶等如前

仙洞御所江参上之式

一、女院御所御門ゟ直ニ
仙洞御所御門際迄乗輿、此所ニ而下乗、御門内ニ御附衆被出向、其外出迎在之、夫〻致会釈、御車寄ゟ上ル、但、太刀・沓等女院・准后等之御所ニ而之通り也竹之間取付之廊下、上ミ之方ニ伝　奏衆出居、挨拶有之而先江被立、各竹之間ニ着座、某・越前守・出雲守と此順ニ列居、但、竹之間者公卿之間也伝　奏衆対座、挨拶有之而退入
一、院之伝　奏衆四辻前大納言公亨卿 難波前大納言宗城卿出座、挨拶有之而、某少し座を進、越前守殿差添、御口上申述ル
御機嫌能被成御座目出度被　思召候、今度
御転任忝被　思召候、依之如御目録御進覧之候、宜申上由
右相済、可及言上旨被申、退入
一、評定衆被出、挨拶有而退入
一、昵近衆者不被出候
一、伝　奏衆出席、暫対話有之
一、院之伝　奏衆被出、御礼席可致内覧旨被申聞、誘引、弘御所江相越、各致習礼、伝　奏衆茂同伴被相越、相済而竹之間江復座
一、院伝　奏衆出席、御口上之趣及言上候処、追付
御対面可有之旨被申聞、退入
一、院伝　奏衆出席、出御候間、可参旨被申聞、誘引、各弘御所南之庇西之方ニ参扣列座、但シ右之方を座上ニして某・越前守・出雲守与此順ニ列居
一、大樹公ゟ御進覧之御太刀目録上北面 蔵人 松尾出雲守 細川大炊助持出、
院伝　奏難波殿江相渡ス、則　御前江被持出、披露有而広庇江退キ拝伏、少し脇江退、着座
但、此所ニ　院伝　奏衆両卿列座、其次ニ伝　奏衆両卿並着座

院伝　奏衆気色有之、直ニ某・越前守殿一同ニ出席、弘御所御中段之下モゟ二畳目ニ而両人一同

御目見、相済而、両人一同ニ初之席江復座　但、諸式禁裏ニ而之趣同断

一、自分献上之御太刀目録、南之庇西之方各着座之席ゟ左之方見通し之末席、下北面持出居候間、其所江参り、請取復座、越前守殿ニ茂右同断

一、申次飛鳥井少将殿　御前江出、広庇中央ニ而拝伏、少し脇江披キ着座、于時　院伝　奏衆気色有之、直ニ某座を立、御太刀目録持参、但、中啓者着座之席ニ差置出ル　自分之御礼御中段之御敷居之内、下モゟ壱畳目之下モニ差置、其身者広庇之於中央平伏、相済而初之席江復座、中啓を取持候而竹之間江退、着座

一、越前守殿自分御礼之次第右同断

一、出雲守殿自分御礼之次第右同断、但、御太刀目録献上無之

一、竹之間江何茂相越、如最初席順ニ列居致し居ル、暫時有之而　院伝　奏衆出席、　御盃頂戴ニ可参旨被申聞、則誘引、如最初南之庇西之方ニ参扣、何茂如初並座、伝　奏衆茂如初着座、于時　院之伝　奏衆気色有之、直ニ某座を立出席、但、中啓者着座之席江差置出ル　御中段之御敷居之内、下モゟ二畳目ニ御酌被扣居候間、壱畳目江出、頂戴之御盃を取、謹而戴、御酒を請、　御盃ニ口を付而、夫ゟ　御盃を持なから退去、着座之席ニ差置候中啓を取、持添候而退、自分御礼之節献上之御太刀目録持出居候所江上北面出居候間、是江　御盃を渡ス　但、右北面紙ニ包家来江渡ス由　竹之間江相越、如初着座、越前守殿・出雲守殿ニ茂　御盃頂戴之式右同断、尤壱人宛済次第ニ竹之間江相越、如最前席順ニ列居

但、仙洞ニ而　御目見、自分之御礼　御盃頂戴之式等禁裏ニ而之式ニ相替事無之、併　御盃者　女帝之御儀故、御勝手ニ而被　召上候由、依之自分之御礼済候与竹之間江復座、扣居、其後弘御所江再出席、頂戴也、此時者　御簾垂有之、　出御無之

一、御役懸左之通

御陪膳　櫛笥前大納言隆望卿

御手長　冷泉少将為訓朝臣

役送　北小路大膳大夫

申次　飛鳥井少将雅威朝臣

一、御後座、御局方始女中方計之由

一、弘御所　御正面之板掾ニ公家衆着座有之候

一、伝　奏衆出席、対話、于時　院伝　奏衆出席、酒饌を賜由を被申達、御礼申上ル、次ニ伝　奏衆江向、相伴之儀を被申達、退入、追付御料理出ル、給仕北面、伝　奏衆相伴ニ而頂戴、但、膳平折敷椀茶碗ニ而土器之盃也、伝　奏衆も同断　御酒出候節、　院伝　奏衆出席、宜給由挨拶有之而退入、御菓子・御茶迄相済而、伝　奏衆ニ者

新女院御所江先達而可参旨挨拶有之、先江被相越

新女院御所江参ル

院伝　奏衆出席、各御礼申上之、退出、初之道筋立出、御門際ゟ乗輿、

但、乗輿之順前ニ同し、出雲守殿挨拶是又前ニ同し

一、今日賜御酒饌御献立左之通

御本

御鱠　鮭　さより　海月　　御汁　鶴　こほう　大こん

栗
きんかん　　なめす、き
かふな

御に物　月かん
はんへい
せり　　御飯

御かう（香）の物

御二　切重
まなかつを
赤貝
かしやう芋
いわたけ
敷くすたまり

杉やき
むし物　　御汁　口塩鱈
青昆布

御ひたし　よめな
つく〳〵し

御三

盛こほし
御さしみ　鯉細作子附
ほそいか
海そうめん
くねんほ
わさひ　　御汁　ちさ
めうと

いりさけ

御引物

一、御やき物　大生小鯛
かけ汁

一、くるまやきたい

一、長皿　小串めはる
たいらき松葉くし

一、御に物　鴨
ひら茸

一、御に物　和か麩

すまし
御吸物　たい
ひれ

御茶菓子　かうたけ　やすらゐ

いけはく
御硯蓋肴　水くり　やうし

雉子　おうしん
こほう

いけはく
かわらけ肴　からすミ
はす
いセ煮貝
酒にほたんゆは

重肴

御盃台　老松
難波
養老

押台　立物　寒菊
せん良
石竹
鮎きやう
わかめ

後段

（椒）
山升の粉　御汁
くす切

ふくさ
御吸物　巻きす二
ふきのとう

いけはく
かわらけ肴　巻鯣
塩に山の芋

重肴　ほねぬき小鴨
塩に平くわゐ

一、仙洞ニ而今日被下候御盃台并押、御勘定頭三宅中務録方ゟ用人中江手紙相添為持差越ス

御盃台　老松

一、御料理御献立者非蔵人藤嶋但馬方ゟ用人中江為持差越ス

押　寒菊

新女院御所江参上之式

一、仙洞御所御門ゟ直ニ
新女院御所御門際迄乗輿、此所ニ而下乗、御附衆庭上江被出向、其外出迎有之、夫々致会釈、北面迎送有之（河端安芸守　藤木阿波守）御車寄ゟ上り、御客座鋪江相通ル（但、太刀・沓等之式、御所毎ニ同断故略記ス）伝　奏衆出居、其外諸式
女院御所ニ而之通相替儀無之

一、上﨟壱人出座、（堀川局、但、高倉局所労ニ付出席無之）口祝有之、相済而、御口上申上ル、諸式
女院御所之通無別儀故略記ス

一、相済、伝　奏衆江御礼申上之退出、伝　奏衆者御客之間取付之所迄少し被送、退入、初之道筋立出、御門際ゟ乗輿、此時者某・出雲守・越前守と此順ニ乗輿、夫ゟ勝手ニ御礼廻勤致候様ニ出雲守殿挨拶有之ニ付、同道ニ不及、銘々ニ施薬院江帰ル、某ハ道向寄ニ付、退出懸ケニ九条摂政殿江相越、今日之御礼申置、夫ゟ施薬院江相越、（但、施薬院ニ而取持之衆等出迎送等、今朝之式同断、）出雲守殿・越前守殿ニ茂施薬院江被相越、各休息所江入、暫休息之上二之間江出席、某・越前守殿列座、向ニ出雲守殿着座、今日之御礼出雲守殿江申述ル、夫ゟ自分之挨拶互ニ有之、相済、又休息所江入、各休息、其後某ゟ挨拶申遣、依之出雲守殿・越前守殿先江被致退散、其後某退散、表門ゟ出

伝　奏衆両卿

院伝　奏衆両卿

所司代

右江今日之御礼廻勤、夜五半時過旅館江帰宅
但、今日彼是預世話候自分之礼も申述置

一、宝暦十辰年、（一七六〇）
中将様御務之節者、退出之上施薬院ニ而此方ゟ茂軽キ料理振舞候得共、致混雑候ニ付、双方申合ニ而此度者不差出候事

一、参　内相済候ニ付、関東江継飛脚ニ而注進状出雲守殿江頼差越ス

一、右同断ニ付使札差出、諸向江届方等之儀者右筆方ニ委記ス故爰ニ略之

御進献并自分献上物贈物之式

真御太刀貞真　一腰
禁裏江従大樹公　綿　五百把
白銀　千枚

御太刀　一腰
仙洞江従大樹公　綿　三百把
白銀　五百枚

女院江従大樹公　白かね　三百枚
綿　二百把

新女院江従大樹公　白かね　三百枚
綿　二百把

准后江従　白かね　三百枚
大樹公　綿　二百把
右御使　井伊玄蕃頭直豊
女一宮江従　白かね　五十枚
大樹公　綿　百把
右御使　六角越前守広孝

一、自分献上物贈物左之通
禁裏江　御太刀　一腰
御馬代　黄金　二十両
蠟燭　千挺
仙洞江　御太刀　一腰
御馬代　黄金　十両
蠟燭　五百挺
女院江　縮緬紅白　十巻
蠟燭　五百挺
新女院江　縮緬紅白　十巻
蠟燭　五百挺
准后江　縮緬紅白　十巻
蠟燭　五百挺

黄金　十両　内侍所御初穂
銀子　五枚　同　御神楽料
禁裏御附女中
白銀　七枚　上﨟局
同　十五枚　長橋局
同　五枚　大御乳人
同　弐枚　備後殿
同　弐枚　右京大夫殿
同　弐枚　松山殿
同　弐枚　江坂殿
仙洞御附女中
白銀　五枚宛　源中納言局
帥局
別当局
同　三枚　大輔殿
同　弐枚　大和殿
女院御附女中
白銀　三枚宛　小督局
石井局
新女院御附女中
白銀　三枚宛　高倉局
堀川局

准后御附女中
おかつ殿
おふき殿
おきせ殿
白銀　三枚宛

右　御進献物・　御太刀御目録者、取次日下部三郎右衛門・藤田四郎左衛門指添、自分献上物ニ者京賄役差添、二割ニ致候而、先達而　御所〻〻江持参為致候、女中江之贈物茂京賄役持参申候、尤　禁裏ニ而諸大夫之間簀子之上ニ而伝　奏之雑掌江相渡候由、其余京都ニ而出来之御進献之品者、　公儀呉服所之者相添持参、右之場所江差出候由、尤　公儀呉服所之者共、手前呉服所之者共取持相渡候由、委細之儀者其手之役人留記ニ有之故略記ス

一、宝暦十辰年(一七六〇)、中将様(井伊直幸)御務之節者、　御進献物ニ側役壱人差添、自分献上物贈物ニ京賄役壱人差添持参、　御所〻〻江相納候得共、当時者其節ゟ　御所数多ニ付手間取候間、二割ニ致シ差出可然旨、伝　奏衆之雑掌ゟ申聞候ニ付、両人相増二タ割ニ致し差出候

一、御進献之御太刀、施薬院ニ而所司代内覧被致候事有之候へハ、御進献物施薬院迄遣し、右之儀相済候上、　御所〻〻江持参為致候、然共内覧被致候事者所司代之気〻ニ而、定例ニ者無之事与被存候、享保二十卯年(一七三五)、天祥院様(井伊直定)御務之節者、土岐丹後守殿内見無之、宝暦十辰年、中将様御務被成候砌者、井上河内守殿内見被致候、此度も久世出雲守殿江内見之有無承ニ遣候処、内見被致間敷由被申越、依之直ニ御所江為持遣候

一、公家衆初諸向江之附届進物等者、直勤ニ不預事故略之

一、六角越前守殿献上物・贈物等有之候得共、不用之事故略而不記之

所司代御役宅江招請之式并拝領物申渡之式

一、安永九庚子年十月六日、久世出雲守殿(広明)御役宅江某を被相招候ニ付、宜時刻奉札を以案内申来ル、但、宝暦十辰年、中将様御務之節、井上河内守殿ゟ使者ニ而申来候得共、此度者申合ニ而奉札也　熨斗目・半袴着、四時旅館出宅、相越、出雲守殿之家老・用人其外白洲江出迎居ル、取持之衆三輪市之丞(久邦)・中井主水玄関縁取迄出迎居ル、伏見奉行・町奉行式台迄被出迎、高家六角越前守殿ニ者先達而被相越居、使者之間掾側迄被出迎、大御番頭　但、森川紀伊守殿病気ニ付遠藤下野守殿計　・　禁裏附・　仙洞附・御目付、上屯之間掾側ニ出迎列居、出雲守殿ニ者使者之間掾側迄被出迎、会釈有而為案内先江被立、直ニ小書院江通ル、尤出迎之衆江夫〻及会釈通ル、施薬院(宗隆)・三雲治部卿(宗顕)茂取持ニ参居、式台之上拭板之下座之方ニ出迎居ル、扨小書院ニ而掾之方を後ニして床之方江向、上座ニ着座、某刀者玄関ゟ三輪市之丞・中井主水等持之、高家者此方着座之少次ニ着座、其外之衆段〻ニ其次ニ着座、出雲守殿出座、挨拶有之而退入、茶・多葉粉盆出ル

一、御転任為御祝儀所司代江拝領物之儀、京着即日京賄役為使者遣シ、時節申談候処、御役宅江招請之日ニ致度旨被申聞候ニ付、今日夫〻埒方申付置、　公儀呉服所之者共先達而持参致居ル、京賄役遣、公用人江申談、大書院江飾附ケ、右出来之上時節宜旨町奉行此方江被申聞、出

雲守殿江茂被申聞、其時相伴之衆退席、町奉行案内被致、某大書院上之間江出、上座ニ着座、六角越前守殿掾側ニ侍座、出雲守殿出席、某前江進出ル、于時
御転任為御祝儀拝領物被　仰付旨某申達ス、出雲守殿時服台之前江被参、頂戴有而、夫ゟ再某前江進出、御礼被申聞、相済而、某茂脇之方江披座致し、自分之挨拶悦等申述ル、尤披座之上、江戸ニ而御老中被渡候拝領物之書付懐中ゟ取出、出雲守殿江渡し、写留、追而被帰候様ニ挨拶致し置、相済而、出雲守殿退入、拝領物者其侭差置、町奉行又案内ニ而某茂再小書院江相越、如初着座、六角越前守殿ニ者向側ニ某与筋違ニ下座ニ着座、相伴之衆伏見奉行小堀和泉守殿(政弥)・大御番頭遠藤下野守殿(胤忠)（但、森川紀伊守殿病気）・町奉行赤井越前守(忠皛)・土屋伊予守(正延)・禁裏附水原摂津守(保明)・渡辺筑後守(直)・仙洞附三枝豊前守(守歳)・小笠原伊豆守(信保)・御目付土屋市之丞(昌兪)・松平惣兵衛(忠朋)、右両側ニ着座有而、其後出雲守殿出座、挨拶有之而退入、夫ゟ熨斗蚫出ル、取持之衆挨拶有之、三汁十菜之料理出ル、出雲守殿台引被致、酒一篇通り、某江計嶋台押出ル、高家江者（三方ニ土器載て出ル）取肴三方立物なし出雲守殿出席、町奉行赤井越前守取持被致、盃事有之、挨拶有而某ゟ初ル一献請候と肴給り加候而出雲守殿江遣ス、一献被請候と肴遣加有而返盃、某一献請候而、其土器某方ニ差置、夫ゟ高家との盃事右同断、取持町奉行土屋伊予守、相済而、出雲守殿退入、夫ゟ相伴之衆江数土器出ル、酒出、取肴者取持衆之内にて引之、相済而、某押、高家之取肴取替候而、出雲守殿出席、納之盃事有之、取持如先、某一献請候と肴給り加候而返盃致ス、出雲守殿一献被請候と肴遣加有而、其土器出雲守殿ニ而納ル、夫ゟ高家と納之盃事次第同前、相済而、出雲守殿退入

一、盃事初り候節ゟ役者共次之間江出居、小謡唄、引続囃子有之候、盃事済、菓子・濃茶・後菓子・薄茶段〻出、相済、段〻膳部引之、多葉粉盆出、夫ゟ町奉行挨拶有之而、出雲守殿之家老・用人呼出致挨拶、相済而、出雲守殿出席、家来江逢候礼被申聞、暫対話有而見合某退出、于時出雲守殿式台中程迄被送、高家者出迎之辺ゟ少し口寄迄被送、其外大御番頭・禁裏附・仙洞附・御目付等初出居之所迄被送、伏見奉行・町奉行者縁取迄被出、施薬院・三雲治部卿出迎之所迄出居、三輪市之丞・中井主水者敷出し迄出ル、何茂夫〻及会釈、家老・用人其外白洲江出ル、八時三分前帰宅

一、右招請之儀、宝暦十辰年、中将様御務之節者三輪市十郎(盈久)を以所司代ゟ内意被申越、承知之答申遣、其後表立使者を以被申聞候得共、此度者十月朔日ニ出雲守殿ゟ使者を以六日ニ招之事被申越、右挨拶京賄役為使者弥可参旨礼旁申遣候迄ニ而、前広ニ内意被申聞候儀無之、尤右一件右筆方留記ニ委細有之故略之

一、帰宅後、礼使者京賄役為使者差越候事

一、飾附左之通

大書院

二幅対　左松鶴　右竹亀　周信筆

香炉　唐銅獅子

卓　沈金

棚

手鑑
沈箱　文鎮　時代　蓬莱蒔絵
真壺　銘　初雪
附書院
硯箱料紙　時代　秋の野蒔絵
小書院
上段床
一幅　山水　雪舟筆
香炉　唐銅飛騰鯉
卓　青貝
棚
貞常親王筆
軸之物
香合　盆　堆黒
四方堆朱
三羽　盆　堆朱
地板
食籠　唐物沈金
附書院
硯　宣和殿
硯屏　唐物
筆　軸堆朱
筆架　唐銅獅子
墨　丸

次床
三幅対　中　鍾馗
左右黄鷹　古法眼筆
立華　二瓶　池坊
棚
香炉　青磁
盆　堆朱　銘川柳
棚下
料紙硯箱　吉野山蒔絵
以上

一、囃子組左之通
高砂　川勝権之進　北脇又吉
関口伝次郎　岡村与八郎
平岩作十郎
東北　野村八郎兵衛　能勢与三右衛門
高木嘉右衛門　平岩加蔵
祝言
養老　野村八郎兵衛　能勢与三右衛門
高木嘉右衛門　岡村与八郎
平岩加蔵

一、座敷江呼出逢候出雲守殿家来左之通
家老　平手十郎左衛門
用人　平手左内
公用人兼帯　木下源助
公用人　今関作左衛門
杉本瀬兵衛
山田惣右衛門

旅館江所司代招請之式

一、安永九庚子年十月六日、所司代久世出雲守殿致招請候ニ付、宜時刻、唯今御出可被下旨奉札を以案内申遣ス、但、宝暦十辰年ニ者、使者を以申遣候得共、此度者双方申合ニ而奉札也　七時前出雲守殿入来、三輪市之丞・角倉与市・中井主水薄縁迄出迎、出雲守殿刀者右三人之内ニ而出入ニ持之、町奉行赤井越前守・土屋伊予守玄関式台迄出迎、　禁裏附水原摂津守・渡辺筑後守・仙洞附三枝豊前守・小笠原伊豆守・御代官但、布衣、石原清左衛門、使者之間縁頬迄出迎、施薬院者玄関之上掛板之下座之方江出居、某玄関取付之廊下迄出迎、案内先江立、書院上之間江通シ、明り床之方ニ出雲守殿着座、張付之方ニ某着座、二之間ニ京町奉行・　禁裏附・　仙洞附・石原清左衛門列居、見通し掾側ニ角倉与市・施薬院・三輪市之丞・中居(井)主水等出居也、某対座之所江熨斗鮑出之白木三方、茶・多葉粉盆出之常之通、致挨拶某退入、取持之衆挨拶有之、相伴之衆両側ニ着座　但、上之間出雲守殿向ハ闕之　三汁十菜料理出之、台引某引之、間酒二篇出、吸物出之、盃台白木三方土器取肴押立物若松柑子　出雲守殿江計出之、赤井越前守取持被致、某出席、盃事有之、時宜合有而出雲守殿ゟ盃初ル、一献被請候と肴遣シ被加候而被指越、某一献請候と肴給り加候而返盃、一献被請其土器出雲守殿ニ被扣、此時肴不遣、某退入、夫ゟ相伴之衆江数土器出之、冷酒一献出、取肴取持中井主水頼引之、又献付共ニ二献、相済而出雲守殿之押を取替ル立物稲穂沢瀉　某出席、納之盃事致ス、出雲守殿一献被請候と肴遣し被加候而被差越、某一献請候と肴給り加候而某ニ而納ル、其盃下ニ置、退入　但、盃事取持如前　夫ゟ又間酒出し、附後段直ニ出、菓子・茶等出之、相済、膳部段〻ニ引之、相済而多葉粉盆出ス、于時町奉行被取持、此方之家老・中老・用人一同ニ呼出、出雲守殿被逢、相済而某出席、家来共江被逢候礼申述ル、相済、暮時前被帰、式台中程迄送ル、　禁裏附・　仙洞附・石原清左衛門・施薬院等出迎之辺迄送ル、町奉行者縁取迄被出、角倉与市・三輪市之丞・中井主水者敷出し迄出ル、相済而、相伴之衆・取持之衆江夫〻ニ及挨拶退入

　但、盃事之節、盃台、旅館之事故嶋台不用、三方を用、謡囃子等茂無之段、任先例候旨、兼而断申達置

一、着用、熨斗目・半袴

一、差添高家六角越前守殿茂相招候得共、断ニ而不被参候、若シ高家被参候得者、盃事有之候、盃台押等出雲守殿同様ニ差出候儀也

一、三輪市之丞・角倉与市・中井主水・施薬院江者、出雲守殿被帰候後、於小座敷料理出之　但、書院二之間之後口次之間也、　某茂挨拶ニ可出処、殊之外取込候間、断申出シ其儀無之

一、家老・中老・用人等迎送り共白洲江出ル

一、飾附左之通

書院

床

三幅対　中寿老人　左右鶴亀　栄川筆

香炉　鶏

卓　青貝

明り床

莕芝

硯紙

空焼香炉

一、出雲守殿招請ニ付、前後双方示談取計方、右筆方留記ニ委細有之故略
之

二度目参　内、省中拝覧、賜酒饌之式

一、安永九庚子年十月五日、所司代久世出雲守殿ゟ書付到来、其文
明後七日午刻、貴様・六角越前守江御料理可被下間、拙者
同道可致参　内旨、伝　奏衆ゟ申来候、則書簡懸御目候、
御報次第両卿迄可及返翰候、以上
十月五日　久世出雲守
井伊玄蕃頭様
追而六角越前守江も是ゟ申達候、以上

伝　奏衆書翰左之通
明後七日午刻、井伊玄蕃頭・六角越前守江御料理可被下候
間、其元同道候而可有参　内之由被
仰出候、其旨可被相達候、以上
十月五日　久我大納言
油小路前大納言
久世出雲守殿

右之通申来ニ付、返書直ニ右之使者江差越、伝　奏衆ゟ之書翰直ニ返
ス、返翰之文者右筆方ニ書記故略之、尤答之使者、出雲守殿江京賄役
差越ス

一、同六日、久世出雲守殿亭江京賄役池田太右衛門外用事ニ付罷出候処、
公用人を以書付壱通被渡、表立渡候書付ニ者無之候得共、心得ニ茂可
相成哉与指越候趣被申越

右書付之文
明七日午刻
上使御同伴御参　内、鶴之間御着座、伝
奏被出会誘引、御殿御拝見、虎之間ニ而御料理被下之、
御礼被仰上御退出、
御鳳輦御拝見之由、伝　奏被申聞候事

右ニ付、池田太右衛門又々差越答申越ス

一、同十月七日、狩衣折烏帽子着之、短刀帯之、中啓持之、四時少過旅館
出宅、如例施薬院江相越ス、六角越前守殿先達而被相越居被出迎、其
外取持之衆・施薬院等迎送り等、何茂去四日之通り

一、久世出雲守殿ニ者跡ゟ被相越、某出迎、座敷二之間ニ而及対面、挨拶
済、各休息所江退入、越前守殿ニ茂右同座ニ而対面、是又相済、休息
所江退入、致休息候、諸式去ル四日之通り

一、施薬院ニ而出雲守殿初何茂江軽キ料理振舞候、尤面々家来給仕ニ而各
休息所ニ而勝手ニ食之
但、出雲守殿ゟ当所ニ而礼使被差越、此方ゟも挨拶之使差越ス

一、禁裏附衆・　仙洞附衆各壱人宛被参、某・出雲守殿・越前守殿一席ニ
而及面謁候式、去ル四日之式同前

一、未之刻、伝　奏衆ゟ雑掌（油小路殿ゟ下村丹司　久我殿ゟ森河内守）使ニ被差越、参　内之時刻宜
旨を被申越、某・出雲守殿・越前守殿例之席ニ列居、右之使者呼出返
答申遣候式、去ル四日之通り

一、施薬院ニ而衣冠着之、某・出雲守殿・越前守殿同伴出駕
　但、施薬院表門ゟ乗輿、去ル四日之通り也、出雲守殿挨拶有而、為
　　案内先江被相立
一、御唐門外ニ而下乗、参　内、鶴之間江相越着座、諸式去ル四日之通り
也、依之略記ス、尤席順某・越前守・出雲守与此順ニ着座也
一、伝　奏衆出席、互ニ挨拶有之、可申上旨被申退入
一、伝　奏衆再出席、省中拝覧可致旨被申達、則誘引被致何茂相越ス、清
涼殿昼之御座《ヒノミクラ》・朝餉《カレイ》之間・鬼《ヲニ》之間、夫ゟ紫震(宸)殿江相越、高御座《タカミクラ》拝見、
夫ゟ御掾江出、御掾之上ゟ宜陽殿日華門・月華門、内侍所南門等見渡
拝覧、夫ゟ台飯所等拝覧、相済、鶴之間江復座
一、伝　奏衆又出席、誘引有之、虎之間江相越列居、伝　奏衆対座、酒饌
を賜由被告、則御料理出ル、伝　奏衆相伴、給仕非蔵人也
　但、膳者平折敷ニ而茶碗盛土器蓋也、伝　奏衆も同断也
御酒出、議　奏衆被出、挨拶有而退入、御酒三献目ニ御吸物・御肴・
嶋台押銘々江出ル、某初何茂伝　奏衆江会釈致し、御台之土器ニ而御
酒頂戴致ス但、金銀ニテダミタル御土器也、五献ニ而御銚子入御湯出、相済、附後段御
吸物・御酒・御肴出、三献ニ而相済
　但、御茶出候前ニ虎之間御板掾江参り手水致し候事も有之由、手水
　　桶出し有之曲物也、非蔵人取持候由ニ承候ニ付、出雲守殿江密ニ
　　承合候処、手水ニ不及旨被申聞候間、此度者其儀無之
何茂一同ニ進出、今日之御礼伝　奏衆江申述、伝　奏退入、各鶴之
間江復居、席順如前
一、伝　奏衆又出席、挨拶有之、其時今日頂戴之御盃・台押、何茂拝領持
参仕度旨出雲守殿被申述、其後伝　奏衆御鳳輦拝覧之事被申聞、相済
退入、各退出懸ケニ　禁裏附衆案内被致御蔵江相越、　御鳳輦拝覧、
相済平唐門を通り御唐門江出、例之通各乗輿、某・出雲守・越前守と
此順ニ乗輿、出雲守殿ゟ挨拶被申越候趣有之ニ付、則越前守殿江茂挨
拶申遣、各同道ニ不及勝手ニ退散、某ハ直ニ九条摂政殿(尚実)・伝　奏衆・
所司代江今日之為御礼廻勤、夜五時前旅館江帰宅
　但、施薬院江立寄、夫ゟ廻勤致し候而ハ手間取候間、出雲守殿ゟ任
　挨拶、最早不立寄、直ニ廻勤致し、旅館江帰宅致し候、出雲守
　殿・越前守殿ニ者施薬院江被立寄候由承之
一、今日出迎非蔵人
　　　　安田美作
　　　　松室豊後
一、今日参　内、省中拝覧、賜酒饌候ニ付、関東江継飛脚ニ而注進状出雲
守殿江頼差越ス
一、右同断ニ付、関東江飛札差出、付届方等之儀、右筆方留記ニ委細記之
故略之
一、今日頂戴之御料理御献立左之通
　　　御本
御膾　鮭
　　　さより
　　　くらけ
　　　くり
　　　きんかん
御汁　鶴
　　　牛蒡
　　　大根
　　　なめはき
　　　かふな
月かん

御煮物　はんへい
　　　　セリ
御飯

御香の物

御二
丸やき杉二座切重
むし物
まなかつほ
やき赤貝
かしゆういも
岩たけ
敷葛

すまし
御汁　口塩鱈
　　　青こんぶ

大猪口
ひたし
よめな
つく〱し

御三
盛こほし地紙形
檜杉杉之方打せ
差味
鯉
細作りいか
海そうめん
久年甫
わさひ

御汁　ちさ
　　　めうと

猪口
いり酒

御引物

御焼物
一、大生鯛　かけ塩
　　　　　　セうか
一、車やきさゞゐ
長皿
一、小くし目ばる
　つけあふりたいらき
いり鳥

一、ひら茸
　かも
一、やわらか麩
すまし
一、御吸物　鯛ひれ
杉ふち高
御茶菓子　からたけ
　　　　　水くり
　　　　　やすらゐ
松の真生箱
硯蓋肴　雉子
　　　　おうしん
　　　　牛房
かわらけ
肴　からすミ
　　はす
御盃台　高砂
　　　　鶴亀
　　　　養老
押台　水仙
　　　きく
　　　かきつはた

後段

おりかた
山椒の粉
御汁　葛
　　　流珀
まきすゝき
ふきのとふ
巻するめ
山のいも
御吸物
かわらけ肴
ほねぬき小鴨
ひしこち
塩にくわゐ
重肴

以上

一、禁裏ニ而御料理頂戴之節之御嶋台押、御賄頭稲生金八郎(正方)ゟ手紙添、用人中江為持差越

御盃台　高砂

御押　水仙

巡見之式

一、安永九庚子年十月九日、四時前旅館出宅、西本願寺江相越、是者兼而由緒有之、先格有之ニ付、江戸表ニ而兼而伺置、相越対面

但、巡見ニ而者無之候、先格ニ而熨斗目・長袴着用相越

一、夫ゟ為巡見東山之下養源院江相越、三輪市之丞・中井主水為取持先達而相越、縁取迄出迎、六角越前守殿ニも跡ゟ被相越、町奉行赤井越前守ニ茂先達而被参居出迎有之、此処ニ上野方

公儀御代々之御尊牌有之ニ付、如例格致拝礼、

東照宮御宮茂有之由ニ候得共、是者金地院之　御宮江参拝致し候例格故、此所ニ而者参拝不致候、白銀三枚宛御牌前江致献備候、右相済而、着用如例格羽織袴ニ着替、夫より

三十三間堂　大仏　清水寺　高台寺

右之通巡見、夫ゟ丸山静坊ニ而致休息、右之所江六角越前守殿被参及面謁、越前守殿ニ茂外之坊江休息ニ被相越、赤井越前守・三輪市之丞・中井主水先江段々被相越候、丸山ニ而致支度、高家初同伴之衆江弁当振舞候、尤面々之休息之坊ニ而勝手ニ被給候様ニ致候事、夫ゟ

祇(祇)園社

右巡見、夫ゟ知恩院江相越、地中之寺装束所ニ拵有之ニ付夫江立寄、熨斗目・長袴着用、夫ゟ本堂江相越巡見、夫ゟ廊下続方丈江相越、此所ニ増上寺

公儀御代々之御尊牌有之ニ付致拝礼、白銀三枚宛献備、但シ本堂ニ

東照宮之御神影有之候得共、灸治ゟ膿水出候ニ付拝礼不致候

但、中将(井伊直幸)様宝暦十辰年御巡見之節者、本堂ニ而御拝礼済、方丈江御出之事御留記ニ不相見候、此度承候得者、其節方丈修復中ニ付、不残本堂ニ　御位牌出有之候故、本堂ニ而御拝礼済候、尤其砌御服中故、　御神影者御拝礼無之儀与被存候

右相済而、直ニ旅館江暮時帰宅、尤同道取持之衆茂知恩院済候而某帰候跡ゟ面々勝手ニ退散被致候

一、南禅寺地中金地院ニ

東照宮之御宮有之候、前々ゟ、此　御宮江致参拝候、十月九日ニ可致参拝与案内申遣候得共、灸治ゟ膿水出候ニ付、不致参拝、献備之品計差越、其趣申遣ス、献備之品御太刀・馬代白銀三枚也

一、高家六角越前守殿ニ者、養源院ゟ知恩院迄先々致同道候而相越ス

一、町奉行赤井越前守ニ者、先達而其場所江段々相越居被申候而被致世話候、併御用ニ而今日者難相越候得共、格別之儀故、内々ニ而被相越候間、例格ニ不相成候、関東ニ而沙汰なしニ致度、尤留記等ニ者不記置候様ニ致度旨、役人共迄被申聞候由

一、三輪市之丞・中井主水、先達而先々江相廻り居、取持被致候、尤拝礼等之節家来難参場所江者某刀を右之衆之内ニ而被持候事

一、大仏殿ニ而者、堂中江　妙法院之宮御使者諸大夫出候而、案内ニ先江立、相済、帰り懸ニ　御口上を直ニ某江申聞ル、則直答申達、使者江

茂及挨拶

但、堂中ニ休息所拵有之候、直答者石畳之所ニ而下ニつくはい居て
申達ス

一、巡見者勝手次第ニ幾度ニ而茂何方江成共相越事ニ候得共、無手透候ニ
付、一日相越候計ニ而、外江者不相越候事

一、右巡見ニ相越候ニ付、前日所司代・町奉行・高家、其外取持之衆江夫
〻申遣候趣共、右筆方留記ニ委細有之ニ付爰ニ略之

一、安永九庚子年十月八日、所司代久世出雲守殿ゟ書付到来、其文

参　内、御返答被　仰出并御暇拝領物御推任被　仰出之式

来十一日巳刻、貴様・六角越前守江
御返事被　仰出、御暇可被下候間、拙者同道候而
参
内、参　院、　女院　新女院　准后江茂可致参上旨、伝
奏衆ゟ申来候、則書翰懸御目候、御報次第両卿迄可及返
翰候、以上

十月八日　　久世出雲守

井伊玄蕃頭様

追而六角越前守江茂従是申達候、以上

伝　奏衆書翰左之通

来十一日巳刻、井伊玄蕃頭・六角越前守江
御返事被　仰出、御暇可被下候間、其元同道候而
参
内、参　院、　女院　新女院　准后江茂可有参上旨被　仰
出候、右之趣可被相達候、以上

十月八日　　久我大納言
油小路前大納言

久世出雲守殿

右之通申来ニ付、返書則右之使者江着（差）越、伝　奏衆書状直ニ差戻ス、
猶又答之使者京賄役差越ス

一、同十日、久世出雲守殿ゟ書付到来、其文

明日之御次第書、伝　奏衆ゟ被指越候条進之候、以上

十月十日　　久世出雲守

井伊玄蕃頭様

猶〻六角越前守江者是ゟ申達候、以上

右之通申来り、十一日之御式書一通被差越、返書右之使者江差越ス

一、同十月十一日、狩衣折烏帽子着之、短サ刀帯之、中啓を持、五時旅館
出宅、施薬院江相越ス、諸式初度・二度目参
内之節之通、聊無相違、依而略記ス

但、拝領物受取之役人、兼而申付置差出置

一、午刻、伝　奏衆ゟ雑掌油小路殿ゟ伏田右衛門　久我殿ゟ森河内守使ニ而、参　内之時刻宜旨如
例被申越、承知之旨返答申越ス、其式是又初度・二度目之節同前、其
後衣冠着之、某・出雲守殿・越前守殿同道表門ゟ乗輿、出雲守殿例之
通挨拶有而先江供を相立行、是又初度・二度目参　内之節之式同断

一、施薬院ニ而所司代初何茂江今日茂軽キ料理振舞候、参　内前ニ各休息
所ニ而面〻家来給仕ニ而勝手ニ食之

但、所司代ゟ当所ニ而挨拶之使者被差越、此方ゟも挨拶之使者差越
ス
一、御唐門外ニ而如例下乗、平唐門を通り昇殿、鶴之間江相越列居、諸式
如例
一、伝　奏衆出席、参　内之儀可及言上旨ニ而、退入
一、議　奏衆・昵近衆出席、挨拶有之而、退入
但、姓名初度参　内之所ニ記故略之、昵近衆之内三条西(実称)前大納言
殿・四条三位(隆師)殿・舟橋(則賢)少納言殿今日者出席無之
一、伝　奏衆再出席、達　叡聞候処、追付可被遊
御対面旨を告而、退入
一、伝　奏衆誘引有之、清涼殿江相越、御暇之節之習礼何茂致し、相済、
鶴之間江復座
一、伝　奏衆出席、清涼殿江
出御候間可参旨被申聞、則誘引有之、清涼殿之庇布障子之前ニ各列居
席順初度参内之時之通也、伝　奏油小路(隆前)前大納言殿御庇中央江出席、拝伏有而少し脇江
披着座、久我(信通)大納言殿列座、此方江気色有之、直ニ某・越前守一同ニ
出席 但、中啓者御前江持出ル 御中段御敷居之内、下モより壱畳目之上ニ而二畳目
江掛而拝
龍顔而平伏
但、御敷居之外際ニ居り、膝行して出ル、相済而又膝行して退キ、
御敷居外江出テ立
相済而布障子際江復座、右相済而、中次之職事甘露寺頭弁篤長朝臣庇
中央江出席、拝伏有而少し脇江披着座、伝　奏衆気色有之、某直ニ出
席、自分之御礼 但、中啓御前江持出ル 於庇中央奉拝
龍顔而平伏、相済而退座、直ニ鶴之間江相越着座
一、次ニ六角越前守殿自分之御礼次第、右同断
一、次ニ久世出雲守殿自分之御礼次第、右同断
但、御礼済次第壱人宛鶴之間江相越、席順如前
一、入御以後伝　奏衆出席、虎之間江誘引有之、各相越着座 席順如前、伝　奏
衆此方之向ニ着座、于時某・越前守其前江進寄ル、伝　奏衆少し前江
被進
勅答被申述
弥御安全被成御座、目出度被　思召候、此度御使被指登、御
転任之御祝儀、御目録之通被遊　御進献、　御満悦被　思召候、
此段宜被申入候
一、右相済而、伝　奏衆被申達候者、目出度　御使相勤候ニ付、少将　御
推任之旨、某江被申達、先御礼申上、猶御請之儀者帰府仕達　台聴候
上可申上旨申上ル、次ニ越前守従四位上ニ御推叙之旨被申達、越前守
殿御請右同断
一、右相済、帰府之御暇被下、拝領物被　仰付旨伝　奏衆被申達、御礼申
上ル、于時清涼殿之方ゟ六位蔵人真御太刀持出、伝　奏油小路殿江渡
ス、某進出ル、油小路殿御太刀を被相渡、則請取、刃之方を自分之前
ニして清涼殿之方江振向キ戴而、伝　奏衆江向ひ御礼申上、夫ゟ虎之
間末之方ニ持参、非蔵人出居候間、相渡候而復座、越前守江者久我殿
御太刀を被渡、頂戴之式右同断
一、其外之拝領物、六位蔵人持出座上ニ置之、某・越前守・出雲守壱人宛

進寄頂戴之、相済而非蔵人引之
一、右相済、鶴之間江退座席順如前、伝　奏衆出席、摂政殿可被謁旨被申伝、
退入
一、伝　奏衆出席、誘引有之、於議定所九条摂政殿被謁、其式初度参　内
之節謁候式同断、首尾克相済目出度旨被申聞、相応之答申述、相済而
鶴之間江復座、如初各列座
一、伝　奏衆出席、何茂今日之御礼申上ル、夫ゟ伝　奏衆ニ者准后御所江
先達而可参旨挨拶有之而退入、暫時見合候而、初之道筋を通り退出、
御唐門を出、石壇下ゟ各如例乗輿、夫ゟ
准后御所江参ル、其式初度参　内退出之節之式同断
一、主上御服、去ル四日之通之由
一、御役懸左之通
　御服　山科少将忠言朝臣
　御釼　櫛笥少将隆久朝臣
　御裾　中山頭中将忠尹朝臣
　申次　甘露寺頭弁篤長朝臣
一、今日出迎非蔵人
　松室越後
　松室若狭

准后御所江参上、　御返答・拝領物之式

一、御唐門ゟ直ニ
准后御所御門際迄乗輿、此所ニ而下乗、諸式去ル四日参上之節同断故
略之
一、御客之間江各着座席順四日之通、伝　奏衆対座
一、上臈壱人おふきの方出席但、おかつの方所労ニ付出席無之　御乳人年寄相添掾側江着座、口
祝有之但、如四日
准后ゟ之御返答おふきの方被申述、某・越前守進寄承之
　此度　御転任御祝儀、御目録之通被進之、目出度　御満悦ニ被
　思召候、此段宜被申入候
右相済、越前守江
女一宮ゟ之御返答を被申述、相済、拝領物被　仰付旨おふきの方被申
達、御礼申上ル、于時御勝手ゟ女房拝領物持出、面々前江置之、進出
頂戴、畢而女房引之、越前守・出雲守何茂同前、相済而上臈退入
一、御菓子・御吸物・御酒出ル但、平折敷小足付茶碗盛土器蓋也、御菓子ハ奉書の紙を敷、其上ニ盛出ル　女房達給仕、
伝　奏衆相伴也、相済而伝　奏衆女房達江挨拶有之、右御礼伝　奏衆
江申上ル、夫より伝　奏衆ニ者
女院御所江先江可被相越旨挨拶有之、先江被参、暫見合初之道筋退出、
御門外石壇下ゟ乗輿、
女院御所江相越ス、尤乗輿之順其外諸式、去ル四日之通り

女院御所江参上、　御返答・拝領物之式

一、准后御所御門ゟ直ニ
女院御門際迄乗輿、此所ニ而下乗、諸式去ル四日之式同断、仍而略之
一、御客之間江各着座席順初日之通、伝　奏衆対座、諸式如四日
一、上臈壱人出席石井局但、小督局所労ニ付出席無之、　口祝有之如初日

女院ゟ之御返答石井局被申達、某・越前守進寄承之、
御返答之趣
准后御同前故略之、
右相済、拝領物被　仰付旨石井局被申聞、御礼申上ル、于時御勝手ゟ拝領物女房持出、面〻之前江置、進出頂戴、畢而拝領物女房引之、越前守・出雲守右同断、相済而上﨟退入
一、御菓子御吸物御酒出ル但、御膳部其外共准后御所ニ而之通り、北面給仕、伝　奏衆相伴有之、相済而、右御礼伝　奏衆江申上ル、挨拶有之而
仙洞御所江先江可相越由被申、先江被相越、暫見合初之道筋退出、各御門外石壇下ゟ如例乗輿、
仙洞御所江参ル、諸式去ル四日之通り
一、今日出迎北面
藤木周防守
松波丹波守

仙洞御所江参上、　御返答拝領物之式

一、女院御所之御門際ゟ直ニ
仙洞御所御門際迄乗輿、此所ニ而下乗、諸式去ル四日之通り
一、竹之間江各着座席順去ル四日之通り、伝　奏衆対座、挨拶有而退入
一、院伝　奏衆出席、対座、挨拶有之而可申上旨被申、退入
一、院伝　奏衆再出席、　御目見可被　仰付処、御痰気ニ付其儀無之旨被相達、且　御返答四辻殿被申達、某・越前守進寄承之
今度　御転任無滞相済候ニ付、為御祝儀御目録之通　御進覧、目出度　御満足ニ　思召候、此段宜被申入候
右相済、拝領物被　仰付旨被相達、御礼申上ル、于時御勝手ゟ拝領物院之蔵人細川大炊助持出、座上ニ置之、某進寄頂戴、畢而北面引之、夫ゟ越前守・出雲守拝領物之式右同断、相済、　院之伝　奏衆江御礼申上、挨拶有之而　院之伝　奏衆退入
一、伝　奏衆出席、挨拶有之
新女院御所江先江可相越由被申、先江被参、暫見合初之道筋各退出、御門外例之所ゟ乗輿、
新女院御所江参ル、乗輿之順其外諸式、去ル四日之通り
一、今日出迎北面
速見長門守
岡本美濃守
一、今日出迎非蔵人
泉亭志摩
橋本豊前

新女院御所江参上、　御返答拝領物之式

一、仙洞御所御門際ゟ直ニ
新女院御所御門際迄乗輿、此所ニ而下乗、諸式去ル四日之通り
一、御客間江着座席順如初日、伝　奏対座
一、上﨟壱人堀川局出席、但、高倉局所労ニ付出席無之口祝有之如初日、
新女院ゟ之御返答堀川局被申達、某・越前守進寄承之、御口上之趣者
女院御返答同断故略之

一、右相済、拝領物被　仰付旨堀川局被申達、御礼申上ル、于時御勝手ゟ拝領物女房持出、面々前江置之、進寄頂戴、畢而拝領物女房引之、越前守・出雲守右同断、相済而上﨟退入

一、御菓子・御吸物・御酒出（但、御膳部其外女院御所之通、）北面給仕、伝　奏衆相伴也、相済而、伝　奏衆江御礼申上退出、伝　奏衆次之間迄被出、挨拶有而退入、初之道筋退出、御門外例之所ゟ乗輿、是より某・出雲守殿・越前守殿与此順ニ乗輿、各施薬院江相越ス

　但、新女院御所御門ゟ施薬院江相越候ニ者不致同道、銘々勝手ニ相越ス、某儀者向寄ニ付退出懸ニ九条摂政殿江御礼ニ相越、夫ゟ施薬院江相越ス、尤、兼而及挨拶置

一、今日出迎北面

　　畑　豊後守

　　岡本伊豆守

一、施薬院表門ゟ入、玄関ゟ上り、座敷二之間ニ如例各着座（但、施薬院江出入之節式、去ル四日之節同前、）出雲守殿江向、今日参　内拝龍顔、御暇被　仰出拝領物被　仰付難有旨御礼申述ル、越前守殿茂同断、其後自分之挨拶互ニ相済、各休息所江退入、夫ゟ出雲守殿・越前守殿江及挨拶、施薬院を出、為御礼廻勤左之通

　但、廻勤之節、　御推任之御礼者何方ニ而も不申述候事

　但、九条殿江者退出懸ニ相越ス　九条摂政左大臣尚実公

伝　奏衆　油小路前大納言隆前卿
　　　　　久我大納言信通卿

院伝　奏衆　四辻前大納言公亨卿
　　　　　　難波前大納言宗城卿

所司代　久世出雲守広明

右之通相務、夜五時過旅館江帰宅

一、参　内　御返答被　仰出、御暇拝領物被　仰付、　御推任之儀、関東江継飛脚ニ注進状出雲守殿江頼差越ス

一、右同断ニ付、使札関東江差出、諸向江届方等者右筆方留記ニ委細有之故略之

一、今日拝領物左之通

禁裏ゟ　真御太刀宗長　一腰
　　　　古今和歌集　一箱　井伊玄蕃頭

仙洞ゟ　伊勢物語　一箱
　　　　御絹　二十疋　右同人

女院ゟ　十二月花鳥御巻物　一箱
　　　　紗綾紅白　十巻　右同人

新女院ゟ　九十賀御巻物　一箱
　　　　　紗綾紅白　十巻　右同人

准后ゟ　十體和哥御巻物　一箱
　　　　紗綾紅白　十巻　右同人

禁裏ゟ　真御太刀吉次　一腰
　　　　十體和哥御巻物　一箱　六角越前守

仙洞ゟ　歌書三部抄　一箱
　　　　縮緬紅白　五巻　右同人

女院ゟ　西湖八景御色紙　一箱　右同人
　　　　紗綾紅白　五巻
新女院ゟ　南部八景御色紙　一箱　右同人
　　　　紗綾紅白　五巻
准后ゟ　近江八景御色紙　一箱　右同人
　　　　紗綾紅白　五巻
禁裏ゟ　御絹　五疋　久世出雲守
仙洞ゟ　純（鈍）子　二巻　右同人
女院ゟ　綸子　二反　右同人
新女院ゟ　綸子　二反　右同人
准后ゟ　綸子　二反　右同人

一、女一宮江御使、六角越前守殿被相勤候得共、拝領物無之由承ル

女房奉書伝　奏衆持参之式

一、安永九庚子（一七八〇）年十月十一日夜五半時前、伝　奏両卿之雑掌各一人宛先達而参り、今日被渡候書付共持参、扣居ル、暫時有之而油小路前大納言殿・久我大納言殿被相越、某玄関取付之廊下迄出迎、先江立書院上之間江致案内相通ス、両卿明り床之方ニ着座、某者張付之方ニ着座、致対座居ル、于時油小路殿之雑掌、禁裏ゟ之女房奉書持出、油小路殿江渡退座、油小路殿某江右之奉書被相渡、受取、又久我殿之雑掌、仙洞ゟ之女房奉書持出、油小路殿江渡退座、油小路殿某江右之奉書被相渡、受取、于時勝手ゟ兼而申付置候白木台小納戸役持出ル、某自身ニ女房奉書二通其台ニ乗スル、小納戸役床江上ケ置退去、其後油小路殿之雑掌御老中江伝　奏衆ゟ之添簡三通持出、久我殿江相渡退座、則久我殿某江被相渡、請取而致懐中、夫ゟ熨斗蚫出之白木三方　茶天目白木小四方ニ乗スル多葉粉盆白木出之、相済両卿被帰、則式台之中程迄送ル

一、着用、熨斗目・長袴

一、家老・中老・用人、迎送共白洲江出ル

一、今夜者　禁裏附・　仙洞附等取持ニ相招ニ不及

一、両卿被帰候後、雑掌呼出詞を懸可申与存候処、甚差急候而、玄関ゟ直ニ帰候間、其儀無之

一、参　内度毎并　院中　御所方御役懸出迎之衆等之名書、御返答之趣書付被呉、油小路殿ゟ雑掌を以被差越、用人共江今晩相渡置帰り候、女房奉書茂内密ニ自筆ニ写被呉候由被申越、右一緒ニ被差越候、至而是者内〻之事故他見致間敷事

京都出立前旅館江所司代被相越候式并某出立前日相越候式

一、安永九庚子年十月十二日四時過、所司代久世出雲守殿被相越、書院江相通、熨斗目・半袴着、出座致対面、茶・多葉粉盆出之、暫対話有而被帰候、式台中程迄送ル

但、宝暦十（一七六〇）辰年、中将様（井伊直幸）御務之節者、所司代井上河内守殿ニ而候、其節者不被参候得共、出雲守殿ニ者相越可被申旨兼而案内有之候、右ニ付何ぞ饗応之品可差出処、

公儀御日柄故兼而断被申聞、依之熨斗茂不差出候

一、家老・中老・用人、迎送共ニ如例白洲江出ル

一、同日四半時過出宅、着用熨斗目・半袴、明日京都出立ニ付、所司代久世出雲守殿江相越ス、通り候而暇乞、彼是段〻預世話候礼等申述ル、尤一通りニ候得者、口上申置候得共、間柄之事故表向一通り之外ニ及対面挨拶等致し候事

　但、相越候節、例之通出迎送等有之候、尤

　公儀御日柄ニ付、茶・多葉粉盆計出ル、熨斗茂不被差出候

一、九半時過帰宅

京都出立并帰府道中之式

一、安永九庚子年十月十三日、五半時京都旅館出立、九時過大津駅昼休江着、夫ゟ大津之手前屋敷江立寄、暮六時草津宿泊江着、尤旅装束也

　但、京都出立之砌、馬ニ而も駕ニ而も勝手次第之事ニ候故、天気も不相勝候故、旁駕ニ而致出立候

一、大津昼休江御代官石原清左衛門被相越、及面謁

一、同十四日、七時草津駅出立、四半時過水口宿昼休江着、暮時前坂之下駅泊江着

一、同十五日、七時過坂之下宿出立、四半時前庄野駅昼休江着、暮六時過桑名宿泊江着

一、同十六日、六時桑名駅出立、舟場ゟ乗船、領主松平下総守(忠啓)殿より馳走舟被差出候故、例格之通其船ニ乗ル、四半時佐屋宿昼休江着、尤佐屋廻り之儀兼而江戸ニ而伺置

　但、尾張殿(徳川治行)ゟ茂馳走舟被差出候得共御断申、下総守殿之船ニ如例格乗船、且又船中江尾張殿ゟ御使者を以御菓子・御茶其外被下候得共、先達而御料理等御茶屋ニ而被下候儀、佐屋昼休ニ而被下候儀等痛所申立堅ク御断申候事故、直答不致供〻、用人を以御答申出ス、尤下総守殿ゟも使者を以船中江音物有之候、長嶋之城主増山河内(正賢)守殿ゟも使者を船中江被差越、佐屋迄之河端通り長嶋領之間者人足等為用事差出置被申候

　暮六半時鳴海駅泊江着

一、同十七日、七時鳴海宿出立、四半時過岡崎駅昼休江着、暮時前御油駅泊江着

一、同十八日、八時御油駅出立、四半時荒井宿昼休江着、七時過浜松宿泊江着、今日今切乗船之式、上京之節同前、荒井御関所通行之式、是又上京之節同前故略而不記之

一、同十九日、八時浜松駅出立、四時前袋井駅昼休江着、暮六時嶋田宿泊江着但、今日大井川無滞相越

一、同廿日、七時嶋田宿出立、九時前鞠子駅昼休江着、暮時前江尻駅泊江着

一、今日阿部川之端ニ而駿府町奉行山崎四郎左衛門被出居、致下乗及挨拶

一、同廿一日、八半時江尻宿出立、四半時過吉原駅昼休江着、暮時前沼津宿泊江着

一、同廿二日、八半時沼津駅出立、四時過箱根駅昼休江着、七半時過小田原駅泊江着

一、箱根御関所通行之式、上京之節同断

一、畑之小休江宿継之奉書到来、御老中御用番松平周防守(康福)殿一名ニ而宿継

証文相挟ミ来ル、尤内者連名奉書也、小休ニ而者御請之埒方難成ニ付、飛脚之者江役人共ゟ受取書渡し帰ス、旅装束之侭ニ而致拝見、御請小田原駅ゟ差出、右為御礼使札茂同所ゟ差出ス

宿継連名奉書之文

一筆令啓上候、
公方様益御機嫌能被成御座候間、可御心易候、
将又其方儀、
御使首尾能相勤、今程無事罷下候哉、被
聞召度旨、依
上意如此候、恐々謹言

田沼主殿頭
意次判
松平周防守
康福判
松平右京大夫
輝高判

井伊玄蕃頭殿

右御請宿継を以小田原宿ゟ差出、其文其外右ニ付取計方等、右筆方留記ニ委細記故略之

一、同廿三日、七時小田原駅出立、五半時過大磯宿昼休江着、七時戸塚泊江着

一、同廿四日、七時戸塚宿出立、五時金川駅昼休江着、七時品川宿泊江着

一、道中之間諸式、上京之節之趣ニ相替事無之、仍而略記ス

一、彦根ゟ京都用事計ニ召連候増人数之分者、草津駅ゟ彦根江差戻ス、草津宿ゟ者上京之節江戸ゟ彦根迄召連候通之人員ニ而下ル、委細之儀者夫々役人共持前留書ニ記之故爰ニ略之

帰府之節勤方之式

一、安永九庚子年十月廿四日、御老中御用番松平周防守(康福)殿江御城使差越、明日帰着ニ付相越候節対面被呉候様ニ致度趣申入候処、承知之旨返答有之、五半時頃彼方江参候ハヽ、可然旨用人申候旨、委細留守役人共ゟ品川宿泊江申聞ル

一、同廿五日、品川泊宿ニ而染小袖・半袴着之、明ケ六時過出立、江戸入直ニ御用番御老中松平周防守殿江相越、用人呼出、京都　御使相勤只今致帰着候、此段申達候、今日御逢可被下旨、昨日御返答ニ被仰下候、御逢被下候様ニと口上申込、無程周防守殿出席、対面有之、　御使首尾能相勤、唯今帰着仕候御序ニ　御返答申上、并帰府之御礼申上度旨申述ル、各申談可及言上段被申聞、夫ゟ自分之挨拶等有之、相済而退出、扣居候内餅菓子・吸物・酒被差出候、帰候節、例之通式台迄被送、夫ゟ其外御老中・御側御用人江廻勤、四半時過帰宅

一、御礼廻勤之節、松平右京大夫殿(輝高)・田沼主殿頭殿(意次)ニ而者一通り之口上者取次江申置、通り候而用人呼出、先達而ゟ預世話候礼、無滞相勤帰着之吹籠(聴カ)等茂申置、阿部豊後守殿(正允)ニ而者、是又一通り口上者取次江申置通り、用人呼出、間柄之事故病気之見舞申達置

御返答言上并帰府之御礼申上、如

勅許少将ニ被　仰付候式

一、安永九庚子年十月廿七日、御老中連名之奉書御用番松平周防守殿ゟ到来、其文

明日京都帰之
御目見被　仰付候間、五半時可有登
城候、以上
十月廿七日　田沼主殿頭
松平周防守
松平右京大夫
井伊玄蕃頭殿

右之通申来ニ付、即刻奉畏候旨御請如例差出、御請之文者右筆方留記ニ有之故略之、尤連名之奉書周防守殿より来ルニ付、連名御請茂周防守殿江差出

一、同廿八日、昨日之依奉書、熨斗目・半袴着、五半時出宅、登城、如例御数寄屋江相越、御同朋頭池田貞阿弥呼出、如例御老中江申込、并女房奉書・伝　奏衆添書其外書付共相渡申度旨、御用番周防守殿江申越、見合溜之間江出座致居ル、御礼前ニ周防守殿溜之間江出席有之、則女房奉書二通（但、禁裏・仙洞ゟ渡候故二通有之）・伝　奏衆添書三通、外ニ道中在京中　御機嫌伺候面〻名書四通、直ニ相渡ス、相済而、御数寄屋江参り居ル

但、右書付共、登　城前ニ御城使之者　御城江持参致し居、坊主を以某江差出ス、女房奉書者手前ニ而申付候白木之仮箱江入持参、御数寄屋ニ而自身右箱ゟ取出、溜之間江持参致し渡ス

一、御礼済候ハ、直ニ溜之間江出居候様ニ御老中ゟ御目付を以達有之、其後御同朋頭池田貞阿弥を以御老中江申越候者、溜之間ニ而被仰渡候儀相済候ハ、今日之御礼共申上度候間、暫猶予被在之候様ニ致度旨申遣置

一、御目付案内ニ而西湖之間内掾一印之所江寄座（但、六角越前守茂寄座）　御鎖口明キ、若年寄米倉丹後守昌晴殿案内ニ而相通り、御廊下二印之所ニ寄り扇子取置、又御杉戸際三印之所江寄座、御座之間御上段江出御有而、若年寄衆・御老中ゟ会釈有之、脇差取之御杉戸外之方際ニ差置、直ニ四印之所、　御前江出座（但、御座之間御向掾側例之所也、）御用番周防守殿名披露有之、于時
上意ソレヱ有之、夫ゟ直ニ立歩御上段ふち際ニ而下ニ居、膝行して御上段江上り、五印之所ニ平伏（但、御上との間三尺計、）則平伏致しなから御返答言上（但、平伏ニ者候得共、　御返答申上候為、少し首を挙候気味也）

禁裏ゟ御返答ニ被仰進マス、御転任為御祝儀御使被指登マシ、御目録之通　御進献被遊マシ、御感ニ思召マス、益御安全ニ御座被遊マシテ目出度思召マス、宜申上マスル様ニ
仙洞・女院・新女院・准后ゟ茂御同様ニ被仰進マス

但、右御返答、京都ニ而伝　奏衆・上﨟衆ゟ承候趣与少〻前後ニ成候所茂有之候得共、差添高家六角越前守殿江も及相談、関東ニ而申上様之埒合宜様ニ申談候而、猶又密ニ田沼主殿頭殿江書付為見相談申候処、右之趣ニ申上、随分宜旨被申越候間、弥右之通ニ致言上候事

一、右相済、膝行して御上段を下り、夫ゟ立歩、御下段御敷居之内六印之

所ニ畳目程江中座 但、御老中付添被出候間、御老中被居候前程合考中座宜候、 其時周防守殿　御使相勤難
有旨御取合有之、于時
上意有之 但、彼是骨折候由也、 難有仕合奉存候旨御礼御請某御直ニ言上致し、直
ニ退去、夫ゟ御杉戸外江出、七印之所ニ而脇差帯之、若年寄衆案内ニ
而八印之所江参り扣居ル、夫ゟ六角越前守
御前江出、相済、又若年寄衆案内ニ而御杉戸外際九印之所ニ寄座、某
帰府之御礼申上候ニ付、献上物御小納戸衆　御前江持出、若年寄衆・
御老中会釈有之、十印之所　御前江出座 但、御向之御椽側也、尤脇差帯出ル、 帰府之御礼、
若年寄加納遠江守久堅殿名披露
上意有之ソレヱ、其時少進ム心持ニ致ス、御用番周防守殿御取合有之、
直ニ退去、十一印之所ニ而扇子を取、指候而御鎖口を出、溜之間江相
越、十二印之所例席ニ着座、御老中被出を見請、溜之間之内ニ而南之
御障子際十三印之所江披ク、御老中御床を左ニして御張付之方ニ列座
有而、某御老中之前十四印之所江進出ル、御用番周防守殿被申達候者、
此度
御使相勤候ニ付、少将　御推任達　上聞候処、一段ニ　思召候、可被
任　勅許段被　仰出候旨被申聞、御礼申上退席、竹之御廊下十五印之
所迄退キ、直ニ又溜之間江参り、御老中列座之前十六印之所江出座
　但、御礼謁候而申上度候間、其侭猶予被在之候様ニ頼申入置候□(故)、
　　其侭列座也
今日段々之御礼共申述、相済而退出、九時四半過帰宅
一、八時弐分過再出宅、御老中・御側御用人江為御礼廻勤、七時帰宅、着
用如前条

一、御老中、松平右京大夫殿・松平周防守殿・田沼主殿頭殿
　但、阿部豊後守殿病気ニ付登　城無之
一、差添高家六角越前守殿ニ茂京都帰之御礼被申上、如
勅許従四位上御推叙被　仰出候由承之
一、帰府御礼申上候ニ付、献上物左之通
公方様江　┌茶宇嶋　十巻箱入
　　　　　└干鯛　一箱
御部屋様江(於知保之方)　綸子紅白　五巻箱入
一、今朝　御城江持参、御老中江渡候　御機嫌伺之名前書付左之通

御城代	本多淡路守(忠弘)	
御書院番頭	永井美濃守(直富)	
御加番	関　備前守(長誠)	
同	藪　隼人(忠居)	
同	長谷川栄三郎(正満)	
御城番	水野弾正(勝羨)	
町奉行	山崎四郎左衛門(正導)	
御目付	水野要人(忠通)	
御書院組頭	安部又四郎(信門)	

右之面々駿府町家江罷出
　御機嫌相伺申候

御代官	柴村藤三郎(盛賡)

右病気ニ付罷出不申候

御武具奉行	大原右内(景定)

御医師　塩谷桃庵(定興)

右罷出申候

以上

十月廿八日　井伊玄蕃頭

伏見奉行　小堀和泉守(政弥)

大御番頭　遠藤下野守(胤忠)

町奉行　赤井越前守(忠晶)

同　土屋伊与守(正延)

禁裏附　水原摂津守(保明)

同　渡辺筑後守(直)

仙洞附　三枝豊前守(守歳)

同　小笠原伊豆守(信保)

御目付　土屋市之丞(晶兪)

同　松平惣兵衛(忠朋)

御代官　小堀数馬(邦直)

二条御門番之頭　夏目小十郎(信正)

同　間宮孫四郎(盛時)

右久世出雲守宅江罷出

御機嫌伺申候

大御番頭　森川紀伊守(俊孝)

右病気ニ付罷出不申候

御代官　石原清左衛門(正範)

右此節検見為御用罷出候由ニ御座候

以上

十月廿八日　井伊玄蕃頭

奈良奉行　永井日向守(直進)

松田相模守(勝易)

右京都私旅宿江罷出

御機嫌相伺申候

本多主膳正(康匡)

右私上京之節於城下罷出

御機嫌相伺申候

土井山城守(利徳)

右病気ニ付罷出不申候旨、私上京之節知鯉鮒駅、帰府之節者鳴海駅江断使者差出申候

石川日向守(総博)

右風気ニ付罷出不申候旨、私帰府之節、坂之下駅江断使者差出申候

御代官　大草太郎左衛門(政董)

右私上京之節、袋井駅江罷出

御機嫌相伺申候

以上

十月廿八日　井伊玄蕃頭

西本願寺
興正寺
右京都私旅宿江罷出
御機嫌相伺申候
東本願寺
右為伺
御機嫌、京都旅宿江罷出、被申置候
仏光寺
右不快ニ付為伺
御機嫌、京都私旅宿江使者差出被申候
以上
十月廿八日　井伊玄蕃頭

少将之御礼申上并口　宣頂戴之式

一、安永九庚子年十月廿九日、御老中連名之奉書御用番松平周防守殿ゟ到来、其文

明朔日五時、登　城、少将之御礼可被申上候、以上
十月廿九日　田沼主殿頭
松平周防守
松平右京大夫
井伊玄蕃頭殿

右之通申来ニ付、奉畏候旨御請即刻例之通差出、尤連名奉書周防守殿ゟ到来ニ付、連名御請茂周防守殿江差出、御請之文者右筆方留記ニ委細有之故略之

一、同十一月朔日、熨斗目・長袴着、五時弐分前出宅、登　城、例之通御数寄屋江参居、御同朋頭呼出、昨日之依奉書登　城候段御老中江如例申込置、
御鎖口明候儀承、御白書院御奏者溜江相越居ル、月次御礼相済而、御式書之順ニ御白書院江出席 但、御奏者溜ゟ御縁迄出座、 御奏者土岐美濃守定経殿名披露、
上意有之ソレヱ、御用番御老中主殿頭殿御取合有之、相済退去、御奏者溜江参居ル 但、献上物者出座前ニ御前江出、御礼済引之、 諸御礼済、
入御後御老中列座之前江出、御礼申達之退出、直ニ為右御礼御老中・御側御用人江廻勤、九時帰宅

一、献上物左之通
一、御太刀　一腰
公方様江　一、御馬代金　壱枚
一、綿　三十把
御部屋様江　一、白かね　三枚

一、六角越前守殿ニ茂　御推叙之御礼被申上候由承之

一、此度少将ニ被任候ニ付、口　宣頂戴之使者差出候、窺書・例書を相添、十月廿八日御老中松平右京大夫殿江御城使を以差出候処、十一月五日ニ御城使被呼、口　宣頂戴ニ付而之奉書去ル三日京都江指登候条、勝手次第使者可差出旨、用人大野弥八郎を以被申出候由
但、先格者附礼を以指図有之候得共、此度者右之達計ニ而、附礼者最早不出候事

一、口　宣頂戴之使者中野三季介幸路（但、家老格ニ而差越ス、）兼而申付置候ニ付、十一月十四日彦根発足、翌十五日京着
一、十一月廿五日、伝　奏久我大納言殿亭ニ而口　宣・　宣旨直ニ被相渡（但、油小路前大納言殿出座無之、）請取相済退出、夫ゟ献上物持参、夫々使者相勤、同廿七日京都出立、翌廿八日彦根江帰着
　但、右使者勤方、所司代初諸方江之書状文言等、惣而右筆方留記ニ委細有之故略之
一、御推任御礼献上物并贈物左之通

禁裏江
一、御太刀馬代黄金壱枚
一、羽二重　十疋
一、三種　二荷

仙洞江
一、御太刀馬代黄金壱枚
一、紗綾　五巻箱入
一、二種　一荷

女院江
一、綸子紅白　五巻箱入

新女院江
一、綸子紅白　五巻箱入

准后江
一、綸子紅白　五巻箱入

一、御太刀馬代黄金壱枚
一、干鯛　一箱　九条摂政殿

一、二種千疋　近衛准后殿（内前）

一、御太刀馬代金壱枚　伝奏　油小路殿

一、右同断　伝奏　久我殿

一、御太刀馬代金壱枚
一、高宮布　三十端　所司代　久世出雲守殿
一、干鯛　一箱

右之外贈物略之
一、同十二月六日、口　宣到着、道中八日経、知行取之士附添
一、口　宣到着之処、十一月廿九日彦根ニ而舎弟仙之允（井伊直豊弟）病死ニ付、忌中相成候間、頂戴延引
一、同十二月十九日八時過出宅（但、今朝忌明ニ付、例之通　御機嫌伺登　城、退出之後再出宅、）先達而到着之口宣、今日忌明ニ付頂戴之、右為御礼御老中・御側御用人江廻勤、七時弐分過帰宅、着用染小袖・半袴
　但、十九日朝、熨斗目・半袴着、口　宣頂戴致し、相済而着服致替、忌明ニ付為伺　御機嫌登　城、退出後再出宅、致廻勤候、廻勤之着用熨斗目ニ而も染小袖ニ而も勝手次第之事ニ候、是迄両様之例有之ニ付、染小袖致着用候

帰府御礼相済候後、御老中江相越面会之式

一、安永九庚子年十月廿九日、染小袖・半袴着、五半時三分前出宅、御老中御用番松平周防守殿江相越面会但、前日申込置、帰府御礼首尾能申上、少将ニ被　仰付候御礼等申述ル、且又少将之御礼御序を以申上度旨申達、四時四半過帰宅
　但、廿九日者御日柄ニ付、面会之儀難申入候得共、当月者小の月ニ而朔日近ク有之ニ付、少将御礼之事申述置候儀、日限無之ニ付、如何致し可然哉、此方ニ而難決候間、廿八日之晩松平右京大夫殿江御城使遣し、右之訳を申、御用番江廿九日ニ申入候而も可宜哉

否之儀、内密ニ承合候処、登　城前面会之儀不苦候間、廿九日ニ可申入候、少将御礼之儀者朔日ニ可被　仰付哉否、難計候得共、先其段も申述可宜由内意被申聞候ニ付、周防守殿江申込候処、承知之返答ニ付、今日相越候

一、同十一月三日、着用右同断、五時四半前出宅、御側御用人水野出羽守殿・御老中松平右京大夫殿江相越面会但、前日申込置、御礼申述候趣意右同前、四半時帰宅

一、同十一月四日、着用右同前、五半時三分前出宅、御老中田沼主殿頭殿江相越面会但、前日申込置、趣意右同前、夫ゟ同席松平肥後守殿・松平下総守殿江相越、吹籠(聴カ)見舞旁口上申置、夫ゟ御老中阿部豊後守殿江相越、頃日ゟ大病ニ付見廻申達置、四半時帰宅

帰府御礼済少将ニ被　仰付候ニ付、上野増上寺江参拝、　御門主・方丈江相越、并御三家江参候式

一、安永九庚子年十一月五日、染小袖・半袴着、五半時四半過出宅、尾張(徳川宗睦)中納言殿・同(徳川治行)中将殿・紀伊(徳川治貞)中納言殿・水戸(徳川治保)宰相殿江相越、京都　御使首尾能相務御礼申上、如　勅許少将ニ被　仰付候御礼申置、尾張殿江者、御領分通行之砌、所々江御馳走役人被差出、毎度御使者音物等有之段々御叮嚀之儀共ニ付御礼、委鋪口上書ニ認持参差置、夫ゟ同席松平讃岐守殿(頼起)江相越、吹籠見舞旁申置、九時壱分過帰宅

一、同十一月十日、熨斗目・長袴着、五半時出宅、上野江相越、　惣御霊屋江御礼之参拝致候而、夫ゟ　御門主江茂参上、九時四半過帰宅

大猷院様(徳川家光)　厳有院様(徳川家綱)　常憲院様(徳川綱吉)　有徳院様(徳川吉宗)　孝恭院様(徳川家基)

右　御霊前江白銀三枚宛献備

一、上野　御宮江茂参拝可致処、灸治ゟ膿水出候ニ付、不致参詣候、依之献備之品御太刀・馬代白銀三枚、御別当江為持遣頼献納

一、御門主江御太刀・馬代白銀五枚持参致進上候、尤先使者を以遣し置

一、御隠居　随宜楽院宮江者、先格之通進物無之

一、宿坊恵光院江茂金子三百疋遣し候事

一、同十一月十二日、熨斗目・長袴着、四時弐分過出宅、増上寺江相越、惣御霊屋江御礼之致参拝候、夫ゟ方丈江申入、九時弐分過帰宅

台徳院様(徳川秀忠)　文昭院様(徳川家宣)　有章院様(徳川家継)　惇信院様(徳川家重)

右　御霊前江白銀三枚宛献備

一、台徳院様御霊屋御修復中ニ付、参詣不相成候間、献備之品計御別当江頼献納

一、方丈江銀子三枚、使者を以当日差越ス、持参ニ而者無之

一、宿坊真乗院江金子三百疋遣し候事

雑記

一、今上皇帝者、従神武帝百廿代之皇統、御諱兼仁《トモヒト》与奉申、後桃園院之御養子、実者閑院宮之御子也、明和八辛卯年(一七七一)御降誕、御宝算十二ニ被為成、安永八己亥年(一七七九)十一月廿五日御践祚、御養母者准后之御方也

一、仙洞御所者、従神武帝百十八代之皇統、御諱智子与奉申、元文五庚申(一七四〇)年八月三日御降誕、宝暦十三癸未年(一七六三)十一月廿七日御即位、明和七庚寅(一七七〇)年十一月廿四日御譲位、桜町院第二之皇女ニ而、御母者女院御方也、御宝算四十一

一、女院御所者、御諱舎子、御宝算六十五、二条前関白贈准后吉忠公之御女、御母者二条故政所従三位菅原利子、桜町院之后、元文元丙辰年（一七三六）十一月十五日御入　内、延享四丁卯年（一七四七）五月廿七日皇太后宮、寛延三庚午年（一七五〇）六月廿六日尊号青綺門院奉称

一、新女院御所、御諱（ママ）　、御宝算三十九、一条故関白兼香公之御女、桃園院之御后、宝暦五丁亥年（一七五五）十一月廿六日御入　内、同九己卯年（一七五九）三月廿一日准三后、明和八辛卯年五月九日立后、同年七月九日尊号恭礼門院奉称

一、女一宮、御諱（ママ）　、御宝算二、安永八己亥年正月廿四日御降誕、後桃園院皇女、御母者准后之御方也

一、准后御所、御諱（ママ）　、御宝算（ママ）　、近衛前関白准三后内前公之御女也、安永元壬辰年（一七七二）十二月四日御入　内、同八己亥年六月三日准三后、後桃園院之后也

一、御転任、将軍　宣下等之節者、御使江賜酒饌之日、於小御所舞楽拝覧被　仰付候得共、此度者諒闇中ニ付其儀無之由

一、諒闇中ニ付、公家衆冠巻纓ニ而、紋柄有之服着用無之由、其旅館江入来之公家衆茂右同断、大方鈍色之狩衣等着被参候也

一、参　内之節、宮中ニ而小用致度節者、非蔵人江其旨申候得者案内致し候故、何時茂小用ニ被参候場所者、平唐門之内、諸大夫之間上り段之向ニ、幕囲有之内ニ仮小用所出来有之候、尤舞楽拝覧有之節茂、拝覧之内ニ而茂随分被相越候由

一、九条摂政殿ゟ御家流異文之袍給り候、中啓・畳紙茂御家流之由ニ而給り候、初度・三度目参　内之節、右之袍着之候、中啓茂同前、畳紙者初度計入、其後者不致懐中候、尤袍ハ窠唐草之紋柄也、中啓者檜飛泉菊のき（着）せわた（綿）、畳紙ハ松

一、奴袴《サシヌキ》色之事、江戸ニ而者年齢之無差別、侍従以上者紫を用候、京都ニ而者年齢差別有之由ニ候得共、　上使之者ハ官位年齢之無構、四十歳迄茂濃キ紫色用

一、襪子《シトウズ》之事、衣冠之節者　御免無之候得者不用候由、所司代者京都常役故歟、　御免有之被用候由承ル

一、参　内之節々、太刀ハ銀作り革緒平鞘之太刀用之候、外鞘巻之太刀を施薬院迄駕脇ニ為持候、是施薬院迄ニ而、参　内ニ者不為持候、刀・脇差者袋入候而、施薬院迄ハ駕之内江入行、参　内之節、施薬院ゟ駕脇ニ小納戸小姓ニ為持参り、平唐門迄為持参ル、退出之節御礼廻勤之砌茂、駕脇ニ為持候

一、朱傘ハ供之先江立、鑓茂　御所々々御門際迄立候而為持候、尤朱傘・手傘常々長柄傘共ニ妻折を用、鑓ハ直鑓十文字二筋、長刀茂為持候、馬者牽替共ニ二疋厚綱懸ケ虎之革鞍覆懸候事

一、参　内之度毎退出之砌、御礼廻勤之節、衣冠之侭ニ而致廻勤候、太刀茂施薬院ゟ帯シ相越候、供廻り茂布衣・素袍・白張等其侭召連候

一、九月廿九日京着、即日禁裏附衆□（被カ）参、　禁裏　仙洞御役人目通り之儀被申入、日限指図申遣、十月三日、禁裏附渡辺筑後守・仙洞附三枝豊前守被参、熨斗目・半袴着、書院江出面謁、夫ゟ某書院床前二畳目ニ着座、右両人衆者末座之敷居際ニ着座、禁裏御賄頭稲生金八郎江面謁、及挨拶、相済金八退座

但、初而御無事テト計挨拶致ス、此金八事ハ関東ゟ御附人ニ而、大

御番組子位之格式之由、外ト一列ニ不致、別ニ壱人逢呉候様ニ御附衆被申聞候故、別ニ壱人呼出及面謁

夫ゟ小役人衆二之間江壱人宛出席、自身ニ面〻之名を名乗、礼を致し候、某初而と計及挨拶、相済各退座、其後　禁裏附・　仙洞附之衆江相応之及挨拶、勝手江入

一、西本願寺其外寺院、近国之大名衆・旗本衆ゟ以使者某□（閑カ）隙之節参り、関東　御機嫌伺度旨被申越、夫〻日限差図申遣、其節〻被参致対面候、此方着用熨斗目・半袴也、西本願寺江者長袴ニ而致対面候

但、大名衆ニ而も染小袖着被参候得者、此方茂染小袖着用、及対面候事

一、十月三日、西本願寺之新門跡被参、使者之間縁側迄出迎、被帰候節同所迄送ル但、式台際ゟ乗輿被致候間、式台江者不送候、餅菓子・吸物・酒等先格之通出之、某相伴、盃事有之、茶ハ台天目ニ而出之、相済而、詰居候門跡之家老嶋田讃岐守を使者之間縁側江呼出し及挨拶但、初而ト計、相済而勝手江入

一、興正寺門跡十月三日ニ被相越、書院江通し置、其後某出座、及対面、被帰候節少〻相送ル

但、興正寺等ハ門跡之号ニ不拘、先例ニ而四品之衆位ニ致応対候事

一、奈良奉行松田相模守、十月二日ニ被相越、書院江通し置及面謁、　御機嫌伺被申聞、相済、自分之挨拶、相済而勝手江入

一、摂州高槻城主永井日向守殿、十月五日ニ被相越、書院江通し置、出座対面、　御機嫌伺被申聞、相済、自分之挨拶有之、被帰候節書院之椽側迄送ル

但、四品以上之衆ニ候得者、送り場所違候事、尤江戸ニ而常〻之趣可准事

一、旅館江五摂家・　親王・　宮方・　門跡方ゟ使者参り直答之節、熨斗目・半袴着之

一、京着之日ゟ段〻被附置候諸方之使者、并在京中音物等被指越候分、十月九日・十日両日ニ呼出、書院二之間の間之襖をはづし、小座敷之所ニ双置、一同ニ直答申遣ス、但、同席并御老中之使者ハ、初ニ別ニ呼出及直答、其外旅館之主松平土佐守殿使者茂別ニ呼出及直答、着用、熨斗目・半袴

但、九日ニ者西本願寺江相越候出懸故、其装束之侭ニ而諸家之使者江及直答

一、御所女中衆ゟ使者・音物来候節、挨拶之儀、夫〻使者指越候而茂相務候得共、殊之外場所等六ケ敷候間、右名前并趣意書付ニ認、宜相達給候様ニ、伝　奏衆之雑掌中江申遣候得者、夫〻相達候与、宝暦十辰年、中将様御務之節御聞合之上、右之通ニ御願ニ相成候由ニ付、此度茂其通りニ弥取計候事

一、京都　上使被　仰付候ニ付、諸事窺書其外附届方等、最初より夫〻役人共江

中将様ゟ被　仰付先例等吟味、当時之趣等考合、御窺書被差出、例書茂手前ニ而之例、并此度半高之格合を以務候ニ付、酒井雅楽頭忠恭殿先年被勤候節之例等承合差出、夫〻御老中ゟ差図有之候、当子之五月二日彦根江　御発駕之後者、差懸ケ候儀共ハ某ゟ直ニ伺候事茂有之、帰府後茂同前ニ候、勿論京都一件前後内外多端ニ候得共、必竟（畢）直勤ニ不預筋者、用部屋并右筆方留記ニ委細ニ有之故爰ニ略之

4　京都松平土佐守様御屋敷下宿町家惣絵図

安永九年（一七八〇）

「横内家文書」（那覇市蔵）

（端裏書）
「安永九庚子年十月
御上使御用
京都松平土佐守様御屋敷下宿町家
惣絵図」

①
五馬取　小田原や左兵衛
落合勘ヶ由　印房武兵衛
荒川八左衛門　田代や四郎右衛門

②
日下部三郎右衛門　木や与九郎
（鈴木権兵衛／木俣十蔵）　高宮やもと
小林二左衛門　岩垣長門介
長野十之丞　若松や清兵衛
二足軽（保坂作右衛門／西村角兵衛／服部茂左衛門）　桔梗や甚右衛門

武川源左衛門　木や徳右衛門
本田七左衛門　金や次郎七
荒居治大夫　銭や文右衛門
小幡与五兵衛　山科厚安
（大岡彦大夫／福山雲次／木田源九郎／稲野才兵衛／榎並進三）　木や加兵衛
一足軽
木俣土佐下宿　十一や源兵衛
木俣土佐　百足や二左衛門
（山本甚五右衛門／作事方会所）　坂本や市兵衛
（長谷川次郎兵衛／小森徳兵衛）　井筒や妙成
小泉弥一右衛門　金や喜左衛門
（西山内蔵允／西山丹次）　佐藤源兵衛
一行列足軽

（岩佐角左衛門／冨田甚左衛門）　和泉や吉左衛門
扶持方会所　和泉や吉右衛門
三浦善之進　長岡や久兵衛
浅居庄大夫　銭屋太兵衛
（岡嶋与大夫／牧野新四郎／竹内孫三郎／佐藤文大夫）　小堀や久兵衛
（西辻作右衛門／木村喜八郎／上林太次右衛門／大堀藤蔵）　小堀や久兵衛
増田治右衛門　越前や善吉
普請方会所　わたや吉兵衛
石居清蔵　かきやしづ
三浦九右衛門
（大久保善兵衛／喜多山十蔵）　平光（カ）や久兵衛
稲垣弥五右衛門　柳や半右衛門
岩家庄兵衛　玉水や次兵衛
（堀部源蔵／岡嶋文庵／田中□（澤カ）庵）　乾堅林
（小滝彦十郎／横内次左衛門）　山科七三郎

③
（木田余兵左衛門／長野郡大夫）　河内や久四郎

④
奈越江忠蔵
山下平八郎
野津与惣兵衛
秋山甚太夫　江戸屋市兵衛
松宮小八郎
佐藤新五右衛門　万足屋文吉
⑤
高杉喜三郎
村上十弥太
森川翁介
大和田弥吉　西川屋喜兵衛
籠指　木屋長兵衛
納戸方長持置所　菱屋ひさ
加藤惣次郎
沢村左吉
津田左平
塚本軍六　桜屋次兵衛
高橋五郎左衛門　槌屋郎甫
正木辰之丞
藤田勝三郎　いせ屋弥太郎
高宮兵右衛門　丹波や半兵衛
杉原十介
奥平貞之丞
八木原矢柄　近江屋もん
日雇会所　外屋久兵衛
三足軽　紀伊国や次兵衛
小野田求馬　淀屋与惣十郎
杉原此面
二宮帯刀　十一や理兵衛
⑥
賄方道具置

⑦
宮崎音人
草川伝右衛門　近江や甚左衛門
布下右膳太
大久保平介　滝屋丈右衛門
芝原秀意
高木祐益　萱屋庄次郎
肴音物用聞　糀屋伊兵衛
中村三右衛門　ひとにや吉右衛門
木村文蔵
竹花小右衛門
西村平八郎
大野孫八　大坂や彦兵衛
中村源三郎　いそ（カ）や清兵衛
相馬右膳
平山勇次
山根真五八
冨田八之丞
久保田大八
飯田左仲　山形屋清兵衛
藤田四郎左衛門　米屋平介
浅村左馬　吉のや為八
酒居源次郎　近江や小三郎
石居次郎兵衛
石居次郎五郎　奈良や平兵衛
西郷与次兵衛
萩原一馬　菱や喜八郎
武笠魚兵衛　平のや喜六
高橋新五左衛門　いせや理兵衛
吉用兎毛　大玉や道休

⑧
田部常（カ）弥次
八田十郎次
小山平三郎
稲垣喜代三郎　亀屋七兵衛
⑨
江（ママ）老海将監　升や喜八
⑩
野田勘左衛門　鍵屋五郎兵衛
⑪
田中善次
内田作介
野田栄次
田中孫蔵
梶曽馬次　近江や忠兵衛
水谷左膳太
長谷馬和吉
中野徳之丞　恵美子や新兵衛
⑫
田中勝之介
青木末五郎
田和多兵蔵　松や権左衛門
⑬
壱江戸供足軽　津国や清兵衛
⑭
壱
大組中間
西沢□左衛門
木村六之丞　柳や半右衛門
⑮
三居孫太夫　いせ屋六兵衛
⑯
二大組中間　丸や文六
道中方添宿
浅見三太夫

水嶋勘太夫
喜多沢左内　玉や善兵衛

肴役
塩噌薪役
魚焼役
食焼役　藤や彦兵衛

草履取　ならや弥兵衛

八小道具中間　丁子や源六

百人組中間
梶丞右衛門　備前や弥兵衛

⑰ 玉薬中間　紙や十三郎

⑱ 小道具中間　平□（野カ）や清七

⑲ 下座見休息所　近江や利兵衛

駕之者　敦賀や喜八

御使者休息所　越前や文蔵

馬取
八寺沢藤蔵　万屋平右衛門

藤野左内

四小道具中間　丹波や弥兵衛

岩崎九右衛門
前川文五郎
鹿取喜平太
林安之丞
宮川八左衛門　井筒や平兵衛

佐藤孫兵衛
今村源兵衛
里部且右衛門
河嶋佐左衛門　北国や新介

賄方用聞
納戸方
毛利十兵衛　村上文蔵

納戸方用聞
西村与三右衛門　笹屋勘兵衛

三足軽行例（列）
志村政右衛門
中嶋清右衛門　井筒や利兵衛

二足軽行例（列）
林善平
小泉介四郎　右同人

進藤弥五郎
草苅次郎吉
相馬小平次
礒嶋真左衛門　山科や喜兵衛

⑳ 小道具中間　越前や喜兵衛

御使者供溜
小道具中間
中嶋伝左衛門
川口勘兵衛　波口や孫右衛門

御客（カ）□や　近江屋ちか

同　近江や仁兵衛

㉑ 普請取用聞
六馬取　井筒や半兵衛

㉒ 二鳥毛中間
大塚喜内
中嶋左介　岩垣長門之介

㉓ 一鳥毛中間　いせや太右衛門

概略図（図中番号は翻刻部図の頭部に付した番号に一致する）

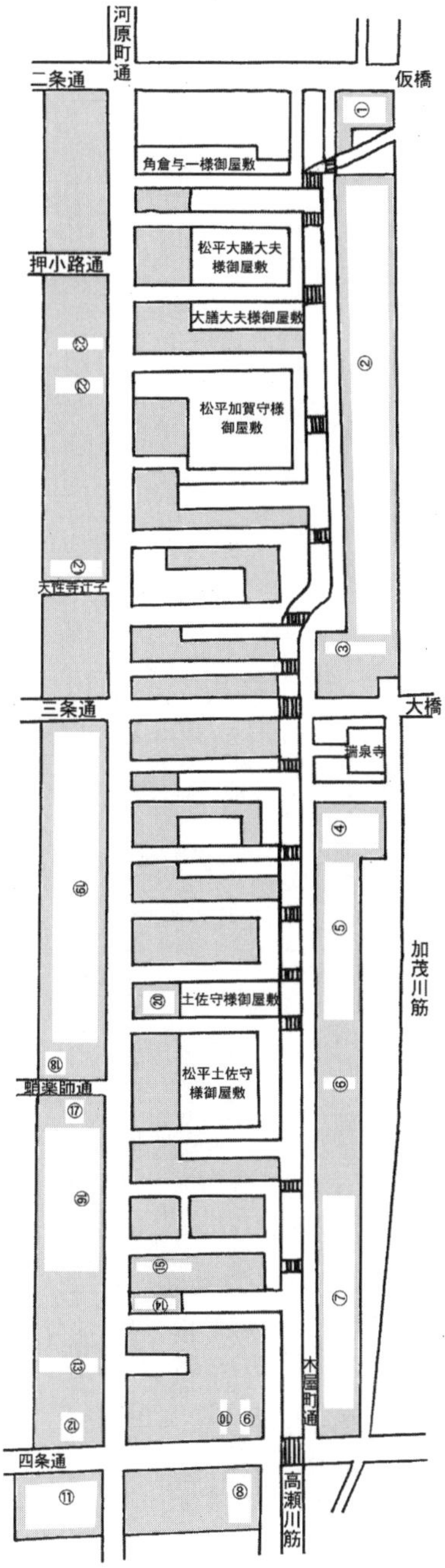

5　御参勤御上国雑記

寛政五年（一七九三）頃

彦根藩井伊家文書

（表紙）「御参勤御上国雑記
　御側役　」

　御参勤御上国雑記

一、彦根表御発駕并御着　城御式
　但、「附」り、木俣土佐亭江　御成之事
一、御道中御往返行事
一、御着府并御発駕之事
一、江戸・彦根御発駕前之事并御役割御行列之事
一、御休泊并御小休之事
一、川々御渡川之事
一、御宿供勤向之事
一、御側役手取計方之事
一、御道中御供面々江渡り方并被　下之事

（見出し札）「御発駕御式」
「彦根表」

御参勤御発駕御式

一、当朝御表江御出、御装束、時節之御服半御上下被為　召、奥方江被為入、御祝義之御料理被遊御祝、相済、御表江御出、御座之御間ニ御着座、御熨斗・御酒・御取肴被遊御祝御通御小姓脇指帯之、相済而、御舎弟様方江被遊御対面、御熨斗出ル、相済、御旅装束ニ被召替、再御座之御間江御着座、御家老衆被為　召、次ニ御用人中被為召、月番御用人江御留（守）主奥方向御条目御書　御直ニ御渡し被遊、相済而「若殿様」梅暁院様（井伊直幸正室）御使御用人被為召御直答、続而　御前様御使御附被為　召、御直答被遊、相済而、節分大豆・御茶被遊御祝、相済、御立被遊、
　但し、右御式之御間合ニ御張出しニ而御留守ニ罷在候御近習・御儒者・御医師壱役ツヽ被為　召、御意有之
新御廊下ゟ御出、桜之御間御掾（縁）頬ニ而小溜衆江御意有之、御右筆部屋向御通り筋江向ひ居並、（井伊直定側室）真如院様御附・（井伊直禔正室）清蓮院様御表御賄之勤之（白紙貼紙）・（井伊直富正室）守真院様同断・御舎弟様方御附使者江被遊御直答、夫ゟ松之御間御掾頬ニ御舎弟様方御見送り御着座被遊候ニ付、御中座被遊御挨拶、御玄関遠侍之方ニ御家老中・「御中老中」御□□中罷出、御見送被申候ニ付、御意有之、屏子御門脇江御用人中罷出居候ニ付、御意有之、相済、表御門外ゟ御行列立但し、御見送御鷹方頭取
　其外御餌割・御鉄炮打召連、御玄関前ゟ御跡ニ付、御餌指・御犬牽・御鷹役之分者御厩前ニ列相立、御中手与御先挟箱之間ニ御行列立ル
一、御供御家老衆者御発駕当朝御殿江罷出、御側役を以御機嫌相伺、御発駕恐悦被申上、御先江発足仕候旨被申候、勝手ニ出立有之様被　仰出旨、御側役を以申上ル
一、御先道具御預り人者御小納戸江申達、御先道具請取、御先江発足仕候

但、御先道具者前夜桜之御間□(江カ)御小納戸ゟ出し置、御論(綸)旨御長持者御張紙内ニ
指置、当朝御小納戸□御先道具御預ケ人江相渡候

一、当朝御供揃之義者御供御用人ゟ申上ル

一、雨天ニ御座候得者、松之下江罷出候面〻御殿江罷出候ニ付、例式日出
仕御請被遊候通、新御廊下ゟ笹之間并御掾頰笹之間衆江席〻ニ而　御
意有之、夫ゟ御祐筆部屋向□□(ニ而カ)御中老衆御内輪様方御使者江御直答被遊、夫ゟ
[＊1]麦之御間外(白紙貼紙)御杉戸之外御障子際ニ而御舎弟様方御見送り被遊候ニ付、御中座御挨拶
被遊 但し、例松之御間ニ而御見送り被遊候得共、雨天ニ付御家中松之御間ニ而御目見有之故也、 松之御間御掾頰御鎗奉行并御物
[＊2]頭席〻ニ而　御意有之、松之御間江罷出候面〻江 出タカト 御意有之、
[＊3]御玄関御式台迄御家老衆御見送被申候ニ付、御意有之、御用人衆茂御
[＊4]式台切ニ而御見送り被申、御意有之 相済、直ニ御駕ニ被□(為カ)召

(＊1付札)
「□□(御座カ)之御間ニ而小溜衆江御意可有御坐候事、円次(横内カ)様御覚被成御坐候
ハ、御書記置(カ)可被下候」

(＊2付札)
「御中老衆・笹之間衆・小溜衆・御鑓奉行衆・御物頭衆迄者御意無事ニ
など、申御義者不被遊御意候哉、不分明ニ御坐候間、円次様被成御覚
候ハ、御書記可被下候」

(＊3付札)
「一、母衣御役衆江も御意御坐候事」

(＊4付札)
「新譜ニ出　但、木俣家へ御成之起り

一、慶長十九年(一六一四)十二月、
両御所豊臣家と和睦し給ひ、諸候(侯)兵をやめて帰藩、此時
久昌公(井伊直孝)木俣守安宅に入給ふと云云

又
元和元年(一六一五)乙卯七月大坂御凱陣五万石御加増、従四位下侍従ニ任せられ、本藩ニ
帰り給ひ、此時国老木俣守安亭ニ入給ふ、爾来帰藩毎に木俣家江入
給ふ定例トなる」

御着　城御式、附木俣土佐亭江外　御成之事

一、木俣土佐父子、佐和口升形迄御迎ニ罷出、御箱之先江立、自分玄関横
御成門之外御左之方ニ父子并二男共平伏之時、不相替目出度イト 御意有之、御成
玄関ゟ被為入 兼而御側役・御小納戸・御小姓、御着 城之節土佐方ニ相詰候面〻 御書面ニ而被仰付置、御迎ニ罷出ル、 御旅装束之処、
時節之御服半御上下ニ被召替、御座所ニ御着座、御長熨斗出ル 御先代御
旅装束之儘御着座、御煙草盆・御茶出相済、御召替之義茂有之、 相済而土佐父子被為　召、　御意有之 今日者天気茂宜無
滞着　城致し、不相替祝申事ジヤ、家内□無事テ宜ト御意也、 相済而退座、御家老衆被為　召、　御意有之、
「松平倉之介・印具 松平倉之介・印具徳右衛門江」 ○御相伴衆松平倉之介・印具(見消し)徳右衛門友之進・御医師壱人兼而被 仰付置
相済御相伴之衆被為　召△、御意有之
[＊1]△無事デ一段、不相替相伴致セトノ御義也、 御相伴衆席ニ付、夫ゟ二汁七菜御料理被指上 御入部之節者三汁七菜也、
御目通りニ而土佐御試仕御小納戸取遣ス、御向詰迄指上、其後御
相伴之面〻江出ス、御膳廻り、御上り相済、御三宝・御土器・御銚
子 塗間鍋冷酒 御取肴出ル、土佐被為　召、壱献被召上、土佐江　御盃被
下置、壱献頂戴、御手自御肴被　下置、二献頂戴、時服五被　下
置 御小姓両人シテ持出ル、 御礼申上、御取合セ御用人

御入部之節者此所ニ而自 并土佐□□初而御成之節 御手御刀被　下置、御礼申上、御取合セ御用人、続而時
服被　下置
頂戴相済、直ニ勝手江引、三献頂戴、　返盃之　御意有之、御用人御
執合ニ而返盃 御小姓右之「一」土器を取、三宝ニ乗セ御前へ上ル、三 壱献被　召上、土佐御肴被指上、相
済、壱献被召上 御入部之節者此所ニ而時服五土佐献上、 土佐退座、直ニ半弥(木俣)被為　召、御盃被
下之 御式土佐同断、　時服三頂戴、
御入部之節、御刀壱腰自　御手被　下置、時服五拝領、半弥ゟ時服献上者無之
(線引抹消後、白紙貼紙)
一、土佐家敷ニ初而御成之節〻ニ御刀被下置
一、半弥幼年之砌者右之処ニ而、半弥江被　下置候時服土佐江被下之、御小姓持出
頂戴、御礼申上、御執合セ御用人
相済、後段出相済、御茶台天目 但し、御目通り脇之数寄屋ニ而御茶角田道古建申候而土佐試之指上ル、 相済、本弥
＊2
被為　召、　御意有之、御手土産被下之 御入部之節、紗綾二巻被下之、其後御着城御立寄之節嶋縮弐反被下之、 右
之内御供揃被仰出、御入懸之通御通行、土佐義　　御見送被申○
表御門ゟ御玄関江　御着　城 表御門内御在着御使者相勤候御物頭、旅装束ニ而罷出居申候、 夫ゟ松之
御間下之御障子際ニ　御舎弟様方御出迎、御挨拶被遊、御祐筆部屋向
御通り道江向ひ　御内輪様方御附使者江　御直答被遊、新御廊下口ゟ御座之御
間江被為入、御着座 但し、直ニ御在着御使者被為　召候義茂有之、 御長熨斗出、御吸物・御酒・御
取肴被遊御祝 御通御小姓脇指帯之、 相済、御着　城之御使者御物頭被為　召、御紋
附御渡し被遊、　御意有之 「暑気之節無事ニ参レト□(ノ)御義也、御入部之節者御在着御使者御家老相勤、」
但、御入部之節者御家老御使者相務
相済而御家老衆被為　召、御意有之、続而御供ニ而被登候御家老衆被
為　召、御意有之 今日者無滞着致し、道中ニ而大儀ニ存ルトノ御義也、 御用人被為　召、御意、済而御
供御用人被為　召、御意有之 今日無滞道中大義トノ御事也、 相済、

若殿
梅暁院様御使御用人江　御直答被遊、続而御前様御使御附被為召、
〻〻〻
御直答有之、次ニ土佐　御成之御礼被為請 但し、御唐紙抜キ、干鯛者御掾頰ニ横ニ直し置、当時別格ニ而御敷居之
内ニ而御礼、 御意有之 被入念タトノ御義也、 御取合セ御用人名披露無之、済而半弥同断、
干鯛献上、御礼被為請 但し、御敷居外、 相済、奥方江被為入
(＊1付札)
「徳右衛門被為　召、御意有之 無事デ一段不相替相伴致セトノ御義也、尤御相伴衆両人・御医師壱人、兼而被　仰付置」
(＊2付札)
「相済土佐・半弥被為　召、今日　御入被遊候間、御吉例之通被遊、御
祝被遊候、御満足被遊候段御意有之」
一、御舎弟様方江御儀〻式(規)御間合宜キ節、御対面有之
一、御着　城之節、御小姓御通ひ面〻半上下、御入部之節者長上下着用
一、寛政二戌(一七九〇)六月九日御入部之節、土佐方江被為入候砌、家内之者江御側
役後閑新兵衛を以嶋縮弐反宛被　下置
一、御鷹方御迎御行列相勤候面〻者、土佐(カ)方江被為入、夫ゟ(カ)直ニ引取
一、御着　城之節、雨天ニ候得者御家中御目見御殿ニ而被為受候ニ付、御
玄関ゟ松之御間御掾頰通り、夫ゟ御書院御掾頰江　例之通席〻ニ而御意有之 御舎弟様方御出迎
＊
被遊御挨拶、夫ゟ麦之御間前桜御間御掾頰御祐筆部屋向ニ而御内輪様
方御附使者江御直答被遊、夫ゟ笹之御間御掾頰通り、同笹之御間新御
廊下江被為入
御部屋住ニ而　御帰〻(着)　城之御例、木俣家江御立寄不被遊、直ニ　御着
城被遊、其余御規式無別義

「(＊付札)笹之御間・小溜詰・御鑓奉行へ御意、今日無滞無事デ、母衣御役・御物頭席ニ而ハ無滞何(カ)も無事デ」

御道中御往返行事

一、御発駕之節、御玄関より御歩行ニ而杉(松カ)之下ゟ御馬被為　召、尤、雨天之節者御玄関ゟ御駕ニ被為　召

一、御着　城之節、外舟町舟着より御馬ニ被為　召、杉(松カ)之下より御歩行被遊、雨天ニ候得者、御舟場ゟ御駕ニ被為　召

一、御家中御目見之事、松之下ゟ外舟町御舟場迄夫〻如図罷出ル、別ニ有図、雨天ニ候得者、御殿ニ而御目見被　仰付、御着　城之節、御目見列如左、御発駕之節者少〻相違アリ「者少シ相違有」、奥ニ記ス

外舟町御舟着ニ罷出居　御師範之面〻
前〻者御師範之面〻ヲ披露有之候得共、延享四丁卯年(一七四七)四月御参勤之節、三浦九右衛門を以銘〻披露仕候様ニ被　仰出

御道筋見廻り同所ニ罷出居　御目付

同所役名ヲ申上ル　御内目付

切通坂江御出被遊候節者、御内目付中猿川瀬石橋過ゟ町之方江北輪並居、御師範之面〻者山田村之内、御登之節茂同断「御発駕御着　城とも同断」

同所名披露　明見院

柳町西側　御鉄炮方
京御賄手代
駈走所家守　林吉兵衛

同東側　御舟方元〆

彦根町西側　御足軽手代

同東側　御用米御蔵手代

同西側中程役名ヲ申上ル　町奉行

切通口御門外東駒寄際　御長柄小頭
御鳥毛小頭
御普請手代
京都御出入町人
前〻者京大坂町人与計　近年者名披露

切通口御門□(外カ)　御普請奉行
御作事奉行
御普請御着到附役
三役共役名ヲ申上ル

切通口御門御番所前　切通口御門番頭

切通口御門内南之方　春田堅之丞

御桶小屋前駒寄際　大工棟梁
御簾小頭
瓦小頭

杉(松カ)土手下　七十人御歩行
伊賀御歩行
御歩行

尾末町箱御番所脇南之方　鈴木六郎
柳瀬御関守
郷士

同御縄蔵塀下　御家中陣代
御縄蔵役人
御騎馬徒

同松下南側　惣御家中
同三浦松次郎門前向
西寄　笹之間詰
同右同人門前長屋下
御番頭
母衣御役
御物頭
御鐵奉行
「役名申上ル、一説御物頭母衣役」
役名ヲ申上ル、一説ニ御物頭母衣御役之面々申上ルニ不及と、御供方留ニ有之候得共、
当御代御入部之節、申上候様被仰出
御着　城之節
佐和口御門之外　御中老
駒寄際東より　「御家老」御家老者　御家老
右之続御門寄　御発駕之節御玄関前江被罷出
寛政二戌年御入部之節□申上ル
佐和口御門升形
御在着御使者
御医師
御儒者
佐和口御門御番所前　佐和口御門番頭
木俣土佐門前
外　松平倉之助
内　印具徳右衛門
御着　城之節計　御目付壱人
土佐方詰ル
同長屋脇
御勘定人
御賄手代
御玉薬組小頭
百人組小頭
御借用方元〆
御仕送方元〆
御金方下役
御厩前　御馬役同小頭
外下馬前
御細工奉行
御細工人
表御門内南之方
御金奉行
御納戸役
但、御納戸方者、
御発駕之節者、右之場所　御着　城之節者松下ニ而御目見
「御発駕之節、外舟町」
一、外舟町御舟着御舟着江御小早御船廻り有之候ニ付、被為　召、御野廻り御供之□番場宿江廻ル、
但、御小早江乗候御供之分、御用人・御鷹頭取・御行列御小姓・御宿供之御小姓不残、表方御宿供之内、筆頭壱人・御祐筆頭壱人・御供御側医師不残、御挟箱・御持鎗当番御鐵附壱人、御茶弁当・御茶道壱人、御草履取壱人、片岡一郎兵衛、右之通御舟江乗、御駕茂別舟ニ而御駕附衆付添、米原江相廻ル、其外御鷹方例舟ニ而相廻候分者役舟ニ而相廻ル、委御鷹頭取方留記ニ有之、
御着　城之節者米原ゟ御舟御供同断、惣御供者番場ゟ切通越、外舟町江相廻ル
但、米原江御供之分、又者ハ役舟ニ乗込、外舟町江罷越、　御発駕之節茂同断
一、御入部之節者番場宿ゟ鳥居本宿・切通し越　御通行被遊、御舟ニ而無之
一、御発駕之節指合過申候而、片岡一郎兵衛御鷹頭取を以相窺、御吉例之通舟哥諷セ申候、御着　城之節者百間葭辺より舟哥諷セ申候
但、舟哥之義、御鷹頭取方江被仰出、一郎兵衛江相達諷セ申候義茂有之

米原村　彦根ゟ五拾町　番場江壱里　御宿　源十郎

御供舟附揃申候上ニ而、源十郎門前舟着江御座舟着、玄関ゟ御上り被
遊、御小休有之、但、玄関ゟ御立被遊
一、米原ニ而御供揃之義、御鷹頭取方江被　仰出、例御鷹野御供揃之通相
達、御供揃申候旨、御鷹頭取方ゟ御小姓を以申上ル
一、元文二丁巳年(一七三七)
天祥院(井伊直定)様彦根御発駕之節被　仰出、
泰源院(井伊直惟)様御代米原江御供惣而股引着いたし候得共、
御前ニ茂御股引不被為　召候ニ付、立附着致し候者共其侭ニ而御供致
し候、
当御代御鷹方者御餌割役初夫〻御野廻り装束着用 但し、頭取者旅装束、 其余御供
ニ而罷在候面〻者旅装束之侭也
一、供廻り御用人若党一両人、御側役若党□人、其外召仕壱人ツ、召
連、其余者外舟町ゟ番場江廻し候事
御上国之節茂右ニ準ス
一、番「米」原ゟ番場迄御供之御用人宿駕ニ而御跡ゟ罷越候義茂有之
一、御着　城之節、番場ゟ米原江之御道筋ニ御供之御物頭五十人之御足軽
召連、猶又同所江御道中川割之面〻罷出、
「＊
御目見仕罷在、　御意有之 無滞テト之御儀ニ而何茂江渡ル
(＊付札)
「□ニ而御意□御物頭江　御意之例者、
□先代留□□見へ申候、川割方へ　御意之儀相見へ不申候、
大魏院(井伊直幸)様御代ニ者　御意有之候由、川割方相務申候者覚居申候、子年
御着城之節者御意無之候ニ付可相考事(カ)」

番場　醒ヶ井江壱里

御発駕之節、御野廻り御供ニ而御本陣裏切戸ゟ被為　入、御小休ニ付、
御宿供御小姓之内壱人御先江罷越、御行列御小姓御途中ゟ御先江相越
ス
但、番場ニ而者御鷹頭取少シ御先江罷越、御駕附候御場所等吟味仕置
一、御着　城之節者右同所切戸ゟ米原江御鷹野御供廻り也
一、御小休之式別ニ記ス
一、御発駕　御着　城之節共、番場宿御本陣江被為　入候得者、中野助太
夫御吉例之通御茶指上申候ニ付、御側役を以申上、相達　御聴候上、
御次ニ而御茶建させ、助太夫指上申候 但、御茶并御茶碗台共助太夫持参、御茶道御茶建ル、 吉例之通、
目出度イト御意有之、相済、再助太夫被為　召、御意有之
但、助太夫御茶指上申候義、　御上国之節者兼而御書ニ而被　仰付越
一、御上国之節、前夜御泊迄木俣土佐方ゟ親類之内罷出申候ニ付、御側役
を以申上被為　召、土佐江之　御意有之、罷出候親類之者江無事デト
御意有之
一、御着　城前夜御泊迄、彦根
上方様ゟ御迎御使者有之、御音物等被進候、御知行取御附之分者一同
ニ御座所江被為　召、被遊　御直答、御歩士之分者御側役を以御返答
被仰出
御使者江被下物、御知行取・御騎馬徒迄金子弐百疋ツ、、御歩士江
者金子百疋被下置、御側役相達し、御賄手ニ而相渡ス
一、右同所江中野助太夫使者指出し銀子弐両被下之、御賄手ニ而相達ス

一、右同所江奥山六左衛門使者指出し銀子壱両被下之、御賄手ニ而相達　＊
ス

（＊貼紙、下部欠失）
「此□
使□　」

一、御供揃被（御参府之節）　仰出候得者御供御用人ゟ御目付江相達し、兼而外舟町ゟ廻り罷有候惣御供御道中御行列立、御鷹御供之分者、頭取方ゟ相達、何茂御供揃申候旨、御小姓を以申上ル

但、御上国之節者惣御供外船町江廻り、御鷹野御供計御本陣裏切戸口江揃申候

一、御発駕之節者、御本陣玄関前ゟ門外江夫々御行烈（列）相揃、玄関ゟ御駕ニ被為　召

但、御行烈書奥ニ記ス

一、御上国之節、北筋奉（カ）行宿中江罷出候ニ付、御宿供ゟ申上、出タカノ
御意有之

一、御着　城前夜御泊江御家老衆ゟ使札被指出

御入部之節御家老衆組合之使者江金弐百疋被　下置、同嫡子衆組合之使者江金百疋被　下置、御中老中・御用人中一席ツ、組合使者指出し、右江金百疋ツ、被　下之、小溜衆・笹之間詰銘々使者江金百疋ツ、被　下之、御賄手ゟ相渡ス

一、御上国之節、御泊ニ相成候得者、御本陣裏切戸ゟ米原江被遊御出候ニ付、御本陣之者玄関之間ニ平伏仕罷有、御座所二之間唐紙ひらき、御通り懸御目見、御金拝領御礼披露有之（但、御泊ニ而者御取次勤之）

一、御道中菅笠
御免之事、　御参勤之節者、番場宿よりかふり申候

但、以前者　御免之　御意有之候而かふり申候得共、近年者御側供より相願申候而かふり申候

一、御着　城之節者、御迎御鷹夫々兼而
御書面ニ而被　仰付越候ニ付、御鷹頭取附添、丹生川迄御迎ニ罷出、直ニ御供仕（カ）、翌朝番場宿　御立之節、御本陣裏切戸ゟ、御鷹方御供廻りニ而米原江被遊御出、米原御小休ゟ御小早舟ニ被為　召、外舟町江御着舟、夫ゟ　御発駕之節之通御供立ル

但、　御上国之節、御鷹野御供廻りニ而米原ゟ御舟ニ被為　召候得者、御道中御行列番場宿ゟ勝手ニ着シ「致し」、御供乗懸具足櫃挟箱之類夫々宿江着、尤御宿供牽馬者、　御書之通場所ニ残牽セ申候事

丹生川

一、御上国之節者、兼而被　仰付越候通、御鷹頭取方・御餌割方・御鷹御餌指・御犬牽、其外御鳥打・御足軽・御草履取等　御迎ニ罷出、御鷹頭取之者、丹生川下り之方郡山領棒杭有之所ニ扣、夫ゟ次第ニ登り之方江御行列立候順ニ扣罷有、
御通行之節、御鷹頭取之者　御迎ニ罷出申候旨申上ル、出タカトノ
御意有之、何茂直ニ番場宿江御供仕ル

但、番場御止宿ニ有之候得者、御鷹方之面々者元番場ニ止宿仕

一、御発駕之節者、御鷹頭取之者、郡山領棒杭之向之方江御供落し平伏仕候、尤御意無之、御供引取、
龍泉院様（井伊直富）御部屋住ニ而　御参府之節、御鷹頭取之者計醒ヶ井宿御小休江被　召連候義茂有之

（柳沢保光）松平甲斐守様御領拾五万千弐百八十石、和劦郡山、帝鑑間、四品

醒ヶ井
柏原江壱里

一、御本陣松肥源五左衛門方御小休ニ相成、名披露、帯刀也、例御酒其外

品〻指上、御次向江茂御酒等出し候ニ付、御目録別段ニ被下之、御祐筆方ゟ取計遣ス

一、当宿入口登り之方江松平甲斐守様御馳走御役人出ル、御宿供名披露

梓川

同御領
柏原　今須江壱里

此間江刕濃刕境

御代官支配
今須　関ヶ原江壱里(百俵カ)
「大津御代官弐□」
石原清左衛門(正範)□(様カ)」

一、宿中江　御手代御先払被指出

一、御発駕之節、御昼ニ成候得者、為御見送、彦根
上方様ゟ御使者被進、御側役承之、御音物受取申上ル、尤御附之面〻
御座所江一同ニ被為　召、　御直答有之、尤御歩士之御使者、御側役
を以御返答被　仰出、御使者之面〻江御目録被　下置候ニ付、御側役
ゟ相達、御賄ゟ相渡ス、尤御音物持夫江茂御賄ゟ鳥目頂戴相達ス、
御使者江被下之義、御知行取ゟ御騎馬徒迄者金子弐百疋ツヽ、御
歩士江者金子百疋ツ、被　下之

「(この丁に切紙挿入)
御座之間ニ而御熨斗御酒・御吸物御祝相済、
大殿様(井伊直中)江御対面　但、御様子次第、
欽次郎様(井伊直清)江御対面、
勇吉様(井伊直容)・東之介様(井伊直致)江御対面

一、御旅装束之上御座之間ニ而　御使江御直答、御家老衆被為　召、
御意　今日者発足致ス、何も無事ニ被在ヨ、
恵之介殿(井伊直幸息男)被為　召、　御意　今日者発足致ス、無事テ、　小野田織之丞初御用人中被為　召、　御意　今日者発足致ス、何も無事テ

一、御張出ニ而
大殿様御近習向被為　召、　御意被成下置、御留守残り之面〻も被
為　召、　御意被成下置

一、御座之間ニ而節分之大豆・御大福御祝被遊、御次ニ而
欽次郎様御見送り被遊、御会釈被遊

一、桜之間御縁頬ニ小溜江　御意　今日ハ発足致ス、何も無事デ、　御用部屋前ニ　上方様御
附使者江　御直答被遊、松之間ニ而御ニ方様江御会釈、御式台ニ而
恵之助殿江　御意　随分無事テ」

一、御昼之式別ニ記ス、余準之

一、惣而御昼ニ而御到来御音物等者、御側役ゟ御賄江相達、御預ニ仕ル、
御小休ニ而御到来之御品者、御行列御小姓・御祐筆方江相渡し、当分
御預ニ仕置、御泊ニ而御賄方江相渡し窺申候而被下ニ相成申候品茂有
之候得者、夫〻御側役ゟ頂戴相達ス

一、御着　城之前日、御昼ニ而通し御供之面〻御本陣玄関前ニ揃罷有、
御立之節、達者デト　御意有之

御代官所
関ヶ原　樽井江壱里半

一、御途中江　交代寄合竹中主殿様(重寛)ゟ」「濃州不破郡岩手、御代官五千石(貼紙)「五千石、柳之間」
御使者、御馳走御役人御先払出ル、尤御使者名

披露　御両敬ニ無之候得共、御名字略申候

一、宿中江大廻し舟御用聞中野嘉兵衛罷出、名披露、御目録金百疋被下之
　但、松居助内願候而罷出候由、旧キ留ニ有之候得共不詳、尤当時茂大廻し御用承申候

御代官所
樽井　大垣江二里半

一、樽井川東多良（羅）尾四郎（光雄）右衛門様御家来被指出　近江・美濃・伊勢御代官、千七百石、信楽

大垣　墨俣江弐里
戸田采女（氏教）正様御城下
拾万石、濃州安八郡大垣、侍従、御老中

一、采女正様ゟ御泊江御家来被指出、并御先払同心御徒目付両人計被指出、尤同所問屋羽織着用并人馬支配役両人出ル、役名披露

一、御泊ニ相成候得者、御本陣江御町奉行被罷出、左茂無之候得者、御途中江□（被カ）罷出御用等被仰付候様仕度旨被申述、其節御宿供何之誰様町御奉行何之誰殿与御披露仕、前ゝ者御家老被罷出御駕之戸引申候
　但、御老中・侍従以上之御大名様方御途中江御使者有之節者、御直答被遊、御宿供取計披露仕候事

一、大垣駅御泊ニ相成候節、御本陣除キ御宿申付候事

一、惣而御城下御通行被遊候節者、御宿供四人附惣門之内ゟ笠着不申候、雨天之節者格別之事

一、惣而御城下御泊ニ相成候得者、今晩当駅御止宿ニ付為御案内御使被遣候旨、御家老衆達ニ而御中小姓勤之

一、御発駕之節御家老衆ゟ御機嫌窺使札御泊江被指出、御上国之節者御着城前夜御泊江使札被指出

＊一、御上国之節、土佐方ゟ者御二泊り前江使札被指出、献上物有之、右使者江金子百疋被　下（カ）置、御賄手ゟ相渡ス
「（＊付札）土佐方ゟ御二泊り前へ使札被差出、献上物有之、□使者江被下候事」

一、御入部之節者、右使者江銀子壱枚被　下置

一、御上国之節、今須・醒ヶ井并御領分番場・鳥居本御本陣罷出、銘ゝ指上物仕候節、金子百疋ツ□被　下置、御賄手ゟ相渡ス

一、御発駕之節、今晩御泊江御機嫌能被遊御着候恐悦例罷出候而ゝ御側役を以申上ル

一、今晩金花山打物被遊御覧候得者、御小納戸ゟ入御覧

一、御泊之式奥ニ記ス

佐渡川
舟渡し川之式奥ニ出、余準之
戸田采女正様御舟奉行出ル、其外御役人被指出、寛政二（一七九〇）己酉御入部之節、御屋形舟出ル、屋形御舟故御駕ゟ被為　下候而　御召被遊

一、「下り」江戸之方縄手江「越後御代官、百五十表川崎平右衛門様」御手代出ル

尾州様御領
墨俣　尾越江弐里廿町

一、御本陣御小休ニ而鮎鮨献之
　但、尾州様（徳川宗睦）御領御本陣帯刀ニ而出候分、名披露

墨俣川　舟渡し

一、戸田采女正様ゟ御役人被指出

一、墨俣川東江永井友吉様（直弼）美濃厚見郡加納城主、三万二千石、雁間御詰　御役人并御先払出ル

一、川面ニ安藤対馬守様（信成）奥州磐城郡岩城平城主、五万石、御老中　御馳走御役人出ル

一、川之辺江片岡一郎兵衛罷出ル

　但、御水主小頭壱人・手代り壱人召連ル

境川

一、尾張様御領御役人出ル

尾越川　舟渡し

一、戸田采女正様ゟ川役人出候義茂有之

一、尾越宿之方江片岡一郎兵衛御水主召連御見送御迎共罷出ル、御宿供申上、　御意有之、是ゟ彦根迄御乗舟之節、一郎兵衛御召舟江乗候事

　御参府之節、無事ニ居ヨ（カ）明年出ヨト之　御意有之、右者　御上国之節、一郎兵衛御迎ニ罷出候義、大井川御渡川御飛脚之節、　御書ニ而被　仰付越候ニ付、自然御様子ニ寄、御迎ニ罷出候砌迄茂　御書相届キ不申候而茂、前段之　御意ニ而罷出申候由、　御上国之節者出タカトノ　御意也

尾越　尾刕様御領　萩原江壱里

一、御参府之節、尾越宿ゟ片岡一郎兵衛御暇被　下置罷帰ル

同
萩原　稲葉江壱里半

一、此所ニ而御小休之節、

　御先代見セ馬被遊　御覧、大洞沖右衛門江被　仰付候由、右ニ付此辺江馬持罷出、馬入　御覧度段相願候義茂有之候ハヽ、御小休又者本陣江参、其年御役人江相預候様、御宿供心得ニ而可申候事

同
稲葉　清須江壱里半

同
清須　名護屋江壱里半

幡下　福万寺

例御小休献上物仕ル「物無之」、尤名護屋　御城下御泊御小休等相成不申候ニ付、前々ゟ福万寺御小休也

但、「寛政四壬子年」献上物無之　御参府之節、住寺初而御目見仕候ニ付、相願献上物有之、以後指上物無之様、御祐筆方ゟ相達し置候由

名護屋　熱田江壱里半

尾張様御城下　六十壱万九千五百石、尾刕愛知《アイチ》郡

一、人馬役人出候得者御金被下之、尤府中品川ニ而者直ニ御金被下之、其余者御参府御帰　城之上ニ而、夫々御先例を以被下之

同御領
熱田　鳴海江壱里廿六町

　尾刕三刕境

一、前々者源太夫社神主罷出候由、当社神主与披露、但し、被下金無之、何之頃ゟか不出

一、尾刕御父子様ゟ御使者有之、御本陣之者兼而御取次江懸合、御勝手宜キ節可被相勤候旨内意聞合有之、御都合宜節御取次ゟ御本陣江案内申

遣し、御使者被相務、御取次御口上承り、御小姓を以申上ル、　御直答御座候得者継御上下被為召、御座所御次之間江御取次案内仕、名披露有如図、　御直答相済被遊御立、少〻御送り被遊候、御仕成有之、相済、右為御挨拶熱田駅奉行役所江御取次之内御使相務ル

　但、尾張様御使者送迎下座薄縁迄、外ハ玄関鏡板迄

熱田御本陣之図

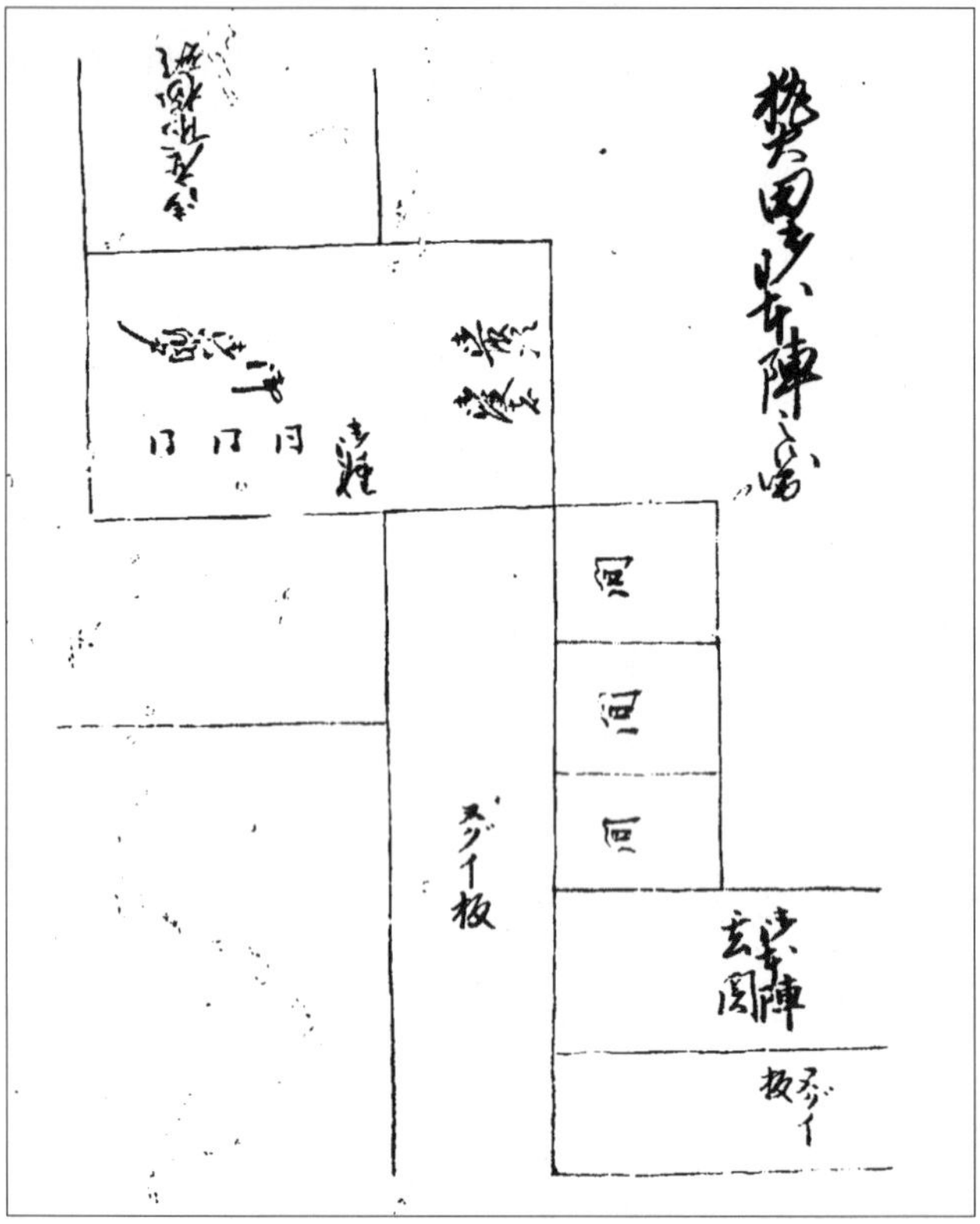

一、紗綾弐巻

尾張様御使者旅宿江持参被遣候　御使御中小姓勤之

一、右御使者江　御直答ニ無之候得者、御家老を以御返答被仰出候、右之節者前広ニ窺置、御家老衆江心得相達置、何角御側役ヲ以被仰出

　寛政三子年　御参府之節、脇伊織相勤

一、尾刕様御家老竹腰小伝次様「殿」ゟ以奉札御見廻申来、御供御用人ゟ返書遣ス

一、今晩御泊江鳴海絞り并宮細工竹屋町織懸物等持参被遊　御覧候得者、御小納戸取計御買上ニ相成ル

同

鳴海　池鯉鮒江 弐里半三十町

　尾刕三刕境

　　御小休酒屋藤介

例御菓子美淋酒指上并御次向江茂御酒等出ス

一、此間芋刈村酒屋塚本惣兵衛宅先年御小休ニ成ル

前後村　　御小休辰巳屋惣介

弐万三千石、三刕刈屋御城主、雁間

土井（利制）兵庫頭様御領分

池鯉鮒　岡崎江 三里廿九町

一、御休江土井兵庫頭様ゟ御使者来并宿端江町奉行其外御役人御先払出ル

一、寛政四壬子年五月御登之節、御本陣江中川（久持）修理太夫様御休ニ付、梅屋新左衛門与申者方江被為　入、御小休ニ成ル

大浜　茶屋中根源六

従是岡崎領

例年御小休之節、蕎麦切指上并御次江御酒等出ス

五万石、岡崎御城主、帝鑑間
本多(忠顕)中務大輔様御城下、(白紙貼紙)帝鑑間
岡崎　藤川江
壱里半

岡崎入口江本多中務大輔様より町奉行被指出、并御先払等出ル
一、御小休ニ而茂、又者御休泊ニ而茂、本多様ゟ町奉行被罷(カ)出、兼而御断
ニ付、別段御使者不被遣候、御用等承度旨被申述
一、岡崎御止宿ニ相成候得者、中務大輔様江御使、御中小姓務之
(貼紙)「一、三ゟ遠ゟ御代官辻甚太郎(守貞)様御手代被指出」

御代官支配
藤川　赤坂江
弐里九町
一、「辻甚太郎様」御手代被指出

同
赤坂　御油江
十六町
一、「右同断　」御手代被指出

同
御油　吉田江
壱里半
一、「右同断」(後筆)御手代被指出

御油川歩渡り

良香散　薬屋彦介

例之通御小休餅指上ル

七万石、侍従、御老中
松平伊豆守(信明)様御城下
吉田　二川江
壱里半

宿中江伊豆守様町御奉行并御先払出ル
一、松平伊豆守様江御使被遣時候御見廻、且又於今切御舟御借用被成度旨
被仰遣
一、御小休ニ而茂御本陣江伊豆守様ゟ御使者来ル

御代官支配
二川　白須賀江
壱里半

三ゟ遠ゟ境

一、「岩松直右衛門(純英)様ゟ」御手代被指出

同
白須賀　荒井江
壱里廿四町

一、　　御手代被指出

一、橋本村庄屋彦右衛門悴子左京
御目見ニ罷出ル

但、彦右衛門江金百疋、悴子左京江銀子弐両被下之

元文五庚申年五月(一七四〇)
天祥院(井伊直定)様　御上国之節、荒井宿御休以後、橋本村於葭地梅首鶏御鷹野
有之、荒井宿御本陣疋田与兵衛、橋本村庄屋疋田伝兵衛万事世詰(話カ)仕候
由
大魏院(井伊直幸)様御代ニ茂同所ニ而梅首鶏御鷹野有之
一、御鷹野之節、御宿供者海道ニ残り、御近習廻り計御供、　御前ニ者大

方御馬ニ而被遊御出候由、御鷹野之御様子共御鷹頭取方ニ留有之

荒井　松平伊豆守様御領　舞坂江海上　壱里半

今切渡し五拾町

一、松平伊豆守様より町奉行御先払被指出

御関所　松平伊豆守様御預り

一、御休泊又者御小休ニ而茂、御胴勢段々御先江越候而、宜敷節川割方ゟ申上候而、御本陣被遊御立、伊豆守様御馳走御役人町奉行例年柵際迄出ル（川割方又者御宿供之内ニ而申合、名披露、）柵際迄御駕ニ被為召、夫ゟ御関所前御歩行被遊、尤御乗輿被遊候得者、先達而御供御用人御番所江参、御胴勢被召連御通行之趣断申候節、御乗輿被遊候趣茂申述ル、　御上国之節者、柵際外より御駕ニ被為　召、御乗輿之節者前ニ同し（但、御関所ニ而者御宿供不残御供、）御関所時宜請者、江戸下乗内之通、尤上番衆江者御宿供之内ゟ挨拶ニ参ル、御直請之筈ニ候得者、以前ゟ右之通也、御道具者立申候、万一御不快ニ被遊御座御乗輿之節者伏させ申候

一、御召船江者表方当番御宿供壱人、御近習御宿供不残、御行列御小姓壱人・御医師・御道具弐筋・御道具附壱人・御茶弁当・御茶道・御草履取壱人乗申候、但、御挟箱者乗せ不申候

一、伊豆守様御舟方御役人被指出、御馳走御舟江被為　召候者荒井計也

一、荒井御舟御借用御挨拶者
御着府　御着　城之上ニ而被　仰越

一、荒井宿前田作右衛門与申者、年来御舟御用相務候ニ付、何角川割方江相談仕御世詰（話カ）申上ル、右ニ付、例金子弐百疋川割方ゟ被下之

一、寛政四壬子年十一月廿三日、荒井宿御泊ニ相成、廿四日被遊御越候節、＊今切舞坂前乱杭之内、当秋之大風ニ而砂入大舟者通りかたく、依而乱杭之所ゟ小舟ニ被　召替候様ニ仕度旨、川割方ゟ相願、則右之通ニ被
仰出

（＊頭注）「御関所之義、倍（陪）臣ニ而も御目見以上之面々、是迄乗輿ニ而罷通候者者、是迄之通可心得旨、寛政三辛亥年五月御目付坂部十郎右衛門様（廣高）ゟ御城使方へ御達し、井伊兵部少輔様被仰渡由」

一、御関所ニ而御行列外之面々者、道具をふせ駕之戸引、舟場江罷越申候事、尤銘々御関所江断候ニ及不申、直ニ舟場江罷越候、尤舟賃者川割方ニ而御埒合出来候ニ付、自分払ニ及不申候、追而　御着之上、御道中方ゟ自分払之分舟賃取立候事

舞坂　御代官支配　浜松江　弐里廿五町

一、舞坂舟場江　「辻甚太郎様」御手代被指出

一、御参勤之節、舟場ゟ直ニ御小休江被為入、御供中揃申候上ニ而被遊御立、　御上国之節者同所御小休ニ而御見合セ被遊、御都合能節御舟江被為　召

篠原村

御小休ニ成ル　　かうしや喜兵衛

六万石、雁之間　井上武三郎（正甫）様御城下

浜松　見附江四里七町

一、井上武三郎様ゟ御使者并御先払出ル
五千四百五十石余、御寄合衆

一、近藤登之助(壽用)様より御使者被指出

一、金弐百疋　近藤登之助様御家老　小野平次右衛門

右者御使者相勤并為窺　御機嫌被罷出候付、被下之　但、平次右衛門義者子細茂有之ニ付、以来被罷出候ハ、件之通可被下置段、寛政三辛亥年五月御上国之節被仰出

井家新譜ニ出
祥寿公(井伊直政)江　神祖井伊氏を賜り故業に復ス、三士を属ス、近藤石見守(秀用)其一人也、又天正十八庚寅春三月関白北条氏政与戦、　神祖応之、攻篠郭小田原攻城　陥之、時ニ与力近藤登之助及家臣長野伝蔵戦功有り、太閤褒賞を給ト云云

一、井伊谷龍潭寺御本陣江被罷出一品持参、　御目見被　仰付、遠方入念テト　御意有之、金子三百疋以御使被下之
但、御本陣ニ而御祐筆頭御使者相勤、件之通相達ス、代僧之節茂御口上振代僧与有之計被下、相替儀無之

一、中野町村「寛政三辛亥」年五月御登被遊候節、井伊谷江御参詣被遊、御供之外赤坂江廻り申候、尤御倫(綸)旨御長持御小納戸藤田新介江御預ケ、石居市丞ゟ請取、赤坂宿ニ而市丞江相渡ス

中野町村

御参府之節、天龍川前ニ付御小休被遊、寛政三辛亥年正林寺初而御小休ニ相成、当村庄屋与左衛門方御小休ニ成候義茂有之

天龍川　御胴勢先越

川端江「岩松主税(純春)様」御手代出ル　(貼紙)「岩松御名字武鑑ニ不見」

同所江「越後御代官、百五十表　山田茂左衛門(至意)様」御手代被指出　市川伊平次

池田村

＊1
御小休ニ成

中泉村　酒屋久左衛門

御小休ニ而例年品〻指上ル
但、例年香之物指上為御持ニ相成、　御先代ゟ御小休ニ相成、格別厚御仕成ニ而御反物等被　下置、当御代　御入部之節者御懸物被　下置候、久左衛門義、何之故を以如此なる哉不詳、格別豪家故以前ゟ如此相成候物乎、
＊2
大魏院(井伊直幸)様御代俄ニ御立寄、御小休ニ相成候ゟ例御立寄、御例トナル由

(＊1〜2上部の付紙)
「共資卿遠州村櫛郷江御下り、井伊谷御居□(住カ)之後、共保卿八幡神主大隅何某之許ヨリ井伊谷江御入之節、先祖市川真平御供仕、其俣子孫代〻奉仕、御十六代　直親公御代有故テ御暇奉願、中泉村ニ幽居、聊之酒造為家業、　直政公
神君江御通心之節、御蜜(密)使相勤、其後御出陣御鷹野御供之節御立寄被遊、慶長五子年関ケ原御出陳(陣)之節御立寄、国府八幡江御利運御祈願被□(遊)神酒御膳御重詰御肴献上仕、翌六年江州　御入部可被召出御沙汰之処、心之俣住居相願、其節御直書品〻拝領、右吉例を以手製之酒御膳御重詰御料理御通輿之節〻献上、其後中絶之所、　直幸公於御道中御不例、往古被　思召御立寄御養生御古例申上、御膳御重詰御肴献上、御全快被遊、無御滞　御入国被遊、以来旧例之通献上可仕旨蒙仰候、以後数十年来無差悶献上致候、

直中公　御入部之節、三幅対御掛物頂戴
　嘉永四亥年三月記之」

一、「辻甚太郎様」御手代酒屋久左衛門方江相詰被申候

御代官支配
見附　袋井江 壱里半
宿入口「辻甚太郎様」御手代被指出
一、旧キ留ニ、御花作り与左衛門花指上、御花作り与左衛門与披露仕指上候花入　御覧、其上御供押ニ持セ参り、御小休ニ而御近習を以指上ル、当時無之
　但、御茶弁当持手代りニ為持候事茂有之由

袋井　懸川江 弐里十六町
一、宿中江「辻甚太郎様」御手代被指出
一、同所江「山田茂左衛門様」御手代被指出

原川村　伊藤又左衛門
御小休ニ成ル
一、此間ニ［　　］十六町除外トハ遠し

五万三千七石余、侍従、御老中
太田備中守様（資愛）御城下
掛川　新坂江 壱里廿九町
右御本陣江太田備中守様ゟ町奉行被指出、御用等被　仰付候様被申述、其外御役人御先払等出ル
一、御止宿ニ相成候得者、御使被遣、御中小姓勤之

曽根川　歩渡り
一、千羽村茶屋千次郎与申者方ニ而、寛政三辛亥年　御参勤之節、例幣使御登ニ付暫御見合被遊、御小休ニ成ル
一、本庄村儀右衛門与云百姓家江、寛政二庚戌年御入部之節御小休ニ成ル

御代官支配
新坂　金谷江 壱里廿九町
一、宿入口江「辻甚太郎様」御手代被指出
一、旧キ留ニ、新坂ニ而馬之沓途中ニ而指上候ハヽ、御合羽籠ニ成とも入置候而、御小休之所ニ而御馬取小頭江申渡、御中手御沓籠江入させ申候事、披露者当所何右衛門「誰与申候事」、当時無之
　但し、御入部之節計指上申候由ニ茂有之
一、菊河矢之根鍛冶五条清次郎、矢之根指上候ハヽ、当所矢之根鍛冶与披露、弐本包有之を請取、例之通指上、御跡箱江入、御泊り宿ニ而御小納戸江渡ス
　但、右矢之根指上候ニ付、御目録金百疋被下之
一、此間坂道ニ付、御駕陸尺増人八人入申候

御代官支配
金谷　嶋田江 壱里
遠刕駿刕界
一、寛政三辛亥年　御参府之節、金谷宿御本陣先達而類焼ニ付、西正寺初而御小休ニ成ル

大井川　歩越

一、大井川西江「辻甚太郎様」御手代被指出
一、同所川端江「山田茂左衛門様」御手代被指出
一、同所川端江「岩松主税様ゟ」御手代御先払被指出
一、同所東江「駿刕・三刕・遠□《（刕）》御代官野田松三郎様御手」代被指出
一、本多伯耆守様《（正温）》ゟ川方御役人御徒目付同心出ル、役名ニ而披露、登り之方柵際江御町奉行出ル
一、登り之方渡り瀬壱里下ニ鎌塚渡瀬、又イロ元之渡瀬ト云所有之、先年鎌塚御越被遊候事有之由、左り之方渡り瀬ゟ兎山之瀬有之、嶋田之方ゟ者一番手ト云

御代官支配
嶋田　藤枝江　弐里八町

一、「駿河・三河・遠江御代官野田松三郎様《（政晟）》御手代」御先払被指出

瀬戸川　歩渡り

一、大井川無滞被遊御渡川候得者、御泊ニ而御吉例之通御酒・御吸物御祝被遊、御次向江茂御酒被　下置、御供御末〻迄御酒被下之、御賄方ゟ夫〻配当仕ル
一、大井川無御滞御渡川被遊候得者、例之通江戸・彦根江御飛脚□《（被）》指立、尤江戸江者御先例之通御届御状被指出
但、公儀御精進日ニ相当御渡川被遊候得者、翌日之御日附ニ而御飛札出申候由
一、御上国之節、大井川御渡川之御飛脚相立申候砌、左之趣共彦根江被　仰付越
御着　城之御日割并夫〻江被　仰出候御用筋、御鷹方御迎、御舟方御迎、御番帳中野助太夫番場宿迄御迎罷出、御茶指上候様、木俣土佐方江被為入候ニ付時服被下御用意、并松平倉之介・印具徳右衛門、土佐方ニ而御相伴被　仰付、御医師御相伴、御側役諸事御近習向頭取可相勤、御小納戸御召替御装束持参、御小姓御通ひ可相勤、右之御書共今日御飛脚御便ニ被遣
一、御供御家老衆初例恐悦申上候面〻、御本陣江罷出、恐悦申上ル
一、寛政四壬子年十一月、御供御家老衆大井川御渡川之節、於川場　御直ニ恐悦被申上候、右之節、家来壱町余り茂跡江残し置祝《（カ）》申候先格有之処、以来者若党弐《（カ）》人草履取《（カ）》壱人召連御前六七間之場所□見計、供を残し候様被　仰出
一、寛政四壬子年大井川御渡川之義、嶋田駅御止宿ニ御座候得者、御胴勢不残不相越候内御渡川被遊候共、子細無之義与　思召候段被　仰出、右之通ニ而被遊御渡川候
但、水之様子等ニ而考茂可有之事
一、大井川被遊御渡川候砌、御先道具者川向江越、列を立、御前御渡川被遊候を奉見上候而、夫ゟ御先江罷越候事
一、御道中ニ而御供替り御足軽召連御留主詰御物頭罷下り候者　御目見有之、尤発足日限被　仰付越罷下り申候事故、御行懸りニ所不定御目見仕候様ニ相成ル
但、
御前御小休ニ而者、直ニ御物頭罷出、御機嫌相伺、御立之節御駕江被為　召候節、　御目見被　仰付、　御意有之、御小納戸《（カ）》又ハ御小姓を以御礼申上ル、尤御盃ニ而　御目見被　仰□□《（付候カ）》得者、御側役を以御礼申上ル、御足軽者御本陣門

□(前カ)ニ手代を付□平伏仕罷有候

一、御盃ニ而者、御家老衆下宿江罷出、御機嫌相窺、其上　御目見相願申候、近年御行懸り　御目見仕候事故、御小休ニ而　御目見仕候様相成、前段之通直ニ御機嫌相窺、御小納戸御小姓を以申上ル

瀬戸川　歩渡り
田中迄廿六町

藤枝
四万石、駿府田中御城主
本多伯耆守様御領
岡部江
壱里廿九町

当宿江本多伯耆守様御役人并御先払被指出

朝比奈川

藤枝川　歩渡り

本多伯耆守様ゟ人馬役并川割等被指出

岡部
御代官支配
鞠子江
弐里

当宿入口江「岩松主税様ゟ」御手代被指出

一、当宿与鞠子宿間江中里村神主罷出ル、中里村神主与披露

駿府中里神主
杉崎新右衛門
村松五郎兵衛
山川藤蔵

右登り方宿入口前江出ル、中里村神主与計披露

一、井家新譜ニ云、天正十八年庚寅(一五九〇)九月十五日、(井伊直孝)久昌公駿府枝郷中里八幡宮拝殿ニ生、又天正十八年庚寅二月十一日、　公遠府掛川領石渡村郷民佐藤与□(左)衛門家生ト云云、(案ルニ)佐藤与左衛門ハ当時浜松宿御本陣也、諸説不同、然るに中里八幡祝士今に到り毎年来り謁ス、戸塚氏手記ニ茂有此説、其実を得たりと云　中里八幡御修覆等被仰付候義、宝暦十四申年正月十七日御日記ニ見ユル

一、鞠子宿迄之間ニ而、阿部川水之様子府中町御奉行御組与力為知ニ罷越候事有之

丸子川

一、以前此間ニ而御鷹野被遊□(候)事□□(有之カ)、惣御供御跡ゟ参候様被　仰出候段、御宿供留ニ相見江、御鷹方留記ニ者無之

但し、御道中御鷹野之事、三嶋千貫戸樋ゟ御鷹野被遊候ニ付、御行列御供ニ御鷹被召連候、尤尾府様御領・御老中様御領者御遠慮被遊候
(井伊直定)天祥院様御代、元文五庚申年(一七四〇)五月、
御上国之節、三嶋ゟ沼津御泊迄御歩行御鷹野御装束被為　召、御近習御供御野廻り装束着用、翌日沼津与原宿之間右同断、夫後荒井ニ而梅首鶏御鷹野有之

一、御年譜ニ云、寛永九壬申年(一六三二)十一月、於武府世田谷御鷹場御拝領之事、

今案ニ箱根ヨリ以西彦根迄海道壱町余御鷹場也ト云云

此説世田谷御鷹場之事者別段也、元禄六癸酉年(一六九三)、
(徳川綱吉)常憲院様御代諸国殺生御禁制ニ付、
(井伊直興)長寿院様御鷹場御上被遊、世田谷御鷹場□(者)此時より止　委御小納戸ニ留有之、海道筋御鷹場今以替る事なし

一、延宝五丁巳年(一六七七)九月、御道中踏込壱町御鷹場給ル「直」澄公江給ル

直孝公以来恒例也ト云云

宇津山
府中町御奉行支配所

右谷中ニ御小休ニ可相成家持有之旨御宿供留ニ有

御代官支配
丸子　府中江 壱里拾六町

当宿江駿府御町奉行「土岐主税様(頼香)」御組同心并小屋頭被指出、阿部川注進茂有之

但、格別満水之節者水之様子書付持参有之

一、此間手越村専修寺罷出生花指上ル、手越村専修寺与披露、御供押又者御茶弁当持手代りニ持セ候事茂有之由

但、宝暦二壬申年「年中」、大魏院様　御上国之節、専修寺活花指上、直ニ入　御覧候事茂見ユル、寛政二庚戌年、当御代　御上国之節不出、手越村ハ阿部川の端丸子の方也

一、手越村高林寺御小休ニ相成候義有之

阿部川　歩越

一、府中御町奉行組与力同心出ル

阿部川村　　破風屋六兵衛

御小休ニ相成、例年名物之餅指上ル

御上国之節、御迎ニ罷出候得者、名披露

一、御親類御両敬之御方様駿府　御城江被成御詰候得者、御小休江御使者来り御音物等御到来有之

一、「駿河・甲斐御代官 七十俵五人ふち 小笠原仁右衛門様(則普)ゟ」以御使者御音物有之

御城代北条安房守様(氏興)　御役知二千石与力十騎同心五十人

府中　江尻江 壱里弐町

一、府中御城代ゟ御使者有之

御先代者別人御用人を以御返答被仰出候、町御奉行ゟ御使者来ル

但、阿部川御小休江来ル事茂有之

一、同所御加番「一万石、讃州多渡郡多渡津、京極壱岐守様(高文)　御役料七百表与力十騎同心□十人」御定番「向坂藤十郎様(政興)ゟ」御使者来ル

一、御町奉行「三千表千石高御役料五百俵、清水湊并江尻丸子両宿御支配、与力八騎同心六十人 土岐主税様ゟ」御組与力同心并小屋頭等所々江被指出、御先払茂仕ル

一、駿府御城代同御町奉行江

公儀御機嫌能恐悦之旨　御城内無御別条、弥御堅固御勤、且御通行ニ付御使者被遣候旨、御中小姓御使相務ル

一、寛政三辛亥年五月、　御登之節、阿部川満水ニ付、御逗留被遊、依之御先例

大魏院様大垣御逗留之節、御立後、采女正様御役人江御本陣江被　仰付置候趣ニ而、急度なく咄し置申候様ニ仕候旨、夫ニ付府中御発駕後、駿府御町奉行石野八太夫様御役人江、此間阿部川満水ニ付府中ニ暫御逗留今朝御発駕被遊候旨、御本陣江咄置申候様ニ仕候由可申段主税助被申上、右之通被　仰付置

国吉田村　　酒屋源右衛門

御小休ニ成ル

一、寛政四子年五月

御上国之節、源右衛門方江尾張様御小休ニ付、同村護国寺江被為　入
候

江尻　駿府御町奉行御支配　沖津江 壱里弐町

駿府御町奉行ゟ御馳走御役人御使者出ル

一、御泊ニ相成候得者、府中ゟ竹細工等商人参、細工物被遊　御覧候義有
之、御小納戸ニ而御埒合仕ル

庵原川　歩渡り

鳩打川　歩渡り

一、川尻村真如寺、右尾州様御通行ニ付御見合セ、御小休ニ□(被カ)成候義茂有
之

沖津　御代官支配　油井江 弐里

興津川　歩渡り、水有バ川越出ル

右川端江「小笠原仁右衛門様御手」代出ル

薩埵坂

倉沢村　さつた茶屋　川嶌勘兵衛

御通行之節罷出、蚫指上ル、当所海士与披露　海士弐人

但、海士猟被遊　御覧候義茂有之、指上物仕候得者金百疋被下之

同
油井　神原江 壱里

油井宿入口江「小笠原仁右衛門様ゟ御」手代出ル

同
蒲原　吉原江 三里

蒲原宿入口江「小笠原仁右衛門様御」手代出ル

岩渕村　御小休斎藤縫左衛門

御参勤之節計御小休ニ相成、富士川御胴勢越之様子御見合セ被遊、尤
縫(ママ)右衛門罷出名披露、重詰等指上ル

富士川　舟渡し

富士川端江「小笠原仁右衛門様御」手代被指出

元市場村

御登り之節、御小休ニ成ル　増田屋嘉兵衛

潤井川　歩渡り

同
吉原　原江 三里

当宿江「小笠原仁右衛門様御」手代出ル

柏原村　浮嶋屋治左衛門

御小休ニ成ル

同
原　沼津江 壱里半

同所宿入口江「小笠原仁右衛門様御」手代出ル

三万石
水野出羽守(忠友)様御城下
沼津　三嶋江 壱里半　慶長以来廃城之処、安永六酉年(一七七七)依　台命再築也

水野出羽守様より御町奉行并町同心御先払等被指出

一、当駅御泊江御代官江川太郎左衛門(英毅)様〈伊豆・相模・甲斐、其外嶋〻御支配〉ゟ御支配所御通行ニ付、御肴御到来

寛政三壬子年十二月、御着府之上、右為御答礼色醒井餅壱箱被遣

一、寛政三(四)辛亥年五月御参勤之節、当宿御本陣指閊候ニ付、脇本陣高田弥三左衛門方御小休ニ成ル

御代官支配
三嶋　箱根江三里廿八町

三嶋宿前江、御寄合久世泰三郎(廣孝)様ゟ御使者被指出、同所宿中江「小笠原仁□(右)衛□□(門様)御手」代出ル

一、同所「江川太郎左衛門様御手代被」指出

一、御参府之節、三枚橋迄御供乗懸　御先江遣し置候義、前夜御目付方ゟ相達ス

一、箱根ニ而夜中明松燈し候事、前夜御宿供ゟ御駕小頭江申付候

一、三嶋ゟ小田原坂口迄御陸尺増人入ル

一、両坂とも御宿供非番之面〻山駕　御免之事
　但、御目付江断申候ニ不及、勝手ニ乗候事

一、御上国之節、新屋ニ而沢瀉屋権右衛門方御小休取可申事、箱根者御下り御登共三枚橋限御行列崩レ候故、御関所前新屋ニ而御目付中大概御人数御行列揃申候事、

御前ニ茂御装束等被為　召替、御関所前之義故、右之通也

一、御道中御鷹被召連候得者、三嶋宿出放千貫戸樋与申所ニ而御登ニ者御鷹起し、御参府ニ者ふせ申候、此所ゟ御鷹野御行列心得也
　但、御先代御鷹〔　〕候砌、餌割御役人中被指添、江戸　御発□(駕カ)〔　〕三嶋宿迄被遣候義茂有之

三ツ屋村　松雲寺
御小休ニ相成、薯蕷指上ル

山中村　桔梗屋九兵衛
御小休ニ成ル

大久保加賀守(忠顕)様并御代官所入交
箱根　小田原江四里八町

一、御休江「武蔵御代官野田文蔵様・小笠原仁右衛門様ゟ御手代被指出」

御関所　大久保加賀守様御預り

一、御関所御乗輿ニ而御通行被遊候段、御供□(御)用人申述ル

一、御関所下座請何角江戸御門〻御通行之節之通、上番江御宿供ゟ為挨拶参、下番江者下座請仕、但し、不声懸

一、箱根両坂之内御下り之節者、当宿より小田原坂口迄御登之節、小田原ゟ当宿迄御陸尺増人入ル、但、十人

一、御宿供非番山駕　御□(免カ)御目付江断不申、直ニ、勝手ニ乗可申付〔　〕はなれ乗

一、御参勤之節者当宿ゟ、御上国之節者小田原坂口ゟ御行列崩し候事

一、御供之面〻、御行列外通行「御関所通行」之節、面〻断候ニ及不申、惣而荒井御関所之処ニ記如し

一、御関所御番人御出入塚本伴蔵、御本陣江窺　御機嫌罷出ル

一、御関所ゟ八町東新屋町村立木新左衛門方御小休ニ成ル
寛政二庚戌年　御入部之節、沢瀉屋権兵衛方江被為入
一、箱根宿江「江川太郎左衛門様」御手代被指出
一、同所大久保加賀守様ゟ御先払被指出

畑　茗荷屋畑右衛門
御小休ニ相成、御供中江御酒等指出ス

湯本村　伊豆屋貞右衛門
御小休ニ相成、御供中江御酒等指出ス、湯本挽物細工御買上等有之

小田原　大磯江四里
大久保加賀守様御城下
拾一万三千百廿二石余、相刕□(足)柄下郡、□(帝)鑑間
一、大久保加賀守様ゟ御先払、箱根ゟ御領分境迄被指出
一、御同所様ゟ御泊江町奉行被指出、尚又御用人ゟ御用人江奉札ニ而、御旅中為御見廻粕漬梅并御肴、又者御精進日ニ有之候得者、野菜物等御音物有之
但し、御参府御上国之上ニ而、為御答礼色醒井餅等被遣
一、小田原御泊ニ成候得者、加賀守様御使者被遣、御中小姓勤之
一、小田原駅本陣四軒有之

梅沢村　大友屋半四郎

酒匂川　歩渡り
但、冬三月之内橋有之
一、酒匂川端大久保加賀守様より川支配役并手代等被指出

酒匂村　鈴(カ)木新左衛門
右御小休ニ相成候得者名披露、同所新左衛門、向川野部弾右衛門御小休ニ相成候節計名披露、先年新左衛門方御小休ニ可相成処、故障有之ニ付、弾右衛門方御小休ニ相成候事茂有之、加賀守様御百姓帯刀御免之者也、但、当御代御小休無之

御代官所
大磯　平塚江廿六町
当宿入口江「江川太郎左衛門様」御手代被指出

同
平塚　藤沢江三里半
寛政四壬子年十一月、御参勤之節、当宿御本陣御小休ニ相成候処、御立至而狭、御駕茂内庭江舁込、御駕行なりニ附、御下乗被遊候、御立之節茂御次之間ニ御本陣罷出居、御通り懸　御目見被為　請、直ニ掾(縁)先キゟ御乗輿被遊候
但、御発駕之節、番場宿御小休ニ而御駕附衆ゟ御側供衆を以相窺、御道中甚狭キ御場所ニ而、御駕茂廻り不申候程之所ニ而者、当御代ニ至り、左附ニ御駕附ケ申候義、御免□□(被下カ)置候事茂有之、勿論可相成程者常〻□(カ)右附申候得共、誠ニ不得止事節之義、相窺申候ニ付相達　御聴申候処、被遊御承知候間、右之通被仰出、既ニ当宿御本陣ニ而一向御駕廻り不申候故、行なりニ御駕附申候、但、当所ニ不限考のため二記

馬入川　舟渡し
右川端江川太郎左衛門様御手代被指出

南郷村　松屋清右衛門
御小休ニ相成、重詰御赤飯指上ル
御代官支配

藤沢　戸塚江 弐里

当宿端江（白紙貼紙）「辻甚太郎様」御手代被指出

一、藤沢遊行上人ゟ使僧被指出

同

戸塚　程ヶ谷江 弐里九町

当宿入口江「江川太郎左衛門様」御手代被指出

程ヶ谷　金川江 弐里九町

当宿入口江「江川太郎左衛門様」御手代被指出

一、御上国之節、御泊ニ成候得者、

御前様ゟ御見送御□□（使者カ）を以御肴一折被進、御附相勤　但、御附御用□□節者御賄□□、　尤

御昼江御使相務候者、御泊江茂罷越、翌朝　御立之節御直答被遊

但、御妹女様方ゟ茂御見送御使御肴壱籠被進、同人相勤候ニ付、御壱緒ニ御直

答被遊、御使者江御側役達ニ而御目録金三百疋被下置、

御妹女様方御使相兼候而茂相替儀無之、同様之被下ニ而御賄手ゟ相渡ス

一、御前様御使相務申候者、江戸表江罷帰候ニ付、御到来合セ御品御肴等

御前様江被進候

一、御肴一折

御上国之節、御泊江井伊兵部少輔様（直朗）ゟ御側役御使ニ而為御見送被進、

御側役請取同人ヲ以　御返答被仰出

但、御使者江銀壱枚被　下置、持夫宰領江茂夫々被下物有之、御賄手ゟ相渡ス

一、江戸御発駕御当日御泊ニ而□恐悦申上候面々　御機嫌窺恐悦申上ル

金川台之茶屋　江戸屋次郎兵衛

金川　川崎江 弐里半

此間生麦村茶屋丸屋金四郎与申者方、寛政三辛亥年五月、

御参勤之節、薩刕様御通行ニ付金川宿御本陣指合、俄ニ御小休ニ成ル

川崎　品川江 弐里半

此間大森与申所、和中散長谷川大掾方江先年六郷川満水之節被為入候

由

一、御上国之節御昼江

一、御提重壱組　御使御附

御前様ゟ　但し、右御使相務候者御泊江茂罷越

一、御肴　代金百疋　御使御附

清蓮院様（井伊直禔正室）ゟ　御使御附

一、御肴壱籠

守真院様（井伊直富正室）ゟ

右御口上御側役請取申□御座所ニ而

御直答被遊

但、御徒衆御使被相務候節者御側役を以御返答被　仰出候、尤、御使者江金弐

百疋ツヽ被下之、御側役相達、御賄手ニ而相渡ス

一、御到来之御菓子類

清蓮院様・守真院様江被進候ニ付、夫々御附衆江懸合相渡し申候

一、龍泉院様（井伊直富）被遊御座候節者、

大魏院様江戸　御発駕之節御昼迄御見送御小姓御使被進、御肴等被進

候、御着府之前日ニ御泊江御小姓御使ニ而御肴被進候ニ付、御側役
を以申上、
御直答被遊候
但、跡騎馬御人数少キ節者、右御使相務申候御小姓跡騎馬被　仰付候義茂有之、
尤、騎馬相務申候得者一宿仕候、左茂無之候得者、即日罷帰、御（カ）直答之趣申
上ル、右御使相務候御小姓江御目録金弐百疋被　下置、御側役相達ス、尤、持
夫江茂鳥目被　下置、夫〻御賄方より相達ス
一、御着府前日、当駅迄井伊兵部少輔様ゟ御途中江御見廻御使者来ル
一、御参府前日、御昼御本陣被遊御立候節、通シ御供相務候面〻江達者デ
ト御意有之
但、御目見之節、押通し御供之面〻与披露、居並候事者御目付指図有之

六郷川　舟渡し

品川　江戸江弐里

一、御肴　御使御附
御参府之節、御泊ニ相成候得者、左之通御迎御使者被進候
御前様ゟ
一、同断　御使御附
清蓮院様ゟ
一、同断　御使御附
守真院様ゟ
一、同断　御使御賄
御妹女様衆ゟ
右之通御側役承之申上、御座所江被為　召、御直答被遊、御使者面
〻江御目録金百疋ツ、被　下置、持夫江茂鳥目被　下置候ニ付、例之
通夫〻御賄手ニ而相渡ス
献上物不定、御上り之御酒指上候義茂有之、御賄手ニ而取計　鈴木春波
同　林笠
右御着被遊候節、御通り道江罷出居、　御目見　御意有之、直ニ御座
所江被為　召、尤、御本陣ニ而御懸合支度被　下置、御目録被　下置、
例御賄衆江相達ス
但、御泊宿ニ止宿茂有之、献上物茂有之候得者、五百疋被　下置候義茂有之、壱
通り御迎ニ被罷出候面〻者銀壱枚ツ、被　下置
狩野清意
右御通り道江罷出居、御側役例之通申上、念入テト　御意有之、御賄
手ニ而御目録弐百疋被下之
一、御出入御用聞町人共、其節〻人数不定
右御賄手ゟ献上物指出候、尤
御着府之上、指出し申候品茂有之、何茂（カ）相達　御聴、翌朝　御立之節、
御本陣玄関前ニ而御目見、御用聞町人共与披露有之
但、御目録金百疋ツ、御賄手ニ而被下之
一、御着府之節、御本陣御立之砌、御供御足軽御本陣門外ニ而御目見仕ル
一、御肴一折
井伊兵部少輔様ゟ御側役御使被進候、
此方様御側役請取御口上申上、同人を以御返答被　仰出
御参府・御上国共、品川迄御見送御迎分
但、御使者江御目録金弐百疋被下置、御音物宰領・持夫夫〻鳥目三百銅ツ、御
祐筆方ゟ相渡ス

一、御菓子
戸沢上総介様（新庄藩主、正親）奥方様（井伊直幸養女）ゟ御使者を以被仰進、御取次承之、御側役を以御
返答被　仰出
　但、御使者江金弐百疋、御音物宰領江銀弐両、持夫江銀壱両ツヽ、被下之、御祐
　筆手ゟ取計
一、御肴
土井左京亮様（利義、井伊直幸息男）ゟ御近習御使を以被　仰進、御側役承之、同人を以御返
答被　仰出、御使者并宰領・持夫江被下、右同断
一、御菓子
桃林院様（井伊直幸養女）ゟ御供御用人江奉札ニ而被進之、則御用人ゟ申上ル
　但、御音物持夫江銀壱両被下之、御祐筆手ニ而取計
鈴木春波
同　林笠
御発駕之節、　御着前　御本陣江罷越居、献上物有之、御通り懸　御
目見、夫ゟ御座所江被為　召
　但、御目録弐百疋ツヽ、被下之、御祐筆手ニ而取計、寛政二庚戌五月　御入部之
　節、川崎御昼□（江カ）春波罷出指上物仕候ニ付、銀壱枚被下之
狩野清意
御発駕之節、御本陣江罷出、御通り懸
御目見、入念テト　御意有之
　但、御目録金弐百疋被下之、御祐筆手ニ而取計
一、御発駕之節、町人共　御目見ニ罷出、献上物仕、御本陣御立被遊候節、
御目見御用聞町人共与披露
　但、御目録金百疋ツヽ、被下之
一、御参府之節、品川宿御泊ニ成候得者、右御本陣江御着茂御早く格別雑
作多、依之別段ニ金子五百疋被　下置、御賄手ニ而相達ス
一、御上国之節、御取次壱人先達而品川御本陣江参、御見送御使者有之候
ハヽ、請取可申事
　但、御帳附御足軽弐人召連可罷越事
一、御供御行列之面々、　御着府之節者品川迄、御発駕者品川より笠持申
候事
一、御着府前夜、御泊ニ而御供御家□（老カ）衆初、例恐悦申上候面々、御道中無
御滞被遊御旅行、明日　御着府被遊候恐悦申上ル
一、御着府之節、御老中様江御廻勤之義、御月番当月殿方様被成御勤、御
留主居を以御逢之義被仰込候処、何時頃御逢可被遊御出候様申来候段、
江戸御留守ニ罷有候御用番之者ゟ申上ル、相替候義有之候得者、御馬
役之内壱人早乗ニ而当宿御泊江申越候ニ付、御供御家老ゟ其旨被申上、
尤御着日御老中様江御逢之義者、　御発駕御日限被　仰出候御飛脚ニ、
江戸勤番衆江被　仰付越有之候事
　但、御逢之義、大方御老中様御登　城前ニ有之候、安永六年（一七七七）四月十五日　御参
　府之節、御用番様御退出後御逢之例茂有之
一、御当代御着府之節、御側供筆頭川割ニ而罷越候者茂御廻勤御供相務可
申旨被仰出候ニ付、御供御用人衆江相達し、御請申上候、尤御側供跡
騎馬相勤申候者者、虎之御門□御供相務、御道中御宿割相務申候面々、
江戸表ニ而御供目付相務申候ニ付、明日御先例之通御供目付相務申候
段被申聞

一、御着府当朝御供触之事、例御道中御供揃之格与違、御人数多跡騎馬等茂有之候事故、其心得を以時刻早く御供触被　仰出候事也
一、御着府当朝、御供御家老衆者、御先江御屋鋪江着也
一、御先道具者外桜田上杉弾正大弼（治廣）様御長屋下ニ而抜キ、夫ゟ御先江御屋鋪江着仕候事
一、御供御用人者騎馬之跡江駕ニ而御供相勤、桜田外御供残候所ゟ直ニ御屋鋪江着之事
一、御行列御小姓者御道中ニ而之通騎馬ニ而御供相勤、桜田外ニ而ひらき待居申候而、御廻勤相済、同所ゟ御供着仕候事
一、御医者・御櫛役・御祐筆・御目付者勝手ニ着仕候事
一、跡騎馬之面々者黒田様御屋鋪脇より霞ヶ関江切レ、御裏御門ゟ御屋鋪江着仕、御発駕之節者品川御本陣江被為入候迄、跡騎馬御供相勤ル、江戸御発駕之節者御行列面々、御目付指図ニ而懸札ニ揃、跡騎馬面々者御登　城御門ゟ御跡江乗列立候事
一、御着府之節、霞ヶ関ゟ御地廻りニ成候間、御牽馬絹取らせ申候事
一、御着府之節、御老中様江御廻勤被遊候砌、御小姓御宿供之分、品川ゟ不残御供也、尤御廻勤之節者、御先御役附御平供二十人高御供相務、其余者上杉弾正大弼（治憲）様御屋鋪辻番所辺ニ相残居、御廻勤相済、右之所江御出被遊候ハヽ、其所ゟ不残御屋鋪迄御供可仕事
一、御役附非番之面々者、霞ヶ関ニ而抜、御屋鋪江入、右（ママ）　未年被仰出候よし、通し御供之面々者御老中御廻りニ品川ゟ直ニ御供仕候事、御平供両番共是又御供
一、御十文字鑓・御長刀・御弓・御枕鑓、此分右同所ニ而相残居、御廻勤相済、右之処御通行被遊候砌、直ニ御屋鋪江御供可仕事
一、御馬者御牽替共弐疋御供ニ残り候事
　但、霞ヶ関ゟ御中道具之内、御馬壱疋残し御供ニ付候事
一、彦根御発駕前ニ御合羽籠之義、江戸江御着之節、御老中様御廻勤ニ茂直ニ御供ニ参候様、御賄衆江御側供ニ申置候事、猶又江戸江御着前夜ニ茂其段申達候事
一、大魏院様御代、御着府前夜、御供末々之者多葉粉入之類、惣而見苦敷品下ケ不申候様ニ被　仰出、御供頭ゟ御小道具小頭・御駕小頭などへ申付候由
一、御着府之節、御供方御末々迄自分羽織着致させ申候事、直ニ御廻勤有之故也
一、御側供馬者上杉様御番所御供残り候所ニ而抜キ、御廻勤相済候迄待居、供鑓・供馬共御行列ニ付、御屋鋪江着仕候事
一、御行列御小姓者、品川ゟ跡騎馬相勤、右同所ニ残り御屋鋪江　御着之節、御供相勤候事
一、惣而御中手之義者霞ヶ関ニ而抜、御馬壱疋残し御供ニ付候事
一、御老中様江御廻勤之内ニ、御待請御出被成候御客附御用人中ゟ為持参候ニ付、御側供ゟ指上申候事
一、御屋鋪江被遊御着候節、御出入之御方々様御玄関江御出向茂有之候ニ付、前方ゟ御下乗被遊候事

（見出し札）
「御着府御発駕」

御着府并御発駕之事

一、御着府御当日、品川御本陣ニ而御装束、時節之御服半御上下被為　召、
江戸御着、直ニ御老中様・御側御用人様江御廻勤、御用番様ニ而御逢
相済、御屋鋪江被遊御着、
一、明和二乙酉(一七六五)年二月十一日、
大魏院様御着府之節、御老中様并御側御用人様江御廻勤、御用番松平右近将監(老中、武元)
様ニ而被遊御通り、例之通御対面被遊、松平周防守(老中、康福)様ニ而者御例格ニ者無之候得
共、御間柄ニ付御通、御用人御呼出、御口上被仰置候処、周防守様御出席被成
御対面候
一、明和四丁亥年四月十五日、
大魏院様御着府之節、御老中様并御側御用人様江御廻勤、御用番阿部伊予守(老中、正右)様
ニ而被遊御逢、右近将監様・周防守様・但馬守(老中・秋元凉朝)様江者御通り御用人江御口上被仰
置候
一、安永二癸巳(一七七三)年四月十一日御着府之節、御老中様江御廻勤之砌、
公儀御法事有之ニ付、御用番様ニ而御断ニ付御逢無之、十三日御逢御出被遊
一、安永八己亥年四月十一日御着府之節、増上寺ニ而御法事中ニ付、周防守様御断
故御逢無之、十六日ニ御逢被遊御出
一、寛政四壬子年十二月三日、
当御代御着府之節、御老中松平伊豆守(信明)様御上京御留守ニ候得者、御廻勤之節御
出被遊候

御舎弟様方御出迎被遊、御挨拶、
但、
大魏院様御着府之節、
龍泉院様御式台迄御出迎被遊、夫ゟ御同道被遊
御玄関窓下ニ而御出入御籏元衆・御医師衆御出迎御挨拶被遊、御客
様有之候得者、御使者之間御椽頬迄御出迎被成候ニ付、御挨拶被遊、
夫ゟ御玄関御使者下之御間ニ而御親類様方御使者江御直答被遊 御取次披露、
夫ゟ上之御間ニ而御国家御親類様方御使者江　御直答 御取次披露、 夫ゟ御使
者之間外ニ而御老中様・若御年寄様方ゟ之御使者有之候得者　御直
答、夫ゟ二十八畳御間ニ而御同席様御附使者江御直答 御取次披露、 同所ニ而
松平伊賀守(忠済)様・秋元但馬守(永朝)様御使者江御直答 御取次披露、 相済、同所ニ而御
城御坊主衆江御意有之 御側役申上ル、 相済、御裏座鋪ニ而御出入御籏本衆江御
挨拶被遊、夫ゟ二十八畳御間入口ニ細居繁介罷出居候得者、御会釈被
遊 御側役申上ル、 夫ゟ中之御間両頬ニ御家人衆・他所御家中衆参居、御意有
之 御側役申上ル、
但し、御出入御家人衆喜多七太夫江　御意有之、御出入医師江者　御目見計被
為受
夫ゟ御小座鋪入口際ニ而井伊兵部少輔(直朗)様御附使者江　御直答被遊 御側役申上ル、
御同所様御家老罷出居候得者、　御意有之 御側役申上ル、 夫ゟ御小座鋪江御
出、御客様方江御挨拶被遊相済、中之御間次ニ而御供替り、御物頭
御目見 御取次名披露、登ルカト 御意有之、例之通御家中　御目見被為受、夫ゟ御張
紙外ニ而
守真院様御附衆江　御意有之、夫ゟ御張紙内御廊下ニ而　御内輪様方
御附使者江御直答被遊、相済、御座之御間江御□(着カ)座、御長熨斗出、
但、天明三癸卯(一七八三)年四月十一日、大魏院様　御着府之節、　龍泉院様御対面、
御手熨斗被進、相済、順介(井伊直専)様・武之介(井伊直明)様御一同ニ御出座、御祝儀被仰上、御手
熨斗被進、　外也(井伊直広)様ニ者御玄関ニ御残り被遊、御跡ゟ御勝手奥御小座鋪江被為
入、御扣被遊、　順介様・　武之介様御退座被遊候上、　外也様御出座、御祝
義被仰上 但、御手熨斗被進ハ無之
一、明和二乙酉年二月十一日、
大魏院様　御着府之節、

龍泉院様御幼年ニ付、御次十八畳之御間江御出迎石居次郎兵衛奉抱、御跡江御続被遊、御
座之御間江被為　入、御対顔、于時御熨斗出、御披座

一、明和四丁亥年四月十五日、
大魏院様　御着之節、
龍泉院様御出迎之節石居次郎兵衛・同典膳御供仕申候而、御対面之節次郎
兵□(衛)御供仕□(カ)取計候様ニ可仕候、尤、御抱守茂御供仕出□様　正介様(井伊直幸息男)ニ茂御引
続被成御出迎候様ニ可仕旨椋原主馬相達、且亦　御対面之節御熨斗典膳指上候
様ニ被　仰付、奥平伝蔵申達ス

一、同断　御着府之節、御次十八畳之御間江
龍泉院様　正介様御出迎被遊候ニ付、御会釈被遊相済、御座之御間江被為入御
着座、則　御二方様ニ茂御座之御間江御出、御右之方御着座、　御対面之節御
長熨斗出、于時　龍泉院様江御手熨斗被進、相済、正介様江茂被進相済、御熨斗
引、

御二方様御退座、尤、
龍泉院様　御舎弟様方一同ニ御出座之義茂有之

一、明和六己丑年四月廿一日、
大魏院様　御着府、　御子様方江御銘〻御手熨斗御頂戴被遊候上、御手遊被進
候、是又御頂戴御退座、御熨斗[　]前ニ引、御手遊者御小納戸御八□(時カ)ニ□持出、
御前江上ル

御吸物・御酒・御取肴被遊御祝御通ひ御小姓脇差帯之、

但、天明三年癸卯年四月十一日、
大魏院様　御着府之節、
両殿様御同座、御吸物・御酒・御取肴被遊御祝、御盃事者無之
当御代御祝相済、
御舎弟様方江御対面之節、御長熨斗出ル

相済、奥方江被為　入、暫有而御表江御出、御座(カ)之御間ニ御着座、御
留守詰御用部屋衆被為　召、

但、御用部屋衆被為　召候節、此度御先江罷下り申候、御中老茂一同ニ被為
召候先例也

次ニ御供ニ而罷登候御家老被為召、次ニ御供御用人被為召、

天明三癸卯年四月十一日、
大魏院様御着府之節、御供御用人被為□(召カ)候而、相済、此度御道中計御用人格ニ
被罷(カ)出候ニ付、鈴木平兵衛被為　召、　御意有之

相済、奥方江被為入、

御先代御内輪様方御使者召出し、　御直答之義茂有之、御進物者兼而御目通り江
双へ置

一、若殿様御使者者御用部屋衆被為　召相済、引続ニ被為　召、被遊　御直答

御発駕御式

一、御髪・御月額奥方ニ而相済、御表江御出御湯被為　召、時節之御服半
御上下被為　召、
御舎弟様方江御座之御間ニ而御対面相済、奥方江被為　入、

天明二壬寅年五月十六日、
大魏院様　御発駕之砌者
龍泉院様御同座御祝義被仰上、御右之方ニ御着座、于時御長熨斗出、鰭御吸
物・御酒・御取肴御同座ニ而被遊御祝、甚以前者
龍泉院様ニ者御同座之上、御熨斗計ニ而御退座被遊、右相済、御内輪様方ゟ之
御口上[　]上、
龍泉院様御使御用人被為　召、　御直答被遊、其外(カ)者御返答被　仰出、御側役
中達ス、相済、
龍泉院様御出席御同道ニ而奥方江被為入、其後御表江御出、
龍泉院様御出座、直ニ御右之方江御着座、御熨斗出、御手熨斗被進、御頂戴被
遊候而、直ニ御退座、夫ゟ

龍泉院様ニ者御玄関江被遊御出

一、龍泉院様御幼年之砌者御旅装束被召替、御表江御出、

大魏院様御座之御間江御着座之上、

龍泉院様御出座御祝儀被仰上、直ニ御右之方ニ御着座、御熨斗出、御手熨斗被

進、

龍泉院様御披座、直ニ御玄関江御出被遊

一、正介様　庭五郎(井伊直中)様ニ茂御同様ニ御出座、御右之方ニ御着座之時、御長熨斗出、

則御手熨斗　御銘〻様江被進、相済、御披座御熨□(斗カ)引之

一、旁様ゟ被進御音物、御出前ニ御座□(之カ)二ノ御間□右江双出し置

御祝御膳相済、御表江御出被遊、旅御装束ニ被召替、相済、御留主詰

御中老被為　召、御留守中御帳并　御書面(カ)(白紙貼紙)御直ニ御渡し被遊、退座、

但、御留守中御法令、御家中勤方帳壱冊、御在着御使者勤方御帳壱冊、御張紙

壱包也

再御留守詰御中老・御用人被為　召、御□(意カ)有之、

安永五丙申年八月十五日、

大魏院様御発駕之節者御留守御中老衆・御用人衆壱度ニ被為　召、御中老衆江

御留守中御帳御渡し被遊候趣、御留ニ有之

相済、御留守ニ罷在候御近習計御張出し御間ニ被為　召、御意有之、

直ニ奥方江被為　入、即刻御表江御出、御長熨斗指上、節分大豆・御

濃茶御祝被遊御通御小姓脇差帯之、相済、御張紙内御廊下ニ而

御内輪様方御使者江　御直答被遊御側役申上ル、夫ゟ　御内輪様方御附・御

側医師・御儒者御目見席ニ而無事ニト御意有之、中之間次ニ而御家中

御目見被為請、夫ゟ御小座鋪御客様江御対面被遊、相済、中之間入口

ニ而井伊兵部少輔様御附使者江　御直答被遊御側役申上ル、御家老・御用人

罷出居被申候得者　御意有之御側役申上ル、中之御間上ニ而御出入御家人衆、

其外他所御家中衆・町医・御出入□(之カ)面〻並居御側役申上ル、御目見被為請、

御直□(参カ)衆□(江カ)　御意有之、廿八畳御間ニ細居繁介罷出居御側役申上ル、御会釈

被遊、同所ニ而御城坊主衆罷出居被申候ニ付、御意有之、秋元但馬

守様・松平伊賀守様御附使者江　御直答被遊御取次披露、御同席中様御附使

者江被遊　御直答御取次披露、其外御附使者七畳半御使者之間御取次披露

但、上之御間国家御親類様方御使者、中之御間御親類様方御使者

段〻御直答有之、

但、　大魏院様御代、下之御間ニ而御出入之衆　御目見之義茂有之

御広間窓下江御親類様御見送被遊、

但、

大魏院様御代ニ者、秋元摂津守(永朝)様・松平左衛門佐(忠寄)様等御送被遊御出

御挨拶有之、御籏本様方・御医師様方同所迄御見送被成、御挨拶有之、

但、御式台下之窓下ニ而、町人共　御目見仕候例茂有之

御式台江御舎弟様方御見送被遊候ニ付、御挨拶有之

明和九壬辰年六月十六日、

大魏院様御発駕之節、

龍泉院様并　御舎弟様方御玄関江御出、板之間端ゟ薄縁へかけて御列座、御見

立被遊

一、安永九庚子年五月二日、

大魏院様御発駕之節、外也様御見送御場所之事ニ付、青木貞兵衛相窺候者、是

迄御末子様方者薄縁江御出被遊候、其通り可仕哉之旨、小野田小一郎江相伺申

候ニ付、申上候処、御玄関ゟ御駕ニ被為　召候節者、薄縁迄御出被遊候と惣御

供之者埒方悪敷趣、兼而田部与八郎江石居次郎兵衛咄置申候而達

御聴置申候ニ付、何レとも御埒合能様ニ可仕旨被　仰出、小一郎江申達ス、今

日御玄関ゟ御駕ニ被為　召候故、御式台端ニ被成御座候様可被遊候、御馬ニ候

ハヽ、御玄関前御歩行故、薄縁江御出被遊候様ニ可申上旨、小一郎御側役迄申
聞置

一、安永九庚子年五月二日、
大魏院様御発駕之節、雨天ニ付御供之御近習御玄関敷出し江罷出ル、尤例者御
中門外坂下迄罷出候得共、着用濡候而者急ニ御用勤り不申、御間欠候故、今日
者不罷出候、以来茂雨天ニ候ハヽ、右之通たるへき事

一、御発駕御供揃御供触等者御供御用人夫々考申渡候故、御側役手ゟ相達
し不申候事

一、御発駕御当日、御跡騎馬之面々旅装束ニ而罷出居、御玄関迄御送申上、
夫ゟ　御発駕被遊候得者、引続御作事切戸ゟ坂下江廻り、騎馬揃置候
所ゟ乗馬致し、御供御行列御小姓騎馬ニ引続キ御登　城、御門ゟ「ゟ出」順
ニ跡騎馬相務申候事

天明三癸卯年十一月十一日、
大魏院様先達而御結構被　仰出候ニ付、来年御居勤被遊度、并
龍泉院様為御名代彦根江　御暇之義御願書被指出候処、同十一月十三
日夕、御願之通御付札を以御暇被蒙
仰、天明四甲辰五月廿五日、

龍泉院様彦根江　御発駕之御式

一、御発駕当朝御部屋江被遊御出、御帷子半御上下被為　召、御新奥江被
為　入、御祝御膳相済、御表江御出、御座之御間ニ而
大魏院様御同座ニ而御長熨斗出、御吸物・御酒・御取肴被遊御祝相済、
御同道ニ而御本奥江被為　入、御暇乞相済、即刻御表江御出、直ニ御
部屋江被為入、御旅装束ニ被召替、新奥方江被為　入、即刻御表江御
出、表御座之御間ニ而
大魏院様御同座ニ而御熨斗出、
大魏院様ゟ御手熨斗被進、相済、
順介様御対面被遊相済、御用部屋中被為　召、　御意有之、節分大
豆・御濃茶被遊御祝、相済、
大魏院様御座之御間御掾頬迄御送り被遊、御挨拶相済、御次ニ而江戸
ニ罷有候御近習向江　御意有之、

但、天明八戊申年五月、
当御代御部屋住之節、　御発駕之砌者御規式前御表御側役・御小納戸・御小姓
三仕切ニ被為　召、御部屋ニ而　御目見、　御意有之

相済、御張紙内御廊下ニ而
御内輪様方御附使者江　御直答被遊、夫ゟ御家中　御目見被為請、御
小座鋪江御出、御客様方江被遊御逢、中之御間入口ニ而井伊兵部少輔
様御附使者江　御直答被遊、御家老江　御意有之、御用人西堀弥次右
衛門自分為御見送罷越、　御意有之、夫ゟ席々ニおゐて旁様ゟ之御附
使者江　御直答被遊、御玄関御掾頬迄御客様方御送り被成候ニ付御挨
拶被遊、御式台迄　外也様御見送御挨拶有之、并下座薄縁迄　順介様
御出御挨拶有之、御玄関ゟ　御発駕、今日者雨天ニ付御駕ニ被為　召、
遠侍前迄御用部屋衆被罷出、息才ニ与　御意有之、相済、　御駕ニ被
為　召

御部屋住ニ而御着府之御式

天明五乙巳年四月十三日、
龍泉院様初而　御着府
一、品川駅御出駕、直ニ御老中様御廻勤、御月番水野出羽守（老中・忠友）様江　御登

城前ニ御逢、相済、表御門ゟ御玄関江被為　入、　御舎弟様方御式台迄御出迎被遊候ニ付、御中門を御越、御白洲ニ而御下乗被遊、御用部屋衆ニ者御中門外ニ御出迎被申、御附使者者御役中ニ付御座敷無之、都而御断、併溜之御間・御老中方・松平陸奥守様（伊達斉村）・井伊兵部少輔様之御附使者計御請被遊候段被　仰出候、御城御坊主衆共ニ御断、尤格別御出入之衆計廿八畳御間ニ　御目通り、　御意有之、夫ゟ中之御間但、□（御カ）勝手ト云　御掾頰通りニ而兵部少輔様御附使者江　御直答、同御家老江御意有之、中之間江御廻り御家中御目見被為請、当時御小納戸之所、其節御用部屋也、御用部屋前ニ而　両御前様　清蓮院様御附使者江　御直答被遊、暫御次ニ御扣被遊、

大魏院様御座之御間ニ被遊御着座、其所江御出、中之御鋪屋之内江御入、

公儀御機嫌被遊御窺、尚又

大魏院様江御機嫌御窺、御会釈相済、御脇江御着座、御長熨斗出、

大魏院様御手熨斗被進、相済、御供「三方」引、御吸物・御酒・御取肴御祝被遊、御盃事者無之、右相済、御用部屋中被為　召、

両殿様　御意有之、相済、御供広瀬郷左衛門・勝平次右衛門壱緒ニ被為　召、　御意有之、相済、御同道ニ而御本奥江被為　入、暫有而御表江

龍泉院様計御出、御部屋江被為　入、御着座、御長熨斗出、従

大魏院様御悦御使小野田小一郎相務、干鯛一折被進之、

御直答被遊、相済、御供御側役中被為　召相済、奥方江被為　入

一、再御表江御出被遊候節、在府御側役被為　召、次ニ御供御小納戸并御宿供押通し相務候御小姓被為　召、　御褒詞被　下置

江戸・彦根御発駕前之事并御役割御行列之事

一、御参府前年十月上旬、彦根ニ而御使者被仰付、来年御参勤御時節被遊御窺候ニ付、右御使者道中八日経ニ而罷下、御老中御用番様江御参勤御窺有之、　御奉書を以、五月中可被遊御参府候様被蒙　仰候、

但、御参府御時節、御早く四月中与再御願被遊候得者、御附札を以被仰渡

翌年正月初、御荷物便ニ御道中御休泊御聞合之義、当御参府之節御供之御用人相窺申候上ニ而、御賄役江相達し、夫々御指問茂無之哉聞合セ之趣申上ル、尤御上国之年茂正月初御荷物便ニ御聞合有之御吉例也

一、御発駕御休泊御立刻限等相極り申候ヘ者、御供御家老・御用人ゟ御目付江相達し、壱統江相触ル

一、例御発駕前相考、御小納戸ゟ御先長持指立ル、但、御着前ニ着之日積ニ而相立、宰領御供替り御足軽之内両人附添罷（白紙貼紙）

但、御小納戸ゟ同役江添状附、御長持鎰封し、宰領御足軽江渡し遣ス

一、例御発駕三日前ニ御関札預り、御足軽両人大組御中間壱人添発足

但、大組御中間之内ニ而数度往返茂致し、巧者之者御賄方ゟ申渡ス

一、御発駕三四日前、御供之内御使番□（壱カ）人発足、御道中御代官衆江御太刀・馬代銀壱枚宛持参、近日御支配所御通行ニ付、先達而以御使者御目録之通被遣之、駿府御城代江者御太刀・馬代銀五枚、町御奉行方江御太刀・馬代銀弐枚被遣之、近日其御表御通行ニ付、以御使者被　仰入候旨被　仰付越

但、御発駕前御道中筋御大名様方并御代官、駿府御役人方江御馳走御断被仰進

一、御道中ニ而御馳走御役人出候分者夫〻　御着府　御帰「着」城之上、御挨拶
御使者又者御城使手ニ而相済、委御祐筆方ニ留有之
一、例御発駕二三日以前ニ御先馬被指立候ニ付、御馬役乗方・医方共附添
御参府御上国御道中御役割左之通

但、相定り候分除之
壱人ツ、御本陣泊
但、当御代御昼江も壱人ツ、罷越　御側役

壱人ツ、御本陣泊御先江罷越
御用向相務、御取次指扣「問」候
節兼ル　御小納戸

御昼ニ而御小納戸助并御取次
兼相務　御行列御小姓

御休泊江罷越、御用向相務、
御取次指問候節相兼ル　御小姓

半道程御先江参　御先道具

御本陣ニ壱人ツ、泊相務　御取次

御本陣ニ壱人ツ、泊相務
但、川割方指問候節、助相務ル
義茂有之　御中小姓

御泊御昼宿割札打仕廻御宿
目付江申置、段〻御先江行　御宿割

毎日御供相務、川問御逗留
之節者御本陣江二代りニ相詰ル　御医師

御家中病用相務　表御医師

御供、但、御逗留有之候得者
二代りニ相務　（御祐筆頭
御留役

御泊江参泊番相務　平御祐筆

御泊江壱人宛罷越

但、御先代人数多節者
壱人ツ、御昼休江参、御帳前
相務候義も有之　御用使役

毎日御行列相務、両人之
節者、壱人ツ、御泊江参候事、
御昼休ニ而御中小姓指問候節、
御帳前相務候義茂有之　御櫛役

御小納戸手御長持御旅簞笥
御夜具御枕鑓預り、御泊江御先江
着、御立之節茂　御先江相立　御馬役頭取
但、御長持・御旅簞笥とも数ニ応し壱棹ニ大組御中間
壱人ツ、付、御厩小頭壱人口附挑灯持とも四人□御立御着分共ニ、
御小納戸江懸合受取相渡ス

御行列御供、尤御供揃指引
いたし、御行列又者末〻迄
不作法無之様ニ取計可申事、
尤御泊ニ而御本陣江可罷出事　御目付

御泊り并御昼目付、尤、御跡
仕廻相兼候事　御騎馬徒之内

一、御金長持　弐棹
右壱棹ニ九人ツ、附添、都合十八人御玉薬組・大組・百人組・御中間
入交り相務、尤泊り〳〵ニ而四人ツ、不寝番仕、御道中ゟ御飛脚相立
候得者、右十八人之内ゟ相務候事

一、御道中御供割
御側供之内ニ而川割相務候
者有之分除之、残御側供
之内与御宿供御小姓申合セ
相務ル　御宿供

御駕附
（御鑓付・御長□付
相兼
（御弓附・御枕鑓付
相兼

御挟箱附
御馬附
又者附
御平供

右一番ニ相務ル

御先道具
一、御綸旨箱　壱棹
一、御馬験　壱
一、御甲立　壱
一、御弓　壱飾
一、御弩瓢　壱穂
一、御空穂　弐穂
一、弐間柄御鎗　弐筋
一、弐間半御鎗　壱筋
一、御長刀　壱振
一、御具足櫃　壱荷
一、御指荷箱　壱
　但し、御軍書入
一、挑灯
一、合羽持
　但し、右宰領御足軽弐人
右者御先道具御預り之仁、毎日御先江附添罷越ス
御中手ゟ御行列左之通

御鞍置馬弐疋　御馬附　御馬附　御蓑箱　内江蝋燭入

御挟箱　二　御火事装束　御袖摺挑灯入　御台笠　御立傘

御小道具小頭　是迄御中手ト云

御供御鷹有之候得者、此所ニ御行列立ル、壱番ニ御餌指・御鷹役・雲雀籠・同御持雲雀籠・御鷹御餌割、右之通ニ御行列立申候、尤公儀御精進日ニ者御行列不被　仰付候事、御手前御精進日御構無之

御先箱　御挟箱附　御平供　同　同　同　同
同　同　同　同　同

御長刀　御持鎗　御長刀附相兼　御鑓附
御持鎗　同　右同断

御発駕之日、御騎馬徒衆御昼迄壱番之御供、夫ゟ翌日昼迄弐番、夫ゟ段々右之順也

御駕　御宿供　同　御弓　同　同　御枕鑓　同　同
御弓附御枕鑓附兼
御鞘御持鑓之通、御代鞘白熊ニ猩々緋切裂金の玉有、是□之節、御鞘指替御目印ニ相成ル、右御鞘者、御小納戸御長持ニ入、右御鞘者大魏院様御入部之節ゟ為御持被遊

御道中ニ而御歩行被遊候節者、御駕之場江御供馬を相立、常式御馬「供馬」之所江御駕を相立振替可致、尤御歩行不被遊候節者、此行列之通ニ可仕旨御供方江被　仰出有之

御召用
御馬——御茶弁当——御挟箱　御当用 御召共入

御行列御小姓——又者附 又者 同 / 又者附 同——御合羽籠

押御足軽壱人
押御足軽壱人　此間二三間計明　御宿供御小姓

御宿供——同——御櫛役壱人ツヽ——御茶道

彦根御発駕之節者、乗懸桶小屋ゟ西堀才介門前之方江御目付指図ニ而揃候事、
江戸御発駕之節者、御発「登」城御門内より初メ跡騎馬ゟ次第して懸札ニ揃申候

御祐筆——御祐筆方長持——御医師

御目付替ニ壱人ツヽ——御借し馬——御家中牽馬

押御足軽
同　——御用人　御着府江戸御発駕之節、御跡騎馬此所江兼而御書面之通、列を立ル

一、右同断之節、御供乗懸明キ駕者、御跡騎馬跡江立ル

一、御道中御召替御駕者御用人之跡ゟ参候事

一、御胴勢与者御医師衆ゟ跡押迄也

一、御胴勢不残与申者、御用人迄也

一、御手廻り者御挟箱ゟ御跡御茶弁当迄也

（見出し札）「御休泊　御小休」

御休泊并御小休之事

一御参勤御上国共御休泊相極申候上、御立刻限等被　仰出候得者、御供御用人ゟ相達、御目付方ゟ相触ル、尤御道中ニ而御様子ニ寄、御立刻限前夜ニ相替候義有之候得者、御供御用人ゟ御目付江相達し、御供中江相触ル

御休之次第　但、御昼也

一、御休之次第、御座之間御坊主之内、常御昼相務候者壱人、外ニ御坊主壱人御先江罷越、御本陣ニ而御座所初夫ヽ詰所屏風仕切台子等飾らセ置

一、御側役壱人御小姓両人御先江罷越ス、尤御着御立共例之通、御先江立

一、御昼ニ而御取次者御行列御小姓務之

一、御中小姓壱人御取次「御昼江」罷越、御帳前相務ル

一、御行列御小姓少ヽ御先江着、御召替御用何角御小納戸替相務

但、御駕廻り通行仕候砌、雨天之節、下駄御免

一、御供御家老　御先江着、御側役を以　御機嫌相窺、但、壱里先遠見相触被罷出、御用無之候ハヽ、御先江罷越可申旨被相窺、則被罷越候様被　仰出候得者、御側役相達ス

但、御休江　御着之節、御通り懸時宜ニ応候、　御意有之

一、御先道具御預之人、御先江着、御昼江被遊御着候節、御本陣門内ニ而御目見、直ニ御行列相務候御小姓を以、御先江罷越可申旨相窺、勝手ニ罷越候様被　仰出、相達ス

但、御倫旨御長持者、御本陣ニ而　御目通りニ指置候事

一、御供御用人御本陣江被為入候而、御用相済、下宿江下り支度仕廻候而、御本陣江罷出ル

一、御賄御膳方召連　御先江罷越、御膳用意仕、但し、御膳番御坊主壱人御先江罷越、御膳被　仰付候得者、御行列御小姓をに仕、御番方御小姓御通ひ相務

一、御昼ニ而御到来物有之候得者、御賄江相達、御預ニいたし置、御泊ニ而相窺被下ニ相成申候品茂有之候得者、夫〻御側役手ニ而取計申候

一、惣御供支度茂相済候頃、御供揃被仰出、御側役ゟ御目付江相達し、御供揃御目付申上ル

一、御昼御休御本陣江銀子弐枚被下之

一、御本陣被遊御立候節、玄関江御本陣之者罷出、御金拝領之御礼申上ル、当宿御本陣御金拝領御礼申上候旨、御小姓披露御番方御小姓勤之、

一、御休泊共於御本陣、無拠子細ニ付、指上物仕候節、金子百疋被下置、御賄手ニ而取計申候、御小休ニ而者御祐筆方ニ而取計遣ス

一、御昼御泊ニ而火事等有之義難計候間、御物頭非番之浮人之御足軽召連早速駈付申候様、　御書面ニ而兼而被仰付有之

一、御昼休御関札之辺ゟ御宿供四人御供仕ル、同所ゟ御供之面〻笠取申候

御泊□(之カ)次第

一、御先江御座之間御坊主・表方御坊主共着、御本陣夫〻御用意御間取等仕置

一、御側役壱人・御小納戸壱人・御番方御小姓御先江着、御本陣江相詰ル

但、御小納戸者御座之間向夫〻御用意申付置、御小姓者御本陣裏御抜道切戸より向江道筋承置、〆り鎰受取セ置、其外御閑所〆り〳〵吟味致し、雨戸ニ茂御小納戸ゟ錐受取指置

一、壱里先キ遠見相触、御供御家老被罷出候ニ付、御通行之筋ニ屛風ニ而仕切付ケ置、右之所御用部屋席ニ相成、御供御家老衆着座、　御着被遊候節、いつにても御相当之　御意有之、御着後御側役を以御機嫌窺被申上、御用向夫〻相弁し、明朝　御立之刻限等被　仰出、承知之上旅宿江下り被申候、翌朝御先道具相触候与直ニ御本陣江被罷出、御側役を以御機嫌相窺被申、御先江出立

一、御先道具御預ケ之人御先江着、　御着之節御本陣玄関先ニ而　御目見仕、翌朝御先道具相触申候得者罷出、御小納戸江懸合、御倫(綸)旨御長持受取、　御先江発足

但、御泊ニ而御倫旨御長持御小納戸江受取、御座之間　御目通り御掾頬ニ居置、其外御先道具者御本陣玄関江上ケ置

一、壱里先キ遠見相触、夫ゟ御宿入相触候節、例之通御近習御本陣玄関江御迎ニ罷出ル

但、玄関　御目付・御賄・御中小姓等罷出、平伏

一、御供御用人着之上、御側役を以御機嫌相窺、御用相弁し、明朝御立之御時刻相伺、御目付江相達し、相済而旅宿江下り、翌朝御供触前□(ニカ)罷出ル

一、御着後御供御医師中御側役迄御機嫌相窺罷下り、翌朝窺之御医師御小

姓を以御機嫌相窺、夫ゟ御供御医師何茂御本陣相揃、　御立之節　御
目見仕、直ニ御供ニ付出立
一、御泊江　御着被遊候上ニ而、御用人衆御家老衆江明朝御立刻限申談有
之、則被相窺被仰□(出カ)候趣御用部屋衆江申達、御小納戸御小姓衆江相達
置、御目覚御時刻者御小納戸窺置申談、御目覚壱時前御目覚、并御立
之時□(割カ)致し御時計役江申達し置
一、御昼御小休ニ而御到来并献上之品共御用無之分、御泊ニ而御家老衆・
御用人・御先道具預御側役・御小納戸・御行列御小姓・御宿供御小
姓・御番方御小姓・御用使・御医師、表方ニ而御取次・御側供・川割
方・御目付・御中小姓・御賄・御宿割・御馬役頭取・御祐筆
右之面々江御道中之中ニ軽キ御品壱度被　下置、御側役ゟ相達ス
但、御茶道・御膳番・御時計役・御座之間御坊主・御用部屋御坊主江茂御有合
ニ而被下之、尤　御着府前夜、品川ニ而被下置候義茂有之
一、翌朝御目覚壱時前相触候得者、御先番出立仕、　御目覚相触、直ニ右
之帰ニ御先道具相触、御先道具預り之人御本陣江罷出ル、夫ゟ御立相
触ル、御供揃者御目付夫々調之人御側役江相揃候旨申聞、則御小姓ヲ
以申上ル、御立被遊候節、御本陣之者玄関ニ而御目見、御金拝領御礼
御取次披露、
但、御泊御本陣江銀子五枚被下置候、若御逗留有之候得者、右之御格合を以時
宜ニ応し被下置、(白紙貼紙)御立触者御供押江御宿供相□
一、都而御本陣ゟ相触候類者、御本陣小使御玉薬組ゟ相務ル、御立触者御宿供相達、
御供相触ル
一、御小納戸壱番弐番御長持・御旅簞(簟)笥、御夜具者御葛籠ニ入、御小荷駄
ニ付ケ、御馬頭取預り御小納戸江掛合相渡し申候、御立之節者、御小
納戸ゟ御馬役頭取江相渡ス
一、御家老衆自分供廻り御泊宿ニ而者、行列立させ被申候事

御小休之次第

□(一)御参勤御上国共、御泊り宿御昼休宿相極り申候得者、御宿供江御小休
附仕指上候様ニ被　仰出候、依之例年御小休所相考御小休割仕、御宿
供ゟ御祐筆方江相頼認出来、御供御用人江指出し、則伺之通被　仰出
候得者、御側役を以其時々ニ相窺不申、御小休取参可申旨御宿供ゟ申
上置
一、御小休取ニ者表方御宿供壱人・御小姓御宿供壱人、御先江参先達而御
供押申付遣ス、尤自分乗懸召仕共召連参候事、御泊ゟ御立之節者御供
触承次第御本陣江出、御宿供同役申合セ、　御先江御小休取ニ参□事
但、御小休ニ而者御宿供御小姓両人附、御泊ゟ御立之節者惣(カ)附
一、御小休ニ而御中手跪候時分、笠取申候、尤雨天之節者御先衆笠取候迄見合セ候
事
一、御小休半道計前ニ而、御先御箱附江御目付当番ゟ申達、御中手江者先
達而御小休取ニ参候者申達、御駕跡江者御附方当番之者御供押江申達
触させ申候
一、御小休江御入被遊候ハヽ、次之御小休番之御宿供御小姓申談、御小休
取ニ参候事
一、御泊り宿指合候而俄ニ替り候者、御宿供申談御小休割御用人江窺候事
一、御城下御通り之節、物(カ)下座御番所可(カ)考事
一、御道中ニ而御時宜請者江戸表ニ而之通也、御家老中□出候得者、早速

一、□(申)上、何之誰様御家老何之誰殿与披露仕、御駕之戸引申候事、御用人被罷出候「其外御役」人被罷出候節(カ)者役名□披露可仕事

□(一、)途中ニ而他所御家来致下座候得者、挨拶(カ)致申候事、鑓持セ候人名前承其余(カ)者時□(宜カ)計之事

□(一、)御使者又者御家老・町奉行・御馳走役人被出候ハヽ、於途中御金なと不被　下置候共、御祐筆方江為知置可申候、府中町御奉行之御使者・御代官手代・出家社人・矢(カ)根鍛冶之類、御本陣□(ニ)而御祐筆方江為知、此分於途中茂御金被下候間、落不申候様早速為知可申候事

一、御先払出候方江者、御参府御着　城之上御挨拶被　仰遣被下等有之ニ付、御祐筆衆為知可申事

但、御馳走御役人御使者之分者、前〻ゟ御参府　御帰　城之上、拝領物有之

□(一、)御泊り宿ニ而御先払出候者、御本陣ニ而挨拶(カ)致し、明朝同人出被申候哉、尋置申候事、其外ニ而者披キ候処ニ而挨拶致し相済候事、□(御カ)発駕之朝、御供押壱人御茶弁当之所江□置候間、御目付衆江申置候事、尤御宿□□渡次第、御跡御用人衆迄少茂□不申候様、御小休触等可仕事

右ニ付、御行列押ゟ御茶弁当之所江壱人ツ、操上置候事

一、御途中ニ而御役附之内煩有之届被申候□、右煩介御供御用人衆江相窺、何レ成共代り申渡候様ニ被　仰出候、御平供之御筆頭ゟ参(カ)候様可申達事

一、御駕附弐人□内壱人引籠(カ)有之候ハヽ、相窺、何レニ而茂被　仰付候者江申(カ)達候事

□(一、カ)御駕跡之分者不申上、御小休迄代りなく相済候事、引籠申候趣御側供江届被申候事ハ、御小休ニ而御目付衆江申達候事

一、於途中御小用御調被遊度被　仰出候得者、御□(近カ)習申談、御先江参り片寄場所見□罷帰、其段申上、御箱付御駕附江茂申達、御跡江茂触させ、御先江参候者其場所ニ扣居、人(カ)など参不申や心懸居可申、御調被遊候得者、御手水者御茶弁当之水坊主「御茶道中(カ)」達取寄指上、御小手拭茂指上候事

但、御箱付江別ニ達候ニ不及、其所ニ而声懸候計也

一、於途中御歩行可被遊被　仰出候得者、□□(早速カ)御駕附江申達、御箱附江茂御草履取江茂申達、御跡御用人迄触させ候事

但、御歩行之節者、御用人・御行列御小姓・御医師・御櫛役御供被申渡、乗懸之面〻下ル

一、前〻御小休御宿仕候者、御休ニ不相成候而茂指上物仕度相願候ハヽ、堅断可申事、尤　御目見ニ罷出候とも披露不仕候事

但、例年御小休被遊候茶屋、御小休無之節茂出居候事有之、右様之節者披露ニ不及、挨拶計いたし候事、尤被下物等茂無之

□(一、)御本陣并茶屋とも御小休之節、御途中江御出迎居申候節者、自分宅前江参り居申候様ニ可申(カ)候事

一、御小休ゟ御小休迄三里余茂有之候処者、□□セ小(カ)代り可仕事

一、壱番当番之節者、弐番ゟ御小休江参、三番川江参可申事

一、御小休程遠キ時か、惣而御供御小休之義、於途中願申候ハヽ、前之宿ニ而いつれ茂御供中支度を茂難調ニ付、御小休之義御宿供ゟ相願、被遊御承知候ハヽ、御用人衆江「江中」候事

一、御小休指合申候ハヽ、御本陣ニ承合セ、宜家見立御小休取可申事、間之宿ニ候ハ、相考立帰り、其段相窺可申事

一、御宿供ゟ御供押江申渡、御先江参御小休取□申候様、万一指閊候筋有之候ハヽ、御宿供江御供押早速申聞候様可申渡事　但、御供押者八人也、
一、御小休ニ而者、御祐筆方ゟ御目録金弐百疋ツヽ、被下之
但、献上物等仕候か、又者雨天ニ而路次悪敷、御供中□(踏)あらし申候得者、□時之様子を以取□(カ)□ニ御目録被下置候
一、御小休御本陣忰子初而　御目見相願候者、親共壱緒ニ　御目見仕候、尤献上物無之候得□金百疋被下置候
一、大垣御小休ニ相成候節者、御本陣除ケ御小休御宿申付候由、御供方留ニ有
一、御小休ニ而献上物有之為御持ニ相成候得者、御行列御小姓(カ)ゟ御祐筆方江御預ニ仕、御泊ニ而御品柄ニ寄、御小納戸又者御賄方江相渡ス
一、箱根御通行之節、御登りニ者新屋ニ而例御小休取候事、御関所前之事故也
一、御小休江参候御使者・御馳走役人・御先払□馬奉行・問屋、帯刀ニ而出居候者、御宿供手帳ニ留、御祐筆方江申達ス
一、御小休被遊候節、　御城主ゟ御使者参候者、御返答被　仰出候事
但、御取次者御宿供之内相務候事
一、俄ニ御小休被遊候様被　仰出候者、非番之内江申遣ス、□□共御供之内、直ニ参候様被□(仰カ)□候者、非番早上り申遣ス事、御中手其外共触させ申候事
一、御小休御本陣江御使者参候者、御供押ニ申付、所聞セ可申事
但、
大魏院様御代、尾張様御家老御使者有□(之カ)節、所聞江脇重四郎申付、触させ候由、此後茂触□□可申事
一、御泊り宿指合候而御代り候者、御宿供申談、御小休割御用人江窺候事
一、夜中ニ御小休江御供押遣し候節者、又者(カ)前御挑灯遣し候事、尤又者附江茂一応其段可申候、前〻ゟ之古「格」也、若御宿供俄ニ夜中「夜中俄□(ニ)」御小休江参候時者、御駕跡之挑灯為持参申候事、尤御駕附江茂其段可申候事、勿論急御用之節之義也、其余者自分袖摺等為持参候事
□(一、カ)御小休之家主(カ)罷出居候節、御小休取ニ参候者披露致ス、尤御城下之分者当所、其余者当宿与披露可申事
但、御小休茶屋帯刀之分、名披露之事
一、御大名様方御出会被遊候節、御供押江申付御跡江触させ可申事
一、御小休ニ被遊御座候内、御大名様方御通り被成(カ)候者、不作法無之様、笠取居候様申付、御通り御座候御方様御泊り宿承り、御側供ゟ御小姓を以申上候事
一、川前御小休ニ被遊御座候内、御宿供川番両人者川江罷越、御駕居り場所見分仕置、并水之浅深承り置可申事、御宿供非番両人□御先江越、御上り場江参、当番御供ニ付候迄御供可仕事
但、川一二三町前ゟ御宿供不残付候事、不残附候節者、壱番二番三番与順ニ付候也、　川番両人者御小休無之候とも、いつれ川前四五町ゟ御先江罷越候事
一、御小休ニ被遊御座候内ニ御胴勢御先江□□候節者、御医師衆薬箱・御用人衆鎗・若党(カ)両人残置候事、尤川迄程遠き節者、惣乗懸駕之分残し、御胴勢　御先江越させ候様ニ川方ゟ窺有之、其節者駕乗懸計残し申候事

一、川ニ而御胴勢　御先江越候節者押両人附候而、人数残り不申候様ニ指引為致候事、并川向ニ而御目付方下役申談御行列立させ可申事

(見出し札)「川〻之事」

歩行越舟越川之事

一、川割之面〻杖持川前

御先江罷越、川之前向共ニ会所有之川役人呼(カ)出越付相極申候、但、駕何人馬何人と積ル、夫ゟ川端江罷越、混雑無之様ニ手配仕、指図致ス、尤目印幟越場ニ建申候事

但、白幟之方御人数越、赤キ幟之方馬越也

一、川越札先キ(カ)ゟ受取申候得者、何千何百枚請取内何程遣ひ残り何程与積り、□残り札者川役人江戻し、右札遣ひ高□(をカ)以勘定致ス

一、御手前札ニ有之候得者、彼是取集メ申候義、手間取候故、右川近キ宿江役人召連参勘定致し遣し申事、御行列外江者兼而川札渡し置、右川札渡し置□(候カ)内遣ひ高を以御着後取立申候事、尤川割方ゟ惣払致し置、　御着之上ニ而御勘定相立、代物相納させ候事

一、会所江大方鳥目三百(カ)銅ツヽ、川割方ゟ遣候事

一、惣而渡し場者、前之宿御本陣罷出御(貼紙白紙)世詰(話)仕候事

一、自然御代官御出被成候ハヽ、御下乗被遊候事

一、御胴勢川越申候次第、中押ゟ末を越させ、半分参り候時、御中手其次御先相窺越□事

一、御行懸りニ可被遊御越由被　仰出候ハヽ、御目付申談、乗懸ゟ末を留させ可申事

一、舟越之川ニ而御行懸りニ御越被遊、同勢御跡ゟ越候節者、引(カ)番壱人残り、同勢越切候を見請、御行列江走り付候事

騎馬越之事

一、騎馬越ニ付相窺候川者、大井川・阿部川・酒匂川也

但、寛政三子年十一月、御参府之節、騎馬□(越カ)之事窺有之候処、川前ニ而被　仰出候ハヽ、御間合申候様ニ手当可仕旨被　仰出候、尤水之様子ニ寄、右手当ニ茂及申間敷、時宜ニ寄可申事

一、御宿供川ニ而騎馬越被　仰付候事難計ニ付、持馬残し置、壱緒ニ寄置候様、川割方江相頼、尤持馬残し置不申候時者、乗懸にても残し置申候事

一、騎馬越被　仰付候ハヽ、非番両人者御挟箱先(カ)を乗、御左右を当番之者乗、其次を川番之者乗可申事

一、騎馬越被　仰付候ハヽ、御駕左右江馬共□置、口附茂可置事、台越之節茂同様之心得也

一、御前御馬ニ而御渡川被遊候節者勿論、騎馬越仕御駕之節者、騎馬越之義□(カ)窺可申事、満水之節者相窺候ニ茂及不申候

一、川ニ而心得、騎馬越之節、小砂川ニ而者沓を□(払カ)増腹帯を懸ケ并胸くヽりニ而鐙迄く(カ)ヽり候事、但、面〻心得あるべし、馬取者壱人成共弐人成共先江越させ置候事弁理宜也、勿論水高く候ハヽ、泥障を外し、水少き時者巻泥障ニ而相済候事

一、寛政三辛亥年五月八日ゟ安倍川満水ニ而、駿府江御逗留、同十日川明キ申候処、格別之高水ニ付、御胴勢壱度ニ相成候而者、越方甚指障申候趣ニ付、御人数次第を立、越させ申候様被　仰出、御目付方ゟ相達ス

(御先番)「御近習之内

□(壱)番

同

御用使之内

御行列外

御供非番

御中間ニ到ル迄(カ)
馬荷同断

弐番

御先道具

御供御家□(老カ)
人数不残
但、馬荷者残し置

御先道具御人数不残、馬荷同断、□□荷

三番

御中手ゟ御行列
御行列馬荷共

御供御用人〻数

一、惣御供御道中川〻ニ而川越札相渡候義、大井川・阿部川・酒匂川ニ而者御供御胴勢不残川越札相渡候間、其旨壱統相心得、御着之上、御供行列非番之分、其外御行列外之者、札遣高数を以川料上納可仕事

一、川越札者御手前札ニ有之間、御行列・御行列外とも川割方江対談之上、御発駕前ニ川札受取可申事、尤御行列外之面□(カ)者、川〻ニ而指問無之様、余慶札を茂受取、余り札者御着之上ニ而上納可仕候事、万一(カ)余り札紛失候共、賃銭御取立ニ(カ)□□候間、組下支配下召仕等迄茂心得違無之様御目付方ゟ相触置

舟越之事

□(一)御舟江者御用人・御宿供・御近習壱人・表方御宿供壱人・御医師衆・御駕附衆壱人・御陸尺四人、但、御歩行ニ而御舟江被為召候節者(カ)、御陸尺共次之御舟へ乗申候、御持鑓・御茶弁当持人壱人乗可申事

但、御舟江者川迄之当番御宿供両人乗可申事、尤御舟少く候ハヽ、御附方計乗候事

一、満水之時、御舟江御駕難入節者、御歩行ニ而御乗舟之事、其節者御用人・御近習御宿供壱人・御道具附壱人・同持夫壱人・御茶弁当・同御茶道壱人・御草履取壱人乗候事、富士川なとは舟ふち高く、水茂荒く有之□つ□ても御歩行ニ而御乗舟被遊候

但、平日富士川御舟江乗候面〻者、御行列御小姓御宿供合三人御持鎗□筋・御鑓附壱人・御茶弁当・御茶道・御草履取乗可申事

□(一、カ)御歩行ニ而御舟江被為召候節者、御駕者御陸尺乗候舟江出し申候、尤御茶弁当早く御舟江入、御腰被為懸候事

一、舟越川ニ而御行懸り御越被遊、御同勢御跡ゟ越候節者、川番壱人残り、御胴勢越切を見受、御行列江走り付候事

一、川ニ而御行懸りニ御越可被遊由被仰出候者、御目付申談、乗懸参を留可申事

□(一、カ)川向ニ出居申候分者、仮令者川方為御馳走御使者出居申候而茂、御宿供御披露仕、川前ニ而者川割御(白紙貼紙)披露仕ル

但、時宜ニ寄、川割ゟ頼合御宿供披露仕ル

□(一)又(カ)者附川前ニ而引籠有之節者、舟□□致し候事相窺、介申達候事

(見出し札)「御宿供勤向」

御宿供勤向之事　惣而其所々ニ有之候得共、漏候分［　］

一、宝暦三酉年、

天祥院様御参勤之節、四月廿三日赤坂御泊(カ)□(カ)砌、例弊(幣)使御出会之御沙汰仕候ニ付、本陣□罷□相窺申候処、明日御立之後御先江御注進之者遣し置、弥御出逢之趣相知次第申(カ)上候様ニ被仰付、御供押両人先達而遣し申□処、弥御出逢可相成趣ニ付、其段申上候、［　］二川宿之野先ニ而御出逢ニ相成、縄手ゟ少(カ)し道を離れ御扣被遊候、御跡御胴勢者片寄り平伏仕居申候処、無程久世宰相様御駕御通行ニ付、宰相様ゟ御使者参、植田岡之丞承り申候処、若勅使与　思召右之趣哉与被相尋候ニ付、左様ニ有之段及返答候、左候ハヽ、宰相様御口上之趣被入御念候御様子ニ存候、先御通り被成(カ)候様仕度存候得共、　勅使之義ニ御座候□、御先江(カ)罷越申候由被　仰遣、則岡之丞申上□(カ)処、御返答ニ入御念候御口上ニ御座候、先御通り被成候様ニ可申遣旨被　仰付、岡之丞□達(カ)相済(カ)、宰相様御通り被成、直ニ御駕□(引)□□(申候事)□

但、例弊使ニ御出会之時ハ、百姓家へ成□御駕入御供中笠取片寄り罷在候様□□仕事、尤御駕入□(候義)□者横小路ニ而茂□(宜)□通り抜之内計也

(一、カ)□寛政四壬子年五月、御上国之節、起・墨俣之間ニ而御茶壷御出会ニ相(カ)成候処、無御構御行違被遊、御行烈(列)之乗懸駕等者扣罷有候事

但、御(カ)出逢者御中手江(カ)申(カ)参直ニ申上候事

一、御時宜(カ)無之御方様ニ而茂、御家来笠取下座等仕候ハヽ、御様子見合セ笠取セ可申候事

一、御行違之為御挨拶、先様ゟ御使者来候［　］、御口上申上御返答申遣ス、

右為御礼、此方様(カ)ゟ御使者被遣候ハヽ、若党草履□□(取)連参候事

但し、勤方江戸之通り、尤御使者ニ参候砌、遠方ニ相成候者、御供馬願可申候、御用人衆江其旨可申事、若党ニ者御供押召連可申事、尤俄之節之儀也

(一、カ)□御懇意之御方様方寺などニ御扣被成御座候ハ、□□申上候事、御挨拶御使者被遣候義□□有之候ニ付、相窺候事

(一、カ)□御使者有之節者、御口上受取、其内ニ御駕参候得者、例之通御披露計仕置、御使者乍御苦労、駕跡江御付可被下旨申述、□上御口上申上、御返答申□事

一、公儀早飛脚通り候□、御先片寄り被申候様ニ御挟箱附江可相達事

一、天明三癸卯年四月六日、尾張様江御出逢之節、御行列之外者御通り之節相除□(罷)在候様、難相除場所ニ候ハヽ、片寄下座致し□□り可申旨庵原助□(右)衛門□(被)申渡

但、江尻宿ニ而尾張様ゟ御途中江御使者被遣、花木為右衛門相務、此方様ニ茂此□(度カ)御下り被遊候ニ付、御案否御窺御途中迄御使者被指出候由、御家老中迄申置

一、御老中様・侍従以上之御大名様方ゟ御使者□之節者、御直答被遊、御宿供取計披露可仕事

一、□(御)□大名様方江御出逢、前夜御目付方ゟ触(カ)参、右之節御宿供四人附、但し、壱番当番之節者、弐番ゟ増［　］ニ付候事、何(カ)角江戸表ニ而之通、尤御中手ゟ笠取不作法無之様末々迄申付、御跡之分茂笠取下座之事、勿論乗懸□下り□申事

(見出し札)「御側役手」

御側役手取計方之事

一、御発駕前、御側役手ニ而御道中御日記・御供名前書・紙・筆・墨・御道中御休泊附・御立刻限附・御書〆等少サキ状箱ニ入、御小納戸江相頼、御泊ニ而明キ申候御長持江入貫候事

一、御発駕前ニ、前年御道中被遊御持候御折本・御扇子下ケ申候様、御供御家老衆被申聞候ニ付、御小納戸江申達、右御折本御扇子□ケ申候而、此度御道中記ニ認出来指上ル、□御扇子御道中御持ニ相成申候

一、御小姓御番方相勤申候名前、御発駕前筆頭ゟ御番割書付相認指出し、則相窺、被　仰出候趣有之候得者相達し、右改候□前認、御供御用人江相渡し、御道中御折本ニ認出来申候事

「(見出し札)御供方へ渡り方」

御道中御供面〻江渡り方并被下之事

一、東海道人足五十人・馬五十疋、中仙道人足二十五人・馬二十五疋、御定也、中仙道ニ懸り申候分者、御足し合(カ)被下、五十人・五十疋之都合ニ無滞出し申候

一、御道中馬相渡り候割合之事、御家老衆江弐疋、其余御知行取ゟ御中小姓迄壱疋宛、御騎馬徒衆弐人合ニ壱疋、御歩士三人合壱疋

但、五百石ゟ以上者継馬壱疋計り相渡申候

一、御番方之面〻、馬相渡り申候分者、駕与振□相成候様仕度、御供御用人江相願申候事

一、(金)□子壱両　御騎馬徒衆

一、金子三百疋　御小道具小頭

一、金子弐百疋　御草履取

一、金子弐百疋　御供押

右御道中通し御供相務候得者、為御褒美被下之

一、御供ニ而あるき候御騎馬徒衆并御歩士共、壱人銀弐十匁ツ、

一、御中小姓并御騎馬徒衆・御歩士共、馬ニ而参候分、金子壱歩ツ、被下之

一、御歩士以下御末〻迄、御道中勤方ニ準、御供御用人ゟ相窺　御着府・御帰　城之上ニ而被下物有之

一、(以下、異筆)御道中御供触方覚

一、御目覚弐三歩前ニ其時刻ヲ為触、直ニ御先道具茂為触候事

御小納戸御目覚申上候時分、御立触為致候事、尤御立触之義ハ御用人罷出為相触候儀ニ候処、兼而御側役江相頼候故、右之通り相心得触遣候事

一、御昼ニ而者、見計御目付江相達、為触候事

「(剥落付札1)一、御座之御間御次迄

若殿様　御出迎被遊候、今村十郎右衛門其外御抱守五人、御側ニ奉附添候、直ニ御座之御間ニ而被遊御対面」

「(剥落付札2)一、通□(薩埵ニ而)御供之面〻江御肴被　下置候旨、御供御用人ゟ相達ス、但し、御肴者最寄ニ被　下置、御着之上、頂戴仕と申候義も有之」

資料編

2　図版

図版1　京都上使行列絵巻

巻1

鉄砲 20 挺　1

浅居庄太夫（足軽組頭）　3

5

鉄砲 15 挺　7

2

4　　鉄砲15挺

6　　山田甚五右衛門（足軽組頭）

8　　小泉弥一右衛門（足軽組頭）

弓15張

9

中居弥五八（足軽組頭）

11

13

15

10

12　弓15張

14　本多七右衛門（足軽組頭）

巻2

1　鳥毛鑓25本

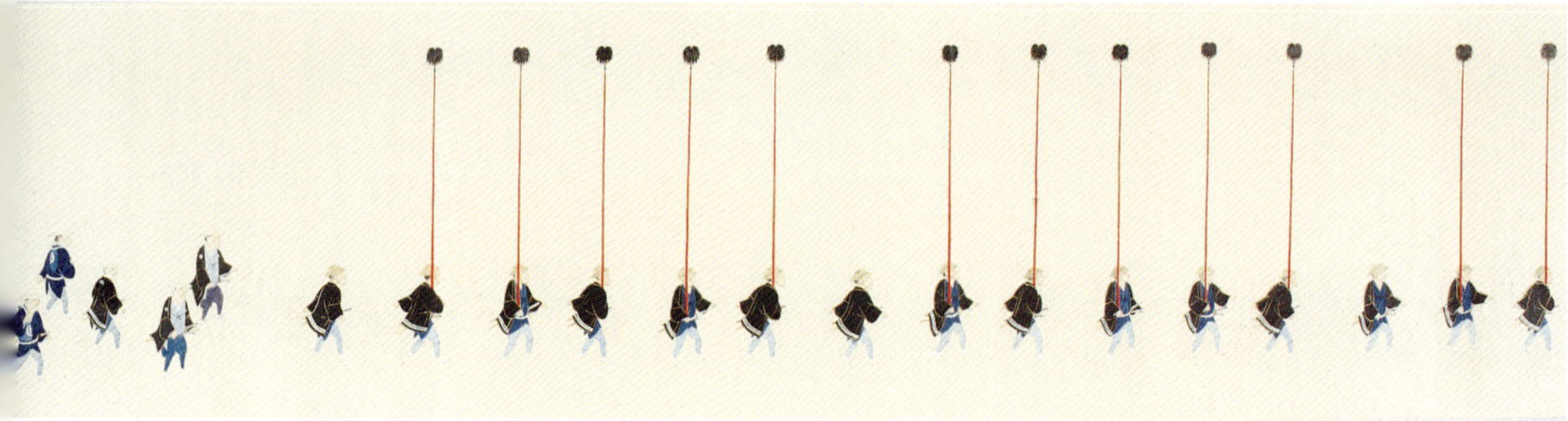

2

鳥毛鑓 25 本

4

小馬印

6

奥山雅五郎（小溜席）

8

3　　渡辺蔵人（足軽組頭）

5

7　　幕 1 対

9

馬鈴　綸旨箱　先道具　10

提灯持　指荷箱　具足櫃　長刀　二間半鑓　二間柄鑓　空穂　12

吉用隼丞（母衣役）14

御進献物　16

11　弩瓢　弓２張　持筒５挺　甲立　指物竿

13　合羽持

15　宇津木音人（600 石）

17　松本要人

鞍置先馬 10 疋　　1

挟箱　蓑箱　　3

持鑓　弓　井伊直亮　小姓　持鑓　十文字鑓　長刀　　5

長野初馬（小姓筆頭、刀役）　乗掛馬　　7

2

4 平供 30 人 挟箱附 挟箱 立傘 台笠

6 駕 乗用馬 茶弁当 古川久佐（歩行供） 床机傘

8 富田兵記（城使役）

借馬　松居助内（目付役）　9

石原権之介乗馬諸道具　田中惣右衛門乗馬諸道具　11

13

高橋新五右衛門（側役）　15

10　三浦道之介乗馬諸道具　犬塚三十郎乗馬諸道具

12　又者　向坂縫殿介乗馬諸道具

14　合羽籠

16　今村忠右衛門（側役）

17

西郷精太（側役）19

高橋要人（小納戸役）

日下部一学（小納戸役）2

中野外記（小姓）

4

18　木俣亘理（側役

巻

1　杉原縫殿（小納戸役）

3　鈴木佐殿（小姓）　西郷才三郎（小姓）

5　庵原右門（足軽組頭）

鈴木相馬（足軽組頭）　6

今村庄之進（母衣役）　青木平九郎（母衣役）　8

内田台右衛門（300 石）　武笠魚平（300 石）　10

中村織部（300 石）　12

7　　増田梶之介（母衣役）

9　　河西原五右衛門（300 石）

11　　大久保権内（350 石）

13　宇津木六之丞（350 石）　　小野田栄之介（400 石）

今村十郎右衛門（300 石）　14

藤田平蔵（200 石カ）　上田八右衛門（右筆頭）　16

18

早乙女多司馬（母衣役）　2

15　　中村勘介（借用役）　　竹原他三太（200石）

17　　野津文内（120石）　　平石冑右衛門（200石）

巻5

1　　鈴木権十郎（大津蔵屋敷奉行）　　桃居加平（厩頭取）

3　　坂寿仙（医師）　　田中藤十郎（目付役）

堀田道策（医師）　清瀬宗伴（医師）　小縣清庵（医師）　4

内藤権平（用人）　6

惣明駕　8

10

5

7

乗懸

9

11

小野田小一郎（家老）

12

14

16

13

15　　庵原助右衛門（家老）

17

図版2　京都上使直勤式図

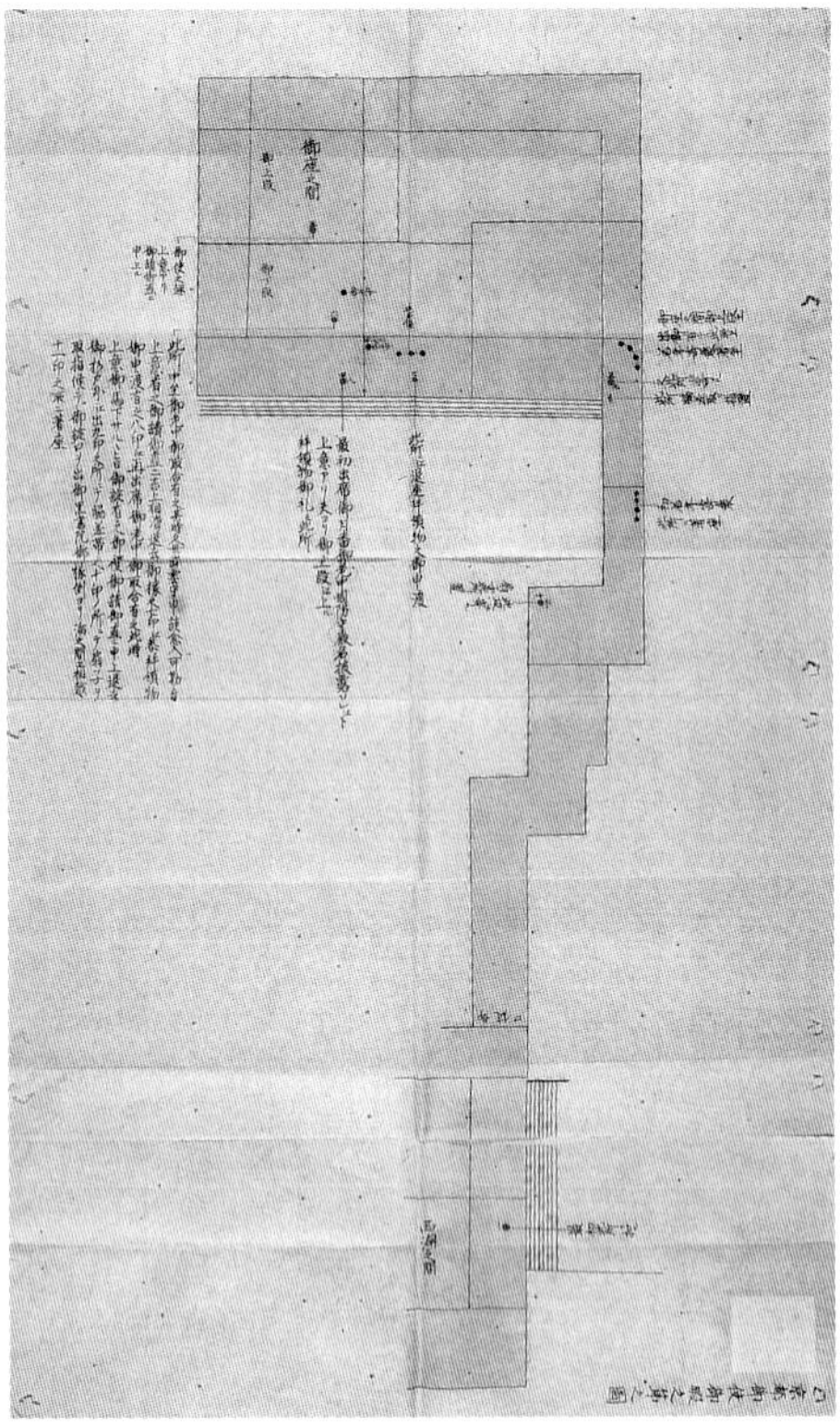

1　**京都御使御暇式図**［江戸城御座之間］

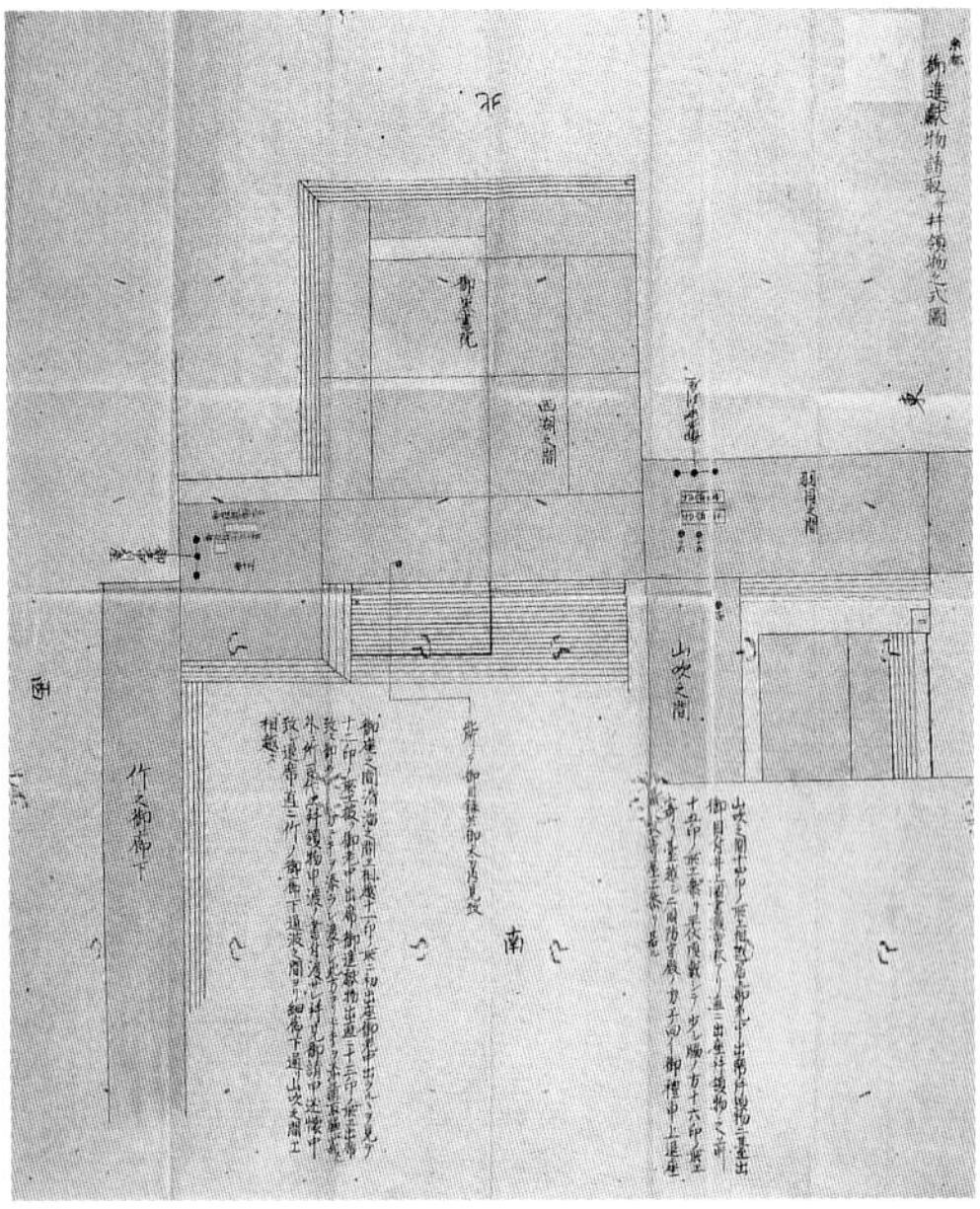

2　**御進献物請取・拝領物式図**［江戸城黒書院］

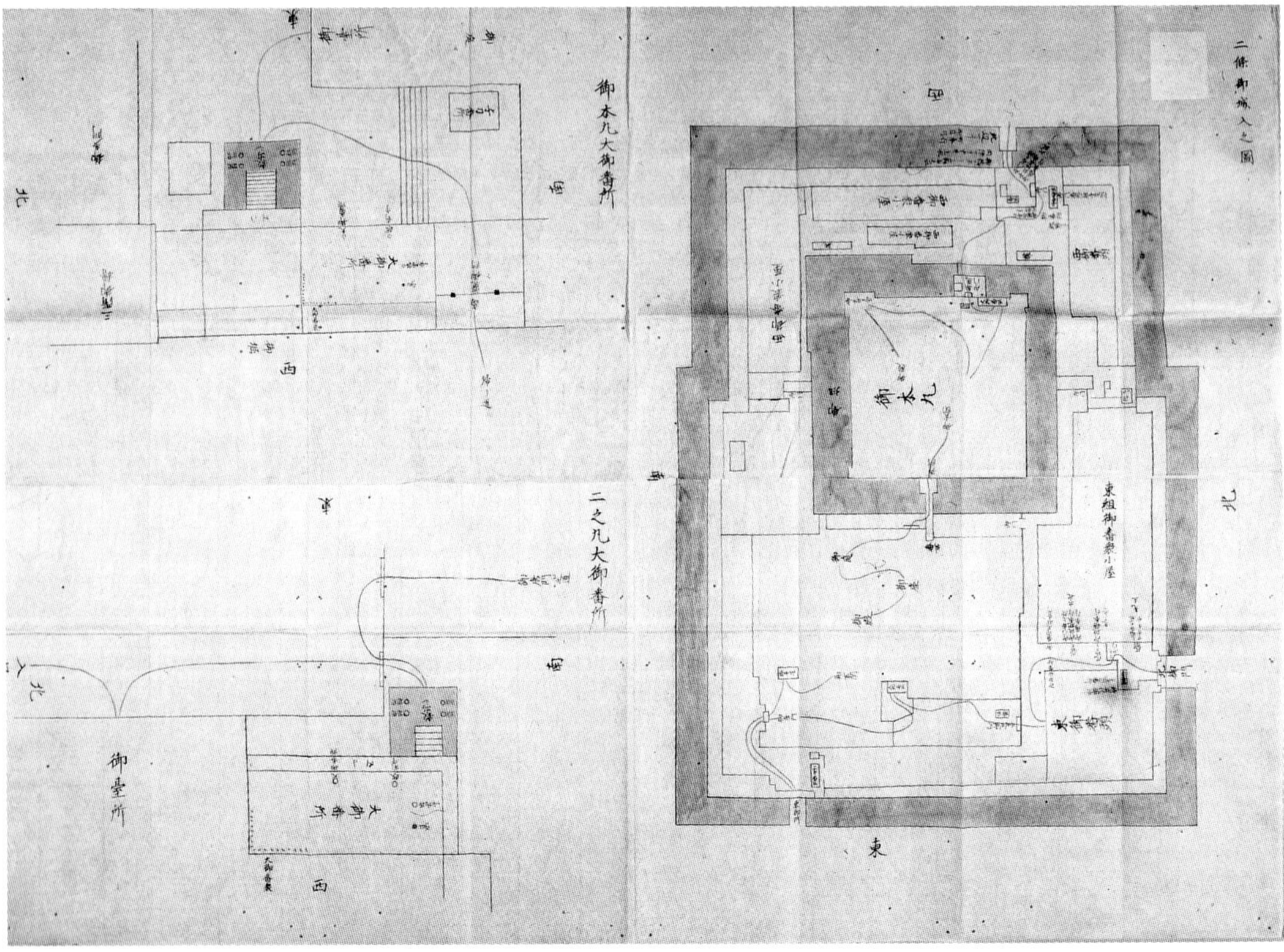

3　**二条御城入式図**［二条城］

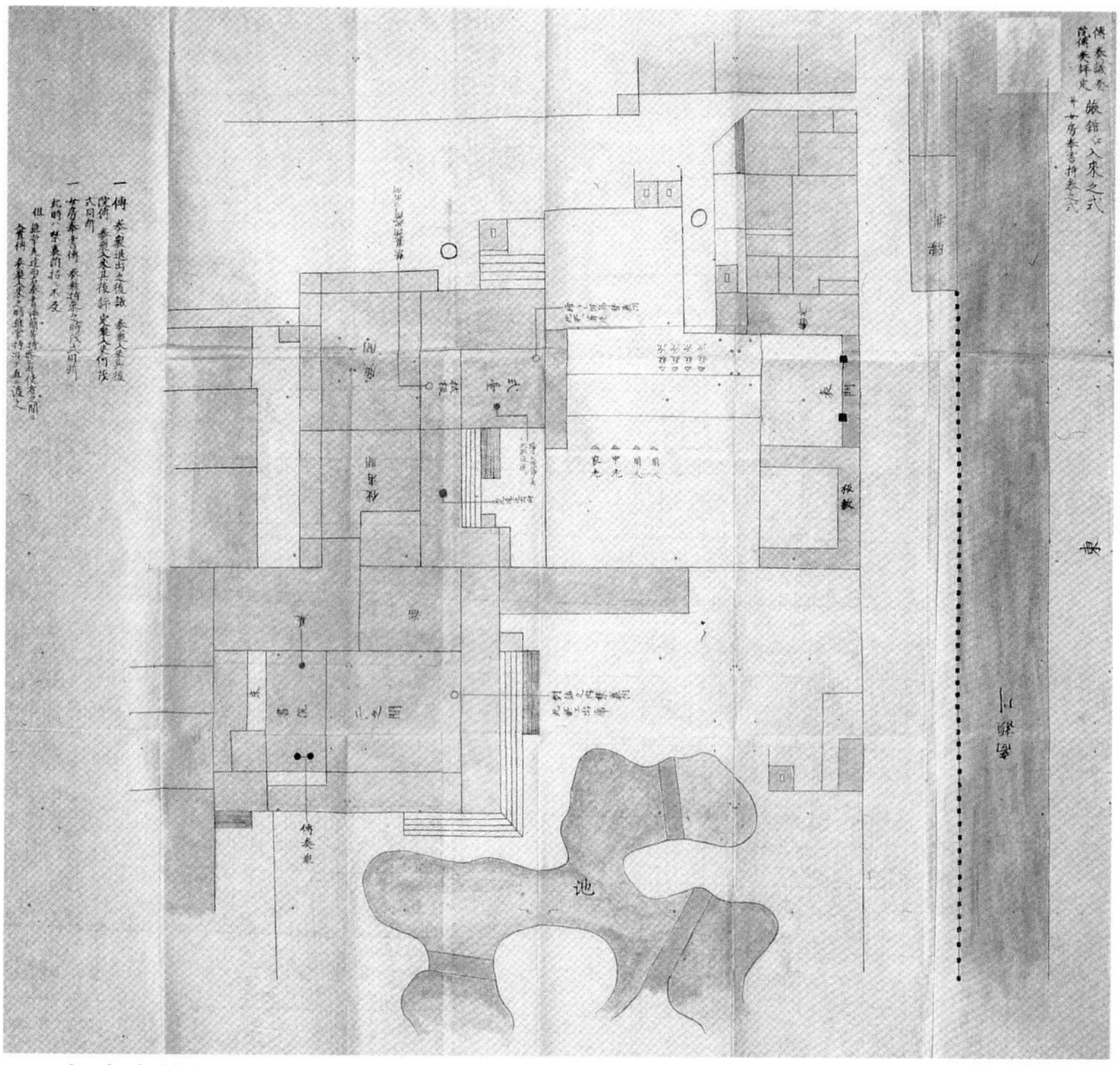

4　伝奏衆等旅館へ入来式図［松平土佐守屋敷］

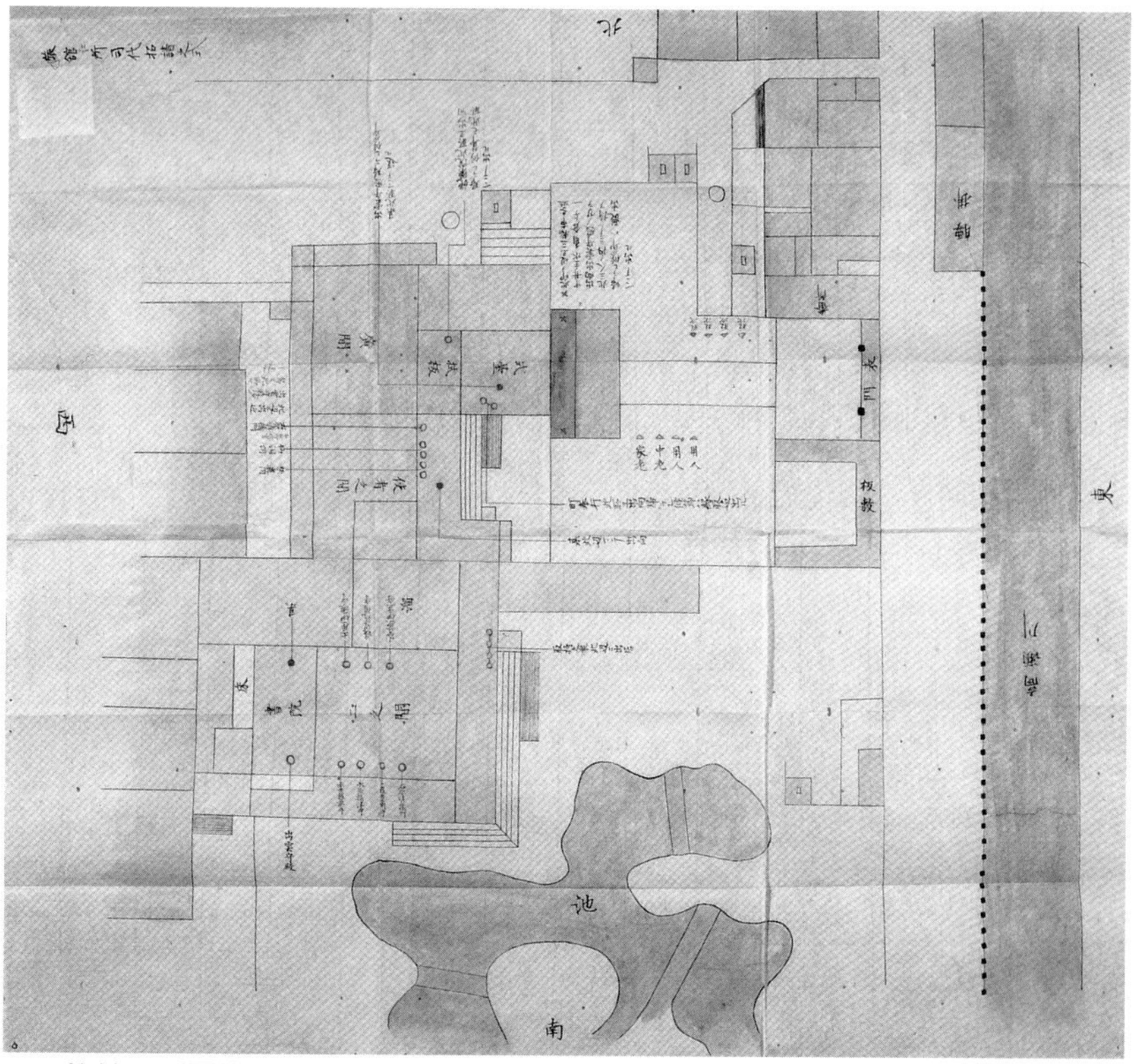

5　旅館へ所司代招請式図［松平土佐守屋敷］

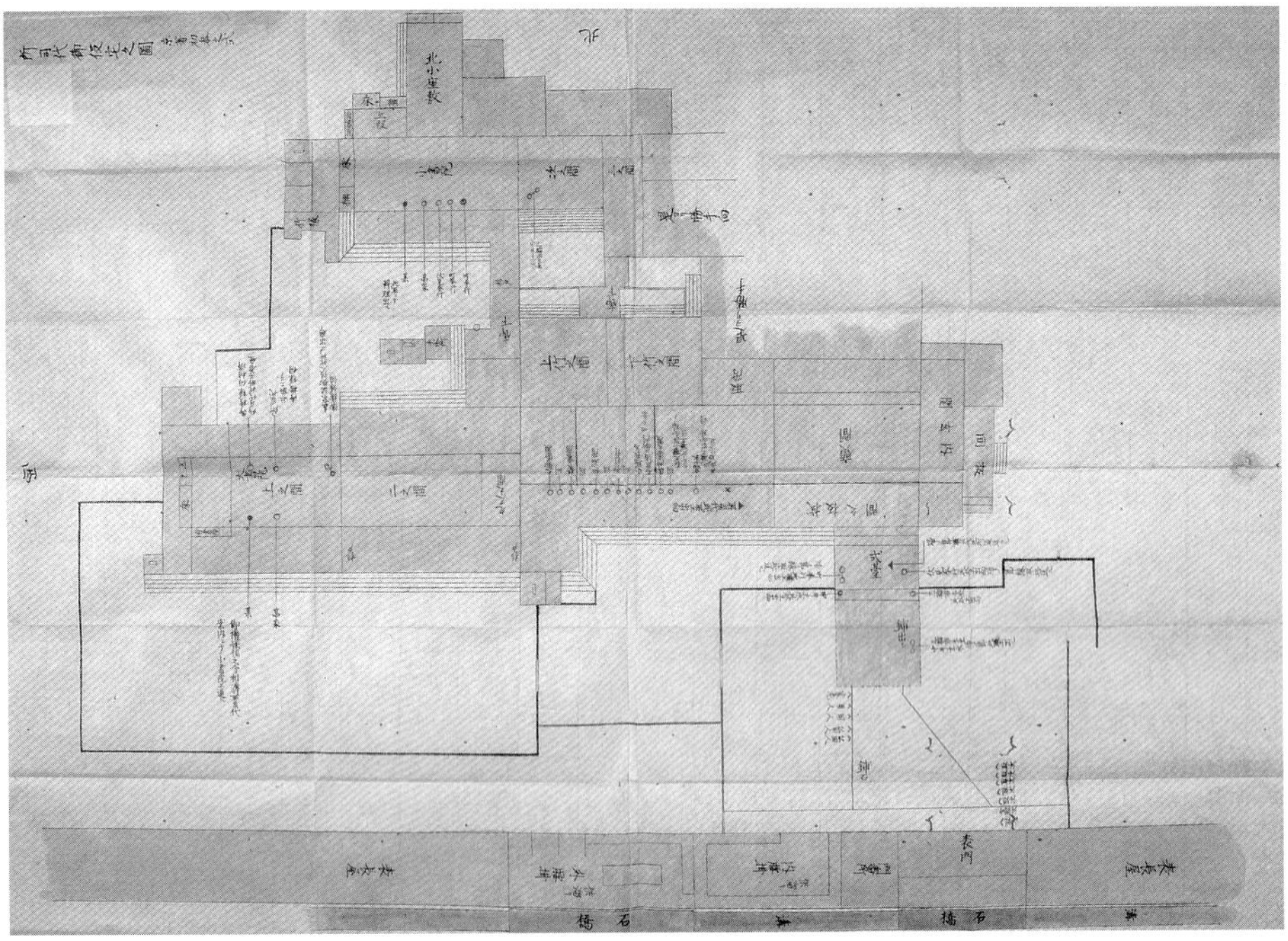

6　**所司代へ初参式図**［京都所司代役宅］

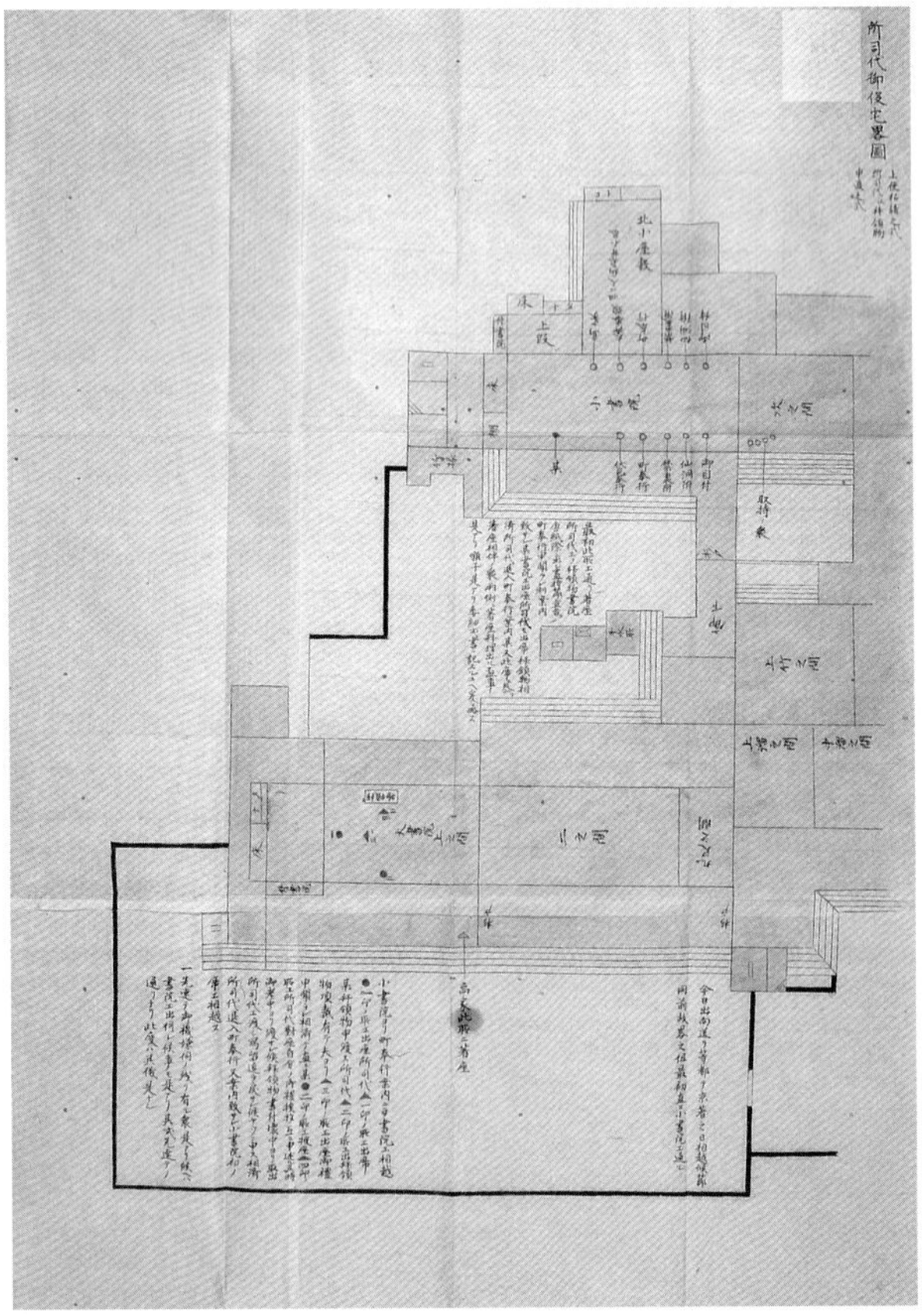

7　**所司代へ上使招請式、同拝領物申渡式**［京都所司代役宅］

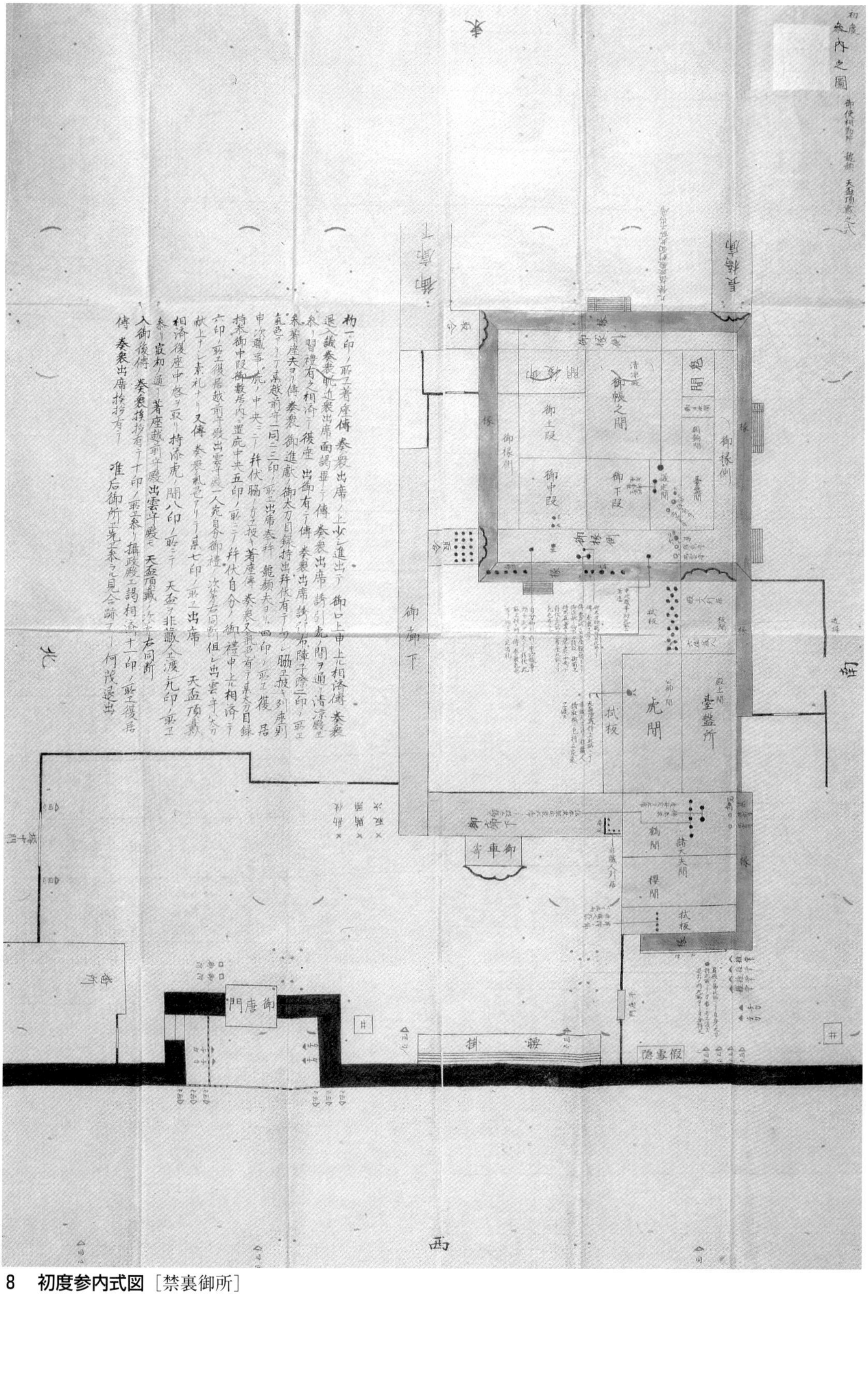

8　初度参内式図［禁裏御所］

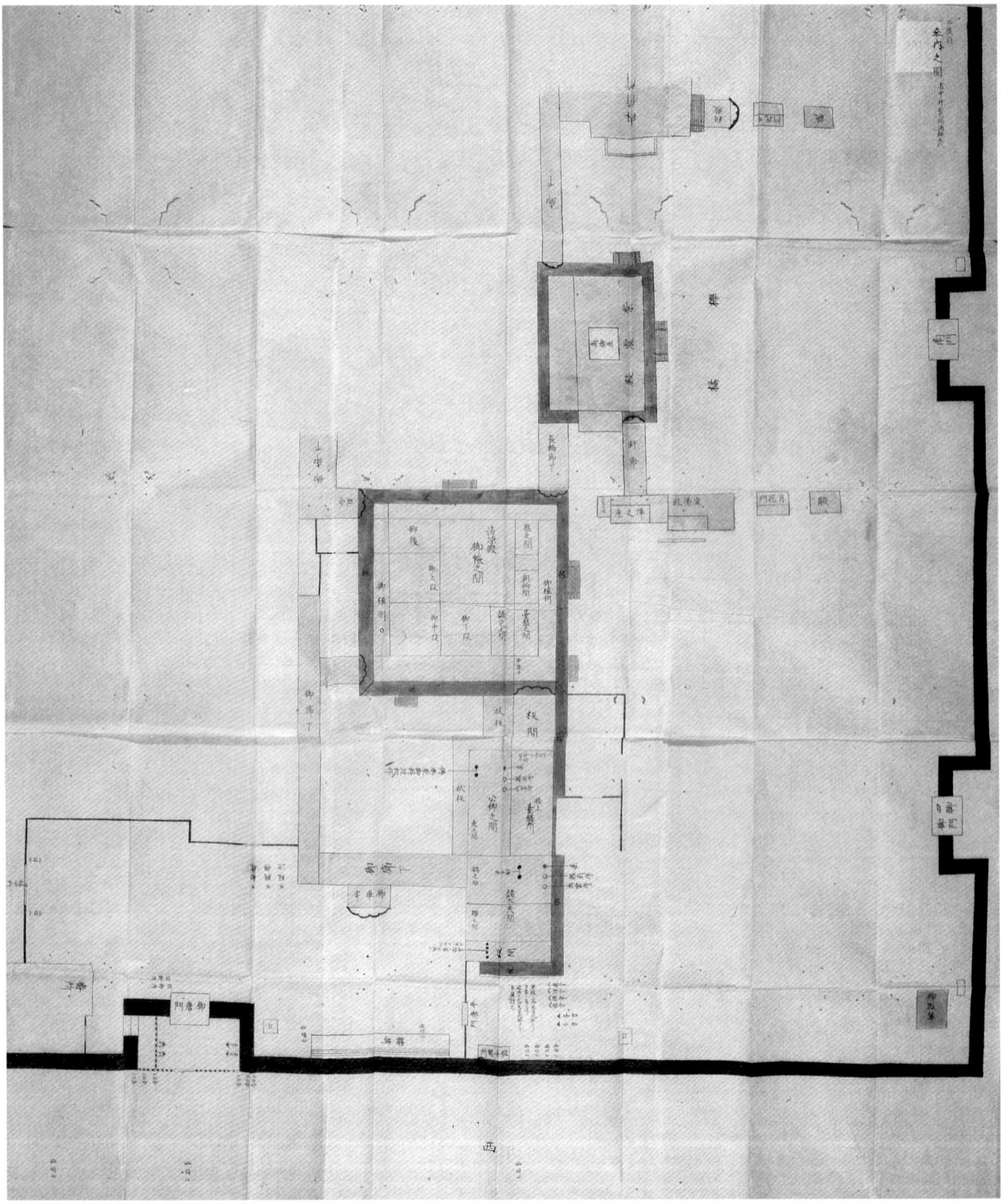

9　**二度目参内式図**［禁裏御所］

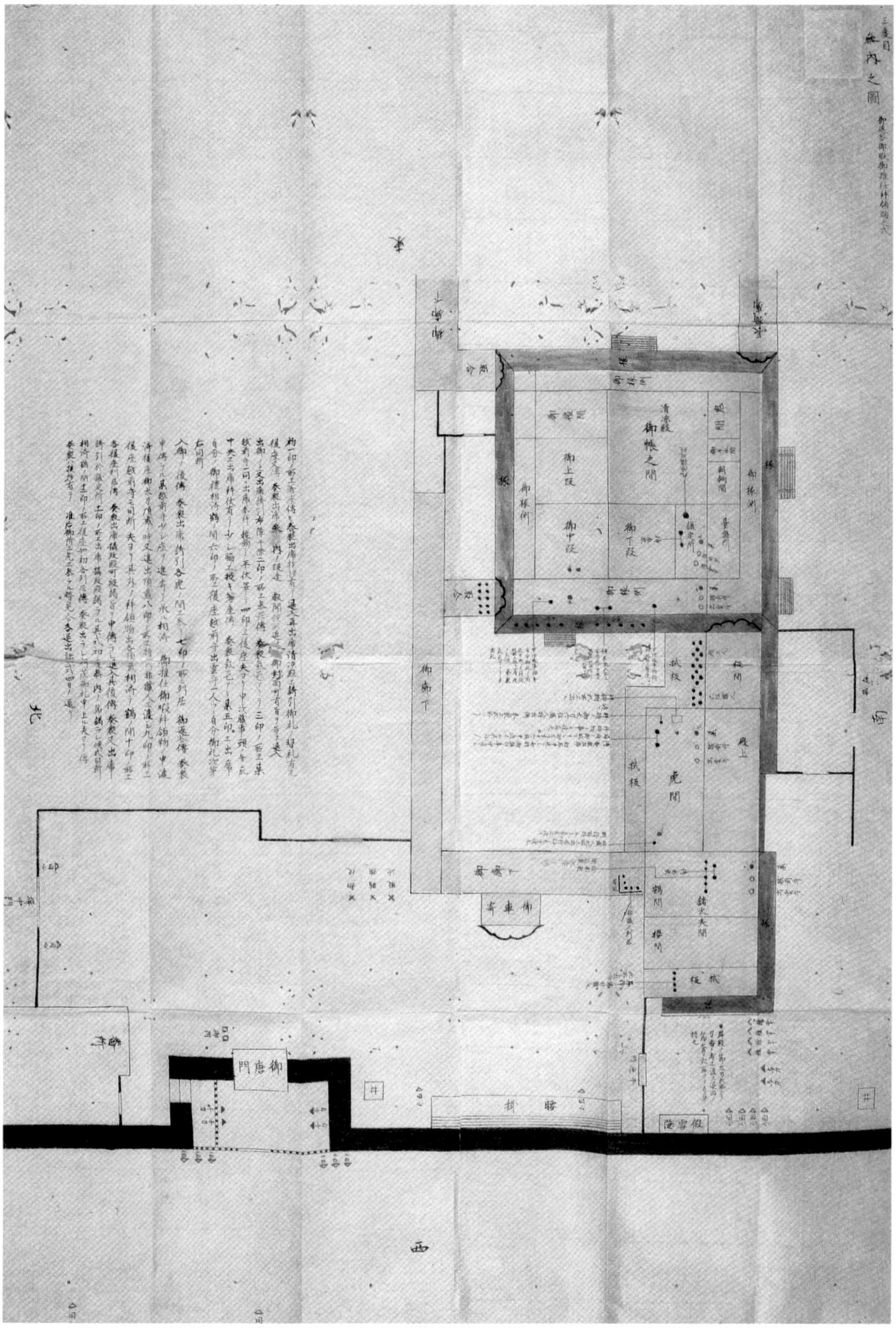

10　三度目参内式図［禁裏御所］

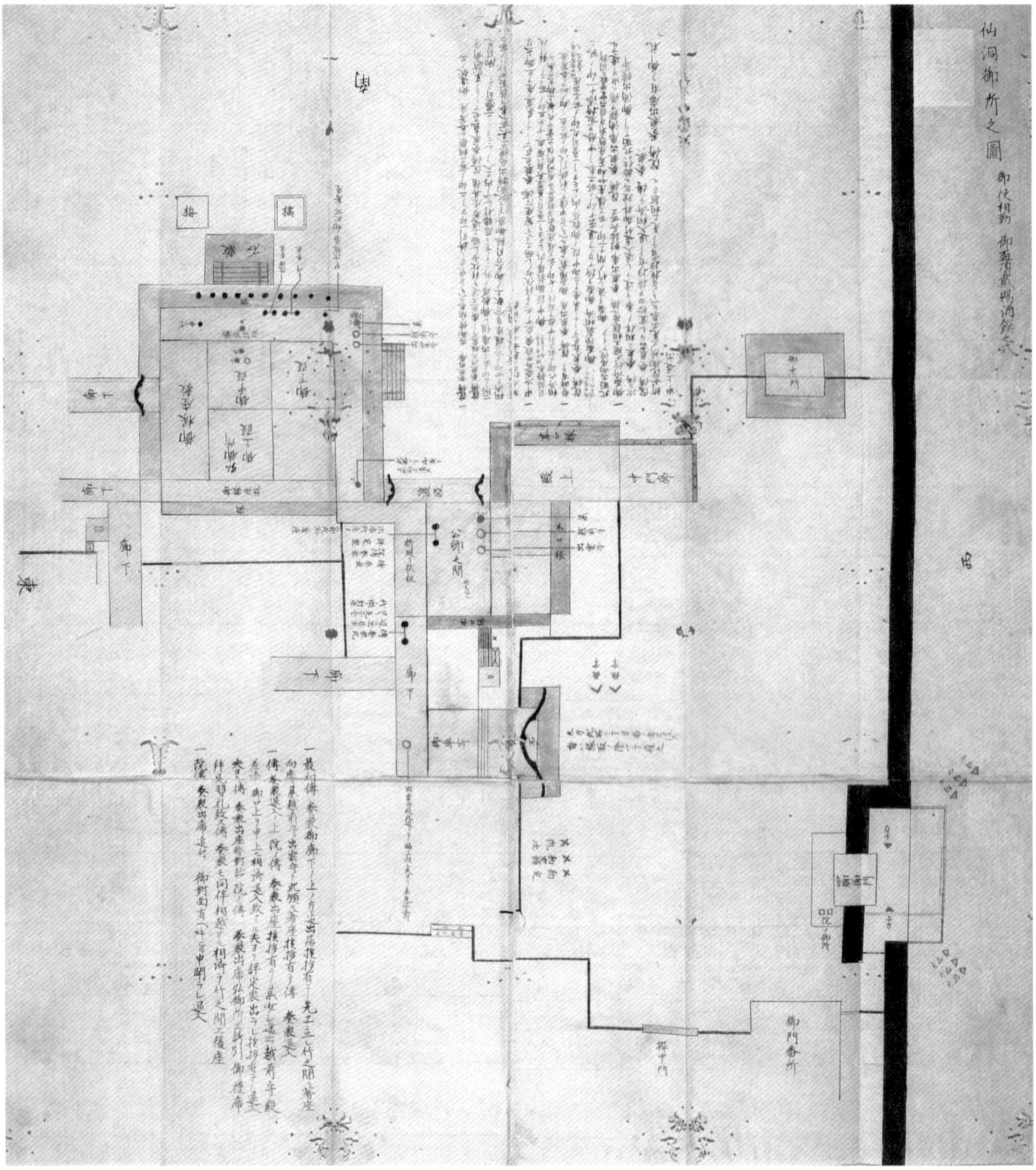

11　**仙洞御所参上式図**（御使勤め）

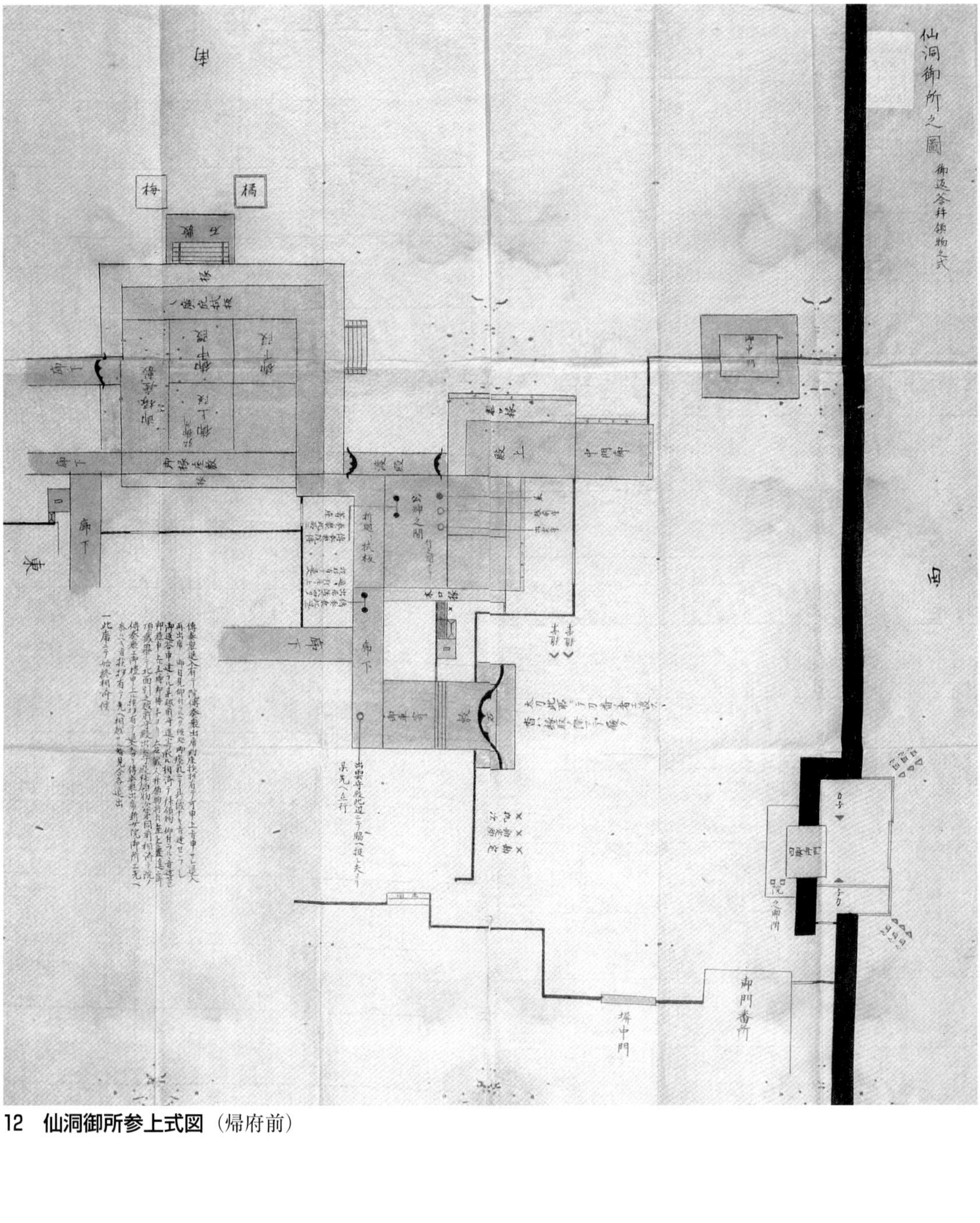

12　仙洞御所参上式図（帰府前）

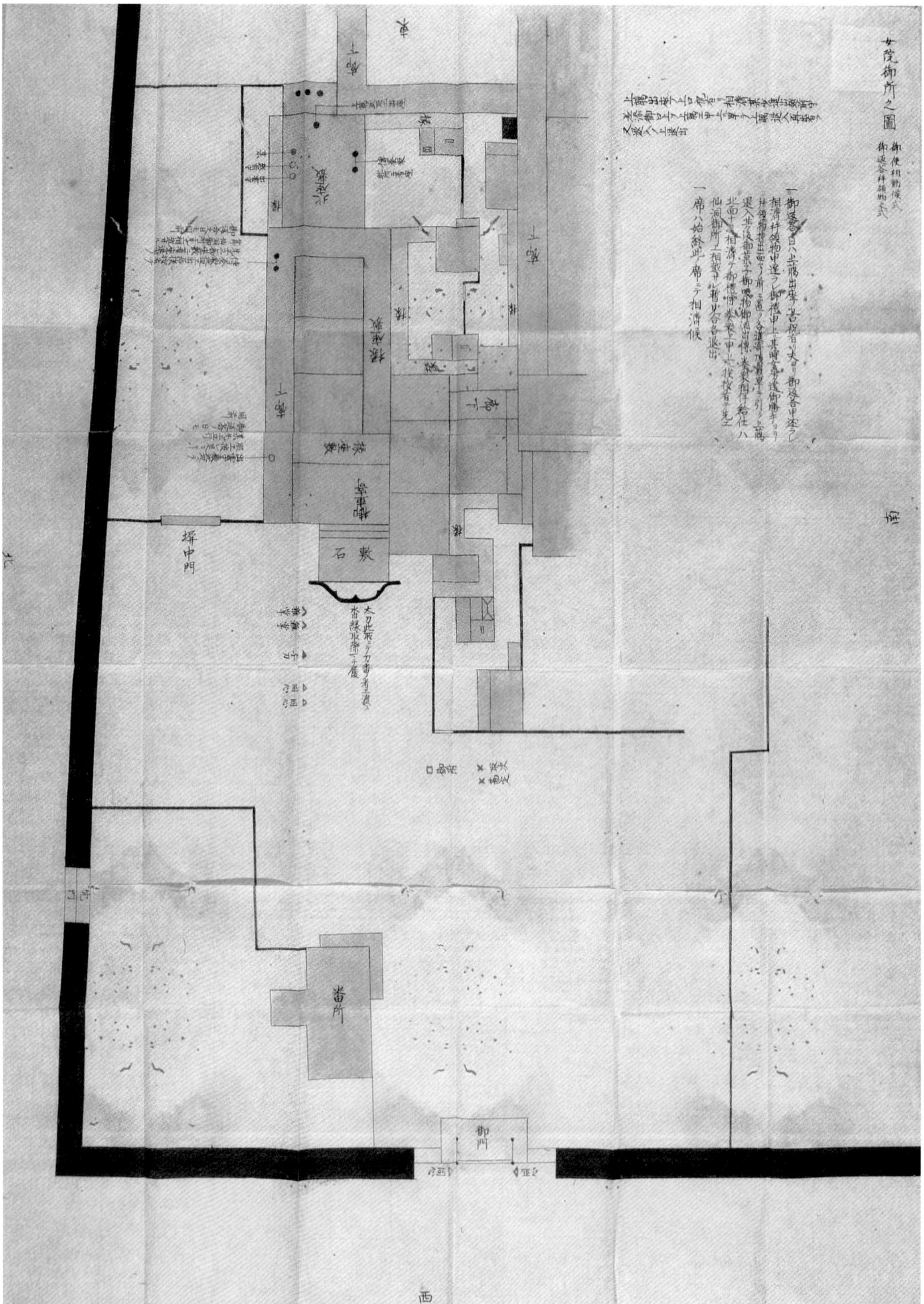

13　**女院御所参上式図**（御使勤め・帰府前）

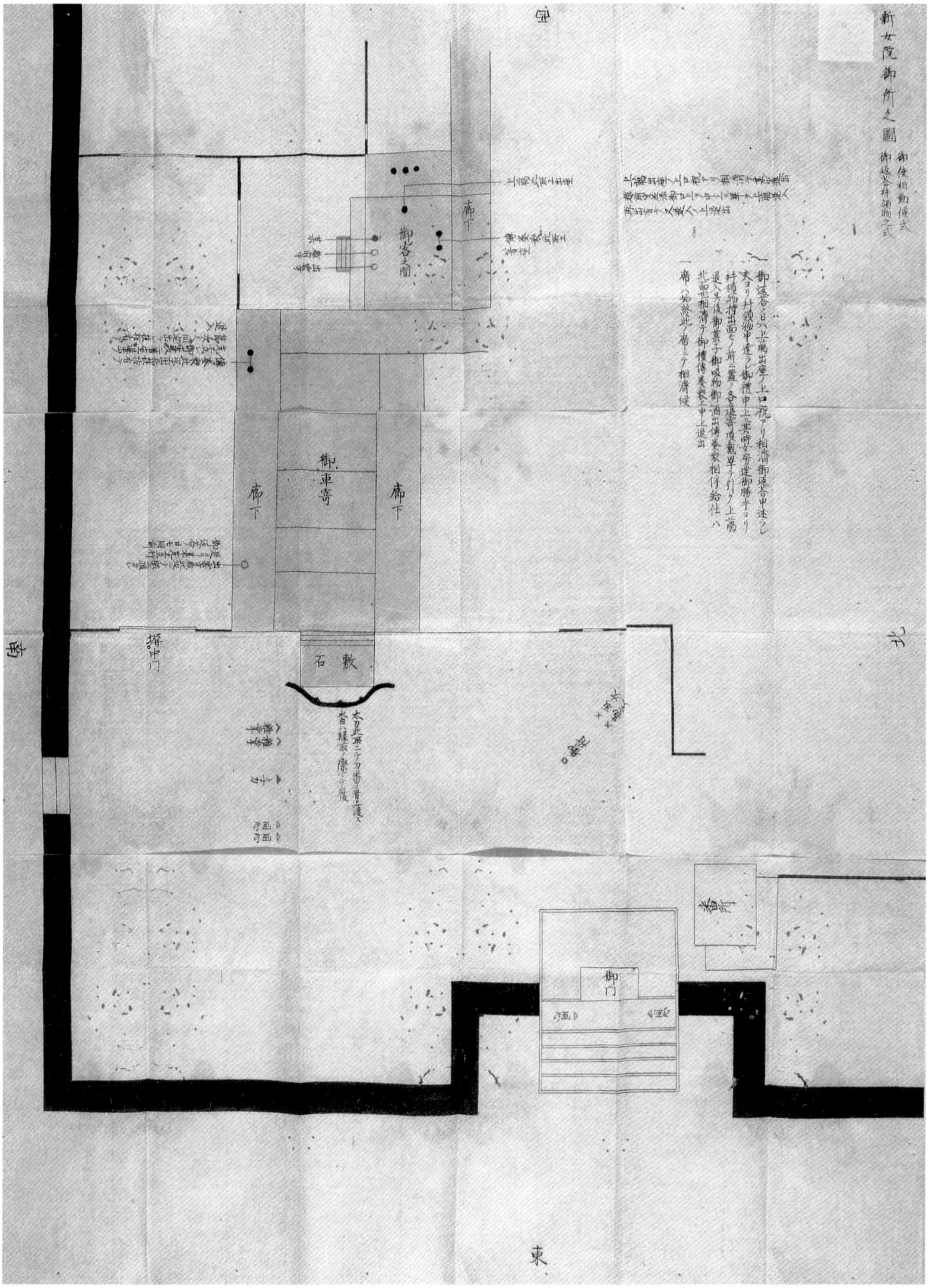

14　新女院御所参上式図（御使勤め・帰府前）

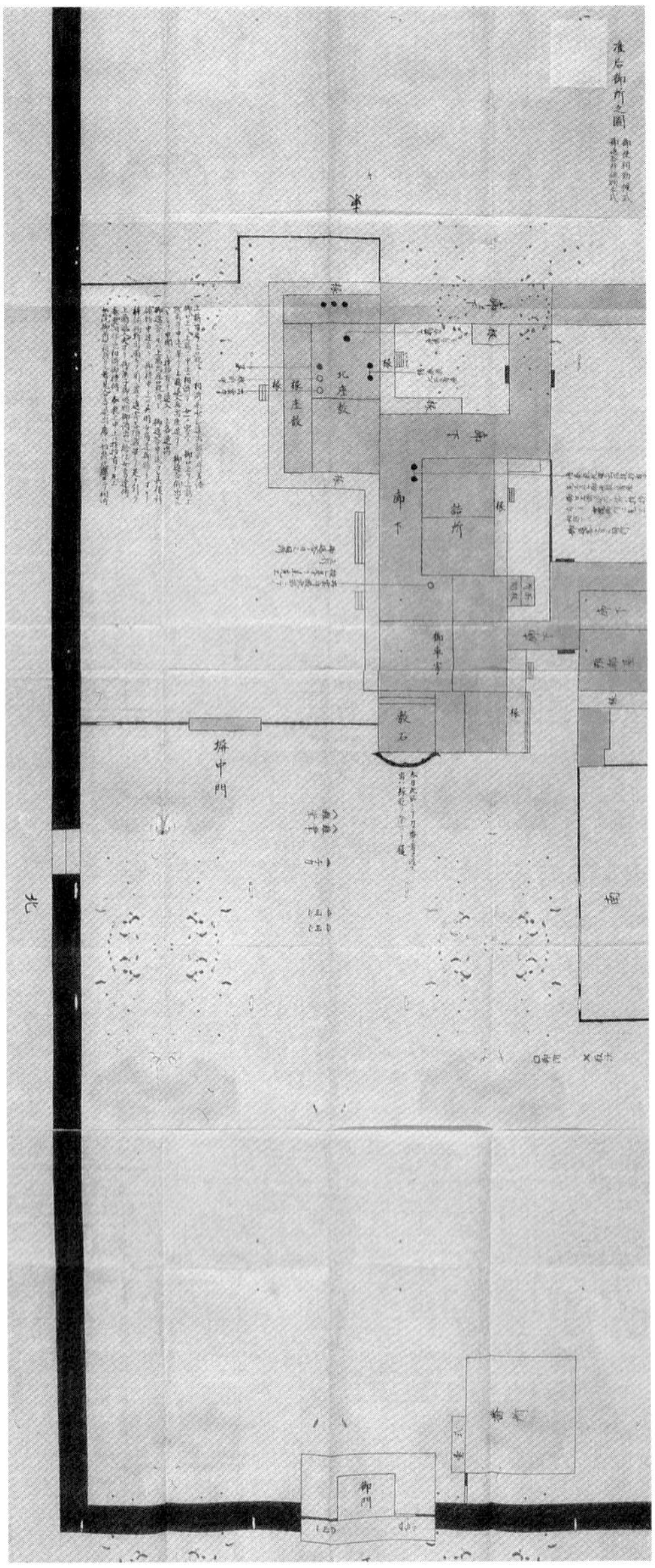

15　准后御所参上式図（御使勤め・帰府前）

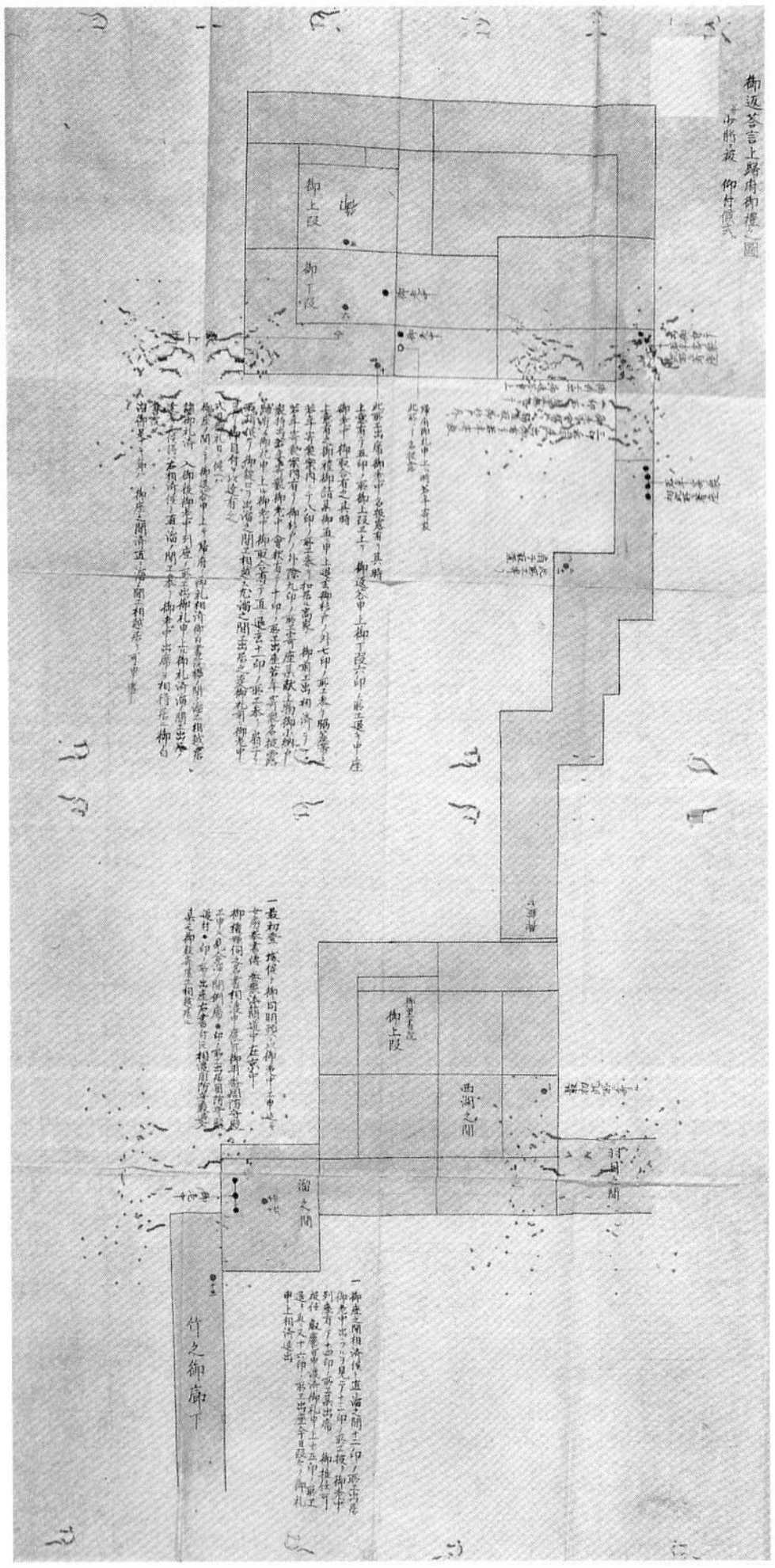

16　御返答言上・帰府御礼式図［江戸城御座之間・黒書院］

図版3　彦根城表御殿式図

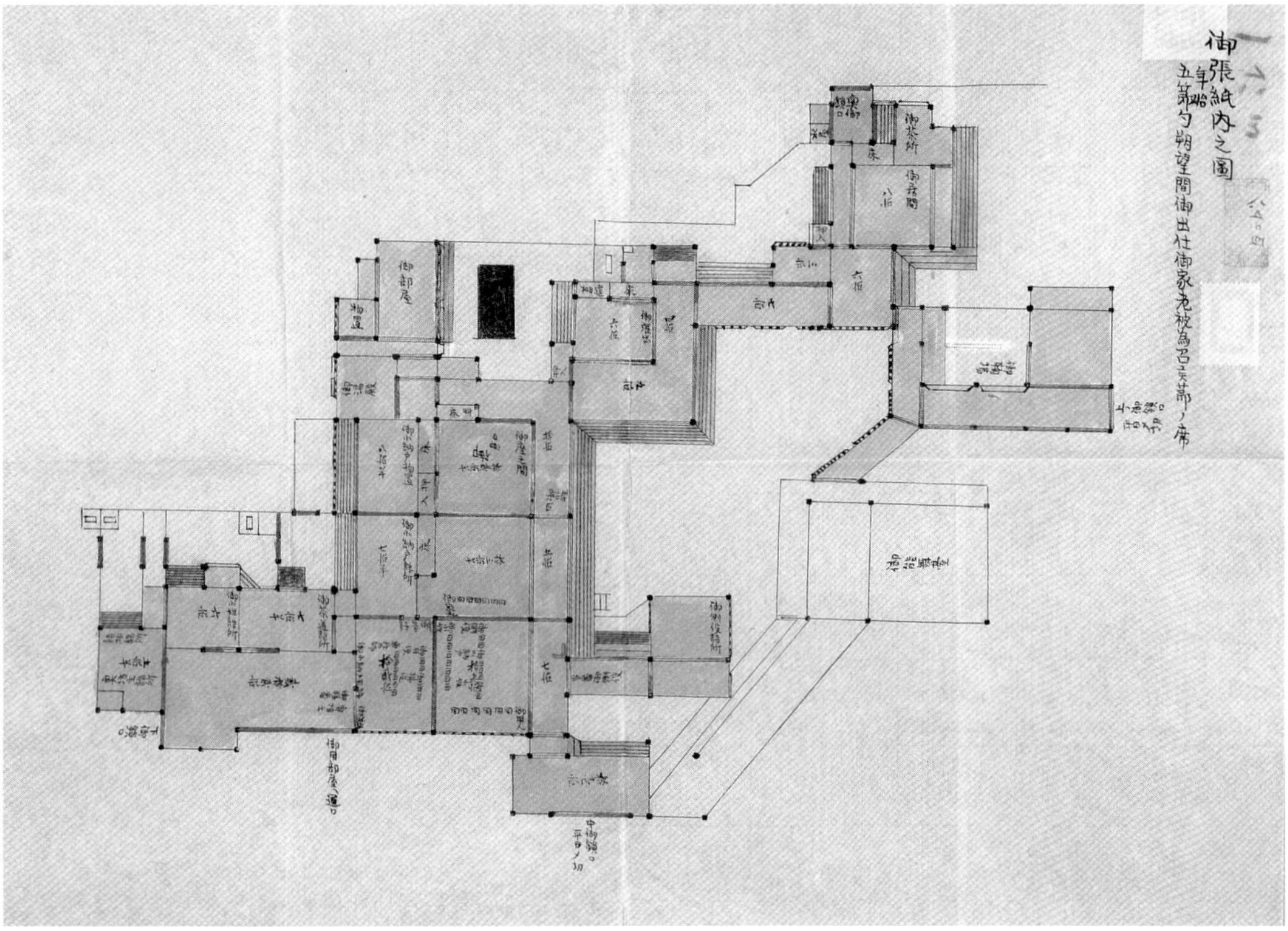

1　年始・節句・朔望家老召出式図

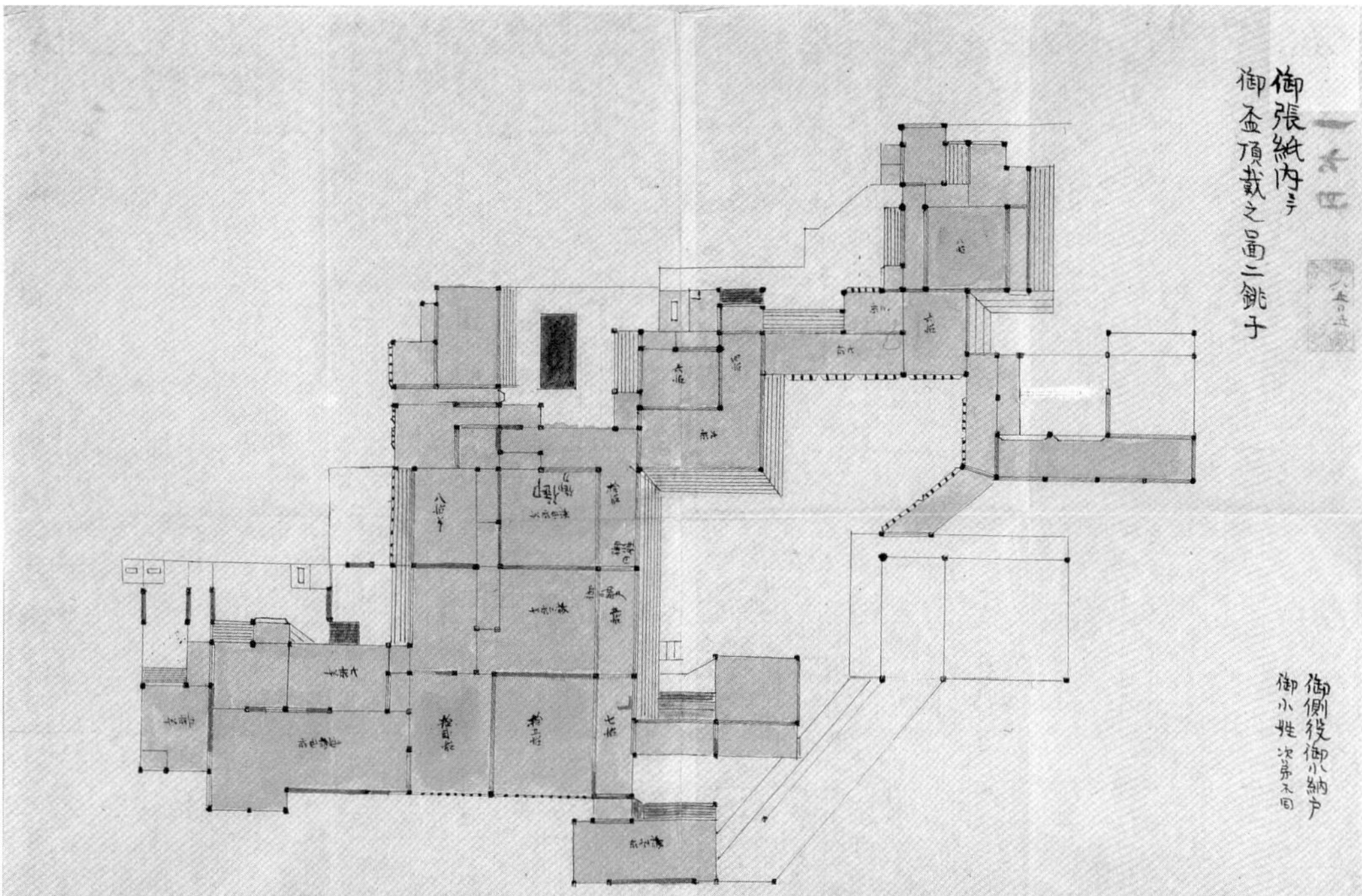

2　御座之御間にて御盃頂戴式図

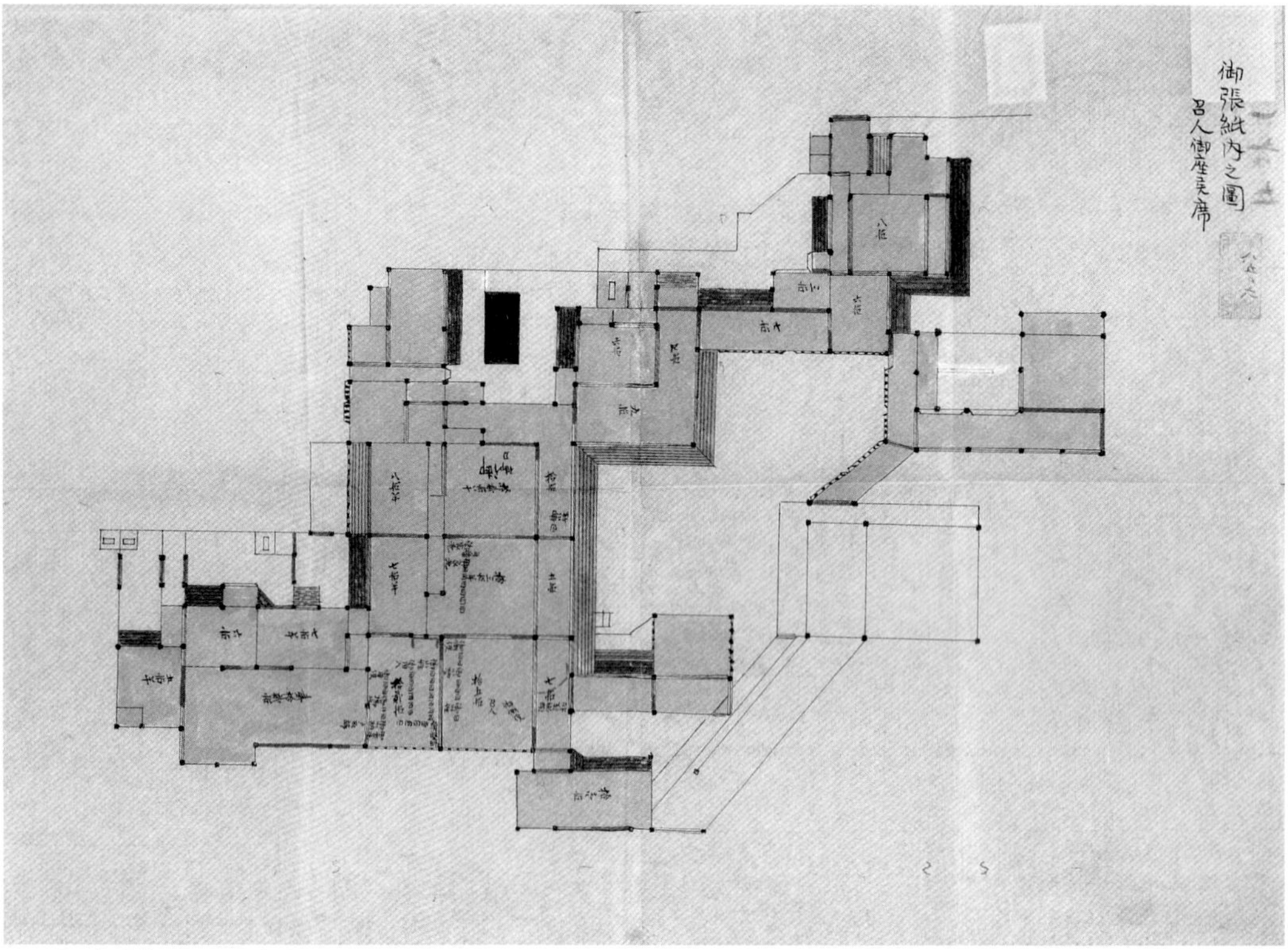

3　御座之御間へ召人席図

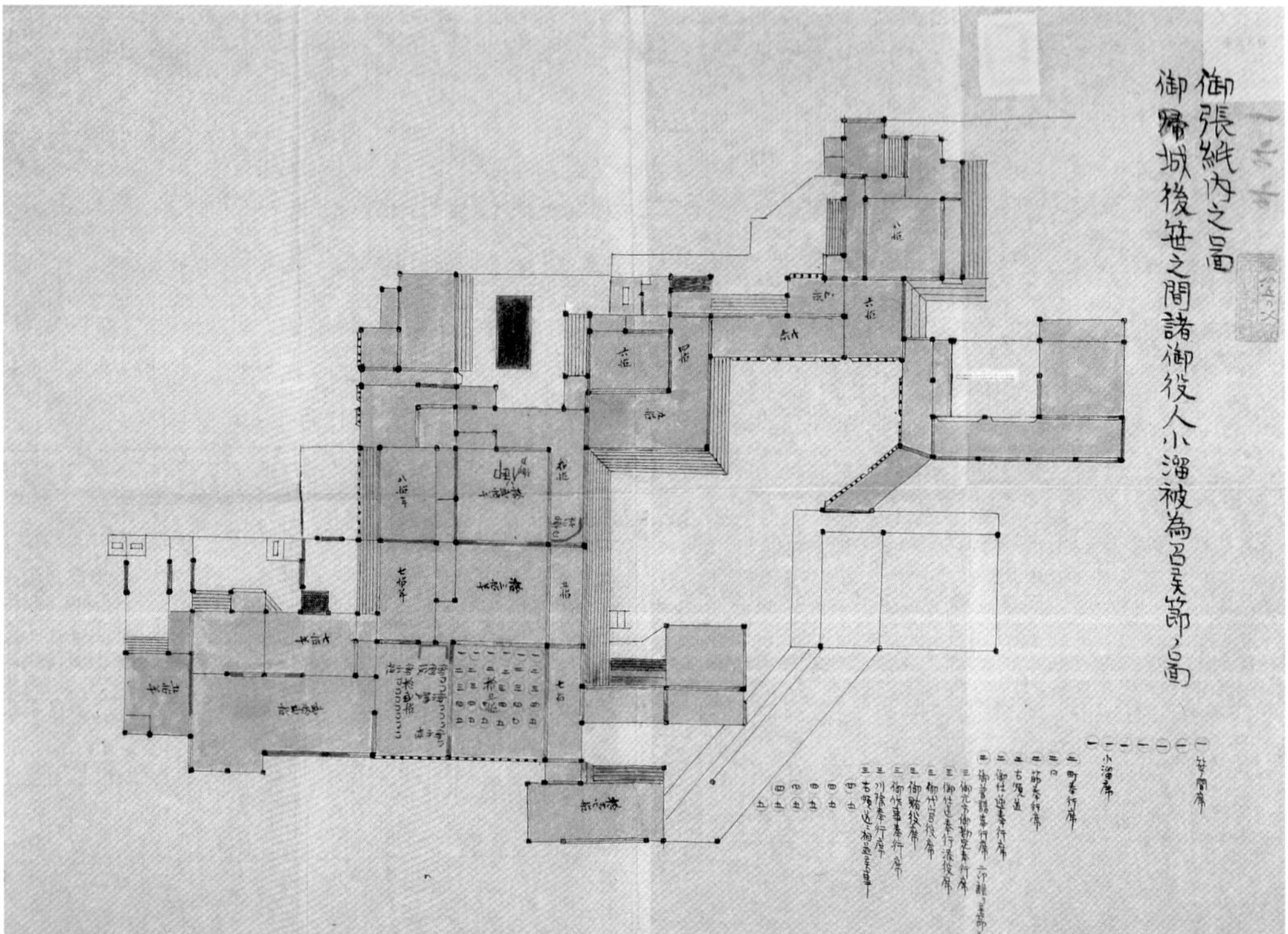

4　帰城後御座之御間へ召出式図

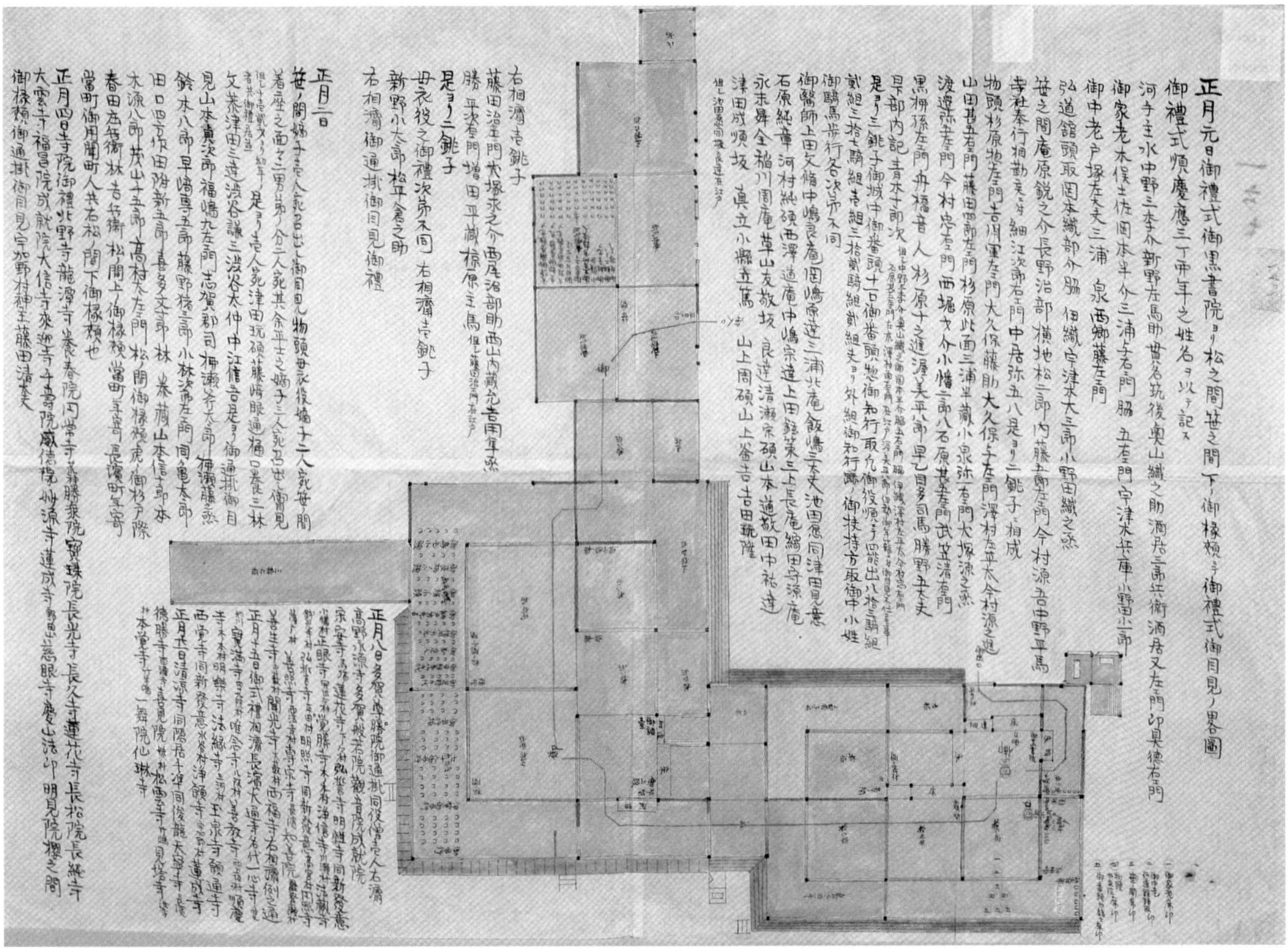

5　正月御礼式図

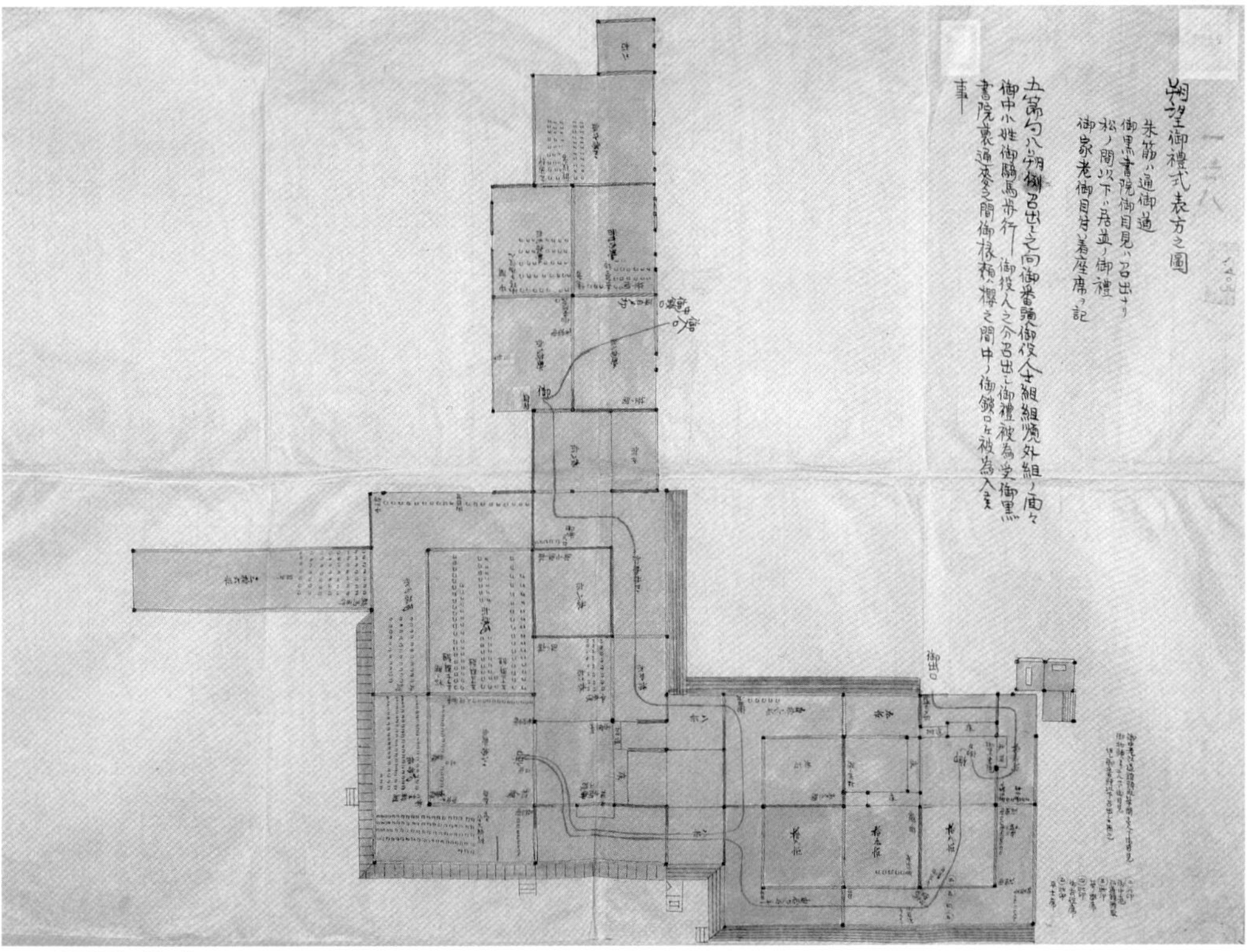

6　朔望御礼式図

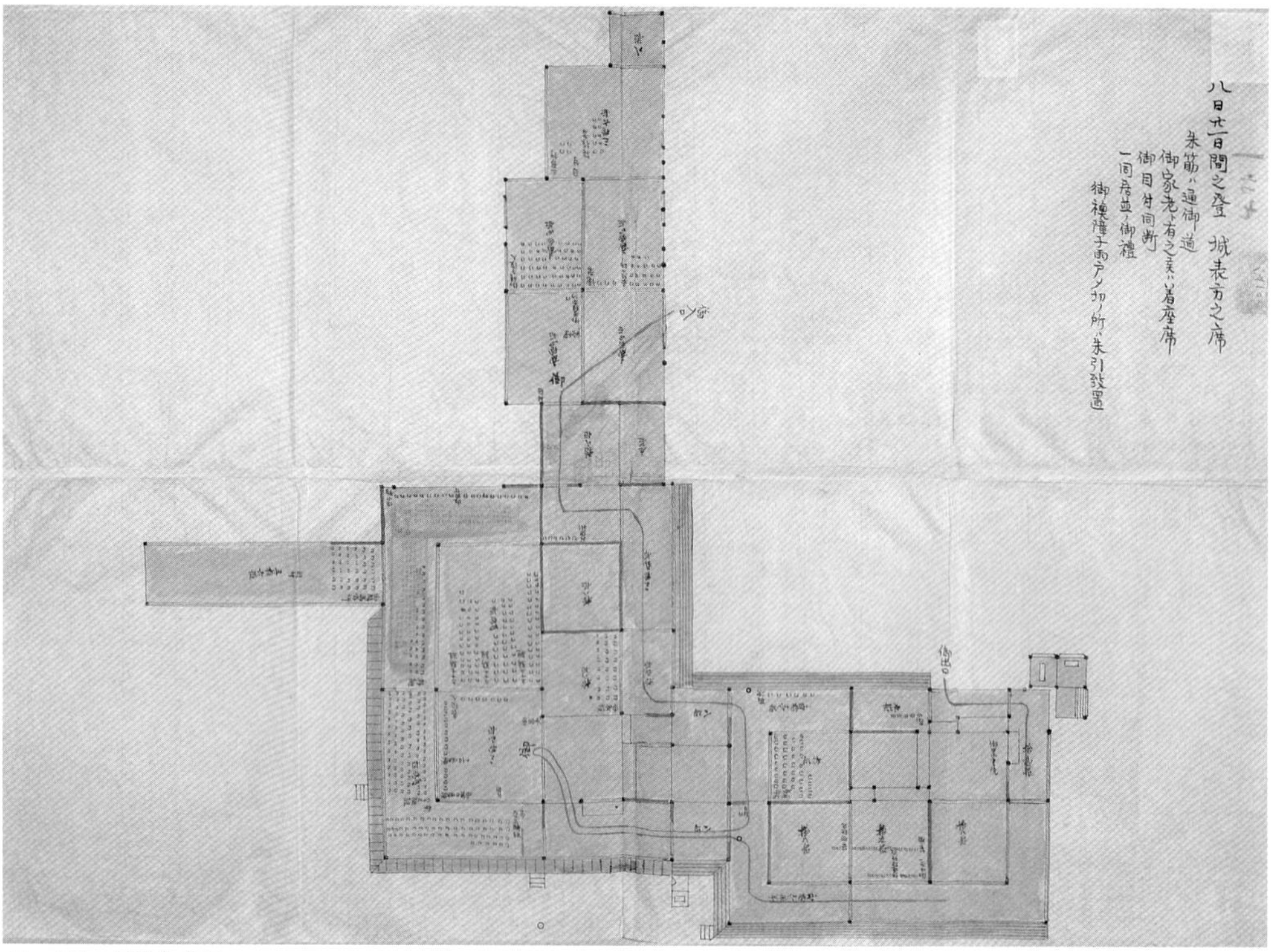

7　間の登城式図

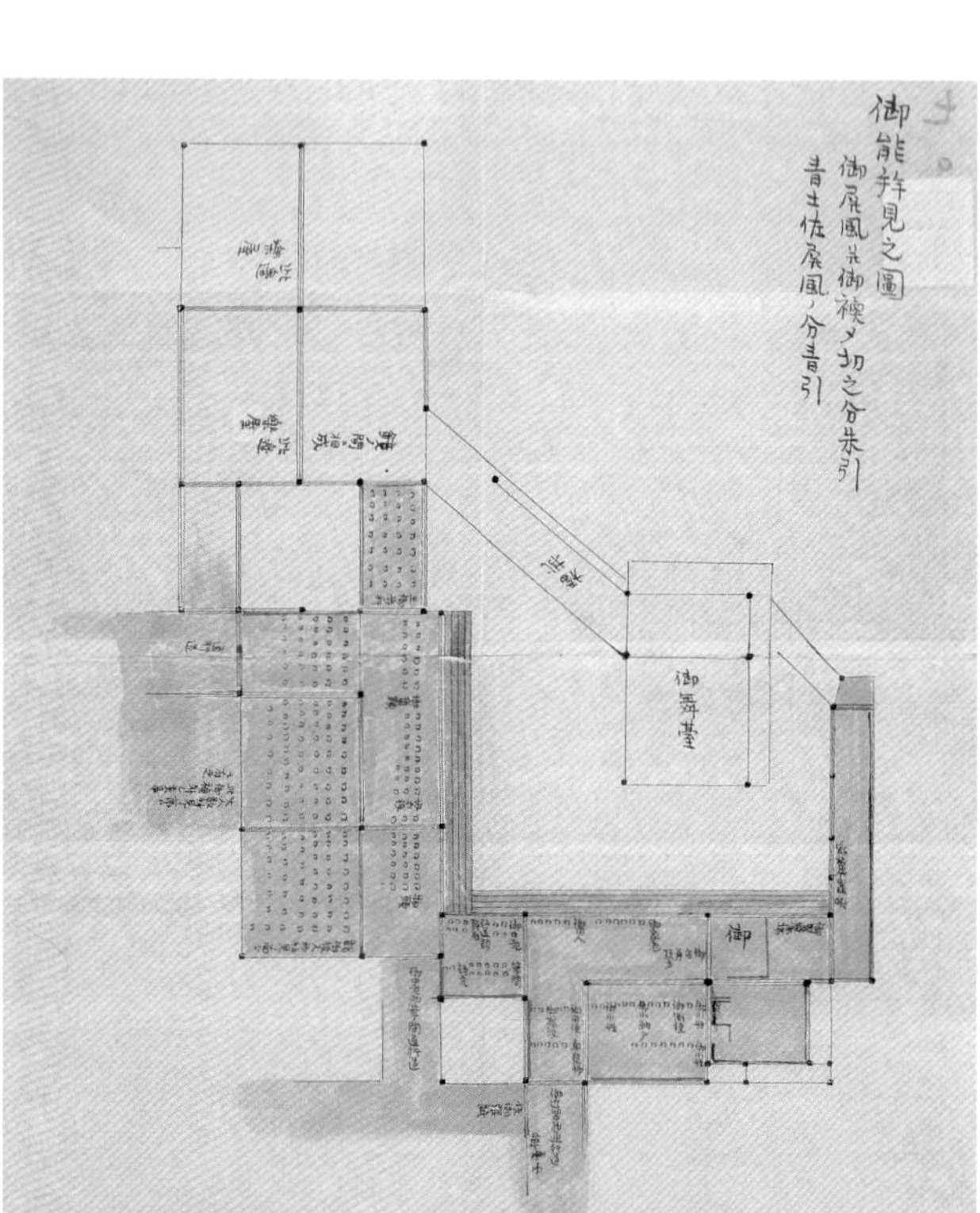

8　御能拝見席図

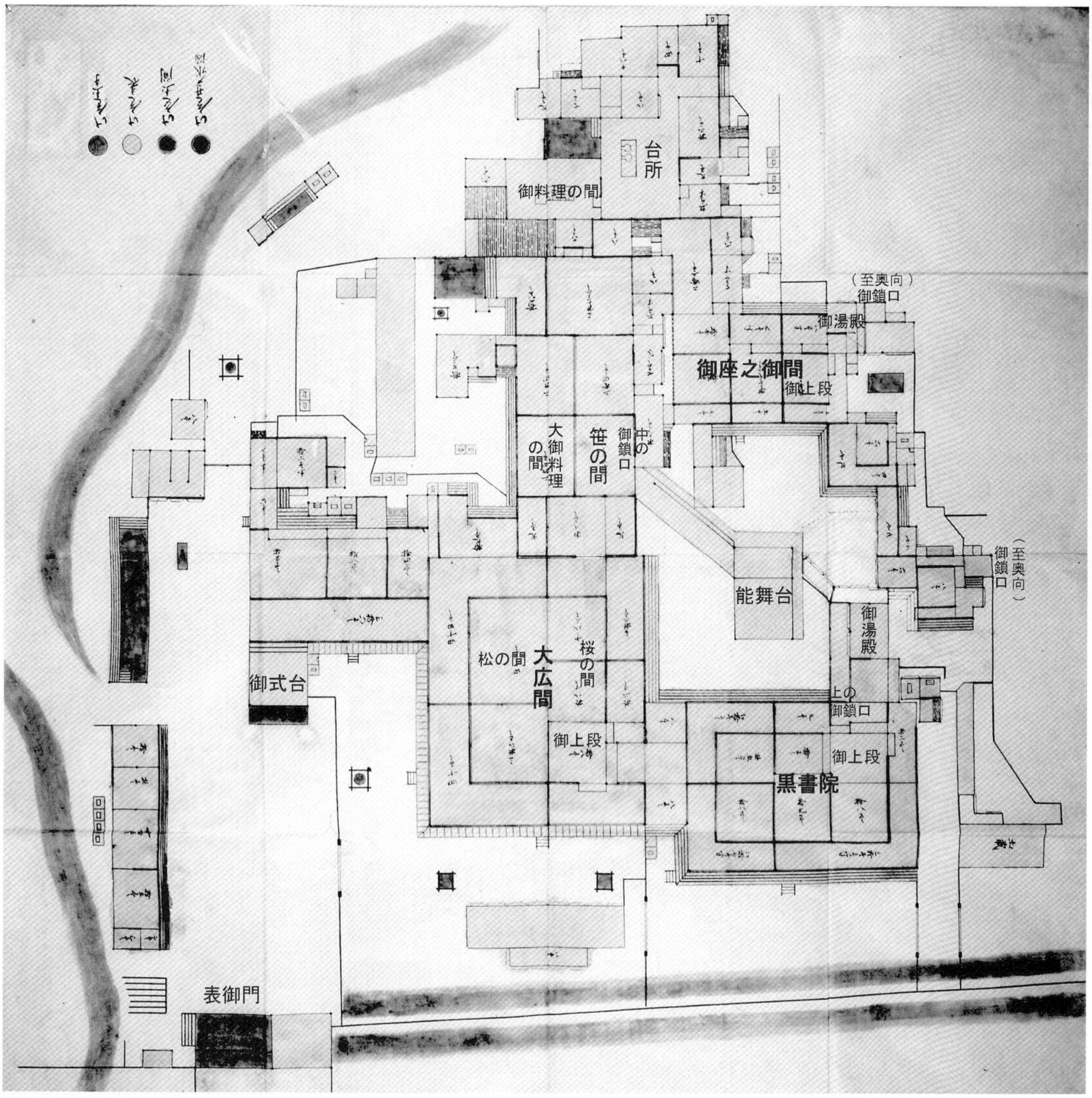

彦根城表御殿表向絵図　『彦根藩井伊家文書』

彦根城表御殿のうち、表向部分の絵図。図右上には、藩主の生活空間である奥向の御殿が建っているが、本図には描かれない。本図は図版３「彦根城表御殿式図」と袋一括された図であり、図の作成にあたって関連したと考えられるため、部分図である図版３を補足する意味で、ここに載せた。

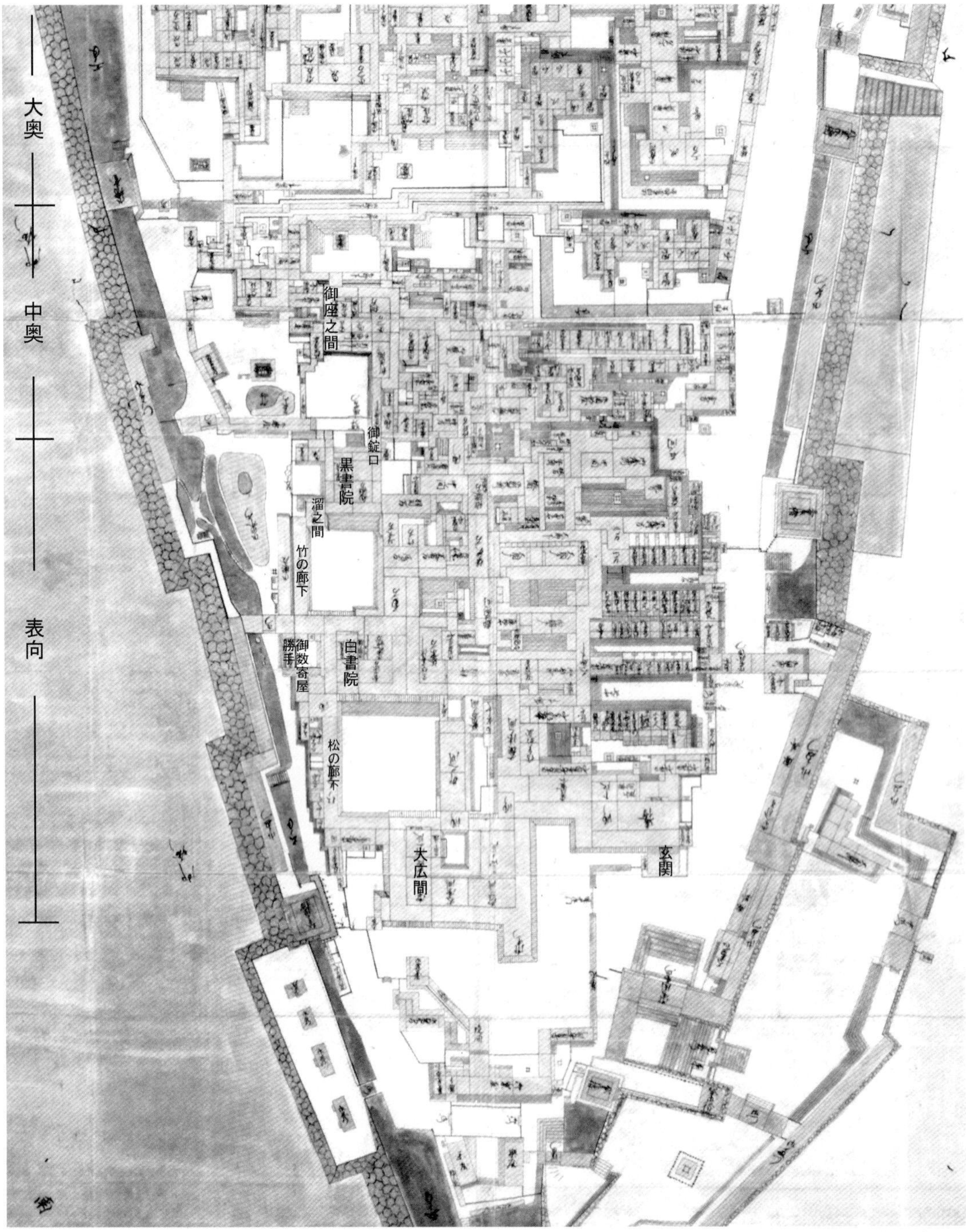

江戸城御本丸御表御中奥御大奥総絵図　より　表向・中奥部分　東京都立中央図書館東京誌料文庫所蔵

江戸城本丸御殿全体を描いた図。江戸城本丸は表向・中奥・大奥といった空間に区分されていた。

大名らと対面する儀礼空間である表向には、図の下から大広間・白書院・黒書院と連なる。黒書院脇にある御錠口の向こうが将軍の政務空間である中奥となる。中奥には将軍の居室「御座之間」や老中の御用部屋などがある。

井伊家ら溜詰が登城して控えの部屋として使った御数寄屋は白書院の左側にある。

参考資料

彦根藩井伊家系譜

凡例

一、本系譜は、「井伊家系譜」「新訂井家系図」（いずれも『彦根藩井伊家文書』）等をもとに作成したが、早世した人物は省いた。兄弟順は「井伊家系譜」による。

一、―は親子関係を示す。

一、＝は養子関係を示す。

一、○は当主の代数を示す。

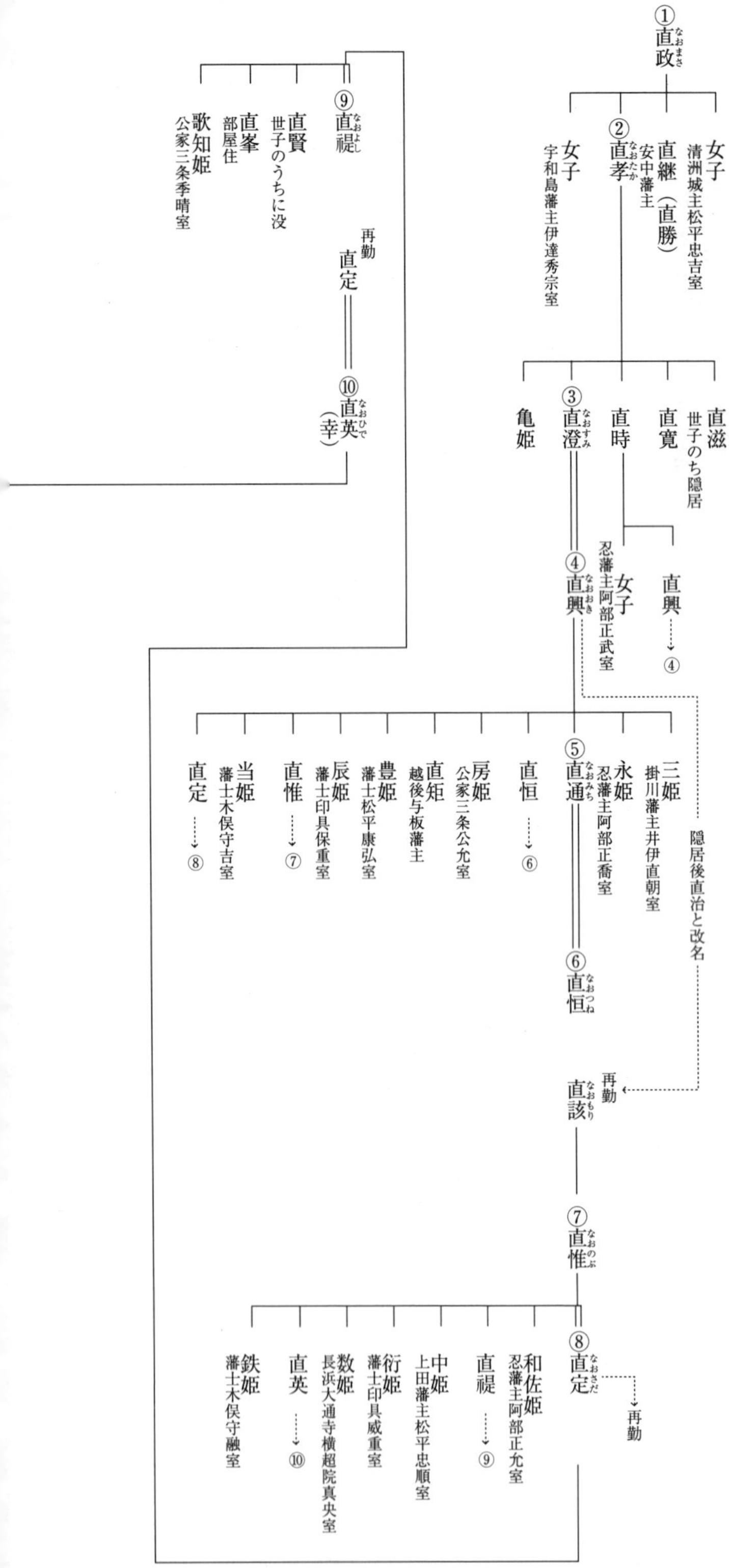

勢与姫　津山藩主松平康哉室
直尚　世子のうちに没
直寧　早世
美代姫　養女、公家三条実起室
祢恵姫　養女、山形藩主秋元永朝室
直豊《なおとよ》（直富）世子のうちに没
斐姫　柳川藩立花鑑門室
⑪直中《なおなか》
俊姫　徳島藩主蜂須賀治昭室
宣姫　佐賀藩主鍋島治茂室
静姫　長浜大通寺養女
直在　長浜大通寺明達院乗徳
直広　与板藩主
直専　松代藩主真田幸専
豔姫　姫路藩酒井忠道と許嫁のうちに没
鉄姫　養女、柳川藩立花鑑門後室
直軌　大野藩主土井利義
直明　部屋住（武之介）
皆姫　養女、新庄藩主戸沢正親室
盤姫　姫路藩主酒井忠道室
鐸姫　島原藩主松平忠馮室
直容　部屋住（勇吉）
鑏姫　仏光寺厚君室
謙姫　会津藩主松平容住室
直一　長沢福田寺輝玄
共雅　長沢福田寺摂有
琴姫　古河藩士井利広室
直致　部屋住（東之介）

直清　世子
文姫　徳島藩主蜂須賀斉昌室
⑫直亮《なおあき》
知姫　高田藩主榊原政養室
中顕　別家創設
充姫　延岡藩主内藤政順室
直教　岡藩主中川久教
直福　挙母藩主内藤政成
芳姫　島原藩主松平忠侯室
勝権　多古藩主松平勝権
親良　藩士新野親良
直元　……→⑫直亮の養子
義致　藩士横地義致
直与　挙母藩主内藤政優
多嘉姫　養女、与板藩主井伊直暉室
直弼　……→⑬
直恭　延岡藩主内藤政義

直元《なおもと》　世子のうちに没
⑬直弼《なおすけ》

弥千代　高松藩主松平頼聰室
⑭直憲《なおのり》
直咸　分家
直安　与板藩主
真千代　青山幸宜室
直達　井平保三郎
砂千代　長浜大通寺能満院達位室

井伊家歴代の正室

関　係		出　自	名	院号	没　年	備　考
初代直政	正室	松平康親娘、徳川家康養女		東梅院	寛永16.7.3	
2代直孝	正室	蜂須賀家政娘		隆雲院	元和7.11.11	
3代直澄	正室	なし（直孝より正室迎えること許可されず）				
4代直興	正室	蜂須賀隆重娘、蜂須賀綱通養妹	千代鶴	高林院	延宝6.9.8	未婚のうちに没
5代直通	正室	転法輪三条実治娘	忠	本光院	宝永5.10.22	
6代直恒	正室	なし（就任間もなく死去）				
7代直惟	正室	徳島藩主蜂須賀綱矩娘	亀	蓮光院	享保9.6.1	
8代直定	正室	関宿藩主久世重之娘	照	玉窓院	正徳6.6.10	未婚のうちに没
9代直禔	正室	徳島藩主蜂須賀宗員娘	保濃	浄観院	延享2.10.15	未婚のうちに没
	継室	姫路藩主酒井忠恭娘	亭	清蓮院	文政4.10.19	
10代直幸	正室	与板藩主井伊直存娘	伊予	梅暁院	寛政5.12.20	
11代直中	正室	盛岡藩主南部利正娘	豊、元、資(改名)	親光院	天保5.5.14	
12代直亮	正室	高松藩主松平頼儀娘	琰	龍華院	文化13.2.28	
	継室	与板藩主井伊直朗娘	留、孌	耀鏡院	文久3.7.4	
13代直弼	正室	亀山藩主松平信豪娘	昌	貞鏡院	明治18.1.25	
14代直憲	正室	有栖川宮幟仁親王娘	糦宮宜子	春照院	明治28.1.4	
直富（直幸世子）	正室	仙台藩主伊達重村娘	満	守真院	弘化元.9.12	
直元（直亮世子）	正室	井伊直致（直幸25男）娘	綾	俊操院	万延元.4.24	

出典：「新訂井家系図」ほか

武家の儀礼研究班の活動記録

研究班の構成員

班長　朝尾　直弘　京都大学名誉教授　彦根城博物館館長

研究員　井伊　岳夫　彦根市教育委員会市史編さん室職員

岡崎　寛徳　日本学術振興会特別研究員　中央大学兼任講師

皿海　ふみ　大阪大学大学院文学研究科博士後期課程中退

母利　美和　京都女子大学助教授　元彦根城博物館学芸員

ゲスト研究員　深井　雅海　國學院大学栃木短期大学教授

大友　一雄　国文学研究資料館史料館助教授

事務局　野田　浩子　彦根城博物館学芸員

渡辺　恒一　彦根城博物館学芸員

研究活動の概要

本研究班は、彦根藩資料調査研究委員会において、4番目に研究活動を開始した。研究会としては平成11年4月から14年3月までの3年間であるが、平成9年から約2年間は準備調査を進め、研究会活動終了後の平成14年4月から2年間を本報告書の原稿作成期間とした。

準備調査の期間には、研究員の選定、先行研究の分析、彦根藩資料における儀礼関係資料の検討などをすすめた。江戸時代の大名家に残った儀礼史料はこれまでまとまって調査・研究されたことはなく、近年ようやく江戸幕府の儀礼研究が進められるようになってきた状況であった。先行研究がほとんどない中で、研究方法の検討からすすめ、儀礼行為の事実確認・関係資料の調査から作業を開始した。

研究対象は、幕府・将軍家儀礼から藩内の儀礼までと設定したが、その範囲が広いため、儀礼の行われた場所を規準に江戸（江戸城を中心とする将軍・幕府や諸大名との儀礼）・彦根（表御殿での家臣との儀礼、寺社参詣、城下・領内）、京都（京都上使役として上洛、禁裏や公家との儀礼）に3区分し、研究員の担当を設定した。担当地域は、江戸班：岡崎・皿海・野田、京都班：朝尾・井伊、彦根班：渡辺・母利とした。

グループごとに、資料の所在確認や研究方法の検討をおこない、次の2つの成果をまとめるよう、活動を進める方針を立てた。1つは、担当地域における中心的な儀礼行為の概要をまとめる作業である。先行研究のほとんどないこの分野において、まず、何をおこなっていたかを確認するところから研究を開始する必要があった。もう1つは、各研究員が担当地域の中から各自の問題関心により、個別研究を論文にまとめることであった。

また、近年進展を見せている幕府儀礼研究において、中心的な立場にある研究者の深井雅海氏（國學院大学栃木短期大学教授）と大友一雄氏（国文学研究資料館史料館助教授）をゲスト研究員として招き、それぞれ最新の研究成果を報告いただいた。

研究会の成果の公開としては、平成十一年度から毎年一回講演会を開催し、研究の成果を市民の方々へ報告してきた。また、博物館の常設展示活動などにおいても随時紹介してきている。

報告書は、論文はグループ別成果のものを各グループ一本ずつと個別論文各一本、資料編には史料翻刻と図版、参考資料を掲載する計画を立てて原稿を作成したが、最終的には、論文はグループ別に配列するのではなく、内容により三部構成とした。資料編には、各グループで儀礼の概要がわかる資料を選定して史料翻刻・図版掲載をすることとした。

研究活動一覧

第1回準備調査：平成9年3月21日
協議　研究方針の検討
第2回準備調査：平成9年7月31日
報告　野田「彦根藩における各種儀礼と彦根城博物館所蔵史料について」
第3回準備調査：平成9年12月7日
報告　「『御城使寄合留帳』から儀礼記事の抽出」天保7年：野田、文化14年：井伊
第4回準備調査：平成10年3月27日
報告　「『御城使寄合留帳』から儀礼記事の抽出」天明6年：朝尾、延享2年：皿海
第5回準備調査：平成10年7月31日
報告　皿海「近世武家社会における穢―将軍社参の事例を中心に―」
母利「将軍代替誓詞の儀礼」
第6回準備調査：平成10年10月1日
報告　井伊「武家儀礼の研究史整理」
渡辺「『御袖裏留』について」
第7回準備調査：平成10年12月23日
報告　母利「近年の武家儀礼研究」
野田「井伊家奥向と江戸城大奥の交際」
第8回準備調査：平成11年3月22日
報告　岡崎「鷹をめぐる大名の交際―津軽・井伊両家を事例として―」
朝尾「『京都上使御用留帳』について」
第1回研究会：平成11年6月11日
報告　渡辺「彦根藩『側役日記』の記事について」
第2回研究会：平成11年8月2日
報告　井伊「宝暦・安永・文化期の京都上使について」
第3回研究会：平成11年10月22日
報告　母利「国入・首途儀礼の成立について」
第4回研究会：平成11年11月23日
第1回講演会　テーマ「近世大名の儀礼」
講演　朝尾「幕府の儀礼と井伊家」
母利「国入・首途儀礼の成立について」
第5回研究会：平成12年1月7日
報告　野田「溜間詰大名について」
第6回研究会：平成12年3月26日
ゲスト報告　深井雅海氏「大名の謁見と格式―席図による比較検討」
第7回研究会：平成12年5月22日
報告　井伊「江戸時代の京都上使について」
第8回研究会：平成12年7月24日
報告　渡辺「彦根藩主の領内巡見」
第9回研究会：平成12年9月25日
報告　グループごとに儀礼行為確認作業の経過報告
第10回研究会：平成12年11月6日
報告　井伊「京都上使をめぐる彦根藩と領民」
渡辺「彦根藩主の領内巡見」
第11回研究会：平成12年12月3日
第2回講演会　テーマ「彦根藩の儀礼と領民」

講演　井伊「京都上使をめぐる彦根藩と領民」
渡辺「彦根藩主の領内巡見」
第12回研究会：平成13年3月26日
報告　グループ別作業経過の報告
第13回研究会：平成13年5月14日
報告　岡崎「幕府儀礼と井伊家─年中献上物と臨時儀礼着座を事例として─」
渡辺・母利「国許儀礼について」
第14回研究会：平成13年7月23日
報告　皿海「将軍家若君の宮参り・井伊家御成（井伊家における嫡子決定との関係を中心に）」
井伊「京都上使の式書・記録の比較Ⅰ」
第15回研究会：平成13年10月1日
ゲスト報告　大友一雄氏「役儀と情報・記録─幕府奏者番・寺社奉行を事例に─」
第16回研究会：平成13年12月3日
報告　野田「溜詰の式書─作成・管理・活用─」
報告　岡崎「将軍吉宗への献上物」
皿海「若君様の宮参り」
野田「格式の階段─溜詰・御用部屋入・大老─」
第17回研究会：平成14年1月25日
報告　グループ作業経過の報告
第18回研究会：平成14年3月23日
第3回講演会　テーマ「江戸幕府の儀礼と井伊家」
講演　岡崎「将軍吉宗への献上物」
皿海「若君様の宮参り」
野田「格式の階段─溜詰・御用部屋入・大老─」

第1回報告書検討会議：平成14年7月8日
協議　報告書全体構成案の検討
第2回報告書検討会議：平成15年1月14日
報告　共同執筆部分の内容報告
野田「井伊家の格式とその儀礼」
岡崎「幕府恒例・臨時行事と井伊家─表舞台と裏事情─」
渡辺「国許儀礼の整理方法」
井伊「京都上使とは何か」
第3回報告書検討会議：平成15年5月30日
報告　個別論文の内容報告
岡崎「井伊家の特産品と献上儀礼─享保期の幕政・藩政との関連から─」
皿海「若君の宮参りと井伊家御成」
野田「溜詰の直勤記録」
第4回報告書検討会議：平成15年6月24日
報告　個別論文の内容報告
母利「彦根藩の参勤・上国儀礼」
渡辺「彦根藩主の領内巡見」
朝尾「井伊直豊の京都上使」
井伊「京都上使をめぐる井伊家・彦根藩と領民」
第5回報告書検討会議：平成15年9月19日
協議　原稿内容の調整
いずれも彦根城博物館において開催。

＊各研究会の詳細は、『彦根藩資料調査研究委員会年次報告書』Ⅱ～Ⅶ（彦根城博物館　一九九八～二〇〇三年）を参照。

井伊家歴代年譜

凡例

1　本年譜は、彦根藩主井伊家の初代直政から14代直憲までの歴代と、世子として幕府に勤めたが当主に就かなかった直滋・直豊（直富）・直元の個人別年譜である。原則として出生から死去までの事項を採ったが、直憲は彦根藩知事を辞した明治４年までとした。

2　各項目の表記方法は以下の通りである。

①［年月日］欄は、当該項目に相当する年代を入れた。年のみ判明して月日が未詳の場合は、月日を空欄とした。年代が確定しないものは、［内容・備考］欄に注記した。閏月は丸囲みの数字で表記した。

②［年齢］欄には、数え年の年齢を入れた。生年が幕府へ届けた年と実年が異なる場合、実年を採用し、幕府へ届けた年は各人の末尾に注記した。

③［名前］欄には、主に通称の変更を採ったが、苗字・実名の変更が判明した場合はそれも採った。実名の変更は太字で表記した。

④［身分事項］欄は、生死、当主の身分に関わるもの（家督・世子・隠居）、官位の変遷、幕府役職の変遷を記した。但し、その内容が不確実なものや注釈の必要な事項は、［内容・備考］欄に表記した。官位について、補任を示す史料が日付をさかのぼって発給されたと思われる場合は＊を付した。

⑤［内容・備考］欄には、幕府から拝命した御用など、井伊家と幕府の関係を示す内容を採ったほか、他項目を補足する内容を記した。

⑥［出典］欄には、当該項目の典拠となる史料名称を以下の略称により示した。典拠史料は、井伊家が幕府に提出した「系譜」を基本史料とし、他の史料により補足訂正をおこなった。官位補任に関する史料は、位記・宣旨・口宣案のいずれかが『彦根藩井伊家文書』内に現存する場合、当欄に「口宣類」と表記した。

系譜	「系譜」（『彦根藩井伊家文書』）
氏族	「井伊氏族系図伝記」（『井伊家伝来典籍』）
新訂	「新訂井家系図」（『彦根藩井伊家文書』）
聞書	「井伊御系図聞書」（『井伊家伝来典籍』）
年譜	「井伊年譜」（『井伊家伝来典籍』）
家譜	「井伊家譜」（個人蔵）
直政	「直政様御叙任其他考案」（『彦根藩井伊家文書』）
城使	「御城使寄合留帳」（『彦根藩井伊家文書』）
直勤	「直勤日記」（『彦根藩井伊家文書』）
実紀	『徳川実紀』（国史大系）
寛政	『寛政重修諸家譜』（続群書類従完成会）
慈性	『慈性日記』
柳日	「柳営日次記」（内閣文庫蔵、野上出版発行影印版・雄松堂マイクロフィルム）
酒井	『江戸幕府日記』姫路酒井家本（国文学研究資料館史料館架蔵写真本）
維新	『大日本維新史料　井伊家史料』（東京大学史料編纂所）
史料	『大日本史料』（東京大学史料編纂所）

3　本年譜は、瀬島宏計・三宅正浩の協力を得て、野田浩子が作成した。

初代　井伊直政

年	月日	年齢	名前	身分事項	内容・備考	出典
永禄4（1561）	2/	1	虎松	出生	井伊直親息男	系譜
			松下虎松		松下源太郎家で養育(永禄11年以降)	寛政
天正3（1575）	2/15	15	井伊万千代		家康に御目見、家康家臣となる、井伊谷を領す	系譜・寛政
天正10（1582）	7/	22	兵部少輔		4万石を領す、一隊の将となり「赤備え」とする	系譜
天正12（1584）	2/27	24			「修理大夫」に叙任*	*1
	4/				小牧・長久手の戦いに出陣、旗本の先鋒	系譜
天正14（1586）	11/23	26		従五位下		系譜・*1
	同日				「豊臣」姓を賜う*	*1
天正15（1587）	8/18	27			「侍従」叙任*	直政
天正16（1588）	4/11	28			「従四位下」叙位*	直政
	この頃			侍従		系譜・寛政
	この頃				「従五位下」*	寛政
	4/14				聚楽行幸、御供に列す	聚楽行幸記
天正18（1590）	2/	30			小田原の陣	寛政
	8/				上野国箕輪城12万石拝領	系譜
慶長3（1598）		38			居城を箕輪から和田(高崎)に移す	系譜
慶長5（1600）	7/	40			上杉氏を討つため会津に向けて出兵	寛政
	8/				石田三成挙兵につき、豊臣系大名の軍監として西上	系譜
	9/15				関ヶ原の合戦、先陣を切る	系譜
					佐和山城を賜い、近江・上野に18万石	系譜
慶長6（1601）	1/			従四位下		系譜・氏族
慶長7（1602）	2/ 1	42	祥寿院	死去		系譜

*1 「口宣案写」(『彦根藩井伊家文書』)

2代　井伊直孝

年	月日	年齢	名前	身分事項	内容・備考	出典
天正18（1590）	2/11	1	弁之介	出生	井伊直政息男	系譜
慶長8（1603）		14			家康・秀忠に初御目見、秀忠付	系譜
慶長10（1605）	4/26	16	掃部助	従五位下		系譜・口宣類
慶長13（1608）		19			江戸城書院番頭、5000石拝領	系譜
慶長15（1610）		21	掃部頭		大番頭、上野国白井に5000石加増、計1万石	系譜
慶長18（1613）	7/17	24			伏見城番役	系譜・史料
慶長19（1614）	10/	25			大坂冬の陣、井伊隊を率いて出陣	寛政
	12/ 4				真田丸の戦い	寛政
慶長20（1615）	2/	26		家督	父家督を相続、近江15万石を拝領	系譜
	4/				大坂夏の陣に出陣	系譜
	5/ 6				若江合戦	系譜
	5/ 8				大坂城落城、鉄砲を討ち入れ秀頼を自害に追い込む	系譜・寛政
	5/				5万石加増	系譜
	⑥/19			従四位下侍従		寛政・口宣類
	7/20				秀忠、江戸への帰途、彦根宿城	実紀
元和5（1619）	9/19	30			秀忠、江戸への帰途、彦根宿城、5万石加増	実紀
元和7（1621）	6/				秀忠娘和子の入内に供奉	系譜
元和9	8/ 6				家光将軍宣下のため参内に供奉	実紀
	⑧/10頃				家光、江戸への帰途、彦根宿城	慈性
	⑧/22				秀忠、江戸への帰途、彦根宿城	慈性
寛永3（1626）	8/19	37		右近衛権少将		系譜・口宣類
	9/ 6				後水尾天皇の二条行幸、天皇御膳の饗応役	実紀
寛永9（1632）	1/19	43			家光の政務参与	*1
	4/17				直孝、家康17回忌法会、家光喪中につき代参	実紀
	7/12				江戸に屋敷(桜田上屋敷・赤坂中屋敷)を拝領	実紀
寛永10（1633）	3/20	44			5万石加増、近江・武蔵世田谷・下野佐野に計30万石	寛政
寛永11（1634）	7/ 7				家光上洛途次、彦根に宿城	実紀
	7/18				家光の参内に供奉	実紀
寛永12（1635）	12/22	46			家光、井伊家屋敷に御成	系譜
寛永13（1636）	4/17	47			家光の日光参詣に供奉	系譜・実紀

年	月日	年齢	名前	身分事項	内容・備考	出典
	12/13				朝鮮通信使来聘、御用向勤め	系譜・実紀
寛永17(1640)	4/18	51			家光の日光参詣に供奉	系譜・実紀
	12/ 5				家光、千駄谷下屋敷に御成	系譜
寛永19(1642)	2/ 9	53			家綱、山王社宮参りの帰途、井伊家に立寄り	系譜
	4/18				家光の日光参詣に供奉	系譜・実紀
	8/22				家光、千駄谷下屋敷に御成	系譜
寛永20(1643)	7/18	54			朝鮮通信使来聘、御用向勤め	系譜・実紀
正保2 (1645)	4/21	56		正四位上左近衛権中将		系譜・口宣類
	4/23				家綱の元服式において加冠役を勤める	系譜
	11/ 3				家綱、井伊家屋敷に御成	系譜
	12/ 6				家光、千駄谷下屋敷に御成	系譜
慶安元(1648)	4/17	59			家光の日光参詣に供奉	系譜・実紀
慶安2 (1649)	4/17	60			家綱の日光参詣に供奉	系譜・実紀
明暦元(1655)	10/	66			朝鮮通信使来聘、御用向勤め	系譜・実紀
万治2 (1659)	6/28	70	久昌院	死去		系譜

*1 藤井讓治『江戸幕府老中制形成過程の研究』

井伊直滋　直孝嫡子

年	月日	年齢	名前	身分事項	内容・備考	出典
慶長17(1612)		1	靭負	出生	井伊直孝息男	系譜
寛永8 (1631)	12/29	20	靭負佐	従四位下侍従		系譜
寛永13(1636)	4/17	25			家光の日光社参に供奉、太刀持ちを勤める	実紀
	8/21				直孝に代わり、彦根への暇	実紀
寛永17(1640)	4/18	29			家光の日光社参に供奉、太刀持ちを勤める	実紀
寛永19(1642)	4/18	31			家光の日光参詣に供奉、太刀持ちを勤める	実紀
慶安元(1648)	4/17	37			家光の日光社参に供奉、太刀持ちを勤める	実紀
慶安2 (1649)	4/17	38			家綱の日光社参に供奉	系譜
慶安3 (1650)	6/ 8				日光相輪塔供養につき日光山へ将軍名代を勤める	系譜
慶安4 (1651)	6/13	40			表出御のときは黒書院にて拝謁すべき旨仰出	寛政・酒井
承応2 (1654)	4/20	43			家光三回忌法会につき日光山へ将軍名代を勤める	系譜
万治元(1658)	⑫/20	47		蟄居		系譜
寛文元(1661)	6/ 9	50	峻徳院	死去		系譜

3代　井伊直澄

年	月日	年齢	名前	身分事項	内容・備考	出典
寛永2 (1625)	7/15	1	亀之介	出生	井伊直孝息男	系譜
					中野助太夫清三の養子	新訂
寛永11(1634)	2/29	10			将軍家光に初御目見	酒井
正保元(1644)	12/29	20	玄蕃頭	従五位下		系譜・口宣類
万治2 (1659)	4/19	35		世子		酒井
	7/21			家督		系譜
	9/ 7			従四位下侍従	御城にての席は直孝席の通り	系譜・口宣類
寛文2 (1662)	3/ 3	38			御目見ある節老中並に御次之間へ詰めるよう命じられる	柳日
寛文3 (1663)	4/17	39			将軍家綱の日光参詣に供奉	実紀
寛文5 (1665)	4/11	41	掃部頭	左近衛権少将	日光への御暇時に拝命	口宣類
	4/17				家康50回忌法会につき日光山へ将軍名代を勤める	系譜
寛文7 (1667)	4/20	43			家光17回忌法会につき日光山へ将軍名代を勤める	系譜
寛文8 (1668)	11/19	44		執事職 *1	直孝の通り榊原忠次跡役を仰せ付られる	柳日
寛文11(1671)	4/20	47			家光21回忌法会につき日光山へ将軍名代を勤める	系譜
延宝4 (1676)	1/ 3	52	玉龍院	死去		系譜

*1 柳営補任

4代　井伊直興

年	月日	年齢	名前	身分事項	内容・備考	出典
明暦2 (1656)	7/ 7	1	吉十郎	出生	井伊直時(直孝三男)息男	系譜
寛文4 (1664)	⑤/26	9			将軍家綱に初御目見	系譜

寛文11(1671)	12/25	16			「従五位下玄蕃頭」に叙任*	口宣類
寛文12(1672)	11/27	17		世子	直澄の養子	系譜・寛政
	12/28		玄蕃頭	従四位下侍従		系譜・口宣類
延宝4 (1676)	2/23	21		家督		系譜
延宝7 (1679)	7/19	24			近江国検地済み、帳面指し上げ	系譜
延宝8 (1680)	9/ 6	25	掃部頭		同日、京都上使勤めのため将軍へ御暇	系譜
	9/23				綱吉将軍宣下御礼として京都上使を勤める	寛政
	9/29			左近衛権少将	10/14帰府御礼のため登城、将軍より承認	系譜・口宣類
延宝9 (1681)	12/10	26			酒井日向守忠能、改易の上、井伊家へ預けられる	系譜
天和2 (1682)	8/27	27			朝鮮通信使来聘、先規の通り勤める	系譜
元禄元(1688)	11/ 4	33			日光山御宮修復普請惣奉行を拝命	系譜
元禄8 (1695)	11/28	40		御用部屋入り	表方御礼の節老中列に着座するよう命じられる	系譜
元禄10(1697)	6/13	42		大老職	「大老職」(寛政譜)、「大年寄」(系譜)	系譜・寛政
元禄13(1700)	3/ 2	45		大老職辞任		系譜・寛政
元禄14(1701)	3/ 5	46		隠居		系譜・寛政
	12/23		右衛門大夫			年譜
	同日		直治		改名	年譜
宝永7 (1710)	5/晦	55	覚翁軒			新訂
	11/13		掃部頭	再勤		系譜
	12/ 1			御用部屋入り	御機嫌伺登城の節は前々の通り御用部屋へ越すよう命じられる	系譜
正徳元(1711)	2/13	56		大老職		系譜
	9/21		直該		改名	系譜
	10/ 1			正四位上左近衛権中将		系譜・口宣類
	11/ 1				朝鮮通信使来聘、先規の通り勤める	系譜・実紀
正徳3 (1713)	3/26	58			将軍家継の元服式において加冠役を勤める	系譜
正徳4 (1714)	2/23	59		再致仕		系譜
	2/24		右衛門督			新訂
	同日		直興		改名	新訂
正徳5 (1715)	12/	60	全翁			系譜
享保2 (1717)	4/20	62	長寿院	死去		系譜

5代　井伊直通

年	月日	年齢	名前	身分事項	内容・備考	出典
元禄2 (1689)	8/15	1	亀十郎	出生*1	井伊直興息男	系譜・聞書
元禄10(1697)	10/	9	兵助(兵介)			聞書
元禄11(1698)	5/ 9	10	直通	この頃世子		年譜
	5/13				将軍綱吉に初御目見	系譜
元禄13(1700)	12/21	12			「従五位下」に叙位*	口宣類
元禄14(1701)	3/ 5	13		家督	溜詰	系譜・寛政
	12/18		掃部頭	従四位下侍従		系譜
宝永6 (1709)	6/ 6	21			家宣将軍宣下御礼として京都上使役を勤める(5/15～6/29)	系譜・年譜
	6/13			左近衛権少将	7/1帰府御礼のため登城、将軍より承認	系譜・口宣類
宝永7 (1710)	3/16	22			家宣代替につき日光へ名代、東照宮へ代拝	系譜・年譜
	7/25		光照院	死去		系譜

*1 寛政譜では元禄元年生

6代　井伊直恒

年	月日	年齢	名前	身分事項	内容・備考	出典
元禄6 (1693)	3/16	1	松之介	出生*1	井伊直興息男	系譜・新訂
元禄8 (1695)		3	木俣松之介		家老木俣清左衛門家の養子	聞書
元禄10(1697)	10/	5	安之介			聞書
宝永3 (1706)	4/25	14			将軍綱吉に初御目見	系譜・実紀
宝永4 (1707)	12/23	15	主計頭	従五位下		系譜・口宣類
宝永7 (1710)	8/ 1	18		世子	直通の養子	寛政
	⑧/12			家督		系譜
	⑧/23		掃部頭	従四位下侍従		系譜・口宣類

	同日			溜詰		柳日
	10/ 5		円成院	死去		系譜

*1 寛政譜では元禄5年生

7代　井伊直惟

年	月日	年齢	名前	身分事項	内容・備考	出典
元禄13(1700)	5/ 1	1	金蔵	出生*1	井伊直興息男	年譜
宝永7 (1710)	12/18	11			「従五位下備中守」*	口宣類
正徳元(1711)	10/15	12			将軍家宣に初御目見	系譜・実紀
	10/18		備中守	従四位下侍従		系譜・口宣類
	11/15				溜詰入	*2
正徳4 (1714)	2/23	15		家督		系譜
正徳5 (1715)	4/11	16	掃部頭	左近衛権少将	日光への御暇の節拝命	系譜・口宣類
	4/17				家康百回忌法会につき、将軍の名代として日光へ派遣される	系譜・実紀
享保4 (1719)	10/ 1	20			朝鮮通信使来聘御用向、先規の通り勤める	系譜
享保10(1725)	2/ 4	26		左近衛権中将	同日、家重元服加冠役拝命	系譜・口宣類
	4/ 9				家重の元服式において加冠役を勤める	系譜
享保13(1728)	4/17	29			吉宗日光参詣に供奉(4/13～4/21)	系譜・城使
享保20(1735)	5/ 9	36		隠居		系譜
	5/11		左衛門督			系譜
元文元(1736)	6/ 4	37	泰源院	死去		系譜

*1 系譜・寛政譜では元禄10年生

*2 城使 享保19年11月1日条

8代　井伊直定

年	月日	年齢	名前	身分事項	内容	出典
元禄15(1702)	2/13	1	石居又五郎	出生*1	井伊直興息男	年譜
宝永7	10/		(井伊家へ)		直興と共に江戸へ	年譜・聞書
正徳2 (1712)	2/21	11			将軍家宣に初御目見	系譜・実紀
正徳3 (1713)	3/ 7	12	因幡守	従五位下		系譜・口宣類
正徳4 (1714)	2/23	13		彦根新田藩主	一万石分知	系譜
享保17(1732)	8/ 7	31			奏者番	系譜
享保19(1734)	10/ 8	33		世子	奏者番御免、溜詰	系譜・城使
	10/21			従四位下侍従		系譜・口宣類
享保20(1735)	5/ 9	34		家督		系譜
	5/13		掃部頭			系譜
	10/				桜町天皇即位につき、京都上使役(10/11～)	系譜
	11/15			左近衛権少将	12/4帰府御礼につき登城、将軍より承認	系譜・口宣類
元文2 (1737)	9/27	36			家治、山王社宮参りの後、井伊家屋敷に立寄り	系譜
元文5 (1740)	12/16	39		左近衛権中将	同日、家治元服加冠役仰せ付け	系譜・口宣類
寛保元(1741)	8/12	40			家治の元服式において加冠役を勤める	系譜
延享2 (1745)	11/	44			家重将軍宣下のとき、日光山へ将軍名代(11/7～11/17)	系譜
延享5 (1748)	6/ 1	47			朝鮮通信使来聘の節、御用向勤め	系譜
宝暦4 (1754)	6/19	53		隠居		系譜
	6/21		主殿頭			系譜
	9/ 4		掃部頭	再勤		系譜
宝暦5 (1755)	7/25	54		再致仕		系譜
	7/26		大監物			系譜
宝暦10(1760)	2/ 8	59	天祥院	死去	実は1/28死去*2	系譜

*1 系譜・寛政譜では元禄13年生

*2 新訂

9代　井伊直禔

年	月日	年齢	名前	身分事項	内容	出典
享保12(1727)	9/ 8	1	金千代	出生	井伊直惟息男	系譜・城使

元文2（1737）	8/ 2	11		世子	直定養子	系譜
	8/		金之助*1			城使
	8/15				将軍吉宗に初御目見	系譜
寛保元（1741）	12/19	15	備中守	従四位下侍従		系譜・口宣類
	12/23				溜詰	城使
宝暦4（1754）	6/19	28		家督		系譜
	6/22		掃部頭			系譜
	8/29		見性院	死去		系譜

*1 城使には8/2に金千代、8/15に金之助と出てくるため、その間に改名と推定

10代　井伊直幸

年	月日	年齢	名前	身分事項	内容・備考	出典
享保16（1731）	7/21	1	大之介	出生*1	井伊直惟息男	聞書
享保18（1733）	7/17	3	真全	出家	総持寺弟子、のち多賀不動院白川尊勝院弟子	聞書
寛保3（1743）	1/21	13	民部直章	還俗		聞書
	この間		直英		改名	
宝暦4（1754）	11/13	24		世子		系譜
	11/24				溜詰	城使
	11/25				初御目見	系譜
	12/18		玄蕃頭	従四位下侍従		系譜・口宣類
宝暦5（1755）	7/25	25		家督		系譜
	7/27		掃部頭			系譜
宝暦9（1759）	12/12	29			来春京都上使拝命、宝暦10年2月直定病気につき御免	系譜
宝暦10（1760）	8/ 1	30	直幸		改名	家譜
	10/ 6				家治将軍宣下御礼の京都上使(9/15～10/27)	系譜・*2
	10/11			左近衛権少将	11/1帰府御礼のため登城、将軍より承認	系譜・口宣類
宝暦13（1763）	9/ 6	33			家基、山王社宮参の帰途、井伊家屋敷に立寄り	系譜
	9/ 7			従四位上		系譜・口宣類
宝暦14（1764）	2/27	34			朝鮮通信使来聘、御用向勤め	系譜
明和2（1765）	4/17	35			家康150回忌法会につき日光山へ将軍名代を勤める	系譜
	10/15			左近衛権中将	同日、家基元服加冠役拝命	系譜・口宣類
明和3（1766）	4/ 7	36			家基の元服式において加冠役を勤める	系譜
明和6（1769）	5/ 1	39			来年家治日光参詣に供奉を拝命、のち延引	系譜
安永5（1776）	4/17	46			家治・家基日光参詣に供奉(4/13～4/21)	系譜・実紀
安永7（1778）	1/23	48		正四位上		系譜・口宣類
天明2（1782）	4/ 3	52			家斉の元服式において加冠役をつとめる	系譜
天明3（1783）	6/15	53			御用部屋入り	系譜
天明4（1784）	11/28	54			大老職	系譜
天明5（1785）	6/24	55			「老中台命を伝え、謁をうけるとき列座すべし」	寛政
天明7（1787）	6/19	57			「別て重き御役柄仰せ立てられ、御政事向段々厚き上意」あり	系譜
	9/11				大老職辞任	系譜
寛政元（1789）	2/晦	59	大魏院	死去	実は2/20か*3	系譜

*1 系譜・寛政譜では享保14年生
*2 京都上使式書
*3 聞書

井伊直豊(直富)　直幸嫡子

年	月日	年齢	名前	身分事項	内容・備考	出典
宝暦13（1763）	8/26	1	豊吉	出生*1	井伊直幸息男	新訂
明和3（1766）	6/ 5	4		世子		系譜
安永4（1775）	11/15	13			将軍家治に初御目見	系譜
	⑫/11		玄蕃頭	従四位下侍従		系譜・口宣類
安永6（1777）	5/27	15			溜詰入	城使
安永9（1780）	10/ 4	18			将軍家治転任祝儀使者につき京都上使(9/13～10/25)	系譜・*2
	10/11			左近衛権少将	10/28帰府御礼のため登城、将軍より承認	口宣類

天明元(1781)	6/23	19	直富		改名	家譜
天明7 (1787)	7/12	25	龍泉院	死去		系譜

*1 系譜・寛政譜では宝暦10年生
*2 京都上使直勤式書

11代 井伊直中

年	月日	年齢	名前	身分事項	内容・備考	出典
明和3 (1766)	6/11	1	庭五郎	出生*1	井伊直幸息男	新訂・直勤
天明7 (1787)	9/25	22		世子		系譜
	10/15				初御目見	系譜
	11/ 1				溜詰入	直勤
	11/15		玄蕃頭	従四位下侍従		系譜・口宣類
寛政元(1789)	4/16	24		家督		系譜
	4/25			掃部頭		系譜
寛政6 (1794)	9/10	29		左近衛権少将		系譜・口宣類
	9/27				家慶、山王社宮参の帰途、立寄り	系譜
寛政8 (1796)	10/15	31		左近衛権中将	同日、家慶元服加冠役拝命	系譜・口宣類
寛政9 (1797)	3/ 1	32			家慶の元服式において加冠役をつとめる	系譜
文化6 (1809)	4/ 5	44			恵仁親王立太子祝賀につき京都上使役(3/11～4/27)	系譜・*2
	4/11			正四位上	4/28帰府御礼のため登城、将軍より承認	口宣類
文化9 (1812)	2/ 5	47		隠居		系譜
	2/ 6		修理大夫			系譜
文化12(1815)	12/11	50	左衛門督			系譜
天保2 (1831)	5/25	66	観徳院	死去		系譜

*1 系譜・寛政譜では宝暦13年生
*2 京都上使直勤式書

12代 井伊直亮

年	月日	年齢	名前	身分事項	内容・備考	出典
寛政6 (1794)	6/11	1	弁之介	出生	井伊直中息男	系譜
文化2 (1805)	12/25	12		世子		系譜
文化3 (1806)	3/15	13			初御目見	系譜
	3/22				溜詰入	城使
	12/16		玄蕃頭	従四位下侍従		系譜・口宣類
文化9 (1812)	2/ 5	19		家督		系譜
	2/ 7		掃部頭			系譜
文化11(1814)	5/ 6	21		左近衛権少将	同日、竹千代君の御宮参帰途に井伊家屋敷へ立寄を拝命	系譜・口宣類
文化12(1815)	4/17	22			家康200回忌法会につき日光山へ将軍名代を勤める	系譜
文化15(1818)	1/25	25			仁孝天皇女御入内につき京都上使(1/5～2/19)	系譜
	1/27			左近衛権中将	2/19帰府、将軍御目見の際承認	口宣類
文政6 (1823)	5/15	30			来々年日光山参詣供奉拝命(延引)	系譜
文政10(1827)	5/	34			家慶従一位宣下、家斉太政大臣宣下御礼の京都上使(4/21～6/7)	系譜・城使
	5/18			正四位上	⑥/15帰府御礼のため登城、将軍より承認	口宣類
文政11(1828)	4/ 4	35			家祥の元服式において加冠役をつとめる	系譜
文政12(1829)	9/18	36			家祥の御宮参の帰途、井伊家屋敷へ立寄	系譜
天保2 (1831)	12/28	38			御機嫌伺い登城の節、御用部屋にて御機嫌伺う	系譜
天保3 (1832)	6/23	39			西丸にても御用部屋入	系譜
	12/24				登城の節、御座之間にて御目見	系譜
天保4 (1833)	11/12	40			御礼の節着座、登城の刻御用部屋入り	系譜
天保6 (1835)	12/23	42		大老職		系譜
天保12(1841)	5/13	49		大老職御免		系譜
天保14(1843)	4/17	50			家慶の日光参詣に供奉(4/13～4/21)	系譜・実紀
弘化4 (1847)	2/15	54			相模湾警衛拝命	城使
嘉永3 (1850)	9/28	57	天徳院	死去		維新2-117

井伊直元 直亮嫡子

年	月日	年齢	名前	身分事項	内容・備考	出典
文化6 (1809)	4/16	1	徳之介	出生	井伊直中息男	系譜
文政3 (1820)	7/頃		中務			*1
文政8 (1825)	4/ 4	17		世子	直亮の養子	系譜
	4/15				将軍に初御目見	系譜
	10/28				溜詰	直勤
	12/16		玄蕃頭	従四位下侍従		系譜・口宣類
天保4 (1833)	12/21	25		左近衛権少将		系譜・口宣類
弘化2 (1845)	12/24	37		死去		家譜
弘化3 (1846)	1/13	38	良性院	発喪		城使

*1「侍中由緒帳」勝野五太夫家

13代　井伊直弼

年	月日	年齢	名前	身分事項	内容・備考	出典
文化12(1815)	11/ 1	1	鉄三郎	出生	井伊直中息男	家譜
弘化3 (1846)	2/18	32		世子	直亮の養子	城使
	2/28				初御目見	城使
	3/ 1				溜詰入	城使
	12/16		玄蕃頭	従四位下侍従		城使
嘉永2 (1849)	12/16	35		左近衛権少将		城使・口宣類
嘉永3 (1850)	11/21	36		家督		家譜
	11/27		掃部頭			家譜
嘉永6 (1853)	11/14	39			相模湾警衛御免、江戸近海警衛拝命	家譜
安政元(1854)	4/ 9	40			江戸近海警衛御免、京都守護拝命	家譜
安政2 (1855)	12/16	41		左近衛権中将		家譜・口宣類
安政4 (1857)	12/16	43		従四位上		家譜・口宣類
安政5 (1858)	4/23	44		大老職		家譜
安政6 (1859)	12/15	45		正四位上		家譜・口宣類
安政7 (1860)	3/ 3	46		死去		家譜
万延元(1860)	3/晦	46		大老職御免		家譜
	③/晦		宗観院	発喪		家譜

14代　井伊直憲

年	月日	年齢	名前	身分事項	内容・備考	出典
嘉永元(1848)	4/20	1	愛麿	出生	井伊直弼息男	新訂
安政7 (1860)	3/10	13		世子		家譜
万延元(1860)	4/28	13		家督		家譜
	6/ 1				将軍家茂に初御目見	家譜
	6/晦				京都守護拝命	家譜
	8/26		掃部頭	従四位下左近衛権少将		家譜
文久元(1861)	7/10	14			溜詰	*1
文久2 (1862)	3/25	15			家茂と和宮の成婚祝儀につき、京都上使(2/23～4/23)	家譜
	3/28			従四位上左近衛中将	4/23帰府、将軍御目見の際承認	家譜
	⑧/20				京都守護御免	家譜
	11/20				10万石減知	家譜
文久3 (1863)	4/15	16		中将辞退	3/28官位の辞任を願出	家譜
元治元(1864)	4/18	17		左近衛権中将に還任		家譜
慶応元(1865)	4/17	18			家康250回忌法会につき、日光へ将軍名代(4/12～4/23)	家譜・*2
明治2 (1869)	6/17	22		彦根藩知事		家譜
明治4 (1871)	7/15	24		彦根藩知事免		家譜

*1 直勤日記中書伺(『彦根藩井伊家文書』)
*2 日光名代式書

井伊家歴代の居場所

凡例

1　本表は、彦根藩主井伊家の２代直孝から14代直憲までの歴代と、世子として幕府に勤めたが当主に就かなかった直滋・直豊（直富）・直元の居場所と移動を年代順に図示したものである。原則として家督相続時から死去までの時期のものを採ったが、家督相続前に藩主の名代・幕府御用のため移動した直滋・直豊（直富）・直中・直元は、その行動も採った。直憲は彦根藩知事を辞した明治４年までとした。

2　表記内容は、原則として移動（出発・到着）の日付を採用したが、それらが不明な場合、それに最も近い所在日を記した。日付が断定できない場合は、日付に「頃」または「ヵ」を付すか、上（上旬）・中（中旬）・下（下旬）により表記した。移動したことは確実であるがその日程が不明な場合は日付を空欄とした。地名の後ろにもちいた略号は次の通りである。

発　当地を出発した日
着　当地に到着した日
暇　当地を離れるため将軍へ暇乞いをした日
目見　将軍へ到着した御礼の目見をした日
在　当地に所在していることが史料から確認できる日
上使　江戸に到着し、将軍から上使が遣わされた日

改元年については、改元後の元号で統一表記した。○囲みの数字は閏月を示す。

3　本表の典拠について、直孝の居場所については藤井讓治編『近世前期政治的主要人物の居所と行動』（京都大学人文科学研究所、1994年）を典拠としたが、表はそれをもとに再構成した。直滋から直憲までは以下の史料により作成した。

「御城使寄合留帳」　享保元年から嘉永３年
「直勤日記」　宝暦13年から天保12年
「側役日記」　宝暦６年から安政元年
「用人御用留」　文久２年から慶応４年
「御膳帳」　文久３年から明治２年
「京都上使式書」　宝暦10年・安永９年・文化６年
「日光名代式書」　正徳５年・元治２年
「御上洛御供奉中日記」　文久３年から元治元年
「系譜」
「井伊年譜」
　以上『彦根藩井伊家文書』（彦根城博物館蔵）
「井伊家譜」（個人蔵）
「旅行発着留」（三居孫太夫家文書）
「官府要記」（西堀文吉氏所蔵文書、彦根市史編さん室架蔵写真本）
「蜂須賀忠英書状草案」（蜂須賀家文書、国文学研究資料館史料館蔵）
「江戸幕府日記」姫路酒井家本　（姫路市立城郭研究室蔵、国文学研究資料館史料館架蔵写真本）
『柳営日次記』（野上出版発行影印版、雄松堂発行マイクロフィルム）
『徳川実紀』（国史大系）

4　本表は、三宅正浩の協力を得て、渡辺恒一・野田浩子が作成した。

2代　井伊直孝

年　代	年齢	居場所
慶長19(1614)	25	伏見在10/21
		大坂着10/29
元和元(1615)	26	大坂発1/下 → 彦根着2/3（大坂冬の陣）
		彦根発2/ → 駿府着2/
		家督2/
		彦根着3/18 ← 駿府発2/
		伏見着4/8 ← 彦根発4/6
		伏見発4/28
		大坂在5/6
		大坂発5/10（大坂夏の陣）
		伏見着5/10
		京都在5/12
		京都暇7/13 → 彦根在7/20
		彦根発7/21 → 名古屋在7/23
		彦根在9/5 ← 名古屋発
		彦根在9/9 → 駿府在9/25
		彦根着 ← 駿府在12/18カ
元和2(1616)	27	淀在1/ ← 彦根在1/4
		淀発 → 彦根発2/ → 駿府着2/
		彦根着4/ ← 駿府在4/17
		淀在10/ ← 彦根発10/
		淀発10/ → 彦根在10/21
		彦根在12/1 → 江戸着12/
元和3(1617)	28	彦根在3/4 ← 江戸発
		京都着6/24頃 ← 彦根発6/（供奉）
		京都発9/11頃 → 彦根在9/14 → 垂井着9/15
		彦根在9/18 ← 垂井発9/
元和4(1618)	29	彦根発5/ → 江戸着5/
		彦根着9/25 ← 江戸発9/
元和5(1619)	30	淀在1/ ← 彦根発1/
		淀発1/ → 彦根着1/
		京都着5/ ← 彦根発5/（供奉）
		京都発9/ → 彦根在9/19
		淀在12/ ← 彦根発12/
		淀発12/ → 彦根着12/
元和6(1620)	31	淀在1/ ← 彦根発1/
		淀発1/ → 彦根着1/

年代	年齢	居場所								
元和6(1620)		京都在5/	← 和子入内供奉	彦根発5/						
		京都在6/18	→	彦根着6/						
		京都在9/	←	彦根発9/						
		京都発	→	彦根着						
		京都在12/	←	彦根発12/						
		京都発	→	彦根発⑫/	→		→	江戸在⑫/16		
元和7(1621)	32			彦根着6/上	←		←	江戸発5/		
		京都在7/	←	彦根発7/						
		京都発	→	彦根着						
元和9(1623)	34	京都着6/カ	← 供奉	彦根発6/カ						
		京都発⑧/	→	彦根在⑧/10頃						
		京都着9/	←	彦根発9/						
		京都発	→	彦根着						
寛永元(1624)	35	京都着1/	←	彦根発1/						
		京都発	→	彦根着						
寛永2(1625)	36	京都在4/16	←	彦根在1/8						
		京都発	→	彦根在10/5						
		有馬在10/25	←	彦根発10/21頃						
		有馬発11/	→	彦根着11/27						
寛永3(1626)	37	京都在6/26	← 供奉	彦根発6/20頃						
		京都在9/29	→	彦根着						
寛永5(1628)	39			彦根発9/3	→		→	江戸着9/		
寛永6(1629)	40					伊豆着1/9	←	江戸発1/		
				彦根着	←	伊豆発1/				
				彦根発②/26頃	→		→	江戸着3/		
				彦根着3/	←	道中吉田3/17	←	江戸発3/		
寛永7(1630)	41			彦根発	→		→	江戸着		
寛永8(1631)	42			彦根在4/15	←		←	江戸発		
				彦根在⑩/	→		→	江戸着		
寛永9(1632)	43							江戸発4/13	→ 供奉	日光在4/17
								江戸着4/21	←	日光発4/
寛永10(1633)	44					稲投着2/	← 鷹場暇	江戸暇2/24		
						稲投発2/	→	江戸目見3/1		
寛永11(1634)	45			彦根在7/6	←		←	江戸発6/		
		京都着7/11	← 供奉	彦根発7/8						
		京都発8/5	→		→	熱田着8/9				

年　代	年齢	居　場　所
寛永11(1634)		彦根着8/ ← 熱田発8/10
		彦根発12/カ → 江戸在12/23
寛永13(1636)	47	江戸発4/13 → 日光在4/17（供奉）
		江戸着4/22 ← 日光発4/
寛永16(1639)	50	江戸在4/22 → 鷹場着4/
		江戸在5/5 ← 鷹場発5/
		江戸在11/21 → 鷹場着
		江戸在⑪/5 ← 鷹場発
寛永17(1640)	51	江戸発2/ → 鷹場着
		江戸在3/3 ← 鷹場発3/2
		江戸発4/13 → 日光在4/18（供奉）
		江戸着4/23 ← 日光発
寛永18(1641)	52	江戸暇2/9 → 鷹場在2/19
		江戸在3/3 ← 鷹場発
		江戸暇3/3 → 鷹場着3/
		江戸在4/6 ← 鷹場発
寛永19(1642)	53	江戸発4/13 → 日光着4/16（供奉）
		江戸着4/22 ← 日光発4/20
正保２(1645)	56	江戸暇2/6 → 鷹場着2/
		江戸在4/21 ← 鷹場発
慶安元(1648)	59	江戸暇2/11 → 鷹場着2/
		江戸在2/18 ← 鷹場発2/
		江戸発4/13 → 日光着4/16（供奉）
		江戸着4/23 ← 日光発4/21
慶安２(1649)	60	江戸発4/10 → 日光着4/16（供奉）
		江戸着4/23 ← 日光発4/18
万治２(1659)	70	死去6/28

井伊直滋　直孝嫡子

年　代	年齢	居　場　所
寛永11(1634)	23	京都着7/11 ←（供奉） 彦根在7/7 ← 江戸発6/
		京都発 → 彦根着
		彦根発 → 江戸着8/

年代	年齢	居場所				
寛永13(1636)	25			江戸発4/13	→ 供奉	日光着4/16
				江戸着4/22	←	日光発4/19
		彦根着9/上カ	←	江戸暇8/21		
		彦根発11/	→	江戸目見12/1		
寛永15(1638)	27	彦根着3/	←	江戸暇2/29		
寛永16(1639)	28	彦根発4/	→	江戸目見5/1		
寛永17(1640)	29			江戸発4/13	→ 供奉	日光着4/16
				江戸着4/23	←	日光発4/20
		彦根着9/上	←	江戸発8/下		
寛永18(1641)	30	彦根発5/	→	江戸目見6/1		
寛永19(1642)	31			江戸発4/13	→ 供奉	日光着4/16
				江戸着4/22	←	日光発4/19
正保元(1644)	33	彦根着5/上カ	←	江戸発4/下カ		
正保2(1645)	34	彦根発10/	→	江戸目見11/1		
慶安元(1648)	37			江戸発4/13	→ 供奉	日光着4/16
				江戸着4/23	←	日光発4/21
		彦根着10/下カ	←	江戸暇10/14		
慶安2(1649)	38	彦根発3/	→	江戸目見4/2		
				江戸発4/10	→ 供奉	日光着4/16
				江戸着4/23	←	日光発4/18
慶安3(1650)	39			江戸暇6/3	→ 代参	日光在6/8
				江戸着6/12	←	日光発6/
承応2(1653)	42			江戸暇3/26	→ 代参	日光着4/
				江戸目見4/25	←	日光発4/
明暦2(1656)	45	小田原在④/4	← 湯治	江戸発4/		
		熱海発	→	江戸着		
万治元(1658)	47			蟄居⑫/20		

3代　井伊直澄

年代	年齢	居場所		
万治2(1659)	35			家督7/21
万治3(1660)	36	彦根着6/15	←	江戸暇6/1
寛文元(1661)	37	彦根発7/2	→	江戸着7/15
寛文2(1662)	38	彦根着6/8	←	江戸発5/30

年代	年齢	居場所						
寛文3(1663)	39			彦根発2/	→	江戸上使3/7		
						江戸発4/13	→ 供奉	日光着4/16
						江戸着4/24	←	日光発4/21
寛文4(1664)	40			彦根着6/19	←	江戸発6/10		
寛文5(1665)	41			彦根発2/25	→	江戸着3/4		
						江戸発4/13	→ 代参	日光着4/
						江戸着4/22	←	日光発4/
				彦根着9/7	←	江戸発8/27		
寛文6(1666)	42			彦根発8/2	→	江戸着8/11		
寛文7(1667)	43					江戸暇4/11	→ 代参	日光着4/
						江戸登城4/24	←	日光発4/
				彦根着9/	←	江戸暇8/15		
寛文8(1668)	44			彦根発7/	→	江戸上使8/7		
寛文11(1671)	47					江戸発4/15	→ 代参	日光着4/
						江戸着4/23	←	日光発4/
				彦根着6/21	←	江戸発6/10		
				彦根発9/27	→	江戸着10/6		
延宝4(1676)	52					死去1/3		

4代　井伊直興

年代	年齢	居場所						
延宝4(1676)	21					家督2/23		
				彦根着9/9	←	江戸発8/29		
延宝5(1677)	22			彦根発3/5	→	江戸着3/15		
						江戸発9/13	→	日光着9/
						江戸着9/24	←	日光発9/
延宝7(1679)	24			彦根着4/29	←	江戸発4/19		
延宝8(1680)	25			彦根発4/3	→	江戸着4/12		
				彦根着9/15	←	江戸発9/6		
		京都着9/21	← 上使	彦根発9/19				
		京都発10/2	→		→	江戸着10/13		
天和元(1681)	26			彦根着8/5	←	江戸発7/26		
				彦根発11/	→	江戸着12/4		
天和3(1683)	28			彦根着⑤/10	←	江戸発⑤/1		
貞享元(1684)	29			彦根発2/14	→	江戸着2/22		

年　代	年齢	居場所				
貞享2(1685)	30		彦根着4/25 ←		江戸発4/16	
貞享3(1686)	31		彦根発3/27 →		江戸着③/6	
貞享4(1687)	32		彦根着6/7 ←		江戸発5/27	
元禄元(1688)	33		彦根発3/3 →		江戸着3/12	
元禄2(1689)	34				江戸発4/13 →	日光着4/16
					江戸着5/18 ← 修復惣奉行	日光発5/16
					江戸発7/1 →	日光着7/
					江戸着11/24 ←	日光発11/21
元禄3(1690)	35				江戸発2/21 →	日光着2/
					江戸着7/9 ←	日光発7/6
			彦根着10/2 ←		江戸発9/23	
元禄4(1691)	36		彦根発7/1 →		江戸着7/10	
				熱海着9/27 ← 湯治	江戸暇9/25	
				塔沢着10/11 →	江戸着11/5	
元禄5(1692)	37		彦根着7/16 ←		江戸発7/5	
元禄6(1693)	38		彦根発4/27 →		江戸着5/6	
元禄7(1694)	39		彦根着6/13 ←		江戸発6/4	
		有馬9/25 ← 湯治	彦根発9/22			
		有馬11/17 →	彦根着11/21			
元禄8(1695)	40		彦根発5/1 →		江戸着5/10	
元禄9(1696)	41		彦根着5/29 ←		江戸発5/19	
		有馬着9/21 ← 湯治	彦根発9/19			
		有馬発10/13 →	彦根着10/16			
元禄10(1697)	42		彦根発5/1 →		江戸着5/10	
元禄12(1699)	44		彦根着2/25 ←		江戸発2/16	
元禄13(1700)	45		彦根発1/30 →		江戸着2/11	
元禄14(1701)	46				隠居3/5	
			彦根着5/21 ← 隠居後、木曽路		江戸発5/10	
宝永7(1710)	55		彦根発10/28 →		江戸着11/12	
					藩主再立11/13	
正徳3(1713)	58			塔沢着8/21 ← 湯治	江戸発8/18	
				塔沢発9/27 →	江戸着9/30	
正徳4(1714)	59				隠居2/23	
			彦根着9/23 ← 井伊谷参詣		江戸発9/4	
		伊勢着10/18 ←	彦根発10/13			

年　代	年齢	居場所						
正徳4(1714)		伊勢発10/21						
		有馬着10/27						
		有馬発12/6	湯治 →	彦根着12/12				
享保元(1716)	61	有馬着10/	←	彦根発10/16				
		有馬発12/	湯治 →	彦根着12/23				
享保2(1717)	62			死去4/20				

5代　井伊直通

年　代	年齢	居場所						
元禄14(1701)	13					家督3/5		
宝永6(1709)	21			彦根着5/25	←	江戸発5/15		
		京都着6/2	← 上使	彦根発5/29				
		京都発6/18	→		→	江戸着6/29		
宝永7(1710)	22					江戸発3/12	→ 代参	日光着3/15
						江戸着3/19	←	日光発3/
				彦根着6/4	←	江戸発5/23		
				死去7/25				

6代　井伊直恒

年　代	年齢	居場所
宝永7(1710)	18	家督⑧/12
		死去10/5

7代　井伊直惟

年　代	年齢	居場所				
正徳4(1714)	15			家督2/23		
正徳5(1715)	16			江戸発4/12	→ 代参	日光着4/15
				江戸着4/24	←	日光発4/20
享保元(1716)	17	彦根着8/11	←	江戸発8/1		
享保2(1717)	18	彦根発5/11	→	江戸着5/21		
享保3(1718)	19	彦根着5/26	← 木曽路	江戸発5/16		
享保4(1719)	20	彦根発4/27	→	江戸着5/6		
享保5(1720)	21	彦根着5/15	←	江戸発5/6		
享保6(1721)	22	彦根発4/26	→	江戸着5/5		
享保7(1722)	23	彦根着5/15	←	江戸発5/5		

年	年齢	居場所
享保8(1723)	24	彦根発4/25 → 江戸着5/5
享保9(1724)	25	彦根着5/15 ← 江戸発5/5
享保10(1725)	26	彦根発1/23 → 江戸着2/2
享保11(1726)	27	彦根着5/15 ← 江戸発5/
享保12(1727)	28	彦根発4/25 → 江戸着5/6
享保13(1728)	29	江戸発4/13 → 日光着4/16（供奉）
		江戸着4/21 ← 日光発4/18
		彦根着5/15 ← 江戸発5/5
享保14(1729)	30	彦根発4/26 → 江戸着5/5
享保15(1730)	31	彦根着5/28 ← 江戸発5/19
享保16(1731)	32	彦根発6/26 → 江戸着7/12
享保17(1732)	33	彦根着⑤/15 ← 江戸発⑤/5
享保18(1733)	34	彦根発4/26 → 江戸着5/6
享保20(1735)	36	隠居5/9
		彦根着 ← 江戸発12/頃
元文元(1736)	37	死去6/4

8代　井伊直定

年	年齢	居場所
享保20(1735)	34	家督5/9
		彦根着10/21 ← 江戸発10/11
		京都着10/27 ← 彦根発10/25（上使）
		京都発11/18 → 江戸着11/
元文元(1736)	35	彦根着6/15 ← 江戸発6/7
元文2(1737)	36	彦根発6/2 → 江戸着6/11
元文3(1738)	37	彦根着6/13 ← 江戸発5/26
元文4(1739)	38	彦根発7/21 → 江戸着8/2
元文5(1740)	39	彦根着5/18 ← 江戸発5/9
		彦根発11/21 → 江戸着12/2
寛保2(1742)	41	彦根着5/16 ← 江戸発5/6（井伊谷参詣）
寛保3(1743)	42	彦根発7/21 → 江戸着8/2
延享元(1744)	43	彦根着5/16 ← 江戸発5/6
延享2(1745)	44	彦根発4/21 → 江戸着5/4
		江戸発11/7 → 日光着11/（代参）
		江戸着11/14 ← 日光発11/
延享3(1746)	45	彦根着6/9 ← 江戸発5/27

年	年齢	居場所		
延享4(1747)	46	彦根発4/26	→	江戸着5/8
寛延元(1748)	47	彦根着7/6	←	江戸発6/25
寛延2(1749)	48	彦根発4/27	→	江戸着5/7
寛延3(1750)	49	彦根着6/2	←	江戸発5/22
宝暦元(1751)	50	彦根発4/26	→	江戸着5/8
宝暦2(1752)	51	彦根着6/1	←	江戸発5/21
宝暦3(1753)	52	彦根発4/22	→	江戸着5/2
宝暦4(1754)	53			隠居6/19
				再勤9/4
宝暦5(1755)	54			再致仕7/25
宝暦6(1756)	55	彦根着6/3	←	江戸発5/
宝暦10(1760)	59	死去2/8		

9代　井伊直禔

年	年齢	居場所
宝暦4(1754)	28	家督6/19
		死去8/29

10代　井伊直幸

年	年齢	居場所						
宝暦5(1755)	25					江戸：家督7/25		
宝暦6(1756)	26			彦根着6/23	←	江戸発6/13		
宝暦7(1757)	27			彦根発4/21	→ 川支え、延引	江戸着5/16		
宝暦8(1758)	28			彦根着6/22	←	江戸発6/1		
宝暦9(1759)	29			彦根発4/19	→ 木曽路	江戸着5/1		
宝暦10(1760)	30			彦根着9/25	←	江戸発9/15		
		京都着10/1	← 上使	彦根発9/29				
		京都発10/15	→			江戸着10/27		
宝暦11(1761)	31			彦根着1/21	←	江戸発1/12		
				彦根発9/21	→	江戸着10/1		
宝暦12(1762)	32			彦根着6/24	←	江戸発6/13		
				彦根発11/5	→	江戸着11/15		
明和元(1764)	34			彦根着6/25	←	江戸発6/16		
明和2(1765)	35			彦根発2/1	→	江戸着2/11		
						江戸発4/2	→ 代参	日光着4/
						江戸着4/23	←	日光発4/20

年	年齢	居場所
明和3(1766)	36	彦根着7/21 ← 江戸発7/11
明和4(1767)	37	彦根発4/5 → 江戸着4/15
明和5(1768)	38	彦根着7/2 ← 江戸発6/21
明和6(1769)	39	彦根発4/9 → 江戸着4/21
明和7(1770)	40	彦根着⑥/7 ← 江戸発6/27
明和8(1771)	41	彦根発3/21 → 江戸着4/1
安永元(1772)	42	彦根着6/25 ← 江戸発6/16
安永2(1773)	43	彦根発4/1 → 江戸着4/11
安永3(1774)	44	彦根着8/15 ← 江戸発8/5
安永4(1775)	45	彦根発5/3 → 江戸着5/16
安永5(1776)	46	江戸発4/13 → 日光着4/16（供奉）
		江戸着4/21 ← 日光発4/17
		彦根着8/25 ← 江戸発8/15
安永6(1777)	47	彦根発4/5 → 江戸着4/15
安永7(1778)	48	彦根着⑦/18 ← 江戸発⑦/9
安永8(1779)	49	彦根発4/1 → 江戸着4/11
安永9(1780)	50	彦根着5/11 ← 江戸発5/2
天明元(1781)	51	彦根発4/1 → 江戸着4/11
天明2(1782)	52	彦根着5/25 ← 江戸発5/16
天明3(1783)	53	彦根発4/1 → 江戸着4/11
寛政元(1789)	59	死去2/20

井伊直豊(直富)　直幸嫡子

年	年齢	居場所
安永9(1780)	18	彦根着9/23 ← 江戸発9/13
		京都着9/29 ← 彦根発9/27（上使）
		京都発10/13 → 江戸着10/25
天明4(1784)	22	彦根着6/7 ← 江戸発5/25
天明5(1785)	23	彦根発4/1 → 江戸着4/13
天明6(1786)	24	彦根着4/15 ← 江戸発4/5（井伊谷参詣）
天明7(1787)	25	彦根発2/25 → 江戸着3/6
		死去7/12

11代　井伊直中

年	年齢	居場所
天明8(1788)	23	彦根着5/27 ← 江戸発5/16（木曽路）

年	年齢	居場所				
寛政元(1789)	24			彦根発2/27	→	江戸着3/6
						家督4/16
寛政2(1790)	25			彦根着6/9	←	江戸発5/27
寛政3(1791)	26			彦根発4/21	→	江戸着5/2
寛政4(1792)	27			彦根着5/18	← 井伊谷参詣	江戸発5/5
				彦根発11/21	→	江戸着12/3
寛政6(1794)	29			彦根着10/18	←	江戸発10/7
寛政7(1795)	30			彦根発7/27	→	江戸着8/9
寛政8(1796)	31			彦根着5/16	←	江戸発5/5
				彦根発9/26	→	江戸着10/6
寛政10(1798)	33			彦根着5/16	←	江戸発5/5
寛政11(1799)	34			彦根発8/1	→	江戸着8/11
寛政12(1800)	35			彦根着5/19	←	江戸発5/7
享和元(1801)	36			彦根発4/27	→	江戸着5/9
享和2(1802)	37			彦根着5/16	← 木曽路	江戸発5/5
享和3(1803)	38			彦根発8/15	→	江戸着8/27
文化元(1804)	39			彦根着5/16	← 木曽路	江戸発5/5
文化2(1805)	40			彦根発4/26	→ 木曽路	江戸着5/7
文化3(1806)	41			彦根着5/15	← 木曽路	江戸発5/5
文化4(1807)	42			彦根発4/27	→	江戸着5/9
文化5(1808)	43			彦根着5/27	← 木曽路	江戸発5/16
				彦根発11/23	→	江戸着12/3
文化6(1809)	44			彦根着3/20	←	江戸発3/11
		京都着3/27	← 上使	彦根発3/25		
		京都発4/15	→		→	江戸着4/27
文化7(1810)	45			彦根着2/26	←	江戸発2/16
文化8(1811)	46			彦根発8/21	→ 木曽路	江戸着9/3
文化9(1812)	47					隠居2/5
				彦根着4/23	←	江戸発4/13
天保2(1831)	66			死去5/25		

12代　井伊直亮

年	年齢	居場所		
文化9(1812)	19			家督2/5
		彦根着6/18	←	江戸発6/7

年	年齢	居場所						
文化10(1813)	20			彦根発4/27	→	江戸着5/9		
文化12(1815)	22					江戸発4/12	→ 代参	日光着4/
						江戸着4/23	←	日光発4/
文化13(1816)	23			彦根着5/27	←	江戸発5/16		
文化14(1817)	24			彦根発3/30	→	江戸着4/10		
文政元(1818)	25			彦根着1/15	←	江戸発1/5		
		京都着1/21	← 上使	彦根発1/19				
		京都発2/2	→		→	江戸着2/14		
				彦根着5/27	← 木曽路	江戸発5/16		
文政 3 (1820)	27			彦根発2/16	→	江戸着2/27		
				彦根着6/13	←	江戸発6/2		
文政 4 (1821)	28			彦根発4/27	→	江戸着5/9		
文政 5 (1822)	29			彦根着10/22	←	江戸発10/11		
文政 6 (1823)	30			彦根発4/21	→	江戸着5/2		
文政 7 (1824)	31			彦根着5/16	← 木曽路	江戸発5/5		
文政 8 (1825)	32			彦根発1/13	→	江戸着1/23		
文政 9 (1826)	33			彦根着6/7	←	江戸発5/25		
				彦根発12/9	→	江戸着12/19		
文政10(1827)	34			彦根着5/4	←	江戸発4/21		
		京都5/11	← 上使	彦根発5/9				
		京都発5/23	→		→	江戸着6/7		
天保元(1830)	37			彦根着6/9	← 木曽路	江戸発5/26		
天保 2 (1831)	38			彦根発4/11	→ 木曽路	江戸着4/22		
天保13(1842)	49			彦根着5/23	← 木曽路	江戸発5/11		
天保14(1843)	50			彦根発3/14	→	江戸着3/26		
						江戸発4/13	→ 供奉	日光着4/16
						江戸着4/21	←	日光発4/17
弘化元(1844)	51			彦根着10/13	← 木曽路	江戸発10/1		
弘化 2 (1845)	52			彦根発10/27	→	江戸着11/10		
弘化 3 (1846)	53			彦根着5/17	← 木曽路	江戸発5/6		
弘化 4 (1847)	54			彦根発4/18	→	江戸着4/28		
					相州 ← 巡見	江戸発11/15		
					相州 →	江戸着11/23		
嘉永 2 (1849)	56			彦根着4/8	←	江戸発3/26		
嘉永 3 (1850)	57			死去9/28				

井伊直元　直亮嫡子

年	年齢	居場所
天保3(1832)	24	彦根着6/7 ←（木曽路）― 江戸発5/26
天保4(1833)	25	彦根発4/26 ―（木曽路）→ 江戸着5/6
天保5(1834)	26	彦根着5/15 ←（木曽路）― 江戸発5/5
天保6(1835)	27	彦根発4/26 ―（木曽路）→ 江戸着5/7
弘化3(1846)	38	死去1/13

13代　井伊直弼

年	年齢	居場所
嘉永3(1850)	36	家督11/21
嘉永4(1851)	37	相州在3/7 ←（巡見）― 江戸発
		相州発 ―→ 江戸着3/
		彦根着6/11 ←（井伊谷参詣）― 江戸発5/26
嘉永5(1852)	38	彦根発4/27 ―→ 江戸着5/7
嘉永6(1853)	39	江戸発3/ ―→ 日光参詣3/21
		江戸着3/ ←― 佐野3/
		彦根着6/1 ←（木曽路）― 江戸発5/19
		彦根発7/13 ―→ 江戸着7/24
安政元(1854)	40	彦根着5/15 ←（木曽路）― 江戸発5/5
		京都着10/30 ←（淀経由）― 彦根発10/27
		京都発11/ ―→ 彦根着11/9
安政2(1855)	41	彦根発8/17 ―（木曽路）→ 江戸着8/28
安政3(1856)	42	彦根着5/27 ←（木曽路）― 江戸発5/16
安政4(1857)	43	彦根発8/17 ―（木曽路）→ 江戸着8/28
万延元(1860)	46	死去3/3

14代　井伊直憲

年	年齢	居場所
万延元(1860)	13	家督4/28
文久2(1862)	15	彦根着3/6 ←― 江戸発2/23
		京都着3/23 ←（上使）― 彦根発3/21
		京都発4/4 ―→ 江戸着4/19
		彦根着6/15 ←（木曽路）― 江戸発6/2
文久3(1863)	16	京都着5/13 ←― 彦根発5/11
		大坂着5/18 ←― 京都発5/18
		堺在6/12　堺警衛

年	年齢	居場所
文久 3 (1863)		大坂発6/14 → 彦根着6/15
		京都着12/18 ← 彦根発12/16
		大坂着12/24 ← 京都発12/23
元治元(1864)	17	大坂発1/14 → 京都着1/15
		供奉
		大坂着5/8 ← 京都発5/7
		大坂発5/17 → 彦根着5/19
		京都着7/2 ← 彦根発7/1
		禁門の変
		京都発8/11 → 彦根着8/12
慶応元(1865)	18	彦根発3/11 → 江戸着3/29
		江戸発4/12 → 日光着4/15
		代参
		江戸着4/23 ← 日光発4/20
		彦根着5/29 ← 江戸発5/11
		京都着9/5 ← 彦根発9/2
		大坂着9/7 ← 京都発9/5
		大坂発9/16 → 京都着9/16
		供奉
		大坂着9/24 ← 京都発9/24
		大坂発10/3 → 京都着10/3
		供奉
		大坂着11/4 ← 京都発11/4
		大坂発11/21
		広島着12/7
		長州戦争
慶応 2 (1866)	19	広島発9/6
		大坂着9/18
		大坂発9/20 → 京都着9/21
		京都発9/25 → 彦根着9/26
慶応 3 (1867)	20	京都着11/8 ← 彦根発11/2
明治元(1868)	21	京都発1/4
		大津着1/4
		戊辰戦争
		大津発1/18 → 彦根着1/19
		京都着8/24 ← 彦根発8/21
明治 2 (1869)	22	京都発1/25 → 彦根着1/27
		京都着2/30 ← 彦根発2/29
		京都発3/7 → (天皇供奉) 伊勢神宮3/12 → 東京着3/28
		彦根着7/27 ← (井伊谷参詣) 東京発7/11
明治 3 (1870)	23	神戸着 ← 彦根発6/13
		神戸発 → (乗船) 東京着6/22
		彦根着9/29 ← 東京発9/15
明治 4 (1871)	24	藩知事免7/15

執筆者紹介（五十音順）

朝尾　直弘（あさお　なおひろ）
一九三一年生まれ
京都大学名誉教授・彦根城博物館館長

井伊　岳夫（いい　たけお）
一九六九年生まれ
彦根市教育委員会市史編さん室職員

岡崎　寛徳（おかざき　ひろのり）
一九六九年生まれ
日本学術振興会特別研究員・中央大学兼任講師

皿海　ふみ（さらがい　ふみ）
一九七二年生まれ
大阪大学大学院博士後期課程中退

野田　浩子（のだ　ひろこ）
一九七〇年生まれ
彦根城博物館史料課学芸員

渡辺　恒一（わたなべ　こういち）
一九六七年生まれ
彦根城博物館史料課学芸員

彦根城博物館叢書5

譜代大名井伊家の儀礼

二〇〇四年三月三十一日　発行

編　集　彦根藩資料調査研究委員会

編集代表　武家の儀礼研究班　朝　尾　直　弘

発　行　彦根城博物館
〒五二二―〇〇六一
滋賀県彦根市金亀町一―一
TEL〇七四九―二二―六一〇〇
FAX〇七四九―二二―六五二〇

発売元　サンライズ出版
〒五二二―〇〇〇四
滋賀県彦根市鳥居本町六五五―一
TEL〇七四九―二二―〇六二七
FAX〇七四九―二三―七七二〇

定価はカバーに表示しています。

ISBN4-88325-253-1 C3321